政治学与公共管理研究方法·常用具体方法

Research Methods in Political Science and Public Administration · Frequently Used Concrete Methods

杨立华 等著

图书在版编目(CIP)数据

政治学与公共管理研究方法：常用具体方法 / 杨立华等著. -- 北京：北京大学出版社, 2024.8. -- (21世纪公共管理学规划教材). -- ISBN 978-7-301-35502-2
Ⅰ.D0；D035-0
中国国家版本馆CIP数据核字第2024MB0784号

书　　　名	政治学与公共管理研究方法·常用具体方法 ZHENGZHIXUE YU GONGGONG GUANLI YANJIU FANGFA · CHANGYONG JUTI FANGFA
著作责任者	杨立华　等著
责任编辑	梁　路
标准书号	ISBN 978-7-301-35502-2
出版发行	北京大学出版社
地　　　址	北京市海淀区成府路205号　100871
网　　　址	http://www.pup.cn
新浪微博	@北京大学出版社　　@未名社科–北大图书
微信公众号	北京大学出版社　　北大出版社社科图书
电子邮箱	编辑部 ss@pup.cn　　总编室 zpup@pup.cn
电　　　话	邮购部 010-62752015　　发行部 010-62750672 编辑部 010-62765016
印　刷　者	三河市北燕印装有限公司
经　销　者	新华书店
	730毫米×980毫米　16开本　36印张　750千字 2024年8月第1版　2024年8月第1次印刷
定　　　价	98.00元

未经许可，不得以任何方式复制或抄袭本书之部分或全部内容。
版权所有，侵权必究
举报电话：010-62752024　电子邮箱：fd@pup.cn
图书如有印装质量问题，请与出版部联系，电话：010-62756370

谨以此书献给所有为中国政治学与公共管理的蓬勃发展而不懈努力的学生和研究者!

序　言

本书是《政治学与公共管理研究方法基础》及《政治学与公共管理研究方法·方法论》的姊妹篇。本书的目的是对在社会科学尤其是政治学和公共管理学研究中比较常见和典型的一些具体研究方法进行介绍。本书共分五编十六章。第一编是常用规范分析方法，包括数学建模、博弈论；第二编是常用非介入性研究方法，包括文献综述、内容分析、比较历史分析；第三编是常用介入性实证研究方法，包括实验与准实验研究、问卷实验法、社会调查法；第四编是案例和比较研究，包括案例研究、比较分析法、定性比较分析方法；第五编是常用定量分析方法举例，包括层次分析法、结构方程模型、基于主体模拟、社会网络分析、大数据研究方法。

需特别说明的五点是：

（1）在本书第二编常用非介入性研究方法中，我们没有对一般教科书都会提到的二次分析或二手分析（secondary analysis）、既有统计资料分析（analysis existing statistics）两种方法进行单独介绍。二次分析法是对其他人因其他目的而收集并分析过的数据进行创造性的再次分析，以进一步检验原来研究的结论或借以探索新的研究问题。这一方法虽然具有节约人财物、省心省事省力、方便易行等优点，但却经常面临资料准确性、适用性、研究效度（尤其是构念效度）等多方面的问题。现存统计资料非常多，尤其在大数据时代，数据更是丰富而多样，这就为采用既有统计资料分析法进行研究提供了方便。例如，迪尔凯姆的《自杀论》就是使用这一方法进行研究的代表。既有统计资料分析法虽然也有和二次分析法相似的诸多优点，而且其数据经常更为数量化和聚集化，也更为丰富，但这一方法同样也经常面临数据准确性、有限性、适用性、研究效度（尤其是构念效度）等诸多问题。这两种方法在很多方法类教材或书籍中都有讨论，也相对简单，故在这里我们不再进行单独分析。

（2）比较历史分析虽也可看作比较分析法的一种特定类型，但由于其使用的资料主要是历史资料，故常被看作最典型的非介入性研究方法，而且在政治学和公共管理学中尤其常用，故值得特别介绍。因此，和其他一般方法类教科书一样，我们将其和文献综述、内容分析放在一起,归为三类常用的非介入性研究方法。

(3)将案例研究和比较分析法归入"案例和比较研究"这一编,则与我对案例研究和比较研究的特殊认识有关。我认为,从广泛的角度来说,所有实证研究在某种意义上都是案例研究和比较研究(具体请参阅本书第九和十章),或以这两种研究为基础,因此案例研究和比较研究的思维也是几乎所有实证研究的基本思维。而且,这两种研究本身也有共通之处,浅显点来说就是:案例研究的最基本方法是进行不同案例间的比较;比较研究事实上在大多数情况下,也是对不同案例或案例不同情形等的比较。

(4)至于在讲了一般案例研究和比较分析法后,又特别强调定性比较分析法,是因为定性比较分析法在一般案例研究和比较分析法的基础上,为处理小样本问题提供了有力的分析工具,而且在政治学和公共管理学中具有广阔应用天地,且应用得越来越多。

(5)现在对实证研究方法的划分经常使用的是定性和定量的维度,这种划分方式有其合理性和优势,但由于混合方法的兴起、定性和定量研究本身的非纯粹性等诸多原因,定性和定量研究的划分往往和其他划分维度不吻合。这时,如仍坚持从定性和定量的维度来划分这些方法的话,就会出现方法实际上无法划分类型的情况,并经常会导致诸多混淆和错误。故而,在本书中,我们不再完全坚持从定性和定量的角度对研究方法进行划分,而是综合采用了规范和实证、非介入性与介入性、定性和定量以及其他分类方法,以帮助读者更好地理解整体的研究方法体系。

本书各章的主要写作工作分别由以下作者承担:

第一章　古恒宇、杨立华、王聪、张洪谋;

第二章　刘霖、杨立华;

第三章　马琪、杨立华、张莹;

第四章　刘伟、杨立华、武楷彪;

第五章　费海汀;

第六章　刘颜俊;

第七章　马啸;

第八章　贾洪波、杨立华、张莹;

第九章　杨立华、李志刚、张莹;

第十章　刘丛丛、杨立华、张莹;

第十一章　李延伟;

第十二章　杨立华、刘畅、古恒宇、张洪谋、张莹;

第十三章　吴瑞林；

第十四章　钟玮；

第十五章　安卫华、史洪阳、杨立华、张莹；

第十六章　刘伦、赵辉、杨立华、桂思博。

此外，北京大学政府管理学院硕士研究生林路懿协助梳理了第八章中共同方法偏差部分的内容，博士研究生何裕捷帮助核对了第四章、第八章的部分内容，硕士研究生王思禹、王肖和美协助梳理了部分章节的名著导读，何裕捷还对全书各章的英文文献格式等进行统一调整，并辅助解决了其他一些技术性问题。在此对他们的辛勤付出表示最真诚的感谢！

感谢北京大学出版社社会科学编辑室徐少燕主任、梁路编辑等，正是因为她们的辛勤付出和认真负责，才使本书及其姊妹篇能够最终面世。她们的专业水准和学术素养让本书增色不少，在此表示真挚的感谢！本书及其姊妹篇得到北京大学政治学与公共管理学教材研究与建设基地、高等学校政治学国家教材建设重点研究基地的大力支持，在此亦表示诚挚的感谢！

杨立华
2022 年 9 月 6 日

目　　录

第一编　常用规范分析方法

第一章　数学建模　　3
　　一、导　　言　　3
　　二、定义、特点和优劣势　　4
　　三、起源、发展和理论基础　　6
　　四、适用范围和条件　　8
　　五、类型划分　　10
　　六、研究设计和有效性　　12
　　七、操作流程　　16
　　八、质量评价和保证　　23
　　九、使用中应注意的问题　　24

第二章　博弈论　　30
　　一、导　　言　　30
　　二、定义、特点和优劣势　　30
　　三、起源、发展和适用范围　　32
　　四、类型划分　　33
　　五、基本假定和基本概念　　35
　　六、策略型博弈的均衡　　40
　　七、展开型博弈的均衡　　60

第二编　常用非介入性研究方法

第三章　文献综述　　87
　　一、导　　言　　87

二、定义、特点、目的、作用和优劣势　　88
　　三、起源、发展和理论基础　　91
　　四、适用范围和条件　　92
　　五、类型划分　　93
　　六、研究设计和有效性　　98
　　七、操作流程　　100
　　八、质量评价和保证　　112
　　九、使用中应注意的问题　　115

第四章　内容分析　　121
　　一、导　言　　121
　　二、定义、特点和优劣势　　122
　　三、起源、发展和理论基础　　126
　　四、适用范围和条件　　128
　　五、类型划分　　130
　　六、研究设计　　132
　　七、操作流程　　133
　　八、质量评价和保证　　141
　　九、使用中应注意的问题　　142

第五章　比较历史分析　　146
　　一、导　言　　146
　　二、定义、特点和优劣势　　147
　　三、起源、发展和理论基础　　151
　　四、适用范围和条件　　153
　　五、类型划分　　154
　　六、研究设计和有效性　　156
　　七、操作流程　　160
　　八、质量评价和保证　　165
　　九、使用中应注意的问题　　167

第三编　常用介入性实证研究方法

第六章　实验与准实验研究　　177
一、导　言　　177
二、定义、特点和优劣势　　178
三、理论基础和应用发展　　181
四、适用范围和条件　　184
五、社会科学实验的基本类型　　185
六、实验设计的基本样式　　208
七、操作流程　　210
八、质量评价和保证　　215

第七章　问卷实验法　　223
一、导　言　　223
二、定义、特点和优劣势　　223
三、起源、发展和理论基础　　226
四、适用范围和条件　　228
五、类型划分　　229
六、研究设计和有效性　　230
七、操作流程　　231
八、质量评价和保证　　233
九、使用中应注意的问题　　234

第八章　社会调查法　　241
一、导　言　　241
二、定义、特点和优劣势　　243
三、起源、发展和基础理论　　246
四、适用范围和条件　　248
五、类型划分　　249
六、研究设计和有效性　　256
七、操作流程　　261
八、质量评价和保证　　275
九、使用中应注意的问题　　282

第四编　案例和比较研究

第九章　案例研究　291
一、导　言　291
二、定义、特点和优劣势　292
三、起源、发展和基础理论　297
四、适用范围和条件　298
五、类型划分　299
六、研究设计和有效性　301
七、操作流程　310
八、理论检验　317
九、质量评价和保证　318
十、使用中应注意的问题　320

第十章　比较分析法　327
一、导　言　327
二、定义、特点和优劣势　328
三、起源、发展和理论基础　333
四、适用范围和条件　340
五、类型划分　341
六、研究设计　360
七、质量保证　362
八、操作流程　364
九、使用中应注意的问题　366

第十一章　定性比较分析法　371
一、导　言　371
二、定义、特点和优劣势　372
三、起源、发展和理论基础　376
四、适用范围和条件　383
五、类型划分　385
六、研究设计和有效性　386
七、操作流程　388

八、质量评价和保证　　　　　　　　　　　404
九、使用中应注意的问题　　　　　　　　　406

第五编　常用定量分析方法举例

第十二章　层次分析法　　　　　　　　　　413
　　一、导　言　　　　　　　　　　　　　　413
　　二、定义、特点和优劣势　　　　　　　　414
　　三、起源、发展和理论基础　　　　　　　415
　　四、适用范围和条件　　　　　　　　　　416
　　五、类型划分　　　　　　　　　　　　　417
　　六、研究设计和有效性　　　　　　　　　418
　　七、操作流程　　　　　　　　　　　　　419
　　八、质量评价和保证　　　　　　　　　　424
　　九、使用中应注意的问题　　　　　　　　425

第十三章　结构方程模型　　　　　　　　　430
　　一、导　言　　　　　　　　　　　　　　430
　　二、定义、特点和优劣势　　　　　　　　431
　　三、起源、发展和理论基础　　　　　　　434
　　四、适用范围和条件　　　　　　　　　　436
　　五、类型划分　　　　　　　　　　　　　438
　　六、研究设计和有效性　　　　　　　　　442
　　七、操作流程和结果报告　　　　　　　　445
　　八、质量评价和保证　　　　　　　　　　451
　　九、使用中应注意的问题　　　　　　　　454

第十四章　基于主体模拟　　　　　　　　　460
　　一、导　言　　　　　　　　　　　　　　460
　　二、定义、特点和优劣势　　　　　　　　462
　　三、起源、发展和理论基础　　　　　　　467
　　四、适用范围和条件　　　　　　　　　　468
　　五、类型划分　　　　　　　　　　　　　469

六、研究设计和操作流程　　470
　　七、研究效度和质量评价　　472
　　八、使用中应注意的问题　　474

第十五章　社会网络分析　　488
　　一、导　言　　488
　　二、定义、议题、优势和应用难点　　490
　　三、起源、发展和理论基础　　498
　　四、适用范围和条件　　501
　　五、类型划分　　502
　　六、研究设计和有效性　　504
　　七、操作流程　　505
　　八、质量评价和保证　　514
　　九、伦理问题　　515

第十六章　大数据方法　　520
　　一、导　言　　520
　　二、定义、特点和优劣势　　521
　　三、起源、发展和基础理论　　523
　　四、适用范围和条件　　526
　　五、类型划分　　528
　　六、研究设计和有效性　　531
　　七、操作流程　　534
　　八、质量评价和保证　　538
　　九、使用中应注意的问题　　541

关键术语解释汇编　　547

后　记　　561

第一编　常用规范分析方法

第一章　数学建模
第二章　博弈论

第一章 数学建模

本章要点

- 数学建模的定义、特点和优劣势;
- 数学建模的适用范围和条件;
- 常用数学建模的具体类型;
- 数学建模的一般原理;
- 数学建模的一般步骤和有效性保证;
- 数学建模的质量检测方法。

一、导　言

传统的政治学和公共管理学研究往往比较推崇经验科学的研究方法和范式,把观测、实验、对比、抽样、案例、访谈、调查等方法作为研究的主要手段。[1] 在20世纪40年代后,政治学和公共管理学开始引入运筹学、控制论、系统工程、系统分析、损益分析、计算机模拟等演绎性理论与数学建模等方法。这些方法开始强调从系统论等抽象模型的角度研究社会要素和利益主体间的行为关系、优化策略和情景预测,并尝试通过构建可演绎的、具有一般性的数学模型(mathematical model),为政治学和公共管理学提供新的研究视角。发展至今,数学建模方法已经成为政治学和公共管理学中不可或缺的重要组成部分。另外,在政治学和公共管理学的主流文献中,数学建模方法的应用案例也逐渐增加。[2]

尽管在既有的政治学和公共管理学的主流文献中,使用系统动力学(system dynamics)或复杂科学等数学建模方法的案例逐渐增加,但是在我国主流的政治学及公共管理学教科书及课程中对数学建模方法的重视程度还相对较低,数学建

---

[1] 齐欢等:《公共管理数学建模方法与实例》,科学出版社2006年版,第5—10页。
[2] David Towers, et al., *Guide to Mathematical Modelling*, Bloomsbury Publishing, 2020, pp. 685-702.

模的概念、操作流程及使用范式仍有待探讨和进一步明晰。因此,需要加强数学建模方法在政治学及公共管理学中的讨论。

二、定义、特点和优劣势

(一) 定义

数学建模(mathematical modelling)是数学学科中应用数学的分支,是通过用计算得到的结果来解决实际问题,并接受现实数据检验,以建立数学模型的过程。近年来,随着计算机技术的迅速发展和成熟,以数学理论和方法为核心的数学模型不断扩充,数学建模的应用领域从工程技术和自然科学领域逐渐拓展到金融、医学、人口学、政治学、公共管理学等多个方面,数学建模方法也逐渐成为人们生活中常见的术语。①

总体来说,人类认识和分析世界规律的方法包括实验归纳法和模型演绎法。实验归纳法主要通过对研究对象进行观察和重复实验分析来总结规律,而模型演绎法则主要在对研究对象进行抽象的基础上,把它们重现为某种实物的、图画的或数学的模型,然后通过对模型的系统研究来进行分析和规律总结。② 由于传统政治学和公共管理学研究的话题大多难以通过实验法直接模拟研究,因此模型演绎法成为一种可行的研究方法。在这一意义上,数学建模可被理解为根据实际政治学和公共管理学研究问题来建立数学模型,进而通过对数学模型的求解和分析,并根据结果和反馈去解决实际学术问题的过程。在研究过程中,当人们从定量的角度分析和研究一个实际政治学或公共管理学问题时,需要在深入田野调查研究、了解对象信息、做出简化假设、分析内在规律等工作的基础上,用数学的符号和语言作为表述手段来建立数学模型。③

(二) 特点

数学模型是对客观事物抽象化、结构化的结果,它具备以下两个主要特点④:

(1) 数学模型是对客观事物的一种概括或抽象。数学模型可以加深人们对客观社会经济事物如何运行的理解,是帮助人们合理思考的一种工具,因此在数学建模过程中,常常需要寻找简化的方式来表现一个复杂的系统或现象。

---

① Roger M. Nisbet and William Gurney, *Modelling Fluctuating Populations*, Blackburn Press, 2004.
② 齐欢等:《公共管理数学建模方法与实例》,科学出版社2006年版,第17页。
③ Dilwyn Edwards and Michael Hamson, *Mathematical Modelling Skills*, Macmillan, 1996, pp. 20-36.
④ Frank Kelly, *Mathematical Modelling of the Internet*, Springer, 2001, pp. 685-702.

（2）为了协助人们解决问题，抽象建构的数学模型须具有所研究系统的基本特征或要素。此外，还应包括决定其原因和效果的各个要素之间的相互关系，使得研究者可以在模型内实际分析和模拟一个系统的主要要素和利益主体交互关系，并观察结果。

总之，数学模型处理的是部分现实世界和为特殊目的而构建的抽象的、简化的结构之间的关系。简单来说，数学模型就是为了某种研究目的，用字母、数字及其他数学符号建立起来的等式或不等式以及图表、图形、框图等描述客观事物的特征及其内在联系的数学结构表达式。

在政治学和公共管理学的语境下进行数学建模较其他学科而言更为多样复杂，对研究者利用数学手段分析社会经济系统的研究要求较高，这主要是因为如下五点。

（1）政治学和公共管理学研究对象本身的内涵和外延不是"良定义的"（well defined），存在一定概念上的模糊性。

（2）政治学和公共管理学中的数学模型需要涉及一定的学术概念及知识储备，相对而言，这种关系往往不易进行定量化描述。因此，传统政治学和公共管理学中的建模往往大量采用的是定性与定量相结合的方法。

（3）研究对象多是复杂的社会系统，而可反映系统基本特征的"量"，尤其是数量和结构，不易提取。例如，公共管理学中组织结构的数学模型就面临这一问题。

（4）"数量"间的关系不易进行定量化描述，因此建立数学模型，特别是能描述系统全局的数学模型则更难。

（5）所建数学模型一般没有数学上的解析解，多数是根据仿真或数值模拟结果进行分析，或者是给出趋势上的定性结论。

（三）优势和劣势

基于以上特点，数学模型法具有对客观事物抽象表达，并基于一定的逻辑链条进行推理、预测和辅助决策的优势。具体而言，数学模型法的优势包括如下三点。

（1）模型使用字母和数字等符号进行数学化表达，这相对文字描述而言更加简明、直观。

（2）由于数学建模常运用数学分析方法对抽象化后的模型进行计算和验证，因此其逻辑相对严谨，可以"举一反三"展开演绎，得到的结论也具有可反复验证的应用价值。

（3）如对复杂的社会经济网络进行直接实验，其成本相对较高，也存在一定的风险，但如使用抽象的数学建模研究方法，则可能更具经济性、安全性和灵活性。

当然，数学建模法也存在一些劣势，主要包括以下两点。

（1）现实问题中的影响因素常常复杂且不可量化，难以通过现有的数学方法进行模型精确表达。

（2）数学建模可能会沦为"数字游戏"。对于一些数学建模案例（如统计推断）而言，加入的变量越多，与现实数据的拟合能力也越强。但是，如果盲目追求模型对现实的拟合能力（R^2），过度加入无关变量，就会忽视模型自变量与因变量间的因果推断，从而丧失了数学建模的本质追求。

三、起源、发展和理论基础

（一）起源与发展

一般认为，以系统工程、运筹学等为代表的定量分析方法在20世纪40年代以后开始发展[1]，并为日后数学建模方法体系的建构打下基础。20世纪40年代，美国贝尔电报电话公司在筹备和建立横贯美国东西海岸的无线电微波通信网络时，为缩短科学技术从发明到投入使用的时间，认识到不能只关注电话机和交换台站等设备，更需要采用一套新方法来研究整个系统。于是，首次用"系统工程"来命名这项巨大工程中所运用的科学方法。1957年，美国密歇根大学的哈里·古德（Harry H. Goode）和罗伯特·马乔尔（Robert E. Machol）出版了第一部以《系统工程》为名的专著。[2] 同时，美国的兰德公司致力于将系统工程分析方法运用在日常的管理实践中。20世纪70年代后，基于定量数学分析的定量管理学蓬勃发展，伴随着数学技术和计算机技术的日益进步，定量分析方法也越来越多地被运用在政治学和公共管理学的学科研究中。其中，由于该学科研究对象的特殊性及复杂性（complexity），系统动力学和复杂性科学成为定量数学建模方法中最重要的两个分支。

1. 系统动力学的起源与发展

杰·赖特·福雷斯特的《工业动力学》一文阐述了系统动力学的诞生及发展

---

[1] 齐欢等：《公共管理数学建模方法与实例》，科学出版社2006年版，第10页。
[2] Harry H. Goode, "System Engineer," *Science*, Vol. 133, No. 3456, 1961.

沿革。① 系统动力学基于信息反馈及系统稳定性的概念,认为物理系统中的动力学特性及反馈控制过程在复杂系统(如生命、生态、社会、经济)中同样存在。专家通过对复杂系统机理的研究,可以建立复杂系统的动力学模型,并通过计算机仿真去观察系统在外力作用下的变化。系统动力学曾用于工业、城市、人口、世界资源及环境等系统的预测和政策研究中。

2. 复杂性科学的起源与发展

一定程度上,政治学和公共管理学研究问题可以看作一个正在演化、发育的系统,这个演化过程充满新奇事物,也出现了大量的自组织和自适应现象。系统看似杂乱无章,但却"涌现"(emergence)出某些规律性的特征。复杂性科学就是对该系统进行研究的学科。克劳斯·迈因策尔在他的著作《复杂性中的思维》中较早对复杂性科学进行了阐述。② 伴随着20世纪末计算机技术的迅猛发展,复杂性科学的研究方兴未艾,涌现出诸如元胞自动机(cellular automata)、控制论(cybernetics)、非线性分析(nonlinear-analysis)、协同论(synergetics)等理论,并出现了诸如遗传算法(genetic algorithm)等研究成果。1999年美国《科学》杂志出版了专辑"复杂系统",对推进复杂性科学的研究起到了积极的作用。

(二) 理论基础

"All models are wrong, some models are useful."③(所有模型都是错的,但其中的一些是有用的。)这种实用主义态度为诸多数学建模方法在社会科学中的广泛融合运用提供了契机。在实用主义者看来,"起作用的东西"将代替唯范式论的方法工具成为主流,而形而上学的方法并不完全适用于复杂的社会环境分析。在这种思潮下出现并成形的数学方法被逐步引入分析和模拟复杂的社会系统,从而推动了数学建模在政治学和公共管理学等社会科学研究中的普及。

1. 系统动力学理论

系统动力学模型的理论基础是系统动力学理论。④ 系统动力学理论认为,系

---

① Jay Wright Forrester, "Industrial Dynamics," *Journal of the Operational Research Society*, Vol. 48, No. 10, 1997.
② Klaus Mainzer, *Thinking in Complexity: The Computational Dynamics of Matter, Mind and Mankind*, Springer, 2007, pp. 20-136.
③ George Box, "Robustness in the Strategy of Scientific Model Building," in R. L. Launer, et al., eds., *Robustness in Statistics*, Academic Press, 1979, pp. 201-236.
④ 齐欢等:《公共管理数学建模方法与实例》,科学出版社2006年版,第25页。

统的行为模式与特性取决于其内部的动态结构与反馈机制。① 由于非线性因素的作用,高阶次复杂时变系统往往表现出反直观的、多样化、多情景的动力学特性。系统动力学正是这样一种可用于分析研究社会、经济、生态和生物等领域内复杂大系统问题的理论与方法。系统动力学的建模过程可以看作一个学习、调查研究的过程,模型的主要功能是提供一个进行学习与政策分析的工具,并使决策群体或整个组织逐步成为一种学习型和创造型的组织。②

2. 复杂性理论

复杂性科学模型的理论基础是复杂性理论。③ 复杂性理论旨在描述表现出非线性、涌现、自适应等不同特性的系统,这种特性难以用普通的、简单的线性模型进行刻画。复杂系统则被定义为具备复杂性特点的系统,这类系统中个体之间的相互作用往往比较复杂。复杂系统的理论模型为研究诸多社会科学中的非均衡系统提供了分析工具。很多社会科学的前沿问题均涉及对非均衡系统演化的研究,如气候变化、走私行为、政治不稳定、国际援助分布和国内国际冲突等。常见的复杂系统建模有神经网络建模、基于主体的建模方法、遗传算法、粒子群优化算法、蚁群优化算法等。④ 在管理科学中,复杂性理论已经逐步成为该领域研究的热点之一。人们一般认为,美国的圣塔菲研究所是复杂性理论的发源地和研究中心。

四、适用范围和条件

在使用数学建模方法之前,需要厘清其适用范围与条件。首先,数学建模的首要目的是进行因果推断和抽象模拟,以便能够在一定程度上满足政治学和公共管理学的相关研究议题的需要,并协助理论研究进行确认。其次,使用数学建模前需要一定的经验研究成果及理论基础,所以应结合数学建模技术的发展,理性判断数学建模法是否适用于某一具体问题。具体来说,可以从以下六点概括数学建模方法的适用条件(图1.1)。

---

① 许欢等:《预测赋能决策:从传统模型到大数据的方案——新冠疫情趋势研判的启示》,《公共管理学报》2021年第4期。
② 郝倩:《民族地区区域产业结构优化的民族性回归——基于金融支持视角》,《贵州民族研究》2015年第6期。
③ 齐欢等:《公共管理数学建模方法与实例》,科学出版社2006年版,第95页。
④ R. Michael Alvarez, ed., *Computational Social Science: Discovery and Prediction*, Cambridge University Press, 2016, pp. 1-23.

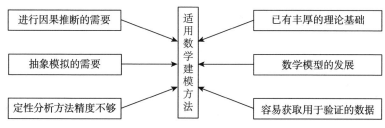

图 1.1　数学建模方法的适用条件

第一,进行因果推断的需要。

数学建模的初衷之一是进行因果推断。对于研究的具体问题而言,运用数学建模的方法,可协助判断要素之间的直接联系。例如,对人口迁移和城市治理效能的影响因素进行确认。数学建模并不适用于要素间的相关性而非因果性的判断。

第二,抽象模拟的需要。

政治学和公共管理学研究对象往往是多主体的复杂社会系统,运用系统论方法对系统进行优化和多情景模拟是其需求,而数学建模方法能较好地满足这一研究需求。

第三,定性分析方法精度不够。

既有的定性研究方法精度不够是数学建模方法的出发点之一。定性分析有时难以给出精确的回答,时常会有"公说公有理,婆说婆有理"的情况出现。对于此类问题而言,使用抽象的数学方法进行描述和因果推断是必要的。

第四,已有丰厚的理论基础。

数学建模方法使用的又一个前提是对于研究对象已有相对丰富的经验研究和理论基础作为指导。如对于人口迁移的影响机制而言,已积累的一些相关理论可以指导数学建模。如果缺乏理论指导,数学建模将失去针对性和方向性。

第五,数学模型的发展。

数学建模的使用取决于数学模型方法的发展。如对于一些经济学问题,运用已有的数学方法也许无法求得解析解,仅能通过数值模拟来进行分析、判断以及预测。但随着数学建模工具的发展,在日后可以得到更为精确的求解方法和分析结果,对于原问题也会有更精深的认知。

第六,容易获取用于验证的数据。

虽然数学建模是一种更偏向规范的研究方法,但数学模型的适用性却需要实证研究的支撑,如果无法获取观测数据,就无法验证该数学模型的正确性。另外,对于数学模型的关键参数,也经常需要基于观测数据模拟,从而简化模型。

五、类型划分

政治学和公共管理学中的数学建模方法庞杂,不同的政治学和公共管理学研究对象适用不同类型的数学建模方法,选择模型时通常需要具体问题具体分析。政治学和公共管理学中数学建模方法往往按研究问题所适合的模型对应于数学上的类别进行分类。对政治学和公共管理学中数学建模方法的分类主要是描述性、功能性分类,分类的依据主要是研究对象、研究对象的数学结构以及数学模型的作用。比如,确定性模型和随机模型两者之间的差别在于研究对象是否具有随机性,数学规划类模型中连续优化模型和离散优化模型的差别在于研究对象的数学结构是否离散,优化类模型和评价类模型的区别在于数学模型在研究中的作用。这些数学模型按大类大致可分成:确定性数学模型、随机性数学模型和模糊性数学模型。[①]

(一) 确定性数学模型

确定性数学模型是指由完全确定函数关系(因果关系)所决定的模型,常用于自然科学研究领域中,如著名的水均衡方程式。在政治学和公共管理学中,通常难以得到确定的函数关系,无法轻易找到研究对象之间的必然关系,因此确定性数学模型应用较少。常用的确定性数学模型具体见图1.2。

(二) 随机性数学模型

随机性数学模型是指从概率意义上对系统进行数学抽象描述的模型。尽管到目前为止,政治学和公共管理学中的随机性数学方法已积累了一定的使用案例,如常用的概率统计模型,但随机性数学模型的应用仍然较少。需要指出的是,随机性数学模型中的诸多方法与传统上应用在政治学和公共管理学中的定性统计分析方法有所重合。简单来说,随机数学建模方法与传统定性统计模型的区别在于,前者是借助统计手段对政治学和公共管理学问题的因果推断和演绎分析,包

---

① Rutherford Aris, *Mathematical Modelling Techniques*, Dover Publications, 2012, pp. 27-38.

- 确定性模型
  - 数学规划模型
    - 连续型优化
      - 无约束优化
      - 线性规划
      - 非线性规划
    - 整数规划⟶离散型优化
    - 从其他角度分类
      - 组合优化
      - 目标规划
      - 动态规划
      - 网络规划
      - 多层规划
      - ……
  - 图论模型
  - 存储论模型
  - 公理化模型
  - 博弈论模型
  - 控制论模型
  - ……

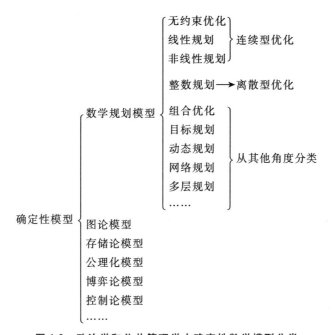

图 1.2　政治学和公共管理学中确定性数学模型分类

资料来源:根据姜启源、谢金星编:《实用数学建模——基础篇》,高等教育出版社 2014 年版,第 1—8 页,作者自制。

含了从具象观察到抽象数学建构表达的过程;而后者主要是运用常用的定性统计分析手段对数据展开描述性分析,仍停留在具象观察阶段,并未涉及抽象的数学模型建构。具体来说,常用的随机性数学模型包括图 1.3 所示类型。

- 随机性模型
  - 多维标度模型
  - 假设检验模型
  - 回归分析
  - 方差分析
  - 贝叶斯模型
  - 时间序列分析模型
  - 决策树

图 1.3　政治学和公共管理学中随机性数学模型分类

(三) 模糊性数学模型

模糊数学是研究和处理模糊性现象的数学,相应地,模糊性数学模型的背景及关系具有模糊性。政治学与公共管理学研究领域使用模糊性数学模型同样具有适用性。类似地,这些模糊性数学方法作为数学建模的重要部分,应更强调其演绎性的因果推断应用。常见的模糊评价模型见图 1.4。

$$\text{模糊性模型}\begin{cases}\text{模糊综合评判法模型}\\\text{模糊层次分析法}\\\text{模糊聚类分析}\\\text{模糊决策分析}\\\text{灰色关联度}\\\cdots\cdots\end{cases}$$

图 1.4　政治学和公共管理学中模糊性数学模型分类

资料来源:姜启源、谢金星主编:《实用数学建模——基础篇》,高等教育出版社 2014 年版,第 8—10 页,作者自制。

六、研究设计和有效性

(一) 数学建模的原理

关系映射反演方法(Relationship-mapping-inverse,RMI)是我国著名数学家徐利治教授在 20 世纪 60 年代研究组合数学时提出的一种数学方法论,也是一种数学模型方法论。① 广义的关系映射反演原则是指一种分析处理问题的普遍方法或准则,也是属于一般科学方法论性质范畴的一种工作原则。RMI 方法关注所要研究的问题中的关系结构,采取映射和反演两个步骤去解决问题。设 S 为含有目标原象 x 且具有某种关系结构的集,若在 S 中直接求 x 有困难,可建立可逆映射 ϕ,它满足:

(1) S 在 ϕ 下的象 $\phi(S)$ 包含于另一个具有关系结构的集 S^*;

(2) S^* 中可以较容易地确定目标映象 $x^* = \phi(x)$。

这样一来,就可以通过反演来确定 x。这个全过程可以概括为以下几个步骤:关系→映射→定映→反演→得解。②

更一般地,关系映射反演原则可以通过图 1.5 来表示。

---

① Rutherford Aris, *Mathematical modelling techniques*, Dover Publications, 2012, pp. 1-26.
② 徐利治、郑毓信:《关系映射反演原则及应用》,大连理工大学出版社 2008 年版,第 29—31 页。

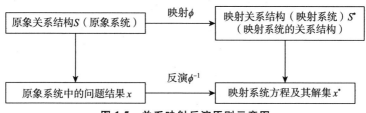

图1.5 关系映射反演原则示意图

从函数映射的角度来看,政治学和公共管理学中数学建模的一般原理就是关系映射反演原则,也即将原问题通过映射转化为数学问题,在求得解后再反演回原问题。政治学和公共管理学中的系统动力学方法遵循同样的原则,将原问题中的结构关系映射成数学动力系统,并考虑动力系统的性质进而推断出原问题的演化规律,过程如图1.6所示。

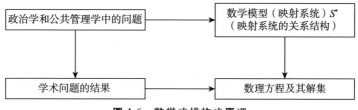

图1.6 数学建模构建原理

图1.5中的原象系统就是所研究的政治学或公共管理学中的研究问题,映射 ϕ 则是将研究问题中的关键因素通过抽象、简化、转化等办法映射为可以量化的变量或者指标;同时,在构建变量的过程中,保证研究问题中的关系结构在映射后的系统中是不变的;将关键因素的关系结构映射为变量之间的关系结构,就构建了该研究问题的数学模型。

(二)数学建模的研究设计

在数学建模的研究设计中,其关键点和难点在于怎样引入一个恰当的映射,将原问题转化为数学问题,其中关键在于完成"定映"这一步骤。所谓"定映"就是要从映象关系结构系统 R^* 里确定出目标映象 x^* 的属性。为了能"定映",引入的映射必须是可定映映射。于是,该映射 ϕ 应具有三个特点:

(1)映射 ϕ 必须是两类研究对象之间的一一对应关系;

(2)映射 ϕ 必须是可定映的,即目标映象 x^* 能通过确定的有限步骤的数学手续从映象关系结构系统 R^* 中找出来;

(3)逆映射 ϕ^{-1} 具有能行性,即能将目标原象的某种需要的性态经有限步骤确定下来。[①]

对于寻找具有上述三个特点的映射关系,研究设计大致应注意这几个原则:

（1）对含有目标原象 x 的关系结构 R（目标原象间的逻辑关联）要分析其对象与关系结构的本质属性,以便确定选择映射(或变换)的类别。比如原象系统是代数结构系统,就可以选择线性变换、群表示等代数操作;如果原象系统是几何结构系统,就可以选择仿射变换、射影变换、保角变换等几何操作;如果原象系统是复杂结构系统就可选择多尺度变换、规范变换、临界变换等。

（2）为了建立一一对应关系,要抓住主要矛盾,必须选择原象关系结构系统中具有关键性作用的变量或量的关系进行观察。这是因为对应关系应该是主要因素间关系结构的反映。

（3）在根据原则(1)与原则(2)确定映射时,尽可能使用现成的映射(或变换)。如果遇到无现成映射可依时,需要大胆地设想映射关系,根据具体情况提出新的映射(或变换)。

如归纳为具体操作步骤,则一般的数学模型应遵循以下步骤(表1.1):

表1.1　数学建模具体步骤

步骤	名称	操作内容
第一步	调查研究	在建模前应对实际问题的历史背景和内在机理有深刻的了解,必须对该问题进行全面的、深入细致的调查和研究
第二步	问题抽象	现实问题纷繁复杂,一个模型只能反映问题的某个侧面。因此,须将问题理想化、简单化,抓住主要矛盾,暂不考虑或忽略次要因素。提出具体假设,如果假设合理,则模型与实际问题比较符合;如果假设不合理,则需要调整模型
第三步	建立模型	根据实际问题,选取合适的数学方法简化模型。应注意以下几点:(1)分清变量类型,恰当使用数学工具;(2)抓住问题的本质,简化变量之间的关系;(3)建模要推理严密;(4)建模要有足够的精度
第四步	模型求解	不同的模型要用到不同的数学工具求解,这就要求从事实际工作的研究人员对相应的数学分支知识有一定的了解。由于计算机的广泛使用,利用已有的计算机软件让我们求解问题更便利。因而尽可能地掌握已有的软件,可以在解决问题时省力不少

---

① 徐利治、郑毓信:《关系映射反演原则及应用》,大连理工大学出版社2008年版,第3—10页。

(续表)

步骤	名称	操作内容
第五步	模型分析	对模型求出的解进行数学上的分析,有助于对实际问题的解决。分析时,有时要根据问题的要求对变量间的依赖关系进行分析和对解的结果稳定性进行分析。有时根据求出的解对实际问题的发展趋势进行预测,为决策者提供最优决策方案。此外,还常常需要进行误差分析、模型稳定性分析和灵敏度分析等
第六步	模型检验	一个模型是否反映了客观实际,可用已有的数据验证。如果由模型计算出来的理论数值与实际数值比较吻合,则模型是成功的(至少是在过去的一段时间内)。如果理论数值与实际数值差别太大,则模型是失败的
第七步	模型修改	实际问题比较复杂,但理想化后抛弃了一些次要因素,因此建立的模型与实际问题就完全吻合。此时,要分析假设的合理性,将合理部分保留,不合理部分去掉或修改。对实际问题中的主次因素再次分析。如果某一因素因被忽略而使前面模型失败或部分失败,则再建立模型时把它考虑进去
第八步	模型应用	数学模型应用非常广泛,可以说已经应用到各个领域,而且越来越渗透到社会科学、生命科学、环境科学等之中。建模是预测的基础,而预测又是决策与控制的前提,因此用数学模型对许多部门的实际工作进行指导,可以节省开支、减少浪费、增加效益

资料来源:齐欢等:《公共管理数学建模方法与实例》,科学出版社2006年版,第8页。

(三) 数学建模的有效性

由上述的研究设计介绍可知,数学建模的有效性严格依赖定映的过程。如果定映是有效的,则建模是有效的。这里面的有效性又包括问题对象之间关系的有效性、关系变化规律的有效性、关系反演的有效性等。例如,在对公共管理学中有关政策分析的研究中,时常会通过蒙特卡洛模拟的方式来进行。此时用模拟研究政策问题,关键是怎样把政策当中有关问题适当地用概率的语言描述,使其变成概率问题。然后是如何应用概率论的方法把用概率语言描述的政策问题进行处理,即求解。最后是把定映后的概率语言翻译成我们所要解决的政策研究问题。这个过程的有效性在于:将政策问题转换成概率语言描述的有效性及准确性;系统的内部环境转换成概率空间描述的准确性和稳健性;概率语言反演政策问题的准确性。

七、操作流程

航空网络、社交网络以及征信网络等这些公共管理领域的研究对象往往具有复杂的网络特性。同时,在大数据时代,政治学和公共管理学领域不断涌现出新的建模方法。针对这类具有复杂网络(complex networks)特征的研究问题,需要通过基于大数据的前沿建模方法加以研究。随着智慧城市、5G 和人工智能的现代基础设施建设进程加快,未来政治学和公共管理学研究将面对海量的数据、快速的数据流转、动态的数据体系、多样的数据类型和巨大的数据价值。在此基础上发展起来的计算公共管理学范式越来越成为研究热点。这一部分主要介绍政治学和公共管理学建模的一般流程以及复杂网络这一广泛使用在实践研究中的数学模型,最后以城市征信体系和城市体系预测两个案例论述数学建模的具体操作。

(一)一般流程

大数据时代,越来越多的人类活动在各种数据库中留下痕迹,产生了关于人类行为的大规模数据。这些数据为政治学及公共管理学等社会研究提供了新的可能,通过对这些数据的分析,可以获得人类行为和社会过程的模式。① 实际操作中,数学建模主要涉及的研究方法主要有:自动信息提取、社交网络分析、社会地理信息技术、复杂系统建模和社会仿真模型等等。② 从数学模型构建原理的角度,假设 ϕ 将政治学和公共管理学中的问题映射到一个复杂系统当中,在给定的关系结构下,通过复杂系统计算得出问题的结果,如图 1.7 所示。

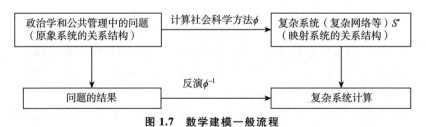

图 1.7 数学建模一般流程

举例说明,复杂网络是政治学和公共管理学研究中的代表性数学模型。复杂网络是复杂系统的代表,具有自组织、自相似、吸引子、小世界、无标度中部分

---

① 孟小峰等:《社会计算:大数据时代的机遇与挑战》,《计算机研究与发展》2013 年第 12 期。
② R. Michael Alvarez, ed., *Computational Social Science: Discovery and Prediction*, Cambridge University Press, 2016, pp. 5–76.

或全部性质。① 主要表现在以下六个方面：

（1）结构复杂：节点数目巨大，网络结构呈现多种不同特征。

（2）网络进化：节点或连接的产生与消失。如网页或链接随时可能出现或断开，导致网络结构不断发生变化；征信网络中人与人之间的借贷关系变化。

（3）连接多样性：节点之间的连接权重存在差异，且有可能存在方向性。

（4）动力学复杂性：节点集会构成非线性动力学系统，如节点状态随时间发生复杂变化。

（5）节点多样性：复杂网络中的节点可以代表任何事物，如人际关系构成的复杂网络中节点代表单独个体，WWW 组成的复杂网络中节点可以表示不同网页。

（6）多重复杂性融合：以上多重复杂性相互影响，导致更难以预料的结果。

政治学和公共管理学研究议题涉及人类行为的大规模数据时，通常具有如上的复杂网络的特点。例如金融产品网络，从最基本的货币，到具有多样性的股票、债券、票据到建立在其上的衍生品，它们构成了不同层次的金融生态网络。再如城市网络，不同规模、产业结构的城市演化出不同的城市体系，构成了城市复杂网络。同时，因为可以获取大规模的人类行为数据，所以构建复系统成为可能。在城市管理的研究中，复杂系统建模和社会仿真模型应用比较广泛。下文分别通过城市信用体系模型和城市体系预测简单展示两种建模方法的应用。

（二）前沿建模方法应用举例一：城市信用管理模型②

城市征信管理是城市管理研究的重要部分，其中数学建模方法的应用非常广泛。例如，中国多数互联网支付平台常运用大数据及云计算技术客观呈现个人的信用状况，通过连接各种服务，使得每个用户都能体验信用所带来的价值。互联网平台给每个用户的"信用分"是通过分析大量的网络交易及行为数据获得，可对用户进行信用评估，并帮助互联网金融企业对用户的还款意愿及还款能力得出结论，继而为用户提供快速授信及现金分期服务。同时，信用分也可以帮助政府有关部门对用户的征信状况进行管理。本质上来说，信用分的计算是一套征信系统，该系统收集来自政府、金融系统的数据，还会充分分析用户在支付平台的行为记录。该系统综合了用户在信用历史、行为偏好、履约能力、身份特质、人脉关系

---

① 汪小帆等编著：《复杂网络理论及其应用》，清华大学出版社 2006 年版，第 2—8 页。
② Cong Wang and Huicong Ning, "The Study of Big Data Based on Complex Network: With the Example of Credit Reference," paper delivered to 4th International Conference on Computer Science and Network Technology (ICCSNT), sponsored by IEEE, Harbin, China, December 19-20, 2015.

方面的特征，这些特征构成了征信网络中的一部分，计算出一个评级分数作为对用户信用状况的综合考虑。

中国个人信用评级业务启动时间不太长，而在美国该项业务已经有了很多年的历史。目前美国市场上主流的个人信用评级系统有 FICO Score、NextGen risk score、Vantage Score、CE score 等。① 其中，FICO 分数目前广泛地被银行和借贷机构使用。根据业界的拟合估计②，FICO 分数大致有 5 个组成部分：(1) 个人信用历史，约占 35%，主要包含债务延期、违约行为的历史记录；(2) 债务负担，约占 30%，包含信用卡债务比例、按揭情况等信息；(3) 信用卡使用时长，约占 15%，较长的信用卡使用记录会增加分值；(4) 不同类型信用产品的使用情况，约占 10%；(5) 近期对信用服务的需求，约占 10%，但短期内大量寻求借贷会降低分数。

尽管真实的计算方法是保密的，但是从 FICO 能够掌握的数据信息来看，评分的算法借助这五个方面。这种算法由于有较好的官方数据支持，可以依靠人工提取的特征和先验知识直接进行计算。国内的个人信用分数的计算考虑的因素有用户信用历史、行为偏好、履约能力、身份特质、人脉关系，通过对这几方面因素进行加权求和之后得到分数。它的算法目前并不是公开的，但根据其所拥有的数据以及上文提到的 FICO 分数各组成部分的占比，其中一般也会包含通过风险专家的判断给出分数包含的成分以及所占比重，并通过数据挖掘和统计的方法将其量化计算，如个体的城市信用历史（违约率）、行为偏好（借贷偿还时间）、履约能力（账面金额）、城市行为轨迹（脱敏后的群体身份特质）、人际关系（如 PageRank 算法）等各个方面的特征。对于研究信用问题，关系映射反演原则中的映射 ϕ 为将信用映射成信用分数或者信用值的映射。该映射是一一对应的，这是进行数学建模的基础。此时 ϕ 是城市用户信用行为网络到信用评价网络的映射。

在城市管理领域，目前比较流行的数学模型有支撑向量机（Support Vector Machine），以及在此基础之上搭建的人工神经网络（Artificial Neural Network）。在高效并行计算（如 GPU 计算）支持下，近年来发展起来的深度神经网络对于图像、语言等问题的分类已经有了非常好的效果。这类算法对于用户信用行为的分类和预测能力也较强。此处具体介绍两种前沿建模方法，以及在征信网络中的算法

---

① 参见 Alexandria White,"What an Excellent Credit Score Is—and How to Get One", https://www.cnbc.com/select/what-is-considered-an-excellent-credit-score, 2022 年 7 月 20 日访问。

② 参见 Wells Fargo Bank,"How Your Credit Score Is Calculated", https://www.wellsfargo.com/financial-education/credit-management/calculate-credit-score, 2023 年 7 月 20 日访问。

应用。一类征信模型选择的算法是栈式自编码神经网络。采用不同的风险评级指标①,选择不同层数特征所得到结果是不同的,而不同的模型得到的结果也会不同,评价不同模型的好坏在于使用样本集进行模拟训练之后预测的准确性如何。栈式自编码神经网络是一个由多层稀疏自编码器组成的神经网络,其前一层自编码器的输出作为后一层自编码器的输入。图 1.8 为自编码示意图。

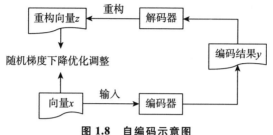

图 1.8 自编码示意图

资料来源:刘勘、袁蕴英:《基于自动编码器的短文本特征提取及聚类研究》,《北京大学学报(自然科学版)》2015 年第 2 期。

对于一个 n 层栈式自编码神经网络,用 $W^{(k,1)}, W^{(k,2)} b^{(k,1)}, b^{(k,2)}$ 表示第 k 个自编程器对应的 $W^{(1)}, W^{(2)} b^{(1)}, b^{(2)}$ 参数,则编码步骤为:

$$a^{(l)} = f(z^{(l)})$$
$$z^{(l+1)} = W^{(l,1)} a^{(l)} + b^{(l,1)}$$

在训练神经网络时,解码过程为:

$$a^{(n+l)} = f(z^{(n+l)})$$
$$z^{(n+l+1)} = W^{(n-l,1)} a^{(n+l)} + b^{(n-l,1)}$$

栈式自编码器模型训练步骤如下②:

(1)设置权重值,随机初始化权重矩阵和偏置向量。

(2)将原始训练集作为栈式自编码器的输入,训练第一个隐含层的网络参数,并计算出第一个隐含层的输出。

(3)将第 k 层隐含层的输出作为第 $k+1$ 层隐含层的输入,用同样的方法训练 $k+1$ 层网络参数;重复该步,直到最后一层隐含层训练完成。

(4)将最后一层隐含层的输出作为逻辑回归层的输入,结合原始数据的标签来训练逻辑回归器的网络参数。

---

① Cong Wang and Huicong Ning, "The Study of Big Data Based on Complex Network: With the Example of Credit Reference," paper delivered to 4th International Conference on Computer Science and Network Technology (ICCSNT), sponsored by IEEE, Harbin, China, December 19-20, 2015.

② 徐逸之等:《基于栈式自编码的上海地铁短时流量预测》,《计算机工程与科学》2018 年第 7 期。

(5) 采用反向传播算法自上而下来更新调整整个网络的参数。

另一类征信算法则选择基于贝叶斯的隐马尔可夫模型(HMM)。这是基于时间序列的机器学习常用的模型,模型中假设用户的真实信用状况是未知的隐藏变量 x_i,而交易记录则是我们观测到的数据 y_i,y_i 只与 x_i 有关,而 x_i 的概率分布取决于前面一段历史的信用状况。基于 HMM 的模型,可以给出数据的似然函数:

$$\Pr[D] = \Pr[y_1, y_2, \ldots, y_n] = \prod_{i=1}^{n} \Pr[y_i \mid x_i] \times \Pr[x_1, x_2, \ldots, x_n]$$

$$= \prod_{i=1}^{n} (\Pr[y_i \mid x_i] \times \Pr[x_i \mid x_{i-1}, \ldots, x_{i-k}])$$

给定训练数据,通过 Viterbi 算法解出 HMM 的参数,从而根据贝叶斯公式推断出用户的信用状况 $\Pr[x_i \mid y_i; D]$。比 HMM 更为广泛的模型是概率图模型,该类模型能够处理更为复杂的交互作用关系并加入其他特征。目前,以条件随机场(CRF)、多重参考模型(MRF)和贝叶斯网络(Bayesian Nets)为代表的这一类概率图模型已经发展出一套比较完整的理论,并且在实践中取得非常好的效果。

在前述两种方法的基础上,可以采用贝叶斯统计的方法将人工先验知识和数据的结果统一起来,设 x 是数据,y 是未来违约行为,则有:

$$p\{y \mid x\} = \frac{p\{x \mid y\} p\{y\}}{p\{x\}} \propto p\{x \mid y\} p\{y\}$$

其中,$p\{x \mid y\}$ 是似然函数,通过数据用机器学习的方法拟合得到,而 $p\{y\}$ 是传统统计方法得到的专家评分。这种方法先通过专家知识给出先验概率,再通过数据进行贝叶斯更新,能够较好地综合前两种方法的优点,得到一个有效的评分结果。①

本案例显示,通过数学建模手段可以构建定量化方法,计算或模拟得到公民的信用分,该得分对于城市公共服务配置、城市金融网点优化等城市管理议题具有较大意义。

(三) 前沿建模方法应用举例二:城市体系预测

正确认识和把握城镇化和城镇体系是城市与区域管理的核心内容。然而,我国的人口普查和抽查开展周期间隔太长,人口数据存在缺陷,地级市间的人口迁移不可知。因此,对未来城镇体系的预测成为学界亟待解决的重要问题。基于

---

① Cong Wang and Huicong Ning, "The Study of Big Data Based on Complex Network: With the Example of Credit Reference," paper delivered to 4th International Conference on Computer Science and Network Technology (ICCSNT), sponsored by IEEE, Harbin, China, December 19-20, 2015.

数学建模的方法,可以构建一个城市动力模型,对城市体系的驱动力进行模拟和预测。

具体来说,在城市空间格局模型中,假设农业是完全竞争和规模报酬不变的,制造业是垄断竞争和规模报酬递增的,在达到短期均衡状态时,生产者的利润均为零且供需平衡。具体到消费者,他们的生活费用就等于他们在经济中所赚的劳动收入。在已知制造业劳动力分布,以及短期内劳动力在区域间不能流动的前提下,城市空间格局的短期均衡模型为①:

$$Y_i = \mu \lambda_i w_i + (1-\mu)\varphi_i \tag{1.1}$$

$$G_i = \left[\sum_j \lambda_j (w_j \tau^{D_{ij}})^{1-\sigma} \right]^{1/(1-\sigma)} \tag{1.2}$$

$$w_i = \left[\frac{1}{1+\gamma} \sum_j Y_j \tau^{D_{ij}(1-\sigma)} G_j^{\sigma-1} \right]^{1/\sigma} \tag{1.3}$$

$$U_i = Y_i^{1+\gamma} G_i^{-\mu} (p_i^S)^{-\gamma} = Y_i^{1+\gamma} G_i^{-\mu} \left[\frac{(\lambda_i + \varphi_i)\gamma Y_i}{(1+\gamma)\lambda_i^{\varepsilon}} \right]^{-\gamma} \tag{1.4}$$

其中,Y 为地区的消费者收入,G 为地区的价格指数,U 为地区的间接效用函数,σ 为任意两种制成品间的替代弹性,p^S 为地区的公共品价格;两地间运输成本 $T_{ij} = \tau^{D_{ij}(1-\sigma)}$,$\tau$ 为单位运输成本,D_{ij} 为两地间距离。

城市空间格局的长期均衡需要考虑人口在地区间的迁移,则长期均衡方程可表示为:

$$\overline{U} = \sum_i \lambda_i U_i \tag{1.5}$$

$$d\lambda_i = \eta_i \lambda_i (U_i - \overline{U}) \tag{1.6}$$

各城市规模(城镇人口)的变化由城镇地区间的人口迁移和农村地区往城镇地区的人口迁移共同决定:

$$P_u(i,t) = [_uP_u(i,t) + d\lambda_i + _rP_u(i,t)] \times (1+b_i) \tag{1.7}$$

$$_uP_u(i,t) + d\lambda_i = \lambda_i, \frac{_rP_u(i,t)}{P_u(i,t)} = \alpha \tag{1.8}$$

$P_u(i,t)$ 为 i 城市 t 时刻的城镇人口,$_uP_u(i,t)$ 为原先和现在都在 i 城市城镇地区的人口,$d\lambda_i$ 为从其他城市的城镇地区迁入 i 城市城镇地区的人口,α 为迁入各城市城镇地区的农村人口与该城市城镇人口的比例,b_i 为人口自然增长率。

整个城市空间布局模拟的计算机流程包括短期均衡和长期均衡这两个求解

---

① 劳昕、沈体雁:《基于人口迁移的中国城市体系演化预测研究》,《人口与经济》2016年第6期。以下列出的方程均来自论文第二节模拟流程说明。

过程。计算机模拟前需要明确以下几点:第一,必须明确所要求解的变量。短期均衡可以决定各区域的收入 Y_i、价格指数 G_i、名义工资 w_i,也就是说,要找出一组数值,使公式(1.1)、(1.2)和(1.3)同时成立,长期均衡可以得到每个区域制造业劳动力的分布状况。第二,求解之前需给自变量 λ_i、φ_i、w_i 和其他变量(μ、σ、τ、γ、ε、η)赋值,参数的初始值不同,最终产生的结果也不同。第三,该模型用顺序迭代法求解。求解的具体步骤为:

第一步:给定 N 个区域名义工资的初始值($w_{i,0}$),其中 0 表示第 0 次迭代;

第二步:将参数($w_{i,0}$)代入公式(1.1)和(1.2),计算收入($Y_{i,0}$)以及价格指数($G_{i,0}$);

第三步:将第二步求出的收入($Y_{i,0}$)和价格指数($G_{i,0}$)代入公式(1.3),再求出名义工资($w_{i,0}$);

第四步:重复第二步和第三步,直至 $\left|\dfrac{w_{i,iteration}-w_{i,iteration-1}}{w_{i,iteration-1}}\right|<0.001$,即满足短期均衡条件;

第五步:根据公式(1.4)和(1.5),计算出各区域效用水平 U_i 和平均效用水平 $\overline{U}$;

将 U_i 和 $\overline{U}$ 代入公式(1.6),求出各地区制造业劳动力分布(λ_i),直至 $\left|\dfrac{\lambda_{i,iteration}-\lambda_{i,iteration-1}}{\lambda_{i,iteration-1}}\right|<0.001$,即达到长期均衡条件。

模型中的参数值设定如下:$\mu=0.4$,$\sigma=5$,$\tau=1.5$,$\gamma=5$,$\varepsilon=0.7$,$\eta=0.5$;初始值中,λ_i 取各地级单元 2000 年城镇人口数,w_i 取各地级单元 2000 年人均 GDP 来代替,并推算各地级单元的农民数量 φ_i(各地区农民数量与其地理优势度成正比,总和等于全国不迁移的农民数量),各组初始值根据实际需要进行归一化或者标准化处理。为使模拟结果更接近真实情况,假设全国地级单元 2000—2010 年人口增长率是一样的(由于全国总人数在 2000—2010 年有所增长,从 129 533 万人增加到了 137 054 万人,则令所有地级单元的人口自然增长率均为 5.81%)。如式(1.7)和式(1.8)所示,$P_u(i,t)=[\lambda_i+_r P_u(i,t)]\times(1+b_i)$,即根据模型模拟出各地级单元所占人口份额(此时的 λ_i),再加上农村地区往城镇地区的人口迁移部分,$_r P_u(i,t)$,并考虑人口增长率 b_i,从而计算出各城市模拟城镇人口数 $P_u(i,t)$。[①]

基于数学建模的方法,寻找均衡城市体系的影响变量,运用数学方法对城市

[①] Lao Xin, et al., "Prospect on China's Urban System by 2020: Evidence from the Prediction Based on Internal Migration Network," *Sustainability*, Vol. 10, No. 3, 2018.

体系变化的动因进行描述,构建可求解的数学方程,通过计量估计、经验参数等得到数学模型的实际参数,代入方程可求出未来城市体系和城镇化的最终结果。该结果可以为区域发展政策制定、公共服务均等化配给等议题提供参考。可见,数学建模为城市与区域人口治理和区域经济分析提供了支持和保障。

八、质量评价和保证

总体来看,统计学模型、计量模型、优化模型、对策论模型和其他数学与系统科学分析工具在政治学和公共管理学中已积累了一些运用案例。对于数学建模方法的质量保证,既需要围绕研究问题掌握一定的经验研究或理论,也需要获取一定的实证数据以验证数学模型的准确性。同时,需要在数学模型的设计和计算推导等方面进行一定的微调。因此,研究者需要熟练掌握前沿的数学模型以及政治学和公共管理学理论,以理论指导建模、以数据辅助调整模型。而且,根据具体研究案例所建立的数学模型多具有特殊性,研究者需要掌握模型的适用范围,以此保证根据模型得到结果的可靠性。具体来说,数学建模方法的质量保证可以考虑以下几个方面[1]:

(一)模型的调整和修正

根据特殊问题建立的数学模型往往具有特殊性,需要在使用时及时调整建模策略与关键参数。对于既有文献或案例中数学模型的经验参数,研究者需要根据具体的研究情景合理调整,寻找适合的数学模型。同时,既有的数学模型需要适应现实中的新问题,从而对研究者合理修正数学模型提出一定的要求。

(二)基于理论的推导

数学模型不能"无中生有",尤其对于政治学和公共管理学研究所面对的纷繁复杂的研究对象而言,在构建数学模型前必须首先寻找先验的理论。一方面,经典理论可以辅助研究者更好地抓住主要矛盾,归纳主要因子;另一方面,理论的介入可以辅助研究者求得一些关键的经验参数,从而简化数学模型的求解难度。

---

[1] Grégoire Allaire, *Numerical Analysis and Optimization: An Introduction to Mathematical Modelling and Numerical Simulation*, Oxford University Press, 2007.

（三）基于数据的验证

数学模型是否具有适用性必须得到足够的实证案例验证，这要求研究者收集能够反映研究问题的实证数据。通常，量化数据可以代入模型进行反解或反演验证，也可以辅助进行方差分析，以得到解释力更强的模型参数。总之，现实数据的可得性是数学建模有效性的必要保证。

九、使用中应注意的问题

（一）数学模型的有效性

数学模型的有效性是指映射 ϕ 是有效的，也即原象的关系结构是充分必要地反映在数学系统中，不增添关系结构也不删减关系结构。例如，在研究具有非线性特征的问题时，如果采用了线性模型近似，那么超出近似范围的结论可能是有问题的。也就是说，该模型可能不是有效的，需要进一步的论证。

（二）数学模型的稳定性

数学模型的稳定性是指映射后的数学系统计算结果是稳定的。同一个数学系统在给定条件下得到的结果需要给出稳定性的判别，进而才能给出反演后结论的有效范围。这需要数学当中的稳定性理论进行分析，这一点在复杂系统建模或者多主体的模拟中尤为重要，而往往这类模型却容易忽略模型稳定性的讨论。

（三）数学模型的边界和误区

数学模型是有边界的，因此，不能"唯数学模型"。有些问题很难利用现有的数学工具进行建模，但可以利用其他方法进行研究。例如，在大数据发展起来之前，研究者难以处理高维、非结构化的数据，也难以构建计算社会科学中的诸多模型。同时，数学模型也不是越复杂、应用的数学理论越艰深，就越有效。模型是对于现实问题的抽象，在构建数学模型时需要进行简化和假设。这些简化和假设会影响模型的构建和结论，因此在反演后的结论中，这些简化和假设构成的前提条件不能忽略，而这一点常常被研究者忽视。

关键术语

数学建模　　　　　数学模型　　　　　系统动力学　　　　　复杂性
关系映射反演原则　　复杂网络

思考题

1. 在政治学和公共管理学研究中,数学建模起到哪些作用?
2. 政治学和公共管理学研究中有哪些主要的数学建模方法?
3. 数学建模方法的基本步骤是什么?
4. 请结合大数据的时代背景,谈谈数学建模方法在政治学和公共管理学研究中进一步应用的可能性。
5. 数学模型中加入的控制变量是否越多越好?为什么?

延伸阅读

Dilwyn Edwards and Mike Hamson, *Mathematical Modelling Skills*, Macmillan, 1996.

Henry Hu and Stavros A. Argyropoulos, "Mathematical Modelling of Solidification and Melting: A Review," *Modelling and Simulation in Materials Science and Engineering*, Vol. 4, No. 4, 1996.

Horst W. Hamacher and Stevanus A. Tjandra, "Mathematical Modelling of Evacuation Problems: A State of Art," *Pedestrian and Evacuation Dynamics*, No. 3, 2002.

James E. A. McIntosh and Rosalind P. McIntosh, *Mathematical Modelling and Computers in Endocrinology*, Springer, 2012.

John Berry and Ken Houston, *Mathematical Modelling*, Butterworth-Heinemann, 1995.

Roger M. Nisbet and William Gurney, *Modelling Fluctuating Populations*, Blackburn Press, 1982.

Rutherford Aris, *Mathematical Modelling Techniques*, Dover Publications, 1978.

Werner Blum and Rita Borromeo Ferri, "Mathematical Modelling: Can it Be Taught and Learnt?" *Journal of Mathematical Modelling and Application*, Vol. 1, No. 1, 2009.

Wolfgang Weidlich, *Sociodynamics: A Systematic Approach to Mathematical Modelling in the Social Sciences*, Dover Publications, 2006.

经典举例

Paul R. Krugman, "Increasing Returns and Economic Geography," *Journal of Political Economy*, Vol. 99, No. 3, 1991.

该论文是2008年诺贝尔经济学奖得主、美国麻省理工学院教授保罗·克鲁格曼(Paul R. Krugman)的代表性成果,于1991年发表在著名经济学杂志《政治经济学》(Journal of Political Economy)上。克鲁格曼在借鉴经典区域经济学理论的基础上,引入新贸易理论及冰山交易成本,首次论述了由运费、多样化消费偏好及规模报酬递增等因素造成的内生的规模集聚经济过程,这两种规模集聚经济过程使得劳动力和企业从两区域平衡状态集聚到单一区域,形成"核心—边缘"结构,解决了许多传统区位理论未能解决的问题。在模型论证的过程中,克鲁格曼运用了经典的经济学一般均衡分析框架,通过求得解析解,构建了考虑空间因素的均衡情形。此外,克鲁格曼灵活运用数值模拟等方法对不同情景的经济系统展开模拟。由克鲁格曼创建的"新经济地理学"体系被大量用于解释劳动力、企业、公共服务与治理等资源的空间集聚,为定量建模在社会科学领域的应用提供了典型的案例。

1. 研究问题

该文研究的问题是区域经济学中的经典问题:运输成本(空间)和规模报酬递增性质如何影响经济集聚。集聚经济是区域经济经典的研究问题之一,在相当长的时间内,多数文献都采用马歇尔(Alfred Marshall)的观点,把经济集聚归功于以下几个方面的原因:第一,部分经济在某一区位集中,为具有专业技能的工人提供了劳动力市场,这既降低了失业率又保证了劳动力不至于短缺;第二,某一区位上的产业为专门化的投入品生产提供了条件,缩短了中间产品的运输成本;第三,集聚的企业之间信息的溢出更容易,因此它们相比分散企业有更优的生产函数。尽管马歇尔的理论具有很强的解释力,但主要依赖于对"集聚外部性"的阐述,而这种阐述在数学推导上是很难实现的。事实上,后来的诸多区域经济学家如缪尔达尔(Gunnar Myrdal)、赫希曼(Albert Otto Hirschman)等并未将其理论内嵌在经济学标准的一般均衡框架下进行完整的数学推导。1977年,D-S垄断竞争模型由迪克希特(Avinash Dixit)和斯蒂格利茨(Joseph Eugene Stiglitz)建立,是将张伯伦(Edward Hastings Chamberlin)关于产品差异化引起的垄断竞争理论在一般均衡理论中转变为简单的模型。D-S垄断竞争模型为把区域经济集聚行为纳入一般均衡框架提供了支撑,也成为克鲁格曼需要解决的问题,也即如何通过一般均衡数学推导论证空间经济集聚行为。

2. 方法的选择及类型

对经济集聚进行研究的方法众多,传统古典经济学家多基于理论论述的方法,而新古典经济学家则尝试纳入数学建模的工具。然而,在很长一段时间内,学者们对空间经济现象开展的数学建模是不彻底的,这引起了部分经济地理学者的反思,但直到克鲁格曼提出新经济地理学,这一问题才得到解决。

阿罗-德布鲁(Arrow-Debreu)的一般均衡分析框架利用不动点理论证明了竞争性一般均衡的存在。从主流经济学的角度来看,阿罗-德布鲁一般均衡框架是现代经济分析的基础。此后,如何在一般均衡框架内纳入空间的影响成为主流经济学家和区域科学家共同面对的问题。1977年,迪克希特和斯蒂格利茨提出了著名的垄断竞争框架(D-S框架)。D-S框架在一般均衡框架内纳入了不完全竞争和规模报酬递增,进一步提出垄断竞争模型,直接影响了后继的空间经济学的发展。

克鲁格曼在D-S框架的基础上结合萨缪尔森(Paul Samuelson)的"冰山"交易成本,首次构建了一个纳入运费(空间)因子的一般均衡模型,即核心—边缘(CP)模型,开创了新经济地理学。后来的新经济地理模型大多以CP模型的框架为基础,其分析一般遵循以下几个步骤:需求侧分析(消费者行为)、供给侧分析(生产者行为)、短期均衡分析、长期均衡分析。进一步来看,在CP模型视角下,"本地市场效应"和"价格指数效应"在循环因果累积的作用下催生了产业和劳动力由外围地区集聚到核心地区的现象,而"拥挤效应"的存在也同样使得劳动力在区域之间的对称均衡分布成为可能。在新经济地理模型的一般均衡框架下,区域的总供给和总需求达到了均衡状态,产业分布,劳动者就业和流动,产品生产、运输和消费等要素组成了一个理想化的经济系统。克鲁格曼也是据此研究空间集聚问题。

3. 研究过程

克鲁格曼的CP模型以三种力量解释区域经济的空间集聚:一是本地市场效应,即垄断企业选择市场规模较大的区位进行生产并向规模较小的市场区位出售其产品的行为。二是价格指数效应,即企业的集中对当地居民的生活成本产生影响,使得该地区的实际收入提高。三是市场竞争效应,即不完全竞争性企业趋向于选择竞争者较少的区位。

(1) 模型假设。克鲁格曼构建了一个"两区域、两部门、两劳动力"的空间均衡模型:两区域为南方地区和北方地区,两部门为工业部门和农业部门,两劳动力为工人和农民。农业部门为瓦尔拉斯均衡(完全竞争、规模收益不变),只有一种生产要素(农产品),农民不能自由流动。工业部门为 D-S 垄断竞争,且规模收益递增,只有一种生产要素,即工业劳动力(可以自由流动)。此外,两区域之间运输工业品存在冰山形式运输成本。

(2)均衡求解。需求侧:两个地区的消费者效用函数相同,均为柯布-道格拉斯函数形式。工业产品是差异化的产品,其组合函数采取不变替代弹性(CES)函数的形式,此时可求出农业品和工业品的组合需求函数,以及消费品的间接效用函数。生产侧:厂商的生产目标为利润最大化,由此可以写出利润函数,求出短期均衡时的需求、生产函数以及工业部门和农业部门的市场出清条件。在短期均衡条件下,可以求解得出均衡时某一个区域的企业数量与区域的工人数量成正比,并且企业的规模仅与替代弹性、边际成本和固定成本有关,而与成本无关。据此,可以求出南方地区和北方地区企业的收益以及两个区域的总收入(支出)。在长期均衡条件下,允许工人自由流动。工人的空间流动由两个区域之间工人的实际工资差异所决定,由于每个企业雇用的工人数量均相同,因此工人的数量分布就决定了企业的数量分布。此时可以写出工人的流动方程。通过假设两区域实际工资的关系,得出均衡和集聚分布的情况。

(3)模型结果分析。根据数值模拟可以得到不同均衡条件随着贸易自由度的变化。当贸易自由度较高的时候,对称结构 S 为不稳定均衡点,而核心—边缘结构 A、B 为稳定均衡点;当贸易自由度较低的时候,对称结构 S 为稳定均衡点,而核心—边缘结构 C、D 为不稳定均衡点;当贸易自由度中等的时候,对称结构 S 和核心—边缘结构 G、H 为稳定均衡点,而其中的 U_1 和 U_2 为不稳定均衡点。

价格指数效应可以被具体阐述为:工人从区域 2 向区域 1 迁移,增加了在区域 1 的劳动力数量和生产工业产品的种类数量,由于运输成本的存在,从而降低了生活的成本,在名义工资水平不变的情况下,提高了实际工资水平,结果加强了工人从区域 2 向区域 1 迁移的趋势,这也就是所谓的成本关联的循环累积因果关系(前向联系)。

本地市场效应可以被具体阐述为:工人从区域 2 向区域 1 迁移,扩大了在区域 1 的支出份额,使得区域 1 的市场规模扩大,区域 2 的市场规模缩小,从而使得区域 1 的劳动力需求增加,从而促使工人继续从区域 2 向区域 1 迁移,这也就是所谓的需求关联的循环累积因果关系(后向联系)。

市场拥挤效应可以被具体阐述为:工人从区域 2 向区域 1 迁移,增加了区域 1 的产品种类,提高了区域 1 企业之间的竞争情况,使之收益降低,导致名义工资降低,使得区域 1 不再具有吸引力,从而抑制工人区域 2 向区域 1 迁移。

4. 质量评价和保证

新经济地理模型的质量评价和保证主要来源于两大方面。首先,新经济地理学模型的数学推导范式严格遵循经济学一般均衡框架,包含需求侧求解、供给侧求解、短期均衡和长期均衡求解等几大方面,通过标准的基于"供给—需求—价格"的经济学模型求解,对客观世界的经济地理现象进行抽象建模,保证了模型推导的严谨性。在该文中,克鲁格曼对于CP模型的推导依赖于两大已经建立的模型体系,一是D-S垄断竞争模型,二是冰山交易成本模型。因此,尽管新经济地理理论是创新的,但其梳理推导也是有章可循的。其次,新经济地理模型推导过程中的一些关键参数和设定可以通过观察客观现实世界总结而得。地区总收入Y总是随着经济和人口集聚而提升,验证了现实世界中的地区经济生产总值、企业规模报酬递增导致的生产和企业集聚。在模型设定时,克鲁格曼详细讨论了现实世界中上述几者的关联。同时,随着运输成本的不断下降,经济呈现出"核心—边缘"的结构,该运输成本下降的事实与现实世界相符合。因而克鲁格曼认为,随着运输成本不断下降,新经济地理模型对于经济集聚的解释力也得以体现。总之,通过观察事实和构建理论的相符程度,能够保障新经济地理模型推导的质量和准确性。

第二章 博弈论*

本章要点
- 博弈与博弈论的定义；
- 理性和策略的概念；
- 各种均衡的概念和求法；
- 重复博弈；
- 无名氏定理。

一、导　言

博弈论是现代社会科学常用的一种规范分析方法，其在政治学和公共管理学领域的使用也非常广泛。例如，利用博弈论思想和方法，我们可以研究立法问题、谈判问题、政策设计问题、公共决策问题……这些研究相对于其他研究来说，具有假设清晰、逻辑严密、结论明确的优势。在政治学和公共管理学领域加强博弈论的研究和使用也非常重要。

在本章，我们将介绍博弈论的思想和方法，以帮助读者对博弈论有一个较系统的了解，并能使用本章所讲的一些思想和方法展开对政治学和公共管理学领域相关问题的尝试性研究。

二、定义、特点和优劣势

要讲博弈论，自然先得从博弈讲起。顾名思义，"博弈"（game）是下棋的意思，尤指下围棋。围棋起源于中国，其历史源远流长，可以追溯到春秋时期。在《左传·襄公二十五年》中，太叔文子有一段话："今宁子视君不如弈棋，其何以免

＊ 本章内容由刘霖撰写，杨立华参与核实并修改了全文，重点参与了从"导言"到"基本假定和基本概念"部分的修改和结构优化等工作。

第二章 博弈论

乎?弈者举棋不定,不胜其隅,而况置君而弗定乎?"这是历史上有关围棋的最早文字记载。不过,春秋时期知识分子对于围棋的评价并不高。《论语》生动地描绘了孔子对于博弈的看法:"饱食终日,无所用心,难矣哉!不亦有博弈者乎?为之犹贤乎已。"可见,他将围棋视为无聊消遣的玩意儿。直到战国晚期,随着越来越多的王公贵族开始下围棋,其社会地位才明显提高。

除了极少数单人玩的游戏以外,绝大多数游戏是双人或多人一起玩的,从妇孺皆知的儿童游戏"石头剪刀布"到各种扑克游戏,从象棋、围棋等棋类比赛到足球、马拉松等体育比赛,莫不如此。而且,无论是双人还是多人游戏,其关键特征是,游戏的结果(比如胜负)是由所有参与者的行动共同决定的,任一参与者所得到的结果不是自己的行动选择能够独立决定的。换言之,不同参与者的利益互相依存,单一参与者得到的结果不仅取决于自己的行动选择,也取决于对手的行动选择。这一点正是博弈问题的核心特征。

需要注意的是,无论是围棋还是更广泛的游戏,对抗性强,有赢必有输,一方之所得恰好是对手之所失。人们将这类问题称为**零和博弈**(zero-sum game),也称严格竞争博弈。不过,**博弈论**(Game Theory)研究的问题远不限于此,只要各方利益互相依存,无论参与者们的利益之和是否恒定,这些问题就都属于博弈论研究的范畴。

初学者需要区分博弈和博弈论。博弈是指多个主体之间存在利益互相依存情形下的互动问题;而博弈论则是从理性共识出发分析多个主体在上述情形下的互动决策,落脚在某种稳定状态。博弈论也称对策论,译自英文 Game Theory,后者的字面意思是"游戏理论"。在现实世界中,资源总是有限的,而人的欲望几乎是无限的,众多的个体追逐有限的资源时,不同个体之间的矛盾冲突不可避免,在本质上与游戏是一样的。因此,在英文中将研究这类问题的学科取名为"Game Theory"也大体合适。

在人类历史上,有许多广泛流传的智谋故事,让世人津津乐道。由于智谋故事中参与者之间存在利益依存关系,这些智谋故事所刻画的问题就是博弈,属于博弈论的研究对象。不过,从博弈论的角度来看,绝大多数智谋故事中激动人心的"谋略"却并不足道,缺乏思想深度和理论价值。为什么这样说呢?因为,在这些故事中,总有一方中了对方的计谋。中计者之所以会中计或失算,要么因为自己考虑不周,要么因为自己掌握的信息不如对手充分。但无论是哪一种原因,智谋故事都是不可重演的。假如一切可以从头再来,中计者一定会改弦更张,相同的结果也就不会再次出现。

博弈论则不然。在经典博弈论中,我们一般假定所有参与者都非常聪明,没有人在智力上弱于对手;每个人已经尽其所能做了最优选择,没有人会犯错误,因此，根本不可能出现"失算"的情况。这样，基于博弈论分析的结果会重复出现，即对所有人来说，既没有意外，也不会有惊喜。

换一个角度来看，智谋故事主要反映了阴谋诡计，而博弈论中的策略分析则可以称为"阳谋"。阴谋一旦被识破，就不可重复；阳谋，尤其是互为最优反应的阳谋，是可以重复出现的。

学习博弈论，一般不像阅读智谋故事那般感觉悬念迭出、惊险刺激，但学习者定会折服于博弈论的严密逻辑和深刻思想。

博弈论研究人与人之间利益相互制约情况下的策略选择、理性行为及相应的结局。博弈论的特点在于从理性的假定出发，经由严密的逻辑推理来推测决策个体的行为选择和结果。为了运用博弈论方法，博弈模型的构建要求我们抓住问题的要害，忽略细枝末节，对现实问题做必要的抽象与简化。这种简化建模的优点在于：一方面，我们可以推理得到明确的结论；另一方面，我们可以清楚地分辨结论依赖于什么因素。当然，现实中的个体往往并不完全满足理性的要求，现实问题的影响因素往往错综复杂，这些在一定程度上会削弱博弈分析结论的有效性。

三、起源、发展和适用范围

博弈论起源于经济学中的寡头竞争模型，比如库尔诺（Cournot）产量竞争模型、伯川德（Bertrand）价格竞争模型、斯特克伯格（Stackelberg）动态产量竞争模型等。1913 年，数学家恩斯特·泽梅罗（Ernst Zermelo）提出了逆向归纳法的思想并证明了有关国际象棋的一个定理；1928 年，数学家冯·诺依曼（John von Neumann）证明了两人零和博弈的最小最大定理，这些都是博弈论的早期探索。1943 年，冯·诺依曼和奥斯卡·摩根斯坦恩（Oskar Morgenstern）出版《博弈论和经济行为》(*Theory of Games and Economic Behavior*)，标志着博弈论的正式诞生。1950 年，约翰·纳什（John Nash）就一般的博弈定义了"均衡"，即后人所称的**纳什均衡**（Nash Equilibrium），为分析一般的博弈铺平了道路。莱茵哈德·塞尔滕（Reinhard Selten）于 1965 年提出**子博弈完美均衡**（Subgame Perfect Equilibrium）的概念，于 1975 年提出**颤抖手完美均衡**（Trembling Hand Perfect Equilibrium）的概念，约翰·海萨尼（John Harsanyi）于 1967 年提出不完全信息博弈的分析方法和**贝叶斯均衡**（Bayesian Equilibrium）的概念，大卫·克瑞普斯（David Kreps）和罗伯特·威尔逊（Robert Wilson）于 1981 年提出**序贯均衡**（Sequential Equilibrium）的概念，朱·弗登伯格（Drew Fudenberg）和让·梯若尔（Jean Tirole）于 1991 年提出**完美贝叶斯均衡**（Perfect Bayesian Equilibrium）的概念，这些都是博弈论的重要发展。

博弈论的适用范围是非常广泛的。只要存在利益不完全一致的多个主体,并且这些主体意识到他们的利益不完全一致,他们之间就存在博弈关系,就可以采用博弈论进行分析。不过,在实际研究中,博弈论的应用主要限于仅有为数不多的利益相关主体的情形。

四、类型划分

在经典博弈论中,理性的参与者为了自身利益最大化而选择策略和行动。由于参与者之间的利益互相依存,参与者有动机为了利益而合作,但合作协议是否具有强制力会直接影响合作协议的效力,从而影响参与者的策略选择,最终影响博弈的结果。

依据合作协议是否具有强制力,经典博弈论被区分为**合作博弈论**(cooperative game theory)和**非合作博弈论**(noncooperative game theory)。

在合作博弈论中,参与者之间达成的协议具有强制力,参与者必须遵守协议,否则会受到外在第三方的严厉惩罚。

在非合作博弈论中,参与者之间达成的协议不具有强制力,是否遵守协议完全取决于参与者的个人意愿。由于参与者追求自身利益最大化,是否遵守协议就取决于利益的权衡:如果遵守协议不符合自身利益,参与者就不会遵守协议。下面,用一个简单的例子来说明。

例2.1 武林决斗

在武侠小说中,常常出现这样一幕:两个顶尖高手以决斗的形式一决雌雄。比如,在金庸的著作《神雕侠侣》中,"西毒"欧阳锋与"北丐"洪七公狭路相逢,走向决斗。在著作《射雕英雄传》中,金庸交代了当时武林中的四大一流高手——"东邪"黄药师、"西毒"欧阳锋、"南帝"段皇爷和"北丐"洪七公。这四大高手各怀绝学,难分伯仲。

在《神雕侠侣》中,欧阳锋与洪七公于雪山决斗,进入比拼内力阶段时,杨过心急如焚,劝两人收功罢战,但两人置若罔闻,最后内力耗绝,同归于尽。当杨过劝和时,他们本来有选择的机会,如果一起收功,两人会相安无事,打成平手也无损于自己在武林中的荣誉,这一结果显然优于同归于尽的悲惨结局。难道他们都丧失理智了吗?

依据武侠小说中的常见说法,当旗鼓相当的武林高手决斗时,若一方收功而

另一方不收功,收功的一方将被打败,即使不吐血而亡也会身受重伤。因此,我们不妨将两人之间的博弈局势用表 2.1 来刻画:

表 2.1 武林决斗

		洪七公	
		收功	不收
欧阳锋	收功	活且平;活且平	死且败;活且胜
	不收	活且胜;死且败	死且平;死且平

显而易见,无论对手是否收功,不收功都是每个参与者的占优策略。如此看来,不收功完全是符合个体理性的选择,同归于尽的结局并不意外。

金庸在《射雕英雄传》中交代的一流高手本来有五位,并且用一句话概括为"东邪西毒南帝北丐中神通",所谓"中神通"就是号称重阳真人的王重阳。事实上,王重阳的武功在另外四人之上,属于超一流高手,只是当时已不在人世。

现在假设王重阳死而复生,被杨过请到了现场。王重阳对正在苦苦决斗的欧阳锋和洪七公两人提出如下建议:两人可以自主协商是否同时收功,若达成协议,王重阳愿意负责监督协议的执行。更具体地讲,若有人违背协议,王重阳将对其实施严厉的惩罚,比如挥掌将其击毙。在这种情况下,决斗问题就由原来的非合作博弈转化为合作博弈了,可以想象两人一定会达成同时收功的协议并付诸实施,从而成功地走出囚徒困境。

协议是否具有约束力是一个非常关键的问题,直接关系到参与者的策略选择和博弈结果,导致合作博弈论和非合作博弈论关注的焦点也不一样。

在非合作博弈论中,决策主体之间达成的任何协议不具有强制性,即任何一方不遵守协议的行为不会受到法律等外在强制力量的惩罚。在这一背景下,决策主体完全根据自己的利益来决定自己的选择,违背自己利益的任何表示(如承诺、威胁等)都是不可信的。相应地,非合作博弈论的核心问题是策略选择,即研究参与者如何在利益相互影响的情况下做出最有利于自己的选择。不过,在有些情况下,内生的合作是可能达到的,即参与者能够表现出"合作的行为"。

在合作博弈论中,决策主体之间达成的协议具有强制性,即法律等外在强制力量具有足够的威慑作用,保证各方一定会遵守协议。在这一背景下,策略选择问题就不再重要了。相应地,合作博弈论的核心问题是参与者之间会形成什么样的联盟,他们之间如何瓜分合作的收益。

经典博弈论一般指非合作博弈论,本章对博弈论的介绍也限于此。

从信息的角度,可以将非合作博弈划分为完全信息博弈和不完全信息博弈。

所谓完全信息博弈,是指在所有参与者结束行动之前都不存在外生的随机性;换言之,给定所有参与者的任何行动组合,每个参与者获得的收益是所有参与者的共同知识。否则,就称为不完全信息博弈。显然,不完全信息博弈比完全信息博弈更加复杂。

从参与者行动有无先后顺序的角度,可以将非合作博弈划分为静态博弈和动态博弈。所谓静态博弈,是指所有参与者同时行动并只行动一次的博弈。如果参与者的行动有先有后,后行动者在行动时能够获得关于先行动者的一些信息,这就是动态博弈。

显然,如果同时考虑信息和行动顺序这两个方面,我们就可以将博弈划分为四类:完全信息静态博弈、完全信息动态博弈、不完全信息静态博弈和不完全信息动态博弈。

五、基本假定和基本概念

(一) 理性与理性共识

尽管学界存在关于博弈论的不同定义,但都以若干基本假定为出发点。最重要的一个假定就是:博弈参与者是**理性的**(rational)。这一假定大体相当于经济学中的"经济人"假定,但还有进一步的明确要求。经济学假定个体追求效用最大化,将这样的个体称为"经济人"。在博弈论中,尽管我们经常将效用最大化简化为经济利益最大化,但并非总是如此。事实上,参与者追求的目标到底应当是什么,这离不开价值判断,它不仅因人而异,也取决于所处环境。无论个体追求的目标是什么,只要他能清楚地描述其目标,就可以通过对目标的数学变换将他改造为一个追求自身利益最大化的参与者。下面也用一个例子来说明。

例 2.2　两个心怀妒忌的参与者之间的博弈

考虑表 2.2 所示的博弈局势:

表 2.2　双人博弈

		乙	
		左	右
甲	上	7,3	3,1
	下	4,2	6,5

在上述双变量矩阵中,假定甲、乙两名参与者同时行动,各有两种策略,共有四种策略组合。给定任一特定的策略组合,两个参与者各自获得的收益用单元格中的两个数字来表示。按照惯例,第一个数字用来表示处于行位置的参与者(甲)的收益,第二个数字用来表示处于列位置的参与者(乙)的收益。比如,当甲选择策略"上"且乙选择策略"左"时,甲、乙获得的收益分别为 7 和 3。

如果甲、乙二人实际上都是心怀妒忌的人,每个人并不是追求自身利益最大化,而是希望自己的收益越高越好且对手的收益越低越好。换言之,每个人都追求相对于对手的超额收益最大化。在这种情况下,我们可以将博弈局势转化为在两个追求自身利益最大化的人之间进行的如表 2.3 所示的博弈:

表 2.3 参与者的目标变换

		乙	
		左	右
甲	上	7-3,3-7	3-1,1-3
	下	4-2,2-4	6-5,5-6

也就是说,两个自利型参与者之间进行了如表 2.4 所示的博弈:

表 2.4 参与者的目标变换

		乙	
		左	右
甲	上	4,-4	2,-2
	下	2,-2	1,-1

正因为总可以将博弈局势转化为自利型参与者之间的博弈,所以我们通常直接假定参与者都追求自身利益最大化。在本章中,若非特别指出,我们也都假定参与者追求自身利益最大化。

在博弈论中,"理性"到底意味着什么呢?我们从人的思维能力来定义理性。一个理性的人应当同时符合**认知理性**(cognitive rationality)和**工具理性**(instrumental rationality)的要求。所谓认知理性,是指个体能够依据自己掌握的信息合理地生成信念。更准确地说,如果个体能够利用概率论中的贝叶斯法则生成并更新信念,我们就说他具备认知理性。所谓工具理性,是指给定个体的信念,他能够选择最优的策略(或行动)来实现他的既定目标。由此可见,理性的定义基于思维能力,而不涉及价值判断。

通常,我们还假定理性的人具备"完美回忆",即有完全理想化的记忆能力——凡是他在博弈过程中曾经做过的事,他永远不会忘记;凡是他在博弈过程中曾经知道的事,他也永远不会忘记。

在博弈论中,我们不仅假定所有参与者都是理性的,而且通常假定这一点是所有参与者的**共同知识**(common knowledge),即参与者满足"理性共识"要求。理性共识意味着什么?每个参与者都是理性的,每个参与者都知道别人是理性的,每个参与者都知道别人知道自己是理性的,……以此类推,以至无穷。

最后,我们假定博弈的规则是所有参与者的共同知识。这也是博弈论的一条基本假定。以游戏为例,如果某些人根本不了解游戏规则,或者不清楚别人是否了解游戏规则,或者不清楚别人是否知道自己了解游戏规则……我们将很难预期到底会出现什么结果。

(二)策略

策略(strategy)是博弈论中的一个核心概念,博弈论研究在利益互相依存的情况下理性参与者如何选择策略。在博弈论中,策略是指参与者在博弈开始之前制订的一个完备行动计划。所谓完备行动计划,是指参与者对于在整个博弈过程中可能出现的每一种需要自己做出选择的情形都提前设定了具体的行动选择。检验某参与者的一个行动计划是否完备的一个简单方法是,将该计划交由一个代理人在博弈中执行。如果在任何情况下该代理人都能根据该计划做出行动选择,而不会出现代理人无所适从进而需要请示委托人的情况,那么该计划就是完备的,从而可以称其为该参与者的一个策略。

在表 2.2 的博弈中,两个参与者同时行动,然后博弈结束。由于这个博弈极其简单,所以策略也很简单。每个参与者分别有两种策略,对应于各自的两种行动——参与者甲的两种策略是"上"和"下",参与者乙的两种策略是"左"和"右"。依据双方策略组合的不同,博弈存在四种可能的结果。

在更复杂的博弈中,策略不同于行动。我们来看一个例子。

例 2.3 进入与遏制博弈(a)

某种专用芯片行业目前由企业 A 垄断,年产芯片 1000 万个,总成本 40 亿元,芯片销售单价 800 元,年利润 40 亿元。现在,企业 A 了解到另一家生产不同芯片的企业 B 正在考虑是否建立一家与企业 A 相同的工厂而进入这种专用芯片行业。如果企业 B 建厂生产,那么这种专用芯片的供应量就达到 2000 万个,芯片单价会下降为 500 元,每家企业的年利润为 10 亿元。

企业 A 也可以抢在企业 B 之前投资建立第二家工厂,自己将总产量提升到 2000 万个。在这种情况下,如果企业 B 仍然投资建厂,行业总产量就会达到 3000 万个,芯片单价将下降到 300 元。此时,企业 A 会发生 20 亿元的年亏损,企业 B 会发生 10 亿元的年亏损。

面对企业 B 进入行业的可能性,企业 A 到底是否应当建立第二家工厂呢?为了分析这个问题,我们首先将博弈局势用图 2.1 的**博弈树**(game tree)表达出来:

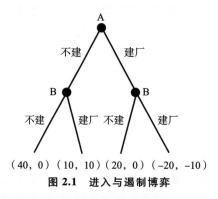

图 2.1　进入与遏制博弈

在这个博弈树中,博弈时序自上而下从根节点开始。企业 A 首先行动,可选"建厂"或"不建";企业 B 在观察到企业 A 的行动之后选择自己的行动,可选行动也是"建厂"或"不建"。企业 B 行动之后,博弈结束,两个企业共有四种行动组合,对应于四种可能的结果。对于每个结果,两个企业的收益分别用数值表示,其中第一个数值代表企业 A 的收益,第二个数值代表企业 B 的收益。[①] 按照博弈论的基本假定,博弈规则是所有参与者的共同知识,相当于两个企业都看到了博弈树。

在这个博弈中,两个企业各有哪些策略?由于企业 A 率先行动,它在行动时并没有特别的知识,其策略很简单——两种策略"建厂"和"不建",等价于它的两种行动。由于企业 B 在行动时能够观察到企业 A 此前的行动,企业 B 的策略就比较复杂,不同于它的行动。作为事前制订的完备行动计划,企业 B 的策略将所选行动建立于企业 A 的行动之上,因此,企业 B 有如下四种策略:

第一种策略:当企业 A 不建厂时,自己不建厂;当企业 A 建厂时,自己不建厂。不妨将此策略简记为(不建,不建)[②]。

[①]　在博弈树的终节点上列示了各参与者的收益。自左至右,相应的收益分别属于从博弈的根节点开始依次出现的参与者。本章遵循这一惯例。

[②]　自左至右,策略中的行动依次对应于参与者在博弈树中自左至右的信息集中分别选择的行动。本章遵循这一惯例。

第二种策略:当企业 A 不建厂时,自己不建厂;当企业 A 建厂时,自己建厂。不妨将此策略简记为(不建,建厂)。

第三种策略:当企业 A 不建厂时,自己建厂;当企业 A 建厂时,自己不建厂。不妨将此策略简记为(建厂,不建)。

第四种策略:当企业 A 不建厂时,自己建厂;当企业 A 建厂时,自己建厂。不妨将此策略简记为(建厂,建厂)。

找出每个参与者的策略之后,我们也可以用双变量矩阵重新表述这个博弈(表2.5):

表 2.5　进入与遏制博弈

		企业 B			
		(不建,不建)	(不建,建厂)	(建厂,不建)	(建厂,建厂)
企业 A	不建	40,0	40,0	10,10	10,10
	建厂	20,0	-20,-10	20,0	-20,-10

对于比较简单的博弈,我们既可以利用博弈树来表述,也可以利用双变量(或多变量)矩阵来表述,这两种表述形式可以相互转化。双变量矩阵的形式直接罗列了每个参与者的策略,便于求解纳什均衡;博弈树的优点在于清晰地刻画了博弈的动态过程以及参与者在做选择时所掌握的信息,便于求解更复杂的均衡。

在各种各样的结果中,博弈论着重关注稳定的状态,即所谓"均衡"。

我们不妨借鉴物理学中的简单例子来说明。

考察图 2.2 中的五个不同位置。显而易见,只有当球被放在 A、C 和 E 这三个位置时,它才能保持稳定;球不可能停留在 B 或 D 处。如果仅限于考虑这五个位置,我们只对 A、C 和 E 这三个位置感兴趣,而不会考虑 B 和 D 这两个位置。进一步,如果要对 A、C 和 E 这三个稳定位置加以比较,可以看出球在 A 位置处于最稳定的状态,我们就对 A 最感兴趣。

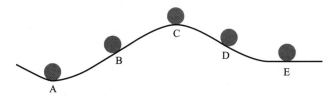

图 2.2　球的位置与稳定状态

类似地,在博弈论中,尽管存在各种各样的结果,我们主要对均衡(即稳定)

的状态感兴趣。进一步,如果一个博弈存在多个均衡状态,我们需要对这些不同的均衡状态加以比较,判断什么均衡状态最有可能出现。由于博弈问题的复杂性,比较的角度或标准不同,给出的结论也可能不同。博弈论专家不断发展新的思想或方法来定义、比较并筛选均衡状态,推动博弈论不断发展深化。

在例2.3中,为了追求自身利益最大化,每个企业应当如何行动,会出现什么结果呢?我们感兴趣的是均衡状态,尤其是最合理、最有说服力的均衡状态。这正是博弈论研究的中心内容。

六、策略型博弈的均衡

在分析博弈问题之前,首先需要以适当的方式描述博弈,我们称之为博弈的表述。对于非合作博弈问题,存在不同的表述方法。一种方法是描述博弈的三个要素——参与者有哪些人;每个参与者有哪些策略;给定各参与者的一个具体策略组合,各参与者的收益是多少。这种方法称为**策略型表述**(strategic form)。我们也将策略型表述的博弈称为策略型博弈。对于比较简单的博弈,通常可以采用类似双变量(或多变量)矩阵的形式来直观地表述,如表2.2或表2.5所示,此时博弈的三个要素一览无余,我们有时也将这种矩阵形式表述的博弈简称为策略型博弈。本节讨论策略型博弈。

(一)占优策略均衡

在一个博弈中,如果某个参与者存在这样的策略——无论对手采取什么策略,自己的这个策略带来的收益总是高于其他策略带来的收益,那么就将这个策略称为该参与者的**占优策略**(dominant strategy)。

在占优策略均衡中,囚徒困境是最简单的博弈,也是最著名的博弈。

例2.4 囚徒困境博弈(a)

在表2.6的囚徒困境博弈中,每个参与者都有两个策略,但策略"招认"显然优于策略"抵赖"。以参与者甲为例,假定参与者乙选择了策略"抵赖",则甲选择"招认"优于"抵赖";假定参与者乙选择了策略"招认",甲选择"招认"仍然优于"抵赖"。既然如此,如果两个参与者分散独立决策,从个人利益最大化出发,每个人就都会选择"招认",我们说这是基于"个体理性"做出的选择。无论对手选择什么策略,自己选择策略"招认"都是最优的,我们称"招认"是每个参与者的占优策略。

表 2.6　囚徒困境博弈

		乙	
		招认	抵赖
甲	招认	1,1	4,0
	抵赖	0,4	3,3

更准确地讲,由于在每种情况下,自己选择策略"招认"获得的收益都严格高于选择其他策略获得的收益,"招认"是参与者的严格占优策略。

从个体理性出发,两个参与者都会选择"招认",这构成了一个均衡状态,我们称之为占优策略均衡。

从表 2.6 可以看出,如果两个参与者能够协调行动,都选择策略"抵赖",每个人获得的收益都是 3,优于前述占优策略均衡中各自获得的收益 1,我们就说两个参与者都选择策略"抵赖"符合集体理性。

显然,在囚徒困境博弈中,个体理性与集体理性产生了矛盾。集体理性的结果对于每个参与者都更好,但由于违背个体理性而难以出现。

例 2.5　中小学生补课问题

近年来,中小学生补课问题愈演愈烈,不仅学生们失去了自由支配的时间,家庭也面临沉重的经济负担,引起了社会各界的广泛关注。中央政府高度重视这一问题,于 2021 年 7 月出台了"双减"政策。

为什么学生会补课呢？归根结底是由于升学的压力。尽管大学扩招后绝大多数高中生都能接受高等教育,但一流大学毕竟屈指可数。为了进入一流大学,就要想方设法进入一流中学；为了进入一流中学,就要尽可能入读一流小学,尽可能夯实基础,提高应试技能,在各类比赛中取得好的名次,至少不能让孩子输在起跑线上。这样,高考的压力层层传递到中小学甚至幼儿园。

不妨构造一个极其简单的博弈模型来分析补课问题。设想一流大学只有一所且仅招收一名学生,并根据高考成绩择优录取。现有两名考生竞争这唯一的招生名额,并且这两名学生的天赋、平时成绩等完全相同。补课可以提高应试技能,从而提高高考成绩。假设考上一流大学带来的预期收益为 Y,补课的成本[①]为 C,且有

$$Y > 2C > 0 \tag{2.1}$$

[①] 包括补课费以及学生因补课而丧失的自由支配时间带来的机会成本。

如果一名学生补课而另一名学生不补课,那么,补课的学生能取得更高的高考成绩而被一流大学录取,不补课的学生落榜。如果两名学生都补课或者都不补课,那么两名学生的应试能力旗鼓相当,高考成绩完全取决于临场发挥;从事前来看,每人都有同等的可能性被一流大学录取。

这样,我们可以将博弈局势用表 2.7 来表述。

表 2.7 补课博弈

		乙	
		不补课	补课
甲	不补课	$0.5Y, 0.5Y$	$0, Y-C$
	补课	$Y-C, 0$	$0.5Y-C, 0.5Y-C$

在式(2.1)的假定之下,"补课"是每个学生的占优策略——无论别人是否补课,自己选择"补课"都优于"不补课"。因此,每个学生都补课构成了一个占优策略均衡。

事实上,如果每个学生都不补课,这对于所有学生来说都是一个更好的结果,这是集体理性的结果,但由于违背个体理性而无法达到。可见,学生们陷入了类似囚徒的困境。

由此可见,政府推出的"双减"政策能够通过行政干预帮助学生及家长摆脱囚徒困境。

值得指出的是,尽管囚徒困境博弈非常著名,而且社会生活及经济环境中广泛存在类似囚徒困境的问题,但囚徒困境博弈只是一类最简单的博弈。囚徒困境博弈仅仅反映了个体理性与集体理性之间的矛盾,而没有反映参与者决策的困难和复杂性。在绝大多数博弈中,参与者并没有自己的占优策略,这时他到底应该选择什么策略通常取决于对手选择了怎样的策略,这才真正体现了参与者之间的策略依存关系,体现了参与者决策的困难,从而体现了博弈问题的复杂性。

(二) 重复剔除劣策略

前面讨论了占优策略,即无论对手如何选择,自己存在一个最优策略,它带来的收益是所有策略中最高的。进一步,可以区分严格占优策略和弱占优策略。严格占优策略带来的收益高于其他任何策略;弱占优策略带来的收益不低于其他任何策略,且至少在某些情况下高于其他策略。

如果无论对手如何选择,参与者的某个策略(比如策略 A)给他带来的收益总是低于另一个策略(比如策略 B)给他带来的收益,我们就说策略 A 相对于策略 B

是一个**严格劣策略**(strictly dominated strategy)。任何理性的参与者不会选择严格劣策略,这是博弈论的一个基本假定(即工具理性),可以作为所有参与者之间的共同知识。只要他的对手相信他是理性的,就会推断他不会选择这个严格劣策略 A。这样,在分析博弈时,就可以把严格劣策略 A 从博弈中剔除,从而使博弈局势得到简化。在简化的博弈中,如果又发现某个参与者存在严格劣策略,可以进一步剔除它……只要仍然存在严格劣策略,这个过程就可以一直进行下去,我们把这称为"**重复剔除严格劣策略过程**"(iterated strictly dominance elimination procedure),且一直到每个参与者都不存在严格劣策略为止。

如果每个参与者最后只剩一个策略,那么,我们就找到了这个博弈的一个均衡状态,并将每个参与者剩下的唯一策略构成一个组合,称为**重复剔除(严格劣策略)的占优均衡**。

值得强调的是,重复剔除严格劣策略过程需要以参与者之间的理性共识为前提;如果缺乏这个前提,重复剔除严格劣策略过程将不能进行下去。下面,以例 2.6 进行说明。

例 2.6 双人博弈(a)

在表 2.8 所示的博弈中,两个参与者都不存在占优策略,这个博弈不存在占优策略均衡。可以看出,就参与者乙而言,其策略"右"严格劣于策略"中",理性的参与者乙不会选择策略"右"。只要参与者甲知道参与者乙是理性的,他就能推断参与者乙不会选择策略"右",从而可以将参与者乙的策略"右"从博弈中剔除,因而此博弈局势简化为表 2.9 所示。

表 2.8 双人博弈

		乙		
		左	中	右
甲	上	2,3	3,2	0,1
	下	0,0	1,6	4,2

表 2.9 简化后的双人博弈

		乙	
		左	中
甲	上	2,3	3,2
	下	0,0	1,6

在表 2.9 所示的博弈中,参与者甲发现策略"下"严格劣于策略"上",理性的参与者甲不会选择策略"下"。

如果参与者乙知道参与者甲是理性的,并且参与者乙知道参与者甲知道参与者乙是理性的,他就能推断参与者甲不会选择策略"下",从而可以将参与者甲的策略"下"从博弈中剔除,因而博弈局势简化为表 2.10 所示:

表 2.10　再度简化后的双人博弈

		乙	
		左	中
甲	上	2,3	3,2

在表 2.10 所示的博弈中,参与者乙发现策略"中"严格劣于策略"左",理性的参与者乙不会选择策略"中",而会选择策略"左"。

由此可见,重复剔除严格劣策略之后,剩下的唯一策略组合是(上,左),这就是该博弈的重复剔除的占优均衡。

要得到这个均衡(上,左),对于参与者之间的理性共识有如下具体要求:
(1) 参与者甲是理性的,参与者乙也是理性的;
(2) 参与者甲知道参与者乙是理性的,参与者乙也知道参与者甲是理性的;
(3) 参与者乙知道参与者甲知道参与者乙是理性的。

如果只符合要求(1),我们就说满足 0 阶理性共识;如果能符合要求(1)和(2),我们就说满足 1 阶理性共识。以此类推,更高阶的理性共识可以类似定义。

显然,在表 2.8 所示的博弈中,如果满足 2 阶理性共识,就可以采用重复剔除严格劣策略的方法得到均衡(上,左)。

如果无论对手如何选择,参与者的某个策略(比如策略 A)给他带来的收益总是不超过另一个策略(比如策略 B)给他带来的收益,并且至少在某种情况下比策略 B 更差,我们就说策略 A 相对于策略 B 是一个**弱劣策略**(weakly dominated strategy)。有时候,重复剔除弱劣策略也能得到唯一的策略组合,我们称为**重复剔除(弱劣策略)的占优均衡**。值得注意的是,重复剔除弱劣策略过程得到的结果可能依赖于剔除的顺序。我们以例 2.7 来进行说明。

例 2.7　投票问题(主席悖论)

假设某委员会有三个委员(1、2、3)要就三个备选方案(A、B、C)进行投票。同时假定采用多数票制,但为了避免出现僵局,现在委员 1 担任主席。主席的权力体现在:如果三个人的投票结果没有哪个方案胜出,那么作为主席的委员 1 就拥有最终决定权。先假定每各人的偏好顺序如表 2.11 所示,且以上信息为共同知识。如此,则每个人会如何投票,最终哪个方案会被选中呢?

表 2.11 投票问题中的偏好结构

	第一偏好	第二偏好	第三偏好
委员 1(主席)	A	B	C
委员 2	C	A	B
委员 3	B	C	A

我们首先分析主席的投票策略。容易验证,方案 A 是主席的(弱)占优策略,故可推断他会选方案 A。

作为理性的参与者,委员 2 和委员 3 也能推断主席会选 A。

委员 2 存在一个弱劣策略 B(它不仅劣于 C,也劣于 A),所以他不会选择 B。

委员 3 存在一个弱劣策略 A(它不仅劣于 B,也劣于 C),所以他不会选择 A。

剔除每个参与者的劣策略后,博弈局势简化为——主席选择策略 A,委员 2 选择策略 C 或 A,委员 3 选择策略 B 或 C。在这个简化的博弈中,委员 2 的策略 A 劣于策略 C,委员 3 的策略 B 也劣于策略 C。所以,这个博弈存在一个重复剔除的占优均衡(A,C,C),方案 C 胜出。

结果表明,拥有特权的主席反而得到了对他最不利的结局,这就是著名的"主席悖论"。为什么主席拥有特权后反而招致更差的结局呢?原因其实不在于权力本身,而在于他的偏好信息被对手获知了。

(三) 纳什均衡

通过重复剔除劣策略过程来求解博弈,既通俗易懂又符合逻辑。可是,对于大多数博弈来说,要么根本不存在劣策略,要么在重复剔除劣策略之后也得不到唯一的策略组合。如果无法运用重复剔除劣策略的方法来求解博弈,我们该怎么办呢?

1. 纳什均衡的概念

考虑一个简单的交通博弈。

例 2.8　简单的交通博弈（a）

设想甲、乙两人在道路上驾车相对行驶，在会车时双方需要同时决定靠自己的左边行驶还是靠自己的右边行驶。如果两人分别靠自己的右边行驶，两人都能顺利通过；如果两人分别靠自己的左边行驶，两人也都能顺利通过；在其他情况下，两人无法顺利通过。表 2.12 刻画了博弈局势：

表 2.12　简单的交通博弈

		乙	
		靠左	靠右
甲	靠左	1,1	0,0
	靠右	0,0	1,1

在表 2.12 所示的交通博弈中，没有参与者存在劣策略，因此无法通过剔除劣策略来求解或简化博弈局势。此时如何定义均衡状态呢？如果一人靠左行驶，另一人靠右行驶，当他们会车时，为了避免相撞，在对手不改变策略的情况下，自己有动机改变自己的策略。如果两人选择的策略相同，当他们会车时，在对手不改变策略的情况下，自己没有动机改变自己的策略。可见，后一类情况比前一类情况更加稳定，这种稳定性正是纳什均衡所刻画的性质。

对于任一博弈，给定各参与者的一个特定的策略组合，如果这个策略具有这样的性质——就每个参与者而言，在其他参与者不改变策略的情况下，自己没有动机单独改变策略，我们就说这个策略组合是该博弈的一个**纳什均衡**。

在表 2.12 的交通博弈中，策略组合（靠左，靠左）是一个纳什均衡，策略组合（靠右，靠右）也是一个纳什均衡。

事实上，无论占优策略均衡还是重复剔除的占优均衡，都是纳什均衡的特例。可以简单地按照纳什均衡的定义进行验证：在均衡策略组合中，每个参与者的策略都是对于其他参与者既定策略的最优反应。

2. 利用划线法求纳什均衡

如果博弈能够用双变量矩阵来描述，就可以采用如下步骤找出纳什均衡：

（1）考察某个参与者。给定其他参与者的任一策略组合，找出该参与者的最优反应，并在相应的表示收益的数字下面划线。

（2）对于其他每一个参与者，重复步骤(1)。

（3）如果某个单元格中的所有数字都被划线了，那么这个单元格所对应的策略组合就是一个纳什均衡。

我们将这种求解方法简称为"**划线法**"。

例 2.9　简单的交通博弈(b)

采用划线法求纳什均衡,参见表 2.13。

表 2.13　简单的交通博弈

		乙	
		靠左	靠右
甲	靠左	1,1	0,0
	靠右	0,0	1,1

可见,策略组合(靠左,靠左)是一个纳什均衡,策略组合(靠右,靠右)也是一个纳什均衡。

3. 利用求导法求纳什均衡

如果博弈不能表示为双变量矩阵形式,就无法采用划线法求解。如果参与者的策略是连续的,收益函数连续可导,就可采用求导数的方法来求纳什均衡。

例 2.10　基于产量竞争的库尔诺模型

设想某行业存在两个生产同质产品的企业,记为企业 1 和企业 2,两个企业同时选择自己的产量:

$$q_i \in S_i = [0, \infty), \quad i = 1, 2$$

每个企业都没有固定成本,且有相同的单位成本 c。

产品价格由市场反需求函数决定:

$$p = a - (q_1 + q_2)$$

这样,企业的收益函数为:

$$\pi_i(q_i, q_j) = q_i \cdot (p - c), \quad i, j = 1, 2, i \neq j$$

按照纳什均衡的定义,若策略组合 (q_1^*, q_2^*) 为纳什均衡,对企业 $i = 1, 2$, q_i^* 应为下面最优化问题的解:

$$\max_{0 \leq q_i < \infty} \pi_i(q_i, q_j) = q_i [a - (q_i + q_j) - c]$$

对每个企业,各得到一个一阶条件,联立可解得

$$q_1^* = q_2^* = \frac{a-c}{3}$$

这就是库尔诺模型的纳什均衡,可简记为 $\left(\dfrac{a-c}{3}, \dfrac{a-c}{3}\right)$。

下面再看一个经典例子。

例 2.11 公共草场问题

考虑有 n 个村民的村庄,所有村民都在村庄公共的草地上放牧。村民 i 的一个策略为选择放养羊的数目 $g_i \in [0, \infty)$,则村庄里羊的总数为:

$$G = g_1 + \cdots + g_n$$

设购买或照看一只羊的成本为 c,一只羊的价值为 $v(G)$,假定 $v'(G)<0$, $v''(G)<0$.

村民 i 放养 g_i 只羊的利润为:

$$\pi_i(g_1,\cdots,g_n) = g_i \cdot v(g_1+\cdots+g_n) - c \cdot g_i$$

其一阶条件为:

$$v(G) + g_i \cdot v'(G) - c = 0$$

联立所有村民的一阶条件可得:

$$v(G^*) + \frac{1}{n}G^* \cdot v'(G^*) - c = 0$$

但是,全社会的最优选择 G^{**} 为下面的最优化问题的解:

$$\max_{0 \leq G < \infty} G \cdot v(G) - G \cdot c$$

它的一阶条件为:

$$v(G^{**}) + G^{**} \cdot v'(G^{**}) - c = 0$$

假设 $G^* \leq G^{**}$,那么由于 $v'(G)<0$,就有 $v(G^*) \geq v(G^{**})$。
类似地,由于 $v''(G)<0$,就有 $v'(G^{**}) \leq v'(G^*)<0$。
这样必有:

$$v(G^*) + \frac{1}{n}G^* \cdot v'(G^*) - c > v(G^{**}) + G^{**} \cdot v'(G^{**}) - c$$

这与两者都等于 0 相矛盾。所以必有 $G^* > G^{**}$。

可见,与社会最优水平相比,纳什均衡时放养羊的总数太多了。这就是所谓"公共地的悲剧"。

(四) 混合策略纳什均衡

如果仅限于讨论纯策略,有些博弈不存在纯策略均衡。实际上,个体也可以在几种纯策略中随机选择,因此,我们现在将策略的概念推广到**混合策略**(mixed strategy),进而定义混合策略纳什均衡。

在各式各样的游戏中,"石头剪刀布"大概是流传最广的一个简单游戏。我们现在用博弈论进行分析。

 例 2.12 "石头剪刀布"游戏

我们可以将博弈局势用双变量矩阵形式表述如下(表 2.14):

表 2.14 "石头剪刀布"游戏

		乙		
		石头	剪刀	布
甲	石头	0,0	1,-1	-1,1
	剪刀	-1,1	0,0	1,-1
	布	1,-1	-1,1	0,0

在这个博弈中,没有参与者存在劣策略,因此不存在重复剔除的占优均衡。此外,也没有哪一对策略互为最优反应,似乎并不存在纳什均衡。

现在我们站在甲的角度思考,假设两人反复玩这个游戏,甲有没有办法把自己的获胜率提高到 50% 以上?借鉴足球比赛中"防守反击"的思想,甲可以采取某种防守策略,设法在概率上保证不败(即获胜率不低于 50%),在此前提下观察对手的出拳,一旦发现有迹可循就采取针对性的出拳(比如预期对方即将出"剪刀"时自己就出"石头"),在下一轮再度回到防守策略。基于上述思路,甲方会有获胜的机会。

甲方如何才能找到防守策略呢?为了确保对手无法从自己的出拳中观察到任何规律,甲需要确保"石头""剪刀"和"布"这三种出拳随机出现,而且三者出现的概率必须相等。一个简单的做法就是,甲通过掷骰子来决定出拳——若掷出 1 或 2,就出"石头";若掷出 3 或 4,就出"剪刀";若掷出 5 或 6,就出"布"。采用这种方式出拳,自己也无法预知自己将出什么,对手当然也无法预知。以此作为防守策略,能从概率上保证自己不输,然后不断观察对手的出拳,伺机利用对手出拳的规律予以"打击"。

当然,参与者乙也是理性的,他也会想到利用这个基于掷骰子的防守策略。当两个人都采取掷骰子这个防守策略时,谁都找不到对方出拳的规律,双方就一直采取这个策略,这看起来是不是达到了一种均衡状态?双方的这种掷骰子策略互为最优反应,确实符合纳什均衡的定义。但这种掷骰子策略是一种随机策略,不同于本章前面所讲的那种确定性策略。为了区分这两类不同的策略,我们将前面所讲的确定性策略称为**纯策略**(pure strategy),而将类似掷骰子这种随机策略称为**混合策略**。

1. 混合策略

参与者的一个混合策略是建立在该参与者的纯策略集合上的一个概率分布。可将例2.12中的掷骰子式的混合策略表示为$\left(\frac{1}{3},\frac{1}{3},\frac{1}{3}\right)$,括号中的三个数值分别表示参与者选择三种纯策略的概率。就行参与者(甲)而言,这三个数值依次表示他选择自上而下三个策略(即"石头""剪刀"和"布")的概率;就列参与者(乙)而言,这三个数值依次表示他选择自左而右三个策略(即"石头""剪刀"和"布")的概率。

考虑混合策略以后,我们可以更有效地利用重复剔除劣策略方法。就某参与者而言,即使某策略不劣于其他任何纯策略,只要劣于某一混合策略,理性的参与者也不会采用这个策略,可以将该策略剔除,进而简化博弈局势。

例2.13 双人博弈(b)

我们对表2.8中参与者乙的收益略加改动,变为表2.15所示的博弈局势:

表2.15 双人博弈

		乙		
		左	中	右
甲	上	2,3	3,0	0,1
	下	0,0	1,6	4,2

如果仅限于比较纯策略,这个博弈中每个参与者都没有劣策略,因而无从剔除劣策略。现在考虑参与者的一个混合策略——通过掷硬币来选择"左"与"右",可以将这个策略简记为$\left(\frac{1}{2},\frac{1}{2},0\right)$。将乙的纯策略"右"与这个混合策略比较,无论甲选择"上"还是"下",乙的纯策略"右"都劣于这个混合策略,理性的乙

就不会选择"右",可以将它从博弈中剔除。

一旦剔除了乙的纯策略"右",就可以与例 2.6 类似地重复剔除劣策略,最后得到唯一的策略组合(上,左),这既是重复剔除的占优均衡,也是纳什均衡。

2. 混合策略纳什均衡及其求法

将策略的概念由纯策略推广到混合策略之后,可以证明:任何有限博弈,即参与者的人数有限且每个参与者的策略数目有限,至少存在一个纳什均衡;如果没有纯策略纳什均衡,就一定存在混合策略纳什均衡。这个结论就是著名的纳什定理。

可以利用混合策略纳什均衡的如下性质来求混合策略纳什均衡:

在一个 n 人博弈中,各参与者的混合策略组合 $(p_1^*, \cdots, p_n^*)$ 为纳什均衡的充分必要条件是:对于每个参与者 i,

(1)给定 $(p_1^*, \cdots, p_{i-1}^*, p_i^*, p_{i+1}^*, \cdots, p_n^*)$,$p_i^*$ 中每个大于 0 的分量所对应的纯策略带来相同的期望收益;

(2)给定 $(p_1^*, \cdots, p_{i-1}^*, p_i^*, p_{i+1}^*, \cdots, p_n^*)$,$p_i^*$ 中每个等于 0 的分量所对应的纯策略带来的期望收益不大于非 0 分量所对应纯策略带来的期望收益。

根据混合策略纳什均衡的以上特征,我们可以按照以下步骤求解:

第一步,对于每个参与者 i,选择其纯策略空间 $S_i = \{s_{i1}, \cdots, s_{iK}\}$ 的一个子集 T_i。

第二步,构造混合策略组合 $(p_1, \cdots, p_n)$,其中对于 $i = 1, \cdots, n$,p_i 中为正的分量构成的集合恰好为 T_i。

检查该混合策略组合是否满足上面的两个条件(1)和(2)。若满足,则为混合策略纳什均衡。

第三步,不断重复第一步和第二步,直到完成对各参与者所有子集组合的分析为止。

下面来看两个例子。

 例 2.14 双人博弈(c)

求出下面博弈(表 2.16)的所有纳什均衡:

表 2.16 双人博弈

		乙		
		B	S	X
甲	B	4,2	0,0	0,1
	S	0,0	2,4	1,3

首先，可以求出两个纯策略纳什均衡(B,B)和(S,S)。

现在，考虑甲采用纯策略而乙采用混合策略(即对两个或三个纯策略以正的概率混合)的纳什均衡。如果甲采用纯策略B，那么乙的三个纯策略带来的收益各不相同，这不满足条件(1)，所以不存在这类均衡。类似地，也不存在甲采用纯策略S而乙采用混合策略的均衡。

接下来，分析乙采用纯策略而甲采用混合策略的纳什均衡。同样，也不存在这种类型的均衡。

然后，考虑甲采用混合策略而乙采用对两种纯策略进行混合的混合策略的情况。以 p 表示甲采用B的概率，乙存在三种混合策略：

第一种：乙对B和S进行混合。对于乙，根据条件(1)和(2)，应有：
$$2p=4(1-p)\geqslant p+3(1-p)$$

由左边的等式求得 $p=\dfrac{2}{3}$，但它不满足右边的不等式。因此，不存在这种均衡。

第二种：乙对B和X进行混合。对于乙，根据条件(1)和(2)，应有：
$$2p=p+3(1-p)\geqslant 4(1-p)$$

由左边的等式求得 $p=\dfrac{3}{4}$，它同时也满足右边的不等式。

以 q 表示乙采用B的概率。对于甲，根据条件(1)应有：
$$4q=1-q$$

解得 $q=\dfrac{1}{5}$。对于甲，条件(2)自动满足。

因此，$\left(\left(\dfrac{3}{4},\dfrac{1}{4}\right),\left(\dfrac{1}{5},0,\dfrac{4}{5}\right)\right)$ 是这个博弈的一个混合策略纳什均衡。

第三种：乙对S和X进行混合。此时，甲的纯策略S总优于B，因此不存在这类均衡。

最后考虑甲采用混合策略而乙采用对三种纯策略进行混合的混合策略的情况。以 p 表示甲采用B的概率，那么对于乙，根据条件(1)应有：
$$2p=4(1-p)=p+3(1-p)$$

由左边的等式求得 $p=\dfrac{2}{3}$，但它不满足右边的等式。因此不存在这类均衡。

综上所述，该博弈存在两个纯策略纳什均衡(B,B)和(S,S)，一个混合策略纳什均衡 $\left(\left(\dfrac{3}{4},\dfrac{1}{4}\right),\left(\dfrac{1}{5},0,\dfrac{4}{5}\right)\right)$。

例 2.15 田忌赛马

田忌赛马的故事出自《史记》卷六十五之《孙子吴起列传第五》,是中国历史上有名的揭示如何善用自己的长处去对付对手的短处,从而在竞技中获胜的事例。原文如下:

> 齐使者如梁,孙膑以刑徒阴见,说齐使。齐使以为奇,窃载与之齐。齐将田忌善而客待之。忌数与齐诸公子驰逐重射。孙子见其马足不甚相远,马有上、中、下辈。于是孙子谓田忌曰:"君弟重射,臣能令君胜。"田忌信然之,与王及诸公子逐射千金。及临质,孙子曰:"今以君之下驷与彼上驷,取君上驷与彼中驷,取君中驷与彼下驷。"既驰三辈毕,而田忌一不胜而再胜,卒得王千金。于是忌进孙子于威王。威王问兵法,遂以为师。

我们设想赛马在齐威王与田忌这两个参与者之间进行,比赛分为三轮,每匹马只能出场一次,且两人同时决定自己的马的出场次序。现在假定两者具有理性共识。我们下面运用博弈论的概念和方法来求赛马博弈的纳什均衡。

赛马是一个常和博弈,即无论博弈结果如何,双方的收益之和始终为一个常数①。博弈局势可以用表 2.17 来表示。

表 2.17 田忌赛马

		田忌					
		上中下	上下中	中上下	中下上	下上中	下中上
齐威王	上中下	1,0	1,0	1,0	1,0	0,1	1,0
	上下中	1,0	1,0	1,0	1,0	1,0	0,1
	中上下	1,0	0,1	1,0	1,0	1,0	1,0
	中下上	0,1	1,0	1,0	1,0	1,0	1,0
	下上中	1,0	1,0	1,0	0,1	1,0	1,0
	下中上	1,0	1,0	0,1	1,0	1,0	1,0

采用画线法很容易发现,这个博弈不存在纯策略纳什均衡。

假设对于每个参与者,他选择每个纯策略的概率都大于 0,那么,根据混合策略均衡的充要条件,这 6 个纯策略必须带给他相等的收益,由此求出的均衡是:

$$\left(\left(\frac{1}{6},\frac{1}{6},\frac{1}{6},\frac{1}{6},\frac{1}{6},\frac{1}{6}\right),\left(\frac{1}{6},\frac{1}{6},\frac{1}{6},\frac{1}{6},\frac{1}{6},\frac{1}{6}\right)\right)$$

---

① 这里就是千金之奖。

即,每个参与者都以均等的概率从6个纯策略中随机选择,相当于通过掷骰子来选择。

假定存在某个混合策略纳什均衡,其中齐威王对纯策略"上中下"赋以零概率。此时,田忌必然不再考虑纯策略"下上中",即对于该策略也赋以零概率。可是,一旦田忌对于纯策略"下上中"赋以零概率,齐威王就必然愿意选择纯策略"上中下"而不愿意考虑其他纯策略。由此可见,在任何混合策略均衡中,齐威王都不可能对纯策略"上中下"赋以零概率。

采用类似的方法可以证明,在任何混合策略纳什均衡中,不可能有某个参与者对某个纯策略赋以零概率。因此,田忌赛马问题只有唯一的纳什均衡——每个参与者都以均等的概率从6个纯策略中随机选择,不显露对于任何单一策略的丝毫偏爱,让对方猜不透。

(五)相关均衡

作为纯策略的推广,混合策略允许每个参与者在自己的纯策略集合中以某种概率分布来随机选择,但不同参与者的策略选择必须相互独立。相应地,混合策略纳什均衡也可以视为纯策略纳什均衡的推广。

事实上,我们可以对混合策略做进一步的推广。如果允许参与者的策略选择之间不独立,这就是所谓的**相关策略**(correlated strategy)。

让我们来考虑在十字路口南北向车辆与东西向车辆面临的交通博弈问题。

例2.16 十字路口的交通博弈

表2.18所示的博弈存在两个纯策略纳什均衡(行驶,等待)和(等待,行驶),还有一个混合策略纳什均衡((0.5,0.5),(0.5,0.5))。如果始终只允许某个方向的车辆通行,这显然是不合理的,因此两个纯策略纳什均衡都是不合理的。在混合策略纳什均衡中,不同方向信号灯的颜色就是互相独立的,这样一来,就有可能出现所有信号灯都为红色或所有信号灯都为绿色的情况,此时十字路口的交通就会出现混乱。可见,混合策略均衡也是不合理的。

表2.18 十字路口的交通博弈

		东西向车辆	
		行驶	等待
南北向车辆	行驶	0,0	2,1
	等待	1,2	1,1

现在考虑在十字路口的道路上装设交通信号灯,当车辆到达十字路口时,南北向道路的信号灯依某一概率分布为红色或绿色[①],东西向道路的信号灯也依某一概率分布为红色或绿色。并且,南北向道路上信号灯的颜色与东西向道路上信号灯的颜色之间是相关的——当前者为绿色时,后者必为红色;当前者为红色时,后者必为绿色。这就是相关策略最简单的情形。

当车辆到达十字路口时,如果南北向道路的信号灯为红色,东西向道路的信号灯为绿色,即使"红灯停,绿灯行"仅是惯例而非交通法规,理性的司机都会自觉遵循这一惯例。以南北向道路上的车辆为例,若遇到绿灯,那么东西向道路的信号灯必为红色,给定东西向道路上的司机遵循"红灯停,绿灯行"的惯例而等待,南北向道路上的司机的最优行动是行驶,也就是说他会遵循"红灯停,绿灯行"的惯例。

反过来,若南北向道路上的车辆遇到红灯,那么东西向道路的信号灯必为绿色,给定东西向道路上的司机遵循"红灯停,绿灯行"的惯例而行驶,南北向道路上的司机的最优行动是等待,也就是说他仍然会遵循"红灯停,绿灯行"的惯例。由此可见,通过在十字路口装设交通信号灯并约定"红灯停,绿灯行",即使该约定没有强制力,理性的司机们仍然会自觉依照该约定选择行动;双方的策略不是互相独立的,这构成了一个相关均衡(correlated equilibrium)。

在混合策略纳什均衡中,每个司机的预期收益都为1;在相关均衡中,每个司机的预期收益都是1.5,高于前者。

下面给出相关均衡的正式定义:

设想有一个局外人根据概率分布 α 从纯策略组合$(s_1, s_2, \cdots, s_n)$构成的集合中进行选择,这里,概率分布 α 是所有参与者的共同知识。这个局外人向每个参与者推荐相应的纯策略(即向参与者 i 推荐纯策略 s_i),参与者可以接受推荐,也可以拒绝推荐而采用其自身策略集之中的其他任何策略。不妨以 $\delta_i(s_i)$ 表示参与者对推荐策略的反应。如果

$$u_i(\alpha) \geq \sum_{(s_i, s_{-i}) \in \times S_i} \alpha(s_i, s_{-i}) u_i(\delta_i(s_i), s_{-i}), \quad \forall \delta_i: S_i \to S_i, \quad \forall i \in N$$

我们就说相关策略 α 构成了一个**相关均衡**。

相关策略和相关均衡普遍用于协调参与者的行为,因而具有广泛的实用价值。赫伯特·金迪斯认为,在社会科学中,相关均衡是一个比纳什均衡更重要的概念,"最有成效的人类行为建模方式是,把人类行为看作是具有社会认识论的个

[①] 忽略黄色,下同。

体在社会规范背景下的互动交往,社会规范充当了设计社会交往的相关机制"[1]。

可以采用线性规划来求相关均衡,我们用例2.17来进行说明。

例2.17 双人博弈(d)

表2.19所示的博弈存在两个纯策略纳什均衡(A,B)和(B,A),还有一个混合策略纳什均衡((0.5,0.5),(0.5,0.5))。每个纯策略均衡分别有利于一个参与者而不利于另一个参与者,参与者之间难以达成共识。在混合策略均衡中,每个参与者的预期收益都是2.5,很公平,但收益不高。如果两个参与者事前约定通过掷硬币的方式在两个纯策略均衡之间选择,就得到了一个相关策略均衡,此时每个参与者的预期收益都是3,高于混合策略均衡对应的收益。

表2.19 双人博弈

		乙	
		A	B
甲	A	0,0	5,1
	B	1,5	4,4

从表2.19可见,策略组合(B,B)能带来共赢,但它不是纳什均衡,不能作为稳定的结果出现。不过,可以构建一个相关均衡使之以正的概率出现,从而得到比掷硬币更好的结果。如何找到最好的相关均衡呢?

这个博弈共有(A,A)、(A,B)、(B,A)和(B,B)这四种策略组合,对应四种结果。假设双方利用某种外生随机机制协调行动,使得采取这四种策略组合的概率分别为x、y、z和w,如表2.20所示。

表2.20 双人博弈

		乙	
		A	B
甲	A	0,0 (x)	5,1 (y)
	B	1,5 (z)	4,4 (w)

---

[1] 〔美〕赫伯特·金迪斯:《理性的边界——博弈论与各门行为科学的统一》,董志强译,格致出版社2011年版。

引入相关策略的目的在于协调参与者的行动,以得到对双方更好的结果。首先确定最优化目标:
$$\text{Max } x(0+0)+y(5+1)+z(1+5)+w(4+4)$$
即,
$$\text{Max } 6y+6z+8w$$
约束条件为:
$$x+y+z+w=1, x\geq 0, y\geq 0, z\geq 0, w\geq 0$$

但是,要使得双方能够自觉遵守相关策略,这些参数还必须满足一定的条件。

当外生的随机机制产生信号之后,参与者虽然根据相关策略获得了一些信息,但并不知道精确的信号,进而无法知道自己的行动选择所对应的确切结果。以参与者甲为例,当他得到信号提示要求他选择行动 B 时,依据相关策略和贝叶斯法则,他只知道参与者乙选择行动 A 和 B 的概率分别为 $\frac{z}{z+w}$ 和 $\frac{w}{z+w}$,但并不知道参与者乙到底选择了什么行动。此时,参与者甲若依相关策略选择行动 B,能够获得的预期收益是 $\frac{z+4w}{z+w}$;若偏离相关策略而选 A,他能获得的预期收益是 $\frac{5w}{z+w}$。

要构成相关均衡,参与者甲不能有动机偏离相关策略,故需要满足条件:
$$\frac{z+4w}{z+w}\geq \frac{5w}{z+w} \tag{2.2}$$

当参与者甲得到信号提示要求他选择行动 A 时,依据相关策略和贝叶斯法则,他只知道参与者乙选择行动 A 和 B 的概率分别为 $\frac{x}{x+y}$ 和 $\frac{y}{x+y}$,但并不知道参与者乙到底选择了什么行动。此时,参与者甲若依相关策略选择行动 A,能够获得的预期收益是 $\frac{5y}{x+y}$;若偏离相关策略而选 B,他能获得的预期收益是 $\frac{x+4y}{x+y}$。

要构成相关均衡,参与者甲不能有动机偏离相关策略,故需要满足条件:
$$\frac{5y}{x+y}\geq \frac{x+4y}{x+y} \tag{2.3}$$

类似地,为保证参与者乙没有动机偏离相关策略,需要满足条件(2.4)和(2.5):
$$\frac{y+4w}{y+w}\geq \frac{5w}{y+w} \tag{2.4}$$
$$\frac{5z}{x+z}\geq \frac{x+4z}{x+z} \tag{2.5}$$

简化各式后,最优相关均衡可由如下线性规划问题求出:

$$\text{Max } 6y+6z+8w$$

$s.t.$

$$y \geqslant x, \ z \geqslant x,$$
$$y \geqslant w, \ z \geqslant w,$$
$$x+y+z+w=1, \ x \geqslant 0, \ y \geqslant 0, \ z \geqslant 0, \ w \geqslant 0$$

实际上,我们可以直接求出最优解。

首先,从目标函数可以看出,x 越小越好,w 越大越好。

再结合约束条件,应取

$$x=0, y=z=w=\frac{1}{3} \tag{2.6}$$

这就是最优相关均衡。

在这个相关均衡状态下,每个参与者的预期收益都是 $\frac{10}{3}$,既高于混合策略均衡中的收益,也高于掷硬币对应的简单相关均衡中的收益。

通过什么方式来实施这个均衡呢?设想由一名局外人掷骰子,他只告诉甲是否掷出了 1、2 点,只告诉乙是否掷出了 5、6 点。甲乙双方约定,甲只有在得知投掷结果为 1 或 2 时才能选 A,否则必须选 B;乙只有在得知投掷结果为 5 或 6 时才能选 A,否则必须选 B。容易验证甲乙双方会自觉遵守上述约定,从而构成了相关均衡。

(六)贝叶斯均衡

在不完全信息博弈中,至少有一个参与者不能确定所有参与者的收益函数。参与者的收益函数依赖于其类型或状态,参与者为了最大化自己的期望收益,必须生成对于类型或状态的判断(信念),这离不开贝叶斯法则的运用。因此,不完全信息静态博弈也称静态贝叶斯博弈,其纳什均衡往往称为贝叶斯纳什均衡,或简称**贝叶斯均衡**(Bayesian equilibrium)。

可以设想同一参与者存在不同的类型,而所有参与者的不同类型组合对应着参与者的不同的收益函数。这样,可将参与者 i 的收益函数表示为 $u_i(a_1, \cdots, a_n; t_1, \cdots, t_n)$,其中 $t_i \in T_i$ 表示参与者 i 的类型。

1. 静态贝叶斯博弈的时间顺序

首先,"自然"赋予博弈各方的类型向量 $t=(t_1, \cdots, t_n)$,其中 $t_i \in T_i$。

其次,"自然"告知参与者 i 自己的类型 t_i,却不告知其他参与者的类型。我们以 $t_{-i}=\{t_1, \cdots, t_{i-1}, t_{i+1}, \cdots, t_n\} \in T_{-i}$ 表示其他参与者的类型。

再次,参与者同时选择行动,构成行动组合 $a=(a_1,\cdots,a_n)$,其中 $a_i \in A_i$。

最后,各方得到收益。收益向量为 $u=(u_1,\cdots,u_n)$,其中 $u_i=u_i(a_1,\cdots,a_n;t_1,\cdots,t_n)$。

2. 静态贝叶斯博弈的策略型表述

(1) 参与者的行动空间:$A_1,\cdots,A_n$。

(2) 参与者的类型空间:$T_1,\cdots,T_n$。

(3) 参与者的推断:$p_1,\cdots,p_n$。

其中,p_i 表示参与者 i 的推断,由贝叶斯法则生成:

$$p_i = p_i(t_{-i} \mid t_i) = \frac{p(t_{-i},t_i)}{\sum_{t_{-i} \in T_{-i}} p(t_{-i},t_i)}$$

(4) 参与者的收益函数:$u_1,\cdots,u_n$,其中 $u_i=u_i(a_1,\cdots,a_n;t_1,\cdots,t_n)$。

我们用 $G=\{A_1,\cdots,A_n;T_1,\cdots,T_n;p_1,\cdots,p_n;u_1,\cdots,u_n\}$ 表示这一博弈。

3. 贝叶斯均衡

(1) 策略。

在静态贝叶斯博弈 $G=\{A_1,\cdots,A_n;T_1,\cdots,T_n;p_1,\cdots,p_n;u_1,\cdots,u_n\}$ 中,参与者 i 的一个策略是一个函数 $s_i(t_i)$,其中对每一个 $t_i \in T_i$,$s_i(t_i)$ 表示自然赋予参与者 i 的类型为 t_i 时,参与者 i 将从可行集 A_i 中选择的行动。也就是说,函数 $s_i(t_i)$ 的定义域为 T_i,值域为 A_i。

(2) 贝叶斯均衡。

在静态贝叶斯博弈 $G=\{A_1,\cdots,A_n;T_1,\cdots,T_n;p_1,\cdots,p_n;u_1,\cdots,u_n\}$ 中,策略组合 $(s_1^*,\cdots,s_n^*)$ 是一个纯策略贝叶斯均衡,若满足:

$$s_i^*(t_i) = \arg\max_{a_i \in A_i} \sum_{t_{-i} \in T_{-i}} p_i(t_{-i} \mid t_i) \cdot u_i(s_1^*(t_1),\cdots,s_{i-1}^*(t_{i-1}),a_i,s_{i+1}^*(t_{i+1}),\cdots,s_n^*(t_n);t_1,\cdots,t_n)$$

$$\forall t_i \in T_i, i=1,2,\cdots,n$$

下面举一个例子。

例 2.18 不完全信息下的库尔诺模型

博弈的表述如下:

参与者:企业 1 和企业 2。

参与者的策略集:

$$q_i \in S_i = [0,\infty), i=1,2$$

参与者的收益函数：
$$\pi_i(q_i, q_j) = q_i[p - c_i], i, j = 1, 2, i \neq j$$

其中，$c_1 = c$。c_2 有两种可能的取值：c_H（概率为 θ）和 c_L（概率为 $1-\theta$），只有企业 2 知道自己 c_2 的实际值。

市场反需求函数（同质产品）：
$$p = a - (q_1 + q_2)$$

以上信息为双方的共同知识。

下面求博弈的均衡。

企业 2 的边际成本不同时，它希望生产的产出水平也是不同的；企业 1 也会预测到这一点。

以 q_1^* 表示企业 1 选择的产量，以 $q_2^*(c_H)$ 表示高成本的企业 2 选择的产量，以 $q_2^*(c_L)$ 表示低成本的企业 2 选择的产量。如果 $(q_1^*, (q_2^*(c_H), q_2^*(c_L)))$ 构成该博弈的纳什均衡，那么以下条件应当成立：

对高成本的企业 2 而言：
$$q_2^*(c_H) = \arg\max_{q_2} [(a - q_1^* - q_2) - c_H] q_2$$

对低成本的企业 2 而言：
$$q_2^*(c_L) = \arg\max_{q_2} [(a - q_1^* - q_2) - c_L] q_2$$

对企业 1 而言：
$$q_1^* = \arg\max_{q_1} \theta[(a - q_1 - q_2^*(c_H)) - c] q_1 + (1-\theta)[(a - q_1 - q_2^*(c_L)) - c] q_1$$

对上述三个最优化问题分别求一阶条件，然后联立解得：

$$q_1^* = \frac{1}{3}(a - 2c + \theta c_H + (1-\theta) c_L)$$

$$q_2^*(c_H) = \frac{1}{3}(a - 2c_H + c) + \frac{1}{6}(1-\theta)(c_H - c_L)$$

$$q_2^*(c_L) = \frac{1}{3}(a - 2c_L + c) - \frac{\theta}{6}(c_H - c_L)$$

不完全信息静态博弈的一个典型例子就是密封报价拍卖——买方的报价放在密封的信封里上交，他们的行动可以视为同时发生的，而卖方在收到所有报价后开标。读者可自行分析，参见章末的思考题 8。

七、展开型博弈的均衡

动态博弈也称展开型博弈，我们现在加以讨论。

对于动态博弈,后行动的参与者在行动时往往能观察到一些信息,显然,理性的参与者会根据所掌握的信息来相机行动,其策略制定以信息为基础。信息既影响参与者的行动也影响均衡结果,所以对于博弈的描述应当包含信息这一要素。

动态博弈更适于用**展开型表述**(extensive form),应包括这些要素——博弈中的参与者;每个参与者在何时行动;每次轮到某一参与者行动时,可供他选择的行动;每次轮到某一参与者行动时,他所了解的信息;给定各个参与者的任一行动组合,各个参与者的收益是多少。我们将展开型表述的博弈简称为展开型博弈。

对于比较简单的动态博弈,通常可以采用博弈树的形式来直观地表述,如图2.1所示。我们通常也将博弈树表述的博弈简称为展开型博弈。

(一)纳什均衡与策略的可信性问题

在例2.3中,我们以两个企业之间的进入与遏制博弈为例说明了"策略"这一概念。这就是一个展开型博弈,博弈树如图2.1所示。

一旦将展开型博弈用双变量矩阵的形式重新表述,就可以采用画线法求纳什均衡。

例2.19 进入与遏制博弈(b)

表2.5用双变量矩阵形式重新表述了博弈,现在采用画线法来求这个博弈的纳什均衡,如表2.21所示。

表2.21 进入与遏制博弈的策略型表述

		企业 B			
		(不建,不建)	(不建,建厂)	(建厂,不建)	(建厂,建厂)
企业 A	不建	40,0	40,0	10,10	10,10
	建厂	20,0	−20,−10	20,0	−20,−10

可见,这个博弈存在两个纳什均衡(不建,(建厂,建厂))和(建厂,(建厂,不建))。两个企业对于这两个纳什均衡的偏好是矛盾的——第一个均衡有利于企业B,第二个均衡有利于企业A。企业B在第一个均衡中获得的收益为10亿元,在第二个均衡中获得的收益为0。

我们可以将第一个均衡(不建,(建厂,建厂))做如下解释:为了获得10亿元的收益,企业B向企业A发出威胁——无论企业A是否建厂,企业B都会建厂。如果企业A相信了企业B的威胁,企业A的最佳反应就是不建厂,因为不建厂时能获得 10 亿元的利润,如果建厂的话,会造成两败俱伤的结局,自己将亏损 20 亿元。反过来,只要企业 A 相信了企业 B 的威胁,企业 A 就不会建厂,此时企业 B 的策略(建厂,建厂)是对于对手策略的最佳反应(之一)。所以,就策略组合(不建,(建厂,建厂))而言,双方的策略确实互为最优反应,构成了纳什均衡。

问题在于,在这个纳什均衡(不建,(建厂,建厂))中,企业 B 的策略所蕴含的威胁是否可信呢?假设企业 A 对于企业 B 的威胁置若罔闻,选择了建厂这一策略,企业 B 在观察到企业 A 的行动之后是否会将自己的威胁付诸实施?从图 2.2 可以看出,一旦发现企业 A 建厂了,企业 B 的最优反应就是不建厂,否则,如果将威胁付诸实施而建厂,自己将亏损 10 亿元,还不如不建厂。

企业 A 是理性的,能够预见到在自己行动之后企业 B 从自身利益出发将会如何反应,所以企业 A 在博弈开始时会选择建厂,从而在博弈结束时能够获得 20 亿元的收益,而不会选择不建厂。

也就是说,这个博弈的第一个均衡(不建,(建厂,建厂))因含有不可信的威胁而不合理,而第二个均衡(建厂,(建厂,不建))排除了不可信的威胁,是这个博弈唯一合理的均衡。

在多阶段的动态博弈中,策略的可信性,亦即策略中所蕴含的威胁或许诺的可信与否,往往是一个关键问题。为此,我们需要对纳什均衡的概念进行精练。

(二) 子博弈完美均衡

在动态博弈的不同纳什均衡中,排除了不可信威胁或许诺的纳什均衡更加合理。对于一个纳什均衡,如果各参与者的策略不仅在整个博弈上能够构成纳什均衡,而且在每个子博弈中也能构成纳什均衡,这种纳什均衡就被称为**子博弈完美均衡**。子博弈完美均衡不再含有不可信的威胁或许诺。

在例 2.19 中,就第二个均衡(建厂,(建厂,不建))而言,双方的策略不仅在整个博弈上构成纳什均衡,而且在每个子博弈中也能构成纳什均衡。[①]

采用**逆向归纳法**(backwards induction)可以直接求出子博弈完美均衡。逆向归纳法的基本思想是,在任何时点展望未来时,基于理性共识,应当预期对手将来会选择最有利于其自身利益的行动;每个参与者在每个时点都基于这样的思维选择行动,因此可以从博弈的最后一个阶段开始逆向推理,直至博弈的初始阶段。

---

① 这个博弈包含两个子博弈,而且这两个子博弈都退化为企业 B 的决策问题,显然,企业 B 的策略(建厂,不建)能指导他在这两个决策问题中都选择最优行动,我们就说策略组合(建厂,(建厂,不建))在这两个子博弈中都能构成纳什均衡。

例 2.20　进入与遏制博弈(c)

仍以例 2.3 的进入与遏制博弈为例,可以采用逆向归纳法在博弈树上求解,如图 2.3 所示。

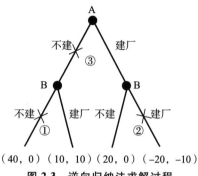

图 2.3　逆向归纳法求解过程

在图 2.3 中,从博弈的最后一个阶段开始,排除企业 B 的劣行动,保留最优行动,并在博弈树上标记;再倒推到博弈初始点,企业 A 的"不建"就是劣行动,企业 A 应当选择"建厂"。按照博弈树上各参与者保留的策略,就可以直接写出对应的策略组合(建厂,(建厂,不建)),这就是子博弈完美均衡。

在例 2.7 的投票问题中,为了避免出现僵局,我们让其中一位参与者担任主席,拥有在僵局之下的决策权。现在不设主席,只是将投票过程分为两轮,再来分析参与者的投票策略以及可能出现的投票结果,如例 2.21 所示。

例 2.21　投票问题

假设某委员会有三个委员(1、2、3)要就三个备选方案(A、B、C)进行投票。投票过程分为两轮:首先就 A 和 B 两个方案进行投票决定优胜者,然后在前面的优胜者与方案 C 之间进行投票。每轮投票都采用多数票制。各人的偏好顺序如表 2.11(本书第 45 页)所示。以上信息为共同知识。每个人会如何投票,最终哪个方案被选中呢?

这是一个两阶段博弈,在每个阶段,参与者同时行动。

采用逆向归纳法,首先分析在第二阶段的博弈,可以发现,在第二阶段,按照自己的偏好诚实投票是每个参与者的最优行动。这样,如果第二阶段在方案 A 和 C 之间表决,方案 C 会胜出;如果第二阶段在方案 B 和 C 之间表决,方案 B 会胜出。

现在考察第一阶段,分析各个参与者如何对 A、B 进行投票。预测到第二阶段各个参与者的行动选择,那么委员 1 在第一阶段的最优行动是 B,委员 2 在第一阶段的最优行动是 A,委员 3 在第一阶段的最优行动是 B。

所以,第一阶段的投票结果是方案 B 胜出。进入第二阶段后,方案 B 仍然会以多数票战胜方案 C。最终结果是方案 B 胜出。

我们看到,在第一轮投票中,委员 1 并没有按照自己的真实偏好进行投票,我们将这种投票行为称为策略性投票。

整个博弈的子博弈完美均衡为(BAB,ACC,BCB)。其中,每个参与者的策略中三个字母的含义依次为,在第一阶段支持哪个方案;在第二阶段如果在 A、C 之间选择,支持哪个方案;在第二阶段如果在 B、C 之间选择,支持哪个方案。

显然,如果改变两轮投票的议程安排,比如,第一轮就方案 B 和 C 进行投票表决,第二轮在前面的优胜者与方案 A 之间进行投票表决,就会得到不同的投票结果。可见,可以通过操纵议程来操纵投票结果,这就是所谓议程操纵。

在例 2.10 中,我们分析了两个同时行动的企业之间竞争的库尔诺模型。现在,假设两个企业的行动有先后顺序,结果会不会变化呢?这就是斯特尔伯格模型。

例 2.22 基于产量竞争的斯特尔伯格模型

设想某行业存在两个生产同质产品的企业,记为企业 1 和企业 2,企业 1 率先选择自己的产量 q_1,企业 2 观察到企业 1 的产量之后才选择自己的产量 q_2:

$$q_i \in S_i = [0, \infty), i = 1, 2$$

每个企业都没有固定成本,且有相同的单位成本 c。

产品价格由市场反需求函数决定:

$$p = a - (q_1 + q_2)$$

这样,企业的收益函数为:

$$\pi_i(q_i, q_j) = q_i \cdot (p - c), i, j = 1, 2, i \neq j$$

为解出该博弈的子博弈完美均衡,我们首先计算企业 2 对企业 1 任意产量的最优反应 $R_2(q_1)$,应满足:

$$\max_{0 \leq q_2 < \infty} \pi_2(q_1, q_2) = q_2[a - (q_1 + q_2) - c]$$

求解得:

$$R_2(q_1) = \frac{a - q_1 - c}{2}$$

由于企业 1 也能够像企业 2 一样解出企业 2 的最优反应,那么,企业 1 在博弈的第一阶段面临的问题就可以表示为：

$$\max_{0 \leq q_1 < \infty} \pi_1(q_1, R_2(q_1)) = q_1[a-(q_1+R_2(q_1))-c] = q_1 \frac{a-q_1-c}{2}$$

由上式可得：

$$q_1^* = \frac{a-c}{2}$$

相应地，

$$q_2^* = R_2(q_1^*) = \frac{a-c}{4}$$

我们称(q_1^*, q_2^*)为该博弈的逆向归纳解。

该博弈的子博弈完美均衡是$(q_1^*, R_2(q_1))$。

与例2.10的库尔诺模型比较，斯特尔伯格模型的均衡状态具有更高的总产量，更低的价格。这里，企业1的产量更高、利润更大，而企业2则恰好相反。这揭示了决策问题和博弈问题的一个重要不同之处——在决策问题中，掌握更多的信息绝不会给决策制定者带来不利，然而在博弈问题中，掌握更多的信息①却可能让参与者自己受损。

（三）行为策略均衡

1. 信息集与博弈的多代理人表示

参与者的一个**信息集**(information set)是指满足以下两个条件的决策节点的集合：

（1）在此信息集中的每一个节点都轮到该参与者行动；

（2）当博弈进行到该信息集中的某一节点时，应该行动的参与者并不知道达到了信息集中的哪一个节点。

显然，参与者在一个信息集中的每一个决策节点都有相同的可行行动集合，否则该参与者就可通过他面临的不同的可行行动集合来推断到达了（或没有到达）哪些节点。

在图2.1的进入与遏制博弈中，企业A只有一个信息集，且由单一节点构成；企业B有两个信息集，每个信息集也只包含一个节点。

如果企业B在行动前不能观察到企业A的行动，即不知道企业A是否选择了建厂，此时的博弈局势就应该用图2.4的博弈树表示。

---

① 更准确地说，是让对手知道自己掌握更多的信息。

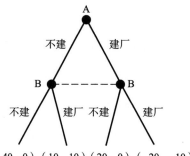

图 2.4 后行动者看不到先行者行动的博弈

在图 2.4 所示的博弈中,用虚线连接起来的节点位于一个信息集之中,表示当事者无法区分这些节点。企业 B 的左、右两个决策节点属于同一个信息集,因此,企业 B 只有一个信息集。企业 B 在行动时看不到企业 A 的行动,这种情况相当于两个企业同时行动。

所谓博弈的**多代理人表示**(multiagent representations),就是对于每一个参与者,将他的每个信息集都指定一个独立的代理人,但每个代理人的偏好与原参与者的偏好相同。当博弈进行到某个代理人的信息集时,该代理人负责代表原参与者选择行动。

例 2.23 进入与遏制博弈(d)

就图 2.1 所示的进入与遏制博弈而言,企业 B 有左、右这两个信息集,可以分别由独立的代理人 B_1 和 B_2 来代表,这样,在多代理人表示中就有企业 A、代理人 B_1 和代理人 B_2 这三个参与者,相应的多代理人策略型①如表 2.22 所示:

表 2.22 进入与遏制博弈的多代理人策略型表述

		B_2:不建				B_2:建厂	
		B_1				B_1	
		不建	建厂			不建	建厂
A	不建	40,0,0	10,10,10	A	不建	40,0,0	10,10,10
	建厂	20,0,0	20,0,0		建厂	−20,−10,−10	−20,−10,−10

---

① 为了与这里讲的多代理人策略型表述相区别,我们可以将此前所讲的策略型表述称为策略型正规表述。

2. 混合策略与行为策略

我们之前定义了混合策略,即这样一种随机策略——建立在参与者的纯策略集合上的一个概率分布。对于静态博弈,混合策略易于理解且合乎情理。对于动态博弈,混合策略则会令人感到费解。比如,在例 2.3 的进入与遏制博弈中,企业 B 的纯策略集由四种纯策略构成,它的一个混合策略(0.4,0.3,0.2,0.1)到底是什么意思呢?更易于理解的一种随机策略是,企业 B 对于它可能遇到的每一种情况(企业 A"不建"和"建厂"),事先确定选择每一行动的概率,比如$((a,1-a),(b,1-b))$,其中 $a,b \in [0,1]$ 表示选择相应行动的概率,如图 2.5 所示。这种随机策略就是所谓的**行为策略**(behavioral strategy)。

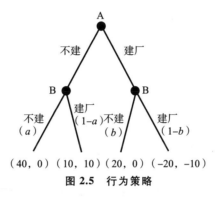

图 2.5　行为策略

更准确地讲,就每个参与者而言,一个**混合策略**是在他的纯策略集合上的一个概率分布,其中每个纯策略都是一个针对整个博弈的完备行动计划;一个**行为策略**则为他在每个信息集确定了其可能行动集合上的一个概率分布。

纯策略既是退化的混合策略,也是退化的行为策略。

可以将混合策略表示为行为策略。

例 2.24　进入与遏制博弈(e)

对企业 B 的混合策略(0.4,0.3,0.2,0.1),可以确定其对应的行为策略为:
$$a = 0.4+0.3 = 0.7$$
$$1-a = 0.2+0.1 = 0.3$$
$$b = 0.4+0.2 = 0.6$$
$$1-b = 0.3+0.1 = 0.4$$

亦即((0.7,0.3),(0.6,0.4)),我们也称该行为策略是混合策略(0.4,0.3,0.2,0.1)的行为表示。

反过来,我们也可以将行为策略表示为混合策略。以行为策略((0.7,0.3),(0.6,0.4))为例,可以计算出选择各纯策略的概率:

$p(不建,不建) = 0.7 \times 0.6 = 0.42$

$p(不建,建厂) = 0.7 \times 0.4 = 0.28$

$p(建厂,不建) = 0.3 \times 0.6 = 0.18$

$p(建厂,建厂) = 0.3 \times 0.4 = 0.12$

所以,行为策略((0.7,0.3),(0.6,0.4))的混合表示为(0.42,0.28,0.18,0.12)。

由此可见,不同的混合策略可以具有相同的行为表示,我们称这些混合策略是行为上等价的。比如混合策略(0.4,0.3,0.2,0.1)和混合策略(0.42,0.28,0.18,0.12)就有相同的行为表示((0.7,0.3),(0.6,0.4)),这两个混合策略是行为上等价的。

3. 行为策略均衡

如果将展开型博弈的均衡定义为其策略型正规表示的(混合策略)均衡,那么,很多博弈将会具有多个在行为上等价的均衡。为了避免这类多重均衡的困扰,我们可以考虑将展开型博弈的均衡定义为其多代理人表示的均衡,但这样又会产生更为严重的无意义均衡问题——在均衡中,参与者无法在不同的信息集之间协调其行动。

为了避免多重均衡和无意义均衡这两个问题,对于展开型博弈,我们一般考虑**行为策略均衡**(equilibria in behavioral strategies),它被定义为其多代理人表示的任一均衡 σ,使得 σ 的混合表示同时也是其策略型正规表示的一个均衡。

为了提出行为策略均衡的求法,我们下面给出三个定理(证明从略)。

> **定理1**
>
> 对于具有完美回忆的展开型博弈,将它转化为策略型正规表述之后,后者的任一(混合策略)均衡的任一行为表示都是原展开型博弈的多代理人表示的一个均衡。
>
> **定理2**
>
> 在一个具有完美回忆的博弈中,两个行为上等价的混合策略也一定是收益等价的。
>
> **定理3**
>
> 将一个行为策略表示为混合策略,则后者的行为表示就是前者。

将这三个定理结合起来,对于具有完美回忆的展开型博弈,我们首先将它转化为策略型表述,然后求出混合策略纳什均衡,再将每个参与者的混合策略重新表示成行为策略,则这些行为策略组合就构成了原展开型博弈的行为策略均衡。

下面来看一个著名的游戏。

例 2.25 摊牌游戏(a)

这是一种两人游戏。在游戏开始前,桌上准备了一副洗好的扑克牌,其中一半是红色牌(方块和红桃),一半是黑色牌(草花和黑桃);两个参与者各放 100 元在一只罐子中。游戏开始时,参与者 1 抽取一张牌,私下看看这张牌后决定选择加注还是摊牌。如果参与者 1 摊牌,他就把这张牌给参与者 2 看,游戏结束。此时;若牌是红色的,则参与者 1 得到罐子中的钱;若牌是黑色的,则参与者 2 得到罐子中的钱。

如果参与者 1 选择加注,那么他必须再放 100 元到罐子中,并轮到参与者 2 必须决定选择对抗还是放弃。如果参与者 2 选择放弃,则游戏结束,且参与者 1 得到罐子中的钱。若参与者 2 选择对抗,则他必须也放 100 元到罐子中,参与者 1 将牌摊给参与者 2 看,游戏结束。此时,若牌是红色的,则参与者 1 得到罐子中的钱;若牌是黑色的,则参与者 2 得到罐子中的钱。

在这个游戏中,参与者 1 抽牌并看牌之后,他就获得了对手不了解的私人信息,这样,给定两个参与者的一个策略组合,参与者 2 仍然不知道博弈结束时双方各自的收益分别是多少,所以,这是一个不完全信息博弈。

我们可以将"自然"作为第三个参与者引入博弈,"自然"的作用仅仅是以随机的方式决定参与者 1 所抽取的牌的颜色①,"自然"并没有自己的偏好和收益函数。一旦引入"自然",将可以将原来的两人不完全信息博弈转化为三人完全但不完美信息博弈②。引入"自然"之后,可以用图 2.6 所示的博弈树表达这个博弈。

在图 2.6 的博弈树中,"自然"首先行动,随机选择参与者 1 所抽取的那张牌的颜色,"黑色"与"红色"被抽到的概率都是 0.5,分别用括号标注在相应的树枝旁。参与者 1 观察到"自然"的行动之后,选择"摊牌"或者"加注"。若摊牌,博弈结束;若加注,则轮到参与者 2 行动,参与者 2 能够观察到参与者 1 的行动,但无法观察到"自然"的行动,参与者 2 选择"放弃"或者"对抗"。参与者 2 行动之后,博弈结束。自左至右,博弈的各终节点上列示的两个收益分别属于参与者 1 和参与者 2。

---

① 比如,以抛硬币的方式决定牌的颜色。

② 所谓完美信息博弈,是指不存在参与者同时行动的情况,并且后行动的参与者总能观察到之前参与者的行动。这意味着,完美信息博弈的所有信息集都仅包含单一节点。

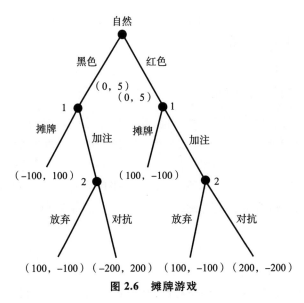

图 2.6 摊牌游戏

由于参与者 1 有两个信息集,在每个信息集之中分别有两种行动可选,所以参与者 1 有四种纯策略;参与者 2 只有一个信息集,在该信息集之中有两种行动可选,所以参与者 2 只有两种纯策略。对于双方的每一种策略组合,可以计算出每个参与者在博弈结束时的期望收益。表 2.23 是这个博弈的策略型正规表述。

表 2.23 摊牌博弈的策略型正规表述

		参与者 2	
		放弃	对抗
参与者 1	(摊牌,摊牌)	0,0	0,0
	(摊牌,加注)	0,0	50,-50
	(加注,摊牌)	100,-100	-50,50
	(加注,加注)	100,-100	0,0

用画线法容易验证,这个博弈不存在纯策略纳什均衡。可以验证,参与者 1 的纯策略(摊牌,摊牌)严格劣于混合策略$(0,0.5,0,0.5)$,而纯策略(加注,摊牌)弱劣于纯策略(加注,加注)。剔除这两个劣策略之后,很容易求出一个混合策略纳什均衡$\left(\left(0,\frac{2}{3},0,\frac{1}{3}\right),\left(\frac{1}{3},\frac{2}{3}\right)\right)$。事实上,这也是该博弈唯一的纳什均衡。

进一步可以计算出,在这个混合策略纳什均衡中,参与者 1 的期望收益为$\frac{1}{3}$,

参与者 2 的期望收益为 $-\dfrac{1}{3}$。

参与者 1 的混合策略 $\left(0,\dfrac{2}{3},0,\dfrac{1}{3}\right)$ 可以用行为策略 $\left(\left(\dfrac{2}{3},\dfrac{1}{3}\right),(0,1)\right)$ 表示,这就是说,当参与者 1 抽到黑色牌时,以概率 $\dfrac{2}{3}$ 摊牌,以概率 $\dfrac{1}{3}$ 加注;当参与者 1 抽到红色牌时,他一定加注。

参与者 2 的混合策略 $\left(\dfrac{1}{3},\dfrac{2}{3}\right)$ 也是他的行为策略。

一方面,根据定理 1,行为策略组合 $\left(\left(\left(\dfrac{2}{3},\dfrac{1}{3}\right),(0,1)\right),\left(\dfrac{1}{3},\dfrac{2}{3}\right)\right)$ 是摊牌博弈的多代理人表示的一个纳什均衡。

另一方面,参与者 1 的行为策略 $\left(\left(\dfrac{2}{3},\dfrac{1}{3}\right),(0,1)\right)$ 的混合表示正好为 $\left(0,\dfrac{2}{3},0,\dfrac{1}{3}\right)$,参与者 2 的行为策略 $\left(\dfrac{1}{3},\dfrac{2}{3}\right)$ 也是他的混合策略,而策略组合 $\left(\left(0,\dfrac{2}{3},0,\dfrac{1}{3}\right),\left(\dfrac{1}{3},\dfrac{2}{3}\right)\right)$ 恰好是策略型正规表述的混合策略均衡。

因此,摊牌博弈的行为策略均衡是 $\left(\left(\left(\dfrac{2}{3},\dfrac{1}{3}\right),(0,1)\right),\left(\dfrac{1}{3},\dfrac{2}{3}\right)\right)$。

(四)完美贝叶斯均衡

理性共识是经典博弈论的基本假定,理性人应当兼具认知理性和工具理性。给定信念,工具理性要求参与者能够从自身利益最大化出发选择最优策略;给定先验的信念和获得的新信息,认知理性要求参与者能够利用贝叶斯法则正确地更新信念。在不完全信息博弈中,参与者既要生成信念,又要从信念出发选择最优策略,认知理性和工具理性的重要性凸显。完美贝叶斯均衡的核心就在于认知理性和工具理性的运用。

1. 两类信息集

对于一个给定的扩展式博弈中给定的均衡,如果博弈根据均衡策略进行时将以正的概率达到某信息集,我们就称此信息集处于均衡路径之上。

反之,如果博弈根据均衡策略进行时,肯定不会达到某信息集,我们称之为处于均衡路径之外的信息集。

其中的"均衡"可以是纳什均衡、贝叶斯均衡、子博弈完美均衡、行为策略均衡或者完美贝叶斯均衡。

2. 完美贝叶斯均衡

满足如下四个要求的策略和推断构成博弈的**完美贝叶斯均衡**。

要求 1

在每一个信息集中,应该行动的参与者必须对博弈进行到该信息集中的哪一个节点有一个推断。

对于非单节信息集,推断是在信息集中不同节点的一个概率分布;对于单节的信息集,参与者的推断就是到达此单一决策节的概率为1。

换言之,在每一个信息集中,应该行动的参与者决不能认为自己当前有可能位于该信息集以外的任何一个决策节。

要求 2

给定参与者的推断,参与者的策略必须满足序贯理性的要求。即在每一信息集中应该行动的参与者选择的行动(以及参与者随后的策略),对于给定的该参与者在此信息集中的推断,以及其他参与者随后的策略(其中,"随后的策略"是指在达到给定的信息集之后,包括了其后可能发生的每一种情况的完全的行动计划)必须是最优反应。

但是,要求 1 和要求 2 只保证了参与者持有推断,并对给定的推断选择最优行动,但并没有明确这些推断是不是理性的,所以,我们要进一步对参与者的推断施加约束,这就是下面的要求 3 和要求 4。

要求 3

在处于均衡路径之上的信息集中,推断由贝叶斯法则及参与者的均衡策略给出。

要求 4

对处于均衡路径之外的信息集,推断由贝叶斯法则以及可能情况下的参与者的均衡策略给定。

我们结合例 2.25 的摊牌游戏来说明。

例 2.26 摊牌游戏(b)

在例 2.25 中,我们已经求出了该博弈的行为策略均衡是:

$$\left(\left(\left(\frac{2}{3},\frac{1}{3}\right),(0,1)\right),\left(\frac{1}{3},\frac{2}{3}\right)\right)$$

根据要求1,参与者2必须对于自己到底处于左节点还是右节点有一个推断。

我们将参与者1的均衡策略$\left(\left(\frac{2}{3},\frac{1}{3}\right),(0,1)\right)$中选择各行动的概率以尖括号标在相应的决策枝上,如图2.7所示。

给定对于"自然"外生随机行动的先验信念和参与者1的均衡策略,按照要求3,参与者2利用贝叶斯法则生成推断:

$$p(左节点) = \frac{0.5 \times \frac{1}{3}}{0.5 \times \frac{1}{3} + 0.5 \times 1} = 0.25$$

$$p(右节点) = \frac{0.5 \times 1}{0.5 \times \frac{1}{3} + 0.5 \times 1} = 0.75$$

所以,(0.25,0.75)就是参与者2在信息集之中的推断,我们用圆括号标在相应的节点处,如图2.7所示。

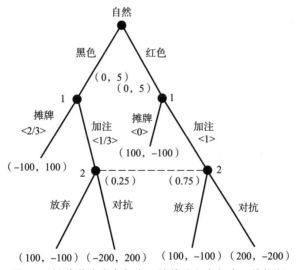

图2.7 摊牌游戏中参与者1的策略和参与者2的推断

现在,很容易验证,行为策略均衡$\left(\left(\left(\frac{2}{3},\frac{1}{3}\right),(0,1)\right),\left(\frac{1}{3},\frac{2}{3}\right)\right)$和参与者2的推断(0.25,0.75)一起,满足要求1、要求2和要求3。由于不存在均衡路径之外的信息集,所以要求4自动满足。

由此可见,行为策略均衡 $\left(\left(\left(\frac{2}{3},\frac{1}{3}\right),(0,1)\right),\left(\frac{1}{3},\frac{2}{3}\right)\right)$ 和参与者 2 的推断 $(0.25,0.75)$ 一起,构成了摊牌博弈的一个完美贝叶斯均衡。

(五) 重复博弈

重复博弈(repeated game)是一类特殊的动态博弈,即某种特定的博弈局面反复出现。如果博弈不是一次性的,而是重复进行的,参与者过去行动的历史是可以观察到的,参与者就可以根据对手过去的行动来决定自己的选择,因而有了更多的可选策略,均衡结果可能与一次博弈大不相同。无论是有限次重复博弈还是无限次重复博弈,都有不同版本的**无名氏定理**(Folk Theory),它们描述了博弈的可行收益集中哪些可以通过均衡达到。

重复博弈理论的最大贡献是对人们之间的合作行为提供了理性解释。

例 2.27 囚徒困境博弈(b)

我们将表 2.6 复制如下:

表 2.6 囚徒困境博弈

		乙	
		招认	抵赖
甲	招认	1,1	4,0
	抵赖	0,4	3,3

假如博弈重复进行两次,在第二轮博弈开始之前两个参与者都能观察到第一轮博弈的结果,那么,每个参与者的纯策略数量达到 32 种。随着博弈重复次数的增加,参与者的策略集迅速扩大,潜在的均衡数量很可能也随之增加。

1. 有限次重复博弈

首先定义阶段博弈 $G=\{A_1,A_2,\cdots,A_n;u_1,u_2,\cdots,u_n\}$,其中 $A_1,A_2,\cdots,A_n$ 表示各个参与者的行动空间,$u_1,u_2,\cdots,u_n$ 表示各个参与者的收益函数。

以 $G(T)$ 表示阶段博弈 G 重复 T 次的有限次重复博弈,并且在下一次博弈开始之前,所有以前博弈的结果都可被观测到。$G(T)$ 的收益为 T 次阶段博弈收益的简单相加。

(1) 阶段博弈只有唯一的纳什均衡的情况。

如果阶段博弈 G 有唯一的纳什均衡,则对任意有限的 T,重复博弈 $G(T)$ 有唯一的子博弈精炼解,即 G 的纳什均衡结果在每一阶段重复出现。

(2)阶段博弈有多个纳什均衡的情况。

如果阶段博弈 G 是一个存在多重纳什均衡的完全信息静态博弈,则重复博弈 $G(T)$ 可以存在这样的子博弈精炼解,其中对每一 $t<T$,t 阶段的结果都不是 G 的纳什均衡。

例 2.28 两次重复博弈

考虑表 2.24 的博弈重复两次,并在第二阶段开始前可以观测到第一阶段的结果,阶段博弈有两个纯策略纳什均衡:(L,L)和(R,R)。

表 2.24 双人博弈

		乙		
		L	M	R
甲	L	1,1	5,0	0,0
	M	0,5	4,4	0,0
	R	0,0	0,0	3,3

我们可以证明,存在一个子博弈精炼解,其中第一阶段双方的行动组合为(M,M)。

如果两个参与者都采取如下策略:

"在第一阶段选择 M。如果第一期的结果是(M,M),则在第二期选择 R,否则就在第二期选择 L。"

首先分析第二阶段的博弈。不论第一阶段的结果是什么,上述策略在第二阶段都构成纳什均衡。

现在分析第一阶段。预测到第二阶段的结果,第一阶段的博弈局势可用表 2.25 所示的双变量矩阵表示:

表 2.25 双人博弈

		乙		
		L	M	R
甲	L	1+1,1+1	5+1,0+1	0+1,0+1
	M	0+1,5+1	4+3,4+3	0+1,0+1
	R	0+1,0+1	0+1,0+1	3+1,3+1

该博弈有三个纯策略纳什均衡:(L,L)、(M,M)和(R,R)。(M,M)为纳什均衡就表明,双方都采取上述策略确实是整个博弈的纳什均衡。

这说明,对将来行动所作的可信的威胁或承诺可以影响到当前的行动。

如果在阶段博弈中存在这样的纳什均衡,即在惩罚不守信用者的同时奖励实施惩罚者,那么惩罚的威胁就更加有力,因为它能抗重新谈判。

例2.29 多次重复博弈

如果阶段博弈局势如表2.26所示:

表2.26 双人博弈

		乙				
		L	M	R	P	Q
甲	L	1,1	5,0	0,0	0,0	0,0
	M	0,5	4,4	0,0	0,0	0,0
	R	0,0	0,0	3,3	0,0	0,0
	P	0,0	0,0	0,0	4,0.5	0,0
	Q	0,0	0,0	0,0	0,0	0.5,4

阶段博弈存在四个纳什均衡:(L,L)、(R,R)、(P,P)和(Q,Q)。

考虑两个参与者都采取如下策略:

"在第一阶段选择M。如果第一期的结果是(M,M),则在第二期选择R;如果第一期的结果是(M,非M),则在第二期选择P;如果第一期的结果是(非M,M),则在第二期选择Q;如果第一期的结果是(非M,非M),则在第二期选择R。"

可以验证两个参与者都采取上述策略确实构成子博弈精炼均衡。

定理2给出了有关二人有限次重复博弈的一般结论。

定理4(二人有限次重复博弈的无名氏定理)

如果阶段博弈G存在两个纳什均衡,而且每个参与者在两个均衡中的收益不同,那么,对于任何$\varepsilon>0$,对于任何可行且符合个体理性的收益向量x,一定存在一个正整数T^*,使得只要$T>T^*$,则贴现因子为1的T期重复博弈存在一个子博弈完美均衡,该均衡达到的平均收益向量在x

的 ε 邻域内：

$$|u(G(T))-x|<\varepsilon$$

2. 无限次重复博弈

即使阶段博弈 G 有唯一的纳什均衡，无限次重复博弈中也可以存在这样的子博弈精炼解，其中没有一个阶段的结果是 G 的纳什均衡。

（1）贴现因子与现值。

以 r 表示每一阶段的利率，则贴现因子为：

$$\delta=\frac{1}{1+r}$$

给定贴现因子 δ，无限的收益序列 $\pi_1,\pi_2,\pi_3,\cdots$ 的现值为：

$$\pi_1+\delta\pi_2+\delta^2\pi_3+\cdots=\sum_{t=1}^{\infty}\delta^{t-1}\pi_t$$

借助于贴现因子 δ，还可以把无限次重复博弈解释为一个有限次重复博弈，但在其结束之前重复进行的次数是随机的。如果在任一阶段博弈结束的概率为 p，则博弈将至少再进行一个阶段的概率为 $1-p$。这样，下一阶段的收益 π 在目前的价值就为 $(1-p)\dfrac{\pi}{1+r}$。令 $\delta=\dfrac{1-p}{1+r}$，则收益序列 $\pi_1,\pi_2,\cdots$ 的现值为 $\sum_{t=1}^{\infty}\delta^{t-1}\pi_t$，它既考虑了货币的时间价值，也考虑了博弈将要结束的可能性。

（2）无限次重复博弈。

给定一个阶段博弈 G，以 $G(\infty,\delta)$ 表示相应的无限次重复博弈，其中 G 将无限次地重复进行，且参与者的贴现因子都为 δ。并且在下一次博弈开始之前，所有以前博弈的结果都可被观测到。每个参与者在 $G(\infty,\delta)$ 中的收益都是该参与者在无限次的阶段博弈中所得收益的现值。

（3）阶段博弈的保留收益与可行收益。

在阶段博弈 G 中，参与者 i 的保留收益是指，无论其他参与者如何行动，参与者 i 能够保证的最大收益，即极大化极小收益。

如果收益向量 $(x_1,\cdots,x_n)$ 是阶段博弈 G 的纯策略收益的凸组合（即纯策略收益的加权平均，权重非负），则称 $(x_1,\cdots,x_n)$ 为阶段博弈的可行收益。表 2.6 中的囚徒困境博弈的可行收益区域为图 2.8 的阴影部分：

（4）无限次重复博弈的平均收益。

平均收益是指，为得到相等的收益现值而在每一阶段都应该得到的等额收益值（类似于年金）。以 π 表示平均收益，则有（图 2.8）：

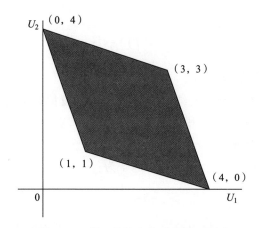

图 2.8　囚徒困境博弈的可行收益区域

$$V \triangleq \pi_1 + \delta\pi_2 + \delta^2\pi_3 + \cdots = \pi + \delta\pi + \delta^2\pi + \cdots$$

亦即

$$\pi = (1-\delta)\sum_{t=1}^{\infty}\delta^{t-1}\pi_t$$

(5) 一般结论。

定理 5(一种版本的无名氏定理,也称弗里德曼定理)

令 G 为一个有限的完全信息静态博弈,以 $(e_1, \cdots, e_n)$ 表示 G 的一个纳什均衡下的收益,而 $(x_1, \cdots, x_n)$ 表示 G 的其他任何可行收益。如果对每个参与者 i 都有 $x_i > e_i$,且如果 δ 足够接近于 1,则无限次重复博弈 $G(\infty, \delta)$ 存在一个子博弈精炼纳什均衡,其平均收益可达到 $(x_1, \cdots, x_n)$。

下面仅以无限次重复的囚徒困境博弈为例来验证上述定理。

例 2.30　囚徒困境博弈(c)

设想表 2.6 所示的囚徒困境将无限次地重复进行,并且在下一次博弈开始之前,所有以前博弈的结果都可被观测到。

弗里德曼定理保证了图 2.9 中的深色阴影部分都可以成为重复博弈的一个子博弈完美均衡下的平均收益:

考虑两个参与者都采取如下的所谓冷酷策略:

"在第一阶段选择'抵赖'。如果所有前面 $t-1$ 阶段的结果都是(抵赖,抵赖),则在第 t 阶段选择'抵赖',否则选择'招认'。"

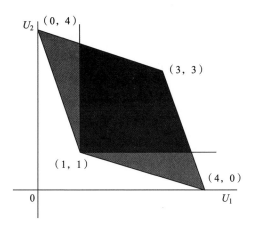

图 2.9　囚徒困境博弈的符合个体理性且可行的收益区域

我们可以证明上述策略组合构成子博弈精炼纳什均衡。

假设参与者 i 已经采取冷酷策略,我们证明在 δ 足够接近于 1 的条件下,参与者 j 的最优反应为也采取冷酷策略。

首先,由于一旦某阶段的结果偏离了(抵赖,抵赖),参与者 i 将在其后永远选择"招认",而(招认,招认)为阶段博弈的纳什均衡,所以,如果某阶段的结果偏离了(抵赖,抵赖),参与者 j 的最优反应同样是在其后永远选择"招认"。

其次,分析参与者 j 在第一阶段的最优反应,以及前面各阶段的结果都是(抵赖,抵赖)时,下一阶段的最优反应。

如果参与者 j 依据冷酷策略选择"抵赖",其收益序列的现值为:

$$3+\delta \cdot 3+\delta^2 \cdot 3+\cdots = \frac{3}{1-\delta}$$

如果参与者 j 偏离冷酷策略而选择了"招认",其收益序列的现值为:

$$4+\delta \cdot 1+\delta^2 \cdot 1+\cdots = 4+\frac{\delta}{1-\delta}$$

显然,当且仅当下式成立时,选择"抵赖"为最优:

$$\frac{3}{1-\delta} \geq 4+\frac{\delta}{1-\delta},\text{即 } \delta \geq \frac{1}{3}$$

综上所述,只要 $\delta \geq \frac{1}{3}$,参与者 j 采取冷酷策略就是最优的。所以,参与双方都采取冷酷策略是整个博弈的纳什均衡。

现在证明上述策略组合构成整个博弈的子博弈精炼纳什均衡,也就是要证明冷酷策略组合在每个子博弈中都构成纳什均衡。

整个博弈的所有子博弈可以分为两类:第一类是所有以前阶段的结果都是(抵赖,抵赖)的子博弈;第二类是至少有一个前面阶段的结果不是(抵赖,抵赖)的子博弈。

显然,冷酷策略组合是第一类子博弈的纳什均衡。

在第二类子博弈中,参与者 i 将永远选择"招认",而(招认,招认)为阶段博弈的纳什均衡,所以,参与者 j 的最优反应同样是永远选择"招认"。所以,冷酷策略组合是第二类子博弈的纳什均衡。

最后需强调指出的是:学习博弈论的要诀可以概括为"一个中心,两个基本点"——以求均衡为中心,以"理性"和"策略"这两个关键概念为基本点。另外,运用博弈论方法从事理论研究,核心在于博弈模型的构建。一般来说,模型构建以简洁为上,简洁的目的在于抓住要害并能得出明确的结论。但是,过于简洁的模型可能得不到新颖的结论,因此模型也需要适度复杂。如何构建一个有价值的博弈模型,既取决于研究者对于博弈论的掌握程度,也取决于研究者对于所研究问题的理解和洞察,有时甚至还需要灵感。

关键术语

认知理性	工具理性	共同知识	策略
纯策略	混合策略	占优策略	逆向归纳法
完美回忆	信息集	完全信息	不完全信息
纳什均衡	相关均衡	子博弈完美均衡	贝叶斯均衡
完美贝叶斯均衡	重复博弈	无名氏定理	

思考题

1. 对于本章例 2.7 所描述的投票问题(主席悖论),用三变量矩阵的形式表述这个博弈。

   (1) 用画线法求出所有的纯策略纳什均衡。

   (2) 用重复剔除(弱)劣策略的方法求出重复剔除的占优均衡。

2. 求下述二人博弈的全部（纯策略及混合策略）纳什均衡：

		乙		
		L	M	R
甲	T	6,2	0,6	4,4
	M	2,12	4,3	2,5
	B	0,6	10,0	2,2

3. 设有一批选民，其政治观点在一个单位区间从左（$x=0$）至右（$x=1$）均匀分布。若干候选人同时选择其政治立场（即在 0 与 1 之间取一点）。选民观察候选人的选择，然后将选票投给与自己的立场最接近的候选人。

   (1) 假设只有两个候选人，每个候选人的唯一目的就是赢得选举。纯策略纳什均衡是什么？

   (2) 假设有三个候选人，每个候选人的唯一目的就是赢得选举。你能不能找出一个纯策略纳什均衡？

4. 在第 3 题中，假设有三个候选人。

   (1) 若每个候选人只希望得票越多越好，你能不能找出一个纳什均衡？

   (2) 若每个候选人只关心能否当选，而且每个候选人还可以选择不参加竞选，这个选择的结果劣于与人并列第一，但优于输掉选举。你能不能找出一个纳什均衡？

5. 两个候选人 A 和 B 进行竞选。n 个市民中，k 个支持候选人 A，其余 $m(=n-k)$ 个支持候选人 B。每个市民决定是否以一定代价 c 投票给自己支持的候选人，或者弃权。一个弃权的市民在自己支持的候选人获胜时得到盈利 2；假如两个候选人在竞选中打成平局，则该市民的盈利为 1；如果这个候选人输掉，则该市民的盈利为 0。一个投票的市民在上述三种情况下的盈利分别为 $2-c$、$1-c$ 和 $-c$，其中 $0<c<1$。

   (1) 当 $k=m$ 时，是否存在纯策略纳什均衡？若有，求出来。

   (2) 当 $k<m$ 时，是否存在纯策略纳什均衡？若有，求出来。

6. 在第 5 题中，假设 $k \leq m$，证明存在一个这样的混合策略纳什均衡，其中候选人 A 的每个支持者以一定的概率 p 投票，候选人 B 的 k 个支持者肯定投票，而 B 余下的 $m-k$ 个支持者弃权。在该均衡中，当参数 c 上升时，候选人 A 的支持者投票的概率 p 以及会去投票的支持者期望人数会如何变化？

7. 两个局中人面临三项备选政策 X、Y 和 Z，他们采取交替否决的方式来决策。首先，局中人 1 否决一项政策；然后，局中人 2 针对剩下的两项政策再否决其中之一,最终剩下的政策被双方采纳。局中人1的偏好为X>Y>Z,局中人2的偏好为Z>Y>X。

(1) 画出博弈树。

(2) 以双变量矩阵的形式表述该博弈。

(3) 找出所有纳什均衡。哪一个是子博弈完美均衡?

8. 考虑具有独立私人价值物品的最高价格密封出价拍卖问题:n个参与者,每个人对物品有一个私人估价v_i,这些私人价值互相独立,且服从区间$[0,1]$上的均匀分布。出价最高者中标,支付其报价。以上为所有参与者的共同知识。试求出一个对称的贝叶斯均衡,其中每个人的报价函数为其私人估价的线性函数,即形如$b_i = \beta v_i$,其中$0<\beta<1$。

9. 对于《三国演义》中著名的"空城计"故事,可以考虑构建一个不完全信息动态博弈模型。设想"自然"选择是否为诸葛亮驻守之西城提供伏兵,概率各为0.5。然后,诸葛亮决定是否大开城门。司马懿抵达西城后,根据城门的开启情况来决定攻入城门还是退兵。假定司马懿进攻遭遇伏兵则必败,进攻不遇伏兵则必胜,胜者收益为1,败者收益为-1;若司马懿退兵,则各方收益为零。

(1) 画出博弈树。

(2) 求出完美贝叶斯均衡。

延伸阅读

〔印度〕Y. 内拉哈里:《博弈论与机制设计》,中国人民大学出版社2017年版。

〔美〕赫伯特·金迪斯:《理性的边界——博弈论与各门行为科学的统一》,格致出版社2011年版。

〔美〕罗伯特·吉本斯:《博弈论基础》,高峰译,中国社会科学出版社1999年版。

〔美〕罗杰·B. 迈尔森:《博弈论:矛盾冲突分析》,于寅、费剑平译,中国人民大学出版社2015年版。

〔加拿大〕马丁·J. 奥斯本:《博弈入门》,上海财经大学出版社2010年版。

〔美〕史蒂文·泰迪里斯:《博弈论导论》,李井奎译,中国人民大学出版社2015年版。

〔美〕詹姆斯·D. 莫罗:《政治学博弈论》,吴澄秋、周亦奇译,上海人民出版社2021年版。

〔美〕朱·弗登博格、〔法〕让·梯若尔:《博弈论》,黄涛等译,中国人民大学出版社2002年版。

经典举例

〔美〕詹姆斯·D. 莫罗:《政治学博弈论》,吴澄秋、周亦奇译,上海人民出版社 2021 年版。

在政治学中,中位数投票者定理是关于选举的理性选择模型的基础。该定理断言:在对单一议题的投票中,如果所有投票者都投票,并且他们的偏好具有"单峰"特征(距离其最偏好的结果越远,投票者越不喜欢),那么,中位数投票者最偏好的立场能够在两相对决的投票中击败所有其他立场。

如果针对多议题投票,中位数投票者定理还成立吗?

詹姆斯·D. 莫罗在《政治学博弈论》中给出了否定的回答。以针对两项议题的投票问题为例,我们将每位投票者最偏好的立场简称为其理想点,假定每位投票者都有理想点,并且投票给立场与其理想点最接近的候选人。这一假定意味着各项议题是相互可分的(关于一项议题的投票结果不会影响到对另一项议题会偏好哪个结果),并且它们具有同等的重要性。在此假定下,每位投票者具有以其理想点为中心的圆形的无差异曲线。

考虑关于两项议题的投票问题,设想共有七位投票者,他们的理想点分布如图 2.10(a)中的"+"所示,箭头分别指出对于每一项议题的中位数立场,而"×"给出了它们的交叉点。

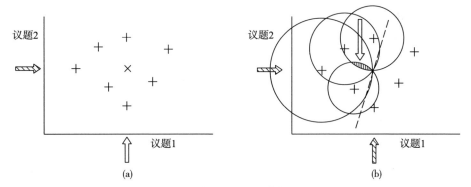

图 2.10　关于两项议题的投票问题

图 2.10 中的"×"是不是一个均衡点呢?回答是否定的。画出任意一条通过"×"但不通过任何一个理想点的直线,总有四位投票者位于直线的一侧,而三位投票者位于直线的另一侧。图 2.10(b)中的虚线是一条通过"×"的可能的直线。四个圆形描绘了虚线左侧的四位投票者各自通过"×"的无差异曲线,阴影区域为

这四个圆的重叠区域。显然,对这四位投票者来说,阴影区域内的任何一点都优于"×",故"×"不可能构成均衡点。

关于多项议题的投票问题往往不存在纯策略均衡。原因在于,如果多数投票者就某一立场达成一致,其他投票者几乎总可以精心选择恰当的反制立场来分化前述多数人联盟,从而推翻前述多数人达成的共识,除非各投票者关于多项议题的理想点分布满足非常苛刻的限制。

有趣的是,詹姆斯·D.莫罗指出,这个博弈存在一个混合策略均衡——候选人应当努力使他们对议题的立场模糊不清,那个能让每个人都认为是自己人的候选人将最有机会获得自己偏好的结果。

第二编　　常用非介入性研究方法

第三章　文献综述
第四章　内容分析
第五章　比较历史分析

第三章 文献综述

本章要点
- 文献综述的基本类型；
- 文献综述的研究设计及其有效性；
- 文献综述的基本操作流程；
- 文献综述质量评价和保证的基本方法。

一、导　言

文献综述(literature review)在科学研究中占据重要的基础性地位，它是指在某一时间内，研究者针对某一专题，对大量原始研究论文中的数据、资料和主要观点进行归纳整理、分析提炼而写成的论文。[①] 文献综述对于期刊论文和各类毕业论文来说尤其重要，没有对前人文献资料的深入理解，研究者通常无法做出高质量的有显著贡献的科学研究。[②] 现存的研究表明，国内外期刊论文、研究报告、学位论文中的文献综述存在大量缺陷，综述质量不如尽人意。[③] 尽管各研究领域中文献综述质量欠缺的问题一直存在，但规范文献研究与指导文献综述的内容还是鲜有发表。此类刊物多聚焦在循证医学、教育学等领域，而公共管理与公共政策领域的文献综述方法还有待进一步明晰。此外，在没有系统性的文献综述方法的指导下，研究者通常需要花费大量的时间和精力去完成一个可接受的学位论文文

[①] Justus J. Randolph, "A Guide to Writing the Dissertation Literature Review," *Practical Assessment, Research & Evaluation*, Vol. 14, No. 13, 2009; Lawrence A. Machi and Brenda T. McEvoy, *The Literature Review: Six Steps to Success*, Corwin Press, 2016.

[②] David N. Boote and Penny Beile, "Scholars before Researchers: On the Centrality of the Dissertation Literature Review in Research Preparation," *Educational Researcher*, Vol. 34, No. 6, 2005.

[③] Justus J. Randolph, "A Guide to Writing the Dissertation Literature Review," *Practical Assessment, Research & Evaluation*, Vol. 14, No. 13, 2009；张丽华等：《撰写文献综述的技巧与方法》，《学位与研究生教育》2004年第1期。

献综述,一般需要花费至少三个月。①

本章的目的是整理归纳出关于如何做好文献综述的指导框架,明晰文献综述的主干步骤,总结在政治学和公共管理学研究中常用的文献综述方法,并强调做文献综述过程中需要注意的其他问题。希望能够帮助更多研究者,尤其是学生群体,更系统更科学地完成高质量的文献综述。

二、定义、特点、目的、作用和优劣势

(一) 定义

文献综述简称综述,是针对某一领域、某一专业或某一方面的课题、问题或研究专题搜集大量相关资料,通过分析、阅读、整理,提炼当前课题、问题或研究专题的最新进展、学术见解或建议,做出综合性介绍和阐述的一种学术方法。② 由此可见,文献综述要针对某个研究主题,就目前学术界的成果加以探究,旨在整合此研究主题在特定领域中已经被思考过与研究过的信息,并进行系统的展现、归纳和评述。在决定论文研究题目之前,通常必须关注的几个问题是:研究所属的领域或者其他领域对相关议题已经知道多少;已完成的研究有哪些;以往的建议与对策是否成功;有没有建议新的研究方向和议题。简而言之,文献综述是一切合理研究的基础。③

文献综述是一种书面论证,它建立在前人的研究基础上。研究者从前人的研究中寻找可信的证据,建立自己的论据,从而将一个论题推向前进。④ 它为人们了解有关某一研究课题的现有知识服务,提供环境和背景信息,并且列出逻辑证据来证明有关某一论题的观点。一般情况下,基本的文献综述是对有关研究课题的现有知识进行总结和评价,它的目的是陈述现有知识。高级的文献综述相对更进步一些,它在选择了研究主题之后,对文献进行回顾,确立研究论题。此时研究者往往会提出进一步的研究主题,确立研究项目,这个研究项目将可能产生新的科学发现和结论。高级文献综述是确立原创性研究问题的基础,也是对研究问题

---

① Justus J. Randolph, "A Guide to Writing the Dissertation Literature Review," *Practical Assessment, Research & Evaluation*, Vol. 14, No. 13, 2009;张丽华等:《撰写文献综述的技巧与方法》,《学位与研究生教育》2004 年第 1 期。

② Lawrence A. Machi and Brenda T. McEvoy, *The Literature Review: Six Steps to Success*, Corwin Press, 2016.

③ Justus J. Randolph, "A Guide to Writing the Dissertation Literature Review," *Practical Assessment, Research & Evaluation*, Vol. 14, No. 13, 2009.

④ Lawrence A. Machi and Brenda T. McEvoy, *The Literature Review: Six Steps to Success*, Corwin Press, 2016.

进行探索的基础。高质量的硕士论文和博士论文都以高级文献综述为研究未知领域的垫脚石。

(二) 特点

文献综述是一种对已取得的研究成果或研究文献进行的"再研究",属于"元研究"即"研究之研究"的范畴。针对一个研究主题,人们往往从不同研究视角或基于不同理论加以探讨,这也促使相关研究领域逐渐形成丰富的知识体系。因此,每一位研究者在针对一个研究主题开展一项新的研究时,往往需要收集、整理大量以往研究文献,并分析、综合与新研究相关的信息,据此为提出新研究问题做准备。文献综述往往体现着以往众多研究者的努力和成果。

文献综述的研究对象是原始文献。因此,整个文献研究的过程是非实证的。研究者一般不会进入实地展开某一个研究问题的研究,而是通过归纳、提炼以及评价现有原始研究来获得较为一致的或者存在冲突的观点。

文献综述是一个强思辨性的过程。文献综述的撰写要服从于研究的主题和方法论。从思辨研究的视角来看,文献综述具有思辨研究的性质。文献综述的思辨过程关注解决应然问题,强调建构概念、理论和观点,通过逻辑推理来解决概念的、规范的问题,有着突出的认识论价值。

(三) 目的与作用

研究文献不仅可以帮助我们确认研究主题,也可找出对研究问题的不同见解。发表过的研究报告和学术论文就是重要的问题来源,对论文的回顾会为研究者提供宝贵的资料以及研究可行性的范例。[1] 一般来说,在以下五种情况中,文献综述是必不可少、研究者必须认真完成的。[2]

1. 研究计划

在研究计划书中,文献综述往往要占据至少三分之一的篇幅,这里的文献综述也将成为研究者之后的研究论文中文献综述的启蒙。

2. 本科生或硕士生的研究项目

本科生或硕士生的学位论文往往要回顾关于研究课题的两方面内容:基本政策和理论,以及现有的研究知识。

---

[1] 张丽华等:《撰写文献综述的技巧与方法》,《学位与研究生教育》2004年第1期。
[2] Jill Jesson, Lydia Matheson and Fiona M. Lacey, *Doing Your Literature Review: Traditional and Systematic Techniques*, Sage, 2011.

3. 博士生学位论文

上面已经提到博士毕业论文往往要做更高级的文献综述。写好博士毕业论文的文献综述往往需要大量的阅读,对现有的知识包括理论、政策、方法、研究成果等有一个详尽的理解和掌握,找到研究缺陷,探索研究创新点。

4. 期刊论文

在国内外期刊上发表的研究成果通常是以文献综述为开端,对过去已经发表的研究成果做评价。然而,由于期刊论文的篇幅有限,往往不展开对文献的详细深入分析。

5. 基于理论依据的政策发展文件

基于理论依据的政策发展文件的文献综述需要系统地回顾相关领域内已有的理论基础、研究基础和政策措施,梳理总结领域内主要理论框架、模型和概念,并对已有的研究成果和政策实践进行归纳和评价。

文献综述至少可达到的基本目的有:

(1) 让读者熟悉现有研究主题领域中有关研究的进展与困境;
(2) 启发后续研究者思考未来研究是否可以取得更有意义与更显著的结果;
(3) 对各种理论进行立场说明,提出不同的概念架构;
(4) 作为新假设提出与研究理念的基础,对某现象和行为进行可能的解释;
(5) 识别概念间的前提假设,理解并学习他人如何界定与衡量关键概念;
(6) 改进与批判现有研究的不足,推出另类研究,发掘新的研究方法与途径,验证其他相关研究。[1]

做文献综述是一个帮助研究者积累特定研究领域内现有知识的重要途径,包括专业术语、理论、核心因素、重要现象以及经典方法和发展历史。同时,对于刚刚接触某一研究领域的学生和研究者来说,文献研究的过程能够让其知晓该研究领域中有影响力的研究者以及研究团队。[2] 最终,在反复的修改后,文献综述也是一项合法的可发表的学术成果。

(四) 优势和劣势

文献综述有助于研究者充分了解以往研究的进展与不足,在新旧研究之间建

---

[1] 张丽华等:《撰写文献综述的技巧与方法》,《学位与研究生教育》2004 年第 1 期; Gene V. Glass, "Primary, Secondary, and Meta-Analysis of Research," *Educational Researcher*, Vol. 5, No. 10, 1976。

[2] Justus J. Randolph, "A Guide to Writing the Dissertation Literature Review," *Practical Assessment, Research & Evaluation*, Vol. 14, No. 13, 2009.

立起联系。良好的文献综述通过广泛地探讨相关主题的研究文献,聚焦到研究者想探讨的研究问题上,讨论和发现新的研究问题,说明为什么要进行新的研究,为明确一个新研究的研究目的和研究方法提供依据。此外,随着电子资源的普及和信息资源的共享,文献综述能够使研究者高效、全面以及低费用地认识和解决研究问题。通过做文献综述可研究无法接触的对象,超越时空的限制,使研究者对不能亲自接近,从而不能以其他方法进行研究的对象做研究。

当然,文献综述在认识研究问题和解决研究问题上也存在其本质的劣势。从实证的角度来看,文献综述能否作为一种专门的研究方法仍然值得商榷,尤其是撰写传统意义上的文献综述而采用的所谓"文献法"并不是一种真正意义上的研究方法,不具有实证研究的特征,缺少系统规范的、具有操作性的研究方法和工具。研究方法是研究者为了揭示事物的特点或规律,而采用的系统的、规范的、可重复的研究程序,直接影响着研究目标的实现。从这个层面上讲,传统意义上的文献综述就存在着观点认识和思辨的主观性,难以提供有效的、可信的以及具有创新价值的研究结论。

三、起源、发展和理论基础

将新的研究建立在现有知识的基础上,并将其与现有知识联系起来,是所有学术研究活动的基石。因此,准确地做到这一点应该是所有研究者的首要任务。然而,这项任务已经变得越来越复杂。政治学与公共管理学领域内的知识正在以前所未有的速度加速生产,同时又保持着碎片化和跨学科的特点。这使得研究者很难跟上最先进的研究,很难站在最前沿,也很难评估某个特定研究领域的综合证据。这就是为什么如今把文献综述看作一种研究方法,比以往任何时候都更有意义。从方法论的角度来说,文献综述也是发展变化的。

文献综述的早期形态实际上是一种描述性的书面论证[1],一般是对现有学术知识主观性的、定性的描述和批判。然而,传统的描述性文献综述方式对已有研究的认知往往不够完备和系统。随着学术研究产出日益增加,研究问题日益精细,以及医学等学科对循证研究的重视,研究者们对文献综述方法的要求也更加具体和严格,这便产生了更加科学、客观、透明的系统性文献综述。[2] 系统性综述

---

[1] Roy F. Baumeister and Mark R. Leary, "Writing Narrative Literature Reviews," *Review of General Psychology*, Vol. 1, No. 3, 1997.

[2] Deborah J. Cook, Cynthia D. Mulrow and R. Brian Haynes, "Systematic Reviews: Synthesis of Best Evidence for Clinical Decisions," *Annals of Internal Medicine*, Vol. 126, No. 5, 1997.

对搜索策略和选择纳入综述的文章有严格的要求,能有效地综合现有研究在特定问题上的观点,并能提供有效证据,为政策和实践提供参考。系统性文献综述的相关常用程序,即荟萃分析(元分析),也在过去三十年中得到了很大的发展,并在循证研究中发挥着重要作用。

早期的文献综述的理论基础主要立足于知识累积性和批评性分析的基本观点和理论,而后来系统性文献综述的发展则主要依赖循证研究和新的统计技术的相关发展。自20世纪80年代起,各国政府陆续开始关注公共政策制定的科学性和有效性,强调严格的证据性。尤其是在20世纪80年代后期,学术界逐渐意识到二手资料及文献研究的严谨性问题,和实证研究一样,系统性文献综述同样需要清晰的、有逻辑的数据组织和分析方法,从而为构建论断提供坚实的证据基础。因此,基于循证研究分析的理论基础,文献综述的方法得到了更加系统的发展。由于这些具体的方法在后面还要讲到,故在这里就先不阐述了。

四、适用范围和条件

科学研究本质上是一种创新活动,创新是对现有研究不足的弥补或突破。任何研究问题的确立,都要充分考虑到现有的研究基础、存在的问题和不足、研究的趋势以及在现有研究的基础上继续深入的可能性。从这个角度来说,文献综述适用于绝大部分政治学与公共管理学研究,或者说政治学与公共管理学研究过程中离不开文献综述。此处主要谈文献综述的适用条件问题。

文献综述的适用条件主要由研究问题来决定。一般地,当我们确定了研究问题,便要展开更加全面细致、有针对性的文献搜集和组织工作,那么针对某个研究问题是否能够开展充分的文献研究从而形成高质量的文献综述就是我们需要思考的问题。这首先取决于围绕该研究问题的原始研究在数量上的充足性,充足的原始研究能够形成较大的论文池供文献综述选择;其次要考虑原始研究的异质性,思辨原始文献中是否已经形成某类或几类主要观点,具有较清晰的共同点或不同点的原始论文集合有助于我们开展文献研究,撰写文献综述;再次要明确原始研究的贡献性,也就是通过初步阅读明确原始文献是否有展开再研究的必要,及其贡献;最后要明确进一步围绕该研究问题发展的可能性,通过初步研读文献,我们可以判断研究问题的发展方向,进而判断原始文献是否需要做进一步分析归纳。

五、类型划分

接下来将要讨论文献综述的一般方法。前人细致地将文献综述的方法分为14种①,描述大体上可以分为两大类:传统描述性文献综述(narrative literature review)与系统性文献综述(systematic literature review)。② 在政治学与公共管理学领域中,多以后者为主要综述方法。图 3.1 描绘了传统描述性文献综述与系统性文献综述的主要区别。传统描述性文献综述往往带有较强的主观色彩,多受到研究者本身的偏好与价值观的影响,一般无固定的分析评价方法,论述风格多变。而系统性文献综述更加客观与科学,一般有一套通用的结构框架,并且有严格的文献纳入和分析评价的方法,最常用的有定性的系统性文献综述即定性的综合集成(meta-synthesis)和定量的荟萃分析(meta-analysis)。③ 值得一提的是,20 世纪初以来对文献定量化研究的发展,催生了文献计量学,如今文献计量学已经作为一门独立的学科而存在④,文献计量学的成熟发展也为文献综述的撰写提供了更多的可能性。本节重点展开介绍系统性文献综述的分析方法。

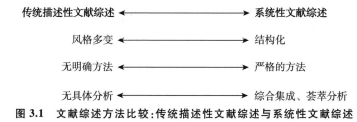

图 3.1　文献综述方法比较:传统描述性文献综述与系统性文献综述

(一) 传统描述性文献综述

由于传统的文献综述无统一的规范,其实现形式较为灵活,文献筛选规则性弱,研究者多是"按照一个自己认为合理的研究逻辑主线将该研究领域的研究成果串联在一起"⑤。这种传统的文献综述方法,博伦斯坦等人称之为描述性文

---

① Maria J. Grant and Andrew Booth, "A Typology of Reviews: An Analysis of 14 Review Types and Associated Methodologies," *Health Information & Libraries Journal*, Vol. 26, No. 2, 2009.
② Jill Jesson, Lydia Matheson and Fiona M. Lacey, *Doing Your Literature Review: Traditional and Systematic Techniques*, Sage, 2011.
③ Justus J. Randolph, "A Guide to Writing the Dissertation Literature Review," *Practical Assessment, Research & Evaluation*, Vol. 14, No. 13, 2009.
④ 邱均平编著:《文献计量学》,科学技术文献出版社 1988 年版。
⑤ 张昕竹、陈志俊:《经济学论文的写作规范》,《数量经济技术经济研究》2003 年第 8 期。

献综述。① 传统描述性文献综述有利于通过总结和评论某一研究问题领域的大量文章而得出综合性的结论。②

传统描述性文献综述的目的是为读者提供一个详尽、全面的研究背景，以更好地认识现有的研究问题，探索并论证开展新研究的意义和必要性。在做此类文献综述的过程中，研究者通常能够发现某个研究领域存在的研究缺口以及现有知识的矛盾点。由此，研究者便可以初步界定接下来的研究问题与研究假设。传统描述性文献综述有助于研究问题的选择和修正，以及概念或理论框架的构建。③

然而，在阅读文献的实践中，人们常会遇到"针对同样问题的不同研究所做的结论各异"的情况。④ 这是因为，在科学研究中，由于许多实际困难，如研究对象数量及经费的限制、各种环境因素的影响以及研究本身的或然性等，往往难以得到真正的随机样本或大样本。针对同一问题常常同时或先后有许多类似的研究，尽管研究人员在研究中采用尽可能统一的标准，并进行质量控制，但是研究结果往往有很大差异，甚至完全相反。这些情况在人文社会科学研究中尤为突出，使得按照传统描述性文献综述方法得到的综述结论往往很难消除读者的种种疑问，如研究者是否会在主观上为了确保研究逻辑的一致性、突出研究结论，而回避既有研究中的一些重要冲突，"适当"取舍文献，进而丢掉科学研究的客观公正性。

因此，传统描述性文献综述方法存在很多缺陷⑤，包括：(1)传统描述性文献综述未使用任何系统方法来对所综述内容的原始数据进行收集和综合，从而使得文献选择标准主观随意，选择过程不透明。(2)随着电子文献检索技术的发展，各类相关研究信息越来越容易获得，传统描述性文献综述无法处理这种"信息爆炸"的局面，也不能赋予各类相关研究成果以合理的权重，进而使得所得综述结论多是有偏的。(3)由于(1)和(2)的原因，使用传统描述性文献综述所得到的最终研究结论不可避免地带有主观随意性。(4)使用传统描述性文献综述法进行文献综述往往只是罗列以往的研究结果，大多只能述而不评，丢掉了文献综述的本来意义。(5)传统描述性文献综述法以描述既有文献研究成果为主，无法实现定

---

① Michael Borenstein, et al., *Introduction to Meta-Analysis*, Wiley, 2009, pp. 391-403.
② Patricia Cronin, Frances Ryan and Michael Coughlan, "Undertaking a Literature Review: A Step-by-step Approach," *British Journal of Nursing*, Vol. 17, No. 1, 2008.
③ Michael Coughlan, Patricia Cronin and Frances Ryan, "Step-by-step Guide to Critiquing Research. Part 1: Quantitative Research," *British Journal of Nursing*, Vol. 16, No. 11, 2007.
④ 卫林英、段兴民：《Meta 分析在科学研究中的应用与展望》，《生产力研究》2006 年第 6 期。
⑤ Michael Borenstein, et al., *Introduction to Meta-Analysis*, Wiley, 2009, pp. 391-403.

量的综合研究,也查不出造成同一问题不同研究结论各异情况的真正原因,无法消除对各种表象的争论,进而不能为后继研究者贡献清晰的研究思路。

(二) 系统性文献综述

随着各学科学术研究的快速发展,传统描述性文献综述已经不能满足综合大量原始文献结果的需求,系统性文献综述应运而生。系统性文献综述被佩蒂克鲁和罗伯茨定义为"可以有效处理大量信息资料,并且能够解释某种方法、干预、条件、政策或因素是否奏效的文献综述方法"[①]。系统性文献综述最早也被称为综合研究,它强调采用一套事先确定且透明的文献取舍标准,就某特定研究主题选取大量相关或相近的研究成果,并用一套特定的分析技术从这些分散的研究成果中总结出有关该研究主题的主要结论。因此我们将系统综述看成是具有清晰的研究目的、研究问题,明确的文献搜集方式、纳入与剔除文献的标准,以及定性或定量的分析评价方法的一种评述文章。系统性文献综述通常有助于认识和解释更加聚焦的研究问题。[②] 与传统描述性文献综述不同,系统性文献综述通过详尽且严格的文献综述标准去明确、批判性地评价和综合针对某一特定研究话题的过去研究成果,并提供该研究问题领域中尽可能完整全面的文献列表,包括所有符合要求与标准的已发表和未发表的研究。

此类文献综述的优点在于能够提供一个更加中立、技术性的过程,因此读者在阅读此类综述时能体会到阐述的客观性和透明性。这种方法更适合于整合综述科学性的研究,而不是很适合于开放性的描述性的研究。研究者应根据自己的研究目标选取合适的文献整合分析方法。本书将系统性文献综述界定为一大类文献综述方法的总称,在系统性文献综述方法的发展过程中先后出现了有着弱统计学性质的综合集成和基于统计分析的荟萃分析(元分析)两种主要类型。本节就这两种类型的系统性文献综述方式展开介绍。

1. 综合集成综述

20世纪90年代,循证实践逐渐成为一种新的学科范式。系统、科学地集成多种证据已成为循证实践的首要任务。荟萃分析作为一种能够集成定量证据并获取更完善的统计数据支持的科学方法,已广泛应用于心理学、护理学、行为科学等学科。然而,由于不能集成人类经验、准实验研究、相关研究与质化研究等定性

---

① Mark Petticrew and Helen Roberts, *Systematic Reviews in the Social Sciences: A Practical Guide*, Blackwell Publishing Ltd., 2006.

② Patricia Cronin, Frances Ryan and Michael Coughlan, "Undertaking a Literature Review: A Step-by-step Approach," *British Journal of Nursing*, Vol. 17, No. 1, 2008.

证据,荟萃分析受到学者们不同程度的质疑。① 随着定性研究的大量增加,学者们开始研究集成定性证据的专门方法,综合集成综述应运而生。

定性研究中的各种研究方法(如问卷调查、访谈、焦点小组、专家分析、田野观察法等)是公共政策与公共管理研究者们常用的研究方法。当被纳入的文献基本上都是定性的研究或者是定性定量混合的研究时,综合集成方法便是必不可少的。对研究的综合集成综述是用非统计学的方法去整合、评价以及解释多个相同目标的原始研究结果,通常联合针对某个研究问题的多个原始研究,对其共同的元素和主题进行综合分析。综合集成综述中的独立研究一般为定性研究,包括现象研究、扎根理论、民族志法等。与荟萃分析以削减结果差异为目标不同,综合集成综述包括分析和综合每一个独立研究中的主要影响元素或因子,最终将单个独立研究结果转化成新的概念或阐述。②

2. 荟萃分析

荟萃分析是一种定量的文献综述分析方法。荟萃分析的英文是 meta-analysis,meta 是英文中的前缀,有更加全面或超常规的综合的意思。国内将其译为元分析、荟萃分析、整合分析、汇总分析、二次分析、集成分析、再分析等,还有许多学者直接使用"Meta 分析"。它还有许多同义词,如总观评述、定量评论、定量综合、资料汇总、资料综合等。该方法对大量的定量研究结果进行再分析从而得出一个综合的结果。荟萃分析可以看作是系统性文献综述的一种形式,并且在很大程度上可以作为一种统计分析方法。③ 荟萃分析通常提取针对某一研究话题的多个原始研究的结果,然后使用一系列标准化的统计程序进行再分析,以得到总体效应值。该文献分析方法可以帮助研究者发现过往研究结果中的关联与矛盾点,并较为快捷地得到客观、一致性的论证。同时,此类研究方法的后续汇报工作也更加明晰简单。

格拉斯对荟萃分析的定义是:以综合已有的发现为目的,对单个研究结果进行综合的统计学分析方法。④ 之后的许多统计学家也作了类似定义,即把荟萃分析仅看作是对以往研究结果进行定量合并的统计分析方法。随着荟萃分析方法应用范围的扩大和自身的发展,学者们不再将荟萃分析简单看作一种统计分析,

---

① 张丽华等:《国外定性综合集成方法研究述评》,《图书情报工作》2012 年第 2 期。

② Patricia Cronin, Frances Ryan and Michael Coughlan, "Undertaking a Literature Review: A Step-by-step Approach," *British Journal of Nursing*, Vol. 17, No. 1, 2008;靳英辉等:《质性研究证据评价及其循证转化的研究进展》,《中国循证医学杂志》2015 年第 12 期。

③ Michael Borenstein, et al., *Introduction to Meta-Analysis*, Wiley, 2009, pp. 391–403.

④ Gene V. Glass, "Primary, Secondary, and Meta-Analysis of Research," *Educational Researcher*, Vol. 5, No. 10, 1976.

而是作为综合多个同类研究的结果,对研究效应进行定量合并的分析研究过程和系统方法,对具有共同研究目的的相互独立的多个研究结果给予定量分析,合并分析,剖析研究差异特征,综合评价研究结果。

荟萃分析在一定程度上能够弥补传统描述文献综述以及综合集成性综述的缺憾。传统描述性文献综述未使用任何系统方法来对所综述内容的原始数据进行收集和综合,也未进行定量综合,常常只是罗列以往的研究结果,同时研究结论不可避免地带有主观性。荟萃分析作为一种定量的综合文献的方法,和传统描述性文献综述是有很大不同的,它可以在很大程度上克服传统描述性文献综述中的问题。荟萃分析是较高一级逻辑形式上的文献综述,以原始研究结果为单位,设计较严密,强调对有关研究进行全面的文献检索,有明确的文献纳入和排除的标准,系统地考虑了研究的对象、方法、测量指标等对分析结果的影响,对纳入文献进行了严格评价,并在此基础上对结果进行定量的合并。所以,与传统描述性文献综述相比,荟萃分析能最大限度地减少各种偏差,确保结论的科学性、客观性和真实性。

(三) 文献计量学

早在 20 世纪初,人们已经开始对文献进行定量化研究,但是当时文献计量学并没有作为一门独立的学科而存在。直到 1969 年,英国著名情报学家阿伦·普理查德(Alan Pritchard)首次提出用术语"文献计量学"(bibliometrics)取代"统计目录学"(statistical bibliography)。这一术语的出现标志着文献计量学的正式诞生。[1] 文献计量学是采用数学、统计学等方法研究文献和文献工作系统的数量关系与规律的学科,也常被称为"科学计量学"或"信息计量学"。文献计量学已被公认为国际图书情报领域内最活跃的一个分支学科,成为情报科学研究的主流,体现了当代学科定量化的趋势。文献计量学是一门定量性、实用性很强的学科,无论是理论研究还是实际应用都必须有一定规模的资料支持。"文献"是用文字、图形、符号、声频、视频等技术手段记录人类知识的一种载体。文献计量法是一种以各种文献外部特征为研究对象的量化分析方法。比如,期刊论文的属性中包含作者、机构、国家/地区、所属期刊等要素,基于论文之间的引用与关键词的共同出现,这些要素之间形成引用、共引、共被引、共词等关系;此外,作者、机构、国家/地区等要素之间还存在合作关系。以这些要素为节点,以这些要素之间的关系为连线所形成的网络结构成为文献计量分析的基础。数学中的图论、社会学中的社会网络分析、物理学中的复杂网络等理论与方法均被移植到这种网络结构

---

[1] 邱均平编著:《文献计量学》,科学技术文献出版社 1988 年版。

中。在文献计量分析过程中,往往需要借助计算机科学领域中的自然语言处理、自动分词等方法,以及各类计算机软件,如 CiteSpace、VOSviewer 等。学科交叉使得文献计量研究内容体系日益丰富、研究工具日益智能。

近年来,文献计量工具也逐渐被用于撰写文献综述,其作用主要体现在大批量、自动化地抓取和筛选相关文献,识别文献的主要信息。文献计量工具借助计算机软件帮助研究者快速地对某个研究领域的研究热点话题、高质量论文、代表性论文、代表性学者、研究的起源和发展阶段等产生整体性认知。这种计量技术在研究初始阶段显得十分重要,通过可视化的呈现,研究者往往能够发现传统搜集文献没有涉及的内容,全面了解某个研究领域内的重要成果和理论,研判某个研究问题的研究价值和趋势,找到研究空缺等。

六、研究设计和有效性

(一)研究设计

相比于传统描述性文献综述,系统性文献综述更加强调文献研究过程的科学性。因此,撰写系统性文献综述的前提是形成有效的研究设计。与一般的实证研究方法的思路大致相同,系统性文献综述的研究设计也需要包括形成研究问题、确定资料收集方式与范围、收集资料、分析评价资料以及形成发现等环节。系统性文献综述的研究设计是明确的。根据前人研究以及观察现有系统性综述文献,可以将系统性文献综述研究设计分为六部分内容:确定研究问题;设计搜索计划;文献搜索;文献纳入与剔除;文献质量评价;数据整合分析。实际上,上文归纳出的建议在公共管理学研究领域中实施的文献综述步骤与系统性文献综述步骤大致吻合,因为系统性文献综述是公共政策类文献研究更加常用的方法。标准的文献综述设计如图 3.2 所示。

确定研究问题是文献综述研究设计的重中之重。明确的研究问题能够帮助精确文献搜索的范围,提高文献综述的质量。在明确研究问题的基础上,我们需要提前设计好搜索计划以便后续按部就班地展开文献搜索,包括搜索哪些关键词、在哪些数据库搜索、用什么样的语言命令进行搜索等。设计好搜索计划之后,就可以在相应的数据库、资料库按计划展开文献搜索和储存工作。然而,并不是所有搜集到的文献都是文献综述的对象,往往只有其中一小部分是我们需要精细阅读和分析归纳的,这就要依靠文献纳入与剔除的规则来确定"谁去谁留"。纳入与剔除规则需要围绕研究问题和分析方法事先设计好。之后便需要评价纳入

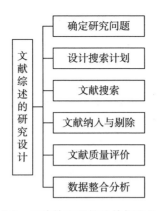

图 3.2 系统性文献综述的标准设计

文献的质量,再一次判断其是否适合做文献综述以及能否通过这些文献做出高质量的文献综述。一般来讲,高质量的原始文献是高质量的文献综述的必要条件。最后,我们还需要事先设计好文献、数据、资料的分析方法,是描述性分析、综合集成分析还是荟萃分析等。

(二) 有效性

有效性是研究设计的关键问题,研究者应详细讨论研究中可能面临的各种有效性威胁及其消除办法,只有这样才能确保结论的科学性。做文献综述也需要重视有效性问题。有效性是指研究结论的描述或解释的正确性与可靠性。对文献综述而言,由于它不是基于实证的研究,而是基于现有文献的归纳和推理,其有效性则体现在能够真实可靠地反映出原始文献的观点和内容。文献综述是书面论证,大部分情况下其结论是定性的,有时候是定性与定量混合的,这就涉及内部效度、外部效度、描述型效度、解释型效度、理论型效度、评价型效度等方面的评价,关于这些效度的详细介绍请参见本书姊妹篇《政治学与公共管理研究方法基础》第十三章。内部效度衡量文献综述中推论出的因果关系是否可靠,外部效度衡量文献综述中的结论是否可以从个体推广到一般,描述型效度衡量文献综述所描述的事实是否准确,解释型效度衡量文献综述中对于事实背后的意义解释是否准确,理论型效度则衡量文献综述中得到的理论推理对于原始资料是否适用,评价型效度衡量在文献综述中研究者对研究结果的价值判断是否确切。

确保文献综述的有效性、严谨传播已有学术知识是每个研究者的责任。文献综述本质上是基于原始研究的再研究,从这个角度出发,研究者可以从以下三个方面提高文献综述的有效性设计:

（1）严格考察原始文献的有效性。高质量的原始资料是产出有效文献综述的前提。在此处一般考察原始文献的研究过程和结果是否准确、是否精确以及是否权威可信。

（2）审慎考察原始文献的相关性，即"合适"和"真实"。合适的文献资料即符合推论语境的资料，真实的文献资料即对研究现象提供准确解释的资料。

（3）限定性论断。一个强有力的论断必须呈现辩论的正反两面，很少存在只有正面证据而没有反面证据的论断。限定性论断在原始文献中尤为常见。定性资料限定了论断中的观点，限制条件把论断限定到具体的情况，提高论断的有效性。

七、操作流程

做文献综述和做任何一种实证研究与理论研究一样，都有一套通行的方法步骤可遵循。如果没有明确的步骤做指导，整个文献综述的框架和内容就很难搭建好，更别提得到无偏性和系统性的论点。通过分析前人在期刊论文和学位论文中的文献综述发现，文献综述一般可以分成五步，包括形成研究问题、收集资料与筛选文献、组织资料、分析评价与撰写综述，如图3.3所示。

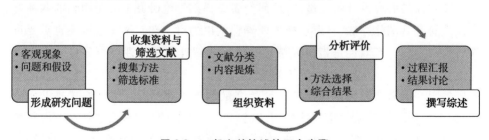

图3.3 一般文献综述的五个步骤

资料来源：根据以下文献整理改编：Arlene G. Fink, *Conducting Research Literature Reviews: From the Internet to Paper*, Sage, 2013; Patricia Cronin, Frances Ryan and Michael Coughlan, "Undertaking a Literature Review: A Step-by-step Approach," *British Journal of Nursing*, Vol. 17, No. 1, 2008; Harris M. Cooper, *Integrating Research: A Guide for Literature Reviews*, Sage, 1989。

（一）形成研究问题

形成研究问题是做文献综述的前提。带着问题和质疑不断搜集、分析和提炼文献，才能最大限度地拓展对该领域研究的综合认知。在这个步骤中，研究者需要决定哪些问题通过做文献综述来给出答案，并由此制定合适的纳入与剔除文献的规则与标准。研究者需要注意的是,文献研究的问题和即将展开的实证研究的问题不是一回事,文献综述的研究问题是实证研究的基本来源和前提。① 如图 3.4 所示,一个好的研究问题通常是从对现实问题的兴趣中产生的,这种兴趣必须从日常生活语言转化成能够成为研究问题的想法。研究问题必须是一个明确的问题,并与具体的学术领域相联系。使用学科语言、提炼研究兴趣、选择学术观点,这是建立研究问题的必经之路。这些任务完成之后就可以得到一个确定的研究问题,从而为文献综述的第二步——资料收集指出方向。②

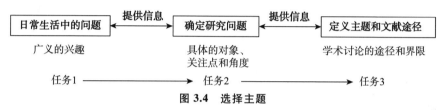

图 3.4 选择主题

资料来源:Lawrence A. Machi and Brenda T. McEvoy, *The Literature Review: Six Steps to Success*, Corwin Press, 2016。

无论研究者当下做的研究是一个独立的文献综述,还是一项研究课题中的文献综述部分,都需要从明确研究问题开始。研究问题可以为整个文献综述提供一个潜在的框架,明确研究问题是文献研究的重要步骤。如果研究者没有一个明确的研究问题,便不知该从何开始做文献综述,而且整个文献综述会比较零散,不聚焦。因此,一个好的研究问题会帮助研究者更加专注于某个具体研究问题。研究问题的重要性体现在以下几个方面③:

(1)研究问题对文献搜索起到导向作用,即引导研究者寻找相关的文献;

(2)如果该文献综述是为了发展一个研究项目,那么研究问题对研究设计也十分关键;

(3)研究问题能够帮助研究者明确将要生产何种类型的数据,如何收集数据,以及如何分析评价。

此外,一个合格的明晰的研究问题,需要有以下几项特征:

(1)研究问题表述清晰。研究者本身和研究者的导师、共同作者等需要很清

---

① Justus J. Randolph, "A Guide to Writing the Dissertation Literature Review," *Practical Assessment, Research & Evaluation*, Vol. 14, No. 13, 2009.

② Lawrence A. Machi and Brenda T. McEvoy, *The Literature Review: Six Steps to Success*, Corwin Press, 2016.

③ Jill Jesson, Lydia Matheson and Fiona M. Lacey, *Doing Your Literature Review: Traditional and Systematic Techniques*, Sage, 2011.

楚研究问题的含义和逻辑。

（2）研究问题必须是可行的。研究问题不能大、空、泛。研究者必须有可靠的资源和足够的时间去探究该问题。

（3）研究问题应该与现有的理论和研究相关。

（4）研究问题有潜力贡献出新的知识，即具有创新性。

（二）收集资料与筛选文献

1. 文献的来源与搜索方式

文献搜索决定文献综述将包含的信息。文献搜索的任务是选择信息，找出能支持论题的最有力的资料证据。在搜索文献时，必须浏览、选择和组织资料，可以借助浏览、资料快速阅读和资料制图等技巧对相关资料加以分类和存储（见表3.1）。

表 3.1　文献查询任务和对应方式

查询任务	查询方式
文献预览	浏览
内容选择	快速阅读
资料组织	图表整合

资料来源：Lawrence A. Machi and Brenda T. McEvoy, *The Literature Review: Six Steps to Success*, Corwin Press, 2016。

资料收集阶段的目标是围绕研究问题，取得尽可能详尽的、具有代表性的、关键性的文献集合。研究者必须详细记录当时收集筛选研究文献的过程，包括搜索的特定关键词、搜索方法、文献来源、筛选方法等。如此，其他读者可以根据此方法进行验证以找到同样的文献。

在互联网时代，大部分研究者已经依赖于收集电子版文献资料而不拘泥于纸质的书籍、期刊和报纸等。根据以往的研究，本章将文献资料的来源总结列举如图3.5。一般情况下，按照关键词、题名、研究者等直接搜索出来的与研究问题相关的文献资料大约能占到研究者应该阅读的文献的10%，那么剩下的90%靠什么方法去有效率地收集呢？我们结合个人经验以及前人的建议，认为最有效的方法是去查阅已经收集到的10%的文章的文献列表，快速找到与主题相关的其他文献并重复这种方法，直到没有新的相关文献出现为止。当文献收集过程可以暂停的时候，建议研究者将文献列表与自己的同事和导师分享并讨论，从而发现是否遗漏重要的文献资料。那么如何判断收集的文献是否充足呢？总结前人经验①，本章建议研究者按照表 3.2 列出的问题去思考。如果研究者对其中任一个问题不能明确回答，便意味着文献收集还要继续，直到能够肯定地回答这几个问题时收集工作方可停止。

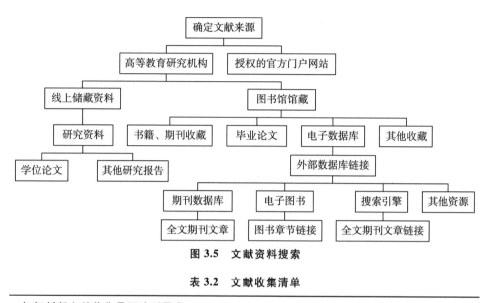

图 3.5 文献资料搜索

表 3.2 文献收集清单

如何判断文献收集是否达到需求
• 我是否已经收集了所有合适的资料来源？
• 收集到的文献资料存在哪一方面的欠缺？
• 我是否在每个数据库中采取了高级检索的方式？
• 目前的收集还能做改进吗？
• 我是否已经找到了所有相关的文献？
• 我是否选取的是全文数据库？

此外，有不少研究者尚不清楚基本的文献搜索法则。② 本章将介绍一般通用

---

① Jill Jesson, Lydia Matheson and Fiona M. Lacey, *Doing Your Literature Review: Traditional and Systematic Techniques*, Sage, 2011.

② Patricia Cronin, Frances Ryan and Michael Coughlan, "Undertaking a Literature Review: A Step-by-step Approach," *British Journal of Nursing*, Vol. 17, No. 1, 2008; Michael Coughlan, Patricia Cronin and Frances Ryan, "Step-by-step Guide to Critiquing Research. Part 1: Quantitative Research," *British Journal of Nursing*, Vol. 16, No. 11, 2007.

的布尔运算符,包括联合、相加、相减(表3.3)。具体到相应数据库时,还会有更多特殊的搜索规则,研究者可自行于数据库中查找使用说明。

表3.3 基本布尔运算符

命令符	目的
AND(联合)	寻找含有由 AND 连接起来的关键词的文献
OR(相加)	寻找含有任何一个由 OR 连接起来的关键词的文献
NOT(相减)	突出含有该关键词的文献

2. 文献筛选

待研究者收集到充足的文献资料后,下一个关键的问题便是如何快速地鉴别挑选出最为相关的、具有代表性的、符合接下来文献分析要求的、有贡献性的文献资料。这时候研究者便需要构建一系列的纳入和剔除法则来筛选合适的文献。例如,剔除那些相关性极低的文献并保留相关性高的文献。研究者可以选择精读每条文献的全文,也可以只看摘要、题目或结论等,无论研究者选择哪种方式,最终的筛选方法是要做一个完整的书面报告。[1] 当相关性高的文献被保留后,研究者需要进一步筛选哪些是能够纳入综述的文献。研究者一般需要考虑该文献综述的目的,并紧扣研究主题。比如,有些类型的文献综述似乎对原始文献没有严格的要求,而有些类型的文献综述则对原始文献的理论背景、研究方法、可得到的数据结果、样本等有着严格的要求。这些我们会在接下来的不同类型的文献综述中谈及。此外,为了提高文献筛选的可靠性,建议多个研究者一起进行文献评估,确定单个文献是否符合纳入或剔除标准。[2]

一般的文献综述筛选过程需要做成流程图在撰写文献综述的时候进行汇报。具体汇报结构如图3.6所示。汇报通常包括充分收集、初步筛选、最终合格、纳入不同分析的文献数量。[3] 最后,根据不同的文献综述目的,分析评价方法可以是定性的也可以是定量的,后文会对此进行详细阐述。

---

[1] Justus J. Randolph, "A Guide to Writing the Dissertation Literature Review," *Practical Assessment, Research & Evaluation*, Vol. 14, No. 13, 2009.

[2] Ibid.; Jill Jesson, Lydia Matheson and Fiona M. Lacey, *Doing Your Literature Review: Traditional and Systematic Techniques*, Sage, 2011.

[3] Michael Coughlan, Patricia Cronin and Frances Ryan, "Step-by-step Guide to Critiquing Research. Part 1: Quantitative Research," *British Journal of Nursing*, Vol. 16, No. 11, 2007。

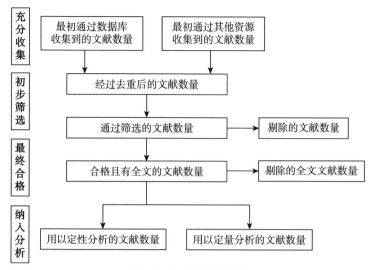

图 3.6 文献的筛选过程

资料来源：Michael Coughlan, Patricia Cronin and Frances Ryan, "Step-by-step Guide to Critiquing Research. Part 1：Quantitative Research," *British Journal of Nursing*, Vol. 16, No. 11, 2007。

（三）组织资料

到了组织资料这一步，可以认为所有合适的文献已经查找齐全，这个时候研究者可以开始对纳入的文献逐条进行提炼组织。尽管每位研究者做文献综述的目的千差万别，仍然有几条非常有用的策略可以帮助人们组织整合文献资料，为后期的文献撰写打下基础。

建议研究者先预览每篇文献的主题内容。绝大多数的文献在文章开端处有一个摘要或总结，研究者一般应先看摘要然后决定这个文献是否值得更深入的阅读，这样可以大大提高阅读效率。同时，此时研究者最好对纳入的文献进行一个简单的分类整理工作，例如，根据纳入的文献类型可以分成原始研究资料（如实证研究）、二手数据资料（如评述）、概念或理论背景资料（如研究方法）以及观念性的非学术资料（如媒体报纸）。

在文献预览之后，研究者必须开始进行更加系统性和批判性的阅读。这个步骤是有一定的结构框架可以参考的。① 一些专家学者建议通过一系列指标或总

---

① Patricia Cronin, Frances Ryan and Michael Coughlan, "Undertaking a Literature Review：A Step-by-step Approach," *British Journal of Nursing*, Vol. 17, No. 1, 2008.

结系统来辅助提炼内容的过程。① 尽管不同研究者提出的内容提炼指标不尽相同,但大致上都会包括文章题目、作者、研究目的、研究方法论、研究结果以及发现。同样,研究者也可以自由地记录自己的观点和评价。此处要注意的是,在内容提炼的过程中一定要加入引文出处记录,否则之后若想回过头在茫茫文献库中找对应的文献则很浪费时间。并不是所有的文献资料都是一手资料,对于其他类型的文献,例如二手资料(评述)和非研究型资料,内容提炼的指标也需要相应的变通。表 3.4 就是一个可参考的常规范例。

表 3.4 文献资料信息总结参数

一手资料	二手资料(评述)	非研究型资料
题名	题名	题名
作者和发表年	作者和发表年	作者和发表年
来源期刊	来源期刊	来源期刊
研究目标	综述问题、目标	文章目标
研究类型	关键定义	可信度
研究设计	文献综述的范围	质量
数据收集方法	文献评估标准	内容
主要发现	文献整合方法	连贯性
建议	结论	建议
重要评价(优缺点)	重要评价(优缺点)	重要评价(优缺点)

资料来源:Patricia Cronin, Frances Ryan and Michael Coughlan, "Undertaking a Literature Review: A Step-by-step Approach," *British Journal of Nursing*, Vol. 17, No. 1, 2008。

(四)分析评价

待组织整合完已纳入的文献后,研究者便需要对总结出的文献资料信息进行分析与阐述。这就需要先明确当下纳入的原始文献质量再展开文献数据分析。如第五部分关于文献综述类型的介绍,除了传统描述性文献综述,一般研究者会

---

① Harris M. Cooper, *Integrating Research: A Guide for Literature Reviews*, Sage, 1989; Linda J. Patrick and Sharon Munro, "The Literature Review: Demystifying the Literature Search," *The Diabetes Educator*, Vol. 30, No. 1, 2004.

对获取的数据资料进行系统性的整合分析以得到更加严谨客观的结论。此处主要介绍综合集成分析以及荟萃分析的分析评价方法。

1. 文献质量评价

对纳入文献资料的质量评价与前面提到的每一种文献综述方法都息息相关。形成研究问题和确定文献筛选规则这两个步骤实际上已经给出了可接受的文献的最低标准。经过筛选后的文献资料需要符合一系列更加严格的文献评估标准。[①] 由于每项研究综述的主题不一致,因此无法设置一个统一的质量评价标准。此处举一个例子以帮助读者理解质量评价与限制的过程。表3.5所评述的文献是关于公众饮用水氟化安全性的研究。第一列是质量评价的四个方面,第二至四列将纳入文献根据不同标准分成高质量、中等质量以及低质量三类。

表3.5 纳入文献质量评价举例(公众饮用水氟化安全性研究)

质量评价要素	高质量	中等质量	低质量
前瞻性研究	前瞻性研究	前瞻性研究	前瞻性或回溯性研究
确证开始	研究在氟化一年内开启	研究在氟化三年内开启	研究在氟化发生三年后开启
确证结果	后续研究持续至少5年且为盲测	后续研究持续时间长且为盲测	后续研究持续时间短且非盲测
干扰因素控制	调整了至少3个干扰因素	调整了至少1个干扰因素	未调整干扰因素

资料来源:Khalid S. Khan, et al., "Five Steps to Conducting a Systematic Review," *Journal of the Royal Society of Medicine*, Vol. 96, No. 3, 2003。

2. 文献数据分析

(1)综合集成分析。

定性研究是政治学与公共管理学研究中常见的研究类型。针对定性研究的系统性综述方法有很多,包括元民族志法、语义综合法等[②],然而这些方法的思路与步骤差别不大。此处主要介绍一般意义上的定性综合集成分析法的分析思路与操作步骤,读者若对不同方法感兴趣可以自行进行深入研究。综合集成分析的

[①] Khalid S. Khan, et al., "Five Steps to Conducting a Systematic Review," *Journal of the Royal Society of Medicine*, Vol. 96, No. 3, 2003.

[②] Elaine Barnett-Page and James Thomas, "Methods for the Synthesis of Qualitative Research: A Critical Review," *BMC Medical Research Methodology*, Vol. 9, No. 1, 2009.

主要步骤包括抽取纳入文献的研究发现,将研究发现按照不同主题进行归纳分类,接着对每个主题的子论点进行抽象提炼,对抽象出的每个论点计算其频率效应值,最终评价分析结果(见图3.7)。①

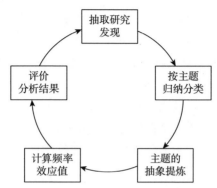

图3.7 文献综合集成分析的基本步骤

质性研究资料中的结果发现往往是与其他元素混合为一体进行报告的,因此,研究者需要将这些结果从其他内容中抽取出来。比如解释说明、故事、事件、对其他文献的引用等。对于某项政策干预条件,研究者需要尽可能地去提取接受干预与未接受干预的样本数量,并且统计每个论点在纳入文献中出现的频次。抽取研究结果之后,研究者需要根据相似主题对结果进行归纳与分类。对于每个主题,研究者应从纳入的文献中抽象归纳出尽可能全面的子论点,也就是这里的第三个步骤。接下来根据抽取的结果与抽象出的子论点,研究者便可以通过计算频率效应值进一步了解每种结果或每个子论点的相对重要性与可靠性。某论点或现象的频率效应值的计算非常简单,即简单地将出现结果A的文献频次除以总的文献数量。② 在有了直观的效应值之后,研究者对纳入文献的综合评价就变得更加简单明了。一般情况下,受限于篇幅,研究生的学位论文中一般报告频率效应值大于25%的原始文献结果。

综上,定性的系统性文献分析对于综合质性研究和混合型研究的成果是一种很实用的研究方法。研究者在进行定性综合集成时,应明确集成目的,仔细甄选集成内容,并根据集成方法应用领域、知识产生机制、质量评估标准、差异性解释方法与集成产品的不同,选择最适合的定性综合集成方法。③

---

① Margarete Sandelowski, Julie Barroso and Corrine I. Voils, "Using Qualitative Metasummary to Synthesize Qualitative and Quantitative Descriptive Findings," *Research in Nursing & Health*, Vol. 30, No. 1, 2007.
② Ibid.
③ 张丽华等:《国外定性综合集成方法研究述评》,《图书情报工作》2012年第2期。

(2)荟萃分析。

本章介绍了几种文献综述类型,其中荟萃分析作为一种更加科学、规范的分析方法受到越来越多研究者的青睐。荟萃分析是一种做定量研究文献综述很有效的方法。具体地说,荟萃分析具有以下作用[1]:

第一,解决研究结果的矛盾,定量估计研究效应的平均水平,为进一步的研究和决策提供全面的文献总结。应用荟萃分析可以得到同类研究的平均效应水平,使有争议甚至相互矛盾的研究结果得出一个定量的结论,同时使效应估计的有效范围更精确。

第二,提高统计分析的功效。有时候由于样本量较小等原因,研究结果不能得出统计上的显著差异,并不一定就是处理无效应。这时,应用荟萃分析把许多同类研究结果进行合并分析,从而增大样本量,起到改进和提高统计检验功效的目的,可以使一些相对较弱的效应也显现出来,同时提高对结论的论证强度和效应的分析评估力度。

第三,揭示和分析多个同类研究的分歧。受限于研究水平、条件、抽样等因素,同类研究的质量可能有较大差异,多个研究结果也可能存在较大分歧,这时荟萃分析可以揭示出单个研究中的不确定性,并通过异质性(齐性)检验等方法考察研究间异质性的原因,揭示文献异质性的来源,估计可能存在的各种发表偏差。

第四,为确定新的研究问题和设计新实验提供帮助。荟萃分析可以发现以往研究的不足之处,回答单个研究中尚未提及或不能回答的问题,揭示单个研究中存在的不确定性,并据此提出新的研究假说、课题和方向。

第五,具有处理大量文献的能力,不受研究数目的限制。

第六,节省研究费用。由于研究对象数量的限制、各种干扰因素的影响以及研究本身的偶然性等,许多研究结果可能不一致甚至相反,要解决这个问题除了使用荟萃分析外,还可以通过严格设计大规模随机试验来进行验证。但这种办法费时、费力,使用元分析则可以节约费用。

在使用荟萃分析对纳入文献的结果进行分析评价时,研究者一般有以下几项任务[2]:

一是,收集尽可能多的满足条件的原始文献,注意一定要能够提供荟萃分析所

---

[1] 卫林英、段兴民:《Meta分析在科学研究中的应用与展望》,《生产力研究》2006年第6期;崔智敏、宁泽逵:《定量化文献综述方法与元分析》,《统计与决策》2010年第19期;詹思延:《如何报告系统综述和meta分析》,《药物不良反应杂志》2006年第4期。

[2] Justus J. Randolph, "A Guide to Writing the Dissertation Literature Review," *Practical Assessment, Research & Evaluation*, Vol. 14, No. 13, 2009; Michael Borenstein, et al., *Introduction to Meta-Analysis*, Wiley, 2009, pp. 391-403.

需要的基本数据,比如样本量、均值、相关系数、t 值等,以便后续计算总体效应值。

二是,对纳入的文献进行编码,包括研究质量、干预条件、测量方法、研究结果等。

三是,确定同一个效应值指标,比如标准均值差、皮尔逊相关系数、概率比值等,使得所有纳入文献的结果最终可以以统一标准化的形式被整合。

四是,计算每一个独立文献的效应值。

五是,计算总体效应值。

六是,有兴趣可以继续探索文献异质性的来源。

图 3.8 展示的是在荟萃分析中经常会用到的森林图举例。该图描绘了荟萃分析产出的结果。图中三角形代表每一个研究的效应值,线段则是该效应值的 95% 置信区间。图的底部是加权平均后的总体效应值,即文献整合后的最终结果。这种客观的整合结果十分便于进一步的解释。

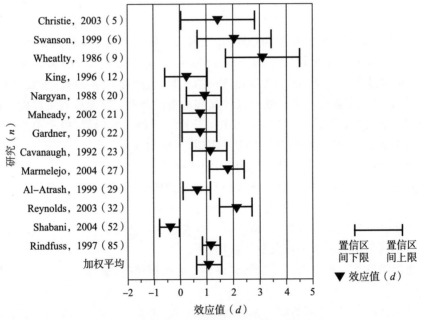

图 3.8　森林图——答题卡对测试成绩的影响

资料来源:Justus J. Randolph, "Meta-Analysis of the Research on of Response Cards: Effects on Test Achievement, Quiz Achievement, Participation, and Off-Task Behavior," *Journal of Positive Behavior Interventions*, Vol. 9, No. 2, 2007, p. 121。

荟萃分析往往受到发表偏差的影响,而且太过于依赖数学与技术。因此,很多学者建议将荟萃分析与描述性分析结合起来使用以发挥更大价值。如今可以用来做荟萃分析的软件主要有 CMA(comprehensive meta-analysis), Stata, SPSS, R 等,其中 CMA 是专门为荟萃分析设计的一款非常实用且功能齐全的软件,而其他一般统计分析类软件也可以通过一定的方法如加载命令和宏来实现荟萃分析。总之,荟萃分析是获取和评价大量文献的科学方法。在当今知识爆炸的时代,当需要系统总结和分析以往的工作以为科学决策提供依据时,荟萃分析是合并现有信息的最好方法之一,有助于研究者和实践工作者对文献进行分析与评价,从而在较少的时间、人力和物力的投入下获取更多的信息。

3.分析方法的选择

研究者尤其是初学者如何选择合适的文献综述方法是一个值得讨论的问题。在传统描述性综述和系统性综述之间,并不是后者绝对优于前者并可以完全取而代之的。然而,当前公共管理学中较为成熟的研究从体量上来看多数采用的是系统性综述的方法,系统性综述的确占据着主导的地位。传统描述性综述的方法透明度和客观性经常受到质疑,因此其结论常常是无法复制的,从而降低了研究的信度。

但是,对于某个具体研究领域内的初学者而言,他们在刚进入相关研究领域的阶段对自己的研究主题还不是很确定,常常带着尚未明确的研究问题阅读文献,因此想要他们一开始就做出高质量的系统性综述是具有挑战性的。本章尽管强调了系统性综述在公共管理学研究中的重要地位,但是并没有否定使用传统简单综述的方法,只是为了说明两种类型方法的不同过程与适用范畴。最好的选择方案都是因地制宜的,对于刚进入研究领域的学者来说,推荐优先采用传统描述性综述的方法,以使自己有一个全面的认知;之后随着研究主题的逐渐清晰,带着明确的阅读目标,就可以采取系统性综述的方式进行文献综述。

(五)撰写综述

文献综述的成文方式可以是单独成文,也可以是作为学术论文、学位论文、研究报告等文章的一个重要组成章节。一般情况下,单独成文的文献综述主要聚焦于归纳、分析与评述某一个专题领域的已有研究成果,同时洞察该研究领域的研究空缺,以指明该领域内未来需要重点研究的方向。当文献综述作为一篇学术论文或学位论文等文章的组成部分时,其主要目标是服务于当前论文,通过回顾剖析以往研究进展佐证当前研究的理论与实践意义;同时,一个好的文献综述能够支撑指导全文理论基础、方法论以及分析视角。两种情况下撰写文献综述的重点与出发点是不同的。

文献综述通常包括三个部分:前言、主体和总结。前言部分主要说明文献综述写作的目的,介绍主要概念、定义以及综述的范围(涉及问题的范围、文献起止年月、问题的现状和争论焦点等)。主体部分包括文献综述的主要内容,可根据时间的顺序对文献进行综述,也可对不同的问题进行综述或者对不同的观点进行综述。在综述中,对文献进行综合、分析、比较与对照,阐明有关问题的研究历史、现状和发展方向,找出已解决的问题和尚存的问题,重点阐述对当前的影响及发展趋势,这样不但可以使研究者确定研究方向,而且便于读者了解该研究的切入点。总结部分是对文献主要观点的总结,指出研究问题与前期相关研究的关联性,使读者既了解问题的过去和现在,又能展望未来,由此提出研究问题或研究假设。

八、质量评价和保证

(一) 质量评价

好的文献综述能够为推进知识增加和促进理论发展奠定坚实的基础。文献综述的高质量往往是一篇优秀的学位论文、学术论文的前提与保障。高质量的文献综述聚焦明确的研究问题,使用严谨系统的综述方法(包括资料收集、组织、分析),最终得出有清晰证据链的结论与评述,即论证观点源于对原始资料的分析与阐释。

一般来说,评价文献综述质量可以从五个层面出发,包括文献收集标准、文献综合范畴、经典文献理论与方法、佐证当前研究意义、连贯修辞。国外学者建议基于这五个层面通过评分的方式评价一篇文献综述的质量,将质量进行程度的区分与简单的量化。比如,对于文献收集标准这一层面,可以分为完全未讨论文献的纳入与剔除规则(赋予1分)、讨论了哪些文献被纳入哪些被剔除(赋予2分)、规定了纳入与剔除的具体标准(赋予3分)。其他层面的评价如法炮制,详细标准参见表3.6。如此一来,研究者就可以较为清晰地评价自己或他人的文献综述的质量,从而弥补缺失。

表 3.6 文献综述质量评价打分表

评价层面	评价标准	1分	2分	3分
文献收集标准	规定了剔除与纳入的具体标准	完全未讨论文献的纳入与剔除规则	讨论了哪些文献被纳入哪些被剔除	规定了剔除与纳入的具体标准
文献综合范畴	综合目标研究主题下已有研究成果、关键变量、重要现象、重要术语,并产生新观点	未讨论,表层总结	部分讨论且较有批判性	讨论全面,产生新观点

(续表)

评价层面	评价标准	1分	2分	3分
经典文献理论与方法	综述相关研究主题下的经典研究理论、研究方法、分析技术并归纳优缺点	完全未讨论研究理论和方法	部分讨论理论与方法,以及其适用性	批判性地归纳与评价相关理论和方法,并找到适用该研究的具体方法
佐证当前研究意义	合理地论证了当前研究主题的理论与实践意义	未评述	简单评述	批判性地评述
连贯修辞	综述撰写连贯、逻辑清晰	撰写随主观意愿、概念化程度低	撰写比较连贯清晰	撰写连贯、逻辑清晰,推理与论证环环相扣

资料来源:David N. Boote and Penny Beile, "Scholars before Researchers: On the Centrality of the Dissertation Literature Review in Research Preparation," *Educational Researcher*, Vol. 34, No. 6, 2005。

(二) 质量保证

一般地,不论是学位论文的文献综述章节还是待发表的文献研究论文,读者都可以从文献收集、文献组织、书面表达及引用规范四个方面入手完善文献综述,保证文献综述的质量。下面针对这四个方面进行概述。

其一,在文献收集方面,可以从以下四点出发保证质量。(1)文献的全面性。全面性主要考查文献的数量、语种、来源、类型、时间跨度以及文献覆盖度等方面。在数量与语种方面,文献综述应包含大量相关文献,中外文文献的数量与比例应与研究主题的实际情况相符。在时间跨度方面,综述应包含研究领域的早期文献和最新成果,如实反映该主题的学术发展史和研究动态,涵盖该领域核心作者群的主要学术观点和经典文献。(2)文献的相关性。在检索文献时,要选取与研究主题密切相关的中、英文检索词,所引文献要对论文的研究内容、研究方法、研究主题、观点结论有明显的支撑作用。(3)文献的前沿性。综述所选文献应具有新颖性,能覆盖研究领域的最新进展。(4)文献的代表性。代表性是指引用文献应具有较强的学术性,能代表或反映某一研究主题的学术观点、研究水平、研究进程和发展趋势,可结合文献计量学指标(如被引量、影响因子指标等)对文献的学术价值进行综合判断。

其二,在文献组织方面,可以从以下两点入手保证质量。(1)述评概括。高质量的文献综述应做到述评结合,"述"要兼顾深度和广度,"评"应做到客观公正,这就要求研究者能够准确提炼文献观点,指出该文献与本研究的关系。还应总结研究主题的历史演变、研究进展与尚待解决的问题,阐述本研究的继承性和创新性,展示文章的逻辑框架,突出本研究的意义与价值。(2)文献梳理。组织文献时应条理清晰地揭示文献间的内在联系,常见的梳理方法有:主题分类法,即按照综述对象所属的细分主题进行梳理,或按照不同学术流派、研究视角或观点进行分类;时序分析法,即按照研究对象发生、发展的顺序梳理文献。无论采用哪种方法,均要清晰地展示研究主题的嬗变过程。

其三,在书面表达方面,可以从以下四点出发保证质量。(1)严谨性。综述中出现的新名词、新术语、新概念应给出必要的解释,尤其应注意外文术语与作者新提术语,解释应客观、准确、严谨;如多次提及可使用缩写,但首次出现时要使用全称并进行相应说明。(2)学术性。文献综述应言简意赅,尽量采用学术性用语,避免非必要的口语或网络用语。(3)逻辑性。综述的论证过程应符合逻辑,可按照"论点—论据"的次序展开,避免出现论点与论据不一致、观点前后矛盾的情况。(4)连贯性。撰写综述时应正确使用介词、量词、衔接语、转折词、过渡句,保证上下文连贯、流畅。

其四,在引文规范方面,可以从以下三点入手保证质量。(1)引用格式规范。文献综述需要注意参考文献的标注位置、著录格式、字体字号、中英文标点以及作者的署名方式及格式等。对于标注位置,要根据具体情况将参考文献标注于作者后、句中或句尾。参考文献著录格式应符合《信息与文献 参考文献著录规则》(GB/T 7714—2015)、《中国学术期刊(光盘版)检索与评价数据规范》(CAJ-CD B/T 1—2006)等的规定。(2)引用行为规范。引用文献时应遵守引用行为规范。应阅读原文并为文献的真实性、准确性负责,不宜转引他人文献;应避免滥引、引用注水等现象,不宜为了装点门面而倾向外文文献、权威学者,不宜过度自引;不能刻意规避与自己观点相左的代表性文献。(3)端正引用态度。应坚守学术道德,不得有抄袭、剽窃、伪造、篡改等学术不端行为。从引用的角度来说,不得抄袭剽窃他人观点、结论,据为己有,要如实标注引用;不得编造资料、注释、引用,用以支持文章论点;不得对所引文献断章取义,使其对己有利;不得在参考文献中加入未引用文献;不得将转引文献标为直引文献,包括对译著的引用标注为对原著的引用。

九、使用中应注意的问题

一般而言,在做文献综述的时候大部分研究者都会犯几种常见的错误。故此,在做文献综述时,研究者还应该特别注意避免如下几个问题。[①]

(一)必须避免大量罗列堆砌文章

很多研究者误认为文献综述的目的是展示研究者对其他相关研究的了解程度,结果导致很多文献综述不是以所研究的问题为中心来展开,没有准确地将文献研究结论与研究者当下的研究相匹配,而变成了读书心得清单。大多数初学者并不仔细考虑研究问题,没有充分地筛选和鉴别最合适的原始文献并加以分析,因此容易形成罗列堆砌原始文献的惯性。

(二)不要轻易放弃研究批判的权利

在进行文献探讨时,很多研究者在短时间内对找到的文献作简略引述或归类,也不作批判,甚至与论文研究的可行性、必要性也无关。由于大量引用他人的著作,每段话均以"某学者说"为起始,结果使自己的论文成为他人研究有效与否的验证报告,无法说服读者相信研究者自己的论文有重要贡献。此外,由于文献综述类文章的发表,研究者往往找到捷径,大量引用前人的文献综述中已经归纳或推理出的论点,而不去对原始实证文献做深入分析和评价。最重要的是,多数研究者没有辩证地去思考前人研究结果的可靠性与有效性,不加批判地接受前人研究结果,忽略了原始研究中的细节问题。

(三)不能故意回避和放弃研究冲突

对有较多学术争议的研究主题,或发现现有的研究结论互相矛盾时,有些研究者就回避矛盾,进行一个自认为是创新的研究。其实将这些冲突全部放弃,就意味着放弃了许多有价值的资料,并且这个所谓的创新,因为不跟任何现有的研究相关,很可能没有引用价值,无法对后续研究产生启发作用。遇到不一致或者

---

① Justus J. Randolph, "A Guide to Writing the Dissertation Literature Review," *Practical Assessment, Research & Evaluation*, Vol. 14, No. 13, 2009; Gene V. Glass, "Primary, Secondary, and Meta-Analysis of Research," *Educational Researcher*, Vol. 5, No. 10, 1976;张丽华等:《撰写文献综述的技巧与方法》,《学位与研究生教育》2004 年第 1 期;王琪:《撰写文献综述的意义、步骤与常见问题》,《学位与研究生教育》2010 年第 11 期。

互相矛盾的研究发现,尽管要花费更多的时间来思考和处理,但是不要避重就轻,甚至主动放弃。其实这些不一致或者冲突是很有价值的,应多加利用。将现有文献的冲突与矛盾加以整合是必要的,新研究比旧研究具有更好、更强的解释力,原因之一就是新的研究会对过去的研究进行整合与改善。

(四) 必须避免选择性地探讨文献

有些研究者不是系统地回顾现有的研究文献,找出适合研究的问题或可预测的假设,而是宣称某种研究缺乏文献,自认为其研究是探索性研究。更有甚者,选择性地不汇报相反的或不一致的研究结论,仅仅根据几项与预期相符的研究结果就下定论。如果有选择性地探讨现有文献,则文献综述就变成了研究者主观愿望的反映,成了一种选择性的回顾,也大大降低了文献综述的有效性。因此,一定要进行系统的、全面的文献综述,以严谨的科学设计来寻找、评估以及整合科学研究的证据,确保文献综述完整不偏。分析冲突的原因、方法与结论,可以为未来的研究及论文奠定成功的基础,使论文的研究结果对后续研究有应用价值和理论意义。

关键术语

文献综述　　传统描述性文献综述　　系统性文献综述　　综合集成
荟萃分析(元分析)

思考题

1. 思考在你的研究中文献综述所扮演的角色及其作用。
2. 如何确保文献综述的有效性?
3. 请讨论传统描述性综述与系统性综述的优缺点,并区别其适用范围。
4. 如何精确有效地筛选文献?请简要介绍基本步骤。
5. 综合集成分析与荟萃分析分别用于什么样的情况?其得出的理论分析结论的可靠性如何?
6. 如何评价一篇文献综述是否为优秀的文献综述?

延伸阅读

Harris Cooper, Larry V. Hedges and Jeffrey C. Valentine, eds., *The Handbook of Research Synthesis and Meta-Analysis*, Russell Sage Foundation, 2009.

Lawrence A. Machi and Brenda T. McEvoy, *The Literature Review: Six Steps to Success*, Corwin Press, 2016.

Mark Petticrew and Helen Roberts, *Systematic Reviews in the Social Sciences: A Practical Guide*, John Wiley & Sons, 2008.

〔美〕阿琳·芬克：《如何做好文献综述》，齐心译，重庆大学出版社 2014 年版。

〔美〕劳伦斯·马奇、布兰达·麦克伊沃：《怎样做文献综述——六步走向成功》（第二版），高惠蓉等译，上海教育出版社 2020 年版。

经典举例

（一）传统描述性文献综述

Jos C. N. Raadschelders and Kwang-Hoon Lee, "Trends in the Study of Public Administration: Empirical and Qualitative Observations from Public Administration Review, 2000-2009", *Public Administration Review*, Vol. 71, No. 1, 2011.

美国公共行政学会和《公共行政评论》（PAR）是七十多年前由以专业为导向的学者和从业人员建立的，他们认识到了培育和加强公共行政科学的重要性。政府和社会日益紧密交织的复杂关系要求 PAR 继续尝试在实践者和学术界之间架起桥梁。PAR 期刊自 2000 年以来的专题报道反映了许多引人注目的连续性话题，强调了许多"面包和黄油"行政问题，如规划、人力资源、预算编制和公共管理等。该文作者通过文献综述的方法，严谨审视 2000—2009 年这十年中 PAR 期刊中总体的研究和方法趋势，批判性提出了"PAR 期刊在数量和质量上的趋势如何？其内容如何有效地应对动荡的时代？PAR 的文章是否充分地探讨了更长期的趋势和研究的概念基础？"等问题，并在文章中回答了这些问题。该文的内容可分为以下几个方面。

1. 评估 PAR 的主题发展

按照主题进行分类来把握研究的发展是一件很棘手的事情，存在很多难点和变量，为了分析 PAR 期刊主题发展的趋势，作者选择将专业或传统的教科书主题与研究领域和新的主题兴趣结合起来进行文献的收集与内容提炼，希望同时捕捉住期刊的连续性和变化性。

2. 对 2000—2009 年 PAR 的定量观察

作者基于 2000—2009 年间发表的原始论文，描述统计了这十年间 PAR 刊文量、撰稿人特点、研究主题的延续性和方法学分析与比较分析的模式，得到了较为全面的数据支撑。

3. 对 2000—2009 年 PAR 的定性描述

基于 2000—2009 年发表的原始论文,作者通过对新公共管理的评估、行政部门对经济社会和政治事件的反应能力以及学术界和从业人员之间的联系这三个主题的描述性分析,概括得出结论:2000—2009 年这十年间 PAR 几乎没有显示出自 20 世纪 70 年代以来主题发展的巨大变化,但以上三个主题不能被忽视,它们是这十年研究主题的主要特征。

通过对上述问题的回答与更多基于定性和定量的观察,作者最终得出结论:研究问题实质性的连续性以及对研究性质的观点的连续性是显而易见的。2000—2009 年这十年间 PAR 的专题内容清楚反映了其与以往内容的连续性。尽管文章名称可能不同,但大多数提交的文献仍然完全属于旧的类别。

(二) 复杂系统性文献综述

Ed Gerrish,"The Impact of Performance Management on Performance in Public Organizations: A Meta-Analysis,"*Public Administration Review*, Vol. 76, No. 1, 2016.

该研究主要运用荟萃分析的方法,对公共组织绩效管理的相关文献进行梳理分析,旨在考察以下三个主要问题:(1)一般绩效管理体系的效果;(2)绩效管理实践是否能有效中和一般效应;(3)绩效管理的时间的影响。

荟萃分析是将大量不同研究的定量结果合并为一项研究,根据荟萃分析方法的研究步骤,作者分以下几步展开分析。

1. 数据收集

荟萃分析中的数据收集包括搜索相关文献以找到可接受的研究。在该研究中,作者主要使用谷歌搜索词条"绩效管理"约 306 000 条结果。

2. 研究标准

该文的研究问题是:"绩效管理体系对公共组织绩效有何影响?"基于此,作者提出以下四个标准,以确定该项研究是否可接受。

第一个标准是确定一个可接受的结果变量,通常是采用回归分析的研究中的因变量。该研究中采用广义的绩效评估,但不包含自我报告的绩效,因为自我报告的绩效可能存在正向偏差。

第二个标准是研究必须对绩效管理体系进行评价,并根据文献对绩效管理体系的关键要素做出如下定义:

(1) 通过协商、谈判或模型设定绩效目标或创建绩效指标;
(2) 使用激励措施实现绩效目标,包括金钱奖励;
(3) 收集用于战略规划的绩效信息;
(4) 提供绩效信息用于组织决策的证据;

（5）将当前绩效与以前的绩效或组织内外其他实体的绩效进行对标，从中获得对绩效的分级、分类或确认；

（6）将机构、部门或组织预算或自主权与绩效目标的实现联系起来；

（7）为管理者、员工、利益相关者和公众公布绩效目标和结果。

第三个标准是原始研究数据要么必须完全由"公共"组织提供，要么必须对公共组织有单独的影响。

第四个标准是原始研究需要进行假设检验的统计分析，包括 t, z, χ^2, F 等统计性检验。

3. 文献检索过程

根据上述研究标准，在全球数据库中输入"绩效系统""绩效管理""绩效衡量""绩效标准""绩效评估""性能信息"等六个短语切换进行文献检索，筛选符合四个纳入标准的研究，并将搜索范围限制在公共政策领域和一些特定的绩效系统。此外，通过"源始搜索"（ancestry search），利用研究的参考文献以及引用原始研究的研究，可以找到尽可能多的相关文献与研究。共计 24 737 项与搜索词匹配的文章标题，总共有 49 项可接受的研究被纳入该分析，并在参考文献中列出。最后纳入的 49 项研究中有 28 项来自同行评议的期刊，其他研究则来自政府报告、博士论文和工作论文等来源。

4. 变量编码与效应计算

在确定一个可接受的研究后，对研究的特征和每种效应进行编码，并对效应进行计算。该文共分五个部分对变量进行了讨论。第一部分讨论因变量的计算、效应，第二部分讨论了第二代绩效管理系统的编码，第三部分讨论编码性能管理最佳实践，第四部分论述了编码质量指标的原始研究，最后一部分讨论了绩效管理系统的其他特征，如政策领域的虚拟变量。

5. 结论

该研究利用荟萃分析的方法检验了绩效管理体系对公共组织绩效的影响。具体而言，考察了三个相关问题：第一，绩效管理是否无条件地与公共组织的绩效正相关；第二，管理实践是否调节了这种效应；第三，经验或时间是否改变了平均效应。在最后的结论部分，作者利用森林图描绘讨论结果，图 3.9 包含了所有纳入的 49 项研究，每项研究都有一个用黑点表示的平均效应大小，95% 的置信区间用黑色水平线表示。

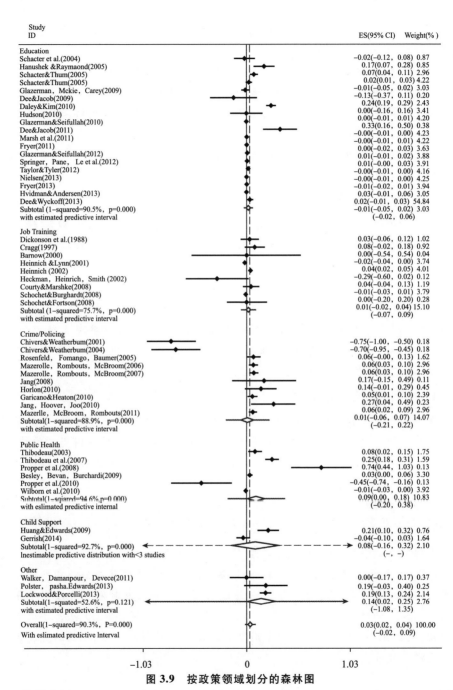

图 3.9 按政策领域划分的森林图

资料来源：Ed Gerrish, "The Impact of Performance Management on Performance in Public Organizations: A Meta-Analysis," *Public Administration Review*, Vol. 76, No. 1, 2016, p. 57。

第四章　内容分析*

本章要点
- 内容分析法的定义、特点和优劣势；
- 内容分析法的理论基础；
- 内容分析法的适用范围和条件；
- 内容分析法的基本类型；
- 内容分析法的研究设计和操作流程；
- 内容分析法的质量保证和使用中应该注意的问题。

一、导　言

内容分析法(content analysis)是通过对"内容"的分析以获得结论的一种研究手段。该方法主要用于确定特定的定性数据(如质性研究资料等)中研究者关注单词、主题或概念的数量变化和关联。具体数据来源可以是采访、开放式问题、研究笔记、书稿、报纸头条、演讲或媒体文件等。在采用内容分析法分析文本时，需要将文本编码或分解成可管理的代码以供后续分析。1952年，美国学者伯纳德·布里森出版了《传播学研究中的内容分析》一书，正式确认内容分析法是一种科学的研究手段。① 之后，内容分析法成为学者们广泛使用的研究手段之一。

作为一种典型的基于二手数据的非介入性研究(unobtrusive research)方法，内容分析法在人文社会科学的诸多领域，包括政治学、公共管理学、传播学、心理学、历史与语言学等，都有广泛使用。本章将对其进行简单介绍，以帮助读者对其有一个概括性的了解。

---

* 本章部分内容改编自作者公开发表的论文，详见刘伟：《内容分析法在公共管理学研究中的应用》，《中国行政管理》2014年第6期。

① Bernard Berelson, *Content Analysis in Communications Research*, Free Press, 1952.

二、定义、特点和优劣势

（一）内容分析法的基本思想和定义

内容分析法的基本思想是对内容中关键信息的频次、关联等特征进行统计，但在"内容+频次"这一看似简单的结果之外还包含着一套方法论体系，如果只是把内容分析法简单地理解为对特定内容的频次统计，那么就忽略了内容分析法本身的结构与理性。事实上，内容分析法由"研究问题""内容"与"分析建构"三个要素组成，缺一不可（见图 4.1）。

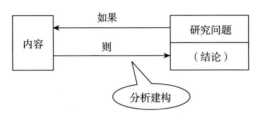

图 4.1　内容分析法的要素关系

（1）内容分析法的第一个要素是"研究问题"，即研究者通过内容分析要获知的结论。内容分析中的研究问题与一般定量研究中的研究假设类似。略有不同的是，内容分析中的研究问题具有开放性，其答案来自对内容进行合理的推理与分析。研究问题是内容分析的核心与起点。[①] 立足研究问题对内容进行分析，能够有的放矢，提高分析的效率。同时，通过内容获知对研究问题的解答，能够确保整个分析过程的规范性与实证性。

（2）内容分析法的第二个要素是"内容"。学者们运用内容分析法时所面对的对象或样本即为"内容"。作为此研究方法的数据，对内容唯一的要求是其具有含义：这些"内容"是包含信息的，是需要被其受众阅读、倾听、理解或阐释的。

（3）内容分析法的第三个要素是"分析建构"（analytical construct），即联系"内容"与"研究问题（结论）"之间的逻辑关系。"分析建构"一般采用"如果-则"的形式，即"如果内容怎样，则结论如何"。例如，何艳玲教授一篇运用内容分析法探讨我国公共管理学研究现状的文章中，其分析建构基本为"如果样本中的文章研究方法缺失理论对话，则我国的公共管理学存在方法不规范、知识增长缓慢

[①] Klaus Krippendorff, *Content Analysis: An Introduction to Its Methodology*, Sage, 2004.

的问题"①。另一些分析建构过程比较复杂,需要获得现有的理论文献的支持。

有关内容分析的定义很多,但其区别并不大。例如,布里森将内容分析定义为对显现的内容进行客观与系统的描述。② 霍尔斯提认为内容分析是对内容的某些特定特征进行客观系统的辨识,并以此作为论据进行分析推理。③ 克林格认为内容分析的实质是以系统客观的方式度量被分析内容中所携带的某种变量。④ 也有学者将内容分析简单地定义为一种研究手段,其目的是从一系列被研究的文本中获得可重复的且有效的推理。⑤ 内容分析法需要使用数据(data),具体操作是在分析的过程中对数据进行编码处理,从而将之变成数值(numeric)。由此,一些学者认为,内容分析法是定量分析的一种。甚至有关内容分析法的第一本教科书也将之定义为一种定量的方法。⑥ 另一位社会学家在综合整理研究方法时也将内容分析法归入定量分析的范畴。⑦ 但同时,也有学者指出,过于注重对分析内容的量化会导致对分析过程的强调,而忽视内容本身的特性。⑧

本章认为,内容分析应当实现定量与定性研究的结合,因为"定性的方法关注某种现象的外在形式与内在因果关系,而定量的方法关注该现象的持续时间与发生频次"⑨。内容分析法实际上是通过寻找研究内容中的分析单元特征,以便于后续开展定性、批判性的研究进而提出有洞见的观点。

此外,还需要注意内容分析法的深层价值。从形式上看,内容分析法简便明了,确实包含了对某些关键内容的频次统计。但更重要的是,频次分析的结果可与其他方法有机结合,从而起到拓展内容分析法的作用。对关键内容进行频次统计并非目的,而是手段。在获得"内容+频次"的初步结果之后,这一结果可以成为新的变量,参与到新的定量或定性方法之中,发现因果关系。例如,在政治心理学中较为流行的行为代码分析(operational code analysis)就是以决策者谈话中

---

① 何艳玲:《问题与方法:近十年来中国行政学研究评估(1995—2005)》,《政治学研究》2007 年第 1 期。
② Bernard Berelson, *Content Analysis in Communication Research*, Free Press, 1952.
③ Ole R. Holsti, *Content Analysis for the Social Sciences and Humanities*, Addison-Wesley, 1969.
④ Fred N. Kerlinger, *Foundations of Behavioral Research*, Holt, Rinehart and Winston, 1986.
⑤ Klaus Krippendorff, *Content Analysis: An Introduction to Its Methodology*, Sage, 2004.
⑥ Bernard Berelson, *Content Analysis in Communications Research*, Free Press, 1952.
⑦ David Silverman, *Interpreting Qualitative Data: Methods for Analysing Talk, Text and Interaction*, Sage, 2001, p. 59.
⑧ Claire Selltiz, et al., *Research Methods in Social Relations*, Holt, Rinehart, and Winston, 1967.
⑨ Herman W. Smith, *Strategies of Social Research: The Methodological Imagination*, 1975, p. 13.

某些具有关键含义的词的出现频次为变量,进行进一步的分析。①

(二) 特点

尽管学者们对内容分析法的定义各不相同,但基本对内容分析法的以下四个特点形成了共识。

1. 客观性

在使用内容分析法时,有明确的规则与步骤;而这些规则与步骤保证了内容分析法的信度,即当面对同样的内容以及同样的研究问题时,不同的分析人员使用内容分析法会获得相同的结论。

2. 系统性

对内容抽样(选取与排除)是一个系统步骤,具有一定规则性;不可根据内容分析人员的喜好对分析的"内容"进行删减。

3. 结论的可推广性

内容分析法获得的结论不能因内容的改变而发生变化。具体来说,如果研究问题一致,那么对不同的"内容"进行分析,所获得的结论应该是一致的。例如,考察我国公共管理学科的发展,何艳玲以包括《中国行政管理》《公共管理学报》等在内的学术期刊上刊载的学术文章为样本,指出现阶段我国的公共管理学界存在着实证研究短缺、研究方法不规范的问题。②

之后,其他学者以行政管理学硕士学位论文③、博士学位论文④为内容样本对我国公共管理学科的发展状况进行分析,也获得了同样的结论。事实上,通过对中国知网以及"谷歌学术"(google scholar)进行检索,笔者整理了十六篇使用内容分析法对我国的公共行政学科的发展进行研究的论文。尽管这些研究在样本、抽样方法、编码单元等诸多步骤上存在区别,但这些研究对我国公共行政或公共政策的发展现状基本达成了共识。

---

① Alexander L. George, "The 'Operational Code': A Neglected Approach to the Study of Political Leaders and Decision Making," *International Studies Quarterly*, Vol. 13, No. 2, 1969.

② 何艳玲:《问题与方法:近十年来中国行政学研究评估(1995—2005)》,《政治学研究》2007年第1期。

③ 董建新、陈贵梧:《问题与反思:1998—2007年行政管理学硕士学位论文的实证分析》,《公共管理研究》2009年第7卷。

④ Yijia Jing, "Dissertation Research in Public Administration in China," *Chinese Public Administration Review*, Vol. 5, No. 2, 2008.

4. 科学性

内容分析法是科学研究的方法,其结果是客观的,其研究过程是可复制的。

(三)优势和劣势

相比其他科学研究方法,如通过问卷调查进行的定量研究或通过田野调查进行的案例研究等,内容分析法具有一些显著的优势。

第一,内容分析法最大的优点在于经济性,主要体现在人员成本和金钱成本上。该方法不要求大量的研究人员或是特殊的设备,仅需要接触数据并加以编码即可。[1]

第二,内容分析法便于研究者进行试错和之后的修改,即允许误差修正。与其他方法相比,内容分析法是一个允许"试错"的研究手段。例如,在进行问卷调查时,当问卷发出之后便很难对其中的问题进行修改;但在内容分析中,分析人员可以多次使用不同的研究问题与分析建构,对同样的数据即"内容"进行重新编码与分析。尤其是当计算机辅助编码发展成熟之后,内容分析变得更为便捷。因此,对采用内容分析法的研究进行调整时,仅仅需要对数据进行重新编码,而无须重新开展整个研究。

第三,内容分析法可处理大样本、长时间周期的数据。内容分析法可以处理大量且持续时间长的数据,这使得内容分析法能有效地帮助研究者获知研究对象在一段较长时期内的变化趋势。

第四,内容分析法可保障研究者的客观中立。内容分析法是一种非直接介入的分析方法,有助于研究人员在研究过程中保持客观中立的态度。当编码表确定之后,内容分析法严谨的操作要求多人进行编码,并针对编码的结果进行检验。此外,作为非介入性方法,内容分析法无须花费过多精力在研究对象上。

第五,内容分析法可保证研究过程的工具理性。内容分析法能更为客观地对事实进行分析从而获得结论,而不仅仅是简单观察现象或问题。内容分析法需要针对"内容"进行一系列严格的处理,如抽样、编码等。这些程序保证了内容分析法在使用过程中的工具理性。

第六,内容分析法可针对公开数据进行分析,故研究数据相对容易获得。内容分析法具有资料与数据可获得性上的优势。用来分析的"内容"大多是公开资料,方便获得。

与此同时,内容分析法也有一些劣势,主要表现在如下几个方面。

---

[1] 〔美〕艾尔·巴比:《社会研究方法》(第13版),邱泽奇译,清华大学出版社2020年版。

第一,内容分析法的信度、效度检验仍存在一定误差,尽管目前已有相关的信度、效度检验方法,但仍然无法完全避免误差的存在。在效度方面,除非该项目碰巧研究了传播内容的生产过程,不然难以完全避免效度问题;在信度方面,内容分析法主要通过编码、再编码甚至三编码来确保较高的信度。①

第二,内容分析法的研究结论依赖于研究人员设定的分析框架和编码准确度。在分析框架构建方面,内容分析法通常关注显在内容,无法直接对内容进行深层次解释。②

第三,内容分析法在处理大样本数据时所需时间和人工成本较高。由于内容分析法依赖人工逐条编码,尽管目前已有计算机辅助编码技术,但仍然对人工依赖程度较高,在面对海量信息时,该方法耗时较长。

第四,内容分析法在解释由内容反映出的信息制造者的动机和对信息接收者的影响方面,不如实验法和问卷法等方法直接。

第五,内容分析法仅能研究已经被记录下来的信息内容(如文字、录音或图片等),而对于未被记录的内容,内容分析法则无从谈起。而且,研究者一般无法人为地补充新内容,更无法控制文本资料的制作过程,因此使用该方法时常常需要研究者控制内容分析过程中的信度和效度问题。当然,该局限的存在更多是要求研究者不要把内容分析法当成唯一的工具来使用,而是与其他方法结合。例如,内容分析法可以与访谈法结合,对访谈内容进行分析,如此可以弥补内容分析法的缺陷。

第六,内容分析法更多是一种描述性方法,其对内容特征的分析更多是对变量之间的相关关系的研究,较难帮助我们厘清变量之间的因果关系。若需要进行因果推断,还需要结合其他研究方法。

三、起源、发展和理论基础

(一)起源

内容分析法的思想起源于修辞分析(rhetorical analysis)。③ 人们最早是采用修辞分析对演讲稿的有效性进行研究,如亚里士多德使用修辞分析以发现"说服性论证的艺术"(art of discovering persuasive proofs)。④ 该分析方法侧重对演讲

---

① 〔美〕艾尔·巴比:《社会研究方法》(第13版),邱泽奇译,清华大学出版社2020年版。
② 风笑天:《社会研究方法》(第五版),中国人民大学出版社2018年版。
③ Kimberly A. Neuendorf, *The Content Analysis Guidebook*, Sage, 2001.
④ Gerald R. Miller, *Handbook of Communication Science*, Sage, 1987.

者、听众以及演讲本身的分析,关注交流内容如何影响交流环境(也包括听众的行为)。虽然修辞学学者更倾向于使用逻辑性、定性的方法来分析信息,但其技术补充了社会科学研究者的定量方法。[1] 如果没有早期修辞学学者的实践,便没有后续针对人类交流内容的分析。

除了向修辞学借鉴方法,内容分析法还向"密码学、图书馆学的主题分类以及法律标准指南等学习了它们的方法,通过索引、术语和概念的交叉列表系统,来检索海量信息内容,从而实现对文本中的主题的访问检索"[2]。

此外,内容分析法还借鉴了传播学领域的研究成果。哈罗德·D.拉斯韦尔(Harold D. Lasswell)将传播(communication)定义为"谁通过什么渠道对谁说了什么,以及产生了什么样的效果?"(who says what to whom via what channel with what effect?)。[3] 而拉斯韦尔本人最突出的贡献之一则包括对内容分析法的定量技术研究。1927年,拉斯韦尔的博士论文《第一次世界大战的宣传技巧》是传播学史上首次对宣传分类展开的实证研究(尽管该论文更多的是定性和批判性分析)。[4] 拉斯韦尔等人出版的《政治语言:量化语义学研究》[5]也被认为是对信息内容进行量化分析的早期代表作。之后,拉斯韦尔意识到自己早期研究尚未注意到"选择标准"的确立依据,对自己的内容分析工作进行了改进,并完成了一些对二战前和二战期间的宣传内容的分析工作。

(二) 发展

在1949年之后,内容分析法得到进一步发展。1952年,伯纳德·布里森等人出版的《传播学研究中的内容分析》奠定了内容分析法在传播学中的地位。[6] 1970年,人们逐渐对娱乐媒体内容的影响产生了兴趣,并主要关注电视中的暴力影像。乔治·格伯纳运用内容分析法追踪了美国电视内容变化以及这些内容是如何影响观众看待世界的,该项研究也是反映时代文化价值观变迁的经典研究。[7]

1982年,美国未来学家约翰·奈斯比特(John Nasibitt)创办《趋势报告》季

---

[1] James C. McCroskey, *An Introduction to Rhetorical Communication*, Prentice-Hall, 1993.
[2] Everett M. Rogers, *A History of Communication Study: A Biographical Approach*, Free Press, 1994.
[3] Pamela J. Shoemaker, et al., *How to Build Social Science Theories*, Sage, 2003.
[4] Kimberly A. Neuendorf, *The Content Analysis Guidebook*, Sage, 2001.
[5] Harold D. Lasswell, Nathan Leites and Associates, *Language of Politics: Studies in Quantitative Semantics*, George W. Stewart, 1949.
[6] Bernard Berelson, *Content Analysis in Communication Research*, Free Press, 1952.
[7] George Gerbner, "Cultural Indicators: The Case of Violence in Television Drama," *The Annals of the American Academy of Political and Social Science*, Vol. 388, No. 1, 1970.

刊,该季刊的主要研究方法便是内容分析法。在该季刊的基础上,奈斯比特出版了《大趋势》和《2000年大趋势》等书籍,成为颇具代表性的内容分析法应用成果。

随着计算机技术的发展,成熟、系统的计算机辅助内容分析软件开始出现,其可以有效结合量化分析和质性研究。当然,也有学者指出,完全指望计算机对内容进行自动化分析是一种幻想,人类对于内容分析的贡献仍然是非常重要的。正如迪芬巴赫所说的那样"垃圾进,垃圾出"(garbage in, garbage out)[1],输入正确的数据才有可能获得正确的结论。

(三) 理论基础

内容分析法针对内容的分析主要围绕三个目标:(1)描述内容;(2)从内容中推断其源头;(3)从内容中推断其效果。[2] 基于此,内容分析法衍生出两种主要的分析技术。第一种是频率分析(frequency analysis),即通过词典对内容材料中的元素进行频率计算,再进行比较。第二种是权变分析(contingency analysis)。该分析方法主要通过分析文本中的概念是否在同一上下文中以特定的频率出现,进而从材料内容中提炼出相互关联的元素结构。

然后无论采用何种分析技术,其基础理论均涉及传播学的相关内容,即对材料的解读总是与材料所处的特定交流环境有关。因此,对内容的分析要结合材料的来源和效果进行。此外,频率分析与权变分析这两种分析技术都离不开对内容中概念的分析,而上述概念即内容分析单元,其设立是要依据一定的理论。

从严格意义上来说,内容分析法应当是基于一定程序的过程,而这个过程必定是基于与研究问题相匹配的理论,从而让研究方法的相对模糊性得到理论上严格性的补偿。

四、适用范围和条件

(一) 适用范围

1. 研究主题为传播媒介方面研究

内容分析法尤其适用于传播媒介方面研究,像是强调国家特征、政治取向或

---

[1] Donald L. Diefenbach, "Historical Foundations of Computer-assisted Content Analysis," in Mark D. West, ed., *Theory, Method, and Practice in Computer Content Analysis*, Ablex Publishing, 2001, pp. 13-42.

[2] Ithiel de Sola Pool, ed., *Trends in Content Analysis*, University of Illinois Press, 1959.

政治过程的研究。例如,优先强调利益问题的政治候选人会比强调崇高理想的政治候选人更容易当选吗?虽然对上面这个问题的研究也可以采用观察法,但内容分析法为其提供了另一种视角。这是因为内容分析法可以有效回答传播媒介的经典问题:谁说了什么、对谁说、为什么说、如何说,以及产生什么影响。①

2. 研究对象为具体的内容,包括但不限于文字内容

内容分析法的适用范围广阔,大部分以"文本"形式呈现的内容都可以运用该方法。目前研究者所接触到的绝大多数"内容"确实是以文字的形式加以呈现的,但若由此就认为内容分析法等同于"文本分析",那犯了以偏概全的错误。

内容就是内容分析法的数据,它并不局限于"文本",也可以表现为图片、网页、网站、符号甚至手势姿态。例如,一位加拿大学者使用内容分析法,通过对不同西方国家媒体刊登的新闻图片的分析,总结了几个不同西方国家的媒体对某一社会运动的不同态度。② 也有学者通过对我国各层级政府的政务网站所呈现的功能进行内容分析,在一定程度上对我国电子政务,特别是政府网站的现状进行了综合描述与分析。③

(二)条件

是否所有文字都可以使用内容分析法进行分析?并不是。这就涉及内容分析法的使用条件,它与内容分析法的科学性有直接关系。在辨读内容时,无论是内容的接收者还是分析者都希望从中获得准确的信息。但有些时候,文字表面所表达的意义(表面意义)与信息传递者的真实含义(潜在意义)并不一致,这时就必须通过对上下文的进一步梳理,甚至对信息发送者与接收者的关系的明确,才能准确地判断内容所携带的含义。早期的学者曾经指出,为了保证内容分析的科学性,内容分析应当只针对那些明确传达的、表面的(manifest)意义。④ 但也有学者指出,内容分析应该去分析真实的、潜在的(latent)意义,哪怕不是字面表达的。⑤

在内容分析法的早期,有关表面意义与潜在意义的理解并未形成真正的争论。因为表面意义也好,潜在意义也罢,研究者需要获得的是"真实的意思表

---

① 〔美〕艾尔·巴比:《社会研究方法》(第13版),邱泽奇译,清华大学出版社2020年版。

② Catherine Corrigall-Brown, "The Power of Pictures: Images of Politics and Protest," *American Behavioral Scientist*, Vol. 56, No. 2, 2011.

③ Xiang Zhou, "E-Government in China: A Content Analysis of National and Provincial Web Sites," *Journal of Computer-Mediated Communications*, Vol. 9, No. 4, 2004.

④ Bernard Berelson, *Content Analysis in Communications Research*, Free Press, 1952.

⑤ Samuel C. Heilman, *Synagogue Life: A Study in Symbolic Interaction*, University of Chicago Press, 1976.

示"。当研究者所面对的数据(即内容)数量较少时,可以通过多人同时编码来保证内部信度,有效地解决这一问题。但现今,两个原因使得内容分析法面临着更大的挑战。第一,我们处在一个"大数据"的时代,内容不断涌现。此时对内容进行逐一辨读会产生极大的人力与时间成本。第二,研究者们所面对的"内容"风格各异、形式繁多,为分析造成了更多困难,最终可能难以保证内容分析法的内部信度。

因此,在澄清"所有的文字都可以使用内容分析法"这一误区时,我们提出两个建议。第一,尽管目前计算机科学家、人工智能专家等开始开发各种中文的内容分析软件,但社会科学学者必须对使用内容分析软件保持警觉。毫无疑问,社会科学学者也要借助于计算机软件进行内容分析,比如 SPSS、EXCEL 等。但这些软件所进行的只是辅助分析。目前一些人工智能专家开始完全使用机器对内容进行识别,更高级的软件甚至可以通过关键词的频率对情绪进行自动识别,进而推断舆情。这种应用,在样本数量足够大的时候也许能够获得相对准确的结果,但这一结果的有效性很难保证。社会科学学者还需要谨慎对待这些内容。也正因为如此,本书不对任何中文内容分析软件进行推荐。

第二,学者们需要思考何种"中文内容"更适合进行内容分析。网文微博等由于其内容生产过程的随意性太大,并不适合进行严谨规范系统的内容分析。[①]对这些内容而言,无论是抽样还是编码都存在较大困难。相比之下,已发表的学术文章,形式齐整内容规范,比较适合进行内容分析。同理,《人民日报》的社论或评论员文章、政府工作报告等格式严格统一、语言风格稳定、意思表达明确,也是内容分析的较好数据来源。

五、类型划分

(一) 按类型演变的维度

从内容分析法类型演变的维度,可以将内容分析法划分为解读式内容分析法、实证内容分析法和计算机辅助内容分析法。从这一类型划分可以看出计算机技术的发展对内容分析法的推动。[②]

[①] 需要明确的是,这一结论并不是绝对的。网络内容在某些领域可以做较好的内容分析。比如,可以通过对某些网文或微博的点击、转发、回复的数量确定人们对某一问题的关注度。但是,对网文或微博的具体内容进行分析具有较大的难度,对网文或微博的"情绪"进行精准的分析难度更大。下文探讨内容分析与议程设置的关系时还将涉及此问题,在此不作赘述。

[②] 邱均平、邹菲:《关于内容分析法的研究》,《中国图书馆学报》2004 年第 2 期。

1. 解读式内容分析法

解读式内容分析法(hermeneutics content analysis)是指通过阐述文本内容来传达作者的意图,且通常要求从更高的层次来把握文本内容背后的结构,从而挖掘文本的真正含义。该方法强调对文本内容进行深度挖掘,但由于解读文本过程中的主观性和研究对象的单一性,其分析结果难以复制,因此常被认为缺乏普遍性。

2. 实证内容分析法

实证内容分析法(empirical content analysis)将文本内容划分至特定类目,再统计特定类目的频率继而描述文本的内容特征。其中,特定的类可以是多种形式,如单词、符号、主题或语法单元等。

实证内容分析法由于对统计变量的确定和分析结果的评判依赖于分析人员的主观判断,因此其分析结果的有效性和可靠性也不能完全得到保证。

3. 计算机辅助内容分析法

计算机辅助内容分析法(computer-aided content analysis)是指借助计算机技术对内容进行半自动化分析。

(二) 按分析元素的维度

从分析元素维度对内容分析法进行划分,可将其划分为两种类型,概念分析和关系分析。其中,概念分析是针对文本中特定元素进行量化和计数,关系分析是针对文本中特定元素之间的关系展开分析研究。[1]

1. 概念分析

概念分析(conceptual analysis)是指对内容中选定的概念进行量化或计数,可以用于概念分析的单元包括词、词组、句子和主题。情感分析是常见的分析类别,通过对内容中包含情感的词汇进行分析,可以有效捕捉到材料内容情绪随着时间的变化趋势。

2. 关系分析

关系分析(relational analysis)是在概念分析的基础上,选择其中特定元素探索元素之间的关系。在这种分析角度下,研究者们更倾向于认为元素之间的关系分析才有意义。关系分析的类型主要有以下几种:关系的强度(两个或多个元素

---

[1] Virginia Wilson, "Research Methods: Content Analysis," *Evidence Based Library and Information Practice*, Vol. 6, No. 4, 2011.

相关的程度)、关系的标志(材料内容中元素之间关系是正相关还是负相关)、关系的方向(两个元素出现是否存在先后顺序或因果关系)。常见的关系分析方法便包括共现分析,即计算材料内容中元素共同出现的频率,从而实现对多个元素关系的整体分析。

(三) 按内容显隐性的维度

在研究中,研究者始终面临着在对研究内容深度理解和具体理解之间进行选择的矛盾。相较于问卷分析法利用标准化问卷对变量进行具体测量来达到具体理解,内容分析法则有更多选择,既可以对媒介的显性内容进行研究,也可以对媒介的隐性内容进行研究。[①]

1. 显性内容分析

显性内容(manifest content)是指传播媒介中可见的、表面的内容,对其编码接近于标准化的问卷。例如对材料内容的特定词汇进行统计,可知道该材料在该主题下表达的频率情况。但相对地,该材料内容也会存在问题,即没有考虑相似词汇表达含义的程度问题。

2. 隐性内容分析

隐性内容(latent content)是指传播媒介中所隐含的意义。例如让不同研究者对传播媒介的材料进行阅读再进行评论,从而得到内容材料背后的深层含义。虽然该方法为挖掘媒介材料背后的深层含义提供了较好的设计,但牺牲了一定程度的可靠性,因为不同的研究者对材料的深层含义把握标准是不同的,且一般而言,阅读研究的读者也无法采用研究者采用的定义,因此文章结论难以完全复刻。

针对上述两类分析方法的缺陷,研究者指出,最好的方案就是两种方法都采用,然后互相印证结论的准确性。

六、研究设计

在开展内容分析的过程中,根据《政治学与公共管理研究方法基础》第六章对研究设计的介绍,应遵循如下步骤:确定研究背景和意义、确定主要科学问题、确定主要研究内容、确定主要目标、确定总体研究方案以及最终限定研究对象和研究的进一步操作化。

[①] 〔美〕艾尔·巴比:《社会研究方法》(第13版),邱泽奇译,清华大学出版社2020年版。

研究背景和意义的确定主要是对研究的理论背景、现实背景以及理论意义、现实意义的把握,而科学问题的提出则是在明确现有研究背景下,本研究进一步提出的希望解决的问题。研究内容则是在研究问题的基础上,需要完成的具体任务。上述环节的确定主要是为了厘清采用内容分析法解决的研究问题以及该问题研究的必要性。由于内容分析法是对信息内容的客观、系统、定量的描述,这就要求研究问题与研究的信息内容相关,即研究问题有合适的资料可以表征。如何艳玲对1995—2005年行政学的主要研究成果进行评估,期望描绘中国行政学研究的发展特征。① 该研究中,研究问题(中国行政学研究的发展特征)与研究资料(行政学相关期刊的学术论文)是契合和匹配的。

在确定研究问题后,接下来是确定总体研究方案,明确大致的研究思路。就内容分析法而言,首先要确定应当收集什么样的信息来刻画研究问题,这一过程可能会反复多次,直到最终确定数据收集的范围和边界;接下来要确定收集信息的分析单元,一般而言,分析单元的设定是与研究任务相关的,其设定逻辑遵循前面提到的"分析建构"要素,即如果设定的分析单元发生了什么样变化,则结论如何。从信息资料到分析单元的转化过程即为编码,在编码之前应根据现有理论确定编码方式并制定编码表,编码的设立应以研究问题为导向,并重视理论支撑。在完成编码后,应当对编码结果进行检验,一般是安排多位编码人员进行编码,再进行信度指数计算;若信度检验通过,则认为编码可靠,可以进行下一步分析研究。具体对分析单元的变化,研究者可从趋势、频率、倾向性、强度等角度进行分析。此外,在得到初步内容分析的结果后,还可以结合其他研究,如相关分析、时间序列分析或因果分析等,从而使得分析结果得到更多元的呈现并更好地解决设定的研究问题。

七、操作流程

一般而言,内容分析的操作流程包含以下六个步骤:(1)确定研究问题;(2)选择样本;(3)确定分析单元;(4)根据研究问题确定编码的类别并编码;(5)对编码进行信度检验;(6)对通过编码获得的数据进行分析,并得出结论(见图4.2)。其

---

① 何艳玲:《问题与方法:近十年来中国行政学研究评估(1995—2005)》,《政治学研究》2007年第1期。

中,二至五步尤为重要。① 为了保持步骤的完整性,下面我们将逐一讲解以上六个步骤。

图 4.2　内容分析流程

在讲解过程中,本书以何艳玲 2007 年发表在《政治学研究》上的文章《问题与方法:近十年来中国行政学研究评估(1995—2005)》为例,同时依次指出在进行相应步骤分析时的注意事项。除此篇之外,笔者还梳理了通过多个数据库获得的相似研究成果十五篇,并对之进行了一个"有关(我国公共行政研究状况)内容分析(论文)的内容分析",依照作者、发表年份、发表期刊、样本、抽样方法、大致编码单元等进行了整理。

(一)确定研究问题

正如前文所言,研究问题是内容分析的起点与核心,它在整个内容分析的过程中也起到了总揽全局的作用。内容分析并不对研究问题的形式做具体的要求。它可以是探索型的,即从数据中进行推理、获得结论;也可以是验证型的,通过数据对已有的假设进行比对验证。与一般意义上的科学研究一样,内容分析的研究问题也需具备重要、具体等特征。② 除此之外,在使用内容分析法确定研究问题时,还要注意"顶天立地"。所谓"顶天",即研究问题具有重要的学术意义,能够进行理论升华,而不仅仅是对被分析内容的某些特质或某些特定词的频次进行计数;所谓"立地",即这一问题的答案能够落实到内容上,能够通过内容分析对研究问题做出解答。

例如,何艳玲在文中提出的研究问题"客观地对我国行政学研究进行总结与评估"就具有一定的理论高度,是一个重要的研究问题。

---

①　Guido H. Stempel, "Content Analysis," in Guido H. Stempel and Bruce H. Westley, eds., *Research Methods in Mass Communication*, Prentice-Hall, 1989.

②　Gary King, et al., *Designing Social Inquiry: Scientific Inference in Qualitative Research*, Princeton University Press, 1994.

(二) 选择样本

确定了研究问题与研究目的之后,下一个步骤是确定所要分析的"内容"。具体就是:到底哪些内容最终能成为有用的数据,这些数据的时间段是什么。如果涉及的内容数量庞大,那么就需要进行抽样。

抽样开始之前要回答的问题是:抽样的单元是什么?从理论上说,抽样单元可以是词、短语、句子、段落、微博、章节、书等等。但一般而言,抽样的单元需要大于或等于分析单元,即分析单元大致上是被包含于抽样单元内的。分析单元永远不可能大于抽样单元。[1]一个重要的原因是:之后在进行编码时,很多时候并不是仅关注这一分析单元,还需要对该分析单元的上下文(context)进行审读。

抽样理论的基本假设是总体(population)中每个个体所携带的信息量差别不大。例如,在进行问卷调查时,每个受访者虽然有特性上的差异,但他们都被要求回答同一问卷的问题。可能有的受访者会对某些问题拒绝回答,但大体而言,这些个体向研究者提供的信息差异不大。在这种情况下,抽样的目的是希望在抽样的过程中,每个个体被抽取到的概率是相同的,此时使用的方法是概率抽样,具体包括简单随机抽样、系统抽样、分层抽样等方法。在内容分析中,若每一份"内容"或文本所提供的信息量是相等的,研究者可以使用概率抽样的方法。

但在内容分析中,所有"文本所提供的信息量大致相等"是一个难以达到的条件。例如,何艳玲以公开发表的学术文章为内容,分析我国公共行政学科的发展状况。但就研究问题而言,这些公开发表的学术文章,即内容,并不能提供相同的信息量。有的提供的信息量较大,如《中国行政管理》中的学术文章;有的对研究问题无任何信息可提供,如《社会学研究》中的学术文章;也有的需要进一步的搜索与选定,如《政治学研究》《中国管理科学》中的文章。在这种情况下,研究者就需要采取新的抽样方式来确定分析样本。克里彭多夫向研究者提供了四种可用的方式。[2]

第一种叫作非概率抽样(non-probability sampling),即选取那些对研究问题而言更重要、更具影响力、包含更多有效信息的内容。何艳玲所进行的内容分析就使用了变化概率方法进行抽样。在分析我国公共行政学科研究现状时,她选取了1995—2005年间《政治学研究》《中国管理科学》《管理科学学报》中的行政学专

---

[1] Ole R. Holsti, *Content Analysis for the Social Sciences and Humanities*, Addison-Wesley, 1969.
[2] Klaus Krippendorff, *Content Analysis: An Introduction to Its Methodology*, Sage, 2004.

业论文。因为相比政治学专业论文与商业管理专业论文,这些行政学专业论文显然与她的研究问题相关度更高。同时,《中国管理科学》与《管理科学学报》是国家自然科学基金资助项目指定发表研究成果的刊物,其合法性与影响力也可见一斑。

第二种叫作整群抽样(cluster sampling),即在确定样本的过程中,发现一系列"分析单元"都可以作为样本,则研究者可以将这一系列分析单元作为一个群(cluster),全部纳入样本。例如,在何艳玲的内容分析中,每一篇学术文章即一个分析单元,则一整期期刊可以作为一个群被选取,继而一年的期刊也可以作为一个群被选取。相比变化概率抽样,这种整群抽样方式的效率较高,不需要对样本进行额外的清理与筛选。通过这种整群抽样,何艳玲的内容分析将1995—2005年间《中国行政管理》、人大复印资料《公共行政》、2004—2005年间《公共管理学报》与《公共管理评论》中的学术文章纳入样本范围。

第三种叫作滚雪球抽样(snowball sampling)。这是一种叠加的抽样方式,即确定了最初的样本之后,再通过这一样本提供的线索寻找更多的样本。最典型的例子便是通过学术文章的引文,对同类同主题的文章进行搜索确定。例如,杨立华和蓝志勇运用内容分析法讨论互联网对公众参与决策的影响,就是使用滚雪球方式进行样本确定的。[1]

第四种叫作相关性抽样(relevance sampling)。在前三种抽样方式中,研究人员无须预读"内容",便可以对之进行抽样;但在相关性抽样中,研究人员至少要在分析之前对"内容"进行大致的浏览。事实上,在计算机搜索技术普及之后,相关性抽样在内容分析中的应用也更为广泛。有时我们会利用搜索引擎,如"谷歌""百度",采用关键词的方法搜索内容。这实际就是相关性抽样。这些搜索引擎帮助研究人员完成了预读这一程序。例如,在杨立华和蓝志勇的文章中,他们首先是通过互联网的搜索,以相关性抽样的方式确定了几篇关键文章;在此基础之上又进行了滚雪球抽样。

而在内容分析的抽样中,有一点需要强调。由于不同的内容所携带的有用的"信息量"不同,因此在实践中,我们并不强调进行"概率抽样"。换句话说,我们可以选取那些更为重要的、对研究问题而言携带更多信息的内容。尽管如此,研究人员也不可以根据内容的"具体信息"对之进行删减。

---

[1] Lihua Yang and G. Zhiyong Lan, "Internet's Impact on Expert-citizen Interactions in Public Policy-making—A Meta Analysis," *Government Information Quarterly*, Vol. 27, No. 4, 2010.

（三）确定分析（编码）单元

分析单元即进行编码的单元，分析人员以此为基本单位进行编码。如上文所述，编码单元一般需小于抽样单元。编码单元可以是词、句子、段落、文章，也可以是电影或小说中的角色等等。例如，在使用"行为代码分析"（operational code analysis）分析政治人物的心理时，有学者以词为基本单元，通过对政治人物公开讲话中动词的编码与分析，确定该政治人物的战略信念。① 在讨论中国的"自我形象认知"时，王红英的一部分抽样单元是政府工作报告。其中，王红英将政府工作报告中有关外交事务的段落作为分析（编码）单元。② 在我们的例文中，何艳玲的分析单元与抽样单元是一致的：学术文章。她以学术文章为基本单位，对文章的作者、作者单位、主题、方法等内容进行了编码。

（四）确定编码类别并编码

这一步骤可以说是内容分析法的核心步骤。我们所言的"分析"，也基本是在这一步。对分析单元进行编码，实际上是进行数据整理的工作，将纷繁、复杂、多样的内容按照研究者的意图进行归类，并依照类别进行数量化处理。此处"数量化处理"有两层含义：一是以数字来表示内容中的某种特质，二是对某些一致且与研究问题直接相关的特质进行计数。

在进行这一步骤时，首先要根据现有理论确定编码的方式并制定编码表，这是对研究问题进行操作化（operationalization）处理的过程，也是设计"分析建构"而连接"内容"与"研究问题"的过程。简单而言，我们用于分析的"内容"具有某些特征，而这些特征有助于对研究问题的解答。编码可以把这些特征提炼出来作为论据，甚至直接作为答案。在这一阶段需要注意三点：一是在编码的过程中要以研究问题为指向，要通过编码回答研究问题；二是要以现有理论为核心，利用内容对问题的解答要有理论背景支持；三是编码的设计应当尽可能符合全面与排他这两个标准，从而减少编码过程中的疑惑与概念混淆。

在编码的过程中，主要的内容分析人员可以使用相对少量的内容以归纳的方式进行"预编码"（pilot research），待编码表逐步完善之后再交由分析助理完成。

---

① Stephen G. Walker, Mark Schafer and Michael D. Young, "Systemic Procedures for the Operational Code Analysis: Measuring and Modeling Jimmy Carter's Operational Code," *International Studies Quarterly*, Vol. 42, No. 1, 1998.

② Hongying Wang, "National Image Building and Chinese Foreign Policy," *China: An International Journal*, Vol. 1, No. 1, 2003.

同时,也可以借用他人已有的编码表。编码是内容分析的核心部分。一般来说,编码表需要作为文章的"附件"在投稿时提交。在我国,不少学术刊物囿于篇幅,并不将编码表随正文刊出。表 4.1 即通过例文还原了何艳玲所使用的部分编码表。在何艳玲的文章中,第一个研究问题即哪些人做研究。更具体一些,作者希望通过内容研究了解我国行政管理学术研究者的一些主要特征。那么,通过样本,即公开发表的学术文章,可以了解的有关作者的特征又分为两个:作者单位的性质与作者的学术地位。

表 4.1 编码举例

特征 1(Q1):作者的单位性质是什么
回答 1: 编码内容描述
01 高等院校
02 社科院系统
03 党校、行政学院
04 民间研究机构
05 政府部门
06 其他或未注明
特征 2(Q2):作者的学术地位
回答 2: 编码内容描述
01 硕士研究生及以下
02 博士研究生
03 讲师、助教(助理研究员)
04 副教授(副研究员)
05 教授(研究员)
06 未标明

资料来源:根据何艳玲:《问题与方法:近十年来中国行政学研究评估(1995—2005)》,《政治学研究》2007 年第 1 期整理。

在编码表开发确定之后,内容分析人员要根据每一个分析单元进行编码并记录,形成数据库。当数据不多且数据片段较为简单时,EXCEL 就是良好的数据处理软件。以何文为例,若使用表 4.1 的编码表,在 EXCEL 中某两个"分析单元"(此处为学术文章)可做如图 4.3 所示的记录。可以看到,在 EXCEL 行 2 中的学术文章发表于《中国行政管理》1995 年第一期,编码人员为其设计的编号为 A9501_08,此文的作者是来自高等院校(Q1 的编码为 01)的讲师或助教(Q2 的编码为 03)。同理,编号为 A9501_09 的文章作者是来自社科院系统的副研究员。

图 4.3 在 EXCEL 中对分析单元进行编码

(五) 信度检验

在多数情况下,内容分析仍然依靠人力进行编码。因此,在编码正式开始前需要对编码人员进行相应的培训,并进行编码人员之间的信度检验。其目的在于:确保不同的编码人员对同一份内容给出相同的编码。不同编码人员之间编码的相似度越高,信度就越高。信度检验是内容分析中非常重要的环节,它控制编码过程的质量,进一步检验编码表的清晰与明确程度,最终保证内容分析的客观性与科学性。遗憾的是,笔者总结的十六篇使用内容分析法讨论我国公共管理学科发展现状的文章(包括何艳玲的文章)中,没有一篇文章汇报了对编码的信度检验。这种趋势并非我国学者在进行内容分析时所独有的问题。学者们发现,超过六成的内容分析学术文章都未曾进行任何有关信度的检验。[①]

一般而言,进行信度的检验与汇报大致有以下六个步骤[②]:

(1) 确定所使用的一个或几个信度指数。

(2) 获得计算被选定信度指数所需要的已知条件。

(3) 确定信度指数的大致标准值。信度指数越高,信度就越高;参加编码的人员越多,信度就越低;被编码的分析单元越多,信度就越低。不同的信度指数在计算方式上略有差别,但无论选择哪种信度指数,0.70 以下的信度值是基本不可以被接受的。

---

① Daniel Riffe and Alan Freitag, "A Content Analysis of Content Analyses: Twenty-five Years of Journalism Quarterly," *Journalism & Mass Communication Quarterly*, Vol. 74, No. 4, 1997.

② Matthew Lombard, Jennifer Snyder-Duch and Cheryl C. Braken, "Content Analysis in Mass Communication: Assessment and Reporting of Intercoder Reliability," *Human Communication Research*, Vol. 28, No. 4, 2002.

(4)在编码人员培训的时候开始对信度指数进行非正式估算。

(5)组织编码人员进行预编码,即不同的编码人员对同一分析单元进行独立的编码,并正式计算预编码的信度指数。在这一阶段,选取三十个分析单元即可。若信度指数符合预期,则可以开始正式编码;若信度检验未能通过,则需要对编码人员继续进行培训。

(6)在编码进行的过程中,随机选取一定数量的分析单元,进行正式的信度指数计算。此时的分析单元数量,依照样本数量的不同,在50—300之间浮动即可。

测量信度的指标有很多,但是要注意谨慎使用以下几类指标:(1)"相似度百分比"。尽管"相似度百分比"是一个简单也被广泛使用的信度指数,但学者们公认它并不适合在内容分析法中使用,尤其不适合衡量名义数据(nominal data)的编码信度。(2)以相关性为基础的一些指标,如 Cronbach's alpha 和 Pearson's r,因为它们所衡量的是不同编码者之间编码的"共变性"(covariation),而不是相似度。学者们为内容分析专门设计了多个信度指标,如霍尔斯提的方法[1],斯科特的指数 p[2],科恩的 Kappa[3],克里彭多夫的 alpha 等[4]。同时,许多计算机软件也可以用于计算这些信度指标。例如,SPSS 可以很方便地计算科恩的 Kappa,安装一个小插件之后也可以计算克里彭多夫的 alpha。

(六)数据分析与结论

当以文本方式呈现的"内容"被编码而成为量化的数据之后,内容分析者可以使用各种定量统计手段对这些数据进行分析。目前在内容分析领域,最常见的数据分析方法就是频次统计。例如,何艳玲的论文便是通过对行政管理学术文章的主题、方法运用等特征进行频次统计而得到结论的。但除此之外,通过整理内容编码而获得的数据可以运用多种方式处理,如交叉分析、相关分析、因子分析、多维度分析、时间序列分析等。这些数据还可以作为某些变量被应用于统计模型中,从而能够呈现更多分析结果。

---

[1] Ole R. Holsti, *Content Analysis for the Social Sciences and Humanities*, Addison-Wesley, 1969.

[2] William A. Scott, "Reliability of Content Analysis: The Case of Nominal Scale Coding," *Public Opinion Quarterly*, Vol. 19, No. 3, 1955.

[3] Jacob Cohen, "A Coefficient of Agreement for Nominal Scales," *Educational and Psychological Measurement*, Vol. 20, No. 1, 1960.

[4] Klaus Krippendorff, *Content Analysis: An Introduction to Its Methodology*, Sage, 2004.

八、质量评价和保证

对采用内容分析法进行研究的论文,为保证其质量,在操作流程的不同阶段,应采纳不同方案进行质量评价与保证。在样本选择阶段,需要注意资料的采集与研究问题是否匹配,尤其是需要考察对资料的内容分析可否反映研究需要解决的问题。在确定编码类别并编码的阶段,通常需要对编码结果进行检验,而这也是当前研究常常忽略的部分,对编码结果进行信度分析可验证其分析质量。信度分析是指参与内容分析法的研究者对相同类目判断结果的一致性[①],一般认为,一致性越高,内容分析法结果的可信度越高,常见指标包括霍尔斯提系数、科恩指数等,其中,霍尔斯提系数计算简单,使用也较为普遍,一般是计算多个编码员获得相同数据的比例,具体计算方法见式 4.1、式 4.2。

$$R = \frac{nk}{1 + (n-1)k} \quad (4.1)$$

其中,R 值为信度分析结果数值,n 为参与内容分析法的编码员(一般而言 $n \geq 2$),k 为参与内容分析法的编码员相互同意度,其计算方法见式 4.2。

$$k = \frac{nM}{\sum_{i=1}^{n} N_i} \quad (4.2)$$

其中,k 为相互同意度,M 为参与内容分析法人员一致同意的类目数量,N_i 表示参与内容分析法的人员各自参与分析的类目数量。计算信度值时,若待分析类目较多,可随机抽取部分样本数量。当 R 值超过 80% 时,一般认为编码员的结果是可以接受的。

由于霍尔斯提系数较为简单,且未考虑编码员之间一致的随机概率,因此容易高估信度。还有研究者提出了其他信度检验方法,如科恩的 Kappa,其可以计算多位编码员除去偶然性因素后的信度值,其具体计算公式见式 4.3。

$$k = \frac{\Pr(\alpha) - \Pr(\beta)}{1 - \Pr(\beta)} \quad (4.3)$$

其中,$\Pr(\alpha)$ 表示编码员之间观察符合率,即编码员之间意见相同的编码数目占比,$\Pr(\beta)$ 表示编码员之间的随机符合率,即编码员在偶然条件下的一致性,

---

[①] 王霞、郭兵、苏林:《基于内容分析法的上海市科技政策演进分析》,《科技进步与对策》2012 年 23 期。

通过式 4.3 可以剔除编码员由随机因素导致的编码结果一致，从而可以更准确地计算编码结果信度。

九、使用中应注意的问题

内容分析法发展至今，有着广阔的应用前景，然而在使用过程中，也有一些问题需要研究者注意，本部分按照内容分析法的操作步骤，阐述在研究的几个主要阶段应注意的事项。

（一）在样本选择阶段，样本选取应匹配研究问题

在样本选择阶段，样本的选取要与研究问题高度一致，这样才能够实现有效"控制"（control），保证样本的内部效度。此外，很多内容信息不一定能有效反映内容生产者的准确意图。例如，有一些学者会运用内容分析法对议程设置进行分析。在公共政策过程中，议程设置是以大量公开的文本内容（言论、网络信息、媒体报道等）加以呈现的，而当有关议程设置的文本来源于社交媒体时，这种现象尤为突出。这是由于：(1)社交媒体具有私媒体的性质，其内容的撰写毫无固定程式可依照，完全依赖内容生产者的个人创意，可能会产生表面意义与潜在意义相悖的情况；(2)微博有限的字数无法形成有效的上下文关系，使得对真实的意思表示更加难以判断。因此，在选择样本数据来源时，要充分考虑样本内容能否充分表征研究问题，以及样本内容含义表达的真实性和准确性。

（二）在样本编码阶段，样本编码应有理论支撑

在样本编码阶段，应当注意理论建构问题，即样本的选择、编码内容的确定以及分析方式需要有严格的理论建构加以支撑。更明确地说，通过理论建构，研究者能够获得令人信服的结论，"我使用何种内容为数据，就能够获得何种结论"。例如，国际关系领域中广泛使用的行为代码分析方法认为，在样本数量足够大的前提下，决策者的信念与其行为是一致的[1]；在操作层面，理论建构使得"行为代码（讲话）能够反映战略信念"[2]。而事实上，这一看似简约的相关性是在大量心理学、生理学、行为学以及政治学的理论基础之上建构的。若缺少了这一具有思

---

[1] Alexander L. George, "The 'Operational Code': A Neglected Approach to the Study of Political Leaders and Decision Making," *International Studies Quarterly*, Vol. 13, No. 2, 1969.

[2] Herman Feng, *Chinese Strategic Culture and Foreign Policy Decision-Making: Confucianism, Leadership, and War*, Routledge, 2007.

想深度的理论建构过程,那么研究所选取的内容与结论之间的联系就会被切断。具体在编码的构建方面,第一个问题在于:如何对研究主题进行更为准确的编码。众所周知,公共管理学属于交叉学科,其知识来源包括政治学、管理学、法学、社会学等多个学科,所以一篇学术论文可能涉及多个主题。这一情况在一些新兴的研究领域与问题中尤为明显。例如,一篇探讨"公立医院改革"的文章,其主题既可以确定为"事业单位",也可以是"公共卫生",甚至是"公共政策"。对这一问题的解决方案有两个:一是在确定编码表时进行更为细致的划分;二是随时观测编码的内部信度。第二个问题在于:这类领域综述型的研究如何进行创新。事实上,在本章的撰写过程中,笔者收集了包括中英文在内的公开发表的十多篇类似主题的研究并对其进行了一个简单的内容分析,发现其结论大体一致,即我国公共管理学研究存在实证研究缺乏、研究方法单一滞后、问题意识缺乏等三大问题。对学科发展进行综述式与概览式的描述固然重要,但在这一过程中如何体现方法论、研究内容、研究视角的创新,是对学者们的挑战。

(三)在结论分析阶段,应有机结合其他分析方法

在研究结论的分析阶段,信息内容仅仅能反映内容生产者的显性表达内容,而对于这些内容的生成过程或者内容信息背后反映的深层内容却较难挖掘,往往需要融合其他的方法来进一步探寻内容背后的价值、态度等。

关键术语

内容分析法　　编码　　　　分析单元　　　解读式内容分析法
实证内容分析法　　　　　　计算机辅助内容分析法
概念分析　　关系分析　　　显性内容　　　隐性内容

思考题

1. 内容分析法包含哪三个要素?
2. 内容分析法的适用研究对象有哪些?
3. 使用内容分析法时应注意哪些问题?
4. 内容分析法包括哪几种类别?每一类的侧重点有何不同?
5. 请以你的研究课题为例,简述使用内容分析法的操作流程。

延伸阅读

Bernard Berelson, *Content Analysis in Communication Research*, Free Press, 1952.

James W. Drisko and Tina Maschi, *Content Analysis: Pocket Guide to Social Work Research Methods*, Oxford University Press, 2015.

Kimberly A. Neuendorf, *The Content Analysis Guidebook*, Sage, 2001.

Ole R. Holsti, *Content Analysis for the Social Sciences and Humanities*, Addison-Wesley, 1969.

Steve Stemler, "An Overview of Content Analysis," *Practical Assessment, Research, and Evaluation*, Vol. 7, No. 17.

〔美〕约翰·奈斯比特:《大趋势:改变我们生活的十个新方向》,梅艳译,中国社会科学出版社1984年版。

经典举例

〔美〕约翰·奈斯比特:《大趋势:改变我们生活的十个新方向》,梅艳译,中国社会科学出版社**1984年版。**

在内容分析法的发展过程中,奈斯比特1982年出版的《大趋势:改变我们生活的十个新方向》标志着内容分析法走向成熟。这本书所取得的巨大成功也促使众多研究者开始关注内容分析法在社会研究中应用的潜力和价值。

1. 研究问题

在该书中,奈斯比特讨论的是美国社会的结构性变革,即预测美国社会变化的大趋势,而对未来趋势的预测离不开对现在社会的了解。奈斯比特认为,趋势的发生是自下而上的,因此,通过观察地方发生的事件和人们的行为有助于了解并预测美国社会的动态情况。在该书中,奈斯比特提出了十个主要观点,其中最重要的观点之一便是"美国正在进入信息社会"。尽管这句话在现在看来已是司空见惯,然而在当时却是非常超前的预测。

2. 研究方法及其可行性分析

奈斯比特将分析样本选定为报纸,选择报纸作为分析样本内容的依据为:报纸的版面大小在一定时间范围内是不会有太多变化的,因此每当要报道一件新的事情时,就必然会减少对其他事情的报道。由此可以发现,新闻报道可以被视作"封闭系统中的强迫性选择"。也因此,通过记录新闻报道中新增的事情和减少的事情,便可以反映出社会注意事项的变化。例如在该书撰写的十几年前,人们开始关注环境问题,尤其是圣巴巴拉石油外泄事件引起了社会广泛关注。对于新闻报道这样一个封闭系统,为了刊登环境新闻,就必然会减少对其他事件的报道。通过分析,奈斯比特发现,随着环境新闻的增加,公民权利相关的新闻相应减少,直到1973年,环境问题成为比公民权利更重要的事项。综上可知,对新闻报道的事项增减变化的分析,可以获知社会变化趋势。

3. 研究过程

奈斯比特同其他研究人员选择了1972—1984年的6000余份报纸,并将内容编码至13个大类和200余个小类。① 他们通过各大类和小类类目的变化来定量衡量社会关注的议题和优先事项的变化趋势;一旦发现相应议题的变化,则会做进一步分析。

4. 质量评价和保证

由于奈斯比特的研究数据并未电子化,在书中也未涉及具体信度数值的计算,仅仅提到有丰富经验的研究人员对报纸内容进行实时跟踪。后续有学者采用类似的编码方式对两家报纸中涉及的高科技内容进行编码,并对编码结果进行信度检验,其数值结果达到了82%。编码结果显示,两份报纸中涉及高科技的内容分别增长了350%和250%②,这表明涉及高科技内容的文章数量正逐步增加,也进一步证明美国社会正在从工业社会走向信息社会。

---

① Morris Janowitz, "Content Analysis and the Study of Sociopolitical Change," *Journal of Communication*, Vol. 26, No. 4, 1976.

② Eiic J. Soares, "The Method Behind Megntrends: A Reply to Bowman," *International Journal of Business Communication*, Vol. 22, No. 4, 1985.

第五章　比较历史分析*

本章要点
- 比较历史分析的定义、特点和优劣势；
- 比较历史分析的适用范围和条件；
- 比较历史分析的基本类型；
- 比较历史分析的研究设计和有效性；
- 比较历史分析的基本操作流程；
- 比较历史分析质量评价和保证的基本方法。

一、导　言

政治学和公共管理学与历史学有着不同的研究原则。政治学和公共管理学认为，无论是个人还是群体，其活动与活动的后果之间都存在某种前后相继的因果关系，因此作为整体的人类社会就具有某种运转的客观规律。而通过对前者因果关系的分析，就能使后者的运转规律得到呈现。因此，其研究更加侧重于通过理论建构来进行因果关系的确定和规律的抽象。而对于历史学家来说，人类活动本身就具有高度的复杂性。个人在社会中的任何行为，无论行动者的主观意愿如何，都会自然而然地包含多个层次与多种面向。所以，历史学更加强调通过对史料的考察与辨析，还原历史人物、事件、思想观念本身丰富的层次与内涵。

虽然在研究志趣方面存在不小的差异，但政治学和公共管理学与历史学仍然会在许多问题上"结伴而行"。

首先，即使注重抽象的归纳和理论的建构，政治学和公共管理学所面对的依然是人类活动的轨迹，这就使得其与历史学在研究对象上并无二致。

其次，政治学和公共管理学既然注重因果推论，那么在分析当前人类活动时

---

* 本章部分内容改编自作者公开发表的论文，详见费海汀：《政治科学中的历史方法：以比较历史分析为例》，《北大政治学评论》2019 年第 2 期。

就必然会执果索因,向历史追溯,寻求因果链的起点。这与历史学"将现实作为历史链条中最后、最清晰的一幅图画"①的思维是不谋而合的。

再次,政治学和公共管理学如若希望了解人类活动的整体规律,那么就绝不能放弃人类漫长历史中浩瀚的经验材料。政治史作为历史学的主要传统之一,已经积累了大量的成果和丰富的经验,二者都可以为政治学研究提供坚实的支撑。

最后,由于历史不可重现,对历史经验材料的考察必须借助人类活动留下的各种记录材料。这些材料出于主观的遮蔽和修改或客观的局限和散佚,常常无法呈现出完整而真实的内容。因此政治学和公共管理学在分析历史经验材料时,经常需要借鉴历史学的思维与方法。

在现当代政治学和公共管理学科中,就融合历史学方法与思维而言,比较典型、成体系的应属历史制度主义(historical institutionlism)。历史制度主义常常也与历史社会学(historical sociology)并称,由于使用这一方法的学者本身即横跨多个学科,因此这两种方法虽然存在一定差异,但也常被用来相互替代。而如果说历史社会学更接近一种学科,历史制度主义更接近一种理论,那么从其衍生出来的比较历史分析(comparative historical analysis,CHA)则更接近一种实际的研究方法。正如马霍尼与鲁施迈耶所指出的那样,历史社会学和历史制度主义都能在相当程度上包含比较历史分析。但历史社会学同样还包括诠释学与后现代的研究成果。虽然所有比较历史分析的成果都能被归类于历史制度主义,但不进行系统比较(systematic comparison)的历史制度主义研究则不能算是比较历史分析。②本章主要介绍比较历史分析的研究方法。

二、定义、特点和优劣势

(一)定义

根据第一代比较历史分析代表学者西达·斯考切波(Theda Skocpol)的理解,比较历史分析本身是属于比较历史(comparative history)研究的一个分支。因此

---

① 〔法〕马克·布洛赫:《历史学家的技艺》,张和声、程郁译,上海社会科学院出版社1992年版,第38页。原文为:"……这并不意味着,在追寻历史源头之时要把永远静止不变的景象强加给每个阶段,史学家所要把握的正是它在每个阶段的变化。但是在历史学家审阅的所有画面中,只有最后一幅才是清晰可辨的。为了重构已消逝的景象,他就应该从已知的景象着手,由今及古地伸出掘土机的铲子。"

② James Mahoney and Dietrich Rueschemeyer, eds., *Comparative Historical Analysis in the Social Sciences*, Cambridge University Press, 2003, p. 6.

她对比较历史分析的理解可以简单归纳为"比较+历史",即历史案例之间的比较。① 具体来说,就是通过将同一问题放到不同的历史案例中进行检验,来证明或证伪某一观点,从而推动理论的调整与修改。随着数十年的发展,比较历史分析方法本身出现了许多进步,学者们对这一方法的理解也得到了深化。马霍尼与鲁施迈耶就曾指出,并非所有将历史案例和历史模式进行比较的研究成果都应归入比较历史分析的范畴。过于泛化的定义并不会有利于这一方法本身的发展。他们认为,虽然比较历史分析并没有一个准确、清晰的理论定义,但比较历史研究都会使用一些共同的方法来研究政治和社会问题。因此他们提出,应该将比较历史分析定义为"一种专注于研究时间过程和新概念的理论指向。它致力于解释制度变迁与延续的不同模式。它是一种理解社会网络的新路径,也是一种将微观倾向和宏观社会结构的力量联系起来的最新策略"②。近年来,随着社会科学"因果革命"的兴起,学者们对比较历史分析的定义,特别是从方法角度做出的定义进一步细化。马霍尼和西伦将比较历史分析定义为"一种研究路径。它专注于宏观的结构性解释,强调深入的案例分析,并且关注政治的过程及其时间维度"③。他们指出,"比较历史分析包括研究权力与路径依赖的最新作品,包括新的研究能动性与关键节点的概念和方针,以及研究制度变迁的全新理论指向。特别是,它还包括研究正式制度安排与制度连续性表现之下进行的变迁"④。总结来说,我们可以将比较历史分析归纳为:一种通过对历史案例,特别是案例时间与过程维度的深入分析和比较,从宏观结构的视角揭示制度变迁的动因、过程与结果的研究方法。

(二) 特点

马霍尼与鲁施迈耶在著作中指出,比较历史分析总体而言具有三个核心特征:原因分析(causal analysis)、强调过程(emphasis on processes over time),以及进行系统和情景的比较(use of systematic and contextualized comparison)。⑤ 而马霍

---

① Theda Skocpol and Maggaret Somers, "The Use of Comparative History in Macrosocial Inquiry," *Comparative Studies in Society and History*, Vol. 22, No. 2, 1980.

② James Mahoney and Dietrich Rueschemeyer, eds., *Comparative Historical Analysis in the Social Sciences*, Cambridge University Press, 2003, p. 17.

③ James Mahoney and Kathleen Thelen, *Advances in Comparative-Historical Analysis*, Cambridge University Press, 2015, p. 3.

④ Ibid., p. 16.

⑤ James Mahoney and Dietrich Rueschemeyer, eds., *Comparative Historical Analysis in the Social Sciences*, Cambridge University Press, 2003, p. 6.

尼和西伦在其合著的著作中提出,比较历史分析相对于其他研究方法的核心特征是:宏观结构的研究指向(macro-configurational orientation)、问题指向的案例分析(problem-driven case-based research)以及时间指向的研究思维(temporally oriented analysis)。①

归纳比较历史分析方法特点的关键在于确定哪些部分是这一方法所独有的,哪些部分则是与其他方法所共享的研究思维。因此归纳起来,可以认为比较历史分析方法的四个主要步骤——确定问题和研究视角、选择研究案例、进行时间分析与原因归纳以及建构理论——都有自己的独到之处。具体而言,比较历史分析方法具有关注宏大问题、致力于证明案例间的相似规律、注重过程追踪和实践分析、致力于揭示原因和结果之间的复杂机制四个特点。

1. 关注宏大问题

比较历史分析始终关注宏大问题(big questions),并尝试以宏观结构的视角来解读这一问题。因此,虽然比较历史分析中会应用很多质性研究和描述方法,但这并不是它的特征。

2. 致力于证明案例间的相似规律

社会科学研究中各种方法都可能选择宏大问题作为自己的研究对象,对于比较历史研究来说,其典型特征是还需选择一系列恰当的案例进行对比分析(juxtaposition)。换言之,比较历史研究并不寻求普遍的理论和知识(general theory and knowledge),而只是致力于证明案例间的相似规律。因此比较历史分析是一种中观研究方法。

3. 注重过程追踪和实践分析

比较历史分析相对于其他研究方法,更加强调政治的过程及其时间维度,认为无论是原因、结果还是过程,如果加入了时间变量,都会呈现不同的形态。因此过程追踪(process tracing)和时间分析(temporal analysis)是比较历史分析的核心思维方式。

4. 致力于揭示原因和结果之间的复杂机制

比较历史研究为推动社会科学的"因果革命"做出了重要贡献,而这也恰恰是该研究方法的核心特征之一。比较历史分析反对线性因果观,它致力于揭示原

---

① James Mahoney and Kathleen Thelen, *Advances in Comparative-Historical Analysis*, Cambridge University Press, 2015, p. 16.

因和结果之间复杂机制的黑箱。它认为,原因的组合、原因的时间要素(发生时间与次序)都会导致截然不同的结果。

(三) 优势和劣势

1. 优势

比较历史分析常被应用于深度的案例分析,以及对宏大问题、重大事件、重要过程的解读。比较历史分析者认为,政治学和公共管理学并不应该仅仅局限于微观层面精巧的理论建构,而是应该对时代的重大问题做出回应,并从政治学和公共管理学的角度做出解读。大量案例间的比较、案例内与案例间规律的归纳以及规律的积累,一方面能进一步加深人类对自己行为与活动的理解,另一方面也会对人类将来的行为与活动起到指示作用。由此可见,比较历史分析相对于其他研究方法具有三方面的优势:

(1) 比较历史分析能对真实的历史事件做出解释,回应社会的重要关切;

(2) 比较历史分析能更好地分析案例中复杂的、结构性的因果关系和规律;

(3) 比较历史分析内部效度较高的研究成果,往往也具备为社会科学设置议程的能力(agenda-setting work)。

2. 劣势

相对的,比较历史研究由于更偏向于小 N 数比较,追求案例内及案例间的内部效度,因此其外部效度相对有限,面对大 N 数的研究材料就会比较无力。同时,比较历史分析因为希望兼顾微观层面的分析和宏观结构的归纳,希望融合政治学与历史学的长处,所以它受到来自政治学与历史学两方面的质疑。政治学家一方面认为,比较历史分析所采用的小 N 数比较本身就具有先天缺陷,有限的案例并不能归纳出可信的因果关系;另一方面,由于比较历史分析的案例选择有限,因此案例选择偏差对研究结果的影响相对于其他方法也会非常之大。同时也有学者认为,定量研究和比较研究之间的区别只是形式上的。[①] 来自历史学方面的质疑则在于,比较历史分析本身的"历史要素"更多是一种"历史思维",而与真正历史学考证辨析史料的研究方法相去甚远。这就会导致大量二手材料的运用实际上并不能起到还原案例真实、完整、客观形态的作用。[②]

---

① Gary King, et al., *Designing Social Inquiry: Scientific Inference in Qualitative Research*, Princeton University Press, 1994, p. 4.

② 朱天飚:《比较政治经济学与比较历史研究》,《国家行政学院学报》2011 年第 2 期。

三、起源、发展和理论基础

(一) 起源与发展

根据几位代表性学者的观点,如果不论比较方法本身的悠久历史,那么仍然可以认为比较历史分析上承19世纪卡尔·马克思(Karl Marx)、阿列克西·托克维尔(Alexis de Tocqueville)、亚当·斯密(Adam Smith)的学术传统。当代比较历史分析更为直接的学术传承来源于20世纪初恩斯特·布洛赫(Ernst Bloch)、吕西安·费弗尔(Lucien Febvre)所采用的比较历史研究方法。[①] 该方法在社会科学主流研究方法中长期占有一席之地,直到20世纪50年代才逐渐受到来自行为主义理论的挑战。社会科学研究的重点逐渐从制度转向个人,强调个人的观念、行为、态度、选择在社会发展过程中的重要作用。

当前对比较历史分析方法的总结始于20世纪80年代,与历史制度主义兴起的时间基本重合。制度的作用在此时重新得到重视。学者们意识到,个人不可能脱离制度而存在,且制度本身也会塑造人的行为。在这一过程中,比较历史分析方法因为注重结构分析和时间维度的研究理念引起了社会科学学界的广泛关注。

20世纪90年代,社会科学研究的科学化程度日益提高,量化研究、理性选择、博弈论、文化研究等方法都纷纷开始对比较历史研究提出挑战,质疑其注重案例分析的研究方法缺乏可信的逻辑和牢固的基础。为应对其他研究方法的挑战,比较历史分析学者开始研发与引入更加科学的分析方法。在此期间,布尔代数(Boolean algebra)、模糊集分析(fuzzy-set analysis)开始出现在相应作品当中。

21世纪初,随着计算机网络的普及,数据日益变得触手可及。人类社会已经积累了丰富的数据获取、分析渠道及数据基础,因此大数据研究与计算社会科学开始兴起。比较历史分析的作用再次受到质疑。对于这样的挑战和质疑,比较历史分析学者始终坚持它在分析复杂因果方面的能力与优势,并且完善了过程追踪、时间分析方面的分析方法与研究工具。

简言之,现代比较历史分析的发展可以大致归纳为三次兴衰浪潮(见表5.1)。

[①] Theda Skocpol and Maggaret Somers, "The Use of Comparative History in Macrosocial Inquiry," *Comparative Studies in Society and History*, Vol. 22, No. 2, 1980.

表 5.1　现代比较历史分析的三次浪潮

	时间	代表人物	代表著作	主要特征
第一次浪潮	20世纪60年代至70年代末	摩尔、亨廷顿、斯考切波	《国家与社会革命：对法国、俄国和中国的比较分析》	关注大问题；使用过程追踪方法；批评社会科学研究的非历史性
第二次浪潮	20世纪80年代末到20世纪末	科利尔夫妇、戈德斯通	《塑造政治舞台：历史关节点、劳工运动与拉美政体变革》	继续关注大问题；使用模糊集、布尔代数等方法
第三次浪潮	21世纪初	马奥尼、皮尔逊		自我身份确立；对自身分析工具进行细化；积极借鉴定量研究方法

资料来源：改编自花勇：《比较历史分析的学术演进和经典议题——因果关系的过程分析》，《国外社会科学》2017年第4期。

（二）理论基础

根据斯考切波的总结，比较历史分析究其本质就是"比较研究+历史研究"。因此，无论是约翰·斯图亚特·密尔（John Stuart Mill）总结的比较研究方法，还是历史学悠久的传统都能为其提供理论支撑。但值得注意的是，如前所述，比较历史研究中的"历史维度"或"历史要素"实际上更类似于一种"重视时间变量"的历史思维，而不是源自历史学本身的史料考据与辨析方法。根据历史制度主义代表学者保罗·皮尔逊的总结，无论是历史制度主义还是比较历史分析中的"历史"，实际上都可归纳为路径依赖（path dependence）、关键节点（critical juncture）、发生次序（sequencing）、事件（event）、持续时间（duration）、发生时机（timing）和意外后果（unintended outcomes）七个方面。[①]

由此可见，无论是相对于比较方法还是历史学方法，历史制度主义与比较历史分析都具有更强的亲缘性。实际上，从理论基础的角度，历史制度主义相较于广泛的比较方法和悠久的历史学，能为比较历史研究提供更准确、更直接的支撑。

---

① Paul Pierson, *Politics in Time: History, Institutions, and Social Analysis*, Princeton University Press, 2004, pp. 5-6.

历史制度主义本身是社会科学中新制度主义三大流派之一。它源自对理性选择和文化论的质疑,提倡重新探讨人与制度之间的关系。历史制度主义将制度变迁看作在既有制度结构约束之下各种行动者斗争而产生的结果。[1] 根据何俊志的总结,理性选择理论强调个体是理性经济人,文化论则认为人的行为由其所处的文化背景所决定,而历史制度主义认为人的行为并不确定,而是随着事件变化的。在新制度主义当中,历史制度主义又与理性选择制度主义和社会学制度主义相区别,在行动者本身的认识方面强调其自我反思能力,同时也强调其所处环境中既定制度结构和规范的约束;在行动者对自身利益的认知方面,强调这一认识取决于对利益本身的解释和行动者所处的背景环境;在对政治过程的认识方面,强调任何一种制度变迁的方案实际上都受到制度结构本身的塑造,同时行动者本身的偏好与目标也会受到制度的约束。[2]

四、适用范围和条件

比较历史分析具有解释真实历史事件、分析复杂的因果关系、提供议程设置三方面的优势,因此可以认为,比较历史分析相对于其他社会科学研究方法更适用于以下三种情况。

(一) 宏大问题

斯考切波认为,比较历史分析始终关注一些事关人类社会发展的宏观命题,例如革命、宗教演化、政治发展、经济现代化、集体暴力、帝国兴衰等等。[3] 它始终致力于为一些宏观问题提供历史性的解答。近年来比较历史分析研究所关注的问题包括欧美福利国家的发展问题,亚、非、拉美、中东的国家形成和国家建构问题,经济发展、工业政策、种族和民族关系、国家认同、性别与妇女权利、民主与威权国家体制、第三世界革命发生的原因和影响等。[4] 界定宏大问题的标准应该是其是否被人类社会公认为对历史发展造成了根本影响。面对这些问题时,除了方

---

[1] Sven Steinmo, et al., eds., *Structuring Politics: Historical Institutionalism In Comparative Analysis*, Cambridge University Press, 1992.
[2] 何俊志:《结构、历史与行为——历史制度主义的分析范式》,《国外社会科学》2002 年第 5 期。
[3] Theda Skocpol and Maggaret Somers, "The Use of Comparative History in Macrosocial Inquiry," *Comparative Studies in Society and History*, Vol. 22, No. 2, 1980.
[4] James Mahoney and Dietrich Rueschemeyer, eds., *Comparative Historical Analysis in the Social Sciences*, Cambridge University Press, 2003, p. 4.

法本身的优势之外,比较历史分析大量既有的研究成果也能为研究者提供丰富的经验和知识积累。

(二)案例不足

根据历史制度主义的观点,制度变迁主要发生在一些关键节点上,体现为某些重要事件和过程。但是,在人类的历史上,这类重大事件和过程往往为数极少且难以复制。这就会给社会科学研究带来一个两难的选择:如果不对这些事件进行解释,那么社会科学研究就会成为闭门造车的思想游戏;如果对这些事件进行分析,那么它们本身就极为罕见,且很难再现于其他国家、地区甚至历史时期,因此,从这些事件中所归纳规律、所建构理论的普遍性就很容易遭到质疑,且很容易陷入特殊主义的泥潭。如果研究者选择不绕开这些重大事件,就必须不断完善一套相对科学的方法予以应对。比较历史分析方法为这类特殊事件的分析提供了理论支撑和研究工具。

(三)变量繁多

正如历史学者的理解,人类社会中的重大事件与重要过程常常会包含多方行动者。由于个体身份的多重层次与多种面向,由于个体之间多种领域的广泛联系,由于行动时观念、目标、方案的强烈个人色彩,所以多方行动者之间的互动过程,以及人类活动及其后果之间的因果关系极为复杂。对事件的线性因果解释经常会面临过度简化的危险。这一危险体现在真实的历史中,就会表现为同一原因产生了不同结果,或者完全不同的原因却产生了同样结果。因此,在分析重大事件,特别是社会变革时期的重大事件时,比较历史分析就能为研究者提供一种相对清晰的分析框架,以避免创造出过于综合、抽象,难以解释具体案例的非历史概念和命题(ahistorical concept and propositions)。

五、类型划分

比较历史分析可以被看作将历史学方法融入政治学和公共管理学研究的代表,因此它本身也是一种介于政治学和公共管理学与历史学之间的研究方法。比较历史分析既追求因果关系的分析与对规律的总结,也追求对人物、事件、过程、思想观念的还原。因此,相对于政治学和公共管理学研究,比较历史分析不追求普遍性的理论建构,只是强调几个典型案例间的相似规律。而相对于历史学研究,比较历史分析则不限于单个案例细节和全貌的还原,而是希望通过案例间比较,还原数个案例之间共同的结构性因果特征。可见,在比较历史研究内部,始终存在着从理论到案例之间的距离、宏观结构与微观描述之间的张力。斯考切波根据这样的距离和张力,将比较历史研究大致归纳为三种研究路径,即理论验证(parallel demonstration of theory)、情境比较(contrast of context)和宏观原因分析(macro-causal analysis,以下简称宏观分析)。这三种不同的研究路径也代表了比较历史分析三种不同的类型。

(一)理论验证

理论验证,也可翻译为平行的理论比较,即在不同的案例中验证理论本身的有效性。对于这种路径而言,理论是至关重要的,历史案例只是验证理论的工具。因此宏观的理论归纳在理论验证路径中居于首要地位。显然,对于理论验证路径来说,最重要的是寻找并确定一些已经被抽象出,并且比较为学界所接受的理论作为研究的起点和前提条件;之后,再寻求一些符合理论的假设与要求的历史案例;最后将理论放入不同的案例中进行比较。这一路径的优势在于能加深对理论本身的理解,并且能在一定范围内完善理论,弥补理论在各种变量控制方面的疏漏和不足。但它的劣势在于,正如斯考切波指出的那样,历史案例并不能证明(validate)理论,而只能阐释(illustrate)、说明(clarify)、修饰(refine)理论,使之更加精巧,而其在理论建构方面的贡献相当有限。

(二)情境比较

情境比较旨在证明不同的历史环境都具有其独特性,而正是这样的独特性影响了社会进程和发展方向。对于这种路径而言,历史案例既是研究的对象,也是研究的目标,宏观理论反而退居次席。因此,这种路径更加强调微观的案例分析。在这一路径中,理论主要体现为韦伯所说的"理想形式"(ideal type),即控制了各种变量之后所抽象出的一个并不存在的历史过程。它只是作为一种辅助工具而存在,以便于使用情境比较的研究者更容易发现不同历史案例及其过程中区别于理想形式的独特之处。这一路径的优势在于能呈现出不同历史案例多个层次、多种面向的大量细节,展示一个完整的历史事实。但不难发现,即使是专注于案例分析的情境比较路径,也常会预设一种"理想形式",这就使得研究者很容易将许多自己潜意识中的态度、观念、思维方式带入历史案例当中去。这样一种"准论证"(quasi-explanatory arguments)往往使得案例分析反而与历史事实相去甚远。

同时,由于这一路径注重案例的阐述,其自变量与因变量往往都很模糊,行动者之间也不存在清晰的结构性关系,因此在归纳理论时的能力也相当受限。

(三) 宏观分析

这一路径主要用于寻求宏观结构和过程层面上的原因。这种路径对待历史案例的态度居于上述二者之间,它既强调必须重视案例之间的差异,又强调不同时间与空间的案例之间可能存在某种共同的问题;既强调要超出单一和相似案例来分析共同规律,又强调必须选择有限的案例来进行研究。宏观分析路径努力在理论和案例之间建立联系,也努力将微观的案例分析融入宏观的规律框架。这一路径的目标在于建立一种中观理论,即只适用于有限案例的规律。它的目标是通过有限案例的规律积累,逐渐向一种适用于更多案例的理论过渡。但由于案例的数量有限,对规律总结的精确度、复杂度、全面程度和深入程度都有了很高的要求。因此宏观分析路径的重点在于只选择有限的几个案例,但必须对案例进行精心挑选,同时对案例的过程进行深入分析。这一路径的优势在于兼顾了理论建构与案例分析,使得理论并不是单纯的逻辑推演,而是从真实的历史事件中归纳而来。对于经验科学而言,无论是它的理论信度或是案例的真实性和细致性都能得到保障。但这一方法的劣势在于,它对研究者提出了极高的要求。宏观分析路径要求研究者不仅要对理论非常熟悉,而且在案例选择方面具有宽广的视野,因为这一路径的案例选择并不局限于同一时空或同一地域,而是更加注重不同案例中所包含的同样的问题。除此之外,它还要求研究者对不同的案例相当了解。否则就既不容易发现不同时空内包含同一问题的案例,也不容易发现相似案例中存在的差异。

六、研究设计和有效性

(一) 比较历史分析的路径

虽然比较历史分析的结论不可替代宏观理论,也不可盲目推广到其他案例,但研究者仍然可以用比较历史研究来验证宏观理论。比较历史研究的三种路径,或多或少都会与宏观理论产生联系。而且这三种路径之间的关系也并不是排他的,研究者完全可能同时使用两种甚至三种路径。三者之间的关系可用比较历史三角来描述(见图 5.1):

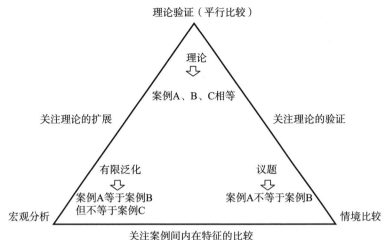

图 5.1 比较历史三角

资料来源:Theda Skocpol and Maggaret Somers,"The Use of Comparative History in Macrosocial Inquiry," *Comparative Studies in Society and History*, Vol. 22, No. 2, 1980, p. 188。

如图 5.1 所示,在比较历史研究发展的过程中,既有学者偏好于某一种特定的路径,也有学者同时采用两种路径。研究者可按照宏观理论和历史案例两个维度来设计自己的研究。

在单一路径选择中,主要考虑以下三种情况:

(1)如果更加重视宏观理论,且可知的案例间差异不大,则可选用理论验证路径。这种路径一般被应用于理论刚刚得到建构,尚需进一步完善和丰富,且已经对变量做出较好的限制,研究者在选择案例时基本不会出现重大差异的情况。

(2)如果更加重视历史案例,且宏观理论的建构尚不完备,则可以选用情境比较路径。这种路径一般被应用于尚未出现宏观理论,只是提出研究问题,且案例之间差异比较显著的情况。

(3)如果存在宏观理论,且已同时掌握相似和差异案例时,可选用宏观分析路径。这种路径一般要求已经归纳出某种因果关系或规律的雏形,同时又能发现可用的案例中既存在相似之处,也存在显著差异,还共同面对一个问题的情况。

在多路径选择中,主要考虑以下三种情况:

(1)如果研究者已经有明确的观点和假设,希望得到检验,则可同时选用理论验证和情境比较路径。此二者的共同之处在于观点先行。理论验证路径中的观念即宏观理论。而即使在情境比较路径中,按照比较研究的基本要求,也要求研究者必须首先带着明确的问题、议题或假设来比较,否则就变成"万物皆可比较",失去社会科学研究的意义。将这两种路径结合的方法就是在分别探讨某种宏观理论在各个案例中是如何发挥作用的基础上,同时也注意说明各个案例的特殊情况。

（2）如果研究者侧重于寻求原因和解释,希望建构某种理论,则可同时选用宏观分析和理论验证路径。此二者的共同之处在于对因果归纳和规律总结的重视。理论验证追求对宏观理论的完善。宏观分析虽然更加强调案例内及案例间因果与规律,但这一路径的根本目标依然是建立一种坚实、可信的因果机制。将这两种路径结合的方法即首先进行案例分析,并对比各个案例之中原因导向结果的机制差异。在对比之后,仍需注意是否已有宏观理论能加以概括,或稍作调整之后即可使用。

（3）如果研究者侧重于历史案例的直接比较,及其特殊情境和历史传统的解释,则可同时选用宏观分析和情境比较路径。此二者的共同之处在于强调对案例进行比较。相对而言,理论验证路径则不是非常重视案例间比较,而是更加重视理论与案例的契合程度。无论宏观分析还是情境比较路径,目标都是通过案例比较寻找共同的问题的同时,解释其不同之处。将这两种路径结合的方法即选择相似案例的同时也寻找差异案例,然后对相似案例进行比较,归纳出某种因果机制;之后再将这一机制应用于差异案例中,以检验机制的局限性。

（二）比较历史研究的流程

除了单独采用某种研究路径和同时采用两种路径之外,若是将研究放到长时段中,还可以先后应用比较历史研究的三种路径。这种应用方式被斯考切波和索莫斯归纳为"比较历史循环"（见图 5.2）。

如图 5.2 所示,实际上比较历史研究的三种路径本身就可以构成一个首尾相继的完整循环系统。如果以宏观分析路径作为起点,那么这一循环就可以描述为以下四个阶段：

（1）首先通过宏观分析,归纳出某种案例内或案例间的因果机制。然后通过不断积累案例,逐渐将其发展为某种宏观理论。

（2）在发展为宏观理论之后,就需采用理论验证路径,使用更多的案例来对理论的外部效度进行检验,直到出现差异案例,发现理论的局限性。

（3）在发现理论的局限性和差异案例之后,就需采用情境比较路径,仔细分析案例间历史情境的差异,以找出某种可能的解释,并再次归纳出某种可能的假设。

（4）在归纳出假设之后,再次寻找相似案例和差异案例,对假设进行检验,以归纳出某种因果机制。

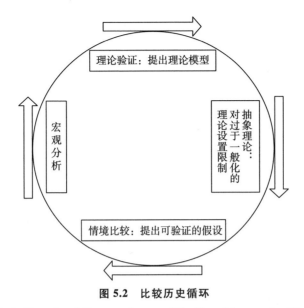

图 5.2　比较历史循环

资料来源：Theda Skocpol and Maggaret Somers, "The Use of Comparative History in Macrosocial Inquiry," *Comparative Studies in Society and History*, Vol. 22, No. 2, 1980, p.197。

对于研究者而言，在开始研究时，首先需要确定自己位于比较历史循环的哪一段，有以下三种情况：

（1）如果已经具有某种比较成熟的理论，只是需要进行验证，则采用理论验证路径，直到检验出理论的局限性。

（2）如果只是面对历史材料，尚无任何假设或理论，则采用情境对比路径，先归纳出某种假设。

（3）如果已经有某种假设，但尚不足以成为理论，则采用宏观分析路径，验证假设的同时归纳出相应的因果机制。

（三）有效性

比较历史分析的有效性主要取决于对它与宏观理论之间关系的认识。无论是理论验证、情境比较还是宏观分析，比较历史研究的三类路径都要求研究者只选择有限案例进行探讨。因此总体而言，比较历史分析的外部效度是比较有限的。在使用比较历史分析方法的时候，特别需要注意以下两方面的问题。

1. 研究结论的可推广性

比较历史分析的结论不可轻易推广到其他案例。换言之，比较历史分析所归纳出的因果关系和规律，无论多么准确、深刻，都只适用于所选案例。一旦案例发生变化,就意味着因果与规律所处的时空情境、发展次序、要素组合都发生了变化。这就要求研究者对案例重新进行探讨,而不是仓促而盲目地将理论直接应用于案例,甚至上升为宏观理论。比较历史分析重视内部效度,重视案例内和案例间的因果与规律,直接将其结论应用于更大范围无疑是违背其初衷的。

2. 研究结论对宏观理论不具有替代性

比较历史分析的结论不可替代宏观理论的建构。对于比较历史分析,巴林顿·摩尔曾有一个形象的比喻。他指出,这种研究的目标就像是要绘制一张大比例尺的地图,为飞行员飞越一片大陆提供参考。① 斯考切波则补充道,这样一张地图,无论再精细,也不能无所顾忌地使用,就像飞行员不能拿着北美洲的地图飞越其他大洲一样。② 宏观理论由于其大 N 数的材料支撑或高度抽象的逻辑提炼,往往具有较高的外部效度。这是比较历史分析难以实现的。因此,比较历史研究者也应广泛接触宏观理论,为寻找自己的研究方向提供指导。

七、操作流程

如前所述,马霍尼与鲁施迈耶认为比较历史分析的特征是原因分析、强调过程以及进行系统和情景的比较,之后马霍尼也与西伦一同将特征修订为宏观结构的研究指向、问题指向的案例分析和时间指向的研究思维。本章认为,这些特点实际上可以体现在比较历史分析的四个具体步骤中,即确定问题、选择研究案例、时间分析与原因归纳以及理论建构。实际上,这也正是比较历史分析的一般操作步骤(见图5.3)。

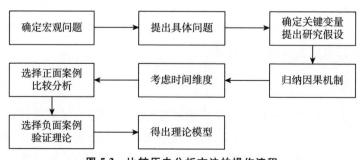

图 5.3 比较历史分析方法的操作流程

---

① Barrington Moore, Jr., *Social Origins of Dictatorship and Democracy: Lord and Peasant in the Making of the Modern World*, Beacon Press, 1993, p. 14.

② Theda Skocpol and Maggaret Somers, "The Use of Comparative History in Macrosocial Inquiry," *Comparative Studies in Society and History*, Vol. 22, No. 2, 1980.

（一）确定问题

在开始研究时，比较历史研究者首先需要确定研究的问题。研究问题可以分为两个部分：宏观问题与具体问题。

1. 宏观问题

所谓宏观问题，是指研究者需要首先确定自己所研究的问题是否适宜采用比较历史分析方法，合适的问题如国家建构、民主转型、战争、革命、公共政策的效果等等。同时还需思考，这些问题的主要影响要素或行动者是不是比较历史分析比较常见的，如国家、次国家地区、帝国、文明、社会群体等等。需要注意的是，比较历史分析研究并不是宏观研究，而是一种从微观到宏观的研究。换言之，比较历史分析的研究对象必须落实到微观的人物、事件、过程上。

2. 具体问题

所谓具体问题，是指研究者需要确定自己研究中想要解决的理论问题的具体类型。一般而言，常见的理论问题分为三类[①]：(1)为什么在许多关键维度上，相似的案例呈现出不同的结果；(2)为什么看起来完全不同的案例，呈现出了相同的结果；(3)为什么某个案例不符合既有理论或大 N 数比较的结果。确定理论问题的具体类型之后，就可以选用相应的比较历史分析方法作为起点开始研究。确定了宏观问题和具体问题之后，自然就很容易得出一到两个研究的基本假设，或者说可能存在的解释变量（causal variable）。

（二）选择研究案例

在案例选择方面，经典的操作方法，正如密尔所归纳的，也可以分为两种：求同法（method of agreement）与求异法（method of difference）。[②]

1. 求同法

所谓求同法，就是在不同的案例中，其他所有变量都不相同，唯独关键的解释变量相同，且所有案例都导出了同样的结果，那么则可以认为解释变量与结果之间存在因果关系。

[①] James Mahoney and Kathleen Thelen, *Advances in Comparative-Historical Analysis*, Cambridge University Press, 2015, p. 13.

[②] John Stuart Mill, *A System of Logic: Ratiocinative and Inductive: Being a Connected View of the Principles of Evidence and the Methods of Scientific Investigation*, Longmans, Green and Co., 1904, pp. 451-464.

2. 求异法

所谓求异法,就是在不同的案例中,其他所有变量都相同,唯独解释变量不同,在正面案例中存在此变量,而在负面案例中则不存在此变量,且正面案例导出了结果,负面案例导不出结果,则可以认为解释变量与结果之间存在因果关系。求同法与求异法的关系如表5.2所示。

表5.2 求同法、求异法与案例选择

求同法

案例A	案例B	案例C
自变量1	自变量4	自变量7
自变量2	自变量5	自变量8
自变量3	自变量6	自变量9
自变量x	自变量x	自变量x
因变量y	因变量y	因变量y

求异法

正面案例	负面案例
自变量1	自变量1
自变量2	自变量2
自变量3	自变量3
自变量x	无自变量x
因变量y	无因变量y

资料来源:Theda Skocpol and Maggaret Somers, "The Use of Comparative History in Macrosocial Inquiry," *Comparative Studies in Society and History*, Vol. 22, No. 2, 1980。

在用比较历史分析的研究中,由于其复杂因果机制的理论预设,通常都是求同法和求异法混合使用。因此在选择案例时也应遵循这两种方法混合使用的惯例。以求同法为例,应该选择多个同样具有关键解释变量,并导致了同样结果的案例,即使这些案例在其他方面都不相似。这样的案例就是研究的正面案例,即用于论证"该发生的发生了"。以求异法为例,应该选择一个或多个其他方面都非常类似,但唯独缺少了关键解释变量,因而也没有出现同样结果的案例。这样的案例就是研究的负面案例,用于论证"可能发生却没有发生"。由于比较历史分析方法注重复杂因果机制以及要素存在的不同时间和发生次序,因此负面案例的选择在实际研究中就显得尤为重要。

(三) 时间分析

对于比较历史分析方法来说,"时间思维"或者说"历史思维"是其核心特征。

根据马霍尼与西伦的总结,这种"时间思维"大致可以分为两个部分:时间位置(temporal location)和时间结构(temporal structure)。[1]

1. 时间位置

主要是指位于不同时间位置的变量会产生不同的效果。这一定义包括两层含义:(1)变量发生在人类历史上的特定时期,会产生不同的效果。例如,建构国家和官僚体系的战争是发生在封建时期还是资本主义时期?这种情况也就是皮尔逊所说的发生时机。(2)变量发生在时间中的不同位置,也会产生不同的效果。这就涉及比较历史分析的路径依赖和发生次序两个问题。发生在路径上越早的事件,对整体的影响也就越大。制度和路径的继承人只能围绕既定的选择来制定方案。因此在制度变迁的过程中,识别转折点与关键节点就尤为重要。[2] 正是在这些节点上,行动者们选择了改变制度和发展方向的方案。

2. 时间结构

主要是针对重要事件的原因、结果和过程,也要考虑其时间维度。换言之,原因和结果本身也存在一种时间结构。这就涉及比较历史分析中的持续时间概念。首先,从原因的角度,时间结构可能表现为这一过程进展是迅速还是缓慢,持续了多长时间,事件发生的步幅(pace)如何。事件或过程的持续时间会塑造它的形式,如果时间足够长,许多不显著的因素就会逐渐发挥作用。其次,从结果的角度,时间结构则可能表现为重要事件和过程发生之后,作用了多长时间。随着时间的推移,许多重要变量才会逐渐产生作用,可能扩大,可能转化,也可能形成连锁反应。例如同样的政策可能因为人口的增长和技术的发展而产生不同效果,称为漂变(drift);或者执行者不断通过新的解释来逐渐代替旧的制度,称为转化(conversion)。[3] 如果重要事件发生时间尚短,实际上并不能非常准确地判断其影响。

---

[1] James Mahoney and Kathleen Thelen, *Advances in Comparative-Historical Analysis*, Cambridge University Press, 2015, p. 20.

[2] Giovanni Capoccia and Daniel R. Kelemen, "The Study of Critical Junctures: Theory, Narrative, and Counterfactuals in Historical Institutionalism," *World Politics*, Vol. 59, No. 3, 2007.

[3] Kathleen Thelen, *How Institutions Evolve: The Political Economy of Skills in Germany, Britain, the United States, and Japan*, Cambridge University Press, 2004; Jacob Hacker, "Policy Drift: The Hidden Politics of US Welfare State Retrenchment," in Wolfgang Streeck and Kathleen Thelen, eds., *Beyond Continuity: Institutional Change in Advanced Political Economics*, Oxford University Press, 2005, pp. 40-82.

（四）原因归纳

比较历史分析主要应用于分析重大事件、过程和复杂因果。对于研究者来说，应尽量以"因果机制"概念替代"因果链"概念。比较历史研究者不能局限于展示原因和结果之间的共变关系，而应进一步努力探索原因与结果之间的机制黑箱。简而言之，比较历史分析中的原因归纳过程可以大致划分为三个方面：结构性视角（structural explanation）、多原因解释（multiple factors）和多过程关系（multiple processes）。

1. 结构性视角

所谓结构性视角，指在分析案例时，不应单纯进行过程的描述，而是应将事件内的每个行动者视为结构的一个要素，再观察这些要素之间本身是什么关系，结构对其有什么约束，在这样的约束下他们如何采取行动，这些行动如何互相作用，并最终改变了结构本身。同时需要注意，应用结构性视角，意味着在比较历史分析中，至少应该存在两个变量，它们在不同的案例中有着不同的组合方式与发生顺序。即使只有一个变量，那也应考虑在不同背景之下它是如何导致不同结果的。

2. 多原因解释

多原因解释具有以下四个特征：

（1）事件的结果是多种原因而非一个原因导致的；

（2）多种原因会产生多种不同的组合，这些组合共同导致了事件的结果；

（3）多种不同的组合可能导致事件的结果呈现不同形态；

（4）要尽量考虑原因的时间维度。

比较历史研究者已经开发出了诸如布尔代数的真值表（truth table）和模糊集的模糊隶属值（fuzzy-membership scores）等方法来验证自变量与因变量之间的因果关系以及某一案例与相关概念的匹配程度。[①]

3. 多过程关系

多过程关系就是将重大事件和重要过程置于历史情境之中，也就是充分理解任何社会进程都不是独立发生的，必然受到历史条件和环境的制约。换言之，在历史过程中，必然是多个进程同步推进的。唯一需要辨别的是，其他进程对研究

---

① 高奇琦：《比较政治研究方法：经典争论与前沿进展》，《社会科学》2013年第5期。

者所分析的主要进程有何影响。以法莱蒂和马霍尼的研究为例,英国工业革命的发生就是自然进程、文化进程、政治进程、经济进程、科技进程共同作用的结果(参见图 5.4)①。

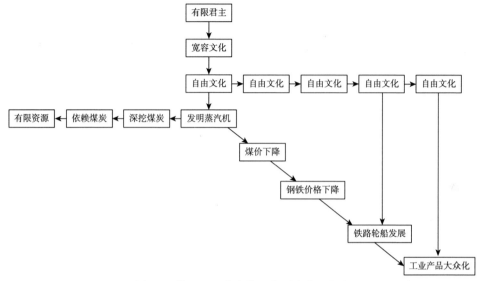

图 5.4 英国工业革命的历史制度主义阐释

资料来源:马得勇:《历史制度主义的渐进性制度变迁理论——兼论其在中国的适用性》,《经济社会体制比较》2018 年第 5 期。

八、质量评价和保证

比较历史分析由于对因果和规律的重视,更加强调所归纳理论的内部效度,因此也就必然要求研究者对案例具有深刻了解。比较历史分析研究的成果检验,其一在于因果机制是否能逻辑自洽;其二在于案例的选择是否能够充分证明最初的假设;其三则在于对案例的分析是否经得起历史学、案例研究或区域研究专家的检验。前二者对于政治学和公共管理学的研究者来说并不陌生,但第三条往往要求研究者对大量的档案文献等第一手材料进行分析,这就需要研究者不仅通晓政治学和公共管理学的理论,还需借鉴历史学的史料考察方法。由于篇幅所限,本章不可能完全展示史料学的分析方法,且不同时期、地域、事件以及研究者所能

---

① Tulia G. Falleti and James Mahoney, "The Comparative Sequential Method," in James Mahoney and Kathleen Thelen, eds., *Advances In Comparative-Historical Analysis*, Cambridge University Press, 2015, p. 224.

获取的史料也是大相径庭的,因此本章仅介绍辨析史料时所需注意的四个基本问题,即客观性、完整性、真实性和丰富性。

(一) 客观性

客观性主要是指史料是出自记录者有意记录还是无意记录,即记录者的记载是否有明确的指向和受众。这样的特点将决定史料是否强调或侧重历史事实的某个方面。例如,事件参与者的自传、对周围人的采访,其客观性就可能小于正式的记录与报告。当然,史料很难做到完全客观,这就需要研究者时刻保持怀疑。

(二) 完整性

完整性主要是指一个事件的史料是否存在残缺、散佚、保密的情况。如果存在这样的情况,那么就要求研究者使用其他辅助史料来进行佐证。例如,如果研究战争而缺乏双方军队的直接报告,那么就只能依靠政府报告、报纸等材料来进行佐证。缺乏直接证据往往意味着研究信度的下降和难度的增加。

(三) 真实性

真实性缺失主要是指史料的记录者出于某种原因、目标或强烈的立场,故意删改、修订、遮蔽某一部分历史事实的情况。它与客观性的区别在于,记录者由于自己所受历史环境的客观限制和个体的局限性,难以避免在记录时带有一定的主观色彩。主观色彩的存在常出于时代特征,所以对后来研究者理解的影响并不十分严重。但一部分记录者,特别是社会剧烈变革时期的记录者,由于要塑造自己的社会形象或宣传自己的观点,常会有意只呈现部分历史事实,甚至于扭曲事实。这就要求研究者在使用带有强烈个人色彩的史料时特别注意。

(四) 丰富性

丰富性主要是指史料本身也具有多层次性和多种面向。多层次性是指它虽然记载的是事件本身的过程或参与各方的行为和态度,但由于研究者的努力发掘,实际上能够揭示出记录者所在群体、阶层、地区、国家甚至时代的一些共同而深刻的特征。多面向是指任何一个记录者本身就有多重的社会身份。例如20世纪末俄罗斯的一个社会活动家,从他的日记或演讲中就可能同时发现其宗教身份、家庭身份、社会身份、经济身份和政治身份。综合理解这些身份,同时识别并思考多种进程,才能更加透彻地分析俄罗斯转型的原因及其后果。

九、使用中应注意的问题

比较历史分析方法作为一种融合政治学结构性视角与历史学时间思维的研究方法,常常遭到来自政治学与历史学两个领域专家的责难与诟病。同时,由于它本身是将人文学科研究方法继承、融合并移植于社会科学研究的一种尝试,因此来自历史学的责难尤为严厉。一方面,从历史学的角度来看,时间思维只是历史学的一个侧面而远非全部,历史学更重要的部分还包括因果链条的构建以及作为其支撑的史料辨析;另一方面,即使单从时间思维角度来看,比较历史分析甚或于历史制度主义的"历史概括"也远非完善。

历史学中的时间思维是一个非常复杂的命题:由于人的复杂面向,时间同样也具有多种向度。皮尔逊在将历史过程中的时间要素归纳为路径依赖、关键节点、发生次序、事件、持续时间、发生时机和意外后果七个方面时,更多是从事件本身的发展过程,即"事"的角度进行的总结,而相对比较忽略事件参与者即"人"的角度的时间问题。一则,皮尔逊的概括方法不宜应用于延续时间较长、囊括几代人的历史事件;二则,这种概括方法即使在分析短时间事件时,也会忽略同一事件中会有不同年龄(不同代)的人群共同参与的事实。

这实际上也是比较历史分析方法遇到的最大的障碍与困难:在将人文学科研究方法移植到社会科学研究中时,如何在尽量保留其综合、透彻、详细、周密特点的同时,又能对其复杂的关系分析进行归纳和简化。同样以时间维度为例。迭代影响、隔代影响与潜在影响,三种不同的理解角度似乎都有一定道理,从"人"的角度出发的时间思维似乎也具有比目前"事"的角度更强的解释能力。但是,如果实际应用"人"的角度,那么在分析研究时就不得不同时对三个"时代"的主观态度进行测量,并且根据这些测量制定数目庞杂的新的变量。否则,这种结论就是"非科学性"的,就仍然停留在关系分析与个体分析的层面之上,难以得出普遍的规律性的结论。这样做似乎能有更强的解释能力,但实际上也确实大大增加了社会科学研究的复杂性。

🔊 关键术语

比较历史分析	历史制度主义	理论验证	情境比较
宏观分析	时间位置	时间结构	结构性视角
多原因解释	多过程关系		

思考题

1. 什么是历史学思维？政治学和公共管理学如何借鉴历史学的思维？
2. 比较历史分析的特点及其优劣势是什么？
3. 比较历史分析方法适用于研究哪些研究议题？
4. 比较历史分析中，理论验证、情境比较、宏观分析三种路径的适用情况各是什么？
5. 斯考切波的比较历史循环方法的操作步骤及其注意事项是什么？
6. 比较历史分析的同一个案例中，是否可能出现多种时间结构和解释模型？
7. 比较历史分析如何将量化方法纳入自身框架之中以促进自我发展？

延伸阅读

Giovanni Capoccia and Daniel R. Kelemen,"The Study of Critical Junctures: Theory, Narrative, and Counterfactuals in Historical Institutionalism," *World Politics*, Vol. 59, No. 3, 2007.

James Mahoney and Dietrich Rueschemeyer, eds., *Comparative Historical Analysis in the Social Sciences*, Cambridge University Press, 2003.

James Mahoney and Kathleen Thelen, *Advances in Comparative-Historical Analysis*, Cambridge University Press, 2015.

Paul Pierson, *Politics in Time: History, Institutions, and Social Analysis*, Princeton University Press, 2004.

Theda Skocpol and Maggaret Somers,"The Use of Comparative History in Macrosocial Inquiry," *Comparative Studies in Society and History*, Vol. 22, No. 2, 1980.

经典举例

〔美〕西达·斯考切波：《国家与社会革命：对法国、俄国和中国的比较分析》，何俊志、王学东译，上海人民出版社 2007 年版。

西达·斯考切波的代表作《国家与社会革命》出版于 1979 年。根据花勇的归类，该书尚属于比较历史分析第一次浪潮中的代表性作品。① 实际上，斯考切波

---

① 花勇：《比较历史分析的学术演进和经典议题——因果关系的过程分析》，《国外社会科学》2017 年第 4 期。

所运用的比较历史分析方法与当前历经三次浪潮之后的方法已经存在距离。特别是在时间分析方面,斯考切波还未能准确辨析变量在不同时间位置上的组合会对结果产生不同的影响,也还未能清晰提出事件过程本身的时间结构。但是,斯考切波的著作依然可以说是承接了自巴林顿·摩尔等人所开创的比较研究与历史研究相结合的学术传统,并且在很大程度上规划出了当代比较历史分析方法的总体框架和研究路径。

1. 研究问题

该书所探讨的是政治学与历史学研究中都经久不衰的一个重要议题:社会革命。如果将社会科学的议题简单划分为静态的制度与结构和动态的变化与过程两大类别,那么革命问题无疑就是动态研究中的核心问题之一。正如斯考切波指出的一样,"社会革命值得特别关注,这并不仅仅是因为它对于民族和世界历史具有非凡的意义,而且还在于它所带来的独特的社会政治变迁模式"①。需要注意的是,斯考切波在书中探讨的并不是广义的革命,而是"社会革命"。作者本人对这一核心概念的定义是:"社会革命是一个社会的国家政权和阶级结构都发生快速而根本转变的过程;与革命相伴随,并且部分革命是通过自下而上的阶级反抗发起的。社会革命之所以不同于其他类型的冲突和转型过程,首先在于它是两个同时的组合:社会结构变迁与阶级突变同时进行;政治转型与社会转型同时展开。"②换言之,社会革命不是简单的政治暴力或政治冲突,也不仅仅是带来政治结构变化的政治革命,而是一个在国家与社会两个层面同时产生巨大影响,并同时引发两个层面结构性改变的政治过程。这两个层面上的变化不仅在时间上同步展开,而且互相之间也存在着紧密的联系和深刻的影响。不难发现,这样一个研究主题本身就必然具有相当程度的复杂性。

2. 方法的选择及类型

该书的研究对象是适用比较历史分析方法的典型案例。首先,社会革命本身是人类社会发展进程中的一个宏大问题。按照斯考切波的界定方法,社会革命对人类社会与历史所产生的影响实际上超出了单纯的社会变革和政治革命,而是作为一个历史的转折点,使某个国家或地区的人类社会改变了发展的方向和速度。同时,在人类历史上,能够产生这类深刻社会革命的国家,常常是具有重要地缘意义,或在历史上就对某个地区产生过巨大影响的国家。因此,这类国家所发生的

---

① 〔美〕西达·斯考切波:《国家与社会革命:对法国、俄国和中国的比较分析》,何俊志、王学东译,上海人民出版社 2007 年版,第 4 页。

② 同上书,第 5 页。

社会革命常会因其产生的全新发展模式而带来巨大的国际影响和示范效应。其次,这类案例在人类历史上相对少见。由于它并不仅仅是关注许多具有同样分析性特征(如暴力或政治冲突)的革命过程,而是同时关注相似的起因(革命性危机)、过程(国家政权和阶级结构的变革)、结果(国家与社会结构的双重改变及新型结构的诞生和巩固),因此许多案例就会被排除在外。最后,根据斯考切波的定义,社会革命并不仅仅是一个群体的动员或反抗,而是多群体共同参与的一个复杂过程。这个过程中,"冲突的逻辑并不由任何单个的阶级和集团所控制,而不管这些阶级和集团是否在革命进程中居于中心地位",同时,"革命冲突所造成的结果总是既不能充分预测到,也不是卷入其中的任何一个群众所期望的,当然也不会完全符合他们的利益"。① 显然,多群体的参与及其复杂的互动过程决定了社会革命这一研究对象必然具有繁多的研究变量。

同时,由于革命问题是政治学和历史学都长期关注和讨论的重要议题,因此已经具有丰富的研究成果与理论假设。如斯考切波所归纳的,如果不算更早的马克思主义理论,关于革命的理论至少在当代就已经存在聚合—心理学理论(aggregate-psychological theories)、系统/价值共识理论(system/value consensus theories)、政治—冲突理论(political-conflict theories)三类。如果采取理论验证的路径,将既有的某一种理论放到历史案例中进行检验,那么理论的创新必然有限,且无论案例、问题还是具体变量的选择都难脱窠臼,无法获得对社会革命的进一步认识。而如果采取情境比较路径,那么在案例选择的阶段就会面临困难。由于不同的理论模型的基本逻辑并不相同,因此其变量选择也存在差异,这就使得研究者会发现太多案例之间的差异,从而无法通过比较研究得出新的理论。因此,斯考切波选择了使用宏观分析的方法,挑选了法国、俄国、中国革命三个有限案例进行比较,在提炼出某种理论模型之后,再将其放到普鲁士、日本、英国和德国的案例中进行检验,从而完成了对自己理论的建构。实际上,斯考切波的这一著作本身就体现了比较历史循环的一个完整周期。

3. 研究过程

具体而言,如果从研究设计的角度反推《国家与社会革命》一书的叙述逻辑,那么可以将其分为问题的提出和确定、案例的选择、过程追踪、原因归纳四个阶段。

(1) 问题的提出和确定。在选定研究的主要对象"社会革命"之后,斯考切

---

① 〔美〕西达·斯考切波:《国家与社会革命:对法国、俄国和中国的比较分析》,何俊志、王学东译,上海人民出版社 2007 年版,第 18 页。

波考察了既有的基本理论,并对其进行了反思。她指出,既有理论模型的共同缺陷在于它们都默认了一种假设:"对革命的发生而言,一个必要的前提条件是,出现了一种经过深思熟虑的努力——努力使领袖和追随者紧密联系起来,以推翻现存的政治或社会秩序。"① 换句话说,既有的理论都将革命进程视为具有明确的目标意识或者是由有意识的目标所引导的运动。但是,斯考切波同时也指出,"在历史上,没有一场成功的社会革命曾经以大众动员和公开的革命运动的方式'制造'出来"②。革命性的、结构性的危机早已存在,革命者或反抗的群体只是利用了这一危机,而并不是,也不能去制造这一危机。斯考切波认为,既有理论的问题在于,它们过于简化地运用了单个阶级、精英或组织的视角,未能全面地观察革命的过程,从而忽视了冲突本身对革命进程的推进作用。因此,她重新界定了研究的问题:首先,在旧制度下,革命形势为何出现?其次,受制于客观条件的复杂冲突过程和群体行动,是如何塑造并巩固了新制度的?

(2) 案例的选择。在限定研究对象的内涵并确定具体的研究问题之后,斯考切波就从人类历史上选择了法国、俄国与中国的三场革命作为研究的案例。一般而言,考虑到时代背景和各个国家的历史进程,政治学与历史学研究中多采取同时代的比较方式,例如将法国与英国的资产阶级革命作比较,将俄国与中国的无产阶级革命作比较。但斯考切波认为,三场革命与同时代相似背景国家发生的革命都有着本质上的差异。从原因的角度看,"所有三场革命都发生在富裕而又在政治上颇有抱负的农业国家,没有一个国家曾被殖民者征服。它们的旧制度都是原生型官僚独裁制(proto-bureaucratic autocracies),而且都突然面临经济上更为发达的军事竞争对手"③;而从结果的角度看,"在每一种情形中,革命的结果,都是一个中央集权的、官僚制的以及将大众结合为一体的民族国家,而且这个民族国家在国际舞台上作为大国的潜在能力也得到了提高"④。另外,选择这三个国家的革命事件作为案例,也包含了作者对研究可操作性的思考:三个国家的国家结构和阶级结构都有着足够悠久的历史因而相对固定;三个国家都经历了很长时间的斗争,并在此过程中得以巩固革命性国家权力;同时,三场革命过去的时间已经足够久远,有足够的证据和研究作支撑。换言之,选择这三个国家作为案例有助于作者以过程追踪的方式全面分析革命中旧制度危机—旧政权崩溃—新政权建

---

① 〔美〕西达·斯考切波:《国家与社会革命:对法国、俄国和中国的比较分析》,何俊志、王学东译,上海人民出版社 2007 年版,第 15 页。

② 同上。

③ 同上书,第 42 页。

④ 同上。

立——新制度巩固的全过程。

(3) 过程追踪。相对于后继的比较历史研究者,斯考切波这一著作更显著的特征是"过程追踪"研究方法。在该书中,作者将一场革命的发生划分为旧制度的崩溃与新制度的巩固两个部分。她指出:"在所有这三场革命中,外部力量引发的危机与结构性条件和趋势相互强化,造成了一种危机的结合点(conjuncture):①旧制度下中央集权的国家机器丧失了能力;②下层阶级,尤其是农民的普遍反叛;③动员大众的革命领导人竭力巩固革命性国家权力。"[①]首先,旧制度的崩溃被归因于压力的产生与应对压力的失败,而应对失败则可能存在两方面因素:既有国家权力失去对社会和社会资源的控制,以及农民对地主全面的、成功的反抗。前者导致维护国内秩序最高权威的崩溃,从而在国家层面上使既有的政治结构和阶级关系失去了保护;后者则是农民通过对地主阶级及其财产和权力的冲击,在社会层面上摧毁了旧制度的支柱。其次,新制度得以巩固则主要得益于革命性国家权力的巩固。革命性的国家权力在作者看来主要包括中央集权和大众参与两方面的因素。前者通过对官僚制的强化实现了国家控制能力的加强,使地主阶级无法再垄断政治与社会的特权;后者则通过发动城市工人和农民阶级将更多的群体纳入国家的政治进程之中。二者相加,使得新政权所塑造的新制度获得牢固的社会基础,同时也由于国家权力的强化,新政权更有能力应对外在的压力与挑战。

(4) 原因归纳。贯穿斯考切波全书的一个典型特征就是比较历史分析中强调的结构性视角。如前文所述,结构性视角不是单纯进行过程描述,也不采取单一个人、组织、阶级的视角,而是从结构上考虑不同行动者之间的相互作用。一个典型的例子就是斯考切波在探讨既有政权为何失败并引发旧制度崩溃时的分析过程。她指出,在所选取的案例中,旧制度下至少包括三方重要行动者:国家权力、支配阶级和被支配阶级(主要为农民)。三方关系并不是简单的支配阶级操控国家权力来剥削被支配阶级。作者认为,国家权力虽然一方面是既有阶级关系和社会秩序的维护者,但它本身也具有潜在的自主性和独立的理性,它同时也需要调动和抽取一部分社会资源来应对危机,而这种对资源的争夺就会偏离支配阶级的固有利益。因此,如果国家权力无法控制支配阶级或社会资源,让支配阶级阻隔了国家权力与被支配阶级间的联系,从而屏蔽了国家权力的代理人,支配阶级自行占有甚至垄断社会资源,就会导致国家权力在调动资源进行改革以应对危机时走向失败。同时,支配阶级对被支配阶级的控制也并不是绝对严密的。如果

---

① 〔美〕西达·斯考切波:《国家与社会革命:对法国、俄国和中国的比较分析》,何俊志、王学东译,上海人民出版社2007年版,第42页。

农民村社的团结程度足够高,使得农民能够摆脱地主及其代理人的日常监督和控制,具有一定的自主性,再加上支配阶级阻隔国家权力之后,国家权力制裁农民反抗的力量出现松动,那么被支配阶级就有足够的能力发动反抗支配阶级的运动。简而言之,三者之间并不是一方(被支配阶级)对另两方联盟(国家权力和支配阶级)的反抗,而是国家权力面临危机—调动社会资源发动改革—与支配阶级产生分歧—支配阶级抢夺社会资源—国家权力弱化—对被支配阶级的控制和压制弱化—被支配阶级的反抗—国家权力崩溃—支配阶级崩溃的复杂过程。这一过程当然并非链式反应,而完全有可能是多个进程同时发生甚至先后颠倒,但总体仍可归纳为这样一种趋势。

4. 质量评价和保证

在对比三个国家案例之后,斯考切波提出了自己的理论模型。随后就需要对这一理论模型进行验证。斯考切波选择的是通过负面案例的方式进行验证。例如,同样在论证国家权力应对危机失败从而导致旧制度崩溃时,她就选择了普鲁士和日本来与法国、俄国和中国的案例进行比较。日本明治维新和普鲁士改革之前的政治与社会结构与法、俄、中革命前的形势大致相似,且同样面临外部压力的挑战。但这两个国家没有爆发社会革命,而是进行了自上而下的有效结构性改革。作者认为,日本的不同之处在于官僚政治权力和商业财富之间的区分,即武士阶级完全把控政治权力,地主即支配阶级完全无法阻隔或削弱国家的控制力。这就使得日本的国家权力能够成功调动资源实行改革以应对危机。而普鲁士的特征则在于,普鲁士的农业生产不是被村社而是被大型的商业庄园和容克地主所控制,农民没有土地,必须在庄园中为工资而工作。因此在启动改革之后,土地贵族能顺利利用自己庄园内的"自由劳动力",投资新技术和工业,从而没有反对改革的足够动力。在这两个案例中,虽然国家同样是专制政权下的原生型官僚独裁制国家,君主应对危机的能力同样不足,但一些重要变量的改变,使行动者不会按理论预设的轨迹行动,避免了矛盾的激发与汇聚,从而最终消解了革命性危机和社会革命。

第三编　　常用介入性实证研究方法

第六章　实验与准实验研究
第七章　问卷实验法
第八章　社会调查法

第六章 实验与准实验研究*

本章要点

- 实验与准实验的逻辑、特点和优劣势;
- 实验法的理论基础——潜在因果模型;
- 实验法的适用范围和条件;
- 实验的基本类型:实验室实验、实地实验、问卷实验、准实验;
- 实验设计的基本样式、操作流程和质量评价。

一、导　言

社会科学的重要目标是因果推断(causal inference),实验是因果推断的金标准。[①] 社会科学研究常利用自然产生的观测性数据,通过多元回归、匹配等统计调整进行基于模型的推断(model-based inference)。这类观测研究中,研究者无法控制数据产生的过程(data-generating process),就难以有效控制混杂因素(confounders),产生基于可观测变量(selection on observables)和不可观测变量(selection on unobservables)的选择效应。这样,研究就无法有力地消除一些可观测或无法观测到的因素影响分析结果的威胁。由于观测研究的这些缺陷,研究者开始关注和应用实验,推动了社会科学中以实验方法为核心的因果推断革命。

本章对实验研究的特点和逻辑、类型样式、优劣势、操作流程等进行归纳,结

---

* 本章得到教育部人文社科重点研究基地重大项目"国家治理经验评估"(16JJD810001)、国家社会科学基金一般项目"计算社会科学背景下的政治学研究方法变革研究"(19BZZ010)、北京大学公共治理研究所一般项目(YBXM202105)的资助。笔者感谢王俊、孙华的优秀的研究助理工作。

① Joshua D. Angrist and Jörn-Steffen Pischke, "The Credibility Revolution in Empirical Economics: How Better Research Design Is Taking the Con out of Econometrics," *Journal of Economic Perspectives*, Vol. 24, No. 2, 2010; James N. Druckman, et al., eds., *Cambridge Handbook of Experimental Political Science*, Cambridge University Press, 2011.

合研究实例说明社会科学实验的基本类型,并总结影响实验质量的因素及提高设计效度的方法,以推动实验法在政治学和公共管理学研究中的应用。

二、定义、特点和优劣势

(一) 定义

学者们对实验法有不同的界定。唐纳德·鲁宾认为"没有操纵就没有因果"(no causation without manipulation),实验法通过人为操纵干预构建可比较的情境。①丽贝卡·莫顿和肯尼斯·威廉姆斯认为实验法是指"研究者通过主动操纵数据生成过程中的相关因素,介入数据生成过程的方法"②。在高度控制的条件下,操纵一个或多个变量的变化,通过这些变化评估它们对研究者感兴趣的变量产生的效应。研究者操纵或控制数据生成过程以研究因果关系是实验法的特点。

从与观测研究相对照的角度而言,实验法是以潜在结果模型(potential outcomes model)为理论基础的基于研究设计(design-based)的因果推断方法。与观测研究不同,实验研究[(主要指"随机实验"(randomized experiment)]的研究者掌控数据产生的过程,即研究者设计和控制干预的分配,从而创造一个受控制的实验;研究者控制干预何时发生、如何发生,知道干预分配的概率分布。③实验的目的是建立变量间的因果关系,进行因果推断。通常,研究者根据现有理论提出一种因果关系的尝试性假设,然后通过实验检验假设。

(二) 特点

实验法有三个基本特征:(1)干预组和控制组,即一些被试受到干预,而另一些被试没有受到干预;(2)随机化(random assignment),即被试被随机分配到干预组和控制组;(3)对干预(自变量)的控制,即研究者操纵干预。其中,最核心的特征是随机化,涉及研究对象是否被随机分配到受到不同干预的组别。

虽然"随机化"是实验区别于观测研究的重要特征,但对于"随机"的含义,学

---

① Donald Rubin, "Comment: Which Ifs Have Causal Answers," *Journal of the American Statistical Association*, Vol. 81, No. 396, 1986.
② Rebecca Morton and Kenneth Williams, *Experimental Political Science and the Study of Causality: From Nature to the Lab*, Cambridge University Press, 2010, p. 42.
③ Rocio Titiunik, "Natural Experiments," in James N. Druckman and Donald P. Green, eds., *Advances in Experimental Political Science*, Cambridge University Press, 2021, p. 108.

界却有不同理解。① 实验中的随机,是等概率(equiprobable)意义上的随机,是指一种使处理单元和控制单元的每一种可能的安排具有相同发生概率的机制。随机分配意味着被研究的每个个体接受特定干预或刺激(stimuli)的机会相同。干预组和控制组除受干预的状况不同,在其他因素平均水平上等同(equivalent),事前差异被随机分配中和(neutralized)了,排除了可能存在的可观测和不可观测因素对结果的影响。除了随机分配可能的非系统性变异外,随机分配提供了一个可信的假设,即控制组的表现就像实验组在没有接受干预的情况下那样(反之亦然),控制组是干预组不受干预情况下的"反事实"(counterfactual)状态。若组间结果有显著差异,则差异只能是实验者操纵的干预所致;虽仍不能观测对单个个体的处理效应,但通过比较干预组和控制组的平均结果,我们可估计平均干预效应(average treatment effect)。

(三)优势和劣势

1. 优势

第一,具有进行因果推断的能力。与其他方法相比,实验的内部效度(internal validity)极高,即能够确定真正的原因。随机化创造出各被试在干预前的相似性,研究者对实验过程的控制创造出被试干预中的相似性,因此观测到的任何结果上的差异只能归因于实验的干预即自变量的影响,而非被试的系统性或非系统差异,从而实现了清晰可信的因果推断。

第二,具有详尽探讨细节的能力。与其他方法相比,实验除了能将假设的原因变量从其他因素中分离出来进行单独检验外,还能将复杂关系打破、分解为较小单元进行深入细致的研究,从而观测到底哪一部分的变化导致感兴趣现象的发生,还可探讨添加或缺失某个变量(变量间的特定组合)所导致的特定关系。因果关系和因果机制都可在实验中得到研究。②

第三,控制能力强。在各种社会科学研究方法中,实验能严格控制实验环境和条件,操纵干预,减少和排除外部因素对实验结果的影响,从而减少各种误

---

① 蒂提优尼克(Rocío Titiunik)区分了三种不同意义的"随机"(random)。Rocio Titiunik,"Natural Experiments," in James N. Druckman and Donald P. Green, eds., *Advances in Experimental Political Science*, Cambridge University Press, 2021, pp. 103–129. 对随机的不同理解也导致不同研究者对自然实验(natural experiment)存在一些差异化的理解,详见后文准实验部分对自然实验的讨论。

② Kosuke Imai, Luke Keele, Dustin Tingley and Teppei Yamamoto, "Unpacking the Black Box of Causality: Learning about Causal Mechanisms from Experimental and Observational Studies," *American Political Science Review*, Vol. 105, No. 4, 2011; Kosuke Imai, Dustin Tingley and Teppei Yamamoto, "Experimental Designs for Identifying Causal Mechanisms," *Journal of the Royal Statistical Society*, Vol. 176, No. 1, 2013.

差的产生。

第四,成本较低。与其他研究方法(如大型社会调查等)相比,实验成本可能较低。这主要是因为一项实验研究(尤其是实验室实验),受研究目的和特性的约束,往往规模较小。较少的对象、较小的规模、较短的时间决定了实验较低的成本。

第五,易复制。与其他方法相比,实验由于控制力强、过程透明、成本较低,更易复制。复制对稳健可靠的推断很重要,许多经典实验常被重复。在稍有不同的情景(如不同人群、时空)下复制实验,还可证明原初发现并非特定情景的产物,而是可推广的(generalizable)。[1]

2. 劣势

第一,样本的缺陷。实验常只能研究一个小样本,尤其实验室实验,常会使用规模小、易招募到的便利样本。实验的被试可能无法代表研究者理论上感兴趣的人群。当把一项小样本实验的结论推广到更大总体时,可能外部效度(external validity)不足,而要说服具有总体代表性的样本个体都参与到实验中,又十分困难甚至不可能。

第二,缺乏"现实性"(realism)。实验环境的控制度高,这意味着离现实较远,会影响实验的外部效度。尤其是实验室实验或问卷实验在人造情景下进行,可能无法代表被试正常行为表现所在的现实环境。一方面,大量社会现象和行为是特定现实社会环境的产物,抽离了这种环境,某种现象和行为也许不会发生。另一方面,实验室中的社会过程往往也不代表现实世界的社会过程。单就这点而言,利用现实环境而设计的实地实验,表现稍好一点。

第三,实验者的影响。实验者虽高度控制实验条件和操纵干预,但这一优势也意味着存在实验者影响研究结果的潜在风险。实验中,实验者可能有意或无意中给被试某种暗示,某些被试可能会因此有意去迎合实验者的期望,导致被试行为受到实验者影响。

第四,法律、伦理的限制。社会科学的研究对象是人。贝尔蒙报告(Belmont Report)提出了涉及人体受试者的三原则:善行、尊重个人和公正。一些经典实验,如米尔格拉姆的电击实验、津巴多的斯坦福监狱实验,放在现在的话会很难通过伦理审查委员会的审查。在一些现实介入度高的实地实验中,对干预的随机分配意味着某些群体被剥夺了某项福利或权利,或干预引致连锁反应,这些可能导

---

[1] Richard M. Walker, et al., "Best Practice Recommendations for Replicating Experiments in Public Administration," *Journal of Public Administration Research and Theory*, Vol. 29, No. 4, 2019.

致后续(downstream)不良的社会后果。①除了不能对被试造成生理、心理、经济等损害外,知情同意(informed consent)也是一项重要原则。② 但一些实验中,欺骗(deception)是常用手法,否则可能影响实验的有效性。这是程度把握的问题,研究者面临权衡取舍,也需要有创意的干预施加方式。

三、理论基础和应用发展

实验以研究者控制实验条件、操纵干预为特点。自然科学实验比较容易选择相同特征的前测个体,并有效控制实验环境,使实验免受其他外部因素的影响。因此,实验法最先在自然科学领域应用并推广,运用实验验证某种现象或阐明某种原理。詹姆斯·林德(James Lind)1747年的临床实验是较早记载的著名实验。该实验虽不严谨,但可信地确证了柠檬对坏血病的治愈效应,挽救了无数坏血病人的生命。直到20世纪,科学家才最终发现,调节坏血病的关键成分是维生素C,并认识到维生素C治疗坏血病的生化过程。③

社会科学研究中,有效控制的理想实验过程很难实现。没有两个社会个体除了某一特征不同之外在其他方面完全相同,而是会存在许多未被观测或控制的特征,其中每个特征都可能是原因。因此,实验在推广至社会科学领域时遇到困难,应用滞后。但在知识可累积性的目标驱动下,学者们不懈努力,最终使潜在结果模型成为当代因果推断重要的理论基础。潜在结果模型得以成立的两个关键假设,随机实验能很好地满足。潜在结果模型推动了社会科学实验的发展,也推动了从实验视角从事观测研究(如准实验)。

(一) 实验法的理论基础

探究因果关系首先须明晰什么是因果关系。休谟提出因果关系的三层含义:

---

① Dawn Teele, "Reflections on the Ethics of Field Experiments," in Dawn Teele, ed., *Field Experiments and Their Critics: Essays on the Uses and Abuses of Experimentation in the Social Sciences*, Yale University Press, 2014, pp. 115–140.

② Dawn Teele, "Virtual Consent: The Bronze Standard for Experimental Ethics," in James N. Druckman and Donald P. Green, eds., *Advances in Experimental Political Science*, Cambridge University Press, 2021, pp. 130–145.

③ Donald P. Green, Shang E. Ha and John G. Bullock, "Enough Already about 'Black Box' Experiments: Studying Mediation Is More Difficult than Most Scholars Suppose," *Annals of the American Academy of Political and Social Science*, Vol. 628, No. 1, 2010.

"第一是原因和结果事件之间时空毗连(contiguity)。第二是时间顺序(succession),即先因后果。第三是必然联系(necessary connection),即因果现象相伴而生,有其因必有其果。"① 密尔则采用规律性分析(regularity analysis)提出判定因果关系的三原则:原因在结果之前;原因变化,结果也变化;观察到的两者间的关系不是由第三个变量所导致。②随后,学者们认识到连续性或相关性规律并不一定能得出真正的因果关系。哲学中开始通过"反事实框架"(counterfactual framework)来探究因果关系,刘易斯发展了休谟有关反事实框架的思想并将其正式化和符号化。③统计学家使用数学语言阐述哲学中的反事实框架思想,推动了实验法在社会科学中的应用。英国统计学家罗纳德·费舍尔通过"女士品茶"的故事论证了随机分配的方法,推动了实验法的发展。④后人在随机分配的理论基础上发展出随机实验,其逻辑是:虽然现实世界中不能找到两个完全相同的个体,但可以找到两个或多个统计意义上具有相同特征的群体。把实验对象随机分成两组或多组,每组在干预前具有相同的统计特征,即使观察到差异,也是由于随机分配产生的偶然因素所致。这样,因果关系的论证从必然变为可能(或概率),实验对象也从个体变为群体。

无论是寻求特征完全相同的个体,还是使用统计特征相似的群体,实验的逻辑可通过潜在结果模型来理解。潜在结果的概念最早由统计学家耶日·奈曼于1923年提出。⑤美国统计学家唐纳德·鲁宾在1974年至1980年间发表了一系列文章论述潜在结果模型及其分析方法,后被命名为"鲁宾因果模型"(Rubin causal model)。潜在结果模型的核心是比较同一研究单元(unit)接受干预(treatment)和不接受干预(control)时的结果差异,认为这一差异就是接受干预相对于不接受干预的效果。⑥潜在结果是指对同一单元同时进行干预和不干预两种处理后,会导

---

① David Hume, *A Treatise of Human Nature*, Oxford University Press, 2000, pp. 61-65.
② Henry E. Brady, "Causation and Explanation in social Science," in Janet M. Box-Steffensmeier, Henry E. Brady and David Collier, eds., *The Oxford Handbook of Political Methodology*, Oxford University Press, 2008, pp. 217-270.
③ David Lewis, "Causation as Influence," *Journal of Philosophy*, Vol. 97, No. 4, 2000; David Lewis, "Causation," *Journal of Philosophy*, Vol. 70, No. 17, 1973.
④ Ronald A. Fisher, *Statistical Methods for Research Workers*, Oliver and Boyd, 1925; Ronald A. Fisher, *The Design of Experiments*, Oliver and Boyd, 1935.
⑤ Jerzy Spxawa-Neyman, D. M. Dabrowska and T. P. Speed, "On the Application of Probability Theory to Agricultural Experiments. Essay on Principles. Section 9," *Statistical Science*, Vol. 5, No. 4, 1990.
⑥ Guido W. Imbens and Donald Rubin, *Causal Inference in Statistics, Social and Biomedical Sciences: An Introduction*, Cambridge University Press, 2015, pp. 3-5.

致两种结果。但现实中不可能同时对一个单元进行两种处理,不可能观察到同一单元的两种不同状态,因此最多只能实现一种潜在结果,其他潜在结果不能被观察到,总有数据缺失(missing data),这被称为因果推断的根本问题(fundamental problems of causal inference,FPCI)。[1]这也说明,因果推断需要从个体上升到群体层面,通过比较组间的平均干预效应来估计总体的因果效应。由于参与实验的不是同一个个体,而是一个群体,因此须引入个体处理稳定性假设(stable-unit-treatment-value assumption,SUTVA)。它是指参与实验的个体之间不存在相互干扰或互动,换言之,所观察到的每个个体的结果不受参与实验的其他个体的影响。在潜在结果模型中,哪些结果可被观察到,取决于实验对象被分配到的处理方式。"分配机制"在潜在结果模型中居于核心,直接决定什么样的结果可被观察到。所以,该模型须满足可忽视的干预分配假设(exclusion restriction),即重新改变分配机制不会影响接受干预或控制的潜在结果,这又被称为非混淆分配机制(unconfounded assignment),实验的随机分配可以很方便地实现这一点。[2]

(二)实验法的应用发展

弗朗西斯·培根(Francis Bacon)率先将实验法应用于研究。此后,物理学、医学、生物学、农学等领域的学者大量使用实验法进行科学研究。政治学中第一个实验是20世纪20年代哈罗德·戈斯内尔的一项研究。戈斯内尔想知道提供给选民关于选举注册程序和鼓励投票的信息能否提升选民的注册率和投票率。实验选择在芝加哥的12个区中进行,每个区内的选民被分成两组,一组收到相关信息的邮件,另一组则没有。结果发现,在3个区中,受到邮件干预的公民的注册率和投票率比没受到干预的公民要高10—20个百分点。[3]这一研究缺乏严格的随机分配机制,但它是政治学的第一次实验尝试。1956年,《美国政治学评论》(*American Political Science Review*)刊登了塞缪尔·厄尔德斯维德(Samuel Eldersveld)在密歇根州于1953年至1954年选举期间关于宣传和投票的实地实验研究,这是政治学第一个随机实验研究,也是政治学实验研究的论文首次被主流学术期刊接受。

---

[1] Paul W. Holland, "Statistics and Causal Inference," *Journal of the American Statistical Association*, Vol. 81, No. 396, 1986.

[2] 李文钊:《因果推理中的潜在结果模型:起源、逻辑与意蕴》,《公共行政评论》2018年第1期。

[3] Harold F. Gosnell, "An Experiment in the Stimulation of Voting," *American Political Science Review*, Vol. 20, No. 4, 1926.

20世纪70年代以来,实验在政治学和公共管理学研究中得到越来越多的应用。一些学者创办了专门的实验研究期刊①,一些协会也专设了实验分会,一批实验室得以创建,培训了实验研究者,推动了政治心理与传播、行为公共管理与政策②等领域的发展。尤其20世纪末以来,实验研究爆炸式增长。仅以政治学为例,使用实验方法的文章数量快速增加。学者越来越多使用实验或准实验研究政治心理和行为、沟通、腐败、政治代表性、叛乱等现象,并探索政治制度的影响、群体解决集体行动问题的条件等以前难以想象可进行实验研究的主题。③ 当前,实验和准实验在政治学、公共管理学研究中应用广泛,尤其在项目和政策评估、行为研究乃至制度研究等方面都有长足进展。例如,利用实验法进行项目评估的研究包括发展项目、教育项目、竞选广告投放等,进行公共政策评估的研究包括教师薪资、学生激励、职业培训、医疗保险补贴、税收遵从、公共住房补贴等,进行行为研究的包括劝导、动员、教育、收入、人际影响、媒体接触、协商、歧视等,进行制度研究的包括透明度、选举体系、信息等方面。④

四、适用范围和条件

方法的选择取决于具体的研究问题,并考虑现实条件(如时间、经费、被试的合作等)。单就方法言,若研究目的是强因果推断,则可考虑实验法。与观测研究不同,实验过程本身就是数据产生的过程。无操纵、不实验、无因果,因此实验法适用于那些研究者能操控感兴趣的干预(自变量)的项目。这也部分解释了实验在心理学、行为经济学等以个体为对象的研究上的相对繁盛。在一些实地实验

---

① 例如 *Journal of Experimental Political Science*。
② Stephan Grimmelikhuijsen, et al., "Behavioral Public Administration: Combining Insights from Public Administration and Psychology," *Public Administration Review*, Vol. 77, No. 1, 2017.
③ James N. Druckman, et al., "The Growth and Development of Experimental Research in Political Science," *American Political Science Review*, Vol. 100, No. 4, 2006.
④ 本章多结合政治学研究进行分析,公共管理实验研究可参考 Helen Z. Margetts, "Experiments for Public Management Research," *Public Management Review*, Vol. 13, No. 2, 2011; Jens Blom-Hansen, Rebecca Morton and Søren Serritzlew, "Experiments in Public Management Research," *International Public Management Journal*, Vol. 18, No. 2, 2015; Robin Bouwman and Stephan Grimmelikhuijsen, "Experimental Public Administration from 1992 to 2014: A Systematic Literature Review and Ways forward," *International Journal of Public Sector Management*, Vol. 29, No. 2, 2016; Oliver James, Sebastian R. Jilke and Gregg G. Van Ryzin, *Experiments in Public Management Research: Challenges and Contributions*, Cambridge University Press, 2017; Jesper Asring Hansen and Lars Tummers, "A Systematic Review of Field Experiments in Public Administration," *Public Administration Review*, Vol. 80, No. 6, 2020.

中,研究者能通过与当地政府、社群的合作或利用互联网来随机施加真实的政策干预或信息刺激。此外,在现实干预难以随机施加或面临伦理、法律限制时,研究者可通过在问卷中设计情景化的实验模块进行问卷实验来开展研究。实验室实验受物理环境的限制,适用于研究对象较单一或干预具有合理的同质性效应的研究。如何把看起来难以进行实验的研究转化为可行的实验研究而又不过分在概念、研究对象或层次上丢失本义,不纯是资源因素方面的考虑,也需要创意。简言之,当研究者可随机选择被试并对其随机分组、能操控实验干预时,可进行真实验(true experiment)。当感兴趣的变量无法由实验者操纵来进行随机分配或变量的随机分配面临实践困难时,可考虑准实验,如评估政策干预效果的回溯性研究。另外,因为研究者难以通过随机分配来研究如民族、失业、流动等因素造成的问题,常需使用准实验或观测研究,但这并不绝对。①

五、社会科学实验的基本类型

研究者对干预的直接操纵和随机分配,是真实验即随机控制实验(randomized controlled experiments)的本质。在真实验大家庭(family of true experiments)中,若干预是自然主义的(naturalistic)、现实生活的(real-word),则是实地实验(field experiment);若不是,则是实验室实验(laboratory experiment)或问卷实验(survey experiment)。简言之,根据干预特征和实验环境的不同,社会科学实验可分为实验室实验、实地实验、问卷实验三种。② 各种实验类型并非互斥,研究者可将各种实验的不同方面融合。例如,有些实验在实验室通过随机向招募来的被试提供网络问卷中不同类型的信息刺激进行干预,也有的实验将实验室实验搬到社会场景下的相关目标人群中。虽然实验研究与观测研究有显著区别,但实验研究在因果推断上的强效力使越来越多研究者从实验视角从事观测研究,出现了运用实验逻辑对观测性数据进行发现或构造干预组与控制组的准实验研究。下面将详细介绍社会科学中不同类型实验(实验室实验、实地实验、问卷实验和准实验)的特征逻辑、基于研究实例的操作应用及不同实验类型的优劣。

---

① 白学军等编著:《实验心理学》(第2版),中国人民大学出版社2017年版,第86页。
② 实地实验也被译为田野实验,问卷实验也被译为调查实验或问卷调查实验。

（一）实验室实验

实验室实验促进了社会科学的知识积累。[①] 研究者借助实验仪器创造和严格控制实验条件，招募被试到共同的物理空间进行随机分组、施加干预，用给定的刺激引起被试的反应。其最显著的特点是研究者对除了被试行为以外的环境因素的全控制。因场地、设施、成本等限制，实验室实验多用学生或便利样本，心理学研究多如此。

艾英戈等对媒体效应的经典研究提供了实验室实验的一个范本。这项研究发现，媒体通过议程设置（agenda setting）影响公众对公共议题的认知。[②]研究者登广告招募了72名居民。这些被试被随机分为实验组和控制组两组，在耶鲁大学办公室参加了六天实验。作为前测，在实验第一天，两组被试都完成了一份问卷。其中一道题是"你认为美国现在最重要的问题是什么？"。被试需将国防、通胀、能源、腐败、污染、失业等八项议题按自己认为的重要程度排序。接下来四天里，两组被试每天观看前一晚新闻的录像。不过，实验组观看的录像进行了编辑，用更多时长突出报道美国国防的漏洞。实验最后一天，被试再次填写了第一天的问卷，作为后测。实验结果发现，在持续观看强调美国国防弱点的报道后，实验组被试对国防问题的关注显著提高。与此同时，控制组被试对于国防重要性的看法较稳定。因为是随机分配，组间（between-subject）的结果差异只可能是节目所致；同时，前测和后测所反映的组内（in-subject）结果差异也体现了节目的影响。后来，类似实验设计被应用到更多媒体政治议题上[③]，如负面竞选广告对选民投票的遣散效应（demobilization）[④]。

心理学路径的实验中，参与者常被视为单一行为体，被施加某种干预，回答研究者感兴趣的问题。然而，另一些实验利用参与者间的互动研究决策过程和行为。这类研究在行为经济学中更常见，也在对政治现象的研究中出现，这类实验可追溯到谢林（Thomas Schelling）。[⑤] 与心理学路径的实验室实验强调欺骗以不

[①] Armin Falk and James J. Heckman, "Lab Experiments Are a Major Source of Knowledge in the Social Sciences," *Science*, Vol. 326, No. 5952, 2009.

[②] Shanto Iyengar, Mark D. Peters and Donald R. Kinder, "Experimental Demonstrations of the 'Not-so-minimal' Consequences of Television News Programs," *American Political Science Review*, Vol. 76, No. 4, 1982.

[③] Shanto Iyengar and Donald R. Kinder, *News That Matters: Television and American Opinion*, The University of Chicago Press, 1987.

[④] Stephen Ansolabehere and Shanto Iyengar, *Going Negative: How Political Advatisements Shink & Polarize the Electorate*, Free Press, 1995.

[⑤] Thomas C. Schelling, "Experimental Games and Bargaining Theory," *World Politics*, Vol. 14, No. 1, 1961.

让被试洞悉研究者目的不同,经济学路径的实验室实验一般不使用欺骗的策略,而是更侧重激励塑造,如在实验中嵌入博弈(game)。[1] 例如,有学者通过实验室实验探讨了协商民主对分配性政治的影响。[2]这项研究设置了四组电脑配对的双人"瓜分美元"(divide-the-dollar)游戏。一人作为提议者(proposer)提出如何分配 100 美金,另一人是接受者(acceptor)。第一组独裁者游戏(dictator game)中,提议者提出方案,接受者只能接受。其他三组游戏均是最后通牒游戏(ultimatum game):提议者提出提案后,接受者可选择接受或不接受,若接受,则按提案分配;若不接受,则两人都得不到一分钱。第二组游戏中,提议者和接受者没有协商机会。第三组游戏中,提议者提出提案后,双方有三分钟通过屏幕对话框协商的机会。第四组游戏在提案前双方有三分钟协商机会。被试是 200 多名学生,实验在一间计算机教室进行。实验结果表明,分配制度会影响参与者的分配决策,独裁者游戏的分配结果最不平等;更重要的是,在三组最后通牒游戏中,提案前的协商机会显著增强了分配的平等程度,而提案后的协商机会和没有协商机会均没有这个效应(见表 6.1)。

表 6.1 不同实验条件对于接受者所得美元的影响

实验组	均值(标准差)	中位值	观测数量
独裁者	22.00(18.83)	20.00	158
最后通牒(没有协商)	37.51(13.41)	40.00	156
最后通牒(提案后协商)	39.28(14.27)	40.00	156
最后通牒(提案前协商)	45.25(10.30)	50.00	154

资料来源:Tracy Sulkin and Adam F. Simon, "Habermas in the Lab: A Study of Deliberation in an Experimental Setting," *Political Psychology*, Vol. 22, No. 4, 2001。

在"瓜分美元"游戏之后,研究者使用电脑问卷测量了参与者对分配结果的看法。四组游戏的接受者的不公平感依次下降;在后三组游戏中,提议者的不公平感也依次下降(见图 6.1)。协商尤其是提案前的协商,不仅能促进分配结果的公平,而且能提高利益双方的公平感。

---

[1] John Aldrich and Arthur Lupia, "Experiments and Game Theory's Value to Political Science," in James N. Druckman, et al., eds., *Cambridge Handbook of Experimental Political Science*, Cambridge University Press, 2011, pp. 89-101.

[2] Tracy Sulkin and Adam F. Simon, "Habermas in the Lab: A Study of Deliberation in an Experimental Setting," *Political Psychology*, Vol. 22, No. 4, 2001.

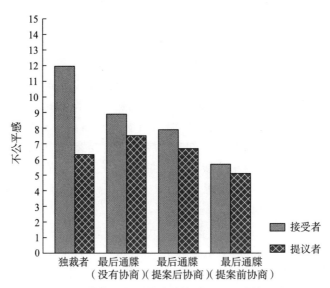

图 6.1　协商机制及游戏结构对不公平感的影响

资料来源：Tracy Sulkin and Adam F. Simon, "Habermas in the Lab: A Study of Deliberation in an Experimental Setting," *Political Psychology*, Vol. 22, No. 4, 2001。

实验室实验的优点是对整个实验环境的控制。被试被置于同样环境中，唯一不同的是有否干预，这确保能将原因变量从其他因素中分离出来。若是便利样本，则场地、设备外的成本较低。但实验室实验也被批评外部效度不足，这类批评集中在两方面。首先，人造的(artificial)实验室场景与自然的(naturalistic)社会场景不同，两种场景下人们对干预的回应可能不同。例如，在电视节目、竞选广告的研究中，被试在实验室看节目的方式可能与平常不同。他们被允许像平常一样看杂志或做其他事而忽略新闻吗？可以像平常一样和其他人一起看新闻吗？世俗现实主义(mundane realism)要求实验情境贴近现实以获得外部效度，而实验现实主义(experimental realism)更关心可控性和被试对干预的接触(exposure)来确保内部效度。

世俗现实主义对实验室实验外部效度的批评是合理的，但它忽视了过多的世俗现实主义可能让实验的干预操纵失去意义。麦克德莫特(Rose McDermott)提到艾英戈研究竞选广告效应的一个例子，颇有启示。艾英戈设置了一个尽可能类似现实生活场景的起居室，却发现当竞选广告出现时，被试拿起遥控器，转换了频道。若遥控器被研究者拿走，虽然牺牲掉了一点世俗现实主义，被试被迫观看研究者主要感兴趣的竞选广告，但是，实验现实主义的内部效度得到保障，且这一点更为重要。如果没有内部效度，就谈不上外部效度。实验室实验没有必要必须发生在真实世界情境中才能提供可信结论。实验室实验使研究者能控制那些在真实世界中可能干扰我们感兴趣的因果效应的潜在偏差,从而能分离和提纯出因果关系,检验理论和产生关于人类行为的新假设。[1]虽如此,最好的实验设计通常较好地权衡了实验现实主义和世俗现实主义。[2]例如,在对媒体框架如何影响民众态度的实验室实验中,研究者采用了当地新闻报道里相关的主题性陈述、引证的言论、图片及采访。[3]在研究政治粗鲁化(uncivil politics)如何影响民众信任时,研究者雇用了演员来扮演国会议员候选人,模拟不同文明程度的交流对峙[4],还有一些对竞选广告的研究则选择在真实竞选期间进行[5]。

对实验室实验外部效度的另一批评,源自其样本。因物理空间的限制,实验室常用小规模便利样本如学生,这些样本对研究者所关注的理论欲推广到的总体可能不具代表性,因为学生的态度可塑性、认知能力与大众不同。[6]研究者也通过投放广告、提供报酬等方式招募非学生成年人参与实验。这一方面增加了成本,另一方面,如此招募来的被试可能仍不具总体代表性。然而,对实验的外部效度的批评可能是苛责了,大样本本身并不能自动提升外部效度。[7] 另外,若某种干预效应是同质的(homogenous),则基于学生样本的实验的外部效度无碍。若存在异质(heterogeneous)干预效应,则外部效度是关涉调节效应的问题,若能合理地确定对干预效应起作用的调节变量以及调节变量在便利样本中的分布与其在具代表性的样本中的分布相似的话,也能减轻样本代表性导致的外部效度问题。[8]但满足这些条件并不易。例如,学生和官员在影响其外交政策倾向的因素上有明

---

[1] Rose McDermott, "Experimental Methodology in Political Science," *Political Analysis*, Vol. 10, No. 4, 2002.

[2] Richard R. Lau and David P. Redlawsk, "Voting Correctly," *American Political Science Review*, Vol. 91, No. 3, 1997.

[3] Thomas E. Nelson, Rosalee A. Clawson and Zoe M. Oxley, "Media Framing of a Civil Liberties Conflict and Its Effect on Tolerance," *American Political Science Review*, Vol. 91, No. 3, 1997.

[4] Diana C. Mutz and Byron Reeves, "The New Videomalaise: Effects of Televised Incivility on Political Trust," *American Political Science Review*, Vol. 99, No. 1, 2005.

[5] Stephen Ansolabehere and Shanto Iyengar, *Going Negative: How Political Advatisements Shink & Polarize the Electorate*, Free Press, 1995.

[6] David O. Sears, "College Sophomores in the Laboratory: Influences of a Narrow Data Base on Social Psychology's View of Human Nature," *Journal of Personality and Social Psychology*, Vol. 51, No. 3, 1986.

[7] Cyrus Samii, "Causal Empiricism in Quantitative Research," *The Journal of Politics*, Vol. 78, No. 3, 2016.

[8] James N. Druckman and Cindy D. Kam, "Students as Experimental Participants," in James N. Druckman, et al., eds., *Cambridge Handbook of Experimental Political Science*, Cambridge University Press, 2011, pp. 41-57.

显差异,基于学生样本实验得出的结论恐难可信地推广到官员群体。①外部效度取决于研究者定义的目标总体。当外推所需条件难满足时,实验室实验的研究者可收敛理论范围。当推断的目标总体较大(如一国民众)及现实应用关怀较深时,学者们探索如何在更具代表性的人群和更现实的场景中做实验,促进了实地实验和问卷实验的发展。

(二) 实地实验

若把实验室实验作为实验法的原型或起点的话,则实地实验试图解决的是实验室实验在实验环境和样本上现实主义不足的问题。实地实验,也被译为田野实验,是在真实社会场景中的随机实验。通过将一项干预随机施加到某些人群和地区,以使实验室实验与田野工作结合起来,在确保随机实验的内部效度的同时获得因在真实环境中进行而提高的外部效度。② 实地实验试图尽可能模拟一个因果过程发生的现实条件,以增强实验结果的可推广性。③

实验涉及被试类型、实验环境、干预方法、结果测量及被试对实验的认知等维度,每个维度与现实世界的平行程度可能有不同。哈里森和利斯特根据不同程度的自然主义(naturalism)提出了一个分类。④根据这一分类,传统实验室实验(conventional lab experiment)是最不自然、人为的实验。虚拟实地实验(artefactual field experiment)把实验室的抽象游戏任务搬到现实社会中完成,也被称为实地实验室实验(lab-in-the-field experiment);与实验室实验常招募学生为被试不同,它的被试更接近现实世界中的行为者,如农民、工人、管理者。⑤框架实地实验(framed field experiment)较虚拟实地实验而言,不仅在现实人群中开展,且进行的任务也更自然,如工人的生产、管理者的决策。自然实地实验(natural field experiment),也即这里讲的"实地实验",其对象也是在自然环境中自然承担任务的人,但这些

---

① Susan D. Hyde, "Experiments in International Relations: Lab, Survey, and Field," *Annual Review of Political Science*, Vol. 18, 2015.

② Alan S. Gerber and Donald P. Green, *Field Experiments: Design, Analysis, and Interpretation*, W.W. Norton, 2012.

③ John A. List, "Field Experiments: A Bridge Between Lab and Naturally Occurring Data," *The B.E. Journal of Economic Analysis & Policy*, Vol. 5, No. 2, 2007.

④ Glenn W. Harrison and John A. List, "Field Experiments," *Journal of Economic Literature*, Vol. 42, No. 4, 2004.

⑤ 例如,James Habyarimana, et al., "Why Does Ethnic Diversity Undermine Public Goods Provision? An Experimental Approach," *American Political Science Review*, Vol. 101, No. 4, 2007; Thad Dunning and Lauren Harrison, "Cross-cutting Cleavages and Ethnic Voting: An Experimental Study of Cousinage in Mali," *American Political Science Review*, Vol. 104, No. 1, 2010。

研究对象不知自己正参与一项研究,在他们看来就像没有实验发生一样。① 这使研究者能更直接地观测人们的真实行为,也减小了自我汇报偏差。

芝加哥大学的玛丽安娜·伯特兰和塞德西尔·穆来纳森对就业歧视的研究是实地实验的经典例子。研究者按照招聘广告信息投递了假简历。简历除性别、种族有变化外,其他内容一样。结果发现,男性和白人得到更多的回复和面试机会。这表明,美国就业市场存在性别和种族歧视。② 这种通过调整在其他方面都相同仅在某一方面有差异的检测员(tester)特征以考察真实存在的另一方回应的实地实验,又被称为审计实验(audit experiment)。③ 审计实验被广泛应用于回应性研究中④,互联网促进了在线审计实验的发展。⑤ 巴特勒和布鲁克曼的研究值得一提。他们通过向美国国会议员发送含有指代不同种族的姓名的求助电邮,揭示了种族因素对政治代表和回应的影响,有力地反驳了基于党派和选举激励的惯常解释。⑥ 审计实验的研究常将回应与否作为干预的效应考察,一些研究延伸至分析回应质量则可能带来后处理偏差(post-treatment bias)。⑦

政治学实地实验的浪潮,由唐纳德·格林等人对投票行为的研究开启。投票

---

① 陆方文:《随机实地实验:理论、方法和在中国的应用》,科学出版社 2020 年版,第 6 页。这里的自然实地实验是就实验过程各要素的自然主义而言,并非后文介绍的自然实验。

② Marianne Bertrand and Sendhil Mullainathan, "Are Emily and Greg More Employable than Lakisha and Jamal? A Field Experiment on Labor Market Discrimination," *American Economic Review*, Vol. 94, No. 4, 2004.

③ 陆方文:《随机实地实验:理论、方法和在中国的应用》,科学出版社 2020 年版,第 49—56 页。基于调整单一特征(如姓名)进行干预的审计实验可能违背信息等同(information equivalence),见 Michelangelo Landgrave and Nicholas Weller, "Do Name-Based Treatments Violate Information Equivalence? Evidence from a Correspondence Audit Experiment," *Political Analysis*, Vol. 30, No. 1, 2022。

④ Daniel M. Butler and David E. Broockman, "Do Politicians Racially Discriminate against Constituents? A Field Experiment on State Legislators," *American Journal of Political Science*, Vol. 55, No. 3, 2011; Jidong Chen, Jennifer Pan and Yiqing Xu, "Sources of Authoritarian Responsiveness: A Field Experiment in China," *American Journal of Political Science*, Vol. 60, No. 2, 2016; Greg Distelhorst and Yue Hou, "Constituency Service under Nondemocratic Rule: Evidence from China," *Journal of Politics*, Vol. 79, No. 3, 2017.

⑤ Daniel Muise and Jennifer Pan, "Online Field Experiments," *Asian Journal of Communication*, Vol. 29, No. 3, 2019; Mohsen Mosleh, Gordon Pennycook and David Rand, "Field Experiments on Social Media," *Current Directions in Psychological Science*, Vol. 31, No. 1, 2021.

⑥ Daniel M. Butler and David E. Broockman, "Do Politicians Racially Discriminate against Constituents? A Field Experiment on State Legislators," *American Journal of Political Science*, Vol. 55, No. 3, 2011. 亦可见后续研究,如 David E. Broockman, "Black Politicians Are More Intrinsically Motivated to Advance Blacks' Interests: A Field Experiment Manipulating Political Incentives," *American Journal of Political Science*, Vol. 57, No. 3, 2013。

⑦ Alexander Coppock, "Avoiding Post-treatment Bias in Audit Experiments," *Journal of Experimental Political Science*, Vol. 6, No. 1, 2019; Jacob M. Montgomery, Brendan Nyhan and Michelle Torres, "How Conditioning on Posttreatment Variables Can Ruin Your Experiment and What to Do about It," *American Journal of Political Science*, Vol. 62, No. 3, 2018.

对个人而言是非理性的,为何仍有人投票?格林等通过实地实验分析了社会压力对投票的作用。[1] 他们设置了干预以造成不同水平的社会压力。第一种干预是公民责任(civic duty)。研究者在密歇根州初选前,给随机分配到本实验组的家户发邮件,号召其投票以履行公民责任。其他干预在"公民责任"基线上添加不同的信息。第二种干预除提醒公民责任外,还提醒了被试是研究对象以检验霍桑效应(Hawthorne Effect)。第三种干预中,针对实验组,在邮件中指出,投票存在公共记录,并在邮件最后列出被试一家人过往的投票记录。最后一个实验组,提供给被试其邻居的投票记录,这意味着邻居的邮件里也会有被试的过往投票记录。几个实验组的社会压力递增,控制组没有任何邮件干预。实验结果发现,社会压力增大,选民投票率也增加(见表6.2)。这项实地实验可靠地确立了社会规范对投票参与的解释力,也具有实践意义。[2] 例如,通过单纯降低投票成本(如邮寄投票、电子投票等)促进投票参与,可能效果不彰。[3]

表6.2 四组邮件干预对于选民投票行为的影响

	控制组	实验组			
		公民责任	霍桑效应	个人投票记录	邻居投票记录
投票率	29.7%	31.5%	32.2%	34.5%	37.8%
样本量	191 243	38 218	38 204	38 218	38 201

资料来源:Alan S. Gerber, Donald P. Green and Christopher W. Larimer, "Social Pressure and Voter Turnout: Evidence from a Large-scale Field Experiment," *American Political Science Review*, Vol. 102, No. 1, 2008。

互联网这块"实地"(field)助力实验与大数据结合,使因果推断进入数字实验时代。邦德等借助脸书(Facebook)平台对其用户进行随机分配以考察社交压

---

[1] Alan S. Gerber, Donald P. Green and Christopher W. Larimer, "Social Pressure and Voter Turnout: Evidence from a Large-scale Field Experiment," *American Political Science Review*, Vol. 102, No. 1, 2008.

[2] 格林对投票动员进行了一系列实地实验研究,也启发了后续大量针对其他议题的研究。可参见Donald P. Green and Alan S. Gerber, *Get Out the Vote: How to Increase Voter Turnout*, Brookings Institution Press, 2019; David Broockman and Joshua Kalla, "Durably Reducing Transphobia: A Field Experiment on Door-to-door Canvassing," *Science*, Vol. 352, No. 6282, 2016; Joshua L. Kalla and David E. Broockman, "The Minimal Persuasive Effects of Campaign Contact in General Elections: Evidence from 49 Field Experiments," *American Political Science Review*, Vol. 112, No. 1, 2017.

[3] Patricia Funk, "Social Incentives and Voter Turnout: Evidence from the Swiss Mail Ballot System," *Journal of the European Economic Association*, Vol. 8, No. 5, 2010; Micha Germann and Uwe Serdült, "Internet voting and turnout: Evidence from Switzerland," *Electoral Studies*, Vol. 47, 2017; Nicole Goodman and Leah C. Stokes, "Reducing the Cost of Voting: An Evaluation of Internet Voting's Effect on Turnout," *British Journal of Political Science*, Vol. 50, No. 3, 2018.

力对投票行为的影响。① 在第一个实验组中,用户的脸书主页收到一条置顶消息:"寻找离你最近的投票地点,点击下方'投票'按钮告诉你的朋友你已投票。"(信息性消息干预)第二个实验组中,除上述消息,页面下方加上了用户社交圈中已投票者的头像(社交性消息干预)。控制组不发送任何消息(见图 6.2)。这项 6100 万在线用户参与的实地实验发现,提供消息能促进人们的投票参与,社交性消息比单纯的事实性消息更能起作用(见图 6.3)。

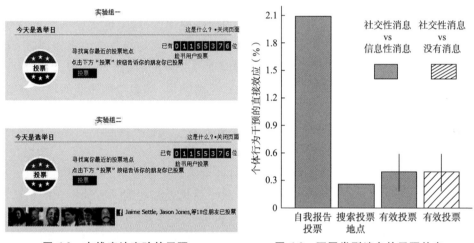

图 6.2　在线实地实验的干预　　图 6.3　不同类型消息的干预效应

资料来源:Robert M. Bond, et al., "A 61-million-person Experiment in Social Influence and Political Mobilization," *Nature*, Vol. 489, No. 7415, 2012。

近年来,循证政策(evidence-based policy)和助推(nudge)促进了实地实验在政策设计和评估中的应用。② 班纳吉、迪弗洛、克雷默(Michael Kremer)获 2019 年诺贝尔经济学奖。他们参与的 J-PAL(Abdul Latif Jameel Poverty Action Lab)是反贫困实地实验的跨国平台。③ 政治学领域则有 EGAP(Evidence in Governance and Politics)平台利用实地实验研究治理问题。④ EGAP 的梅塔克塔倡议(Metaketa Initiative)更是通过跨国协调将几乎相同的实地实验设计和测量在不同国家独立实

---

① Robert M. Bond, et al., "A 61-million-person Experiment in Social Influence and Political Mobilization," *Nature*, Vol. 489, No. 7415, 2012.

② Ray Pawson, *Evidence-based Policy: A Realist Perspective*, Sage, 2006; Richard H. Thaler and Cass R. Sunstein, *Nudge: Improving Decisions about Health, Wealth, and Happiness*, Yale University Press, 2008.

③ 参见 https://www.povertyactionlab.org/,与之类似的推动反贫困实验研究的跨国学术平台还有 IPA(https://www.poverty-action.org/)。

④ 参见 https://egap.org/。

施,试图实现实验的内部效度与跨国比较的外部效度的结合。目前该倡议已开展五轮跨国多地(multisite)实地实验,对信息与问责、税收、自然资源治理、社区警政、女性参与和公共服务供给等议题进行了研究。[①]

实地实验的优势在于其在现实场景中进行,干预是现实发生的(realistic)而非想象或模拟的,这避免了实验室或问卷实验中对现实环境或干预本身的可能扭曲,其实施常在具代表性的现实人群中进行,故其因果推断最具现实性、可应用性。但实地实验也有局限,其应用也遭到质疑。[②] 首先,相较于实验室实验,实地实验不易操作、成本高。另外,由于预算、资源等限制,一些实地实验不能大规模展开,而小规模实验导致其可能捕捉的是局部而非一般均衡效应。例如,基于几个社群的实地实验发现小额信贷的干预能增加贫困家庭的生产性投资,但若据此在全国铺开小额信贷,未必取得理想结果。严格地说,局部均衡并非实地实验或实验法特有的问题,但实地实验的"实地"特性更易忽略这一点,这提醒研究者须慎重对待从微观到宏观层次的加总(aggregation)[③],或更严谨地界定研究层次和范围。

其次,实地实验在现实场景中进行,对环境诸要素和实验对象的控制相比于实验室实验弱。有时,研究者难以确定实验干预是否施加到了所欲干预的被试。一些实地实验由于对所有分配到干预组的被试都进行干预的能力不足可能出现高水平的不遵从(noncompliance),也可能有外溢效应(spillover effect)[④],如控制组也受到部分干预。若难以精确察识这些问题,处理效应的估计会出现偏差。[⑤] 实地实验也存在较多组织实践问题,如无法招募到原定的被试或被试在实验过程中

[①] 第一轮的研究已结集成书,参见 Thad Dunning, et al., eds., *Information, Accountability, and Cumulative Learning: Lessons from Metaketa I*, Cambridge University Press, 2019。

[②] Angus Deaton, "Instruments, Randomization, and Learning about Development," *Journal of Economic Literature*, Vol. 48, No. 2, 2010; Angus Deaton and Nancy Cartwright, "Understanding and Misunderstanding Randomized Controlled Trials," *Social Science & Medicine*, Vol. 210, 2018; Guido Imbens, "Understanding and Misunderstanding Randomized Controlled Trials: A Commentary on Deaton and Cartwright," *Social Science & Medicine*, Vol. 210, 2018; Dawn Teele, ed., *Field Experiments and Their Critics: Essays on the Uses and Abuses of Experimentation in the Social Sciences*, Yale University Press, 2014. 对批评实地实验的反驳辩护,亦可见 Anna Wilke and Macartan Humphreys, "Field Experiments, Theory, and External Validity," in Luigi Curini and Robert Franzese, eds., *The SAGE Handbook of Research Methods in Political Science and International Relations*, Sage, 2020, pp. 1007-1035.

[③] Macartan Humphreys and Alexandra Scacco, "The Aggregation Challenge," *World Development*, Vol. 127, 2020.

[④] Alan S. Gerber and Donald P. Green, *Field Experiments: Design, Analysis, and Interpretation*, W. W. Norton, 2012, chapter 8.

[⑤] Ibid., chapters 5-6.

流失(尤其是非随机流失),又或者被试不愿按研究者的指示参加实验等,这些都可能影响实验的内部效度。①

最后,由于对现实环境的控制较差,实地实验进行的同时发生的一些事件可能混淆真实的干预效应。此外,实地实验的现实性导致其较可能对参与者和现实社会带来难以预料的影响,须提前做好充分的伦理考量。

(三) 问卷实验

不同于实地实验在现实场景中施加现实的干预,问卷实验是将实验嵌于调查问卷的一种方法,也被称为调查实验、问卷调查实验。其中,基于总体的问卷实验(population-based survey experiment)在具总体代表性的调查中嵌入实验,结合了实验的随机分配和大规模调查的随机抽样(random sampling),能同时实现内部效度和外部效度。② 具体地,问卷实验通过操纵问卷中情景(vignette)的呈现(如调整问题的措辞)施加干预,将调查对象随机分配到控制条件和干预条件下,分析调查结果。③ 问卷实验的参与者不局限于便利样本,可结合社会调查拓展至具总体代表性的人群。问卷实验的另一个优势在于,研究者可在问卷中描述一些在现实中不可能或难以创造的情景,操纵情景描述施加干预。

问卷实验根据研究目的分为程序性(procedural)问卷实验和实质性(substantial)问卷实验。程序性问卷实验旨在推动社会调查方法的改进,如问卷的提问方式、回答选项的设置、如何测量、何种采访模式能提高覆盖率和应答率等。社会调查方法论的理论进展都是通过问卷实验确立起来的。④ 实质性问卷实验则旨在检验实质的理论性假设。下面分别介绍情景实验(vignette experiment)、列举实验(list experiment)、背书实验(endorsement experiment)和联立实验(conjoint experiment)等问卷实验类型。情景实验清晰地展现了问卷实验设计的基本构成;列举实验和背书实验有时仅为改进对某个敏感问题(变量)的测量,有时其本身就是研究对象和内容;联立实验则是最近发展较快的一种高级形式的情景实验。

---

① Alan S. Gerber and Donald P. Green, *Field Experiments: Design, Analysis, and Interpretation*, W. W. Norton, 2012, chapter 7.

② Diana C. Mutz, *Population-based Survey Experiments*, Princeton University Press, 2011.国内对问卷实验方法的系统介绍,可参见任莉颖:《用问卷做实验:调查-实验法的概论与操作》,重庆大学出版社 2018 年版。

③ Brian J. Gaines, James H. Kuklinski and Paul J. Quirk, "The Logic of the Survey Experiment Reexamined," *Political Analysis*, Vol. 15, No. 1, 2007.

④ Howard Schuman and Stanley Presser, *Questions and Answers in Attitude Surveys: Experiments on Question Form, Wording, and Context*, Sage, 1996.

情景实验通过改变问题措辞以塑造不同的情景施加干预,常用来研究影响民众态度和行为倾向的因素。例如,在检验伤亡因素是否影响美国民众对外政策倾向的问卷中设置一个情景:一恐怖组织挟持美国公民为人质,要求交换在美国监狱的成员,若美国政府不答应,就杀掉人质。调查样本随机分为两组,给他们发放不同版本的问卷。问卷的情景描述一样,除在控制组问卷中提到人质是 2 名,而干预组问卷中则是 20 名。问卷都给三个选项:同意交换、拒绝谈判、发动军事进攻。比较两组选择,便可推断伤亡风险是否及如何影响外交政策偏好。若考察其他因素如敌对方类型、人质类型等的影响,则改变描述即可。类似设计也被用来揭示党派立场对居民环境观念的影响。① 身份认同、种族歧视是问卷实验广泛应用的领域。问卷实验中情景干预的施加,可以是文字,也可以是图片、音乐和影像等。路缇格等在一项研究中给受访者随机展示两张图片之一,这两张图片分别是一名白人和一名黑人站在自己要拍卖出售的房子前,图片其他内容一致(见图 6.4)。图片展示后,问卷询问受访者对政府房贷援助计划的看法。结果发现,特朗普支持者看到图片是黑人时,会显著倾向于不支持该计划。②

图 6.4　种族形象作为实验干预

资料来源:Matthew D. Luttig, Christopher M. Federico and Howard Lavine, "Supporters and Opponents of Donald Trump Respond Differently to Racial Cues:An Experimental Analysis," *Research & Politics*, Vol. 4, No. 4, 2017。

突兀的种族形象图片干预可能使被试感到压迫而不表露其真实看法。列举实验是问卷实验的一个变种,也称为条目计数法(item count technique, ICT),能减轻问卷调查中的社会期望偏差(social desirability bias)、敏感问题测量等问题,

---

① Jonathon P. Schuldt, Sara H. Konrath and Norbert Schwarz, "'Global Warming' or 'Climate Change'? Whether the Planet is Warming Depends on Question Wording," *Public Opinion Quarterly*, Vol. 75, No. 1, 2011.

② Matthew D. Luttig, Christopher M. Federico and Howard Lavine, "Supporters and Opponents of Donald Trump Respond Differently to Racial Cues:An Experimental Analysis," *Research & Politics*, Vol. 4, No. 4, 2017.

相比直接提问法,也有助于减少无应答率,因此常能更好地测量种族偏见等社会不期望的态度或行为。① 背书实验起源于信源可信度的测量,现在也常用于测量对敏感对象的信任。在背书实验中,受访者被随机分配回答不同版本的问卷,干预组的问题相较于控制组提供了信源或背书者信息,比较两组的回答差别即可得出人们对信源或背书者的态度。例如,莱尔等人利用背书实验测量阿富汗民众对塔利班的态度。研究者在阿富汗 204 个村庄展开背书实验,控制组询问民众对阿富汗监狱改革提议的支持度,干预组的问题一样,唯一的不同是明确指出这项提议由塔利班提出。② 须注意,背书实验使用的政策应与欲研究的敏感对象有一定距离。若政策与政策的背书者关联显见,被试在表达政策态度时会警觉自己对某敏感对象的态度会暴露,从而隐藏真实想法。

列举实验及背书实验的核心思想是使被试意识到研究者不能定位自己的真实回答,从而激励其真实作答。③ 列举实验、背书实验等间接提问方式有助于减少无应答和社会期望偏差,但比直接提问引出的信息少,往往导致估计低效。此外,间接提问易受测量误差、实施细节的影响。特别地,列举实验、背书实验的结果可能分别取决于控制项和政策问题的选择。因此,测量对敏感问题的反应时,可考虑三角测量(triangulation)。布莱尔等同时采用列举实验和背书实验测量阿富汗民众对国际维和部队的支持度,发现二者结果相似,提高了结论可信度。问卷实验可将多种测量方法结合起来。④

近来,联立实验受到关注。这是一种根据受访者对多个特征的总体评价来估计受访者偏好的问卷实验方法。现实中,人们做选择往往不是基于单一特征,而是在由多种特征构成的集合中选择。选择时,人们不仅要确定在每个特征上的偏好,而且还要在各个特征上权衡。就此而言,联立实验更接近于人们现实决策的

---

① 例如,James H. Kuklinski, et al., "Racial Attitudes and the 'New South'," *The Journal of Politics*, Vol. 59, No. 2, 1997;孟天广、季程远:《重访数字民主:互联网介入与网络政治参与——基于列举实验的发现》,《清华大学学报(哲学社会科学版)》2016 年第 4 期;李辉、孟天广:《腐败经历与腐败感知:基于调查实验与直接提问的双重检验》,《社会》2017 年第 6 期。列举实验的分析,参见 Graeme Blair and Kosuke Imai, "Statistical Analysis of List Experiments," *Political Analysis*, Vol. 20, No. 1, 2012; Adam N. Glynn, "What Can We Learn with Statistical Truth Serum? Design and Analysis of the List Experiment," *Public Opinion Quarterly*, Vol. 77, No. S1, 2013。

② Jason Lyall, Graeme Blair and Kosuke Imai, "Explaining Support for Combatants during Wartime: A Survey Experiment in Afghanistan," *American Political Science Review*, Vol. 107, No. 4, 2013.

③ 对列举实验、背书实验的介绍,本章从略,详细可参看本书第七章。

④ Graeme Blair, Kosuke Imai and Jason Lyall, "Comparing and Combining List and Endorsement Experiments: Evidence from Afghanistan," *American Journal of Political Science*, Vol. 58, No. 4, 2014.

情境。联立分析(conjoint analysis)技术突破了以往情景实验中只有一个或少数干预变量(如种族、性别)且变量取值只有少数几种的限制,将干预变量扩展到多个,且每个干预变量的取值也可以是多个。联立实验以成对表格向受访者呈现由多个特征(attributes)不同取值(values)形成的两个假设对象(hypothetical objects),并以个人评分或强制选择(forced choice)来测量结果。联立实验也有助于测量敏感问题、减少社会期望偏差,因为个体受访者的评分和选择难以被直接追溯到其对某个特征(如种族)特定取值(如黑人)的态度。与联立实验以成对表格呈现假设对象不同,传统的情景实验以文本来描述不同特征的不同取值构成的假设对象。联立设计在经济学中也被称为"陈述选择方法"(stated choice methods),在社会学中常被称为"析因调查"(factorial surveys)。

以最受关注的投票选择为例。经典投票模型关注单一维度上的政治竞争,但现实中选民在候选人和政党间做选择时,几乎总需要总体上的权衡取舍。联立设计特别适合研究选民如何权衡。班萨克等人通过联立实验研究候选人特征如何影响受访者对民主党总统候选人的支持。[①]他们使用亚马逊的 Amazon Mechanical Turk(MTurk)在线调查平台向 503 名受访者展示表格,列出两名假设的 2020 年大选民主党候选人的信息(参见表 6.3)。

表 6.3 民主党初选联立实验的表格示例

	候选人 A	候选人 B
服兵役经历	在海军服役	没有服役
支持×××获得公民身份	未成年时进入的无犯罪记录的非法移民	所有无犯罪记录的非法移民
以往职业	律师	律师
年龄	53	45
性别	女性	女性
种族	白人	西班牙裔/拉丁裔
性取向	同性恋	异性恋
气候变化立场	2040 年后禁用化石燃料,使经济增长从根本上减少	对使用化石燃料征税,使经济增长适度减少

---

① Kirk Bansak, et al., "Conjoint Survey Experiments," in James N. Druckman and Donald P. Green, eds., *Advances in Experimental Political Science*, Cambridge University Press, 2021, pp. 19-41.

(续表)

	候选人 A	候选人 B
支持为×××提供政府医疗	年纪大、贫穷或残疾的人	年纪大、贫穷或残疾的人
以往政治经历	美国参议员	没有政治经历

表 6.3 第一列的年龄、性别、性取向、种族等不同特征或属性,是研究者可操纵的干预变量。每个特征有不同取值,根据不同特征及其不同取值的数量,这项研究产生了 622 080 个虚拟简历(hypothetical profiles)。通过随机分配每个特征的不同取值来确保实验效度,其中随机分配发生在调查对象之间、表格之间和属性之间。每个受访者在屏幕上看到 15 个随机生成的比较表,即总共评估 30 个假设候选人、做 15 次选择。每个受访者在 15 个场景中都以相同的顺序看到这些特征以减轻其认知负担,但特征呈现顺序在不同受访者中随机化以控制可能的顺序效应。展示每个联立表格后,受访者通过打分或强制选择表现其对刚展示的假设候选人的偏好。收集数据后,研究者估计平均边际成分效应(average marginal component effect, AMCE)[1],以确定什么特征会增加或减少候选人的吸引力,进一步的异质性分析可探讨某特征的影响是否取决于被调查者的特征如党派身份等。

联立实验因能模拟现实决策任务而能缩小甚至弥合社会调查与现实世界间的鸿沟,提供了一个研究人类偏好和决策的有效、低成本且广泛适用的工具。然而,批评者认为,这种实验缺乏外部效度,不能准确捕捉现实世界的决策。自我报告易产生各种偏差,严重影响问卷实验测量的有效性;受访者说什么不能推断出他们实际会做什么。海恩穆勒等人为回应争议,以影响瑞士一些城市公民接纳外国移民的公民身份申请的诸特征因素的自然实验行为数据为基准,将代表同一人群的联立实验分析和情景实验分析的结果与自然实验结果进行比较,发现两种问卷实验与自然实验的结果很相似,从而证明了联立实验与情景实验的外部效度。但整体看,联立设计更接近自然实验的行为基准。[2]

---

[1] Jens Hainmueller, Daniel J. Hopkins and Teppei Yamamoto, "Causal Inference in Conjoint Analysis: Understanding Multidimensional Choices via Stated Preference Experiments," *Political Analysis*, Vol. 22, No. 1, 2013.

[2] Jens Hainmueller, Dominik Hangartner and Teppei Yamamoto, "Validating Vignette and Conjoint Survey Experiments against Real-world Behavior," *Proceedings of the National Academy of Sciences*, Vol. 112, No. 8, 2015.

联立实验可能会受到调查研究中的满意策略(satisfice)的挑战,即需动用高水平认知努力的任务可能诱导受访者使用认知捷径做出满意选择。考虑到认知负担,联立实验的虚拟简历中最多能放多少种特征,以避免认知疲惫、特征多、记不清等影响回答质量?对这个问题的回答,也还是来自问卷实验。班萨克等人的系列问卷实验发现,即使存在许多(多至35个)与核心特征无关的填充特征(filler attributes),核心特征仍保留了大部分效应,这说明不用过分担心特征信息会导致过度的满意选择。① 同样,被试最多能做多少个选择?班萨克等人的另一项研究发现联立实验具有惊人的稳健性,被试完成30个任务后,仍能继续以相似方式处理联立的个人简历,并提供相似、合理的结果。因此,使用满意策略不是一个严重问题,研究者可根据调查时长、成本约束、统计能力等来决定每个被试的任务量。②

问卷实验的快速发展离不开计算机技术的进步。在纸笔模式的传统调查中嵌入实验,需将问卷印成不同版本,执行时要保证把不同版本问卷随机发给受访者,这些困难曾限制问卷实验的发展。但计算机辅助调查技术出现并推广后,受访者的随机分组、不同实验处理变量与处理水平的随机分配、属性顺序的随机呈现都能利用计算机程序轻松实现,如联立实验的上万种假设对象可瞬间生成并随机分配,使问卷实验的应用范围日益广阔。在线问卷实验也缓解了传统实验便利样本代表性不足的问题,能低成本获取大量非学生样本。例如,亚马逊的MTurk是一个招募受试执行外包任务的平台。研究者发布"任务列表",描述任务和报酬,符合资格的被试自愿(opt-in)参与。越来越多研究者用这类在线问卷平台进行问卷实验,有人产生一些担忧:这些"专业"被试过于精明或易受需求效应的影响,与其他研究对象在测量和未测量的因素上不同,影响结论的可推广性。科波克复制了15项基于MTurk在线方便样本的实验并与全国样本相比较后指出,当干预、环境和结果测量在不同点(site)保持不变时,将从一个点得出的结果推广至其他点仅取决于干预效果异质性的程度和性质。虽然便利样本和概率样本的背景特征不同,但这并不能用来否定基于便利样本得出的实验结果。③

总而言之,就优点而言,首先,问卷实验避免了一些道德伦理问题。当涉及战

---

① Kirk Bansak, et al., "Beyond the Breaking Point? Survey Satisficing in Conjoint Experiments," *Political Science Research and Methods*, Vol. 9, No. 1, 2021.

② Kirk Bansak, et al., "The Number of Choice Tasks and Survey Satisficing in Conjoint Experiments," *Political Analysis*, Vol. 26, No. 1, 2018.

③ Alexander Coppock, "Generalizing from Survey Experiments Conducted on Mechanical Turk: A Replication Approach," *Political Science Research and Methods*, Vol. 7, No. 3, 2019.

第六章 实验与准实验研究

争、恐怖分子等议题时，研究者不能或很难在现实中创造这些场景，但可在问卷实验中描述和变换这些情境进行研究。其次，问卷实验的执行较简便易行。当同样基于便利样本时，问卷实验并不需要实验室实验所要求的设备、空间等硬件条件。当有大型社会调查时，研究者可将实验搭载其中；随着信息技术发展而产生的大规模在线样本也掀起了网络问卷实验的浪潮。再次，问卷实验较容易实现随机分配。与实地实验相比，问卷实验通过随机分配不同的问卷版本可以实现干预的随机分配，相对较方便。最后，若问卷实验基于总体人口的大型社会调查样本，其便兼具了代表性，可有效保证内部效度和外部效度。

但是，问卷实验也有一些局限。[1] 一些被试可能在实验前已接触到某个现象或信息，使得研究者无法得知该被试在实验中受到的干预是否有效。[2]研究者在问卷中对特定信息的操纵，被试注意到了吗？[3] 是否真的引起了研究者感兴趣的变量的变化？[4] 同时又没有引起研究者所不欲的其他变量的变化？出现的效应多大程度上是对研究者所关心的概念变量的回应？这关涉问卷实验中的信息等同（information equivalence）。例如，将一个国家标记为民主国家，可能也会影响被试对这个国家地理方位的信念，如此就会混淆估计和推断。[5]对问卷实验的批评集中在其外部效度上。问卷中的干预是人造的情景"故事"，它们多大程度上能反映真实世界？大量、强迫"喂食"特定信息也不符合现实的信息传播状况和人们的信息接触习惯，填写问卷的环境也与真实世界中的决策环境不同。虽然有一些研究结果的正面支持[6]，但一些研究也发现，人们在问卷实验中对"故事"的回

---

[1] Diana C. Mutz and Eunji Kim, "The Progress and Pitfalls of Using Survey Experiments in Political Science," In *Oxford Research Encyclopedia of Politics*, 2020.

[2] Brian J. Gaines, James H. Kuklinski and Paul J. Quirk, "The Logic of the Survey Experiment Reexamined," *Political Analysis*, Vol. 15, No. 1, 2007.

[3] 对注意力低的被试的应对及其争议，可参见 R. Michael Alvarez, et al., "Paying Attention to Inattentive Survey Respondents," *Political Analysis*, Vol. 27, No. 2, 2019; Eva Anduiza and Carol Galais, "Answering without Reading: ImCs and Strong Satisficing in Online Surveys," *International Journal of Public Opinion Research*, Vol. 29, No. 3, 2017; 等等。

[4] Diana C. Mutz, "Improving Experimental Treatments in Political Science," in James N. Druckman and Donald P. Green, eds., *Advances in Experimental Political Science*, Cambridge University Press, 2021, pp. 219–238.

[5] Allan Dafoe, Baobao Zhang and Devin Caughey, "Information Equivalence in Survey Experiments," *Political Analysis*, Vol. 26, No. 4, 2018.

[6] Jens Hainmueller, Dominik Hangartner and Teppei Yamamoto, "Validating Vignette and Conjoint Survey Experiments against Real-world Behavior," *Proceedings of the National Academy of Sciences*, Vol. 112, No. 8, 2015.

应和他们对真实事件的回应不一样。① 如何让这些情境干预更逼近现实但又能可信地分离出因果效应,这需要创新。这也体现于问卷实验类型的不断演进上。

(四) 准实验

实验有时受限于成本、伦理等现实考虑,更常见的情况是研究者无法直接操纵干预。这时,研究者可采用准实验。准实验不是真实验,是运用实验逻辑发现和构造观测数据的观测研究。② 虽然准实验也有干预组和控制组,我们能观测到某些单位接受了某种干预,而另外一些没有,但由于准实验中的干预组与控制组不是由研究者直接操纵随机化分配生成的,研究者不知道分配机制为何,无法控制分配机制,也无法控制干预,因此准实验与真实验有根本差异。准实验内部效度比真实验低,却比一般观测研究高。准实验可依据分配机制的随机程度区分出由自然、抽签等外生因素近似随机分配(approximate random assignment)的自然实验和无随机分配(no random assignment)的更远离真实验的一般准实验。

1. 自然实验

2021年诺贝尔经济学奖被授予三位使用和革新自然实验方法的学者。自然实验被用于各种社会科学议题的因果推断。③ 但该术语在使用中的含义并不一致,存在不同的解释。以格林为代表的第一种解释认为,自然实验是由其他主体而非研究者控制随机分配干预的实验。④ 这种定义将自然实验理解为外部力量控制下的随机实验,可直接用随机实验的分析工具来分析。例如,利用抽签制来研究美国越战征兵、巴基斯坦民众麦加朝圣对政治态度的影响。⑤ 以迈耶为代表的第二种解释认为,自然实验是一种不要求知道干预如何分配而比较干预组和控

---

① Jason Barabas and Jennifer Jerit, "Are Survey Experiments Externally Valid?" *American Political Science Review*, Vol. 104, No. 2, 2010.

② William R. Shadish, Thomas D. Cook and Donald T. Campbell, *Experimental and Quasi-Experimental Designs for Generalized Causal Inference*, Houghton Mifflin Company, 2002.

③ Thad Dunning, *Natural Experiments in the Social Sciences: A Design-Based Approach*, Cambridge University Press, 2012.

④ Alan S. Gerber and Donald P. Green, *Field Experiments: Design, Analysis, and Interpretation*, W. W. Norton, 2012, p. 15.

⑤ Robert S. Erikson and Laura Stoker, "Caught in the Draft: The Effects of Vietnam Draft Lottery Status on Political Attitudes," *American Political Science Review*, Vol. 105, No. 2, 2011; David Clingingsmith, Asim Ijaz Khwaja and Michael Kremer, "Estimating the Impact of the Hajj: Religion and Tolerance in Islam's Global Gathering," *Quarterly Journal of Economics*, Vol. 124, No. 3, 2009.

制组的非随机化(nonrandomized)研究①,这类似后文介绍的一般准实验。这两种定义使用并不多。第三种也是使用最广的解释是,自然实验是指由某些外部因素以一种类似随机实验的方式进行干预分配的情况。这种解释的关键特征是存在某种在研究单元之间分配干预的外部因素或现象,这种外部因素或现象常受自然法则(抽签、地震、飓风等)或政府法则(最低年龄限制、投票规则等)的支配,导致干预分配为似随机的(as-if random)②、不可预测的(unpredictable)③、准随机的(quasi-random)④。使用这种自然实验概念的学者大多并未给出"似随机"的正式定义,而只是启发性地与随机实验类比,这对理解自然实验与随机实验的区别并无益处。蒂提优尼克从(1)研究者是否控制实验的设计和执行,与(2)每个可能的干预分配的概率是否可知两个维度进行类型学划分,指出随机实验与观测研究的区别(见表6.4)。前面介绍的三类真实验都是随机控制实验(RCE),而随机第三方实验(RTPE)则类似格林所定义的第三方控制随机分配干预的自然实验。

表 6.4 随机实验和观测研究的类型学划分

		每个可能的干预分配的概率是否可知	
		是	否
研究者是否控制实验的设计和执行	是	随机控制实验	观测研究
	否	随机第三方实验	

资料来源:Rocío Titiunik, "Natural Experiments," in James N. Druckman and Donald P. Green, eds., *Advances in Experimental Political Science*, Cambridge University Press, 2021, p. 117。

据该类型学,严格地说,除了如抽签之外的大部分自然实验都是观测研究。因为外部因素作用下的干预分配的任意性和不可预测性并不能推断出非混淆性(unconfoundedness)和可知性,而这是随机控制实验和随机第三方实验的分配机制所具备的明显特征。自然实验区别于随机实验的地方在于:(1)研究者不控制干预分配机制的设计和实施;(2)干预分配机制具有未知性(unknown)与不可知

---

① Breed D. Meyer, "Natural and Quasi-experiments in Economics," *Journal of Business & Economic Statistics*, Vol. 13, No. 2, 1995.

② Thad Dunning, "Improving Causal Inference: Strengths and Limitations of Natural Experiments," *Political Research Quarterly*, Vol. 61, No. 2, 2008.

③ Thad Dunning, *Natural Experiments in the Social Sciences: A Design-Based Approach*, Cambridge University Press, 2012.

④ Nicola Fuchs-Schündeln and Tarek Alexander Hassan, "Natural Experiments in Macroeconomics," in John B. Taylor and Harald Uhlig, eds., *Handbook of Macroeconomics*, Vol. 2, North-Holland, 2016, pp. 923-1012.

性(unknowable),即研究者不知道且没有途径知道每个可能的干预分配的概率;(3)不受实验对象控制的外部事件或干预决定了它的概率性。但是,现实中很难或不可能证实外部因素导致了概率性分配。若要界定一项观测研究是自然实验,就需假定创造干预分配的外部自然因素产生了概率性分配,而这依赖于实验对象没有能力直接控制外部因素因而不能直接选择他们的干预条件。①

断点回归(regression discontinuity)是自然实验的一种统计方法。② 其盛行部分是基于"断点回归的干预分配类似于随机控制实验的分配机制"这一观点。③ 蒂提优尼克则指出,这一观点忽略了断点分数实际是一种条件概率分布。以高考分数线划定带来的差异为例,可能存在某些类型的个体比其他个体更有可能得到高于分数线的分数的情况。若这种类型与潜在结果相关联,则由分数线区分出来的干预组和控制组将无法比较。④ 断点回归之所以能用于自然实验,是因为自然实验实际是一种由外部因素决定概率性(probabilistic)干预分配的观测研究,这种分配机制并不具有等概率性(equiprobable)与可知性(knowable),而这是随机实验需要具备的特征。再以高考分数线划定为例,学生最终的考试成绩可能受到环境噪声、意外疾病等偶然因素的影响。这些偶然因素与断点回归规则相结合,意味着一个学生最终根据成绩被分配到干预组还是控制组实际是一个随机变量。然而,研究者根本不知道它的概率分布。

自然实验的一个例子是研究财富对政治偏好的影响。该研究的困难在于无法确定孰因孰果:究竟是具有某种政治偏好的人更易变富,还是变富会塑造人的政治偏好? 由于无法在全社会随机分配财富,多尔蒂等人研究了彩票中奖者。⑤ 尽管玩不玩彩票并非随机,但在玩彩票者中,中奖概率是随机的,满足自然实验中干预分配机制由概率性的外部因素决定的条件。研究者对彩票中奖者和没有中

---

① Rocío Titiunik, "Natural Experiments," in James N. Druckman and Donald P. Green, eds., *Advances in Experimental Political Science*, Cambridge University Press, 2021, pp. 103-119.

② Matias D. Cattaneo, Nicolás Idrobo and Rocío Titiunik, *A Practical Introduction to Regression Discontinuity Designs: Foundations*, Cambridge University Press, 2020.

③ David S. Lee and Thomas Lemieux, "Regression Discontinuity Designs in Economics," *Journal of Economic Literature*, Vol. 48, No. 2, 2010.

④ 例如,围绕在位者优势(incumbency advantage)的系列研究及其争议就体现了确立这类自然实验似随机分配的困难。David S. Lee, "Randomized Experiments from Non-random Selection in U.S. House Elections," *Journal of Econometrics*, Vol. 142, No. 2, 2008; Devin Caughey and Jasjeet S. Sekhon, "Elections and the Regression Discontinuity Design: Lessons from Close U.S. House Races, 1942-2008," *Political Analysis*, Vol. 19, No. 4, 2011; 等等。

⑤ Daniel Doherty, Alan S. Gerber and Donald P. Green, "Personal Income and Attitudes toward Redistribution: A Study of Lottery Winners," *Political Psychology*, Vol. 27, No. 3, 2006.

奖者进行对比分析,发现玩彩票者在中奖后显著增加了对房产税、再分配政策的敌意。通过纳入随机性,研究者能以自然实验探讨类似问题,但中彩票获得的财富与劳作获得的财富具有同样的政治效应吗?类似的自然实验虽巧妙,但可推广性仍受限,推断多是严格局部的。

一些自然实验利用了地理特征。[①] 秦岭淮河是中国的南北分界线,由于冬季气候差异,淮河以北地区政府为居民提供免费或有补贴的室内供暖用煤,而以南地区则没有("淮河政策")。有学者基于离淮河距离的断点回归的研究发现,以淮河为界的南北两侧,冬天PM10浓度出现了向上跳跃,相对照地,人均预期寿命向下跳跃,北方人均预期寿命比南方少三年。他们得出的结论是,南北地区由于供暖政策不同导致空气污染差异,进而导致人均寿命差异。[②] 基尔和蒂提优尼克借助"地理断点回归"研究了竞选广告对选举投票率的影响。[③] 美国总统竞选在电视广告上花费巨大,是否有效?研究者以新泽西州内的纽约-费城媒体市场边界为地理断点,选取该边界两侧立法区和学区相同的区域以保证干预组与控制组在除了感兴趣的干预变量以外其他方面具有同质性。于是,2008年总统选举期间平均每天接触177个总统竞选广告的费城媒体市场的居民为干预组,同一时期没有看到竞选广告的纽约媒体市场的居民为控制组。作者选择边界线上两个三分位点和中间点并分别以这三个点为中心以1.7km为半径进行估计,发现竞选广告对选民投票率几乎没有影响。这项研究对思考媒体的作用具有启发,但以媒体市场边界为地理断点区分干预组和控制组是否合适值得商榷,因为媒体市场边界可能并非外生,归属不同媒体市场的居民可能具有某种未观测到的特性差异。

对自然实验的批评,多集中于自然造成的似随机分配干预上。这方面,费沃达和米勒的研究引发的争议颇具代表性。[④] 两位学者关注的问题是,二战中相比德军对法国北部的直接统治,法国南部实行的"以法治法"方式是否有利于社会

[①] 例如约翰·斯诺对1854年伦敦霍乱以及戴维·卡德和阿兰·克鲁格对最低工资的经典研究,见 John Snow, "Cholera and the Water Supply in the South Districts of London in 1854," *Journal of Public Health, and Sanitary Review*, Vol. 2, No. 7, 1856; David Card and Alan B. Krueger, "Minimum Wages and Employment: A Case Study of the Fast-food Industry in New Jersey and Pennsylvania: Reply," *American Economic Review*, Vol. 90, No. 5, 2000。

[②] Avraham Ebenstein, et al., "New Evidence on the Impact of Sustained Exposure to Air Pollution on Life Expectancy from China's Huai River Policy," *Proceedings of the National Academy of Sciences*, Vol. 114, No. 39, 2017.

[③] Luke J. Keele and Rocío Titiunik, "Geographic Boundaries as Regression Discontinuities," *Political Analysis*, Vol. 23, No. 1, 2015.

[④] Jeremy Ferwerda and Nicholas L. Miller, "Political Devolution and Resistance to Foreign Rule: A Natural Experiment," *American Political Science Review*, Vol. 108, No. 3, 2014.

稳定并减少反抗。比较发现,法国南部的反抗确比北部少。该研究发表后遭到抨击。科克和蒙蒂罗指出,法国南北分治的分界线并不完全外生,而与沟通中欧的铁路有明显的关系,纳粹划分分界线时决定将铁路划入北方。尽管纳粹统治下的法国北方反抗多,但反抗活动多集中于铁路沿线,目的是摧毁铁路,阻断纳粹行进。① 自然实验的核心是正当化似随机化干预(justification of as-if random intervention),而这有时需要对历史、地方文化等定性材料有足够把握。② 另一个较少关注的问题也引起了有意义的讨论:即便研究者假设自然干预是随机分配的,但实际却并没有创造出干预组和控制组,这些组是后此(post hoc)创造出来的,这与实验的设定不同。③ 例如,地震显然是自然创造的场景,但不能简单视地震区为实验组、其他地区为控制组,认为其直接可比。

2. 一般准实验

自然实验之外的一般准实验,因无随机分配,控制组和干预组可能存在初始差异,因此分析中常用到双重差分法(difference-in-difference,DID)或工具变量法。这种准实验,与自然实验相较,离真实验更远。一些公共政策明显不是随机施行的,所以,要研究非随机政策干预的效果,就需要使用双重差分法。双重差分法明确关注差异趋势,即差异本身的改变。其使用须满足平行趋势假设(parallel trend assumption),即若干预没有发生,组间的差异平行不变。基于这个假设,若干预导致两组间差异趋势显著改变,这个差异的改变就是干预的效应。

斯托克斯采用一般准实验设计研究了具邻避效应公共物品对投票行为的影响,并同时使用双重差分法和工具变量法进行分析。④ 在加拿大安大略省,2003年选举获胜的自由党颁布了"回购电价"(feed-in tariff,FIT)政策,补贴和促进风能发展。该政策为开发商设定统一费率,社区不能自行选择(self-select)进入项目;开发商将从风力最丰富地区的项目中获利最大。因此可以认为,风能项目的干预分配似乎是政治边界(political boundaries)的外生因素:风力发电站是在风能最丰富的地方提出和建造的,风能资源与选民政治偏好有条件地正相关。也许(最好情况下)可将其视为一个自然实验,利用风力资源为工具变量。然而,绝大部分电

---

① Matthew A. Kocher and Nuno P. Monteiro, "Lines of Demarcation: Causation, Design-based Inference, and Historical Research," *Perspectives on Politics*, Vol. 14, No. 4, 2016.

② Thad Dunning, "Improving Causal Inference: Strengths and Limitations of Natural Experiments," *Political Research Quarterly*, Vol. 61, No. 2, 2008.

③ Jasjeet S. Sekhon and Rocío Titiunik, "When Natural Experiments are Neither Natural nor Experiments," *American Political Science Review*, Vol. 106, No. 1, 2012.

④ Leah C. Stokes, "Electoral Backlash against Climate Policy: A Natural Experiment on Retrospective Voting and Local Resistance to Public Policy," *American Journal of Political Science*, Vol. 60, No. 4, 2016.

站位于农村,工具变量的适用条件可能受质疑。因此,该研究基于面板数据也使用了双重差分法,做了准实验处理。在 2011 年选举之前提议或实施建造风力项目是该研究的干预。26 个地区的所有 6186 个选区因而得以区分出提议或实施建造风力发电站的干预组和没有提议或实施建造的控制组。研究者结合两种互补策略确定风能发展对居民投票的因果影响。使用双重差分法基于面板数据的固定效应分析表明,干预组和控制组原本都具有平行趋势,但在 2011 年干预组出现了变化,原本的平行趋势被打破,说明干预变量确实对结果变量产生了影响,而干预效应等于最终差异减去基期差异(见图 6.5)。使用工具变量法基于 2011 年截面数据的分析也得出相似结果,执政党在进行风能开发的选区会损失 4%—10% 的选票。这两种依赖于不同假设的评估策略提供了相似结果,增加了分析的可靠性。风能发电站代表了一类具有邻避效应的公共物品,这类公共物品的福利由大众共享,但其成本则主要由当地居民承担。此类特征的环境政策可能导致当地居民的惩罚性回溯投票(retrospective voting),对谋求政治支持的政治家或政党而言是不划算的,这体现了环境变迁政策的困境。

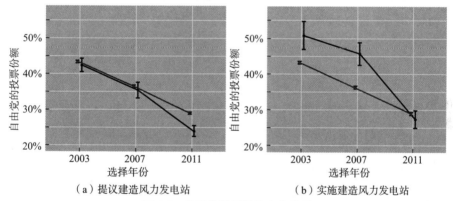

(a)提议建造风力发电站　　(b)实施建造风力发电站

图 6.5　执政党得票数的变化趋势

资料来源:Leah C. Stokes, "Electoral Backlash against Climate Policy: A Natural Experiment on Retrospective Voting and Local Resistance to Public Policy," *American Journal of Political Science*, Vol. 60, No. 4, 2016。

简言之,准实验是一种借鉴实验逻辑运用统计工具构造干预组和控制组的观测研究。研究者本人并不控制数据的产生过程,甚至有些情况下,准实验的干预分配明显不是随机的。自然实验则是一种特殊的准实验,它可以区分出干预组与控制组,但这种干预分配是由外生因素近似随机分配产生的,分配机制虽不具有等概率性与可知性,但具有概率性。因此,同属于观测研究的一般准实验与自然实验,虽在因果推断上其内部效度不及随机实验(真实验),但它们比一般的观测研究的因果推断力要强。而自然实验由于其分配机制"似随机",比一般准实验的干预分配机制的标准更高,因此其因果推断力更强。

六、实验设计的基本样式

实验的样式(templates)可采用被试内设计和被试间设计。被试内设计(within-subject design)是指在实验中,每个被试或每组被试接受所有实验处理,由于被试需进行前测和后测的重复测量,且没有控制组,所以也被称为重复测量设计(repeated-measure design)。被试内设计虽简便,但其结果可能受到某些非预期和不可控因素的影响,例如仅仅是填写前测的调查问卷就引起了被试态度的某些变化。被试间设计(between-subject design)是指每个被试只接受一个实验处理水平的设计。这种设计中,研究者将从总体中随机抽取的被试随机分配到不同的实验处理中。社会科学实验常用被试间设计,其又可分为简单实验设计和复杂实验设计。简单实验设计也称为经典实验设计,是最基本的实验设计。它考察的是一个自变量和一个因变量之间的因果关系,只分为一个实验组和一个控制组。复杂实验设计则有三个以上的组,可以考察多个自变量与因变量之间的关系,排除干扰因素或确定调节效应、中介效应的影响。

(一) 简单实验设计

经典被试间设计是前后测控制组实验设计(pretest posttest control group design)(见表6.5)。它包含前测(O_1、O_3)、后测(O_2、O_4)以及干预组和控制组,最重要的是随机化(R),即随机将被试分配到干预组或控制组,对干预组和控制组在干预前后都分别进行感兴趣的变量(因变量)的测量。首先,随机分配确保了两组被试的特征在实验开始时是同等的,观测到的差异都可以被认为是实验干预的结果,因其他能够解释差异的因素都已通过随机分配在组间平衡了。这种实验设计的主要目的是排除自变量以外的其他因素的影响,提高实验效度。其次,随机分配可以排除前测造成的某些干扰因素的影响。例如,由于实验对象在后测时比前测更熟悉问题,所以第二次测验优于第一次。引进控制组就可以排除这种由前测造成的影响。[1]

---

[1] 〔美〕尼尔·J. 萨尔金德:《心理学研究方法》(第9版),童定译,中国人民大学出版社2019年版,第212页。

表 6.5　前后测控制组设计

步骤一	步骤二	步骤三	步骤四
随机分配被试入组	前测	实验刺激	后测
实验组	O_1	X	O_2
控制组	O_3		O_4

其他实验形式大多是在这一经典设计的基础上做了增减,如社会科学中常用的单后测控制组设计(posttest-only control group design)(见表 6.6)。这种设计最显著的特点是对实验组和控制组都没有前测而只有后测,原理是随机分配就足以确保控制组和干预组的近似等同性,所以不需要实施前测。这样做的优势在于成本上较经济,同时也可排除前测和干预可能的交互效应。使用单后测控制组设计而不用前后测控制组设计的另一个原因是,有时候不方便甚至不可能实施前测,此条件下只能使用单后测控制组实验设计。单后测控制组实验设计存在两点不足:第一,如果随机化不充分,那么很可能在实验开始时各组被试在一些特征上就不是同质的;第二,无法利用前测将被试分配到不同的实验组,比如高分组和低分组。[①]

表 6.6　单后测控制组设计

步骤一	步骤二	步骤三
随机分配被试入组	实验刺激	后测
实验组	X	O_2
控制组		O_4

(二)复杂实验设计

更复杂的实验设计,如所罗门四组设计(Solomon four-group design)结合了前后测控制组设计和单后测控制组设计(见表 6.7)。这一设计执行较烦琐,成本较高,因而不常用,但了解它有助于进一步理解实验的逻辑,而且该设计也可以测量干扰因素或者交互效应的影响。这种设计中有四组被试,即一个实验组和三个控制组;而在三个控制组中也有一个接受了实验处理。这种设计最有趣和有用之处在于可以做多种比较,以确定究竟是哪些因素导致了实验结果的产生。在这一设

---

① 〔美〕尼尔·J.萨尔金德:《心理学研究方法》(第 9 版),童定译,中国人民大学出版社 2019 年版,第 213 页。

计中,通过分别比较 O_2 和 O_4、O_5 和 O_6,可以确定干预的效应;比较 O_4 和 O_6,可以确定前测效应;比较 O_2 和 O_5,可以确定前测和干预可能的交互效应;比较 O_1 和 O_3,可以检测随机分配是否有效,即是否实现了控制组和干预组之间的等同性。其他研究调节效应或中介效应的实验设计,形式上也多是这几类设计的变种。虽然所罗门四组实验设计对区分导致因变量变化的因素十分有效,但具体操作较困难。首先需要安排四个组,并随机选择和安排被试于四种条件下,再完成大量测验。设置四个组,首先会增加受试人数,增加实验困难;其次,所得结果需经过复杂的统计检验,往往使简单问题复杂化。该设计不十分实用,因此使用较少。

表 6.7 所罗门四组设计

步骤一	步骤二	步骤三	步骤四
随机分配被试入组	前测	实验刺激	后测
实验组 1	O_1	X	O_2
控制组 1	O_3		O_4
控制组 2		X	O_5
控制组 3			O_6

七、操作流程

实验法的操作流程与其他方法相同,可分为准备、实施和资料处理三个阶段及若干步骤。[①]

第一,准备阶段。(1)确定研究问题。查阅文献,确定研究问题的价值及可行性。(2)提出理论假设和工作假设。选择和分析各个有关变量,将变量分类并建立变量间的因果模型。(3)进行实验设计。选择实验场所、设备、测量工具,确定实验进程、控制方式、观测方式等。

第二,实施阶段。(1)选取实验对象,采用随机化的手段进行分组。(2)实施实验。控制情境、引入(或通过干预改变)自变量、仔细观察、做测量记录。

第三,资料处理阶段。(1)整理分析资料。对观测记录进行统计分析,检验

[①] 林聚任、刘玉安主编:《社会科学研究方法》,山东人民出版社 2004 年版,第 246—248 页。亦可参考本书"定量研究方法"的章节内容。

假设,提出理论解释和推论。对实验数据的统计分析,与处理一般观测性数据类似,详细可见本书的定量研究方法章节。(2)撰写研究报告。

在上述各个步骤中,有三项内容与其他实证方法有较大差异,它们构成实施实验的三项基本工作内容,分别是:变量的选择、变量的操纵、变量的测量。

(一) 变量的选择

用实验法研究某个问题时,首先要基于文献和既有的理论,把与研究假设有关的各种因素挑选出来,分析这些因素之间的关系并将其变量化,建立因果模型。变量是指研究者操纵、控制和观察的条件或特征,可分为自变量、因变量和额外变量。自变量(independent variable)即刺激变量,是由研究者选择、操纵并对被试反应产生影响的变量。因变量(dependent variable)即被试的反应变量,是研究者观察或测量的行为变量。额外变量(extraneous variable)又称无关变量或外扰变量,是指实验过程中除自变量外可能对研究系统内部的变量关系产生影响的其他变量。[1] 额外变量也可能对因变量产生影响,但它并非研究者感兴趣的变量。额外变量需得到控制,使其在每个实验条件下保持恒定,样本量足够大的时候,随机化分配一般就可以使额外变量的作用在组间被平衡掉。实验研究中的自变量或是可以直接操纵,或是可通过施加某些干预引起其变化。

(二) 变量的操纵

实验处理,也称为操纵或干预,是实验过程中的核心部分。实验处理的目标是在研究者预期的方向上引起自变量的实质性和可观察的变化。[2]实地实验中对现实主义干预的实地操纵,相对简单明了,而通过向被试提供文字、图片、音频、视频等相关情景材料进行干预则是问卷实验或实验室实验常用的操纵手段,这就需要研究者更审慎细致地考虑是否有效地进行了操纵、施加了干预。情景虽然也可以有效反映现实世界的情况,但实验条件下强迫被试接触某些信息的情况在现实中却很少,因为现实中个人能做自由选择。情景干预也较难解决涉及人际互动的场景,并可能弱化个体在实验中的个人参与,例如将干预信息置于冗长的文字叙

---

[1] 朱滢主编:《实验心理学》(第三版),北京大学出版社2014年版,第3页;白学军等编著:《实验心理学》(第2版),中国人民大学出版社2017年版,第39页。

[2] Diana C. Mutz, "Improving Experimental Treatments in Political Science," in James N. Druckman and Donald P. Green, eds., *Advances in Experimental Political Science*, Cambridge University Press, 2021, pp. 219-238.

述可能会阻碍被试关注到关键操纵。[1]

一些研究者采用行为操纵的方法,以期弥补这种图示操纵的不足,增强研究结果的生态效度(ecological validity)。"行为"是指对实验参与者的选择、行为或生理反应的直接观察。例如,行为游戏(behavioral games)就是一种典型的行为操纵,通过测量玩家分配给其他在种族、性别或党派等特征上与他们不同的人的金钱数量,来检验激励性的、群体外合作的行为偏好。通过游戏进行干预,研究者可以操纵参与者与其他政党成员的人际互动,但实施这种干预的时间与金钱成本较高。基于选择的设计则是另一种干预方式。研究者通过部署交互式实验设置,使被试能够在最初阶段自己选择他们想看到的新闻内容的类型。在内容类型选择阶段之后,具体内容随机分配给被试,检验在实验环境之外接触某类内容的人的新闻接触效应,这又被称为自选择干预随机化实现实验(randomized realization of self-selected treatments)。[2]但这种设计目前主要用于研究媒体效应,而被试提供的自选择可能与研究者的核心关注没有交集,从而限制了其应用。[3]

操纵自变量是实验干预的中心目标,所以操纵自变量的程度和精确度比干预方式更重要。理想情况下,人们只操纵自变量而不操纵可能影响因变量的任何其他因素,且自变量的不同水平要有巨大的差异以确保足够的区分度。但现实中,实验研究常干预不力或无效,无法成功地操纵自变量。因此,有必要重申,实验的核心目的是控制住干扰因素以分离出真正的原因,所以使用强有力的、大剂量的干预手段,而不必受限于世俗现实主义。

操纵检查(manipulation check)应是大多数实验设计的基本组成部分,但却常被忽略。[4] 操纵检查的目的是验证干预是否在实验的特定环境中诱发了自变量的预期变化。它由自变量的操作化构成。如果没有成功的操纵检查,许多实验研

---

[1] Diana C. Mutz, "Improving Experimental Treatments in Political Science," in James N. Druckman and Donald P. Green, eds., *Advances in Experimental Political Science*, Cambridge University Press, 2021, pp. 219-238.

[2] Richard R. Lau and David P. Redlawsk, *How Voters Decide: Information Processing in Election Campaigns*, Cambridge University Press, 2006; Kevin Arceneaux and Martin Johnson, *Changing Minds or Changing Channels? Partisan News in An Age of Choice*, University of Chicago Press, 2013; Haifeng Huang and Yao-Yuan Yeh, "Information from Abroad: Foreign Media, Selective Exposure and Political Support in China," *British Journal of Political Science*, Vol. 49, No. 2, 2019.

[3] Erik Peterson, Sean J. Westwood and Shanto Iyengar, "Beyond Attitudes: Incorporating Measures of Behavior in Survey Experiments," in James N. Druckman and Donald P. Green, eds., *Advances in Experimental Political Science*, Cambridge University Press, 2021, pp. 239-254.

[4] 60%—65%发表在政治学顶级期刊上应进行操纵检查的实验研究,实际上都没有做操纵检查。Diana C. Mutz, "Improving Experimental Treatments in Political Science," in James N. Druckman and Donald P. Green, eds., *Advances in Experimental Political Science*, Cambridge University Press, 2021, pp. 219-238.

究的结果就没有价值。一般而言,所有实验都需要进行操纵检查。尤其在社会科学实验中,被设计用来产生变化的干预和自变量有时并不是一回事,此时操纵检查更为必要,以说明自变量是否产生了预期的变化。例如,若愤怒是感兴趣的自变量,侮辱是实验干预,研究者以侮辱被试的方式引发其愤怒反应,那么仅仅确认干预组的被试回忆被侮辱的程度比控制组的被试更大是不够的,还须证实干预组被试获得了更高水平的愤怒体验。当干预和自变量无法区分时不需要进行操纵检查。例如,一项实验评估某一特定广告是否会改变某种特定态度,按定义,接触广告就是自变量。在实验室环境中,研究者可直接观察到被试是否接触了广告,就不需要操纵检查。但在实地实验或在线问卷实验中,研究者无法确定被试是否接触了广告,就必须进行操纵检查。

需注意的是,虽有学者认为注意力检查(attention checks)更灵活,更不易引起偏差和歪曲干预效应,因此注意力检查更可取[①],但穆茨指出,注意力检查并不等于操纵检查。因为注意力检查是用来评价被试在研究中投入了多少注意力,它并不能告诉研究者自变量是否随实验条件的变化而变化。[②]这说明,注意力检查与操纵检查的目标并不相同,而操纵检查比一般性的注意力水平评估更重要。特别地,如果一项处理通过了操纵检查,我们就可以有把握地假设被试对干预给予了足够重视。因此,如果包含操纵检查,也许就不需要进行注意力检查。注意力检查只有在不可能进行操纵检查的情况下才有用。

(三) 变量的测量

实验要求的观测记录是量化的数据。自变量对因变量的影响通过量化的指

---

① 注意力检查是指通过直接提问有关注意力或答题时相关活动的问题,设置狡猾或事实回顾问题,记录答题时长等方式考察被试答题时专注程度的检查。具体可参考 Adam J. Berinsky, Michele F. Margolis and Michael W. Sances, "Separating the Shirkers from the Workers? Making Sure Respondents Pay Attention on Self-administered Surveys," *American Journal of Political Science*, Vol. 58, No. 3, 2014; John V. Kane and Jason Barabas, "No Harm in Checking: Using Factual Manipulation Checks to Assess Attentiveness in Experiments," *American Journal of Political Science*, Vol. 63, No. 1, 2019. 关于注意力检查的重要性,可参见 R. Michael Alvarez, et al., "Paying Attention to Inattentive Survey Respondents," *Political Analysis*, Vol. 27, No. 2, 2019。

② Diana C. Mutz, "Improving Experimental Treatments in Political Science," in James N. Druckman and Donald P. Green, eds., *Advances in Experimental Political Science*, Cambridge University Press, 2021, pp. 219-238. 一些注意力检查也可能带来额外的偏差。Eva Anduiza and Carol Galais, "Answering without Reading: ImCs and Strong Satisficing in Online Surveys," *International Journal of Public Opinion Research*, Vol. 29, No. 3, 2017; Tobias Gummer, et al., "Using Instructed Response Items as Attention Checks in Web Surveys: Properties and Implementation," *Sociological Methods & Research*, Vol. 50, No. 1, 2021.

标加以评定。自变量(实验刺激)可以是定类的,但其变化程度应明显或易观测。例如,若研究人的个性、价值观、动机需求对人的行为的影响,对这些自变量就难以精确观测。而若用自我报告(self-reports)的方式测量,还可能面临被试因社会期望等故意错报,或因认知局限而无法准确报告自身精神状态等问题。因此,能否精确测量变量影响到实验结果的有效性。

变量的测量,一般采用问卷、量表和仪器等工具。工具的选用首要保证效度和信度,即测量的准确性和可靠性。其次,要注意测量对被试的影响。例如,被试既接受前测又接受后测,就易使他们意识到实验意图,降低实验结果的效度。测量时应尽量不使被试察觉实验的真正目的,尤其是测量一些具有社会期望偏差或敏感性的变量时。为此,可采用一些自然或伪装的测量方式,如前面介绍的列举实验、背书实验和联立实验等方法。

普遍采用的自我报告测量方法[1]暴露出许多问题,促使研究者思考如何改进。例如,将与政治相关的行为(如游戏、捐款、订阅浏览消息等)和调查问卷结合起来这一创新,就部分克服了对自我报告的依赖。[2]自我报告有时面临被试夸大结果的问题,对此可通过直接观察被试的现实行为来解决。以大规模志愿参与者样本为基础的在线调查为例,可以将自我报告媒体接触的调查数据与实际使用媒体的行为证据结合起来。但当使用浏览量作为结果进行测量时,其干预须足以改变大部分习惯性的新闻接触模式,否则可能出现被试的新闻选择在很大程度上对有关新闻消费和信息搜索的各种动机的实验干预没有反应的情况。[3] 总体而言,这些进步提供了改进实验干预方法的机会,也改进了干预效果的测量。

各种形式的行为测量颠覆了态度—行为一致性的典型逻辑,超越了自我报告式测量。解决社会期望偏差的另一个方法是观察不易被认知的态度,即"内隐态度"(implicit attitudes)。内隐测量法由于不允许有意识地掩饰对群体的感情而比外显测量法更准确,适用于调查敏感话题。例如,格林沃尔德等人开发的内隐联想

---

[1] 自我报告测量方法是一种基于被试自我陈述的测量技术。在此方法中,研究者对拟测量的事项或特征编制若干测量题项,被试给出书面答案。随后,研究者基于对被试回答的客观评估分析来衡量评价测量事项。

[2] 例如,Ernst Fehr, et al., "A Nation-wide Laboratory: Examining Trust and Trustworthiness by Integrating Behavioral Experiments into Representative Survey," *Social Science Electronic Publishing*, Vol. 4, 2003。

[3] Rebecca Weiss, *Computational Social Science for Communication Research*, Ph. D. dissertation, Stanford University, 2018.

测验（implicit association test，IAT）①和佩恩等人开发的情感错误归因程序（affect missattribution procedure，AMP）②，相比自我报告可以产生更有效和偏差较少的结果。

生理测量（physiological measures）是一种新的替代自我报告的行为测量方式。它在被试投入实验或受到干预时测量其生理反应。这种测量方式部分解决了个人识别或精确表明其情绪状态的能力不足问题。例如，皮肤导电反映、体液中的皮质醇水平、心率的变化常用来评估被试焦虑或压力反应的程度。但是，这些测量需要昂贵的实验器材并只能在实验室中进行小样本研究。便携式健身跟踪设备（如 Apple watch，Fitbit）使在线调查可能获取心率信息。例如，通过指示被试在进行在线调查时戴上 Fitbit 并尽量减少除必要的手部运动以外的身体活动，研究者可以跟踪被试脉搏率的轨迹相对于特定调查问题的变化。需指出的是，出于潜在的伦理和隐私考虑，许多机构会更严格地审查收集生理数据的研究。③

八、质量评价和保证

怎样才算是一个好的实验设计？最核心的质量标准是研究者是否通过设计操纵了想操纵的自变量并控制住了所有其他因素。除了严格遵循随机实验的基本流程步骤，研究者还可进行预测试建立操纵的构念效度（construct validity），实施操纵检查诊断自变量是否受到干预的影响，包含不操纵自变量却可能影响结果

---

① 内隐联想测验通过测量被试将内部/外部团体（如"民主党人"/"共和党人"或"非洲裔美国人"/"欧洲裔美国人"）与积极/消极属性（如"好"/"坏"）联系起来所需的反应时间的差异，来测量被试对外部群体的内隐态度。在完成任务时，被试被要求尽快完成任务，因为人们能够更快地对他们已经获得自动关联的团体-属性做出反应。参见 Anthony G. Greenwald, Debbie E. McGhee and Jordan L. K. Schwartz, "Measuring Individual Differences in Implicit Cognition: The Implicit Association Test," *Journal of Personality and Social Psychology*, Vol. 74, No. 6, 1998。

② 在 AMP 中，一个目标刺激（一个党派的象征或已知的政治候选人）显示一段时间，然后再显示一个无意义的符号（如字母表中的字母）。接着，被试需要将符号分类为相对愉快或不愉快，允许测量主效应对非引用符号的影响。2008 年美国全国选举研究的网络版包括 AMP，它已被学者用来记录白人政治态度中的种族偏见。麦森尼等人利用这些数据研究得出，对奥巴马形象的情感反应受媒体中他的肤色明暗程度的影响。B. Keith Payne, et al., "An Inkblot for Attitudes: Affect Misattribution as Implicit Measurement," *Journal of Personality and Social Psychology*, Vol. 89, No. 3, 2005; Solomon Messing, Maria Jabon and Ethan Plaut, "Bias in the Flesh: Skin Complexion and Stereotype Consistency in Political Campaigns," *Public Opinion Quarterly*, Vol. 80, No. 1, 2016。

③ Erik Peterson, Sean J. Westwood and Shanto Iyengar, "Beyond Attitudes: Incorporating Measures of Behavior in Survey Experiments," in James N. Druckman and Donald P. Green, eds., *Advances in Experimental Political Science*, Cambridge University Press, 2021, pp. 239-254.

的安慰剂(placebo)实验情景,测量不应受自变量影响的结果等,提高实验设计质量。内部效度和外部效度是研究设计质量评价的常用标准,也适用于实验。前面针对每一具体类型实验的效度评价已有所讨论。本部分总结影响内部效度与外部效度的一般性因素,有些因素可能会同时影响二者。①

(一)影响内部效度的因素

1. 实验对象方面

(1)被试选取偏差。在选取被试过程中,由于包含了一些系统性偏差,各组被试在实验开始前并不同质,研究结果就会产生偏差。随机分配可以减少被试选择的偏差。

(2)不遵从。特别是在实验者对实验的整体环境控制较弱时如实地实验,当那些分配到干预组的被试没接受干预或控制组被试却接受了干预,不遵从就发生了。这时虽然组间仍有可比性,但组间平均结果的差异并不是真正由研究者施加干预与否所致。

(3)损耗。损耗是指随机分配后,被试由于缺乏兴趣、无时间、搬迁或死亡等各种原因而产生的流失,在长期序列实验中尤其明显,这种流失通常不随机。一旦退出实验的那些被试不同于仍留在实验中的被试,那么干预组和控制组就不可比。

(4)霍桑效应。源自在美国芝加哥西部电气公司霍桑工厂进行的一项有关工作条件与生产效率关系的研究,指被试仅因知道自己正被研究这一事实而改变自己的行为。

2. 实验程序方面

(1)测验过程(testing)。前测本身可能对被试在后测中的表现产生影响。尤其在能力、态度或人格等测验中较明显。经过前测,一些被试熟悉了测验本身,因而会在后测中表现得更出色。

(2)测量工具(instrumentation)。当用某种工具进行测验时,工具本身可能对测验分数产生影响,由此,分数的任何改变可能是测验程序而非实验处理所致。测量中的变化、测量仪器的不精确或测量人员的疏忽等都可能引起效度问题。

(3)均值回归(regression to the mean)效应。该效应是指处在连续分数体某一极端的分数(如非常高或非常低的分数)会在以后测验中向平均数靠拢。因此,当实验分组涉及某些具有极端特征的被试时,均值回归效应易导致实验干预

---

① 〔美〕尼尔·J.萨尔金德:《心理学研究方法》(第9版),童定译,中国人民大学出版社2019年版,第214—216页;袁方主编:《社会研究方法教程》(重排本),北京大学出版社2013年版,第292—294页。

效果上的假象。

（4）主试效应（experimenter effects）。它指的是实验本身的某些特征或者实验者的举动可能会向被试传递应该做出何种反应的暗示，也就是对被试产生了一些引导性的影响，这常被称为"需求特征"（demand characteristics）。

3．时间方面

（1）成熟因素（maturation）。在前后测之间，人们可能变得更成熟或经历更丰富，这在长达数年的实验中更明显。在短期研究中，人们也可能变得疲劳、饥饿、厌烦。这都会影响实验结果。

（2）历史因素（history）。若实验需经历很长一段时间，在此期间，实验干预之外的其他事件很可能发生，从而影响到实验的结果。

（二）影响外部效度的因素

1．实验情境效应（situation effect）

实验的人造环境（尤其实验室实验和问卷实验）与现实生活场景相距甚远，因此一些实验结果难对实验场景以外的行为或现象做普遍性概括。同样，实验环境中很难复制社会生活的许多现象。实验被试是否与通常面对这些刺激的对象类似；实验运作的情境是否类似于研究者感兴趣的情境；实验使用的刺激是否类似于真实世界中感兴趣的刺激；测量的结果是不是理论或实际上感兴趣的结果。[1] 这些都会影响外部效度，也意味着一项实验的外部效度很大程度上取决于研究者想要做出什么样的概括。

2．抽样偏差（sampling bias）

抽样偏差导致实验样本对总体不具代表性。由于大部分实验室实验或调查实验是选取自愿被试或便利样本，因此很难代表所要研究的对象总体。实验结果的适用范围有限，推论到其他人群时很易丧失外部效度。[2]

3．实验效应和历史

（1）前测敏感性（pretest sensitization）。前测会改变干预的性质，或与干预产生交互效应，这可能影响干预被应用到其他没有前测的情境中的表现。

（2）主试效应。

---

[1] William R. Shadish, et al., *Experimental and Quasi-Experimental Designs for Generalized Causal Inference*, Houghton Mifflin Company, 2002.

[2] David O. Sears, "College Sophomores in the Laboratory: Influences of a Narrow Data Base on Social Psychology's View of Human Nature," *Journal of Personality and Social Psychology*, Vol. 51, No. 3, 1986.

（3）霍桑效应。

（4）多重处理干扰（multiple treatment interference）。一组被试除了接受研究者给定的干预，还可能接受研究者意料之外的其他干预，这时就出现了多重处理干扰，而在其他情境中可能不存在这种意料之外的干预，所以研究结果被概化到其他情境的程度会降低。

（5）历史因素，也可被视为多重处理干扰的一种情形，是指与实验操纵无关的一些事件可能影响研究者们感兴趣的结果，比如在前测前某一自然灾害的发生导致所有被试的焦虑水平比平时要高，由此也会限制实验结论的外推性。

（三）内部效度与外部效度的权衡

实验目的是检验变量间的因果关系，并使实验结果具有概括性。但这两个目的很难同时达到：要精确测量自变量的影响就要严格控制情境和外部变量，但这会使实验环境人工化并缺乏代表性，从而降低外部效度；而如果提高情境的真实性和样本的异质性以使实验能概括广泛的现象，则通常很难控制其他外部因素的影响，因而降低内部效度。在实验研究中，通过一些设计可以有效减少影响实验内外部效度的因素。例如，随机地从总体中抽取样本，随机地将被试分配入组并设置控制组，尽可能地控制无关变量的影响，施加尽可能富有现实感的干预等。如果说对实验研究，我们还能较清晰地辨明或处理内部效度或外部效度面临的可能威胁，那么对一般的基于观测性数据的大样本相关性研究而言，谈内部效度和外部效度就显得有些奢侈、意义不大。[1] 总的来说，一个共识是首先必须确保内部效度。如果我们不能确信在自己的研究中干预的确产生了影响，就无法推断干预是否在我们没有研究过的人群、时空和情境中会有同样的影响。外部效度通常是通过比较在不同环境和时空下复制的多个高内部效度的研究的结果而获得。[2]

🔊 关键术语

| 实验 | 内部效度 | 外部效度 | 潜在结果模型 |
| 随机化 | 实验室实验 | 实地实验 | 审计实验 |

---

[1] Cyrus Samii, "Causal Empiricism in Quantitative Research," *The Journal of Politics*, Vol. 78, No. 3, 2016.

[2] Paul R. Rosenbaum, *Design of Observational Studies*, Springer, 2010, p. 56. 例如，以梅塔克塔倡议为代表的多地点独立随机实地实验代表了这一努力方向，https://egap.org/our-work-0/the-metaketa-initiative。Thad Dunning, et al., "Voter Information Campaigns and Political Accountability: Cumulative Findings from a Pre-registered Meta-analysis of Coordinated Trials," *Science Advances*, Vol. 5, No. 7, 2019.

实地实验室实验	问卷实验	随机抽样	列举实验
背书实验	联立实验	操纵检查	注意力检查
自然实验	准实验	被试内设计	被试间设计
霍桑效应	主试效应		

思考题

1. 什么是潜在结果模型？实验法如何满足了基于潜在结果模型的因果推断条件？
2. 为什么说实验是进行因果推断的黄金标准？
3. 如何审慎看待对实验研究的外部效度的批评？
4. 试比较实验室实验、实地实验和问卷实验各自的优势和局限，思考存在各类型实验间或者实验与其他研究方法间互补的空间吗？
5. 相比传统的问卷实验，联立实验有哪些优势，需要注意什么？
6. 为何部分学者认为一些自然实验离真实验仍较远，只能被归为准实验？自然实验比真实验的因果推断效力低的原因何在？
7. 什么是实验研究中的操纵检查，为何要做操纵检查？
8. 实验研究对变量的测量有什么需要特别注意的？有哪些新方法？

延伸阅读

Alan S. Gerber and Donald P. Green, *Field Experiments: Design, Analysis, and Interpretation*, W. W. Norton, 2012.

Diana C. Mutz, *Population-Based Survey Experiments*, Princeton University Press, 2011.

Guido W. Imbens and Donald Rubin, *Causal Inference in Statistics, Social and Biomedical Sciences: An Introduction*, Cambridge University Press, 2015.

James N. Druckman, *Experimental Thinking: A Primer on Social Science Experiments*, Cambridge University Press, 2022.

James N. Druckman, et al., eds., *Cambridge Handbook of Experimental Political Science*, Cambridge University Press, 2011.

James N. Druckman and Donald P. Green, eds., *Advances in Experimental Political Science*, Cambridge University Press, 2021.

Joshua D. Angrist and Jörn-Steffen Pischke, *Mastering' Metrics: The Path from Cause to Effect*, Princeton University Press, 2014.

Joshua D. Angrist and Jörn-Steffen Pischke, *Mostly Harmless Econometrics: An Empiricist's Companion*, Princeton University Press, 2008.

Kosuke Imai, *Quantitative Social Science: An Introduction*, Princeton University Press, 2018.

Matthew J. Salganik, *Bit by Bit: Social Research in the Digital Age*, Princeton University Press, 2019.

Oliver James, Sebastian R. Jilke and Gregg G. Van Ryzin, *Experiments in Public Management Research: Challenges and Contributions*, Cambridge University Press, 2017.

Paul J. Lavrakas, et al., eds., *Experimental Methods in Survey Research: Techniques that Combine Random Sampling with Random Assignment*, Wiley, 2019.

Rebecca Morton and Kenneth Williams, *Experimental Political Science and the Study of Causality: From Nature to the Lab*, Cambridge University Press, 2010.

Scott Cunningham, *Causal Inference: The Mixtape*, Yale University Press, 2021.

Stephen L. Morgan and Christopher Winship, *Counterfactuals and Causal Inference: Methods and Principles for Social Research*, Cambridge University Press, 2014.

Thad Dunning, *Natural Experiments in the Social Sciences: A Design-Based Approach*, Cambridge University Press, 2012.

William R. Shadish, Thomas D. Cook and Donald T. Campbell, *Experimental and Quasi-Experimental Designs for Generalized Causal Inference*, Houghton Mifflin Company, 2002.

陆方文:《随机实地实验:理论、方法和在中国的运用》,科学出版社 2020 年版。

任莉颖:《用问卷做实验:调查——实验法的概论与操作》,重庆大学出版社 2018 年版。

经典举例

〔美〕仙托·艾英戈、唐纳德·R. 金德:《至关重要的新闻:电视与美国民意》,刘海龙译,新华出版社 2004 年版。

《至关重要的新闻》是美国学者艾英戈和金德合著的关于大众媒体效应的政治传播学经典著作。全书共 12 章。第 1 章引出研究问题,第 2 章介绍研究方法,第 3—11 章是主体章节,第 3—6 章展现如何检验"议程设置效应"(agenda-setting effect),第 7—11 章展现如何检验"启动效应"(priming effect,书中译为铺垫效应),第12章总结全书。该书主体章节涉及关于议程设置效应和启动效应的9个子研究假设,每一个假设各有其理论化支撑。以第7章"启动效应"为例,作者在介绍实验设计、分析实验数据之前,先阐释了赫伯特·西蒙的有限理性假说、决策心理学研究中的信息处理理论,然后提出理论假说。每一主体章节由研究问题、文献回顾、理论化、假设提出以及实验设计与分析等部分组成,逻辑完整、自成体系。与此同时,各章节间又紧密联系在一起,共同完成全书对媒体效应的整体性论证。

1. 研究问题

该书第1章"最重要的力量"首先抛出了总领性的研究问题:电视新闻如何影响美国民意?在这个总问题下又有两个待检验假设:议程设置假说和启动假说。议程设置假说是指电视新闻为民众设置议程。换言之,电视台播报哪条新闻,美国民众就会优先考虑并且重视哪个事件。作者不仅想检验议程设置效果是否存在,而且还在证实一般性议程设置效果的基础上深化研究,进一步检验新闻播报的形式、民众的个人困境等所产生的异质性议程设置效应,更进一步探索了具备何种特质的个体更容易受议程设置左右。由此,议程设置假说又包含4个子假设,分别在第3—6章得到检验。启动假说是指电视新闻影响民众政治评价的标准。作者想检验启动效应在民众对总统政绩、总统人格、总统责任三方面评价中是否存在,怎样的个体更易受启动效应的影响,以及启动效应在国会选举中发挥了怎样的作用。启动假说包含5个子假设,分别在第7—11章得到检验。

2. 研究方法选择

为检验这2个假说和9个子假设,作者采用了混合方法,即以实验室实验为主,以对全国性调查数据的分析为补充。该书的实验是经典的实验设计样式,特点是:(1)区分实验组和控制组;(2)进行前测和后测。因此,实验的基本流程是:(1)招募参与者;(2)随机分组;(3)前测;(4)干预;(5)后测。作者花了3年时间进行了14组实验。

3. 研究设计与操作流程

以书中的实验2为例,参与者被分成三个组:国防组、通胀组和污染组。三组参与者观看的电视新闻基本一致,唯一的区别在于实验者在国防组观看的新闻中插入了一条精心处理过的国防新闻,通胀组插入一条关于通胀的新闻,污染组插入一条关于污染的新闻。三组接受不同内容的干预,所以互为对照组。研究者采用了两种形式的干预:连续实验和组合实验。连续实验是指参加者连续一周每天观看30分钟的电视新闻,组合实验是指参加者一次性观看完由实验者组合而成的新闻。为了提升外部效度,实验者尽可能减少人为痕迹,使实验室环境接近真实的观看新闻播报的氛围。

4. 质量保证

该书基于实验室实验设计,充分考虑干预形式和干预内容的多样性,针对内在效度和外在效度进行改进,实施了精巧的14组实验室实验。同时,作者实践了多元主义的研究方法,在实验室实验外,还补充了对全国调查数据的时间序列分析。最终,每个子假设都通过连续实验、组合实验、时间序列分析三种方式被检验。经过实验室实验和对全国调查数据的时间序列分析后,作者证实了议程设置效应和启动效应的存在。就议程设置效应的子假设而言,作者发现:头条新闻的议程设置效果尤为显著;个体困境对议程设置的效果有影响;在离政治越远的观众身上,议程设置效果越明显。就启动效应的子假设而言,作者发现:电视新闻会影响观众评价总统政绩、人格和责任的标准,但是程度和方向上有差异;政治参与度和启动效应间的关系较微妙;电视新闻对选举有重要影响。虽不是每个子假设都得到同等程度的证实,但该书可信地证明了其主陈述:电视新闻对美国民意至关重要。

第七章 问卷实验法

本章要点
- 问卷实验法的定义和基本类型;
- 问卷实验法的主要优势和劣势;
- 问卷实验法的理论基础和起源;
- 问卷实验法的适用范围和条件;
- 两种问卷实验法的基本操作流程。

一、导 言

问卷调查是政治学与公共管理学研究中被广泛使用的一种方法。研究人员通过问卷可以获得研究对象的个人特征、过往经历、态度情感、行为等重要信息。大部分的问卷设计采用了直接设问(direct questioning)的方法。这种研究方法以"所见即所问"的方式,将研究者的设问意图直接展示给研究对象,以较高的效率从研究对象处获取信息。但是,这种方法也有局限。有些重要的研究议题不可避免地涉及敏感的问题,研究对象无论出于政治、社会环境还是个人因素的考虑,对如实地回答这类问题会产生犹豫。这种情况下采取直接设问法所获得的答案会和真实的情况存在较大偏差,进而影响分析结果。问卷实验设计(survey experiment design)的重要目的之一,就是从研究对象那里获得更为真实的关于敏感信息的回答。本章重点介绍问卷实验中具有代表性的两种方法:列举实验和背书实验。

二、定义、特点和优劣势

(一) 定义

问卷实验是社会科学实验研究的一种。不同于运用观察数据(observational data)和计量分析工具进行的研究,研究者在实验研究中主动生产数据。相比观察研究,实验研究的一大优势在于事先的研究设计(design-based research)。研究者可以根据理论假设,设计相应的实验干预,并通过比较实验组和对照组的差异对干预的因果效应进行检验。

问卷实验不同于其他类型的实验(如田野实验、实验室实验等)的一个重要特征是实验干预一般以问卷题目的形式出现,即对照组和实验组阅读的问卷存在着问题内容或形式上的差异,而差异(即实验干预)本身则和所需要检验的假设直接相关。研究者通过比较两组受访者对不同问题的回答检验假设是否成立。部分田野实验在实验干预开展前后也会利用问卷对受访者进行前测和后测,这种类型的实验虽然也涉及问卷调查,但因为干预本身与问卷无关,严格意义上并不属于问卷实验的范畴。

(二)特点

问卷实验通过问卷搭载实验干预,因此也是问卷调查(本书下一章将进行专门讨论)的一种。与其他问卷调查研究一样,问卷实验在收集受访者基本个体信息之外,也关注态度类问题。态度类问题所涵盖的范围广泛,可以是对某一组织、政党、个体(如政治家)或某项特定政策的态度,也可以是对自身或客观状况的评估。本章所涉及的两种方法即列举实验和背书实验,其主要功能是帮助研究者收集较为敏感的个人信息和态度信息。它们的最大的特点是,通过将问卷受访者随机分为实验组和对照组,观察两组受访者信息在实验干预项影响下展现出的差异,从而获得样本群体对特定敏感问题的回答的平均值。这种研究方法一方面帮助研究获得了较为真实、准确的敏感信息,另一方面也保护了受访者的身份,有效地解决了直接设问型问卷难以克服的困难。与列举实验和背书实验类似的用于测量对敏感议题态度的实验设计还有联立实验、内隐联想测验等。[①]

(三)优势和劣势

1. 优势

本章介绍的两种问卷实验设计的最主要优势是可以解决社会期望偏差[②]所带来的测量误差。社会期望偏差是指问卷调查的受访者可能受到各种社会、政治

---

① 关于联立实验,可参见 Jens Hainmueller, Daniel J. Hopkins and Teppei Yamamoto, "Causal Inference in Conjoint Analysis: Understanding Multidimensional Choices via Stated Preference Experiments," *Political Analysis*, Vol. 22, No. 1, 2014; 关于内隐联想测验,参见 Anthony G. Greenwald, Debbie E. McGhee and Jordan L. K. Schwartz, "Measuring Individual Differences in Implicit Cognition: The Implicit Association Test," *Journal of Personality and Social Psychology*, Vol. 74, No. 5, 1998。

② 也有学者将其译为"社会期许偏差"。

等因素的影响选择汇报让周围人更容易接受的答案,并隐瞒自己的真实想法。在一些特殊的地域(如种族冲突爆发的区域),问敏感问题会对问卷执行者(enumerators)和受访者(subjects)都造成潜在危险。而尝试避免这些危险又容易造成研究样本的系统性偏差(selection bias)。问卷实验设计通过间接提问(indirect questioning)的形式,降低了问题的敏感度,不仅保护了受访者和提问者,也提升了对敏感问题的测量精确度。另外,与其他类型的实验设计(如田野实验)相比,问卷实验的执行相对简单,成本较低,线上和线下均可以开展。

2. 劣势

问卷实验法也并非万能或完美,使用问卷实验法时同样需要注意其可能存在的问题。研究者首先要注意的是问卷实验的内部效度和外部效度之间的差异。问卷实验的内在逻辑和一般的实验室实验及田野实验并没有区别,都是通过对实验组和控制组的随机分组和干预,实现反事实框架下的因果关系识别。如果实验严格按照步骤和程序执行,其内部效度是非常强的,人们很难对实验结果本身进行质疑。然而这种实验效果的识别,仅限于受试样本空间之内,其外部效度则基于受试样本的代表性。如果样本本身缺乏对潜在研究对象人口的代表性,即使发现了很强的实验效果,也很难说这种效果具有现实的解释力。例如,一位美国研究者如果想通过列举实验研究城市居民使用毒品的情况,而回答问题的样本主要是城市中的低收入少数族裔的话,其获得的结果很有可能会高估真实人口的毒品使用率。很多情况下,样本的代表性受到问卷实验法的限制。举两个显而易见的极端例子,如果采用电话询问的方式调查受访者是否有使用电话的习惯,或用网络调查的形式调查受访者是否有上网的习惯,都将会获得远远超过真实水平的结果。

其次,问卷实验所能够解决的问题的种类也有局限性。例如,背书实验主要用来测量受访者对敏感个人或组织的看法,而列举实验则主要用来探究人群中拥有敏感物品或采取过敏感行为的人的比例。而对于一些其他敏感问题的测量,这两种方法则捉襟见肘。例如,关于收入的问题是直接设问型问卷中经常误报、拒答的一题。人们出于隐私、安全、避税等的考虑,在回答中倾向隐瞒自己的收入。目前还没有比较理想的问卷实验法能够精确地测算出回答者的真实收入。常用的做法是,问卷设计者采取多种方法估计问卷受访者的收入,例如在一份问卷前后多次询问受访者收入,比较几个答案的差异并取均值。如果是入户调查,则可以观察受访者的住房情况和家具摆设等。用这些"土办法"估计的个人收入往往更接近真实的水平。

再次,尽管问卷实验法尝试通过隐藏研究者真实目的来获得受访者对一些敏感问题的看法,但如果设计不合理的话,聪敏的受访者可以从问卷中"摸索"出研究者的意图。这就要求研究者在问卷的设计和发放的过程中特别注意。此外,问卷受访者是否认真阅读问题并按照问题的思路作答,在某些情况下也会影响结果。关于应对这些问题的细节,将在"研究设计和有效性"部分详细讨论。

最后,因为实验设计涉及随机分组,在问卷的印刷、发放和数据录入的过程中,都会比直接设问型问卷更为复杂,因此需要更多的人力投入和对访问员的培训。如果没有认真严格的事先培训和质量管控,很有可能出现测量误差。

三、起源、发展和理论基础

(一)起源与发展

问卷实验的出现与社会期望偏差紧密相连。① 在常见的直接设问型问卷中,受访者对一些敏感问题的回答可能会偏离自己的真实偏好。导致这种偏离的驱动力可能有多种,一种是所问的问题在社会规范或习俗意义上属于带有负面含义的问题。例如询问家长是否体罚孩子,受访者很可能出于社会规范期望的压力,选择回答没有体罚。在一些涉及个人隐私的问题如收入或财产规模的问题中,受访者同样有动机隐瞒真实的信息。② 而有些问题则直接涉及法律规范,受访者出于规避惩罚的目的大概率会在回答中予以否认,如询问是否有偷窃、吸毒、持有枪械等行为。在另外一些情况下,问题不涉及受访者本人的行为或特征,但要求受访者就一些敏感或存在争议的事件、人物等发表看法。同样出于社会期望的引导,受访者对这些问题的回答可能会偏离自己真实的想法。这种基于外部压力而改变公开展示的偏好的现象,最早被心理学家所揭示。③ 政治学家在后续研究中也注意到了这种现象对人类行为和政治过程的影响。例如,与社会期望偏差紧密相关的偏好伪装(preference falsification)现象被认为是解释苏东剧变的重要因素之一。④ 在美国政治中,社会期望偏差也是解释民意调查数据与真实投票结果间

---

① 关于社会期望偏差的早期讨论,参见 Hugh J. Arnold and Daniel C. Feldman, "Social Desirability Response Bias in Self-report Choice Situations," *Academy of Management Journal*, Vol. 24, No. 2, 1981。
② 根据具体情境的差异,受访者极有可能少报也有可能多报相关信息。
③ 例如,Allen L. Edwards, "The Relationship Between the Judged Desirability of a Trait and the Probability that the Trait Will Be Endorsed," *Journal of Applied Psychology*, Vol. 37, No. 2, 1953。
④ 例如,Timur Kuran, "Now Out of Never: The Element of Surprise in the East European Revolution of 1989," *World Politics*, Vol. 44, No. 1, 1991; Timur Kuran, *Private Truths, Public Lies: The Social Consequences of Preference Falsification*, Harvard University Press, 1997。

差异的重要因素之一。在民意调查中当被问及会支持哪位候选人时,一部分选民为了与社会进步价值观相符,会选择支持特定的候选人(例如女性、少数族裔等),但在真实的(秘密)投票中他们又会把选票投给其他候选人。① 当然,社会期望偏差并非导致问卷结果出现偏差的唯一原因。其他因素,包括问卷人群的抽样分布,以及在分析过程中潜在遗漏变量等,都有可能对问卷调查结果以及基于问卷的分析结果造成影响。

研究者为了减少社会期望偏差的影响,尝试了一系列的方法,包括改变提问方式,或者采用间接提问的方法。例如不直接询问受访者是否做过/知晓某敏感事件,而是询问其是否知道身边的人做过。但这些手段往往会造成更大的测量偏差,得不偿失。问卷实验于是作为一种解决社会期望偏差问题的手段被纳入研究者的视野。列举实验早见于心理学研究,又被称为非对称计数法(unmatched count technique)②,后被政治学研究所采用③。背书实验则在2010年左右被政治学研究者系统性介绍。④

(二) 理论基础

问卷实验设计与执行的有效性高度依赖于随机分组。随机分组可以帮助研究者在排除其他干扰项或遗漏变量的影响下实现因果关系的识别。随机分组的理论依据始于"反事实"框架下的因果关系推断。正如本书前面所指出的,所谓"反事实",即当人们比较一件事情发生和没有发生的情况所引发的结果的差异,这种差异被认为是上述事件的因果效应。⑤ 但正如一个人无法两次踏入同一条河一样,一件事情(或干预)不可能围绕一个研究对象同时既发生了又没有发生。即使人们观察同一研究对象在干预前后的差异,时间这个维度(以及其他可能与时间有关的维度)也发生了变化。虽然研究者无法获得真正严格意义上的"反事实",但可以通过寻找与研究对象相似的案例(或个体)构建近似的"反事实"。在找寻相似案例时一个较大的挑战是潜在的遗漏变量(omitted variables)的影响。

---

① 例如,Payne J. Gregory, "The Bradley Effect: Mediated Reality of Race and Politics in the 2008 U.S. Presidential Election," *American Behavioral Scientist*, Vol. 54, No. 4, 2010。

② 参见 Dan R. Dalton, James C. Wimbush and Catherine M. Daily, "Using the Unmatched Count Technique (UCT) to Estimate Base Rates for Sensitive Behavior," *Personnel Psychology*, Vol. 47, No. 4, 1994。

③ 例如,Daniel Corstange, "Sensitive Questions, Truthful Answers? Modeling the list Experiment with LISTIT," *Political Analysis*, Vol. 17, No. 1, 2009。

④ Will Bullock, Kosuke Imai and Jacob N. Shapiro, "Statistical Analysis of Endorsement Experiments: Measuring Support for Militant Groups in Pakistan," *Political Analysis*, Vol. 19, No. 7, 2017。

⑤ David Lewis, "Causation," *Journal of Philosophy*, Vol. 70, No. 17, 1973。

被用于比较的实验组和控制组案例即使在可以观测的层面相似或一样,但无法保证他们在其他难以被测量同时又会影响结果的维度上是相同的。例如,研究者如果关心受教育水平对长期收入的影响,就需要找到两组其他可能影响收入的特征(例如性别、工作经历等)相同,仅在受教育水平这一变量上不同的样本。但研究者很难保证这两组样本在诸如家庭背景等潜在的其他可能影响收入的维度上不存在系统性的差异。这种由遗漏变量所导致的偏差在样本数量较小的时候可能更为明显。① 当样本量足够大,且被严格地随机分配入实验组和控制组时,实验组和控制组的样本在可观测和不可观测的维度上的均值应该是接近或相等的。需要注意的是,在随机分组干预框架下获得的因果效应的估计,并不是对所关心的干预在个体层面因果效应的估计,而是基于样本均值的平均干预效应。② 对于平均干预效应的估计也基于个体处理稳定性假设,即单个样本的因果效应不受其他样本所受干预的影响。

四、适用范围和条件

本章所涉及的两种问卷实验即列举实验和背书实验,适用于受社会期望偏差影响,较难通过直接询问获得真实回答的研究问题。这些问题可以是关于受访者自身的行为或特征,也可以是受访者对其他较敏感行为、事件、人物等的态度或看法。在直接提问的情况下,受访者可能会刻意隐瞒这些特征或自己的观点,造成估计的偏差。

上述两种问卷实验可以通过线下或线上问卷得到执行。在线下执行问卷调查时,需要准备不同版本(实验组、控制组、安慰剂组)的问卷进行分发。③ 在线上进行调查时,需要设计能将受访者随机分入实验组、控制组、安慰剂组的机制。在两种情况下,每个受访者均不知道另外一套(或数套)平行问卷的存在,因此无法通过猜测出题者的意图来有意回避实验设计。

尽管这两种问卷实验最终获得的是关于样本整体的平均干预效应,与单个问卷受访者不直接挂钩,但因为涉及敏感议题,研究者需要遵守学术伦理,严格保护

---

① 根据大数定律(Law of Large Numbers),当样本数量足够大时,其均值会趋向总体的均值。

② Donald B. Rubin, "Estimating Causal Effects of Treatments in Randomized and Nonrandomized Studies," *Journal of Educational Psychology*, Vol. 66, No. 5, 1974.

③ 关于在线下执行的问卷实验(以地方官员为对象),可参见 Tianguang Meng, Jennifer Pan and Ping Yang, "Conditional Receptivity to Citizen Participation: Evidence from a Survey Experiment in China," *Comparative Political Studies*, Vol. 50, No. 4, 2017。

问卷数据,在做好匿名化等措施的前提下,防止数据泄露等可能危及回答者隐私的状况出现。

五、类型划分

问卷实验的主要目的是克服社会期望偏差,获得关于人们态度的更加真实的测量。作为一种较新的研究方法,问卷实验的部分方法(例如背书实验)直到最近十几年才被大规模使用。目前问卷实验法分类的依据主要是基于问卷设计的方式,而问卷调查研究的样本数量的多寡,是在线上还是线下进行问卷调查等,则不构成区分问卷实验方法类型的依据。总之,依照问卷实验设计的方式,问卷实验方法除了下面要重点介绍的两种类型——列举实验和背书实验之外,还包括联立实验、内隐联想测验等不同类型,而且其他类型也都还在持续发展中。

联立实验通过随机分配研究对象的属性测量人们对不同属性特征的态度,这种方法最初见于市场调查等商业领域,后被引入社会科学的研究。内隐联想测验利用计算机,通过记录受访者对一系列任务的反应时间的差异来测量不同概念间的联系强度,进而反映人们内心深处的潜在的心理倾向。这种方法从心理学被引入社会科学领域,多用于测量受社会期望偏差影响较大的议题,例如人们对种族问题的看法。

(一)列举实验

列举实验并不需要受访者直接回答是否做过某件敏感的事情(或是对某个敏感对象发表看法),而是将敏感对象纳入一个列表,并让受访者回答他做过/拥有/支持其中的几项。最终研究者收集的是每个个体所对应的数字,且这些数字之中包含了其他不敏感的对象,因此能在很大程度上减少受访者因社会期望而产生的瞒报行为。在控制组的问卷中所列的事物则不包含敏感对象。通过比较实验组与控制组的回答均值的差异,研究人员可以获得样本中做过/拥有/支持敏感对象的比例。

(二)背书实验

背书实验是为了测量受试者对一些特定敏感人群或组织的真实态度,例如在族群关系较为紧张的环境中对少数族裔的态度等。在实验组中,研究者列出一系列社会经济政策,并说明这项政策由特定的人群或组织所提出或被其所支持,因此称"背书"(endorsement)实验,然后询问受试者对这些政策的支持度。在控制组中列出同样的一组政策,但省去背书部分,并同样询问受试者对这些政策的支持度。通过比较实验组和控制组中支持度均值的差异,可以测量出受访者对该特定群体("背书人")的真实态度。例如,如果实验组的政策支持度大于控制组,则说明受访者对"背书人"持正面态度。

针对这两种问卷实验设计,研究者除了比较实验组与控制组的差异,获得对敏感研究对象的态度测量外,还可以通过多元回归来评估其他因素(如回答者的个人特征)对回答的影响。[①]

六、研究设计和有效性

决定问卷实验结果有效性的关键在于对问卷实验对象(受访者)的随机分组。问卷实验的目的在于通过对两组(或多组)近乎相似的受访者施以不同的干预,比较得出干预的效果。这里所说的"近乎相似"指的是在那些可能影响我们所感兴趣的结果的因素上几组不同的受访者应该是尽可能一致的。这些因素有些很容易被观察和测量,而且在文献中已经有较为充分的讨论;而另外一些则很难被观测,或者其对因变量的作用尚未被学术界充分讨论。如果仅凭借少数可以观察的特征(如性别、受教育水平、收入等)进行人为的分组,则难以保证受访者在那些难以被测量的维度(如态度、健康状况等)上也是完全一致的。随机分组可以较好地解决这个问题。通过随机生成的组别数字将受访者纳入人数规模相近的对照组或实验组中,以确保两组受访者在各种可能影响因变量的维度上接近或相似。随机分组有效的前提是有一定规模的样本量。只有样本量足够大,才能确保带有不同潜在特征的样本可以被相对均衡地分到实验组和对照组中。如果样本量较少,被分入实验组和控制组的观察值将更少。这种情况下即使是随机分组,也不能保证实验组和控制组在不同维度上是相似的。

上文已经提及,问卷研究需要关注研究结果的内部效度和外部效度。随机分组提升了研究设计的内部效度,使得我们对观察到的因果效应更有信心。而样本的选择则直接关系到研究结果的外部效度。研究者需要思考受访样本是否与研究理论严格对应,很多情况下研究者为了样本获取的便利性会牺牲这种对应性。例如,如果研究问题与地方财政相关,合适的受访者应该是地方财政部门的工作人员,如果贪求方便让一群在校大学生来回答问卷,所获得的答案就不具备太强的解释力。在找到与理论关切紧密的受访者时,还需要考虑参与实验的受访者是

---

① 具体参见 Graeme Blair and Kosuke Imai, "Statistical Analysis of List Experiments," *Political Analysis*, Vol. 20, No. 1, 2012; Graeme Blair, Kosuke Imai and Jason Lyall, "Comparing and Combining List and Endorsement Experiments: Evidence from Afghanistan," *American Journal of Political Science*, Vol. 58, No. 4, 2014。

否具有足够的代表性。当然,受制于经费、外部条件等种种因素,有些研究很难获得具有代表性的样本。例如以官员为对象的研究,就很难获得具有代表性的官员群体样本。研究者在处理这些所谓"方便样本"(convenient sample)时,需要注意样本的非代表性对结论的外部效度可能带来的影响,在必要的时候对结果进行调整处理[如对观测值进行赋权调整(re-weighting)]等。

问卷实验的结果的有效性还基于一个经常被研究者视为理所当然的假设,即被访人认真地回答了问题。这个假设在现实中未必成立。被访人可能在问卷回答的过程中由于注意力不集中、疲惫等原因,没有按照研究者的意图认真答题,而是不回答或者随意作答。这种不遵从(non-complier)行为可能对问卷实验的结果造成较大的影响。而随机分组(假设这种不遵从的样本在实验组和观察组中分布相似)也不能很好地解决这个问题。例如,列举实验的结果就很容易受随意作答行为的影响。曾有学者以"不可能事件"(如被外星人绑架)作为列举实验的干预,结果发现竟有一定比例的受访者"遭遇"过此类事件。① 究其原因,是因有一部分受访者从头到尾都选择了一个答案(赋值最大的答案)。② 为了避免这种情况,研究人员在设计问卷(特别是通过网络而非面访开展的问卷调查)时,需要设置一定的检测问题,比如让受访者回答一道简单的算术题,或者记录答题所消耗的时间,如果发现受访者并非认真答题(如每题答题时间都在几秒之内),则需将该观测值从样本中剔除。

七、操作流程

列举实验与背书实验的操作流程如图 7.1 所示。首先,研究者需要将受访者随机分入人数大致相等的实验组(干预组)与对照组(控制组)中。背书实验视情况需要,还可以增加安慰剂组(详细讨论见本章第九部分)。一个完整的问卷调查会包括很多内容,问卷实验只是其中的一部分。正式进入实验部分之前的问题会收集受访人的基本信息,例如性别、年龄、学历等。这些个人特征信息一方面可以被用来解释问卷所涉及的其他行为,另一方面也为评估随机分组的有效性提供了依据。研究者需要观察实验组和控制组样本的主要个人特征是否在均值上可

---

① 例如,John S. Ahlquist, Kenneth R. Mayer and Simon Jackman, "Alien Abduction and Voter Impersonation in the 2012 U.S. General Election: Evidence from a Survey List Experiment," *Election Law Journal: Rules, Politics and Policy*, Vol. 13, No. 4, 2014。

② 在一种极端的情况下,如果列举实验中的实验组和控制组中所有的受访者均选择最大值的答案的话,那么实验组和控制组的均值相差正好为1。这意味着样本中100%的受访者经历过所谓的"不可能事件"。

比或接近,以确认分组的随机性。若两组间某项指标出现了显著的差异,则需要在分析实验结果时对该指标予以控制。

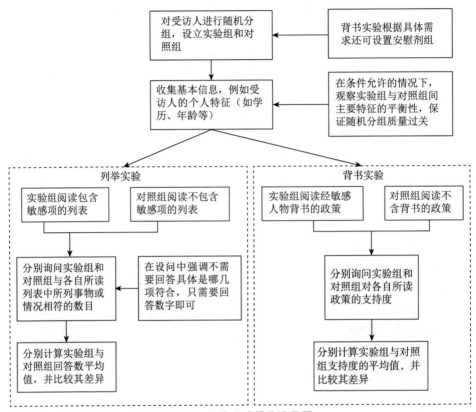

图 7.1 问卷实验操作流程图

在列举实验中,受访者被要求阅读一个包含了若干个选项的列表,选项数目设置以 4—5 个为宜。在了解选项内容后,受访者回答符合自身情况的选项的数目是多少。注意在这个环节中,受访者并不需要指出具体是哪几项符合,而只需要说明总共有几项符合即可。通过这种办法避免受访者直接与敏感选项关联。实验组在对照组已有的基础上加入研究者所感兴趣的敏感事项。如果实验操作得当,则实验组与对照组回答均值的差异(一个介于 0 与 1 之间的值)即为所调查样本中认同敏感事项的人的比例。

在背书实验中,受访者被要求阅读一个(或一组相关的)政策,然后要求其表达对这项政策的支持程度。对支持程度的测量既可以是离散的(是否支持),也可以通过渐变的量表(例如一个 1—5 的量表,1 表示非常反对,5 表示非常支持)。实验组的题干不同于对照组的地方在于政策由研究者所关心的敏感人士或组织背书。通过比较实验组和对照组中受访者对政策支持度的差异,可以判断受访者对敏感人士或组织的真实态度(若实验组的支持均值显著低于对照组,则说明受访者对敏感人士或组织持负面态度,反之则说明持正面态度)。

对于上述两种实验设计,如果随机分组情况理想且实验严格按照规程执行,则理论上只需要比较实验组与对照组的回答均值,即可以得出结果。但在具体操作中,为了证明差异是显著的,同时也为了排除一些其他因素的干扰,可以使用回归的形式获得对实验效果的估计。具体操作中,需要创建一个"是否为实验组"的变量作为自变量,实验组中的样本赋值为 1,对照组的样本则赋值为 0。列举实验中的因变量为回答的数目,背书实验中的因变量则为对政策支持的程度。在回归中还可以控制其他的因素,例如在随机分组后仍没有被平衡的个人特征,以及访问员固定效应等。回归结果中自变量的系数如果在统计意义上显著,则说明实验的干预产生了效果,系数的大小则反映了干预效果的大小。

八、质量评价和保证

问卷实验的质量主要受样本的随机分组和问卷本身的执行效果影响。

如前所述,随机分组的有效性直接决定了实验组和对照组在(除了实验干预以外的)可能影响研究结果的诸多维度上是否相同。检测随机分组的有效性的一个办法是观察实验组和对照组的样本在除了干预项以外的各项特征(例如问卷调查中关于样本的个人特征信息)的均值在统计意义上是否有明显差异。如果没有,则说明样本是平衡的(balanced)。当然,导致样本出现不平衡的原因除了分组没有完全随机之外,还有可能是因为样本数量不够。即使在严格执行了随机化并且样本量也足够大的情况下,还是有可能出现一个或若干个特征不平衡的情况。如果出现这种情况,则需要在对实验结果进行分析时控制这些特征变量。

问卷实验的质量还取决于受访者是否认真参与答题,并遵守了相关的答题要求。本章第六部分提及部分受访者可能为了快速地完成问卷而不认真读题,甚至每一道题都选择同一个选项。这种情况在面访中比较少见,更常见于在线问卷调查。随意地答题会对上述两种实验的结果产生较大的影响。假设所有受访者为了方便答每一题都选择了最大值的话,那么列举实验会得出 100% 的受访样本均支持敏感项的结论。研究者可以在问卷中设立一些检验机制,防止出现这种不遵从行为。此外,问卷调查中也会出现拒访、拒答的情况。研究者需要保证实验组和对照组的拒访率大致相等,以免出现答题样本不平衡的情况。

尽管本章介绍的两种试验方法是为了避免敏感问题所导致的社会期望偏差,但如果设计不严谨,仍然可能无法完全避免社会期望偏差的影响。以表 7.1 为例,研究者尝试通过列举实验了解样本的手枪拥有率。但其在对照组中所罗列的物品都过于常见,这就意味着,大部分的对照组样本在回答时可能选择C(3项),而实验组的样本如果选择了D(4项)则等于承认自己拥有枪支。他们为了避免被识别,可能会选择其他选项(A、B、C中的一项),进而造成估计结果的偏差(低估)。我们把这种现象称为列举实验中的"天花板效应"(ceiling effect)。为了避免这种情况,研究者需要在对照组中加入一些不太常见(但又不敏感)的物品,比如除草机、雪茄刀等。这样当实验组的人选择C(3项)或B(2项)时,旁观者(访问员)并不知道受访者是没有敏感项还是没有其他的罕见物品,有效地保护了受访者的隐私,也使得估计的结果更为精确。

表7.1 一个尝试调查人们手枪拥有率的列举实验设计

物品列表	对照组	实验组
	香蕉、毛巾、牙膏	香蕉、毛巾、手枪、牙膏
请回答上述物品中,你曾经拥有过几项,不需要说出具体拥有哪项,只需要说出拥有的数目即可	A:1项 B:2项 C:3项	A:1项 B:2项 C:3项 D:4项

在背书实验中,也有可能出现特定政策因为和敏感人物、组织存在(或不存在)特殊关联而导致实验结果异常的情况。为了使得估计的结果更为稳健,研究者可以尝试让受访者评估一系列(而不仅仅是一项)政策,以防止观察到的实验结果受某项特定政策的影响。在罗列不同的政策时,也需要注意这些政策要存在一些内在的联系,以方便事后基于项目反应理论(item response theory)[1]等对答案进行加总并估计整体的干预效应。[2]

九、使用中应注意的问题

(一) 被试倾向

在背书实验中,我们获得的受访者对所测试敏感对象的真实态度来自对实验组和控制组的比较。该研究设计所依赖的假设是:在实验组中所增加的与敏感项有关的文字内容是导致实验组受访者回答不同于控制组的唯一因素。这里我

---

[1] 关于项目反应理论,参见 Frederic M. Lord, *Applications of Item Response Theory to Practical Testing Problems*, Routledge, 1980。

[2] Graeme Blair, Kosuke Imai and Jason Lyall, "Comparing and Combining List and Endorsement Experiments: Evidence from Afghanistan," *American Journal of Political Science*, Vol. 58, No. 4, 2014.

们仅对受访者对加入敏感项本身的态度感兴趣,并且认为受访者对这一额外增加的内容的态度也是造成实验组和控制组区别的唯一因素。但是,在实验研究中,人们所要面临的一个普遍挑战是由"被试倾向"(intention to treat)带来的偏差。这种偏差指的是实验组中受访者所表现出的与控制组之间的差异仅仅是因为受访者意识到了实验干预的存在,与我们所关心的实验干预的具体机制(例如人们对这一敏感项的真实看法)无关。举一个更通俗的例子,如果一名药物研究者想要了解一种药是否有效,仅仅将病人分成实验组和控制组并给实验组的病人服药是不够的。因为即使观察到了实验组的病人与控制组的病人不一样,也不代表药本身有效。有可能是病人通过医生让自己服药这一举动意识到自己正在接受治疗,而这种心理上的感知对病情的缓解产生了影响。这种"被试倾向"的存在很大程度上干扰了实验研究者对其感兴趣的干预效果的估计。例如有医学研究发现,针灸对病人所产生的缓解身体酸痛等效果,很大程度上可以由"被试倾向"解释。[1]

为了判明和减少"被试倾向"对实验结果的影响,在研究设计中需要加入一个"安慰剂组"(又或"假药组")。我们同样用上面病人服药的例子来解释。即在实验组和控制组之外,再增加一组供观察的病人,并让这组病人服下一颗没有任何疗效的假药。比较假药组和控制组之间的差异,可以让我们确定"被试倾向"是否存在及其影响大小。而比较假药组和实验组之间的差异,则可以让我们确定在排除了被试倾向影响之后的实验干预的效果。

具体到背书实验,为了排除所观察到的实验效果仅仅是因为实验组比控制组多增加了一些文字(而不论文字本身的内容是什么),研究者需要在实验组和控制组之外增加一个安慰剂组。在安慰剂组中,研究者需要加入一些与实验所要测试的机制无关,但能符合上下文行文逻辑的测试项。比如,某项背书实验想要测试人们对村内宗族势力领袖的真实看法,在实验组中将宗族领袖作为某项政策的背书人;在假药组中,则可以将村委会主任作为背书人。[2]

(二)研究意图的保密性

另外需要注意的一点是,无论是背书实验还是列举实验都将受访者随机分成若干组,且每组的问题设计不同于其他组。在大部分情况下,这种区别是极其细

---

[1] 有关针灸的试验效应的讨论,见 Matias Vested Madsen, et al., "Acupuncture Treatment for Pain: Systematic Review of Randomised Clinical Trials with Acupuncture, Placebo Acupuncture, and No Acupuncture Groups," *BMJ*, 2009, DOI:10.1136/bmj.a3115。

[2] 关于背书实验在村庄政治中的应用的实例,可参考 Daniel C. Mattingly, "Elite Capture: How Decentralization and Informal Institutions Weaken Property Rights in China," *World Politics*, Vol. 68, No. 3, 2016。

微的。实验分析的结果依赖于核心问题的答案在这些不同的组之间的均值差异。这种设计的成功有一个重要的前提,即参加答题的受访者不知道有其他版本的问卷的存在。如果受访者意识到身边其他的人所答的问卷和自己不同,甚至通过比较琢磨出了不同版本的问卷的差异,很有可能会推测出研究者本身的研究意图,进而影响问卷实验的效果。因此,这类问卷实验在执行时,要注意保证每个问卷回答者的私密性,避免回答者之间相互交流。这种问题在一对一的面访中较为少见。但是,并不是所有的研究都允许研究者进行一对一的面访。在对一些特定职业人群(比如公务员、国企员工、大学生等)进行调查时,受到时间、资源或场地等因素的限制,不得不采取将受访者聚集一处发放问卷统一作答的方式。在这种情形下,访员需要特别注意避免受访者在回答过程中互相交流。

(三)访员个人因素

与上一点有关的是,很多线下问卷调查由于样本量较大、样本空间分散较广等因素,无法由一个访员在一处单独完成。当有多个访员参加问卷实验的执行时,需要考虑访员的个人差异可能会对实验结果产生的影响。例如,有的访员将题目念给受访者听,有的访员则将题目直接给受访者看;有的访员在开始访谈前会与受访者进行一些简单的交流,而有的则直入主题;有的访员语速较快,而有的访员语速较慢;有的访员声音较为和蔼,而有的则较为生硬;在群体作答的情况下,有的访员会强调作答纪律,劝阻相互交流的答题者,而有的访员则不会。尽管这类问题的解决很大程度上可以通过对访员的事先统一训练、标准化工作流程以及事后的质量监督来避免,但只要调查是由人来执行,这种差异就难免存在。在做好事先质量控制的前提下,在数据的记录过程中同样需要记录相关访员的代码,在进行分析时可以将不同的访员身份作为一个哑变量放入控制变量中,以尽量减少访员的个人因素所带来的可能的偏差。

 关键术语

列举实验	背书实验	直接提问	间接提问
社会期望偏差	反事实	随机分组	实验组
对照组	安慰剂组	被试倾向	天花板效应

思考题

1. 社会期望偏差如何影响问卷调查的准确性?

2. 哪一类问题更容易受社会期望偏差的影响？请举例。
3. 问卷实验研究设计的内部效度和外部效度分别由哪些因素决定？
4. 问卷实验研究设计有哪些局限？
5. 除了本章介绍的两种问卷实验设计之外，还有哪些方法能够帮助我们准确测量人们的态度？

延伸阅读

Arlene Fink, *The Survey Handbook*, Sage, 2002.

Jeffrey M. Wooldridge, *Introductory Econometrics: A Modern Approach*, Cengage Learning, 2019.

Joel R. Evans and Anil Mathur, "The Value of Online Surveys," *Internet Research*, Vol. 15, No. 2, 2005.

Peter H. Rossi, James D. Wright and Andy B. Anderson, eds., *Handbook of Survey Research*, Academic Press, 2013.

Xiaojun Li, Weiyi Shi and Boliang Zhu, "TheFace of Internet Recruitment: Evaluating the Labor Markets of Online Crowdsourcing Platforms in China," *Research & Politics*, Vol. 5, No. 1, 2017.

Xiaobo Lü, "Ethical Challenges in Comparative Politics Experiments in China," in Scott Desposato, ed., *Ethics and Experiments: Problems and Solutions for Social Scientists and Policy Professional*, Routledge, 2015.

〔美〕加里·金等：《社会科学中的研究设计》，陈硕译，格致出版社2014年版，第三章、第五章。

〔日〕今井耕介：《量化社会科学导论》，祖梓文、徐轶青译，上海财经大学出版社2020年版，第三章。

经典举例

（一）列举实验

Graeme Blair and Kosuke Imai, "Statistical Analysis of List Experiments," *Political Analysis*, Vol. 20, No. 1, 2012.

1. 研究问题

这项研究发表在著名期刊《政治分析》（*Political Analysis*）上。该文在列举实验的经典设计的基础之上提出了运用受访者特征分析回答敏感问题倾向的分析方法。文中提到列举实验在政治学研究中最初的应用是1991年美国种族和政治调查(National Race and Politics Survey)。① 该调查旨在了解人们对种族偏见(racial prejudice)的态度。种族偏见在美国社会有很多具体的表现形式,如果就某一具体的种族歧视行为直接询问受访人的意见,受制于美国社会"政治正确"等因素,受访者大概率会表示对该行为不赞成的态度,进而导致测量的偏差。

2. 研究过程

为了解决这一问题,研究者采用了列举实验的方法。他们将受访者随机分成两组,分别为对照组和实验组。其中,对照组中的受访者被问如下问题:

下面我将读三件可能会让人听了以后感到生气或愤怒的事情。在我读完三项(行为)后,请告诉我其中多少项让你感到生气(我不需要知道具体是哪几项,只需要说出多少项即可)。

a. 联邦政府提升燃油税。

b. 职业运动员获得百万年薪。

c. 大公司污染环境。

上面提到的几件事中,共有多少件使你感到生气?(1件、2件、3件)

实验组的受访者被问到如下问题:

下面我将读三件可能会让人听了以后感到生气或愤怒的事情。在我读完三项(行为)后,请告诉我其中多少项让你感到生气(我不需要知道具体是哪几项,只需要说出多少项即可)。

a. 联邦政府提升燃油税。

b. 职业运动员获得百万年薪。

c. 大公司污染环境。

d. 一户黑人家庭搬到我家边上。

上面提到的几件事中,共有多少件使你感到生气?(1件、2件、3件、4件)

3. 质量评价和保证

实验组中的第四个选项在美国属于受到关注的一个社会议题,涉及族群、阶层平等和居住隔离等问题。如果直接询问受访者对该事件的看法,受访者为了避

---

① P. M. Sniderman, P. E. Tetlock and T. Piazza, "National Race and Politics Survey 1991," https://www.openicpsr.org/openiopor/project/10056/version/V4/view, 2014年5月10日访问。

免被视为有种族歧视倾向,大概率会选择回答不在意。而在列举实验中,受访者不需要直接针对这一项发表看法,只需要回答四项中一共有几项使其感到不满。因为实验组与控制组的唯一差异就是这一项,并且实验组与控制组的受访者特征上大致相同,因此两组受访者回答的差异就可以被认为是关键的敏感选项所导致的差异。

在这篇文章的剩余部分,作者还介绍了如何利用受访者特征分析问题回答倾向,在这里不做详细介绍。

(二) 背书实验

WillBullock, Kosuke Imai and Jacob N. Shapiro,"Statistical Analysis of Endorsement Experiments: Measuring Support for Militant Groups in Pakistan," *Political Analysis*, Vol. 19, No. 4, 2011.

1. 研究问题

这项研究同样发表在政治学方法研究的著名期刊《政治分析》上。在该研究中,研究者关注人们对激进武装组织(militant groups)的态度。在一些转型国家或地区,政府的权威仍需进一步加强,一些激进武装组织可能会控制面积较大的区域并对该区域的各个方面发挥较大影响。在这些地区,直接询问民众对激进武装组织的态度,其回答在很大程度上会受到社会期望偏差的影响,甚至一些谨慎的受访者在了解问卷意图后可能会产生拒答等行为。研究者在巴基斯坦采用背书实验的设计,测量民众对激进武装组织的态度。

2. 研究过程

研究团队在巴基斯坦对6000名成年人进行了面访。在问卷设计中,受访者被随机分入实验组和控制组,其中控制组的受访者被要求回答如下问题:

世界卫生组织最近宣布,计划在巴基斯坦推广小儿麻痹症疫苗。你在多大程度上支持这一项计划?

a. 完全不支持   b. 不支持   c. 无所谓   d. 支持   e. 非常支持

实验组的受访者被要求回答如下问题:

世界卫生组织最近宣布,计划在巴基斯坦推广小儿麻痹症疫苗。在本地活动的激进武装组织发声表示支持这一计划。你在多大程度上支持这一项计划?

a. 完全不支持   b. 不支持   c. 无所谓   d. 支持   e. 非常支持

3. 质量评价和保证

在世界卫生组织推广小儿麻痹症疫苗这一事项之外,研究团队还就巴基斯坦政府推行的课程改革、当地部落的犯罪治理、通过和平会议解决与阿富汗的边界纠纷等不同事项，采用上述背书实验的设计比较实验组与控制组之间的差异，以排除人们对激进武装组织的态度受特定议题影响的可能性。此外，研究团队在后续分析中还从受访者所在地域、性别、受教育水平等维度进一步分析了个体特征是否会影响人们对激进武装组织的态度。

第八章 社会调查法

本章要点

- 社会调查法的定义、特点和优劣势;
- 社会调查法的适用范围和条件;
- 社会调查法的基本类型;
- 观察法、访谈法和问卷法的不同研究设计及其有效性;
- 观察法、访谈法和问卷法的不同操作流程;
- 问卷设计的基本原则和技巧;
- 观察法、访谈法和问卷法的不同质量评价和保证方法;
- 共同方法偏差的定义、来源和控制方法。

一、导　言

社会调查是政治学和公共管理学等社会科学研究的常用方法之一,它具有获得感知、描述现象、解释原因、预测趋势、评估政策这五个作用。

第一,社会调查有助于人们获得第一手资料,并从感性认识入手来了解社会的真实情况。如康德所言,"借助于感性,对象被给予我们,且只有感性才给我们提供出直观;但这些直观通过知性而被思维,而从知性产生出概念。但一切思维必须无论是直截了当地(直接地)还是转弯抹角地(间接地)借助于某些标志最终与直观、因而对我们人类来说与感性发生关系,因为以别的方式不可能有任何对象给予我们"[①]。

第二,社会调查有助于人们客观描述社会现象的一般状况、过程和特点。社会调查能够运用系统化的程序和科学化的方法对大量事实材料进行整理、分类和计算,使复杂、多样的社会现象条理化、清晰化,为人们进一步分析调查对象奠定基础。

---

① 康德:《纯粹理性批判》,邓晓芒译,人民出版社 2004 年版,第 25 页。

第三,社会调查有助于人们解释社会现象发生、发展、变化的原因,揭示社会现象的本质和规律。调查研究的解释性功能可以用毛泽东的"实事求是"来概括。"'实事'就是客观存在着的一切事物,'是'就是客观事物的内部联系,即规律性,'求'就是我们去研究。"①

第四,社会调查有助于人们对社会现象的发展趋势进行预测。比如,通过社会调查揭示了某种商品需求量和价格之间呈现反向变化的规律后,就较容易预测在其他条件不变的情况下当该商品的价格上涨后,消费者对该商品的需求量将会减少。

第五,社会调查还有助于人们进行政策评估。借助于社会调查,人们可以对政策的效果、效能及价值进行检测、评价和判断,考察政策实施是否实现了预定目标,从而提高决策的科学化水平。

"社会调查研究方法同科学方法一样,可以分为三个层次,即最高层次的方法论、中间层次的基本方式和低层次的具体方法。"②本章主要对社会调查低层次的具体方法中的资料收集方法,如观察法、访谈法、问卷法进行概述。

> **扩展知识**
>
> **《反对本本主义》(1930年5月)**
>
> **一、没有调查,没有发言权**
>
> 你对于某个问题没有调查,就停止你对于某个问题的发言权。这不太野蛮了吗?一点也不野蛮。你对那个问题的现实情况和历史情况既然没有调查,不知底里,对于那个问题的发言便一定是瞎说一顿。……
>
> 注重调查!
>
> 反对瞎说!
>
> **二、调查就是解决问题**
>
> ……
>
> 许多做领导工作的人,遇到困难问题,只是叹气,不能解决。他恼火,请求调动工作,理由是"才力小,干不下"。这是懦夫讲的话。迈开你的两脚,到你的工作范围的各部分各地方去走走,学个孔夫子的"每事问"③,任凭什么才力小也能解决问题,因为你未出门时脑子是空的,归来时脑子已经不是空的了,已

---

① 《毛泽东选集》(第三卷),人民出版社1991年版,第801页。
② 范伟达、范冰编著:《社会调查研究方法》,复旦大学出版社2010年版,第27页。
③ 见《论语·八佾》。原文是:"子入太庙,每事问。"

经载来了解决问题的各种必要材料,问题就是这样子解决了。一定要出门么?也不一定,可以召集那些明了情况的人来开个调查会,把你所谓困难问题的"来源"找到手,"现状"弄明白,你的这个困难问题也就容易解决了。

调查就象"十月怀胎",解决问题就象"一朝分娩"。调查就是解决问题。

三、反对本本主义

……

本本主义的社会科学研究法也同样是最危险的,甚至可能走上反革命的道路,中国有许多专门从书本上讨生活的从事社会科学研究的共产党员,不是一批一批地成了反革命吗,就是明显的证据。我们说马克思主义是对的,决不是因为马克思这个人是什么"先哲",而是因为他的理论,在我们的实践中,在我们的斗争中,证明了是对的。我们的斗争需要马克思主义。我们欢迎这个理论,丝毫不存什么"先哲"一类的形式的甚至神秘的念头在里面。读过马克思主义"本本"的许多人,成了革命叛徒,那些不识字的工人常常能够很好地掌握马克思主义。马克思主义的"本本"是要学习的,但是必须同我国的实际情况相结合。我们需要"本本",但是一定要纠正脱离实际情况的本本主义。

怎样纠正这种本本主义?只有向实际情况作调查。

——《毛泽东农村调查文集》,人民出版社1982年版,第1—4页。

上面是毛泽东在《反对本本主义》一文中的论述,它实际上强调了社会调查对于了解问题的现实和历史状况、解决现实问题的重要性。

二、定义、特点和优劣势

(一) 定义

社会调查(social investigation/survey)在学术界并没有一个严格意义上的统一定义,人们对社会调查的定义大概分为两种。

一种观点认为社会调查是社会调查研究的一个阶段和重要环节,可以称之为狭义的社会调查。比如,英国《麦克米兰学生社会学百科全书》把社会调查定义为"通过一种预先设计好的询问方式来收集社会数据"[1]。美国学者桑德斯认为,

---

[1] Michael Mann, *The Macmillan Student Encyclopedia of Sociology*, Macmillan, 1983, p. 368.

"社会调查一般指对研究总体中抽取出的样本询问问题的方法"①。袁方认为，"社会调查是指运用观察、询问等方法直接从社会生活中了解情况、收集事实和数据，它是一种感性认识活动"②。

另一种观点认为社会调查是人们认识社会现象的一个完整过程，是社会调查研究的简称，可以称之为广义的社会调查。比如，张兴杰认为，"社会调查，是指人们运用观察、询问等方法从社会生活中了解情况、收集事实和数据，并在此基础上描述和说明社会现象的本质特征，科学地分析和解释现象产生的原因，得出事物发展和变化规律的自觉的实践活动"③。本章在后续的论述过程中采用狭义的社会调查概念。

（二）特点

一般而言，社会调查方法具有四个突出特点。

1. 社会调查过程的科学性

社会调查属于科学研究活动，与日常观察和参观访问等社会活动不同，它有一定的理论指导，有系统的收集资料的程序、方法和技术，以认识客观世界为目的。"社会调查是一种科学的认识活动，首先体现在社会调查不是一种随心所欲的活动，不是抓住零碎的、片面的事实就可以随便给出调查结论的活动，而是在社会调查的科学理论指导下，采用科学的方式和方法，将调查研究的结论建立在系统的经验观察、全面的实施依据和正确的逻辑推理之上。"④

2. 社会调查对象的社会性

社会调查的对象是社会自身，是一种以社会现象为对象的科学认识活动。"与新闻采访、案件调查等相比较，社会调查的对象是许多人共同参与和发生的活动，是群体性的普遍现象，它着眼于认识社会中个人与个人之间、群体与群体之间的共同行为及其相互关系。"⑤

3. 社会调查行为的现实性

社会调查是紧密围绕现实而展开的。"社会调查的这一特点使得它区别于纯粹的文献研究和实验室研究。社会调查可以运用文献研究和实验室研究的方法，

---

① William B. Sanders, *The Conduct of Social Research*, CBS, 1974, p. 54.
② 袁方主编：《社会调查原理与方法》，高等教育出版社1990年版，第1—2页。
③ 张兴杰：《社会调查》，南京大学出版社2008年版，第2页。
④ 杜智敏编著：《社会调查方法与实践》，电子工业出版社2014年版，第15页。
⑤ 周德民、廖益光主编：《社会调查原理与方法》（第二版），中南大学出版社2012年版，第5页。

但纯粹的文献研究和严格意义上的实验室研究不属于社会调查的范畴。社会调查一定要深入到现实的社会生活中去,收集到相当数量的经验资料。关在书斋、图书馆里搞研究,不能称为社会调查。"①

4. 社会调查方式的综合性

社会调查方式的综合性体现在三个方面:第一,分析视角的综合性。"社会调查总是放开视野、纵览全局的。即使调查对象是具体的社会现象,也要注重从该现象与其他现象的相互关系中去把握它、认识它,从不同角度对该现象进行深入的、多层次的分析。"②第二,运用知识的综合性。"社会调查不仅涉及某一学科或某一知识领域的知识,而且还涉及哲学、经济学、社会学、政治学、社会心理学、统计学、逻辑学、写作知识、计算机技术等多学科、多领域的知识。"③第三,使用方法的综合性。社会调查收集资料的方法种类较多,常见的方法有观察法、访谈法、问卷法,收集资料过程可用的技术手段有录音、摄像等。

（三）优势和劣势

和其他任何研究方法一样,社会调查方法也有自己的优势和劣势。

社会调查方法有如下优势:

（1）可以获得第一手资料。社会发展的动态性决定了社会现象,尤其是一些新的社会现象通常没有现成的资料和数据。为此,利用社会调查收集关于社会现象的第一手资料,比较接近社会,容易达到真实、可靠的要求。

（2）容易根据研究对象和目的灵活选择调查方法。社会调查方法有多种,不同调查方法有不同的特点和适用条件。社会调查方法的多样性使人们容易根据不同的社会现象和研究目的选择不同的社会调查方法,从而更好地研究复杂社会现象。

同时,社会调查方法的特点也决定了其还有一些劣势,主要表现如下:

（1）社会调查的成本较高。社会调查的实施过程往往具有跨学科、跨地域、跨行业等特性。"即使中等规模的调查,一般也需要大量的时间、物质材料、资金和各种帮助。"④

---

① 吴增基、吴鹏森、苏振芳主编:《现代社会调查方法》（第四版）,上海人民出版社2014年版,第3页。
② 王学川、杨克勤主编:《社会调查的实用方法与典型实例》,清华大学出版社2011年版,第4—5页。
③ 吴增基、吴鹏森、苏振芳主编:《现代社会调查方法》（第四版）,上海人民出版社2014年版,第3—4页。
④ 〔美〕罗纳德·扎加、约翰尼·布莱尔:《抽样调查设计导论》,沈崇麟译,重庆大学出版社2007年版,第2页。

(2) 容易受到调查人员主观因素的影响。社会调查过程中被调查人员容易受到调查人员的影响。以访谈法为例,访谈人员的性别、年龄、容貌、衣着以及访谈时的态度、语气、口音、价值观等都可能影响被访谈者对问题的回答。

(3) 调查过程容易产生误差。社会调查的误差主要有两个来源：一是调查人员,二是被调查人员。调查人员误差的产生是由于调查过程中没有保持价值中立、调查工作过失、故意舞弊、调查问卷本身有误或效度不高等。被调查人员误差往往产生于：被调查人员对调查问题理解有误、调查的问题涉及被调查人员隐私、调查的问题涉及敏感话题、被调查人员对所调查问题的信息不够了解等。

三、起源、发展和基础理论

（一）起源

社会调查可追溯到公元前的各文明古国所开展的人口统计和财产调查。为了实现有效的社会控制和有效的国家管理,古代社会的统治者已经纷纷意识到社会调查的重要性,并进行了一些简单的社会统计工作。例如,"埃及第一、第二王朝时期,法老为确定课税,每两年左右要清查一下全国的人口、土地、牲畜等。古罗马帝国规定：每五年每户申报一次人口、土地、牲畜、家奴等,政府依据财富的多少将国民划分为六个贫富等级来征查全国土地,然后按产量的多少进行分级,作为规定新的土地税率的依据。印度莫卧儿帝国建立初期,亚格伯皇帝为实行改革曾下令调查全国土地,然后按照产量的多少进行分级,作为规定新的土地税率的依据。我国早在大禹治水时期已有了人口、土地调查,到秦朝时已有了全国的户口资料"[①]。但这一阶段的调查"多限于原始的观察、直接的访问、简单的比较、不成形的统计以及有限的文献调查,没有形成自觉的系统的科学方法,基本上属于一种原始的、朴素的经验社会调查"[②]。

（二）发展

社会调查作为一种自觉认识社会的方法是从 17 世纪开始的,到 18 世纪末期已经逐步制度化、规范化。截至目前,社会调查的发展大体可以分为两个阶段。

第一阶段：近代社会调查(17 世纪末到 20 世纪初)。社会调查是伴随着近代资本主义的产生而形成和发展起来的。英国最先进行了第一次产业革命,较为系统、科学的经验社会调查也最早在英国展开,此后逐渐在法国、德国等国展开。英

---

① 张蓉主编：《社会调查研究方法》,知识产权出版社 2014 年版,第 21—22 页。
② 周德民、廖益光主编：《社会调查原理与方法》(第二版),中南大学出版社 2012 年版,第 18 页。

国人威廉·配第（William Petty）的《政治算术》（1690）是一部以了解国情为目的的社会调查著作。① 英国人约翰·霍华德是运用访谈法进行系统社会调查的先驱，其社会调查代表作有《英伦和威尔士的监狱情况》（1777）、《外国监狱的初步观察报告》（1777）和《关于欧洲主要监狱医院的报告》（1789）。② 法国人弗雷德里克·勒普累（Frédéric Le Play）在社会调查中所采用的方法主要是问卷法，自1835年他花了20年时间完成了六卷本的巨著《欧洲工人》。英国人查尔斯·布思以个案研究方法为主，综合运用访谈法、问卷法、观察法，以及地图、统计图、统计表等各种工具和技术，从1886年开始，花费18年时间出版了17卷的社会调查巨著《伦敦居民的生活与劳动》。③ 霍华德、勒普累、布思三人的社会调查活动及其所用的方法标志着近代科学的社会调查方法的形成。

第二阶段：现代社会调查（20世纪初至今）。20世纪20年代以后现代社会调查方法进一步发展，20世纪40年代，社会调查方法逐步迈入科学化阶段。现代社会调查方法兴起首先归功于数理统计学的发展，其次与计算机、电传、遥感、摄影机、录像机等现代科学技术的发展有密切关系。当代社会调查，尤其是20世纪末期以来的社会调查，其作用已经不仅仅是提供经验材料和统计数据，其理论研究和政策研究的功能进一步强化，学科化趋势、科学化趋势、广泛化趋势和专业化趋势进一步增强。

（三）理论基础

社会调查的理论基础也就是其指导思想。社会调查作为一种科学认识方法，一般认为，它的理论基础是辩证唯物主义和历史唯物主义的认识论，其实事求是的观点和群众观点对社会调查具有非常重要的指导意义。④ 正如本章导言所指出的，社会调查有五个作用：获得感知、描述事实、解释原因、预测趋势和评估政策。这一切都是建立在了解和掌握客观事实的基础上，而在调查研究的过程中，不管是研究"人"还是研究"物"，都会存在主观或客观的制约因素，这些因素都会对研究结果产生不同程度的影响，因此必须坚持辩证唯物主义和历史唯物主义。

在社会调查中，要坚持实事求是的原则，调查要"求真""求实"，不仅要克服主观主义，还要避免随波逐流、人云亦云，同时也要尊重客观事实，保证调查的客

---

① 〔英〕威廉·配第：《政治算术》，陈冬野译，商务印书馆2014年版。
② John Haward, *The State of the Prisons in England and Wales: With Preliminary Observations, and an Account of Some Foreign Prisons*, Cambridge University Press, 2013.
③ Charles Booth, *Life and Labour of the People in London*, Macmillan, 1892.
④ 水延凯、江立华主编：《社会调查教程》（第六版），中国人民大学出版社2014年版，第13页。

观性。群众观点要求我们在进行社会调查时,要本着对人民群众负责的理念,始终站在人民的立场上思考问题,在调查过程中依靠群众、相信群众,才能求得真知。

四、适用范围和条件

（一）适用范围

从大的方面来说,社会调查适于三类研究。

1. 没有现成资料和数据的研究

社会现象非常复杂,有相当一部分社会现象,尤其是新出现的社会现象,并没有现成的资料和数据可以借鉴。对于这类问题往往需要通过社会调查获得第一手资料以推进学术研究。

2. 补充、验证既有研究

社会现象的多面性决定了关于某一社会现象的研究充其量是其某一方面或某几个方面的研究。社会调查可以获取资料和数据对学术界已经研究过的社会现象进行再研究和补充,从而推动学术进步。还有一种情况就是通过社会调查获取资料和数据对既有假说或者理论进行验证和补充。

3. 前瞻性研究

有些社会现象的既有研究资料和数据的形成与发布往往具有滞后性。比如,统计部门的数据往往会滞后1—2年才向社会公布。前瞻性研究为了避免资料和数据的滞后性,通常可以通过社会调查获取数据和资料,以保持研究成果的新颖性。

（二）适用条件

不同的社会调查方法有不同的适用条件。概括地讲,社会调查方法的运用需要满足以下三个基本条件。

1. 有明确的调查目的

无论采用哪种社会调查方法,进行社会调查之前一定要有明确的调查目的。只有这样才有可能保证社会调查过程的顺利进行,使调查过程不偏离研究主题,并尽可能收集到满足研究需要的调查资料和数据。

2. 调查者需要具备一定的调查能力

实施社会调查的人员通常需要具备一定的调查能力,比如需要有一定文化水平来设计合理的调查问卷,给被调查者解释需要调查的问题,与被调查者沟通需要访谈的问题,或者对被观察现象进行深入的洞察并尽量保持中立,等等。

3. 需要一定的经费支持

社会调查过程会花费人力、物力、财力以及时间成本,这些成本均以一定的经费支持为前提。比如问卷的设计、人员的招募、差旅费用、调查礼品的购买、调查工具以及调查数据处理软硬件的配备等都需要经费开支。

五、类型划分

按照不同的标准,社会调查方法可以分成不同类别(见表8.1)。例如,从调查对象的范围出发,可以将社会调查分为全面调查和非全面调查;从调查登记时间是否具有连续性出发,可以将社会调查分为经常性调查和一次性调查;从收集资料的方法出发,可以将社会调查方法分为观察法、访谈法和问卷法。这里主要介绍观察法、访谈法和问卷法。

表 8.1 社会调查方法的分类

调查对象的范围	调查登记时间是否具有连续性	收集资料的方法
全面调查	经常性调查	观察法
非全面调查	一次性调查	访谈法
		问卷法

(一)观察法

观察法(observation method)是调查者运用不同的观察办法收集资料的一种社会调查方法。按照不同的标准,观察法可以分成不同类别(见表8.2)。

表 8.2 观察法的分类

观察者是否参与被观察者的活动	观察活动是否有统一的标准	观察对象的不同	对同一观察对象观察的时长与频率	其他标准
完全参与观察法	标准观察法	直接观察法	连续性观察法	长期观察法、短期观察法与定期观察法
半参与观察法	非标准观察法	间接观察法	非连续性观察法	公开观察法与隐蔽观察法
非参与观察法				定性观察法与定量观察法

1. 完全参与观察法、半参与观察法与非参与观察法

在完全参与观察法(complete-participant observation method)中,观察者需要进入被观察者的生活中,融入被观察者的生活圈子,与被观察者开展共同的活动,充分了解被观察者所处的环境和一切影响因素。在半参与观察法(semi-complete-participant observation method)中,观察者需要向被观察者说明自己的研究者身份,再酌情参与到被观察者的生活中,开展观察。非参与观察法(non-participant observation method)是指观察者不进入被观察者的生活或活动中,完全以旁观者的身份进行观察。

2. 标准观察法与非标准观察法

标准观察法(standard observation method)的观察活动需要事先根据研究目的制订统一的观察计划,对观察项目、流程与记录方法做出统一的标准化规定,在观察过程中,观察者要严格按照规定进行观察和记录。非标准观察法(non-standard observation method)的观察活动不需要事先规定统一的观察内容和记录标准,观察者只需要根据研究目的在实施观察中随时随地调整自己的观察内容和观察方式,更加灵活地进行观察。

3. 直接观察法与间接观察法

直接观察法(direct observation method)是指对正在发生的现象进行观察,观察者在事发现场捕捉即时的信息,并且收集到的资料都是观察者的所见所闻,具备真实性与准确性,而且易于操作。间接观察法(indirect observation method)是通过观察过去的现象发生时所留下来的物质载体来探究过去发生的现象。

4. 连续性观察法与非连续性观察法

连续性观察法(continuous observation method)是指对被观察者进行一段时间的连续性观测和记录,期望获得有关被观察者发展及变化的数据。非连续性观察法(discontinuous observation method)是在较短的时间内,对被观察者进行的一次性观察活动,期望获得有关被观察者的即时信息。

5. 其他类型的观察法

根据观察的时长不同,可以分为长期观察法、短期观察法、定期观察法。长期观察法(long-term observation method)是指在一段较长时间内对被观察者进行观察,以获得较为全面、深入的信息。短期观察法(short-term observation method)是在较短的时间内对被观察者进行观察,获得即时性信息。定期观察法(routine observation method)是在某个时间段内,对被观察者进行固定频率的重复观察,以检

验初步研究结果。①

根据观察公开程度的不同,可以分为公开观察法与隐蔽观察法。公开观察法(public observation method)中,观察者会对被观察者公开身份及观察任务,被观察者知道自己处在被观察状态中。与此相反,在隐蔽观察法(hidden observation method)中,观察是在被观察者不知情的情况下秘密进行的。②

根据观察所产生数据性质的不同,观察法可以分为定性观察法和定量观察法。定量观察法(quantitative observation method),又称结构性观察法,是一种将被观察者、观察内容、观察地点等要素完全标准化,以获得具体的定量观察数据的方法。③ 定性观察法(qualitative observation method),又称为自然观察法,该方法并不事先确定观察内容及具体范围,只划定模糊的范围,最终获得定性观察数据。④

(二)访谈法

访谈法(interview method)是调查者以与被调查者面谈口问的形式来收集资料的一种社会调查方法。根据不同标准,访谈法也有不同分类(见表8.3)。

表8.3 访谈法的分类

访谈内容的标准化程度	访问员接触受访者的方式	受访者的人数
标准化访谈法	直接访谈法	个别访谈法
非标准化访谈法	间接访谈法	集体访谈法(包括焦点小组)

1. 标准化访谈法与非标准化访谈法

标准化访谈(standardized interview),也叫结构化访谈(structured interview),要求访问员经过一定的培训,按照统一设计的、结构化的调查问卷逐项进行访问,访问员不能随意调整提问的顺序,更不能擅自更改、增加或删减问卷内容,在受访者不清楚问题或答案的含义时,也不能进行主观解释,要按照访问员手册上的统一规定进行解释,最后根据统一要求记录受访者的答案。非标准化访谈(non-standardized interview)指访问员在访谈过程中没有统一设计的问卷问题,也没有对访谈的顺序、作答的格式等方面的统一要求,只是根据调查的目的有一个大致

---

① 陈向明:《质的研究方法与社会科学研究》,教育科学出版社2000年版,第231—232页。
② 同上书,第230页。
③ 〔美〕伯克·约翰逊、拉里·克里斯滕森:《教育研究:定量、定性和混合方法》,马健生等译,重庆大学出版社2015年版,第191页。
④ 同上书,第192页。

的提纲,围绕这个提纲灵活地进行提问,随时根据受访者的回答调整问题。

2. 直接访谈法与间接访谈法

直接访谈法(direct interview method)就是访问员与受访者直接面对面交谈,可以分为"走出去""请进来"和"相约"三种形式。间接访谈法(indirect interview method)是指访问员要通过一些通信工具对受访者进行访谈,比如电话访谈就是比较常用的间接访谈方法。

3. 个别访谈法与集体访谈法

个别访谈法(individual interview method)是指访问者与受访者一对一进行访问。集体访谈(group interview)是指访问员召集若干受访者同时进行访谈,也就是开座谈会。

4. 焦点小组

焦点小组(focus group)是一种常见的集体访谈方法,在政治学和公共管理学的研究中得到了较为广泛的应用。毛泽东同志在撰写《湖南农民运动考察报告》时,召集有丰富经验的农民和有从事农民运动工作经验的同志开座谈会,事实上就有一点类似于焦点小组访谈法。作为一种定性研究技术,焦点小组访谈法通常由一个主持人负责引导工作,组织6—12名背景相似的小组成员针对研究中的某一焦点问题展开自由、开放的讨论。[①] 在单一研究中,使用2—4个焦点小组是必要的,以便获取真实、全面的定性访谈数据。[②] 焦点小组访谈法通过集体性探讨建构知识的过程,将小组访谈本身作为研究对象。[③] 在应用过程中,焦点小组访谈法存在独特的优势和劣势(见表8.4),研究者应根据实际情况进行抉择。

表8.4 焦点小组的优势和劣势

优势
1. 自然情境让人们能够自由地表达观点和看法;
2. 在主持人的合理引导下,边缘化社会群体成员的公开表达也得到鼓励;
3. 小组成员感觉自己被赋予权利,尤其表现在行动导向的研究中;
4. 便于调查研究者了解人们如何谈论调查话题;

---

① 〔美〕伯克·约翰逊、拉里·克里斯滕森:《教育研究:定量、定性和混合方法》,马健生等译,重庆大学出版社2015年版,第189页。
② 同上书,第190页。
③ 陈向明:《质的研究方法与社会科学研究》,教育科学出版社2000年版,第212页。

(续表)

5. 可以辅助解释定量调查结果;

6. 小组成员间的互动与询问便于调查研究者了解成员持有某观点的动机和理由;

7. 能够在相对较短的时间内获得较为深层次的定性数据

劣势

1. 存在"两极化效应"(集体讨论后观点更加极端);

2. 每次焦点小组访谈仅能聚焦于少数几个问题,获得信息的广度有限;

3. 主持人或个别有强烈领导欲的参与成员可能限制其他成员的自由表达,形成思维和谈话定势;

4. 小组参与者的观点可能少于个人访问;

5. 小组成员单独回答与焦点小组访谈中的答案可能存在差异;

6. 与参与式观察相比,焦点小组访谈难以获得非语言资料;

7. 一些研究也经常较少报告焦点小组研究设计或计划的具体细节

资料来源:改编自〔美〕劳伦斯·纽曼:《社会研究方法:定性和定量的取向》(第7版),郝大海译,中国人民大学出版社2021年版,第411页;陈向明:《质的研究方法与社会科学研究》,教育科学出版社2000年版,第217—218页。

扩展知识

《反对本本主义》(1930年5月)

七、调查的技术

(1) 要开调查会作讨论式的调查

只有这样才能近于正确,才能抽出结论。那种不开调查会,不作讨论式的调查,只凭一个人讲他的经验的方法,是容易犯错误的。那种只随便问一下子,不提出中心问题在会议席上经过辩论的方法,是不能抽出近于正确的结论的。

(2) 调查会到些什么人?

要是能深切明了社会经济情况的人。以年龄说,老年人最好,因为他们有丰富的经验,不但懂得现状,而且明白因果。有斗争经验的青年人也要,因为他们有进步的思想,有锐利的观察。以职业说,工人也要,农民也要,商人也要,知识分子也要,有时兵士也要,流氓也要。自然,调查某个问题时,和那个问题无关的人不必在座,如调查商业时,工农学各业不必在座。

(3) 开调查会人多好还是人少好？

看调查人的指挥能力。那种善于指挥的，可以多到十几个人或者二十几个人。人多有人多的好处，就是在做统计时（如征询贫农占农民总数的百分之几），在做结论时（如征询土地分配平均分好还是差别分好），能得到比较正确的回答。自然人多也有人多的坏处，指挥能力欠缺的人会无法使会场得到安静。究竟人多人少，要依调查人的情况决定。但是至少需要三人，不然会囿于见闻，不符合真实情况。

(4) 要定调查纲目

纲目要事先准备，调查人按照纲目发问，会众口说。不明了的，有疑义的，提起辩论。所谓"调查纲目"，要有大纲，还要有细目，如"商业"是个大纲，"布匹"、"粮食"、"杂货"、"药材"都是细目，布匹下再分"洋布"、"土布"、"绸缎"各项细目。

(5) 要亲身出马

凡担负指导工作的人，从乡政府主席到全国中央政府主席，从大队长到总司令，从支部书记到总书记，一定都要亲身从事社会经济的实际调查，不能单靠书面报告，因为二者是两回事。

(6) 要深入

初次从事调查工作的人，要作一两回深入的调查工作，就是要了解一处地方（例如一个农村、一个城市），或者一个问题（例如粮食问题、货币问题）的底里。深切地了解一处地方或者一个问题了，往后调查别处地方、别个问题，便容易找到门路了。

(7) 要自己做记录

调查不但要自己当主席，适当地指挥调查会的到会人，而且要自己做记录，把调查的结果记下来。假手于人是不行的。

资料来源：《毛泽东农村调查文集》，人民出版社1982年版，第9—11页。

在上述关于调查技术的讨论中，毛泽东同志所提到的"调查会"就有点类似于焦点小组。同时，毛泽东还指出，在使用社会调查方法时还应注意以下问题：(1)适当采用"调查会"（或焦点小组）的调查方式（同时强调了调查人的指挥能力、调查会参与人数多少如何决定、人数多少的优劣等问题）；(2)确定被调查人员；(3)确定适当的调查规模；(4)提前拟定调查大纲；(5)亲自进入调查现场；(6)深入了解现实问题；(7)做好调查记录。

（三）问卷法

问卷法（questionnaire method）是根据调查目的，用提问方式设计不同问题，组成调查问卷，经被调查者作答后，进行分析和得出结论的一种社会调查方法。依据不同标准，问卷法有不同分类。[①]

1. 自填式问卷法

自填式问卷法（self-administered questionnaire method）是指调查者通过各种方式将问卷发放给被调查者，被调查者自行阅读封面信与指导语了解填答要求，自己进行回答并填写答案，然后再由调查者回收的方法。具体地，根据发放方式的不同，自填式问卷法又可以分为个别发送法、网络发送法、邮政发送法和报刊发送法。个别发送法是指调查者派人将纸质问卷发放到被调查者的手上，等待被调查者回答完毕后再派人进行回收；网络发送法是指调查者利用互联网发布电子问卷（包括微信），待网民回答后对调查结果进行回收；邮政发送法是指调查者通过邮局或快递公司向特定的被调查者寄发问卷，被调查者回答完毕后，按照要求再通过邮局或快递公司将问卷自行寄回给调查者；报刊发送法是指调查者随报刊发放问卷，读者回答完毕后按照要求自行寄回给调查者。

2. 代填式问卷法

代填式问卷法（interviewer-administered questionnaire method）是指由一组经过挑选和培训的访问员，向被调查者说明调查的目的与调查要求，严格依据调查问卷提出问题，并按照问卷中问题的顺序来提问，由调查员依据问卷的格式和要求记录被调查者的答案。代填式问卷法又可分为当面访问法和电话访问法。当面访问法是指调查者按照统一设计的问卷向被调查者当面提出问题，然后根据其口头回答来填写问卷；电话访问法是指调查者通过电话按照统一设计的问卷对被调查者进行提问，然后根据其电话回答来填写问卷。

上述问卷调查法中最常用的有邮政发送法、网络发送法、当面访问法和电话访问法四种。表8.5对这四种方法在实施特点、调查控制、不同问题成功的机会、偏差的来源四个方面进行了比较，研究者可以根据研究问题的特点、预算、研究期望等选择合适的问卷调查方法。

[①] 水延凯、江立华主编：《社会调查教程》（第六版），中国人民大学出版社2014年版，第163页。

表 8.5　四种常用问卷调查法比较

特点	问卷调查法类型			
	自填式问卷法		代填式问卷法	
	邮政发送法	网络发送法	当面访问法	电话访问法
实施特点				
成本	便宜	最便宜	昂贵	中等
速度	最慢	最快	慢到中等	快
长度(问题的数目)	中等	中等	最长	短
应答率	最低	中等	最高	中等
调查控制				
追问的可能	否	否	是	是
特定的受访者	否	否	是	是
问题次序	否	是	是	是
只有一个受访者	否	否	是	是
视觉观察	否	是	是	否
不同问题成功的机会				
视觉辅助	有限的	是	是	没有
开放式问题	有限的	是	是	有限的
相倚问题	有限的	是	是	是
复杂问题	有限的	是	是	有限的
敏感问题	有限的	是	有限的	有限的
偏差的来源				
社会期望偏差	否	否	更严重	有些
访问员偏差	否	否	更严重	有些
受访者的阅读技能	是	有些	否	否

资料来源:〔美〕劳伦斯·纽曼:《社会研究方法:定性和定量的取向》(第 7 版),郝大海译,中国人民大学出版社 2021 年版,第 301 页,略有修正。

六、研究设计和有效性

(一) 观察法的研究设计及有效性

1. 研究设计

(1) 设计观察内容。

研究者一般根据研究目的确定好观察主题,再将主题进行操作化,细化为具体的观察项目和内容,一般包括情景条件、人物活动、人际关系、动机态度等几个方面。①

(2) 制订观察计划与方案。

观察计划与方案应包括确定观察的时间、地点、对象、具体方法与流程等。观察对象的选择要具备典型性,要抓住重点对象进行观察以便获得更有价值的信息。此外,还要把握好观察的时机,在最佳时间进入最佳观察场合。如果选择标准观察法,则需要制订出统一、完备的观察方案,严格按照计划的操作流程和记录方式进行观察;如果选择非标准观察法,那么观察计划可以具有较大的开放性。

(3) 进入现场。

对于身份已被知悉的调查者,"内部"参与研究者的角色和"外部"参与研究者的角色对观察过程有不同的影响。② "内部"参与研究者的角色使观察更容易进行,"外部"参与研究者的角色需要观察者在进入现场时充分利用关系、说辞、知识和礼数作为后盾。在政治、法律和官僚体制对实地观察设置障碍的情况下,实地研究者和各种各样的政府专业组织间"提倡联合,相互尊重彼此间的关系","与法律部门多沟通,考虑进入现场后可能发生的问题,同时尊重基本的合同义务,研究者和被研究者之间相互信任"③。观察者需要注意保密,保证被观察者的人名、地名等真实信息不会出现在研究报告中,或者以假名来代替。

(4) 实施观察和记录结果。

在进入观察现场后,观察者参与到被观察者的日常生活中,通过建立和维持与被观察者的融洽关系,完成观察和记录资料。观察者应该及时记录笔记,然后把这种草稿笔记转换成打印字笔记以备分析之用。④

2. 有效性

一般而言,要保证观察的有效性,必须做到如下三点(见图 8.1)。

---

① 张兴杰:《社会调查》,南京大学出版社 2008 年版,第 188 页。
② 内部指的是研究者本身就属于现场,例如某单位的工作人员希望研究该单位的现象,则这位研究者是内部参与研究者;外部参与研究者则与研究现场没有关联,仅是出于研究目的才进入的。
③ Patricia A. Adler and Peter Alder, "Do University Lawyers and the Police Define Research Values?" in Will C. van den Hoonaard, ed., *Walking the Tightrope: Ethical Issues for Qualitative Researchers*, University of Toronto Press, 2002, pp. 34—42.
④ 〔美〕约翰·洛夫兰德等:《分析社会情境:质性观察与分析方法》,林小英译,重庆大学出版社 2009 年版,第 126—135 页。

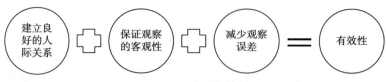

图 8.1　观察法有效性

（1）建立良好的人际关系。

人际的互动是复杂微妙的,这就需要打消被观察者的疑惑并建立信任关系,因为被观察者只有放下戒备心才能展现出最真实的状态,观察者才能收集到真实的信息。

（2）保证观察的客观性。

观察者与被观察者之间的互动会对被观察者产生一定的影响,要尽量控制并减少这种影响。观察者在观察过程中还要注意不要掺杂自己的主观臆断,保持中立性与客观性。

（3）减少观察误差。

通过对观察人员进行认真挑选和培训来尽量减少主观因素引起的误差。除此之外,一些现象的本质暴露需要经历一个过程,还有一些表面现象与假象的存在,这些都会产生观察误差。这种客观因素产生的误差可以通过使用科学仪器与反复观察比较来尽量减少。

（二）访谈法的研究设计及有效性

1. 研究设计

（1）确定访谈内容。

在访谈之前,研究人员要依据研究目的确定调查的主题,明确访谈方式。无论采用何种访谈方式,访问员都要了解与主题相关的知识,只有了解相关内容才能与受访者进行互动和交流,否则访谈根本无法进行,更无法获取深层次的信息。

（2）选择受访者。

研究者要有计划、有目的地选择一定数量的受访者。研究者要在对研究背景和研究内容充分了解的前提之下,选择符合研究要求的受访者,还要尽可能地去了解受访者的情况,如教育程度、性格、年龄等,并且选择的受访者要具有代表性。

（3）选择与培训访问员。

如果调查的范围较大,研究者无法亲力亲为,则需要挑选一些访问员进行访谈。访问员需要具备一些有利于访谈进行的品质,比如具有较好的语言表达能力、亲和力、善于处理人际关系、反应较快、适应能力强等。由于访问员的来源不同,所以要对访问员进行必要的培训,让其了解访谈内容和相关理论与知识,教授一些访谈的注意事项与访谈技巧,保证其访谈时保持客观与中立。

(4)编制访问员手册。

在进行标准化访谈时,访问员必须根据统一的标准和要求进行访谈,这就需要编制访问员手册。访问员手册包括一份完备的标准化问卷、提问方式和提问顺序,还需要包括对一些问题的统一解释来解答受访者的疑惑,访问员不允许用自己的语言进行解答,而要严格遵照访问员手册进行访谈。

2. 有效性

要做到访谈的有效性,需要重点关注以下五点(见图8.2)。

图8.2 访谈法有效性

(1)语言表达明确清晰。

访问员要格外注意自己的语言表达,避免使用一些专业术语与抽象难懂的词语,表达要连贯清晰,发问的语气要平和。

(2)保证客观性。

访谈过程中访问员要避免对受访者的回答做出主观的评价,也不要给予暗示性的话语,而尽量给予中性的反应让访谈顺利进行,鼓励受访者说出心中的答案。

(3)学会倾听。

好的倾听者不仅可以对受访者的回答进行记忆,还可以产生情感的共鸣,更好地理解受访者话语的意思,有时甚至能推测出其言外之意,结合受访者的肢体动作和神态等,把握住时机,做出恰当的回应和进行适当的追问。

(4)培养观察的技巧。

在访谈中除了可以通过受访者的口头回答来获取信息之外,他们的衣着打扮、态度语气、肢体动作、面部表情等也会表达某种意义,访问员要善于察言观色,以获得更加丰富的信息。

(5)认真进行研究设计。

尽量找到能够提供有用信息的被访者。这些接受访谈的人应该是有经验的、知识丰富的和具有不同视角的。访谈的问题和抽样应是全面的,报告是精确的。访谈中可以设置一些重复性的问题,通过用不同的方式询问同样的问题,对担任不同角色的人询问至少部分一样的问题来检查访谈的一致性,以此让受访者尽可能地提供中肯的信息。

(三) 问卷法的研究设计及有效性

1. 研究设计

(1) 制定分析框架。

需要根据已经确定的研究主题和目的,列出所有的研究项目,根据这些项目确定调查的范围以及相关的变量,制作出一套完善的分析框架,再对框架一步步进行细化填充。

(2) 设计问卷初稿。

在设计初稿之前,研究者要先确定好采用何种分析方法,这样才能确定问卷的形式,然后对之前的框架进行填充,将需要调查的内容用文字和选项的形式呈现出来。一份完整的问卷应该包括封面信、指导语、问题与答案、编码以及其他资料。

(3) 对问卷初稿进行评审。

初稿设计出来后不能直接批量发放,要先邀请相关领域的专家、学者或是有经验的工作人员进行评审,收集他们的意见与建议。

(4) 进行预调查。

按照正式调查的方法,选取具有代表性的被调查者,在小范围内发放问卷,其目的不在于统计最后的数据资料,而是从中发现问卷的不足,包括问卷结构、用语和逻辑的不当之处,同时也可以估计问卷的效度和信度。

(5) 修改定稿。

综合专家学者的意见与预调查中出现的问题,对问卷进行修改和完善,最终确定在调查中使用的定稿。

2. 有效性

要保证问卷法的有效性,需要重点关注以下五点(见图 8.3)。

图 8.3 问卷法有效性

(1) 语言的简明性与准确性。

语言的简明性是指要避免问题过于抽象不利于调查对象的理解,要将抽象的概念转化为具体的指标,还要避免使用一些专业术语和生僻的词语,做到通俗易懂;语言的准确性是指在陈述问题时,避免使用模棱两可或有歧义的概念和表达方式。

（2）语言表述的客观性与单一性。

客观性是指问题表述不能带有暗示性和倾向性，流露出研究者的主观态度，引导调查对象的作答；单一性是指一个问题只能包含一件事，不能存在多重含义，避免造成调查者因不知道该回答哪个问题而手足无措。

（3）答案的互斥性与完备性。

答案的互斥性是指各个选项之间是互斥的，不能存在包含关系；答案的完备性是指要尽可能列出一切有可能的答案选项，让每个作答者都可以从选项中选出一个符合自己条件的选项，如果答案难以确定，则可在罗列出一些主要答案后再加设一个"其他"选项。

（4）答案的相关性与同层性。

答案的相关性是指设计的选项必须与所询问的问题有直接的关系，不能出现答非所问的现象；答案的同层性是指给出的各个选项必须与问题属于同一性质、同一层次。

（5）评估调查问卷效度。

对调查问卷效度进行评估是提高问卷法效度的方法之一。例如，评估研究相关的类型，借助于结构效度、预测效度、区分效度来考察问卷法收集数据的效度；对同样问题不同形式的结果进行比较；将调查问题的答案与其他来源的信息（例如记录）进行比较。①

七、操作流程

（一）观察法的操作流程

观察法的一般操作流程如下（见图8.4）。

图 8.4 观察法操作流程

1. 进入观察现场

需要根据不同的观察方法选择相应的进入观察现场方式。进入现场的策略

---

① 〔美〕弗洛德·J. 福勒：《调查问卷的设计与评估》，蒋逸民等译，重庆大学出版社 2010 年版，第 138—147 页。

主要包括公开式进入和隐蔽式进入。① 对于参与观察而言,与被观察者建立友好联系十分重要,但如果只是在公共场合里进行非参与式观察,那么进入现场就变得容易,与被观察者建立友好联系也就没那么重要了。

2. 建立友好联系

友好联系的建立并不是必需的,需要根据观察方式来确定。建立友好联系的前提是取得被观察者的信任,在此过程中需要观察者表现出自己的真诚、专业,并承诺不会对被观察者造成伤害等。

3. 观察并记录

观察记录是观察法中的重要环节。下面是美国社会学家纽曼推荐的一些"记"的诀窍。

(1) 实地观察后尽可能迅速地做记录,在观察到的情景未被记录下来之前,不要与人谈话。

(2) 每一次实地访问都要另起一页,写上时间和日期。

(3) 用现场记录来帮助记忆,记下一些关键的词语、讨论的第一件事与最后一件事。

(4) 多留空白以便随时补充,如果回忆起遗漏的情况随时添加上去。

(5) 把记录打印出来或誊清,分门别类安放,以便随时能找到。

(6) 把情况按时间顺序记录下来,写明持续时间(例如,等了15分钟,开车行驶了1小时)。

(7) 尽可能记得全面、具体、易懂。

(8) 多使用段落与引文符号,最好能一字不差地记下话语。引文用双引号,说话大意用单引号。

(9) 记下人们的闲谈与当时看来不引人注意的情况,它们在后面的研究阶段可能会变得重要。

(10) 跟着感觉走,尽量写得快,不必管笔画或者可能出现的"不着边际"的情况。可以认为,没有别人会看笔记,但还是要用假名。

(11) 绝对不要完全用录音笔来代替笔记。

(12) 在记录中利用示意图,勾画出观察过程中自己的行动与别人的行动。

(13) 记下研究者自己的话语与行为,在不同的笔记部分记下研究者自己的感情与想法。

(14) 避免总体性的评价字眼,不要写"水斗看上去令人恶心",而要写"水斗

---

① 〔美〕丹尼·L. 乔金森:《参与观察法》,龙筱红、张小山译,重庆大学出版社2008年版,第36页。

锈迹斑斑,看上去很长时间未清洗过了,里面堆着看上去放了几天的脏盘子与残留食物"。

（15）定期重读笔记,记下重读时的想法。

（16）永远记住做一份或多份笔记拷贝,把它们锁起来。为了防火起见,应把它们散放在不同的地方。①

4. 退出现场

观察在某个时点会接近尾声。这个时候需要考虑离开观察现场的合适时机及其可能的影响。② 影响退出现场的因素见表8.6。

表8.6　影响退出现场的因素

	压力、约束和基本原则			
	理论的和方法的	结构的和制度的	关系的和情感的	道德的和伦理的
加速	• 完成了研究日程或研究计划 • 理所当然 • 理论饱和 • 高度自信	• 资金耗尽 • 截止日期 • 被撵出 • 角色冲突	• 被排斥 • 厌倦 • 疲惫 • 非研究关系	• 对发起人的义务 • 专业职责 • 对公众的职责
阻碍	• 强迫的科学态度	• 刚性的政策 • 背叛 • 贪婪的组织	• 同情 • 认同 • 快乐和兴奋	• 与道德和伦理义务相冲突 • 负罪感

资料来源:改编自 David A. Snow, "The Disengagement Process: A Neglected Problems in Participation Observation Research," *Qualitative Sociology*, No. 3, 1979。转引自〔美〕约翰·洛夫兰德等:《分析社会情境:质性观察与分析方法》,林小英译,重庆大学出版社2009年版,第90页。

5. 审查记录并分类

通过对记录的审查,可以及时发现其中是否存在遗漏或错误,便于修正或返回观察现场再补充。此外,需要对观察资料进行分类,为后面的汇总分析做准备。

6. 汇总和分析

观察法收集到的资料也属于质性资料,难以像问卷调查资料一样进行定量分

---

① 唐盛明:《实用社会科学研究方法》,立信会计出版社1998年版,第96—97页。
② C. Leaving Gallmeier, "Leaving, Revisiting and Staying in Touch: Neglected Issues in Field Research," in William B. Shaffir and Robert A. Stebbins, eds., *Experiencing Fieldwork: An Inside View of Qualitative Research*, Sage, 1991, pp. 224—231.

析。可以采用内容分析、语义差异分析等质性分析法来分析观察得到的资料,也可以借助一些计算机软件来辅助分析。

(二)访谈法的操作流程

1. 进入访谈现场

首先,对于陌生人来说,可以由中间人带路或陪同,以此减轻被访者的不信任感;其次,要充分了解被访者的身份背景和当地的风俗习惯,这是访谈前要做的准备;最后,采取适当的方法接近被访者,可以"开门见山",直接、正面进入主题,也可以友好接近或者求同接近等。选择何种接近方式要根据被访者的特点。

2. 实施访谈

访谈是以问答的形式进行的,依据的是访谈前准备好的访谈提纲。"访谈进入中心问题,访谈的实质性阶段开始,研究者应力使中心问题的访谈受到重视,并要设法引导被访谈者谈出更深刻和更有意义的看法。"[1]在实施访谈时,要做好记录。实际访谈中,为提高效率和减少对被访者的影响,可以采用录音的方式,但要事先经过被访者同意。

3. 结束访谈

访谈者可以根据访谈时间、受访者的反应和收集到的信息情况判断是否结束访谈。"需要注意的是,无论进行哪种形式的访谈,访问时间都不宜过长,电话调查一般在 5—10 分钟;街头拦人法一般控制在 10 分钟左右,最多不超过半个小时;入户调查一般在 20 分钟到半个小时为宜,最多不要超过一个小时;深入访谈视具体情况可以稍长,但也以 1—2 小时为宜,太长会影响到对方正常的工作安排。"[2]

4. 审查记录并分类

为了保证访谈资料的质量,首先要对访谈笔记、录音等原始资料进行严格审查。通过审查资料的真实性、完整性和准确性,发现问题,及时解决。

5. 汇总和分析

访谈法收集到的资料属于质性资料,一般不容易进行定量分析。可以采用内容分析、语义差异分析等质性分析法来分析访谈得到的资料。

---

[1] 谢俊贵主编:《社会调查研究方法》,北京理工大学出版社 2009 年版,第 213 页。
[2] 张彦、吴淑凤编著:《社会调查研究方法》,上海财经大学出版社 2006 年版,第 122 页。

（三）问卷法的操作流程

问卷法的一般操作流程如下。

1. 选择调查对象

选择并确定问卷调查对象，可以使用概率抽样方法，以保证随机性；也可根据实际调查情况，选择有限范围内的所有成员比如一个村、一个企业、一个学校、一个社区等作为调查对象。

2. 设计问卷

问卷设计首先需要注意以下几个方面的问题：

（1）问题与备选答案。开放型问题的设计需要采取问题+留白的方式，封闭型问题的设计需要采取问题+备选答案的方式。封闭型问题可以采取填空式、是否式、多项选择式、矩阵式、表格式、等级式、后续式。

（2）备选答案的穷尽与互斥。穷尽性是指问题给出的备选答案必须能涵盖所有可能，互斥性是指问卷中所给出的所有答案在内涵上应该相互排斥。

（3）相倚问题。相倚问题分为简单相倚、复杂相倚和跳答指示三种形式。复杂相倚一般采用方框嵌套法，如果问卷当中有连续数个问题都是适用于部分受访者，则可以采用跳答指示方法。

（4）问题的数目和顺序。一般标准的问卷访谈的时间应该控制在20分钟以内，不要超过30分钟。问题安排的次序应该是先易后难、先一般后特殊、先粗后细、先封闭后开放、分类筛选、同类组合。问卷设计时应该避免概念抽象、问题含糊不清、问题带有倾向性、问题具有双重或多重含义、问题与答案不协调、答案设计不合理、表格设计存在问题等。[①]

此外，还需要强调的是，由于问卷调查的有效性在很大程度上依赖于问卷设计的清晰性、严密性与精巧程度，因此，研究者就不仅需要具有设计问卷的超强耐心和创造力，需要对问卷设计不断进行练习，并对自己设计的问卷不断进行修改，同时需要在问卷设计时，遵循一些问卷设计的基本原则和技巧（见表8.7）。

表8.7 问卷设计的基本原则和技巧

分类	要点
基本原则	1. 问卷设计应与研究目的匹配
	2. 尽可能地收集一手信息
	3. 避免问题与答案不一致的逻辑问题

[①] 张彦、吴淑凤编：《社会调查研究方法》，上海财经大学出版社2006年版，第78—94页。

(续表)

分类	要点
题目设计技巧	4. 题目选项应周密、详尽,避免遗漏和重叠
	5. 避免诱导性问题
	6. 避免复合问题
	7. 询问受访者态度时,选项设置应平衡,同时评定等级安排应合理
	8. 避免一般性问题
	9. 避免仅适用于特定人群的问题
	10. 适当设置过滤问题
	11. 避免敏感性问题
	12. 考虑受访者回答问题的难度
	13. 避免询问涉及遥远未来的问题
语言技巧	14. 避免行话、俚语、方言、缩略语
	15. 概念界定应明确清晰,防止歧义
	16. 避免情绪化字眼和声望偏见
	17. 对于强社会称许性问题,应掩盖研究的目的
	18. 避免双重否定

第一,问卷设计应与研究目的匹配。

问卷题目设计应始终与研究问题和研究目的相契合,这是问卷设计的基本及首要原则。一般而言,探索性研究(期望通过收集原始数据对某一问题或现象形成初步认识)在题目设计上相比验证性研究(期望通过收集问卷数据验证研究假设)会更加宽泛。①

第二,尽可能地收集一手信息。

对于客观事实类问题,在条件允许的前提下,应尽可能收集一手信息。一手信息能提供更为准确、原始的数据,保证获取信息的最大化。

例如:

您的年龄为:

a. 0—20 岁　b. 21—30 岁　c. 31—40 岁　d. 41—55 岁　e. 56 岁及以上

对于这一问题,可以通过直接设问的方式,获取受访者的年龄的一手信息,而

---

① 〔美〕伯克·约翰逊、拉里·克里斯滕森:《教育研究:定量、定性和混合方法》,马健生等译,重庆大学出版社 2015 年版,第 151 页。

无须用选题方式来获取模糊信息。

再如：

您认为 X 项目当前存在的最主要问题是：

a. 资金缺乏　b. 管理不善　c. 人员不足　d. 其他

对如上问题，更好的方式是采用开放式简答题，并在回收问卷后，整理所有回答并编码，依据编码结果，将原始回答提取为备选项。这样可以最大限度地反映受访者的原始想法，而非让受访者在预设答案中选择，从而收集到更为客观、真实的一手数据。当然，如果研究者通过前期研究确实确定了这几个选项是最重要的选项，或者就想特别了解这几个选项，则另当别论。

第三，避免问题与答案不一致的逻辑问题。

在问卷设计中，问题与答案是不可分割的，故在逻辑和维度上都应保持一致。① 因此，问卷设计应避免问题与答案不一致的逻辑问题。

例如：

您在社区医院看病的频率如何？

a. 很少在社区医院看病，认为社区医院水平不可靠　b. 有时会在社区医院看病，相对信任社区医院的医疗水平　c. 经常去社区医院看病，十分信任社区医院的诊疗水平

这个问题的备选答案同时反映了"去社区医院就诊频率"与"对社区医院医疗水平的信任度"，但题干仅要求调查受访者的就诊频率。事实上，就诊率高低也不全与信任度相关，还受其他多种因素的影响。因此，该题存在题干与答案不完全一致的问题。而且，该题对频率的测量也并不准确。如果是问频率，或许可以改成：

您在社区医院看病频率如何？

a. 平均一年不足 1 次　b. 平均一年 1—3 次　c. 平均一年 4—8 次　d. 平均一年 9 次及以上

第四，题目选项应周密、详尽，避免遗漏和重叠。

给受访者提供可能的答案选项时，应保证选项是无遗漏的（穷尽了所有可能，使每个受访者都有答案可以选择），而且选项之间应具有相互独立性或互斥性。

例如：

您当前有工作，还是处于失业状态？②

---

① 袁方：《社会研究方法教程》（重排本），北京大学出版社 2013 年版，第 196 页。
② 〔美〕劳伦斯·纽曼：《社会研究方法：定性和定量的取向》（第 7 版），郝大海译，中国人民大学出版社 2021 年版，第 283 页。

a. 工作中　b. 失业中

这个问题忽略了那些既没有工作也没有失业的受访者,比如家庭主妇、全日制学生、残疾人、退休人员等等。

第五,避免诱导性问题。

诱导性问题(leading question),又称为暗示性问题,其措辞方式带有强烈的暗示性和倾向性,容易引导受访者做出研究者期望的回答而隐瞒自己的真实想法。诱导性问题的表达并非"中性",而是带有明显的偏好,据此所收集的资料往往带有偏见,因而无法反映客观现实。因此,研究者在问卷中的语言表达应客观、中立,避免诱导性问题,以使受访者能够自由地提供真实答案。①

例如:

你不抽烟,对吧?

a. 是　b. 否

同学们普遍认为公共管理研究方法授课老师的专业水平很高,你是否赞同?

a. 赞同　b. 不赞同

这些问题都带有明显的诱导性或暗示性,会引导受访者赞同以上观点,隐瞒自己的真实想法。

第六,避免复合问题。

复合问题(double-barreled question),又称双重目的问题,即在一个问题中实际上包含了两个或更多的问题。在复合问题中,研究者无法分辨受访者是对问题中的哪个部分进行了回答,因而导致该问题收集的数据无效。②

例如:

你支持或反对提高社会保障救济金以及增加军事开支吗?③

a. 非常支持　b. 比较支持　c. 中立　d. 比较反对　e. 非常反对

这一问题,实际上包含了受访者对于"增减社会保障救济金"和"增减军事开支"两个议题的看法,应该拆分成两个问题。再如:

您是否认为,我国应该放弃太空计划,并将资金用到民用事业上?④

a. 非常同意　b. 比较同意　c. 中立　d. 比较反对　e. 非常反对

上述题目将"是否支持放弃太空计划"与"放弃太空计划后资金的去向"两个

---

① 〔美〕伯克·约翰逊、拉里·克里斯滕森:《教育研究:定量、定性和混合方法》,马健生等译,重庆大学出版社2015年版,第154页。
② 同上书,第154—155页。
③ 〔美〕劳伦斯·纽曼:《社会研究方法:定性和定量的取向》(第7版),郝大海译,中国人民大学出版社2021年版,第284页。
④ 〔美〕艾尔·巴比:《社会研究方法》(第11版),邱泽奇译,华夏出版社2009年版,第248页。

问题糅合在一起。这可能让部分受访者产生困扰,比如"赞同放弃太空计划并将资金转入军事事业"的受访者只支持"放弃太空计划",而对"太空计划资金转移到民用事业"持反对立场。因而在作答时,这部分受访者无论是选择支持还是反对的选项都是矛盾的。

第七,询问受访者态度时,选项设置应平衡①,同时评定等级安排应合理②。

在询问受访者的态度时,选项设置应该平衡,例如不能只包含"非常同意""同意"等积极态度的选项,也应该包含"非常不同意""不同意""一般"等消极和中性态度的选项。此外,还应尽量避免只有"是""否"或"同意""不同意"此类的极端选项,应合理安排和评定其态度等级,尽可能获得更加真实、准确的信息。

例如:

您认为社区服务质量如何?③

a. 非常好　b.很好　c.优良　d.好

在上述问题中,备选项只有正面评价,没有负面评价,选项设置上没有实现平衡。正确做法是通过李克特(Likert)五分量表,将评价分为"非常好""比较好""一般""比较差""很差"五类,更准确反映受访者的态度。

第八,避免一般性的问题。

一般性问题即对调查并无实质意义,设问过于笼统或含糊不清,其结果没有多少用处的问题。④

例如:

您怎样评价当代大学生的思想状况?⑤

这一问题中,大学生的思想状况包含的内容十分宽泛,提问究竟是想问大学生的心理状况是否良好,还是政治思想是否端正,又或是思维方式是否成熟,受访者很难判断。题干过于宽泛容易导致被调查者对题意的理解不一,填写的答案五花八门,最终收集的问卷结果也无从分析。

第九,避免仅适用于特定人群的问题。⑥

---

① 〔美〕伯克·约翰逊、拉里·克里斯滕森:《教育研究:定量、定性和混合方法》,马健生等译,重庆大学出版社 2015 年版,第 154—155 页。
② 〔美〕劳伦斯·纽曼:《社会研究方法:定性和定量的取向》(第 7 版),郝大海译,中国人民大学出版社 2021 年版,第 283—284 页。
③ 改编自上书,第 284 页。
④ 同上书,第 281 页。
⑤ 风笑天:《社会调查中的问卷设计》,天津人民出版社 2001 年版,第 41 页。
⑥ 〔美〕劳伦斯·纽曼:《社会研究方法:定性和定量的取向》(第 7 版),郝大海译,中国人民大学出版社 2021 年版,第 283 页。

在一些问题上,研究者可能错误地估计了受众,导致该问题并不适用于所有受访者。这可能会使一些受访者无法作答,甚至对此感到沮丧。

例如:

您认为您与自己孩子的关系如何?

a.十分亲密　b.比较亲密　c.一般　d.比较疏离　e.十分疏离

这个问题仅适用于有孩子的父母,对于尚没有孩子的受访者来说是无法回答此类问题的。这种情况可以通过预先安排过滤问题解决。

第十,适当设置过滤问题。

这一原则与"避免仅适用于特定人群的问题"相对应。当有些问题只适用于特定人群时,研究者应避免询问其他无关受访者。过滤问题,亦称为相倚问题(contingency question)、分支问题和跳过问题,由两个或以上相关联的问题构成。受访者对于第一个问题的回答决定了其接下来要回答的问题。过滤问题可以根据第一个问题的答案,让受访者或访问员根据操作提示跳转到另一题目,或者回答第二个相关联的问题,从而筛选出适合回答第二个问题的受访者。①

例如:

问题版本 1(未设置过滤问题):请问您每周使用私家车的频率是多少?

a. 平均每周 5 天及以上　b. 平均每周 2—4 天　c. 平均每周 1 天及以下

问题版本 2(设置过滤问题):请问您是否拥有私家车?

a.是——请问您每周使用私家车的频率是多少?

i. 平均每周 5 天及以上　ii. 平均每周 2—4 天　iii. 平均每周 1 天及以下

b.否[跳转下一题]

通过这两个版本的对比可以发现,在版本 2 中,通过设置"是否拥有私家车"这一过滤问题,将没有私家车的受访者过滤出去,而这部分受访者在版本 1 中倾向于选择"很少使用"。如果不设置过滤问题,可能会导致对选项 3 的过高估计,而版本 2 实际上对此进行了筛选和澄清。

第十一,避免敏感性问题。

敏感性问题可能导致受访者难堪。在设计问卷时,应尽量避免敏感性问题。如果基于研究主题需要实在无法回避,可以使用假定法、转移法、迂回法、委婉法等方式降低问题的敏感性和难堪程度。例如,直接询问受访者年龄可能让受访者感到冒犯。为降低敏感性,可采取迂回法间接询问其年龄,如"2008 年北京奥运

---

① 〔美〕劳伦斯·纽曼:《社会研究方法:定性和定量的取向》(第 7 版),郝大海译,中国人民大学出版社 2021 年版,第 289 页。

会举办时,您当时年纪多大?"。再如,直接询问受访者是否曾入店行窃,往往会让受访者产生戒备心理,无法得到准确回答。为此,可以增加"嵌入问题",即新增更加敏感的问题,从而降低目标问题的敏感性。假如我们对受访者是否曾入店行窃感兴趣,可以采取以下询问方式:

您是否曾做过下列事情[1]:

(1) 入室抢劫?   是 否
(2) 强行闯入他人家中?   是 否
(3) 未经主人许可就将其车开走?   是 否
(4) 没有付账就把商店东西带走?   是 否

以上问题中,研究者真正关心的是受访者是否曾"没有付账就把商店东西带走?",其余三个问题仅起到降低目标问题敏感性的作用。按照问题的威胁性依次排序,被调查者更有可能真实回答排位靠后的问题。

第十二,考虑受访者回答问题的难度。

在问卷调查的过程中,如果问一些受访者不知道的事情,可能让受访者感到困扰,甚至让其产生挫败感,最终获得不准确的回答。因此,问卷设计时需要充分考虑受访者回答问题的难度,避免超出其能力范围的问题。[2] 对于一些时间久远或包含部分细节的问题,或者需要精确记忆和计算的问题,受访者往往无法给出具体的信息和回答。[3] 举例而言,如果我们询问一位60多岁的老人,"在您5岁时,邻里之间氛围如何?",他可能无法准确回忆,因此给出的答案既不准确也没有意义。再如,"孩子2—3岁时,平均每月抚育费约多少钱?""您全家1984年的总收入(包括奖金)共多少钱?"[4]这些问题需要受访者回忆较为久远的情况并进行计算,增加了受访者负担,答案的准确性也难以保证。

例如:

问题版本1:"您最远到过的地方是_____公里外?"
问题版本2:"您最远到过哪里?(列出始发地和目的地)"[5]

上述例子中,问题版本1对受访者而言回答难度较大,而问题版本2通过列明地点的方式降低了回答难度。受访者未必记得最远路程有多少公里,但却很难

---

[1] 〔美〕诺曼·布拉德伯恩、希摩·萨德曼、布莱恩·万辛克:《问卷设计手册——市场研究、民意调查、社会调查、健康调查指南》,赵峰译,重庆大学出版社2010年版,第64页。
[2] 〔美〕艾尔·巴比:《社会研究方法》(第13版),邱泽奇译,清华大学出版社2020年版,第206页。
[3] 〔美〕劳伦斯·纽曼:《社会研究方法:定性和定量的取向》(第7版),郝大海译,中国人民大学出版社2021年版,第282页。
[4] 袁方主编:《社会研究方法教程》,北京大学出版社1997年版,第237—238页。
[5] 同上。

忘记到过最远的地方是哪里。因此,相比于要求受访者写出具体距离,直接阐明地点的方式更具可行性,回答难度更低,结果的准确率也更高。如果研究者需要量化结果,可以根据受访者提供的地点信息,自行计算最远距离。

第十三,避免询问涉及遥远未来的问题。

与避免询问过去的、涉及大量回忆细节的问题相对应的是,研究者也应该避免询问涉及遥远未来的问题,即受访者在假设情况下,可能做出的选择与决定。[1]对于此类问题,研究者给出的答案既不可靠也没有意义。

例如:

在10年后,你会投资很多钱在股票市场吗?[2]

第十四,避免行话、俚语、方言、缩略语。[3]

行话、俚语、方言、缩略语常常只有在特定人群或情景中才能被正确理解,因此使用它们容易使外行人感到困惑,或使脱离了特定情景的人无法正确理解其含义。例如,就行话而言,在学术界目前就有帽子、老板等说法,帽子指的是各种人才计划,老板则被很多理工科的学生用来称呼自己的导师。这些话如果脱离了特定学术圈,其他人就很难理解。就俚语或方言而言,在北京土话中有"猫着",指闲待着的意思,在其他地方人们可能就无法理解。就缩略语而言,"政协"一词既可指"中国人民政治协商会议",也可指"地方各级政治协商会议",如果不说清楚或说全称,人们就可能有不同理解或感到很困惑。

第十五,概念界定应明确清晰,防止歧义。

在问卷设计时,应清晰明确地界定相关概念,避免使用模棱两可、模糊不清的语言,避免造成受访者对概念理解的歧异和语义的混淆。[4]

例如:

您有多少收入?[5]

在这个问题中,"收入"的含义并不明晰,是月薪、年薪,还是现存所有收入,也没有区分是税前收入还是税后收入,以及今年的收入还是去年的收入。在概念存在多重含义的情况下,受访者的理解不尽相同,答案将存在极大偏差。因而,需要采取更为明确的询问方式。

---

[1] 〔美〕劳伦斯·纽曼:《社会研究方法:定性和定量的取向》(第7版),郝大海译,中国人民大学出版社2021年版,第283页。
[2] 同上书,第284页。
[3] 同上书,第281页。
[4] 同上。
[5] 同上。

例如：

您去年有多少税后收入？①

此外,问卷提及的概念应当能被受访者理解,不能提出超越受访者理解范围的问题,比如：

您的家庭结构属于哪种类型？②

a. 单身家庭　b. 核心家庭　c. 主干家庭　d. 联合家庭　e. 隔代家庭
f. 其他

上述问题对于没有家庭社会学专业知识背景的受访者来说,是难以回答的。

第十六,避免情绪化字眼和声望偏见。③

问卷设计应使用中性词汇,尽量避免负面、情绪化的语言。而且,当问题或观点由权威或有声望的专家、机构或团体提出时,受访者会倾向于支持这类观点,而隐藏其真实想法,这就产生了声望偏见(prestige bias)④。

例如：

您认为您最近的生活非常糟糕吗？

a. 是　b. 否

在这个问题中,"糟糕"即为情绪化语言,容易使受访者反感,从而拒绝合作。在问卷设计时应尽量采用中立的语言。此外,问题如提及特定群体,也可能带来声望偏见,比如：

大多数医生认为,吸烟会导致肺癌,你同意吗？⑤

在这个问题中,对于医生群体观点的强调就容易造成声望偏见,因为人们一般认为应该听从医生的观点,即使他们自己认为吸烟对身体的影响有限。

第十七,对于强社会称许性问题,应掩盖研究的目的。

强社会称许性的问题是指一些可能带有明显的社会要求或容易受到社会规范影响的问题。此类问题在回答时可能产生社会期望偏差⑥,即调查对象为了符合社会主流价值规范,扭曲自己的回答。

---

① 改编自〔美〕劳伦斯·纽曼：《社会研究方法:定性和定量的取向》(第7版),郝大海译,中国人民大学出版社2021年版,第281页。

② 仇立平：《社会研究方法》,重庆大学出版社2015年版,第180页。

③ 〔美〕劳伦斯·纽曼：《社会研究方法:定性和定量的取向》(第7版),郝大海译,中国人民大学出版社2021年版,第282页。

④ 同上。

⑤ 同上。

⑥ 同上书,第287页。

例如：

您认为种族歧视是？

　　a. 正确的　　b. 错误的　　c. 不好说

在这个问题中，种族平等是现代社会的基本共识，受访者即使是种族主义者，也可能不会在问卷中表露自己的真实想法。减少社会期望偏差的方式主要有两种：一是采用投射式提问方式；二是降低违反社会规范行为的敏感性，保全调查对象的"面子"。①

投射式提问并不直接询问受访者的看法，而是让他对"周围其他人"的想法做出评定。这时，受访者往往会选择将自己的看法"投射"到"周围其他人"的身上，给出真实的反应。

降低违犯社会规范行为的敏感性同样可以减少社会期望偏差，即采用较少引起受访者抵触的设问方式。例如，贝利等在对投票行为的描述中增加了诸如"很多人因为没有登记、生病或没有时间而无法参与投票"的陈述，减少了对投票的强调，并保全了未能参与投票群体的面子，进而减少由社会期望偏差导致的投票行为虚报。② 对于"是否在11月5日选举中进行投票"这一问题，贝利给出了以下四个选项：

　　a. 我没有在11月5日的选举中投票　b. 我考虑过投票但是这次没有投票　c. 我经常投票但这次未投票　d. 我确定我在11月5日的选举中投过票③

只有最后一个选项清楚指明了投票行为，这种设问方式能够增加人们回答的真实性。

第十八，避免双重否定。④

双重否定式问题在问卷调查的过程中，容易迷惑受访者，或出现文法错误，增加了问题的回答难度。需要注意的是，如果必须使用双重否定句式，研究者应在否定词上做出标注表示强调，引起受访者的注意。⑤

---

①　〔美〕劳伦斯·纽曼：《社会研究方法：定性和定量的取向》（第7版），郝大海译，中国人民大学出版社2021年版，第287页。

②　Robert Belli, et al., "Reducing Vote Overreporting in Surveys: Social Desirability, Memory Failure, and Source Monitoring," Public Opinion Quarterly, Vol. 63, No. 1, 1999.

③　Ibid.

④　〔美〕劳伦斯·纽曼：《社会研究方法：定性和定量的取向》（第7版），郝大海译，中国人民大学出版社2021年版，第283页。

⑤　〔美〕伯克·约翰逊、拉里·克里斯滕森：《教育研究：定量、定性和混合方法》，马健生等译，重庆大学出版社2015年版，第155页。

例如:

你不同意那些不想建立新城市游泳池的人的观点吗?①

a. 是　b. 否

这个问题使用双重否定结构,容易使受访者感觉云里雾里,尤其是在选项为"是、否"与"同意、不同意"时,更是如此。因此,在设问时应言简意赅。

3. 问卷测试

"考虑再周到的问卷都会有疏漏。这种疏漏只有在问卷测试中才能被发现。问卷测试其实就是试访问,最好再分三步进行。第一步:问卷设计者找同事、熟人或朋友进行试访。……第二步:问卷设计者找陌生的被访者进行试访。……第三步:访问员找陌生的被访者进行试访。"②问卷设计者对问卷测试中所发现的问题进行修改,以改善问卷的质量和问卷调研的信度与效度。

4. 正式发放问卷

发放调查问卷有多种方法,如个别发送法、集中填答法、邮政发送法、网络发送法。随着计算机技术的发展和网络的普及,网络发送法的使用率越来越高。但网络发送法和邮政发送法有同样的局限性,即难以保证回收率和回收答卷的质量。

5. 回收和审查

问卷回收时注意要当场快速检查问卷的填写情况(对于采用个别发送法的情况),以便发现漏填和错填并及时纠正,保证问卷质量和有效性。对于已回收的问卷,要认真进行审查,不按要求作答、回答不完整或不正确的问卷即作为无效问卷。

6. 数据处理

使用问卷法收集到的资料一般能够进行定量处理和分析。首先要对问卷中的问题和答案进行编码;其次是选择适当的数据分析工具,如利用 SPSS 或 Stata 对问卷中的数据资料进行统计分析;最后是对分析结果进行研究,撰写调研报告。

八、质量评价和保证

如果把社会调查方法作为一个整体来讨论,其优势和劣势(其实就是社会调

---

① 〔美〕劳伦斯·纽曼:《社会研究方法:定性和定量的取向》(第7版),郝大海译,中国人民大学出版社 2021 年版,第 284 页。

② 王兴周:《定量社会调查技术》,杭州出版社 2006 年版,第 80 页。

查方法的质量评价)在本章的前面部分已经有讨论,这里不再赘述。一般来说,社会调查的质量保证需要做好以下几个方面的工作。

第一,合理组建调查队伍。

通常的做法是组建 4—6 人规模的小组并注意男女比例,每个小组指定一名小组长,以小组为单位实施调查任务。

第二,制定监督和管理的办法及规定。

这主要包括确定调查进度控制措施、调查小组管理办法、调查指导和监督措施、资料复核与检查措施、调查小结与交流制度等。

第三,实地抽样的管理和监控。

需要对调查员进行培训使其理解具体的抽样方案,同时需要加强调查过程中的实地指导。

第四,实地访问的管理和监控。

研究者要深入调查实地,最好能亲自做一两份调查以了解和体验实际调查中出现的问题,每天调查结束后要开会讨论和进行小结。

第五,问卷回收和实地审核的管理与监控。

最好在问卷收回的当天就进行问卷资料的审核。每个调查员需要在收回问卷后及时浏览和检查问卷填答情况,发现问题及时回访核实。研究人员也应随时抽查问卷,发现问题后及时回访补救。[①]

本章所探讨的三种具体的社会调查方法,其质量评价和保证除了上述一般性特征和要求外,各自的特点和要求略有差异。

(一) 观察法的质量评价与保证

与问卷法和访谈法相比,观察法有明显的优点。一是观察员能够直接、及时地获取具体生动的第一手资料,便于迅速了解问题,掌握情况;二是观察法简便易行,其灵活性和适应性都比较强,可以广泛应用;三是观察法能获得其他方法难以获取的资料,特别是在无法使用语言文字交流的情况下;四是观察法能够尽可能保证观察对象的自然性,获得的资料更加可靠。

但观察法也存在局限性。首先是观察法对观察员素质的要求很高,观察员的观察识别能力、记录表达能力很大程度上决定了观察结果;其次是观察法的主观性比较强,得到的资料容易受到观察员情绪和体验的影响;再次是它受到时空的限制,有时候"眼见不一定为实";最后是观察得到的资料难以量化,给资料分析

[①] 风笑天:《现代社会调查方法》(第四版),华中科技大学出版社 2009 年版,第 175—176 页。

带来困难。为了保证观察质量,有必要针对其局限性采取措施:第一,要挑选优秀的观察员,同时加强对观察员的培训;第二,在实际研究中,可以将观察法与其他资料收集方法结合使用,扬长避短;第三,需要注意避免观察错误。观察错误是指在科学观察的过程中,观察者对于被观察者所做出的不符合客观事实的描述或判断。观察者的理论和技术水平限制、观察者的主观偏见、被观察者的复杂性、观察环境和观察工具的限制等都可能导致观察错误的产生。本章重点强调间歇性观察谬误[①],对于其他常见的观察错误不再赘述。

间歇性观察谬误(intermittent observation fallacy/fallacy of intermittent observation)是指间断的、零散的观察行为导致观察者对于关键信息的遗漏或疏忽,使其对被观察者做出不符合事实的判断。举例而言(见图 8.5),如果两个行人分别从公交站牌不同侧行走,左侧行人在站牌前面行走,右侧行人在站牌背面行走。当左侧行人走到站牌 1 时,右侧行人恰好走到站牌 2 背面并被挡住,此时他们均在路上观察不到对方的存在。同理,当左侧行人走到站牌 2 时,右侧行人走到站牌 1 背面,此时他们也观察不到对方。这时,便由于间断观察导致了观察遗漏,从而产生了间歇性观察谬误。

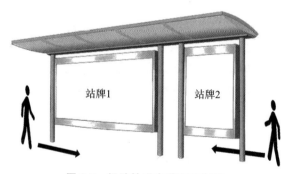

图 8.5 间歇性观察谬误示意图

(二)访谈法的质量评价与保证

访谈法具有方式灵活、问题探讨深入、资料获取丰富、适用范围广等优点,但也存在主观性强、耗时耗费、匿名性差、资料记录和整理困难等缺点。为保证访谈资料质量,首先要对访谈员素质提出明确要求,并对其进行系统培训;其次访谈员要掌握一些技巧,包括提问技巧、倾听技巧、追问技巧、拉近与被访者距离技巧等。

[①] 间歇性观察谬误由杨立华提出,文中的例子还原了他在 2020 年某日早晨去乘坐公交时对这一有趣现象的发现过程。

(三) 问卷法的质量评价与保证

问卷法作为最常用的社会调查方法,其优点有匿名性强、客观性强、相对于观察法和访谈法而言节省人力物力财力、资料便于定量处理和分析等。局限主要表现在要求调查对象有一定文化水平、回收率难以保证、获取资料的真实性难以保证、资料容易流于表面等方面。为提高问卷法获取资料的质量,可以从这些方面入手:首先,一定要进行探索性工作和预调查,保证正式问卷调查不至于出现太大偏差;其次,在问卷设计过程中,遵循问卷设计的基本原则,保证调查对象能够充分理解并以相同的方式解读问卷中的题项,从而给出客观的回答;最后,在问卷设计中尤其应避免共同方法偏差。①

下面,我们重点对共同方法偏差的定义、来源及控制方式进行介绍。

1. 共同方法偏差的定义

共同方法偏差(common method bias,CMB)是指使用相同的数据来源(如同样的测量工具和方法)、相同的评分者、相同的测量环境或者研究项目自身特征所导致的预测变量(predictor variable,在因果分析中也就是自变量)和效标变量(criterion variable,在因果分析中也就是因变量)二者的共变。② 共同方法偏差可能会影响研究结果,并导致错误的研究结论,属于系统误差变异。例如,在研究工作满意度与组织公民行为之间的关系时,如果二者都用自陈式问卷收集数据,则二者之间的相关性中有一部分很可能归结于使用共同方法导致的变异,造成虚假相关,影响测量与研究的效度。

2. 共同方法偏差的来源

共同方法偏差的来源主要包括四类:同源效应(又称相同评分者效应)、题项特征效应、题项语境效应、测量环境效应(见表 8.8)。

表 8.8 共同方法偏差的来源

来源	含义
同源效应	变量测量由同一受测者提供,导致预测变量与效标变量之间的人为共变
一致性动机	受测者对题项做出反应时有保持一致性的倾向

---

① Lihua Yang, "Types and Institutional Design Principles of Collaborative Governance in a Strong-government Society: The Case Study of Desertification Control in Northern China," *International Public Management Journal*, Vol. 20, No. 4, 2017.

② 周浩、龙立荣:《共同方法偏差的统计检验与控制方法》,《心理科学进展》2004 年第 6 期。

(续表)

来源	含义
内隐理论（错觉相关）	受测者认为特定特质、行为与结果之间存在内隐相关的观念
社会期望（社会赞许动机）	受测者对题项做出反应时更多考虑社会合意性，而非考虑自身的真实感受
宽待偏向	受测者倾向于将社会所期望的特质、态度和行为归于其熟悉和喜爱的人
默认偏向	受测者不考虑题项的内容而直接回答同意（或不同意）的倾向
心境（积极或消极）	受测者在积极（消极）心境下会积极（消极）地看待自身和周围事物
短暂的情绪状态	近期诱发情绪变化的事件影响了受测者看待自身和周围事物的方式
题项特征效应	由于单一题项所具有的特征影响了受测者对于题项的理解和反应，从而导致的人为共变
题项的社会期望	题项的表述方式更多反映了社会所期望的态度、行为和立场
题项的暗示性	题项可能会传递如何对其反应的隐含线索
题项的模糊性	题项存在歧义使得受测者按照自身的启发式认知进行系统性反应，或做出随机反应
相同的量表形式	使用相同量表形式（如李克特量表、语义区分量表）的问卷而导致的人为共变
相同的量表锚定	在问卷中重复使用相同的锚定点（如非常、总是、从不）
题项词性的特性	在问卷中使用肯定（否定）词性的题项可能导致人为的相关
题项语境效应	由于单一题项与前后题项的关系而影响受测者对于题项的理解与反应
题项的启动效应	预测变量（效标变量）在问卷中的特定位置使得受测者感知到此变量的重要性以及与其他变量之间隐含的因果关系
题项的嵌套性	嵌套于肯定或否定词性题项的语境中的中立题项，会被赋予肯定或否定的色彩
语境诱发的心情	首先遇到的题项所诱发的心情将会影响受测者对于余下题项的反应
量表长度	量表题项较少时，受测者对题项进行反应时会联想到对之前题项的反应

(续表)

来源	含义
各类构念题项的混合	测量不同构念的题项混合在一起可能会减小构念内的相关性,增大构念之间的相关性
测量环境效应	在相同环境下进行测量而导致的人为共变
预测变量与效标变量同时测量	在同一时间进行不同构念的测量可能会导致独立于构念内容本身的人为相关
预测变量与效标变量同地测量	在同一地点进行不同构念的测量可能会导致独立于构念内容本身的人为相关
预测变量与效标变量同媒介测量	用同一媒介进行不同构念的测量可能会导致独立于构念内容本身的人为相关

资料来源：Philip M. Podsakoff, et al., "Common Method Biases in Behavioral Research: A Critical Review of the Literature and Recommended Remedies," *Journal of Applied Psychology*, Vol. 88, No. 5, 2003。

3. 共同方法偏差的程序控制

程序控制指在研究设计阶段,针对各种可能的共同方法变异来源,实施事前的控制。常用的程序控制方法包括资料收集方法分离与问卷编排设计优化。程序控制的关键在于识别预测变量与效标变量在测量上的共同之处,进而减小偏差的影响(见表8.9)。

表8.9 共同方法偏差的程序控制方法介绍

方法		含义
资料收集方法分离	来源分离	研究者从不同的来源收集资料。例如,在调研员工的工作满意度与组织公民行为之间的关系时,从员工、主管、同事等多方收集资料,回收问卷之后匹配成一份完整的答卷
	时间与场域分离	研究者在不同时间点与不同场所进行资料收集
	方法分离	研究者以不同的方式收集预测变量与效标变量的数据,例如分别使用自陈式量表与访谈的方式,或是用李克特量表与开放式问题等
	心理分离	研究者通过特定方式让受测者认为两个变量的测量是无关的,例如在问卷说明中指出两部分题目相互独立

(续表)

方法		含义
资料收集方法分离	分析层次分离	在样本量足够的情况下,研究者可以提升分析层次,例如从个人层次提升到团队层次
	资料转换	研究者将资料在不同类型中进行转换,如将自陈式量表中的感知型资料转换为加权式、比例式、差距式等资料
问卷编排设计优化	隐藏受访者信息	采用不记名问卷调查
	隐藏题项意义	在不违反学术和研究伦理的前提下,在问卷中隐藏研究目的和变量名称
	随机配置题项	把测量不同变量的题目随机混合,或是先排效标变量的题目、后排预测变量的题目
	反向题项设计	采用反向题项设计
	题项文字组织	问题表述以简明易懂为原则,避免使用引起歧义、疑惑、难以作答的表述;避免使用绝对化表述;尽量避免预测变量与效标变量都属于感知与态度型的变量

资料来源:改编自彭台光等:《管理研究中的共同方法变异:问题本质、影响、测试和补救》,《管理学报》2006 年第 1 期。

4. 共同方法偏差的统计控制

统计控制是指通过统计手段,以减少共同方法偏差对于单构念效度或是构念之间关系的影响。按照方法变异层次分类,统计控制方法相应分为单一方法的研究设计的控制、多方法的研究设计的控制、不同研究设计之间的控制三个层次(见表8.10)。囿于篇幅,本章不对此进行具体介绍,具体请参考夏尔马等学者的研究[①]。

表 8.10 共同方法偏差的统计控制途径分类

方法变异的层次	方法类别	具体方法
单一方法的研究设计的控制	偏相关	控制可测量方法变异的偏相关
		控制标签变量的偏相关
	单一方法潜因子	控制第一公因子的偏相关
		控制不可测量的方法潜因子
		控制可测量的方法潜因子

---

① Rajeev Sharma, et al., "Estimating the Effect of Common Method Variance: The Method-Method Pair Technique with an Illustration from TAM Research," *MIS Quarterly*, Vol. 33, No. 3, 2009.

（续表）

方法变异的层次	方法类别	具体方法
多方法的研究设计的控制	多方法潜因子	多特质多方法模型
		相关的独特变异量模型
		直接乘积模型
		二阶因子验证性分析
不同研究设计之间的控制	方法—方法配对技术	

资料来源：Rajeev Sharma, et al., "Estimating the Effect of Common Method Variance: The Method-Method Pair Technique with an Illustration from TAM Research," *MIS Quarterly*, Vol. 33, No. 3, 2009。

九、使用中应注意的问题

（一）调查员的素质

无论是观察法、访谈法还是问卷法，调查员的素质都至关重要。因此，除了调查员要具备诚实、勤奋、负责、谦虚耐心的品质以及良好的沟通能力等基本条件外，研究员也要对调查员就研究具体内容、调查流程和技巧、模拟调查等进行系统的培训，及时和调查员讨论调查过程中出现的情况和问题等。

（二）社会调查中的伦理问题

与自然科学不同，社会科学调查总是在一定的社会环境中进行的。因此，社会调查除了考虑科学性、有效性和准确性以外，还要考虑调查中的伦理问题，如保证研究对象是自愿参与的，调查对研究对象没有伤害，保证匿名性，等等。

关键术语

社会调查　　　　观察法　　　　　完全参与观察法　　半参与观察法
非参与观察法　　标准观察法　　　非标准观察法　　　直接观察法
间接观察法　　　访谈法　　　　　标准化访谈　　　　非标准化访谈
直接访谈法　　　间接访谈法　　　个别访谈法　　　　集体访谈法
焦点小组　　　　问卷法　　　　　自填式问卷法　　　代填式问卷法
间歇性观察谬误　共同方法偏差

思考题

1. 社会调查是不是适合研究所有的社会科学问题？
2. 试比较观察法、访谈法和问卷法三种社会调查方法的不同研究设计方法和有效性。
3. 试比较观察法、访谈法和问卷法三种社会调查方法的不同操作流程，并分析操作流程存在区别的原因。
4. 试比较观察法、访谈法和问卷法三种社会调查方法的不同质量评价和保证方法。
5. 间歇性观察谬误如何产生？其普遍意义是什么？如何避免？
6. 什么是共同方法偏差？它是什么因素导致的？如何进行有效控制？

延伸阅读

〔美〕Joseph A. Maxwell：《质性研究设计》，陈浪译，中国轻工业出版社2008年版。

〔美〕大卫·E. 莫里森：《寻找方法：焦点小组和大众传播研究的发展》，柯惠新、王宁译，新华出版社2004年版。

〔英〕大卫·希尔弗曼：《如何做质性研究》，李雪、张劼颖译，重庆大学出版社2009年版。

〔美〕丹尼·L. 乔金森：《参与观察法》，龙筱红、张小山译，重庆大学出版社2008年版。

〔美〕弗洛德·J. 福勒：《调查问卷的设计与评估》，蒋逸民等译，重庆大学出版社2010年版。

〔美〕赫伯特·J. 鲁宾、艾琳·S. 鲁宾：《质性访谈方法：聆听与提问的艺术》，卢晖临、连佳佳、李丁译，重庆大学出版社2010年版。

〔英〕克里斯蒂娜·休斯、马尔克姆·泰特：《怎样做研究》，戴建平、蒋海燕译，中国人民大学出版社2005年版。

〔美〕罗纳德·扎加、约翰尼·布莱尔：《抽样调查设计导论》，沈崇麟译，重庆大学出版社2007年版。

〔美〕约翰·洛夫兰德等：《分析社会情境：质性观察与分析方法》，林小英译，重庆大学出版社2009年版。

袁方主编：《社会调查原理与方法》，高等教育出版社1990年版。

经典举例

(一) 费孝通:《江村经济——中国农民的生活》,商务印书馆 2005 年版。

费孝通是我国著名社会学家、人类学家、民族学家和社会活动家,为中国社会学和人类学的奠基和发展做出了突出的贡献。其著作《江村经济》通过实地调查法对中国农村的发展状况进行了全面、深入、系统的考察,在学术界产生了重要的影响,被誉为"人类学实地调查和理论工作发展中的里程碑"①。

1. 研究背景与问题

20 世纪以来,中国农村的经济及社会发展产生了巨大的变迁。对于中国乡村而言,深入实地的调查研究与分析,一方面,能够为中国经济发展宏观研究提供有益且必要的补充,阐明地域因素对于经济的重要影响;另一方面,能够在传统经济背景及快速社会变迁并存的情况下,理解新的经济发展动力对于乡村经济及农民生活的影响。基于此,费孝通选取了位于太湖东南岸江苏吴江县(现为苏州市吴江区)的开弦弓村作为调查对象,展开实地调查研究。

该书的核心问题是"正在发展变化的乡村经济的动力问题"②。具体而言,旨在说明中国农民的消费、生产、分配和交易等经济体系与当地的地理环境之间,以及社区的社会结构之间的关系。③ 土地资源的利用情况与农民家庭再生产的过程是贯穿全书的两大主题。④

2. 研究方法选择

为了全面、细致地了解乡村农民生活,作者选择了实地调查法。调查法可以使调查者直接接触到调查对象,以便展开密切的观察,获得更为详细的一手数据资料。作者通过社会调查法中的观察、访谈等形式,深入人际关系的深处,对乡村生活、农村经济的发展、农民利益、农业文化基础等方面都进行了全面的了解,透过开弦弓村的乡村生活,窥探了整个中国的农民生活图景。

3. 研究设计与具体的操作流程

在确定研究方法后,作者将调查区域限定在村庄。这是出于两个方面的考虑:一方面,调查范围需要便于调查者亲自观察,密切接触研究对象,因此范围不

---

① 费孝通:《江村经济——中国农民的生活》,商务印书馆 2005 年版,第 13 页。
② 同上书,第 20 页。
③ 同上。
④ 同上书,第 16 页。

宜过大;另一方面,调查区域不宜太小,应能够提供关于人们社会生活的完整信息。村庄"是一个由各种形式的社会活动组成的群体,具有其特定的名称,而且是一个为人们所公认的事实上的社会单位"①,满足了上述两方面的要求。

将调查区域限定在江苏南部的开弦弓村后,作者对其地理状况、社会背景、村庄基本情况及居民等信息都进行了详细的考察。在此基础上,作者划定了研究的内容,涵盖了家庭组成、家庭财产状况、亲属关系、社会关系及制度、生活信息、职业分化、劳作日程、农业、土地状况、产业发展、贸易等方方面面。然后,作者限定了调查时间,选择了在7—8月展开调查。这两个月是一年中桑蚕业发展的末端和农业的起始阶段,对于当地的经济生活有着重要影响。

在完成研究设计后,作者于1936年7—8月在开弦弓村开展实地调查。

4. 质量保证

首先,为了保证研究的真实性,除实地调查所获取的资料外,作者还以自身过去的经历以及当地居民口头提供的资料作为研究补充。

其次,采用"以小见大"的研究视角。作者在研究乡村生活及文化的过程中,始终没有脱离当时中国的宏观经济社会背景,将田野材料置于更广阔的视野之中,以便在对比和研究中得出更加具有普遍性的结论,以保证研究结论的外部效度。

最后,在对较小的社会单位进行调查研究的基础上所得出的结论并不一定具有普遍适用性,但是这些结论在对其他地方进行调查研究时可以用作假设或比较材料。

(二)〔法〕托克维尔:《论美国的民主》,董果良译,商务印书馆1988年版。

阿列克西·德·托克维尔是法国著名政治思想家和历史学家,人文和政治科学院院士、法兰西学院院士。其代表性著作有《论美国的民主》《旧制度与大革命》等。

《论美国的民主》分上下两卷。上卷共有两部分:第一部分主要介绍美国的政治制度(人权的来源、人民主权原则、乡镇行政制度、三权分立设置、联邦宪法);第二部分对美国的民主进行社会学分析(美国的政党状况、出版自由和政治社团的特点、民主政府与公民社会的关系、多数在美国享有的权威和后果、维护民主共和制的因素)。下卷共四个部分,主要论述民主对美国的智力、感情、民情、市民社会的影响,以美国为背景阐述其政治哲学和社会学思想。

---

① 费孝通:《江村经济——中国农民的生活》,商务印书馆2005年版,第25页。

1. 研究背景与问题

《论美国的民主》写于法国大革命之后。当时法国社会动荡不安,新旧政治势力交织。对于法国应该建立什么样的共和国,众说纷纭。在这种背景下,托克维尔将研究的目光转向美国,因为彼时民主在美国完全地建立了起来。作者期望通过对美国民主全方位的研究,更好地选择适用于法国的东西。全书的核心问题是:美国的民主是什么?

2. 研究方法选择

托克维尔在美国的实地调研过程中,综合运用观察法、访谈法等社会调查方法了解美国的社会现状,以亲身见闻、收集的大量资料为基础,结合对权威人士和普通民众的访谈,对美国的民主制度做了详尽描述,撰写了《论美国的民主》这部经典著作。

3. 研究设计与具体的操作流程

托克维尔于1831年5月至1832年2月,在美国进行了长达九个月的实地考察,以期对美国的民主进行客观描述,将所见所闻忠实地报道出来。他在美国收集了大量的资料,向权威人士请教,访问过很多地区。他利用访谈法,依据其敏锐的观察力,对美国民主进行了全面的考察,并且研究过程十分细致严谨。正如托克维尔所述:"我不知道我是否已经很好地传达了我在美国的见闻,但我可以保证,我真心希望做到这一点,决没有硬要事实迁就观点,而是让观点以事实为依据。"正是秉持着这种严谨的学术作风,托克维尔完成了这部划时代的巨作。

4. 质量保证

托克维尔参考了大量的文字资料,并详细标注、核对了材料出处。"凡是可以借助文字资料立论的地方,我都核对了原文,参考了最有权威和最有名气的著作。材料来源均有注释,人人都可以核对。"在重要观点和问题的核实上,托克维尔采用三角测量,不局限于一个人的证词,而是综合多人的证言后再下结论。此外,借助亲身观察与对他人的访谈,托克维尔构建了对美国民主社会较为全面的认知,其自身的观察结果与对他人的访谈相互印证。

(三)〔美〕威廉·富特·怀特:《街角社会——一个意大利人贫民区的社会结构》,黄育馥译,商务印书馆1994年版。

威廉·富特·怀特是美国芝加哥学派社会学家,美国艺术和科学研究院院士。怀特的《街角社会》是在哈佛大学青年研究员基金的资助下,早期运用参与观察法进行实地研究的一部完整著作,是研究组织文化的一个"样板",它开辟了在城市中进行实地研究的新领域,并确立了研究标准。因此,该书早在40多年前就被列为社会学经典著作,至今在美国大学里仍被作为社会学必读书,并被那些从事城市实地研究的社会学家和社会工作者视为一本研究方法方面的标准参考书。《街角社会》的成功与怀特的实地调研密不可分,怀特在科纳维尔的调查经历为读者展示了宝贵的社区研究方法。

1. 研究背景与问题

在美国波士顿"东城"的核心地带有一个叫科纳维尔的贫民区,在这片土地上居住着意大利移民及其后代。长期以来,科纳维尔被视为问题区,这里的青少年犯罪率很高,建筑物拥挤不堪、年久失修,在萧条时期这里很大一部分人靠救济金来维系生活。虽然这块土地上有诸多问题,但人们对科纳维尔知之甚少。如果不了解科纳维尔的社会结构以及其中居民的行为模式,将无法解释并解决这块土地上滋生的一系列问题。

2. 研究方法选择

《街角社会》是怀特在实地调研过程中,综合运用参与观察法与访谈法取得的重要成果。获得关键人物的支持可为田野调查的顺利开展奠定坚实基础。关键人物在调研区域居于核心地位,并掌握着诸多重要的信息资源。怀特在谈及调查感受时,极大地肯定了关键人物在实地调研中的作用。正是通过多克、萨姆等关键人物的帮助,怀特得以顺利进入意大利人贫民区并掌握该区域的重要信息,进而开展他的研究。

3. 研究设计与具体的操作流程

怀特于1936年至1940年对"科纳维尔"进行了实地研究。他以被研究群体——"街角帮"一员的身份,置身于观察对象所在的环境和他们的活动中,对闲荡于街头巷尾的意裔青年的生活状况、非正式组织的内部结构及活动方式,以及他们与周围社会(主要是非法团伙成员和政治组织)的关系加以观察,并及时做出记录和分析,最后从中引出关于该社区社会结构及相互作用方式的重要结论。

4. 质量保证

社会是动态发展的,观察法与访谈法的运用不应是静态的。怀特在离开调研区域后曾重返此地,并惊奇地发现,他所观察的社会正处于变化之中。此次重返经历让怀特重新调整了研究计划,他也下定决心对科纳维尔做更为深入的调查。在怀特的执着坚持下,科纳维尔的社会结构全貌最终得以揭开。在实地调研过程中，为保证结论的可靠性，怀特将参与式观察法与人物访谈法相结合，不仅注重记录受访者的言语，还重视对非语言信息的捕捉。人物衣着、装扮、动作、面部表情、文物古迹、人与人之间的互动形式和次数等非语言信息也是支撑《街角社会》研究结论的重要依据。观察法与访谈法的结合使观察获得的信息与访谈材料相互印证，增强了结论的说服力。

第四编　案例和比较研究

第九章　案例研究

第十章　比较分析法

第十一章　定性比较分析法

第九章 案例研究*

本章要点

- 案例研究的定义、特点与优劣势；
- 案例研究的适用范围与应用条件；
- 案例研究的不同类型；
- 案例研究的研究设计及其有效性；
- 案例研究的操作流程；
- 案例研究的理论检验；
- 案例研究的质量评价及保证。

一、导　言

在政治学与公共管理学的诸多研究方法中，案例研究（case study）是最为常见的研究方法之一。政治学和公共管理学领域的许多经典著作，例如埃莉诺·奥斯特罗姆（Elinor Ostrom）的《公共事物的治理之道：集体行动制度的演进》（Governing the Commons: The Evolution of Institutions for Collective Action）、格雷厄姆·阿利森（Graham T. Allison）和菲利普·泽利科（Philip Zelikow）的《决策的本质：解释古巴导弹危机》（Essence of Decision: Explaining the Cuban Missile Crisis）等，所采用的主要研究方法都是案例研究。

然而，在我国政治学与公共管理学研究领域，对案例研究的理解和运用还存在着许多误区。例如，将案例研究等同于案例教学；将论文中的举例也视为案例研究；认为案例研究方法没有严格的程序与规范，因而随意使用；等等。本章将在总结学术界案例研究方法相关讨论的基础上，从概念及其适用范围、基本类型、研究流程、分析方式、质量评价与应注意的问题等方面，对案例研究方法进行介绍。

---

* 本章部分内容改编或摘自作者公开发表的论文，详见杨立华、李志刚：《公共管理案例研究方法的基本路径》，《郑州大学学报（哲学社会科学版）》2022年第4期。

二、定义、特点和优劣势

（一）定义

要理解案例研究,首先需要理解案例(case)。《辞海》将案例定义为已有的可作典型事例的案件。① 约翰·吉尔林(John Gerring)认为,案例是在某一时间点或经过一段时期所观察到的一种有空间界限的现象。② 我国学者陈振明则指出,案例是指已经或正在发生的事实或事件,不仅应该是真实发生的,还具有一定的典型性。③ 综合这些看法,笔者认为,案例是人们或研究者所观察到的在一定时空范围内已经发生或正在发生的真实现象、事实或事件。当然,如果是典型案例,则在特定总体的个体中,必须具有一定的典型性或代表性。

对于什么是案例研究,现有的文献已经有诸多讨论。表9.1对其中一些比较有代表性的定义做了简单归纳。

表9.1 部分学者对案例研究的概念界定

年份	学者	概念界定
1928	卢瑟·L.伯纳德	案例研究是用以阐明和支持命题及规则的方法,而不是归纳出新的假说
1984	罗伯特·K.殷	案例研究是一种实证研究,它在不脱离现实生活环境的情况下研究当前正在出现的现象,且待研究的现象与其所处的环境背景之间的界限并不十分明显。就研究的思路而言,案例研究包含了各种方法,涵盖了设计的逻辑、资料收集技术以及具体的资料分析手段,是一种全面性的、综合性的研究思路
1989	凯瑟琳·M.艾森哈特	案例研究是一种研究策略,其焦点在于理解某种单一情境下典型案例的动态发展过程
1995	罗伯特·E.斯泰克	案例研究是对单一案例的特定性和复杂性的研究,并理解重要的案例情景下的特定活动,实质是进行特定化研究,而不是一般化研究

---

① 夏征农、陈至立主编:《辞海(第六版彩图本)》(第一卷),上海辞书出版社2009年版,第41页。
② 〔美〕约翰·吉尔林:《案例研究:原理与实践》,黄海涛、刘丰、孙芳露译,重庆大学出版社2017年版,第14页。
③ 陈振明主编:《社会研究方法》,中国人民大学出版社2012年版,第171页。

(续表)

年份	学者	概念界定
2011	郑伯埙、黄敏萍	案例研究为一种包含了特有的设计逻辑、特定的数据搜集及独特的数据分析的非常完整的研究方法
2012	陈振明	案例研究是对真实发生的案例进行深入调查,运用多重证据资料对案例进行研究、分析、概括和总结,进而发现新的知识和理论的实证研究方法

资料来源:Luther L. Bernard, "The Development of Methods in Sociology," *The Monist*, Vol. 38, No. 2, 1928; Robert K. Yin, *Case Study Research: Design and Methods*, Sage, 1984; Kathleen M. Eisenhardt, "Building Theories from Case Study Research," *Academy of Management Review*, Vol. 14, No. 4, 1989; Robert E. Stake, *The Art of Case Study Research*, Sage, 1995; 郑伯埙、黄敏萍:《实地研究中的案例研究》,载陈晓萍、沈伟主编:《组织与管理研究的实证方法》(第三版),北京大学出版社2018年版,第267页;陈振明主编:《社会研究方法》,中国人民大学出版社2012年版,第172页。

在综合以上这些概念界定的基础上,结合自己的认识,我们将案例研究定义为:在特定问题和理论的指导下,以所要探讨的案例(无论是一个、少数几个,还是多个)为中心,通过严谨的案例选择和研究设计,综合运用多种资料收集方法和多种资料分析技术对所选案例进行深入分析、比较和总结等,从而实现探索、描述、解释或评估一个或多个现象的一种实证研究方法。这一定义突出强调了:(1)案例研究是一种实证研究方法,而不是规范研究方法;(2)案例研究以所要探讨的案例为中心,这是案例研究和其他研究方法最大的不同;(3)案例研究特别强调案例选择;(4)案例研究也具有自己严谨的研究设计;(5)案例研究可以运用多种资料收集方法和多种资料分析技术;(6)案例研究既可以进行探索性、描述性研究,也可以进行解释性和评估性研究。

在以上定义的基础上,如将案例研究仅仅限定为对一个典型或代表性案例的定性个案研究,则这种对案例研究的理解就是最狭义的理解(图9.1)。表9.1中罗伯特·E.斯泰克的定义就是如此。

如将案例研究限定为对单个案例或少数几个案例的定性研究,则这种对案例研究的理解,就是严格狭义的理解。

如将案例研究理解为对单个案例、少数几个案例以及多个(大样本)案例的定性研究,则这种对案例研究的理解就是相对狭义的理解,而这也是当前大多数研究者所秉承的观点。

但是,如将案例研究理解成不仅是对单个、少数几个、多个(大样本)案例的

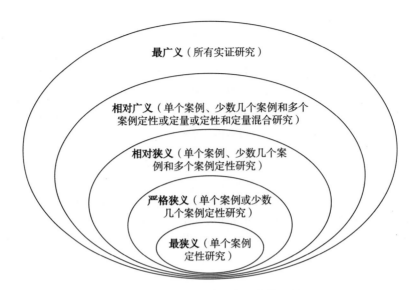

图 9.1　案例研究的不同层次的理解

研究,而且这些研究不仅可以收集定性资料和对资料进行定性分析,也可以收集定量资料和对资料进行定量分析,则这样的对案例研究的理解,就是相对广义的理解。

当然,如更进一步,当把所有实证研究所包括的每个"研究对象"都看作一个"案例"的时候,则不仅上面所说的基于单个、少数几个、多个(大样本)案例的案例研究中的案例是"案例",就是大样本统计分析中的每一个被统计分析的"研究对象"(也就是每一个数据点)也都是"案例",如此则可以将大样本统计分析也看作基于完全定量统计分析的"案例研究"。只不过,这种"案例研究"中的单个"案例"的数据丰富程度非常低,是一个极端;而单个案分析中的个案的高资料丰富程度,是另一个极端。也正是在这个意义上,甚至可以将所有涉及特定事实的"研究对象"的实证研究都看作"案例研究"。如此,则在这两种极端之间,形成了一个不同类型的"案例研究"及其资料丰富程度从低到高的连续统。

而且,还必须指出的是,在相对广义和最广义的理解上,案例研究不仅是一种具体研究方法,也可以看作一种相对超越了具体方法的研究范式或方法论。例如,在这一方法论或范式的指导下,研究者可以先就某个特定问题选一个典型案例进行研究。这时,从案例研究的角度而言,这一研究使用的就是案例研究的方法,而且要做的是单个案的案例研究;但如果研究者在研究这一案例时使用的完全是定量模型和统计分析等方法,则这一研究在整体上是案例研究,同时又结合了其他定量模型和统计方法。

在本章中,就具体的研究方法而言,我们对案例研究的介绍主要是基于对案例研究的相对狭义的理解展开的,但同时也包含了部分相对广义的理解;就方法论或研究范式的层次而言,则又包括了部分最广义的理解。而且,也正是这样的理解,可以帮助我们更好地理解案例研究的实质,并更好地理解案例研究和其他研究方法之间的共通性。

(二) 特点

案例研究的主要特点具体表现为以下几点。

(1) 实证性或经验性。案例研究首先是一种实证性研究或经验性研究,其研究对象是现实社会中的事例证据,描述的是真实生活事件的过程或结果。

(2) 特殊性。从研究对象的选择而言,大多数的研究都希望先从总体中选择部分研究对象(样本)进行研究,进而通过对样本的研究来推断总体的情况。而从样本推断总体情况的有效程度也就是我们前面所强调的外部效度,在很多时候也就是所谓的研究的一般性问题。

在案例研究中,一般而言,如果总体是完全同质的,即每个整体中的个体都是一样,则对总体中的一个个案的研究就可以代表整个总体的情况,而此时这一个案的一般性是最高的,从个案完全可以推断总体的情况,个案研究的外部效度也是最高的。但是,如果总体中的个体不是完全同质的,这时就需要选择最能代表总体中大多数个体的个案,而这样的个案也常被称为典型或代表性个案;选取的个案能代表的总体中的个体越多,则其典型性或代表性越强。同样地,基于这样的典型或代表性个案的案例研究的结论也具有一定的外部效度。但是,其外部效度不仅依赖于其他多种要素,也依赖于这一个案本身的典型性和代表性;且在其他条件不变的情况下,其典型性和代表性越高,其外部效度也越高。当然,如总体中的个体(个案)不是完全同质的,但包含几种类型,且在这些类型内部,所有个体都是同质的,那么则可在每种类型中选择一个或按该类型个体数量占总体数量的比例抽取一些个体进行研究。这时,基于这些少数或多个个案的案例研究所得到的研究结论也具有相对较高的外部效度或一般性。而且,其基于类型结构的典型性和代表性越强,其一般性也越强。所有这些都说明,在特定条件下,案例研究本身也可以具有较高的外部效度,这也是它和其他很多研究方法一致的地方。

但是,除了和其他研究一样,追求研究的外部效度或一般性之外,案例研究也经常被用来仅仅研究总体中的特殊个体或特殊现象,而不怎么考虑或完全不考虑所谓研究的外部效度或一般性问题。这时,案例研究的主要关注点就在特殊性,而不是一般性。这种对总体或研究中特殊性的特别关注和揭示,是案例研究相对其他研究来说的一个很大的特点,也是一个突出优势。之所以说这是一种优势,是因为,对很多总体而言,其包含的个体都不是完全同质的,总会有各种需要研究的特殊个体或现象存在。例如,我们都知道,在大多数情况下,人类的生理性别不是男性就是女性,但也不能排除在有些情况下,会出现雌雄同体的人,这时我们就需要对这类人进行研究。而要研究他们,由于个体较少,在很多情况下,就不得不借助于案例研究。可见,案例研究特别适合对一个或一些特殊个体、事实、事件、行为、现象等进行研究,这使其与其他经常强调一般性的研究相比,具有鲜明的特殊性。而对很多特殊现象的研究,不仅往往是推动科学不断发展的有效途径(例如,恰如库恩所说,在很多情况下,恰是对很多特殊现象的研究的不断积累导致了科学革命的发生和新科学范式的诞生[①]),而且,在政治学和公共管理学的很多研究中,对特殊个体或现象的研究不仅有利于我们对总体或整体有更好认识,而且往往在事实上关系到如何保护特殊、少数群体等的基本权利或利益这样涉及更大的社会公平、正义等的根本性问题。

(3)归纳性。一般而言,案例研究需要通过广泛收集案例资料,运用多重证据来源,了解案例的发展历程和现状,进而进行总结归纳,以发现案例背后隐藏的规律,而这就使得案例研究本身具有较强的归纳性。

(4)丰富性和整体性。相对于其他具有较多研究对象(或个案)的研究而言,一般意义上的案例研究往往只具有一个或少数几个个案,且希望通过对这些个案的深入、系统的研究,以最大化还原整个案例的真实全景和详细过程,所以案例研究更强调对所涉个案的描述或研究等的丰富性、整体性。

(三)优势和劣势

相对于其他研究而言,案例研究的主要优势如下:

(1)有利于研究和描述特殊个体或特殊现象,可以更好地理解总体及其丰富性,并有可能发现被传统的统计方法所忽视的异常现象。[②]

(2)有利于更丰富或整体性地描述和分析研究对象,甚至可以还原现实场景。

(3)有利于探索性或描述性地研究复杂问题或社会现象。对很多复杂问题或社会现象而言,如果要直接进行系统深入的研究,往往无从下手,这时就可以采用案例研究的方法,先进行探索性或描述性的研究。

(4)有利于从更直观的角度揭示研究对象,能够给读者以身临其境的现实感,其结果也更容易为读者所接受。

---

① 〔美〕托马斯·库恩:《科学革命的结构》(第四版),金吾伦、胡新和译,北京大学出版社2012年版。
② 张梦中、〔美〕马克·霍哲:《案例研究方法论》,《中国行政管理》2002年第1期。

（5）相较于其他研究成果，案例研究成果往往具有一定的趣味性和可读性，不会显得枯燥晦涩。

案例研究的主要劣势是：

（1）因果关系不够明确。一般而言，由于涉及的变量较多，案例研究所揭示的因果关系往往不够明确，不如量化研究的结论清晰。

（2）研究信度容易受到质疑。例如，案例研究在数据的收集方面，始终受到数据的可信度和研究者是否在根据自己的偏好收集数据等方面的质疑。①

（3）研究质量过分依赖研究者自身的素质。由于相对于其他更为规范化或程式化的研究而言，案例研究的流程的个性化和开放性更强，因此案例研究的质量更多地依赖研究者自身的素质。

（4）费时且烦琐。相较于其他的研究方式，案例研究耗费时间长，报告容易失之烦琐，不能简明扼要地表达问题。②

（5）外部效度和一般性容易受到质疑。这一点在上面讨论"特殊性"的特点时，我们已经进行了说明。

当然，针对案例研究的劣势，学术界已经开发出理论饱和抽样、跨案例分析、三角调查、案例汇报结构等技术进行弥补，为设计高质量的案例研究奠定了基础。

三、起源、发展和基础理论

（一）起源和发展

从发展渊源来看，案例研究最早出现在19世纪的医学和法学领域③，医师们依赖于案例研究方法来诊断病症，律师们将判例法视为法律研究的基本方法。明确的案例研究方法最早于1870年由美国哈佛大学法学院提出，目的是在法律文献急剧增加的情况下使学生更有效地学习法律的原理原则。④ 此后，案例研究作为一种教学方式被普遍应用于法律、商业、医学及公共政策等领域。1908年，哈佛大学商学院将案例教学方法引入商业教育领域，之后案例研究也被应用于社会科学领域及图书情报领域。20世纪30年代，倡导科学方法的哥伦比亚大学与倡

---

① Bent Flyvbjerg, "Five Misunderstandings about Case-Study Research," *Qualitative Inquiry*, Vol. 12, No. 2, 2006.

② John Gerring, "What Is a Case Study and What Is It Good for?" *American Political Science Review*, Vol. 98, No. 2, 2004.

③ 陈振明主编：《社会研究方法》，中国人民大学出版社2012年版，第188页。

④ 曹堂哲：《公共管理研究方法——基于公共管理问题类型学的新体系》，北京大学出版社2014年版，第296页。

导案例研究的芝加哥大学之间,就研究方法展开了一场辩论,案例研究的科学性受到质疑,在研究方法中的地位开始下降。① 1948 年,哈佛大学成立了一个计划委员会,后来更名为大学间案例计划,推动了案例研究的发展②,出现了一大批经典案例研究著作。20 世纪 70 年代以来,福特和斯隆基金会对公共管理的案例和课程项目进行资助,推动了公共政策和管理案例研究的发展。③ 1980 年,哈罗德·孔茨再次肯定了案例学派的地位及其重要作用。此后,案例研究与调查研究、统计研究方法不断交融,走向新的发展阶段。④

（二）基础理论

案例研究方法的基础理论是社会建构论和实证主义。按照社会建构论的观点,人类社会是一个价值的世界,只有在一定的价值视野中,社会事实才会呈现出来,研究者才会获得方向与材料,并在一定基础上建构社会科学。⑤ 实证主义取向的案例研究假定世界是客观的,研究者价值中立,通过经验材料的归纳可以获得关于客观世界规律性的认识;在研究过程中,研究者通过多种资料收集方式获取对研究对象的认识,使用归纳法形成概念,建构理论。⑥

四、适用范围和条件

一般而言,在所要研究的问题满足如下条件中的一个或几个时,适于采用案例研究方法:

(1) 研究问题是研究总体中的特殊个体或特殊现象。

(2) 当研究总体中的个体高度同质化,且只想通过研究一个个体或者一个代表性/典型性个体来推断总体情况时。

(3) 当研究总体中的个体类型化,且每个类型内部的个体高度同质化,并只想通过对几个代表性或典型性个体的研究来推断总体时。

---

① 陈振明主编:《社会研究方法》,中国人民大学出版社 2012 年版,第 188 页。
② 〔美〕戴维·E. 麦克纳布:《公共管理案例研究方法》,郭春甫、张炭译,社会科学文献出版社 2021 年版,第 3 页。
③ 曹堂哲:《公共管理研究方法——基于公共管理问题类型学的新体系》,北京大学出版社 2014 年版,第 298 页。
④ 陈振明主编:《社会研究方法》,中国人民大学出版社 2012 年版,第 188 页。
⑤ 闫梅:《案例研究方法的科学性及实现问题》,《武汉科技大学学报(社会科学版)》2012 年第 2 期。
⑥ 曹堂哲:《公共管理研究方法——基于公共管理问题类型学的新体系》,北京大学出版社 2014 年版,第 298 页。

(4) 希望通过对少数研究对象的研究,对研究总体进行探索性或描述性研究。

(5) 希望对少数研究对象进行整体性或丰富性的描述或研究,甚至力求还原现实场景。

(6) 希望深入地探讨所要研究问题的具体过程或机制。

(7) 不需要对研究过程进行类似于实验室研究般的严格控制。①

(8) 需要提高研究的趣味性和可读性。

总结一下以上8点,实际上涉及研究问题(第1—3点)、研究目的(第4—6点)、研究过程(第7点)、研究文本(第8点)四个方面。如此,则可把案例研究的适用范围和条件归纳为图9.2。

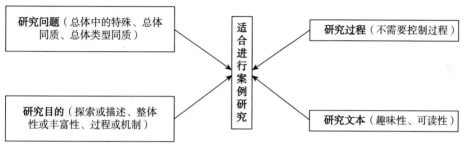

图 9.2 案例研究的适用范围和条件

五、类型划分

根据不同的划分标准,案例研究可划分为不同的类型。首先,根据研究目的的不同,可划分为探索型案例研究、描述型案例研究、解释型案例研究、评估型案例研究四种类型②。一般而言,案例研究多用于探索性和描述性研究,故探索型案例研究、描述型案例研究在案例研究中比较常见。但是,案例研究也可以用于解释性和评估性研究,故而也分别有解释型案例研究、评估型案例研究的类型。

其次,如根据研究过程中的理论的不同作用,又可将案例研究划分为理论构建型(归纳导向)案例研究、理论驱动型(演绎导向)案例研究两种类型。前一种案例研究旨在进行深入案例研究的基础上,更多依据归纳原则构建新的理论;而后一种案例研究则是在已有理论的指导下,更多依据演绎原则对已有理论进行检验或验证。

---

① 〔美〕罗伯特·K.殷:《案例研究:设计与方法》(原书第5版),周海涛、史少杰译,重庆大学出版社2017年版,第12—19页。

② Michael Bassey, *Case Study Research in Educational Settings*, Open University Press, 1999.

最后，根据研究中案例数量的不同，可把案例研究划分为单案例研究、多案例研究和大样本跨案例研究三种类型。① 当然，这种类型划分也是最为常见的对案例研究类型的划分。而且，一般而言，单案例研究中的单个案例的数据最丰富，而随着同一个研究中案例数量的不断增加，在假定研究中总体数据量一定的情况下，每个个案的数据丰富程度自然逐渐降低。由此可见，在案例研究中，在其他所有条件一定的前提下，每个研究所纳入的案例数量和每个案例自身的数据或信息丰富程度成反比。这也提示研究者，不仅需要根据可供选择案例的多少、研究本身的有效性等选择案例数量，也需要根据研究本身对每个纳入案例的数据或信息的丰富程度等的要求决定案例的数量。而决定了案例的数量，自然也就决定了是哪种基于案例数量而划分的案例类型。

表9.2从案例类型分类标准、具体类型、特征、适用范围等方面对以上分类进行了总结，并为每种类型提供了相应的代表性著作，供读者参考。

表 9.2 案例研究的基本类型

分类标准	具体类型	特征	适用范围	举例
研究目的	探索型案例研究	侧重提出假设，寻找新理论	探索新生事物或现象	简·雅各布斯的《美国大城市的死与生》
	描述型案例研究	侧重描述事实	详细了解事物或现象	威廉·怀特的《街角社会》
	解释型案例研究	侧重理论检验	运用理论解释现象	格雷厄姆·阿利森、菲利普·泽利科的《决策的本质》
	评估型案例研究	侧重判断特定事例	评估方案或政策得失	克劳福德、托马斯和芬克的《海上皮格马利翁：提高低绩效员工的工作效能》（"Pygmalion at Sea: Improving the Work Effectiveness of Low Performers"）
研究过程	理论构建型案例研究	归纳导向	理论构建	凯瑟琳·艾森哈特的《在快速变化环境中进行快速战略决策》
	理论驱动型案例研究	演绎导向	理论验证	埃弗雷特·罗杰斯的《创新的扩散》

---

① 〔美〕约翰·吉尔林：《案例研究：原理与实践》，黄海涛、刘丰、孙芳露译，重庆大学出版社2017年版，第14—17页。

(续表)

分类标准	具体类型	特征	适用范围	举例
案例数量	单案例研究	深入、耗时短、成本低	案例就一个且具有典型性或代表性	费孝通的《江村经济》
	多案例研究	信度和效度较高	案例有多个，可进行比较研究	埃莉诺·奥斯特罗姆的《公共事物的治理之道》
	大样本跨案例研究	结论更具有推广性、可信度高	案例更多，或达到大样本（一般为 $N>30$），可进行统计分析	杨立华的《专家学者参与型治理》、俞可平的《中国地方政府创新的可持续性（2000—2015）——以"中国地方政府创新奖"获奖项目为例》

当然，也需要指出的是，以上分类只是基于不同视角进行划分而得到的一些理想类型，也都是相对而言的，很多实际研究可能同时带有同一分类标准下的不同类型的特征。而且，就是对这三种分类标准下的不同类型划分而言，它们之间也不是相互独立的。一个实际的研究，既可以从研究目的的视角来看属于某种类型，也可以从研究过程和案例数量的视角来看属于何种类型。同时，在研究设计的过程中，研究者还可以依据这些类型的划分来进行案例研究的具体设计。例如，首先研究者可以根据自己的研究问题来判断自己要从事的案例研究是一项探索型或描述型案例研究，还是解释型或评估型案例研究；其次，研究者可以从研究过程的视角来分析自己要进行的是理论建构型的案例研究，还是理论驱动型的案例研究；最后，研究者可以根据研究总体特征或资料的可及性等，确定是选用单案例、多案例还是大样本跨案例进行研究。

六、研究设计和有效性

（一）案例研究设计的类型

在案例研究设计中，可先根据研究中案例的多少，把案例研究设计分为单案例研究设计、多案例研究设计、大样本跨案例研究设计三种类型。同时，根据研究中的案例是一个分析单位还是两个及以上的分析单位，将案例研究设计分为整体性研究设计、嵌套性研究设计两种类型。如果案例中的分析单位是一个，则这样的研究设计是整体性研究设计;如果是两个及以上的分析单位,则是嵌套性研究设计。例如,假定现在对一项公共政策进行评价性研究,如果案例研究以这一公共政策本身为分析单位,考察公共政策的整体性质(global nature),则这时用到的研究设计就是整体性研究设计;如果这一公共政策本身包含众多财政支持项目,且研究者需要对这些项目都进行研究,此时这些项目就成为嵌套性分析单位,而这样的案例研究设计也就是嵌套性案例研究设计。① 当然,还需要指出的是,对嵌套性案例研究设计而言,其分析单位也可能不仅仅是两个,而有可能是三个或更多。例如,还是就上面所说的公共政策的案例而言,如果在每个财政支持项目(嵌套性分析单位1)之内,还有其他的子项目或子事项,且研究也需要关注这些子项目或子事项,则此时这些子项目或子事项就成了再次一级的嵌套性分析单位(嵌套性分析单位2)。

把以上从两种角度对案例研究设计的类型划分结合起来,就可以把案例研究设计粗略地分为如图9.3所示的六种基本类型。

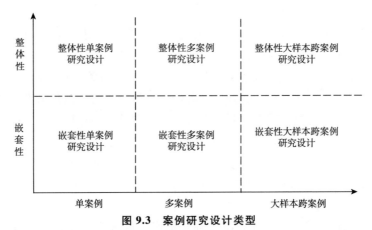

图 9.3 案例研究设计类型

资料来源:改编自〔美〕罗伯特·K.殷:《案例研究:设计与方法》(原书第5版),周海涛、史少杰译,重庆大学出版社2017年版,第61—69页。

(二) 案例研究设计的主要要素及案例选择方法

案例研究作为实证研究的一种特殊类型,一般而言,研究设计的主要过程和主要要素也和一般实证研究一样,包括研究背景和意义、主要科学问题、主要研究内容、主要目标、总体研究方案、研究对象的限定和研究的进一步操作化、"大类"

---

① 〔美〕罗伯特·K.殷:《案例研究:设计与方法》(原书第5版),周海涛、史少杰译,重庆大学出版社2017年版,第61—69页。

研究方法、理论分析、研究假设(理论检验性需要)、具体研究设计方案(包括具体研究设计方法、具体研究方法)、数据收集、数据测量与分析、理论检验或建构、预期研究成果、进度和经费安排等基本过程和主要要素。

但是,案例研究设计和其他很多研究设计最大的不同,就是要进行案例选择。而案例选择本身也构成了影响案例研究设计主要要素的核心内容。因此,在下面,我们将对案例选择进行重点介绍。

根据约翰·吉尔林的观点,现在比较常用的案例选择方法主要有九种①,包括典型案例法(typical case method)、多变案例法(diverse case method)、极端案例法(extreme case method)、反常案例法(deviant case method)、影响性案例法(influential case method)、关键案例法(crucial case method)、路径案例法(pathway case method)、最大相似案例法(most-similar cases method)、最大相异案例法(most-different cases method)等。当然,如果条件允许的话,在案例选择过程中,也可以将这九种方法结合使用。下面将结合约翰·吉尔林等的观点,对这九种方法逐一进行介绍。

1. 典型案例法

典型案例法所选择的是一个或多个对于研究总体有广泛代表性的案例,因此典型案例也可以称为代表性案例。从定性的角度看,案例的典型性主要体现在所选择的案例符合一般因果关系的期望;在定量的分析中,典型案例应是在自变量与因变量真实关系的回归线上或附近,具有最小残差值的案例。

例如,罗伯特·林德和海伦·林德开展的对美国文化的研究即采用了典型案例法选择研究对象。他们确定了以下六个维度,期望找到最能代表美国人生活习性的城市:

(1)气候温和。(2)发展速度非常快。伴随着当代社会的发展变化,城市中会出现各种不同的痛苦。(3)具有现代化、高速机械化生产的工业文化。(4)一个工厂不能主导这座城市的整个制造业(即不是单一工业城镇)。(5)有大量当地艺术活动平衡其他工业活动……(6)没有任何突出的特点或严重的地方性问题,这使得城市不同于美国社区。②

---

① 〔美〕约翰·吉尔林:《案例研究:原理与实践》,黄海涛、刘丰、孙芳露译,重庆大学出版社2017年版,第65—111页。

② Robert K. Yin, ed., *The Case Study Anthology*, Sage, 2004, pp. 29-30.转引自〔美〕珍妮特·M.博克斯-史蒂芬斯迈埃尔等编:《牛津政治学研究方法手册》(下),臧雷震、傅琼译,人民出版社2020年版,第619页。

在这个例子中,研究者通过这六个维度来确定研究的典型性。在实际研究中,研究者也可以通过在一个或多个维度上的众数、中位数和平均数来确定案例是否具有典型性。而且,在多维度选择时,也可以根据不同维度的重要性进行加权处理。

2. 多变案例法

多变案例法期望所选择的一组案例(至少两个)体现了案例在相关维度上的全部(或至少最大)变化。换句话说,多变案例法期望挑选能够表现自变量与因变量全部值或二者间特殊关系的案例。①

如果研究变量(即根据该变量的取值来选取案例,可能是自变量也可能是因变量)为定类变量,那么多变案例法则需确保每个类别都有一个案例被选择。例如,要研究国家大多数居民的宗教信仰(例如伊斯兰教、基督教、佛教)与其民主化程度之间的关系,以宗教信仰为多变案例选择标准,则需要在伊斯兰教国家、基督教国家和佛教国家中各选择一个作为研究对象。如果研究变量为定比或定距的连续变量,则至少应选取代表极端值(最大和最小)的案例。

当然,在上述分析中,案例的多变性只考虑了一个自变量和一个因变量的情况,如果需要同时考虑几个自变量的组合,则需要进行分类,或进行分层随机抽样/定性比较分析。②

3. 极端案例法

极端案例法中,研究者选取一个或多个变量取极端值的案例,这个变量可以是自变量也可以是因变量,极端值可以是极大值也可以是极小值。极端案例法所选择的案例一般距离均值有多个标准差,但如果变量为二分类变量,极端则更多意味着反常。③ 例如,在研究变革的案例中选择发生革命的例子会更有意义,所以斯考切波从法国学到的要比从奥匈帝国学到的更多,就是因为法国爆发过大革命,比奥匈帝国更不寻常。④

---

① 〔美〕约翰·吉尔林:《案例研究:原理与实践》,黄海涛、刘丰、孙芳露译,重庆大学出版社 2017 年版,第 73 页。
② Charles C. Ragin, *Fuzzy Set Social Science*, University of Chicago Press, 2000.转引自〔美〕珍妮特·M. 博克斯-史蒂芬斯迈埃尔等编:《牛津政治学研究方法手册》(下),臧雷震、傅琼译,人民出版社 2020 年版,第 621 页。
③ 〔美〕约翰·吉尔林:《案例研究:原理与实践》,黄海涛、刘丰、孙芳露译,重庆大学出版社 2017 年版,第 76 页。
④ Theda Skocpol, *States and Social Revolutions: A Comparative Analysis of Fance, Russia, and China*, Cambridge University Press, 1979.

4. 反常案例法

反常案例法是研究者基于对研究问题或变量间关系的基本了解,挑选出一个或多个偏离某种跨案例关系的案例选择方法。简单而言,反常案例是具有奇怪值的案例。① 反常案例法与典型案例法在案例选择上采用了相反的逻辑。典型案例法选取的是残差值较小的案例,而反常案例的残差值较大。例如,芭芭拉·格迪斯(Barbara Geddes)注意到反常案例在医学上的重要性,她发现研究者习惯于关注那些病态例子,比如尽管反复发作但并没有死于艾滋病的稀有个案等等。②

极端案例法与反常案例法之间的区别也容易被研究者所忽视。**极端案例法关注的是取值异常的案例,而反常案例法关注的是现有的因果关系和理论很难对其进行合理有效解释的案例**。因此,反常案例法的目的更多在于寻找对于研究问题的新的合理解释。这个新的解释性因素或对因果关系的全新阐述,应同样适用于其他反常案例,"这意味着反常案例研究通常以提出一个一般性命题而结束——这一命题可能会适用于总体中的其他案例"③。

5. 影响性案例法

影响性案例法是研究者选择一个或多个具有自变量重要取值的案例选择方法。约翰·吉尔林将影响性案例定义为"第一眼看起来就否定某个理论,或者至少对某个理论提出质疑的案例"④。根据定义可以看出,影响性案例法和反常案例法两者选取案例的标准相似,都关注反常值,但二者在案例分析的最终目的上不尽相同,**前者的研究目的在于确定具有普遍解释力的因果关系模型,而后者的目的在于修正现有的解释模型或提出新的合理解释**。⑤ 例如托马斯·埃特曼(Thomas Ertman)在关于西欧国家建立的研究中提出假设,"国家建立第一阶段的地方政府类型"与"地缘竞争逐渐激烈的时间点"这两个因素之间的交互作用对将出现的政体和国家类型产生影响。以欧洲的历史对这个假设进行检验,发现绝大多数符合预测,但是丹麦是个例外。按照理论假设,它应该成为世袭立宪主义政体,但事实上却成为一个官僚专制主义政体。最后,通过对官僚专制主义发展的因果过程进行追踪,埃特曼得出结论:这一发展路径是他的解释框架之外的一

---

① 〔美〕约翰·吉尔林:《案例研究:原理与实践》,黄海涛、刘丰、孙芳露译,重庆大学出版社 2017 年版,第 78 页。
② 同上书,第 78—80 页。
③ 同上书,第 79 页。
④ 同上书,第 81 页。
⑤ 〔美〕珍妮特·M. 博克斯-史蒂芬斯迈埃尔等编:《牛津政治学研究方法手册》(下),臧雷震、傅琼译,人民出版社 2020 年版,第 627 页。

个因素导致的。①

需要特别注意的是,影响性案例法只适用于中小型案例样本的研究,此时样本中的一个或多个强影响点直接影响结果。在大样本研究中,个别影响点对于结果的作用并不明显,影响性案例法也就失去了价值。

6. 关键案例法

关键案例法选择的是一个或多个最可能或最不可能出现既定取值的案例。影响性案例法和关键案例法二者在案例选择上存在着显著差异。前者选择的是对自变量与因变量之间回归系数影响显著的案例,而后者更多关注造成意料之外结果的案例。例如,豪森和乌尔巴赫曾说过一个预言师的例子。如果一个预言师预言你在某个时候会碰到一个陌生人,而且事实上你碰到了,你对他预知能力的相信度不会大幅提高;但是,如果他还预测到那个陌生人头发的正确数量,你之前的怀疑肯定会大大动摇。②

7. 路径案例法

路径案例法所选择的是一个或多个自变量可能导致结果发生的案例。路径案例是在因果假设明确的前提下,能够对自变量与因变量之间的因果机制进行深入分析和挖掘的案例。因此,路径案例的主要作用并不在于证明因果假设的正确性,而在于阐明自变量对因变量的作用机制和路径,即因果机制。③ 路径案例法在使用上有两个基本前提:第一,自变量与因变量之间的因果假设应该是明确的,并经过交叉案例分析得到了证实;第二,自变量与因变量之间的因果机制尚不明确。④

例如,吉尔林指出,在只有诸如 0 和 1 取值的二分变量的跨案例研究中,如果已知"领导层发起的变革""没有对反对派有节制地开放""没有先前专制政权的垮台""不存在其他可能影响民主化过程的外来原因"是影响"民主化"的因果路径,要研究"领导层发起的变革"是否导致了"民主化"就可以采取路径案例法选择案例。此时,应该选择那些存在"领导层发起的变革"(即其取值为 1)、不存在

---

① 〔美〕约翰·吉尔林:《案例研究:原理与实践》,黄海涛、刘丰、孙芳露译,重庆大学出版社 2017 年版,第 81—82 页。
② Colin Howson and Peter Urbach, *Scientific Reasoning: The Bayesian Approach*, Open Court, 1989.
③ 〔美〕约翰·吉尔林:《案例研究:原理与实践》,黄海涛、刘丰、孙芳露译,重庆大学出版社 2017 年版,第 91 页。
④ 〔美〕珍妮特·M. 博克斯-史蒂芬斯迈埃尔等编:《牛津政治学研究方法手册》(下),臧雷震、傅琼译,人民出版社 2020 年版,第 633 页。

其他变量(即其取值为 0),但同时实现了"民主化"(即其取值为 1)的案例。①

在连续性变量的跨案例研究中,如果已知一国的民主化程度(从最专制的 -10 到最民主的 10)是一个连续性变量,且受到人均生产总值(取对数)、说欧洲语言的比例、民族分化程度("1 减去随机挑选的两个人属于同一族群的可能性")、人均石油产量等的影响,则如要研究人均石油产量对民主化程度的影响,则仍然可以采用路径案例法选择案例。此时,应该选择除其他影响要素外,最能用人均石油产量解释民主程度的国家作为案例。② 在其他地方的引用性举例也是一样。

8. 最大相似案例法

采用最大相似案法所选择的一组案例(一个或多个),除自变量和因变量外在其他变量上的取值都相同或相似。例如,利昂·爱泼斯坦的《西方民主国家的政党》对于美国和加拿大两国政党凝聚力的对比分析,即使用了最大相似案例策略(见表 9.3)。③

表 9.3 利昂·爱泼斯坦对美国和加拿大的对比分析

变量性质	变量	美国	加拿大
因变量	政党凝聚力	凝聚力低:政党纪律松散、约束力弱,成员投票一致性较低	凝聚力高:政党纪律严明、约束力强,成员投票一致性较强
控制变量	政治文化	继承英国的政治文化	
	政体	联邦制	
	政党结构	较为松散	
	中央地方关系	弱中央、强地方	
	自然与人口特征	领土广阔、人口异质性较强	
自变量	宪政特征	总统制	联邦制

资料来源:根据〔美〕约翰·吉尔林:《案例研究:原理与实践》,黄海涛、刘丰、孙芳露译,重庆大学出版社 2017 年版,第 98—99 页,作者自制。

---

① 〔美〕约翰·吉尔林:《案例研究:原理与实践》,黄海涛、刘丰、孙芳露译,重庆大学出版社 2017 年版,第 92—93 页。
② 同上书,第 94—97 页。
③ Leon D. Epstein, *Political Parties in Western Democracies*, Routledge, 1979.

采用最大相似案例法进行案例选择时,一般使用匹配策略,如精确匹配、近似匹配和倾向值匹配等。①

9. 最大相异案例法

使用最大相异案例法时,研究者一般选择一组只有自变量和因变量取值相同,其他因素均相异的案例。最大相异案例法适用于确定或验证因果关系的案例研究。但需要注意的是,只有在因果关系具有唯一性,换句话说,即一个推定原因只能造成一种结果时,最大相异案例法才具有适用性。② 例如,在研究两种不同教学模式对学生学习成绩的影响时,如果研究者选择两个班级采用两种不同的教学模式进行教学,同时在研究需要控制的其他方面(即其他影响学生成绩的一些因素,例如年级、初始平均成绩等),两个班级也都最大程度不同,这就属于最大相异案例法。

表 9.4 从具体含义、跨案例选择方法、检验假设、生成假设等四个方面对以上所讲的九种方法进行了简单归纳总结。

表 9.4 案例选择方法

案例选择	具体含义	跨案例选择方法	检验假设	生成假设
1. 典型案例法	(一个或多个)案例是某种跨案例关系的典型例子	具有小的残差值的案例	是	否
2. 多变案例法	(两个或多个)案例体现了全部变化	通过分类值、标准差和组合值	是	是
3. 极端案例法	(一个或多个)案例中变量取极值	距离均值多个标准差	是	是
4. 反常案例法	(一个或多个)偏离某种跨案例关系	解释的残差值大	否	是
5. 影响性案例法	(一个或多个)具有自变量重要取值的案例	样本中的强影响点	是	否
6. 关键案例法	(一个或多个)最可能或最不可能出现既定取值的案例	相对粗糙的定性评估	是	否
7. 路径案例法	(一个或多个)自变量可能导致结果发生的案例	交叉表或残差分析	是	否

---

① 〔美〕珍妮特·M. 博克斯-史蒂芬斯迈埃尔等编:《牛津政治学研究方法手册》(下),臧雷震、傅琼译,人民出版社 2020 年版,第 638 页。

② 同上书,第 642 页。

(续表)

案例选择	具体含义	跨案例选择方法	检验假设	生成假设
8. 最大相似案例法	（两个或多个）除自变量和因变量外特定变量上取值相似	匹配	是	是
9. 最大相异案例法	（两个或多个）除自变量和因变量外特定变量上取值相异	反匹配	是	是

资料来源：改编自〔美〕约翰·吉尔林：《案例研究：原理与实践》，黄海涛、刘丰、孙芳露译，重庆大学出版社 2017 年版，第 65—111 页。

（三）案例研究设计的有效性

正如上面的分析所揭示的，要保证案例研究设计的有效性，首先要保证案例选择的有效性。其次，和一般的实证研究一样，对案例研究来说，要保证其研究设计的有效性，也必须关注构念效度、内部效度和外部效度①问题。如果是定性案例研究，则还需要同时关注内容效度、理论效度、描述效度、解释效度、评价效度等。如果是定量统计案例研究，即在大样本跨案例研究中使用统计分析，或者在整体上是案例研究设计的基础上对案例进行具体研究时使用定量统计方法，则仍然需要满足统计结论效度。同时，除了效度之外，也应该关注研究的信度，即"案例研究的每一个步骤——例如资料收集过程——都具有可重复性，并且如果重复这一研究，就能得到相同的结果"②（见图 9.4）。

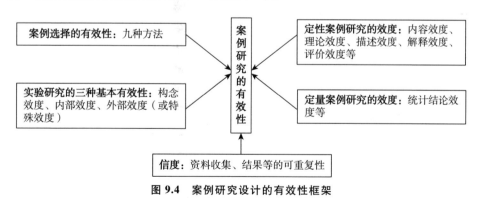

图 9.4　案例研究设计的有效性框架

---

① 尤其对于旨在推出一般性研究结论的案例研究而言，要特别注重外部效度，而这对有特殊性研究目的的案例则不适用，此时需要关注的是杨立华所提出的"特殊效度"。

② 〔美〕罗伯特·K. 殷：《案例研究：设计与方法》（原书第 5 版），周海涛、史少杰译，重庆大学出版社 2017 年版，第 57 页。

七、操作流程

很多研究者认为案例研究方法"简单易行,老少咸宜",因而在使用时比较随意,对其研究过程(或操作流程)并不重视。① 事实上,"高质量的案例研究不仅需要研究者受过良好的方法训练,还要求研究者像自然科学研究人员那样具备科学严谨的检验,遵循严格的案例研究过程"②。罗伯特·K. 殷认为,案例研究是一个线性的、反复的过程,具体包括计划、设计、准备、收集、分析、分享等六个步骤。③ 凯瑟琳·艾森哈特将案例研究的过程区分为启动、案例选择、研究工具与程序设计、进入现场、资料分析、形成假设、文献对话及结束等八个步骤。④ 郑伯埙等则对案例研究成果做了进一步梳理,将艾森哈特所说的八个步骤归纳成了三个阶段:准备阶段、执行阶段和对话阶段。⑤ 潘善琳和巴尼·谭则开发了更适合中国情景的 SPS(Structured-Pragmatic-Situational)案例研究法,具体包括申请准入、现象概念化、初始数据收集、建立并完善理论视角、结构性访谈、数据筛选、理论—数据—模型校验、撰写案例研究报告等八个步骤。⑥

借鉴以上这些步骤,并结合实证社会科学研究的实际情况,本章将案例研究的主要流程划分为四个阶段,即研究设计、资料收集、资料分析、结果汇报(见表 9.5),且每个阶段又有不同的具体操作步骤。下面主要以凯瑟琳·艾森哈特的案例研究论文《在快速变化环境中进行快速战略决策》⑦为例,简单介绍案例研究的操作流程。

---

① Sharan B. Merriam, *Case Study Research in Education: A Qualitative Approach*, Jossey-Bass, 1988.
② 陈振明主编:《社会研究方法》,中国人民大学出版社 2012 年版,第 170 页。
③ 〔美〕罗伯特·K. 殷:《案例研究:设计与方法》(原书第 5 版),周海涛、史少杰译,重庆大学出版社 2017 年版,第 1 页。
④ Kathleen M. Eisenhardt, "Building Theories from Case Study Research," *Academy of Management Review*, Vol. 14, No. 4, 1989.
⑤ 转引自陈晓萍、沈伟主编:《组织与管理研究的实证方法》(第三版),北京大学出版社 2018 年版,第 72 页。
⑥ Shan L. Pan and Barney Tan, "Demystifying Case Research: A Structured-pragmatic-situational(SPS) Approach to Conducting Case Studies," *Information and Organization*, Vol. 21, No. 3, 2011.
⑦ 李平、曹仰峰主编:《案例研究方法:理论与范例——凯瑟琳·艾森哈特论文集》,北京大学出版社 2012 年版,第 101—128 页。

表 9.5　案例研究的操作流程

操作流程	具体操作步骤	具体解释	举例
研究设计	研究问题	定义研究问题并进行操作化	高层管理团队如何快速做出战略决策
	理论命题	文献综述与理论预设	梳理关于快速战略决策的三种观点
	研究方法	资料收集方式和分析技术、研究结果形式	嵌入式案例研究设计方法
	案例选择	典型性、理论抽样	依据可复制原则选择八家计算机公司
	研究有效性	构念效度、内容效度、理论效度、内部效度、外部效度、信度	
资料收集	多种资料来源	三角测量与互证、不同的评估员、同一资料集合的不同维度	多种信息来源，两人组访谈
	多元资料收集方式	实验、观察、访谈、问卷调查、文档资料	访谈、问卷调查、观察和二手资料
资料分析	总体分析策略	理论指导，进行案例描述	分析和提出命题结合进行；
	具体分析步骤	记录、编码、归纳、检验、结论	分别计算、分析、总结定量和定性数据；
	具体分析技术	受控比较、相符性程序、过程追踪	挑选成对案例，比较异同
结果汇报	汇报原则	生动故事、完整度与丰富度	形成六个命题，兼顾了完整性与丰富性
	汇报撰写	确定汇报对象、安排案例素材和写作结构	采用理论构建取向，合理安排素材

（一）研究设计

这一阶段前面已经进行过单独论述，在此不再赘述。

（二）资料收集

资料收集是从事案例研究的一个主要环节。总体而言，就是需要秉持真实性、完整性和及时性原则，采用多种方式，收集多种资料。

1. 需要遵循真实性、完整性和及时性原则

案例资料收集应该坚持真实性、完整性和及时性原则。收集的案例资料不仅必须是真实的,而且必须是完整的,这样才能准确、全面地揭示案例的各个方面及其全部过程。同时,对于正在进行中的案例来说,还必须注意收集资料的及时性。只有这样,才能及时跟踪案例发展过程,更好地理解并解释案例。

2. 应采用多种方式,收集多种资料

为了保证案例资料的真实性、完整性和及时性,研究者还应该采用多种资料收集方法,收集多种资料。在我国学术界,目前很多案例研究还只是采用文档资料作为研究的基础资料。但事实上,案例研究可以而且应该使用多种资料收集方式,以保证资料的丰富性、真实性和完整性。具体而言,案例研究可以采用的资料收集方式包括文档资料、访谈、观察、问卷调查、实验等。① 当然,无论是哪一种收集资料的方式,都要结合研究需要与所选取方式的优缺点酌情选用。表9.6总结了各种资料收集方式的优点和缺点,并对每种收集方式进行举例说明。

表9.6 案例资料收集方式及其优缺点

收集方式	优点	缺点	举例
文档资料	花费较少; 研究无法接触的对象; 适于进行纵贯分析	质量难以保证; 资料不易获得; 缺乏标准形式、难于编录和分析	林德夫妇在《中镇》中阅读大量报纸、日记、地方志等文档资料
访谈	面对面交流,获取更多信息; 环境可控; 发挥访问者的主观能动性	费时费力; 访谈设计可能不当; 受访者有意识规避	曹锦清在《黄河边的中国:一个学者对乡村社会的观察与思考》中运用访谈收集乡村社会资料
观察	掌握第一手资料; 对研究对象扰动较小; 适用无沟通的调查对象	费时费力; 受观察者价值观和感情影响较大; 观察资料很难整理和分析	威廉·怀特在《街角社会》中观察意大利人贫民区的社会结构

---

① 袁方主编:《社会研究方法教程》,北京大学出版社1997年版,第173—314页。

(续表)

收集方式	优点	缺点	举例
问卷调查	匿名性； 避免偏见、减少误差； 便于定量处理和分析	对被调查者文化水平有一定要求； 回答率难以保证； 不能保证填写问卷的质量	凯瑟琳·艾森哈特在《在快速变化环境中进行快速战略决策》中通过问卷获取定量数据*
实验	能够确立因果关系； 花费较少； 易于重复； 控制能力强	缺乏现实性； 样本的缺陷； 实验人员的影响； 伦理及法律上的限制	穆扎弗·谢里夫等人通过罗伯斯山洞实验研究群际冲突**

资料来源：改编自袁方主编：《社会研究方法教程》，北京大学出版社1997年版。

注：* 李平、曹仰峰主编：《案例研究方法：理论与范例——凯瑟琳·艾森哈特论文集》，北京大学出版社2012年版。

** Muzafer Sherif, et al., *The Robbers Cave Experiment: Intergroup Conflict and Cooperation*, Wesleyan University Press, 1988.

特别地，在案例研究中，研究者往往希望通过收集多种资料，形成"资料三角形"。形成"资料三角形"的基本思路来源于"三角测量"的研究思想。这一思想主张通过多种资料的汇聚和相互验证来确认研究事实，互证研究发现，避免因单方面的偏见而影响最终判断。当然，在"三角测量"思想的指导下，除了"资料三角形"之外，在实际研究中还有研究者三角形（不同的研究者）、理论三角形（同一资料集合的不同理论纬度）、方法三角形（不同方法）①、结论三角形（不同结论的相互印证）等。但无论是哪种三角形，其本意都是主张这些不同要素之间的相互印证，以提高资料、研究、理论、方法和结论等的有效性和科学性。当然，这里的三角也只是一种形象的说法，并不意味着就是"三个角"或者"三种"，而是三种及以上的资料、理论等的相互印证。

（三）资料分析

与资料收集一样，案例资料分析也是从事案例研究的一个主要环节。对于案例研究的初学者，经常会存在面对成堆的资料不知从何下手的问题。因此，研究

---

① 〔美〕罗伯特·K.殷：《案例研究：设计与方法》（原书第5版），周海涛、史少杰译，重庆大学出版社2017年版，第144页。

者必须掌握和使用科学有效的案例资料分析策略、步骤和分析方法。特别对理论驱动型案例研究来说,案例资料的总体分析策略依赖于理论命题①,即研究者需要遵循最初提出的理论命题来组织案例研究相关资料,并以此检验所提出的理论命题。如果案例研究要论证的理论命题不存在,则可以采取发展案例描述的分析方法,即为组织案例研究发展一个描述性分析框架。

在总体分析策略之下,案例资料分析应遵循一套规范、严谨的资料分析步骤,具体包括资料收集过程中的同步记录、资料编码、资料的归纳分析、研究成果检验、形成结论五个步骤。

1. 资料收集过程中的同步记录

在采用文档资料、访谈、观察、实验等方法收集案例资料时,要同步做好资料的摘记,建立文本库和备忘录②;在采用问卷调查收集资料时,需要将收集回来的问卷做好标记,分出有效问卷、无效问卷(包括白卷)等。

2. 资料编码

在案例资料分析的过程中,编码是极为重要的一个环节。编码是对资料内容进行定义的过程,意味着把资料片段贴上标签,同时也对每部分资料进行分类、概括与说明。③ 对采用文档资料、访谈、观察、实验等方式收集的质性资料,目前学界已经形成了一套比较成熟的编码规则④,读者需要学习并掌握;当然,对采用问卷调查收集得到的量化资料,由于在设计问卷时就已经进行了编码(例如采用李克特五位量表的形式),因而在资料收集之后无须再编码。

3. 资料的归纳分析

资料的归纳分析即需要通过人为的质性资料编码或统计软件分析量化数据的结果,进行分类总结,形成初步结论。当然,如果是多案例或者大样本跨案例研究的话,还需要进行如图 9.5 所示的跨案例分析。

---

① Alexander L. George and Andrew Bennett, *Case Studies and Theory Development in the Social Sciences*, MIT Press, 2005.

② 〔美〕艾尔·巴比:《社会研究方法》(第 13 版),邱泽奇译,清华大学出版社 2020 年版,第 345—350 页。

③ 〔英〕凯西·卡麦兹:《建构扎根理论:质性研究实践指南》,边国英译,重庆大学出版社 2009 年版,第 56 页。

④ 〔美〕M. B. 迈尔斯、A. M. 休伯曼:《质性资料的分析:方法与实践》(第 2 版),张芬芬译,重庆大学出版社 2008 年版,第 91 页。

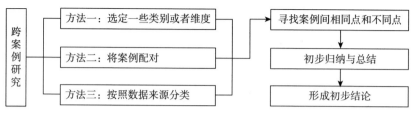

图 9.5 跨案例研究方法

资料来源:改编自李平、曹仰峰主编:《案例研究方法:理论与范例——凯瑟琳·艾森哈特论文集》,北京大学出版社 2012 年版,第 9—12 页。

4. 研究成果检验

在研究成果检验环节要进一步核实所分析的质性资料与量化数据,也要将使用多种方式收集来的资料或数据进行比对,以便检验所收集的质性资料或者量化数据的正确性。而且,需要用多方论证成果与现有的文献进行对话,以便建构理论。①

5. 形成结论

整合分析质性资料与量化数据得到的结果,形成理论及知识体系。

(四)结果汇报

案例研究结果通常以论文、著作或研究报告的形式呈现出来。由于案例都是真实发生的典型事例,在结果汇报时应该保证故事描述的丰富性与完整性。如果选择个案研究,研究者需要很好地呈现一个"好的故事",从而更好地说服和吸引读者;如果选择多案例或大样本跨案例,可以将构建的理论分为几个命题来进行描述,从而兼顾汇报结果的严谨性与描述的丰富性。同时,研究者在进行案例研究结果汇报时,也需要遵循一些步骤。

1. 确定汇报对象

不同的汇报对象对案例研究结果会有不同的关注点。比如,学术界可能偏重案例如何筛选、数据如何收集和分析以及是否有新的发现等;而政策制定者可能偏重案例事件发生的前因后果以及需要采取的应对措施等。因此,在进行结果汇报时,首先要确定汇报对象。

---

① 〔美〕德尔伯特·C. 米勒、内尔·J. 萨尔金德:《研究设计与社会测量导引》(第 6 版),风笑天等译,重庆大学出版社 2004 年版。

2. 合理处理素材

好的案例研究应做到既基于案例素材,又不完全拘泥于案例素材。在汇报时,可以专辟一章或一节介绍案例素材,也可化整为零将案例素材掺入各个部分。但是,原则上要求结果汇报的主要部分或大多数内容都应有案例的参与。而且,整块式的案例素材描述不应超过结果汇报篇幅的三分之一,一般而言,四分之一或五分之一比较合适。

3. 科学安排写作结构

罗伯特·K. 殷指出,对案例报告写作而言,有六种可供选择的结构类型:线性分析式(标准结构)、比较式、时间顺序、理论建构式、"悬念式"和无序式(或混合)结构。① 前三种适用于所有的案例研究类型,第四种主要适用于探索性和解释性的案例研究,第五种与第六种分别适用于解释性和描述性的案例研究。

所谓线性分析式结构,事实上就是按照研究的一般线性结构进行汇报,先提出问题,之后进行文献综述,介绍研究方法、研究结果,进行讨论,最后形成结论并阐述其意义。这也是科学研究最常用的结构。所谓比较式结构,则是用不同的陈述或解释对同一个案例进行两次及以上的分析。例如,格雷厄姆·阿利森和菲利普·泽利科在《决策的本质》一书中,就将古巴导弹危机这一著名案例用理性行为体模式(rational actor model)、组织行为模式(organizational behavior model)和政府政治模式(governmental politics model)三个分析范式分析了三次。所谓时间顺序结构,就是按照案例发生和发展的时间顺序陈述案例。但是,使用这一方法要避免出现头重脚轻或虎头蛇尾的问题。为此,罗伯特·K. 殷建议可以采用倒叙手法起草案例报告。所谓理论建构式结构,即需要按照理论建构的逻辑来安排案例汇报。所谓悬念式结构则和线性分析式结构正好相反,即先说结论,后说结果,最后说方法等。所谓无序式(或混合)结构,是说汇报内容的先后或章节结构安排的先后顺序并不重要,重要的是总体的完整性,不能漏掉重要内容。这种结构通常用于描述性案例研究。例如,林德夫妇的《中镇》、彼得斯和沃特曼的《追寻卓越、美国八大知名企业成功秘诀》②都采用了这种结构。总之,研究者应根据案例研究的目的与类型,合理选择写作结构。

---

① 〔美〕罗伯特·K. 殷:《案例研究:设计与方法》(原书第5版),周海涛、史少杰译,重庆大学出版社2017年版,第218—219页。

② Thomas J. Peters and Robert H. Waterman, Jr., *In Search of Excellence: Lessons from America's Best-run Companies*, Harper & Row, 1982.

八、理论检验

(一)理论检验的类型

案例研究既可以服务于构建理论,也可以服务于检验理论。斯蒂芬·范埃弗拉(Stephen Van Evera)指出,可以从明确性和独特性两个维度来评估检验的强弱。明确性是指预言不能模棱两可,预言愈明确,检验就愈强;独特性是指并非由其他已知理论所做出的预见,预言愈独特,检验就愈强。根据不同组合,可以将检验分为风中稻草式检验、环式检验、冒烟手枪式检验、双重决定式检验(见图9.6)。当然,在运用案例研究检验理论时,应该选择能够允许最强检验的案例。

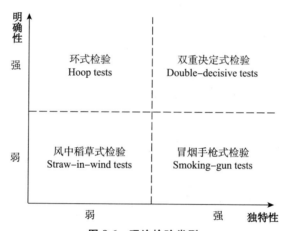

图 9.6 理论检验类型

资料来源:改编自〔美〕斯蒂芬·范埃弗拉:《政治学研究方法指南》,陈琪译,北京大学出版社 2006 年版,第 28—32 页。

(二)理论检验的方法

一般而言,为了得出科学有效的分析结果,案例研究者还可以采取受控比较(controlled comparison)、相符性程序(congruence procedures)和过程追踪(process tracing)等重要的分析方法。

受控比较是研究者对两个或者更多案例中的现象进行配对考察,从而探究这些成对现象的值是否与被检验理论所做出的预言相一致①,其案例选择一般采用

---

① 〔美〕斯蒂芬·范埃弗拉:《政治学研究方法指南》,陈琪译,北京大学出版社 2006 年版,第 54—55 页。

求异法或者求同法。比如,如果自变量的值在 A 案例中比 B 案例大,那么因变量的值在 A 案例中也应该比 B 案例大。假如 A 案例因变量的值大于 B 案例中因变量的值,那么理论获得检验。

相符性程序是指研究者通过案例分析来考察观察值与被假设检验的预言值是否一致。① 相符性程序主要有两类:一类是案例间的观察比较,一类是案例内的观察比较。通常采用与标准值相比较或者多重案例内比较的方法。诚如斯蒂芬·范埃弗拉所阐述的,如果想要检验"经济低迷导致少数族群成为替罪羊"这个假设,需要考察 20 世纪 30 年代大萧条时的美国,如果想要探讨民主国家的国会选举,可以选择 1994 年的美国选举,分析众议院 435 个席位的竞选情况。②

过程追踪是"通过考察案例的初始条件如何转化为案例结果来探究系列事件或决策过程"③的一种方法,也是确定案例自变量和因变量之间因果机制的一种方法。其主要目的是"理解原因与结果之间的中间过程"④,即利用对过程的历史阐述来验证理论或者假设。例如,斯蒂芬·范埃弗拉指出,如果"小行星导致大规模灭绝",那么我们就应该能在相应的地质沉积中发现与小行星导致大规模灭绝这种假设相符的证据。⑤

相比受控比较,相符性程序和过程追踪是更强的检验方法。但是,受控比较、相符性程序和过程追踪都要遵循相同的三个步骤:(1)陈述理论。(2)如果理论有效,我们应当预言在案例中观察到的现象;如果无效,我们应当预言能观察到的现象。(3)考察案例以便发现预言与观察之间的一致性。⑥

九、质量评价和保证

尽管案例研究在社会科学领域有着广泛的应用,但一直以来饱受人们的质疑。人们质疑的一个重要方面是:案例研究的质量不高。比如,有人认为案例研

---

① 曲博:《因果机制与过程追踪法》,《世界经济与政治》2010 年第 4 期。
② 〔美〕斯蒂芬·范埃弗拉:《政治学研究方法指南》,陈琪译,北京大学出版社 2006 年版,第 56—60 页。
③ 李强、邓建伟、晓筝:《社会变迁与个人发展:生命历程研究的范式与方法》,《社会学研究》1999 年第 6 期。
④ 〔美〕诺曼·K. 邓津、伊冯娜·S. 林肯主编:《定性研究(第 2 卷):策略与艺术》,风笑天等译,重庆大学出版社 2007 年版,第 577 页。
⑤ 〔美〕斯蒂芬·范埃弗拉:《政治学研究方法指南》,陈琪译,北京大学出版社 2006 年版,第 61 页。
⑥ 同上书,第 53—54 页。

究是经验式的研究方法,难以得出科学的结论,难以产出高质量的研究成果等。①陈振明认为,一个高质量的案例研究应做到以下几点:(1)提出并分析新的研究问题;(2)增强现有理论解释力;(3)证明理论假设;(4)发展解决问题的理论、模型和对策。②

事实上,案例研究方法发展至今,已经形成了一套有效保证其研究质量的评价标准与策略体系(见表9.7)。如果达到了这些标准,则可认为此项案例研究是可信可靠的;如果没有达到,则需要一一对照评价标准以完善研究。

表 9.7 案例研究的质量评价标准与策略体系

	评价标准	具体含义	达到标准的研究策略
案例选择	典型性	案例是某种跨案例关系的典型例子	典型案例法
	多变性	案例体现了全部变化	多变案例法
	极端性	案例中变量取极值或者异常值	极端案例法
	反常性	偏离某种跨案例关系	反常案例法
	影响性	具有自变量重要取值的案例	影响性案例法
	关键性	最可能或最不可能出现既定取值的案例	关键案例法
	路径性	自变量可能导致结果发生的案例	路径案例法
	最大相似性	除自变量和因变量外特定变量上取值相似	最大相似案例法
	最大相异性	除自变量和因变量外特定变量上取值相异	最大相异案例法
有效性	构念效度	研究者对研究的概念是否能进行正确的、可操作的测量	准确定义研究问题并进行可操作化
	内部效度	研究者的推导是否符合逻辑,是否能得出正确的因果关系	模式契合、解释建立与时间序列分析
	外部效度	研究结论的可推广性	坚持相似性原则筛选多案例并进行分析类推
	特殊效度	研究案例及结论的特殊性	选择特殊案例,描述特殊现象,形成特殊解释或理论

---

① Bent Flyvbjerg, "Five Misunderstandings about Case-Study Research," *Qualitative Inquiry*, Vol. 12, No. 2, 2006.
② 陈振明主编:《社会研究方法》,中国人民大学出版社2012年版,第187页。

(续表)

	评价标准	具体含义	达到标准的研究策略
有效性	内容效度	测量涵盖概念所包含意义范畴的程度	资料核查与文献对话
	理论效度	理论依据或建构的理论是否真实反映所研究的现象或事物	选择契合的理论,提高理论层次
	解释效度	研究者理解和表达被研究者对事物看法的确切程度	坚持多名研究者和多元数据来源,进行三角测量
	描述效度	对外在可观察到的现象或事物进行描述的准确程度	详细记录数据收集过程
	评价效度	研究者对研究结果所做的价值判断是否确切	摆脱初步印象,多角度查看证据
信度	研究信度	研究步骤的可重复性	严谨的研究设计;建立案例研究数据库
理论检验	双重决定式检验	兼具高度明确性和独特性的检验	受控比较、相符性程序、过程追踪
研究汇报	价值性	研究汇报具有重要价值和意义	与文献对话、内容完整、证据充足
	趣味性	研究汇报能吸引读者,引人入胜	界定读者群、安排写作结构

资料来源:改编自〔美〕罗伯特·K.殷:《案例研究:设计与方法》(原书第5版),周海涛、史少杰译,重庆大学出版社2017年版;〔美〕约翰·吉尔林:《案例研究:原理与实践》,黄海涛、刘丰、孙芳露译,重庆大学出版社2017年版;〔美〕斯蒂芬·范埃弗拉:《政治学研究方法指南》,陈琪译,北京大学出版社2006年版;陈向明:《质的研究方法与社会科学研究》,教育科学出版社2000年版。

十、使用中应注意的问题

在运用案例研究方法时,除了要遵循案例研究的基本流程和操作步骤外,还有以下一些事项需要研究者注意。

(一)注重基本研究素养的培养

案例研究带有较强的经验色彩,研究的结果在很大程度上依赖于研究者自身的研究素养。因此,相较于其他研究方法,案例研究对研究者的研究素养要求更高。罗伯特·K.殷指出,优秀的案例研究者应具备以下研究素养:(1)能够提出好的问题,并对问题的答案进行解释;(2)能够做一个好的倾听者,不会被自己的思维方式和先入之见所束缚;(3)具有灵活性和伸缩性,在遇到新问题时能够化问题为机遇,化挑战为动力;(4)在研究过程中,能够时刻牢牢抓住研究问题的本质;(5)对研究的问题不应心存偏见,能够排除一些先入之见和既定看法。① 当然,这些研究素养可以通过后天的学习与训练获得。

(二)进行严谨的案例研究设计

在所有的案例研究中,研究设计及其施行是关键。然而,现有的案例研究却经常存在研究问题不明确、案例选择不科学、缺乏预设理论与假设、研究方法单一、研究的效度和信度不能得到保障等问题。甚至有些案例研究根本没有研究设计,并且在开展案例研究时,某些研究者将操作难度大或者耗费时间长的步骤简单带过,避重就轻甚至粗制滥造,这都与完成高质量的案例研究的初衷或目的相悖。② 因此,为了保证学术研究的严谨性,提高案例研究质量,研究者在从事案例研究时,必须进行严谨的案例研究设计,对研究的问题、研究的理论命题、案例的选择、研究的具体方法、研究的有效性等进行详细的设计与说明,并严格遵照执行,避免随意性和主观性。

(三)考虑与其他研究方法结合

使用混合研究方法不仅有利于避免单一研究方法的弊端,也有利于提高研究解决更广泛和更复杂问题的能力。③ 案例研究方法和其他方法的混合使用也是如此。在一项研究中运用混合研究方法,就是要将不同的方法混合为一个整合模式,用不同的研究方法处理相同的研究问题,收集相互补充的资料,并生成与之对应的分析结果。④ 案例研究方法与其他研究方法混合使用,大致可以分为两种类型:一类是案例研究作为混合研究方法的一部分,和其他方法并行或先后混合使用;另一类则是将其他方法嵌入案例研究方法,或者将案例研究方法嵌入其他方法。无论采用哪种模式,都需要符合混合研究的基本要求。当然,混合研究方法要比单一研究方法的实施难度更大,需要研究者加倍注意。

---

① 〔美〕罗伯特·K. 殷:《案例研究:设计与方法》(原书第 5 版),周海涛、史少杰译,重庆大学出版社 2017 年版,第 87—94 页。
② 宁骚:《公共管理类学科的案例研究、案例教学与案例写作》,《新视野》2006 年第 1 期。
③ Guy G. Gable, "Integrating Case Study and Survey Research Methods: An Example in Information Systems," *European Journal of Information Systems*, Vol. 3, No. 2, 1994.
④ 〔美〕约翰·W. 克雷斯威尔:《混合方法研究导论》,李敏谊译,上海人民出版社 2015 年版。

(四)注意研究伦理问题

基于访谈、观察、实验等的案例研究是一种研究者较大程度介入"实地现场"或"实验过程"的研究方法,强调研究者与研究对象之间的交流与互动或对研究对象的干预,这固然给案例研究带来了优势,但也提出了各种研究伦理方面的问题。这些问题主要集中在资料收集阶段和研究结果的汇报阶段。① 在资料收集阶段,案例研究者要告知研究对象这项研究要对他们做什么,以及研究预期,既不能夸大给研究对象带来的预期收益,也不能隐瞒研究过程中可能带来的各种社会或者精神上的不适。② 在研究结果的汇报阶段,研究者要尽可能地减少研究对象所承受的风险,避免对不相关的敏感议题做更深的探究,可以采取一些保护性的方式,比如匿名化、化名处理等。

关键术语

案例研究　　　　典型案例法　　　　多变案例法　　　　极端案例法
反常案例法　　　影响性案例法　　　关键案例法　　　　路径案例法
最大相似案例法　最大相异案例法　　受控比较　　　　　相符性程序
过程追踪

思考题

1. 为什么人们会对案例研究有不同角度的理解?
2. 在什么情况下适合采用案例研究方法?
3. 案例研究有哪些类型,它们之间的关系如何?
4. 在案例研究设计中,如何进行案例选择?有哪些基本方法?
5. 如何保证案例研究设计的有效性?
6. 案例研究的具体操作流程是什么?
7. 案例研究进行理论检验的主要方法有哪些?
8. 案例研究汇报有哪几种结构类型?

---

① 陈振明主编:《社会研究方法》,中国人民大学出版社 2012 年版,第 178 页。
② 〔美〕伊丽莎白森·奥沙利文等:《公共管理研究方法》(第五版),王国勤等译,中国人民大学出版社 2014 年版,第 227 页。

📖 延伸阅读

Gary Thomas, *How to Do Your Case Study: A Guide for Students and Researchers*, Sage, 2011.

John Gerring, *Case Study Research: Principles and Practices*, Cambridge University Press, 2007.

Kathleen M. Eisenhardt, "Building Theories from Case Study Research," *Academy of Management Review*, Vol. 14, No. 4, 1989.

Robert E. Stake, *The Art of Case Study Research*, Sage, 1995.

Robert K. Yin, *Case Study Research: Design and Methods*, Sage, 1984.

Stephen V. Evera, *Guide to Methods for Students of Political Science*, Cornell University Press, 1997.

李平、曹仰峰主编:《案例研究方法:理论与范例——凯瑟琳·艾森哈特论文集》,北京大学出版社 2012 年版。

〔美〕罗伯特·K. 殷:《案例研究:设计与方法》(原书第 5 版),周海涛、史少杰译,重庆大学出版社 2017 年版。

〔美〕约翰·吉尔林:《案例研究:原理与实践》,黄海涛、刘丰、孙芳露译,重庆大学出版社 2017 年版。

经典举例

〔美〕埃莉诺·奥斯特罗姆:《公共事物的治理之道》,余逊达、陈旭东译,上海译文出版社 2012 年版。

《公共事物的治理之道》一书是 2009 年诺贝尔经济学奖得主埃莉诺·奥斯特罗姆教授的代表作。该书着眼于小规模公共池塘资源[即共用资源(the commons)]问题,在实证案例比较研究的基础上,提出了解决集体行动困境的自主治理(自治)新模型,并进一步发展了治理公共事物的制度理论和集体行动理论。

1. 研究问题

该书研究的中心问题是:一群相互依赖的委托人如何才能把自己组织起来,进行自主治理,从而能够在所有人都面对搭便车、规避责任或其他机会主义行为诱惑的情况下,取得持久的共同收益,即解决集体行动困境问题。必须同时解决的问题是如何对变量加以组合,即(1)增加自主组织的初始可能性;(2)增强人们不断进行自主组织的能力;(3)增强在没有某种外部协助的情况下通过自主组织解决公共池塘资源问题的能力。

2. 研究方法的选择

奥斯特罗姆教授主要运用了多案例的研究方法,探讨了三类案例,这些案例分布在世界各国,具有相当的代表性。第一类案例涉及两个特色,一是占用者已经就公共池塘资源的使用、设计、应用及监督实施了一套自己的规则;二是资源系统以及相应的制度都已经存续很长的时间。这些案例涉及瑞士和日本的山地牧场及森林的公共池塘资源,以及西班牙和菲律宾群岛的灌溉系统的组织状况。第二类专门讨论自主治理公共池塘资源制度的供给问题,主要考察了美国洛杉矶地区南部一系列地下水流域的制度的起源。第三类案例是在第一、二类成功案例的基础上,详细分析了土耳其渔场、加利福尼亚的部分地下水流域、斯里兰卡渔场、斯里兰卡水利开发工程和新斯科舍近海渔场制度失败的具体情况,得出公共池塘资源治理失败的制度原因。

3. 研究设计与操作流程

奥斯特罗姆教授认为,研究公共池塘资源的问题,理论与实践都是重要的。理解个人如何解决实际场景中的特定问题,需要采用从理论世界到行为世界,又从行为世界到理论世界的策略。没有理论,人们绝不可能理解作用于不同情形中的许多外在现象的一般的基本机制。如果不利用理论来解决经验难题,理论工作只能对理论本身有所创造,很少会对现实世界的状况有所反映。当理论预测与经验观察不一致时,就需要对理论做出修正。

以上说明了奥斯特罗姆的研究设计思路,下面将详细分析其研究设计的具体操作流程。

第一,确定研究对象。案例限定在小范围的公共池塘资源,其坐落在一个国家内,受其影响的人数在50人到15 000人之间,这些人的经济收益极大地依赖着该公共池塘资源。这些公共池塘资源主要有:近海渔场、较小的牧场、地下水流域、灌溉系统以及公共森林。第二,选择案例。奥斯特罗姆教授在实证研究中选择了对理解自主组织和自主治理过程帮助很大的、重要的公共池塘资源案例,这些案例并不是随机样本,而是提供了下列过程的明确信息的案例:(1)治理长期存续的公共池塘资源;(2)变更现存的制度安排;(3)未能解决持续存在的公共池塘资源问题。第三,确定资料收集方式。为了获得地下水生产者如何组织志愿者协会、修建灌溉设施、创设特别行政区以及建立管制这些流域的复杂的公共—私人治理系统等信息,奥斯特罗姆参加了相关会议,阅读了内部的记录,采访了参与者。

在案例选定之后,奥斯特罗姆对案例进行了分析。尽管存在具体形式的不同,但案例中都存在公共池塘资源问题。公共池塘资源是一种可以被公众单独享用的公共资源,在所有权上具有公共性,在使用上则是典型的个人受益,并且对其使用的限制需要付出极大的成本,其使用达到一定限度后可以看作是具有竞争性和非排他性的公共品,因而也可以将其理解为半公共品。正是它的这种特质,使得这些案例中的成员都有滥用资源的趋势,这在那些失败的案例中成为现实,而在那些成功的案例中则没有实现。对其原因的探寻正是书中接下来三章所要做的事情。通过比较那些成功的案例,作者归纳出长期存续的公共池塘资源制度所包含的八项设计原则:清晰界定边界、使占用和供应规则与当地条件保持一致、集体选择的安排、监督、分级制裁、冲突解决机制、对组织权的最低限度的认可、分权制企业。简单地说,就是要建立由社会成员组成的合作组织,并建立解决冲突的机制和场所,这个组织可以明确成员的资源所有权和数量,同时建立相关的监督机制。而经验证据也表明,那些失败的案例无一不是没有满足这八项原则,并且基本上都是仅拥有三项或以下。还需要指出的是,有些案例表明,一些地方虽然具备了大多数原则,但仍然失败了,这可以被归为脆弱的制度。要解决监督问题,首先需要具有可信承诺,而要获得可信承诺,则必须解决制度的供给问题。该书第四章的案例主要反映的就是制度供给问题,奥斯特罗姆介绍了大洛杉矶地区南部一系列地下水流域的制度起源。从雷蒙特领域、西部和中部地区三个案例中可以看出,人们在组织者的领导下,通过将现有规则的预期收益和成本的净流量与替代规则的预期收益和成本的净流量进行比较,做出进行制度变迁的选择。但是,制度变迁在现实条件下仍然不是单纯的内部问题,它还与外在环境有着密切的关系,并且由于内部因素难以测量,作者不得不转向对外在环境的研究。该书第五章选择了制度失败的案例,包括土耳其渔场、斯里兰卡水利工程、莫哈维地下水流域等。这些案例中的公共池塘资源占用者表示他们面临的问题中没有得到解决的,没有一个符合三条以上的设计原则,这进一步验证了设计原则的合理性。

4. 质量保证

奥斯特罗姆的研究以其他学者详细的个案研究为基础。这些研究提供了坚实的实证基础,有助于深入理解公共池塘资源的问题。阅读这些研究以及研究所引用的资料,奥斯特罗姆意识到两个重要的事实:第一,已经存在极为丰富的个案研究文献,这些文献由各领域的研究者撰写,他们在获取公共池塘资源占用者所采用的策略和规则的详细信息方面已经花了大量的时间和精力。第二,文献由不同领域的学者撰写,常常刊登在不重要的出版物上,几乎没有人对这些文献中的发现加以综合。奥斯特罗姆和同事将收集来的案例编排入档，从中选出相当小的子问题供进一步的细察、解释和分析。选择案例的标准是必须是长期实地考察的结果并能够提供下列信息：(1)资源系统的结构；(2)占用者的特性和行为；(3)占用者正在使用的规则；(4)由占用者行为导致的结果。同时，奥斯特罗姆和同事已经开发了一种结构化的编码形式，这种形式能够使完全定性的资料转变为一种合乎定量分析要求的、结构化的数据库。编码形式的开发本身就是一种理论发展，奥斯特罗姆用早期工作中发展出来的制度分析方法作为设计这些编码形式的理论框架。此外，她还认真思考了由实地研究者所阐述的理论假定，这些研究者或者已经进行了多种研究，或者亲自考察了多种研究中的发现。

第十章 比较分析法

本章要点

- 比较分析法的定义、特点和优劣势；
- 比较分析法的发展历史及其基础理论；
- 比较分析的因果判别原理、逻辑陈述方式和运算法则；
- 比较研究案例与变量的选择要点以及方法运用过程中常见问题的解决途径；
- 比较分析法研究设计的基本流程。

一、导　言

"没有比较，不成思想。"[1]作为一种常用的思考方式，比较思维存在于人类日常生活的方方面面。俗话说："货比三家不吃亏。"将具有类似属性的不同目标放在一起，寻找它们的相同点和不同点，以便做出更准确的判断，是人类自古就有的智慧。

有比较才能发现问题，故而在《两小儿辩日》中才可以通过日初与日中的人日关系的不同，探讨太阳的远近；有比较才能找到差别，故而才可以通过"两害相权取其轻，两利相较取其重"，明晓取舍；有比较才能有进步，故而才能通过"见贤思齐焉，见不贤而内自省也"，提升自我。事实上，如脱离比较，即使观察的对象十分独特，得到的结论也会空洞无物。[2] 正如我们之所以认为苹果是苹果，是因为将苹果与其他水果乃至非水果做了比较，才发现其不同于其他物体的独特之处。

---

[1] Guy Swanson, "Frameworks for Comparative Research: Structural Anthropology and the Theory of Action," in Ivan Vallier, ed., *Comparative Methods in Sociology: Essays on Trends and Applications*, University of California Press, 1971, p. 145.

[2] Frank H. Aarebrot and Pal H. Bakka, "Die vergleichende Methode in der Politikwissenschaft," in Dirk Berg-Schlosser and Ferdinand Müller-Rommel, eds., *Vergleichende Politikwissenschaft: Ein einführendes Studienhandbuch*, VS Verlag für Sozialwissenschaften, 2003, pp. 57-76.

所以，比较不仅是人类观察和认识事物的基础，也是人们行动和进步的基础。

学者们通过对这种蕴含在日常生活中的，看似已经内化为理性思考一部分的思维方式展开研究，总结出了一套系统化、可操作、可复证的研究方法和技巧，而这也就是本章所要介绍的比较分析法。

二、定义、特点和优劣势

（一）定义

要理解比较分析法，首先得理解比较。所谓比较，从广义上来讲，就是"两个及两个以上的对象或个案（观察单位）的属性（特征）之取值（差异单位）的并置"[①]。说得更具体一点，比较就是对两个或多个观察对象的某些属性进行并置，并在遵循一定客观标准和程序的基础上，发现并置对象或个案的属性（特征）的共性或差异，并得出结论的过程。我国学者王崇德[②]、林聚任[③]等就持这种观点。

而具体到比较分析法，又有广义和狭义两种理解。例如，就广义理解而言，哈罗德·拉斯韦尔[④]、斯坦利·利伯森[⑤]和大卫·克林曼[⑥]等人认为，无论何种性质的研究，都不可避免地是比较性的，因此比较是所有科学的本质特征。杨立华也多次在课上强调"所有的研究在某种程度上都是案例研究"，而且明确指出"所有研究在某种程度也都是比较研究"，还进一步总结说，"所有研究在某种程度上都是案例比较研究"。可见，他在这里是从广义上来理解案例、比较和案例比较研究的。

与广义理解相对，就狭义理解而言，埃米尔·迪尔凯姆（Émile Durkheim）[⑦]、拉德克利夫-布朗（A. R. Radcliffe-Brown）[⑧]等曾指出，所谓比较方法就是约翰·斯

[①] 〔瑞士〕丹尼尔·卡拉曼尼：《基于布尔代数的比较法导论》，蒋勤译，格致出版社2012年版，第3页。
[②] 王崇德编著：《社会科学研究方法要论》，学林出版社1990年版，第166页。
[③] 林聚任、刘玉安主编：《社会科学研究方法》，山东人民出版社2004年版，第152页。
[④] Harold Lasswell, "The Future of the Comparative Method," *Comparative Politics*, Vol. 1, No. 1, 1968, p. 3.
[⑤] Stanley Lieberson, *Making It Count: The Improvement of Social Research and Theory*, University of California Press, 1985, p. 44.
[⑥] David Klingman, "Temporal and Spatial Diffusion in the Comparative Analysis of Social Change," *American Political Science Review*, Vol. 74, No. 1, 1980.
[⑦] 〔法〕埃米尔·迪尔凯姆：《社会学方法的规则》，胡伟译，华夏出版社1998年版，第102—106页。
[⑧] 〔英〕拉德克利夫-布朗：《社会人类学方法》，夏建中译，华夏出版社2001年版，第120—121页。

图尔特·密尔①提出的关于确定现象因果联系的归纳五法——求同法(契合法)、求异法(差异法)、求同求异法(契合差异并用法)、共变法和剩余法(本章后面将具体介绍)。当然,也有人认为,除密尔的归纳五法外,还有一些其他的探寻因果关系的方法,如因果诠释这类非控制变量的方法,也可以包括在比较方法当中。② 因此,丹尼尔·卡拉曼尼(Daniel Karamani)提出,比较研究方法就是一组利用经验证据,系统地检验现象之间因果关系备择(或竞争性)假设的逻辑程序,这些程序要么确证这些假设,要么拒绝它们,而其目标是发现类似于规律的"因果律"。③

布尔代数和集合论是狭义比较分析法常用到的数学工具。布尔代数是用二进制变量表达逻辑关系和运算的数学分支,集合论则是探讨集合特征及集合间关系的数学领域(本章后面将具体介绍)。因为布尔代数和集合论中的数学语言表达具有简洁性、直观性和逻辑严密性,所以包括丹尼尔·卡拉曼尼、阿德里安·杜萨(Adrian Duşa)和查尔斯·拉金(Charles C. Ragin)在内的许多学者都借助布尔代数和集合论展开比较分析。

总之,比较分析法既是一种开展研究的思维方式,也是一种辅助研究的工具手段。随意地将不同事物并置对比并不能称为比较研究,且缺乏规范性的一般比较也不能得到有效的研究结论。因此,本章讨论的主要是作为一门方法论科学的比较分析法,也就是以密尔归纳五法为核心,以布尔代数和集合论等逻辑推理方法为基础,以探求事物因果关系为目标的研究方法和程序,即狭义的比较分析法。

(二)特点

1. 案例导向

"案例是比较分析的本质。"④建立在案例研究基础上的比较分析法,要求采用整体分析视角,将案例视为复杂的实体,或"一整个分析单元,而非各种变量的

---

① John Stuart Mill, *A System of Logic, Ratiocinative and Inductive: Being a Connected View of the Principles of Evidence, and the Methods of Scientific Investigation*, Harper & Brothers, 1904, pp. 451-464.

② Theda Skocpol, "Emerging Agendas and Recurrent Strategies in Historical Sociology," in Theda Skocpol, ed., *Visions and Methods in Historical Sociology*, Cambridge University Press, 1984, pp. 356-391.

③ 〔瑞士〕丹尼尔·卡拉曼尼:《基于布尔代数的比较法导论》,蒋勤译,格致出版社2012年版,第5—6页。

④ Götz Rohwer, "Qualitative Comparative Analysis: A Discussion of Interpretations," *European Sociological Review*, Vol. 26, No. 6, 2011.

结合体"①;而且强调任何案例结果都不是由单一因素导致的,而是在不同"分析构念"②组合的共同作用下形成的。在政治学和公共管理学中,这些"分析构念"的维度包括政治、经济、文化、人员、组织、制度等。也就是说,我们通常可以从政治、经济、文化等不同方面描述案例特征,由此呈现案例间的共性与差异。这些共性与差异的组合被称为组态(configuration),意为"通常在一起发生的在概念上相异的多维特征的组合"③。组态分析的方法使复杂案例间的系统化比较成为可能。而且,区别于统计方法,比较分析法下的案例分析,是公开的浸入式探索,而不是大样本统计中的匿名化处理。比较分析法将寻求案例的具体历史解释、探究条件组合的复杂因果性与对具体历史结果的兴趣相结合,分析不同的条件或原因是如何在特定情境下产生相同结果,而又在另一情境下产生不同结果,从而实现了基于对案例的深入挖掘的对比分析。

2. 控制变量

比较分析法是利用经验性证据发现、检验并解释变量间因果关系假设的过程,而发现、检验和解释因果关系的核心则是控制变量。通过控制变量,研究者能够发现相似案例中的不同点,以及差异案例中的共同点。这些异同点为发现、检验和解释因果关系提供思路和证据。因此,尼尔·斯梅尔塞将比较研究方法称为一种控制变量的方法。④ 与实验法和统计方法相比,比较分析法在控制变量上的独特性在于,实验法可以通过有意操控变量生成被比较的案例,并通过实验组和对照组的比较结果对假设因果关系进行检验。统计方法通过对与自变量和因变量无关的"第三变量"(包括中介变量、调节变量、协变量等)取常数实现控制变量,并通过模型方程反映变量间数量上的因果关系。比较分析法则通过将具有类似变量取值的案例进行分组实现变量控制。

3. 解释复杂因果

比较分析法能够解释变量间"多重并发"⑤的复杂因果关系。其中,"多重"意

---

① Charles C. Ragin, *The Comparative Method: Moving Beyond Qualitative and Quantitative Strategies*, University of California Press, 1987, p. 37.

② Lewis A. Coser, *Masters of Sociological Thought: Ideas in Historical and Social Context*, Harcourt Brace Jovanovich, 1977, p. 223.

③ Alan D. Meyer, Anne S. Tsui and C. R. Hinings, "Congfigurational Approaches to Organizational Analysis," *Academy of Management Journal*, Vol. 36, No. 6, 1993.

④ Neil J. Smelser, "The Methodology of Comparative Analysis," in Donald P. Warwick and Samuel Osherson, eds., *Comparative Research Methods*, Prentice-Hall, 1976, p. 152.

⑤ Charles C. Ragin, "Set Relations in Social Research: Evaluating Their Consistency and Coverage," *Political Analysis*, Vol. 14, No. 3, 2006, p. 306.

指不同条件的组合可以达到相同的结果,即通往同一结果的"路径"是多样的。"并发"则意味着不同的条件要同时出现,才能共同形成通往结果的一条"路径"。例如,条件 A 和条件 B 的 A+B 组合能够推出结果 Y,意味着通往结果 Y 的"路径"可以有 A 和 B 两条。而条件 A 和条件 B 的 A∗B 组合,则意味着只有条件 A 和条件 B "并发",即同时发生时,才能产生通往结果 Y 的路径。①

(三) 优势和劣势

1. 优势

(1) 变量处理的客观、明确、可复制性。

如前所述,比较分析法是根据组态将案例分类比较的一种分析策略。这使得该方法在变量处理过程中既具有定性方法整体主义分析视角的优势,也兼具定量分析客观、明确、可复制的特点。与定性方法相比,比较分析法能够将"态度""感知""评价"等带有主观性的研究资料通过二分法赋值为"0"(不满意、不是、不好)或"1"(满意、是、好)实现对条件和结论的类别测量;还可以通过确定标准,如月收入 5000—8000 元、8000—10 000 元、10 000 元以上,分别给研究对象赋值"0"(不在这个收入区间)或"1"(在这个收入区间),来实现对条件和结论的程度测量。由于这一分析过程主要采用布尔代数和集合论的语言体系、数学运算的技术方法,以及逻辑推演的思维方式,所以在明确分类标准的前提下可以得到无差的逻辑结论。即任何研究者都可以使用相同的方法分析同一数据库,进而得到相同的结果。② 比较分析法在操作上弥补了定性分析方法模糊性和主观性的不足,因而是一种客观、明确、可复制的研究方法。

(2) 分析过程的透明性。

阿伦德·利普哈特注意到比较分析法与统计方法在控制变量上的相似性,认为"比较分析法不过是在相对不利,但存在改进空间的情况下的统计方法"③。统计方法和比较分析法都控制了变量,但不同点在于,统计方法对案例和数据的处理是匿名的,研究者往往只需要将数据输入统计分析软件,点击操作运行程序即可输出结果,所有被运算的庞大体量的案例和数据都被抹去个性化的信息,整个

---

① "+"和"∗"均为布尔代数表达中的逻辑符号,参见本章"起源、发展和基础理论"部分中"布尔逻辑的运算法则"部分。

② Gary King, et al., *Designing Social Inquiry: Scientific Inference in Qualitative Research*, Princeton University Press, 1994, p. 26.

③ Arend Lijphart, "The Comparable-Cases Strategy in Comparative Research," *Comparative Political Studies*, Vol. 8, No. 2, 1975, p. 163.

过程如同一个"暗箱"。案例导向的比较法则因为聚焦少量个案而需要研究者更有意识、有目的、有计划地对变量的选择、组别的划分、因果关系的推断等过程进行干预,以便更好地对结论做出解释。因此,比较分析法的分析过程更具透明性。分析过程的透明性使比较分析法更易被掌握,也有助于对研究结论进行证实或证伪。

(3)因果关系探究的复杂性与结果表达的简约性。

比较分析法的另一优势在于因果关系探究的复杂性和结果表达的简约性。如前文所述,区别于定量方法对恒定因果关系显著性的单一验证,又不同于定性方法对有限个案的描述性归纳,比较分析法能解释和探索多重并发的复杂因果关系,在复杂案例的比较和因果关系的深入挖掘方面具有优势。与此同时,得益于布尔代数的表达和集合论运算法则,研究者对案例变量间因果关系的归纳可以是简洁的,复杂的变量间因果关系式也可以通过布尔代数的逻辑简化法则实现简化表述(参见后文相关论述)。比较分析法的复杂性使其研究的模型更加贴近研究对象的现实情况,而其简约性则帮助研究者根据自身需要合理调整研究的复杂程度。

2. 劣势

(1)分类标准的主观性。

以布尔代数和集合论为基础的比较分析法需要通过变量的布尔化形成用于描述案例的组态和真值表。变量的布尔化本质上是对变量的分类。在政治学和公共管理学领域,无论是定量数据还是定性数据,都存在许多研究者难以统一的分类标准。因此,比较分析法在变量的布尔化过程中也难免带有一定的主观性。

(2)研究案例的稀缺性。

比较分析法在因果关系推断上的严密逻辑使其在解释复杂因果关系时具有优势,但这种严密的逻辑推断要求却给案例的选择带来限制。政治学和公共管理学领域的研究案例往往来源于现实,但现实中完全满足比较分析法因果推断要求的案例数量却很少,造成案例选择上的稀缺性。研究案例的稀缺还会带来研究样本代表性不足和自由度(degree of freedom)不够的问题。其中,样本代表性衡量了样本能够代表总体的程度。自由度则是指当以样本的统计量来估计总体参数时,样本中独立或能够变化的变量数目。① 自由度的取值可以表述为 $df=n-k$,其中 n 是样本总量,k 是统计中被限制的变量个数。

---

① 〔美〕米歇尔·刘易斯-伯克、艾伦·布里曼、廖福挺:《社会科学研究方法百科全书》(第一卷),沈崇麟等译,重庆大学出版社2017年版,第300页。

(3) 外部效度的有限性。

外部效度反映的是研究结论在其他情境中的可重复程度,是应用性实证研究的重要评价指标。① 根据研究涉及的案例和变量数量,可以将研究分为变量多、案例少、深入的小样本研究和变量少、案例多、宽泛的大样本研究。大样本一定程度上保证了研究结论的无偏性。因此,归属于后者的统计方法被普遍认为是一种外部效度较高的研究方法,其研究结论通常能从几百上千的样本量推到百万千万级别的总体。案例导向的比较分析法属于前者,往往聚焦于少数个案,充分考虑个案的整体特殊结构,对特定案例中自变量、因变量及其之间的关系进行详细描述和深入挖掘,以更好地陈述事实,找到变量之间的"明确联系"(explicit connections)②,给出阐释交互因果的组合性解释。也正因如此,比较分析法的研究结论在其他情境下的普适程度略有欠缺,该方法也被称为"适用于回答涉及个案数目少(小样本问题)"③的研究方法。

三、起源、发展和理论基础

(一) 起源和发展

比较方法的应用由来已久,其发展历程与民族国家的形成密切相关。④ 在古代,古希腊学者希罗多德的历史研究、柏拉图的理念分析、亚里士多德的早期研究等都为比较研究确立了框架。中国古代的著作如《资治通鉴》《文史通义》《制曲枝语》等也将朝代历史、人物思想、诗文戏曲等进行比较,总结出治世的经验、撰史的要义和艺术的要领。

近代以来,比较方法在战争的推动下被广泛运用于跨文化、跨国家、跨地区的研究当中。例如,第一次世界大战催生了关注"欧洲中心"以外的世界其他地区的当代世界事务研究所(Institute of Current World Affairs)等研究机构。第二次世界大战期间,美国开展了美日文化的比较研究,并在战后出现了大批研究亚洲问题和非洲问题的学者。

20 世纪初,密尔率先将比较方法系统化、规范化和方法论化,提出求同法(契

---

① 陈晓萍等主编:《组织与管理研究的实证方法》,北京大学出版社 2008 年版,第 120 页。
② Charles C. Ragin and Benoît Rihoux, "Qualitative Comparative Analysis (QCA): State of the Art and Prospects," *Qualitative Methods*: Newsletter of the American Political Science Association Organized Section on Qualitative Methods, APSA 2004 Annual Meeting, Chicago, Sep. 2-4, 2004.
③ 〔瑞士〕丹尼尔·卡拉曼尼:《基于布尔代数的比较法导论》,蒋勤译,格致出版社 2012 年版,第 8 页。
④ Karl Deutsch, "Prologue: Achievements and Challenges in 2000 Years of Comparative Research," in Meinolf Dierkes, Hans N. Weiler and Ariane Berthion Antal, eds., *Comparative Policy Research: Learning from Experience*, Gower, 1987, p. 5.

合法)、求异法(差异法)、求同求异法(契合差异并用法)、共变法和剩余法。亚当·普沃斯基和亨利·特尤因进一步阐释了用符号表示逻辑的方法,并通过理论与实际测量相结合的方式丰富了规范的比较研究方法的内容。①

到 20 世纪末,美国学者查尔斯·拉金在巴林顿·摩尔(Barrington Moore)《专制与民主的社会起源》一文的影响和启发下,沿袭密尔在社会科学中的比较方法传统,系统整合了案例内和跨案例研究的技术,提出了一种关注"事情是如何发生的"、超越传统定性和定量研究的新方法——定性比较分析法。② 该方法使得比较研究"可以在更为丰富的定量数据基础上进行"③。相关工具软件的开发应用也使得比较分析这一研究方法具有更广阔的适用性。至此,比较分析法已经由一种朴素的人类思维方式发展成为一系列系统化的、可操作的、可复证的科学研究方法和技巧。而且,随着学者对方法本身及其应用的深入研究,比较分析法仍然在向着政治学与公共管理学研究方法的前沿领域不断前行。

(二) 理论基础

1. 布尔代数

布尔代数是英国数学家、逻辑学家乔治·布尔创立的一种用代数符号表达逻辑关系和运算的数学逻辑形式。④ 布尔代数的出现在逻辑学领域实现了"用真正的符号计算代替语言推理"⑤。布尔代数以二进制为基础,是一种仅有两种可能值的变量表达方式。在布尔代数表达式中,一般用大写字母表示真值,用小写字母表示假值。如真值"A"在二进制中的赋值为"1",在案例中可以表示"是""出现""高"等现实含义。假值"a"在二进制中的赋值为"0",在案例中可以表示"否""未出现""低"等现实含义。符号"—"有时也会出现在布尔代数的表达当中,代表无关值。无关值是与结果变量无关的值或未知值。案例中的不同要素组合成若干由"0"和"1"构成的组态,将这些组态形成列表,就成为简洁直观的真值表,方便研究者通过集合运算发现因果关系。

---

① Adam Przeworski and Henry Teune, *The Logic of Comparative Social Inquiry*, R. E. Krieger, 1970, pp. 31–46.

② Charles C. Ragin, *The Comparative Method: Moving Beyond Qualitative and Quantitative Strategies*, University of California Press, 1987, p. XVII.

③ Else Øyen,"Living with Imperfect Comparisons," in Patricia A. Kennett, ed., *A Handbook of Comparative Social Policy*, Edward Elgar, 2004, p. 276.

④ George Boole, *The Mathematical Analysis of Logic: Being an Essay Towards a Calculus of Deductive Reasoning*, Basil Blackwell, 1951, pp. 3–13.

⑤ Souleymane B. Diagne, *Boole, L'oiseau de nuit en plein jour*, Belin, 1989, p. 5.

2. 真值表

真值表是研究对象所有条件与结果组合而成的列表。通过真值表,我们不仅可以得到案例特征的描述,还能据此判断条件与结果间的因果关系。以表 10.1 为例,"p"表示案例中的条件陈述,"q"表示案例中的结果陈述,"→"表示 p 和 q 之间的因果关系陈述,并且这一因果关系陈述通常表述为"如果……,那么……"。根据 p 和 q 成立(1)或不成立(0)的情况,可以列出条件与结果陈述的四种组态,分别为(1,1)、(1,0)、(0,1)和(0,0),即为表 10.1 中的案例 1 至案例 4。在案例 1 中,当条件陈述 p 成立(1),结果陈述 q 也成立(1)时,它们之间存在(1)因果关系"→"。在案例 2 中,当条件陈述 p 成立(1),结果陈述 q 不成立(0)时,它们之间不存在(0)因果关系"→"。同理可以得知案例 3 和案例 4 的条件与结果陈述情况。

表 10.1　条件与结果陈述的真值表

案例	p	→	q
1	1	1	1
2	1	0	0
3	0	1	1
4	0	1	0

需要指出的是,在这四种组态及其因果关系的判别中,只有案例 2 中的陈述是恒成立的。即,当条件陈述 p 成立(1),而结果陈述 q 不成立(0)时,总能拒绝原假设"p 与 q 之间存在因果关系"。

在案例 1 中,虽然 p 和 q 同时为真,但两者之间并不存在绝对的因果关系,因为 q 的成立可能是 p 与其他条件共同作用的结果,这种陈述暗示了案例变量间的并发因果关系。

在案例 3 中,虽然 p 不成立 q 成立,但 p 和 q 之间的因果关系仍然可能成立,这是因为 q 的成立可能是除 p 之外的其他要素导致的,这种陈述暗示了多重因果关系的存在。

在案例 4 中,虽然 p 和 q 都不成立,但 p 和 q 之间也存在因果关系的可能,此时可以将其看作案例 1 的反面情况。即,如果 p 和 q 之间存在因果关系,那么当 p 成立时,总有 q 成立,并且当 p 不成立时,q 也不会成立。

此外,之所以没有将 p 和 q 都不成立,并且它们之间的因果关系也不成立的情况列入,是因为此类情况的案例属于无关案例,既不能证明原假设,也不能拒绝原假设。

3. 充分条件与必要条件

对变量间因果关系充分性和必要性的探讨是布尔代数的重要特征。① 如果从条件陈述 p 能推出结果陈述 q（逻辑符号表示为"$p \rightarrow q$"），那么 p 是 q 的充分条件。以表 10.1 为例，如果条件和结果满足案例 1，且没有出现案例 2 的情况，我们就可以认为 p 是 q 的充分条件。

如果从条件陈述 p 能推出结果陈述 q（逻辑符号表示为"$p \rightarrow q$"），那么 q 是 p 的必要条件。或者说，结果陈述 q 能被条件陈述 p 推出，那么 q 是 p 的必要条件。为方便理解，我们引入"←"来表示被推出的关系。在表 10.1 中，如果条件和结果满足案例 1，且没有出现案例 3 的情况，我们就可以认为 q 是 p 的必要条件。

根据条件和结果的充分性和必要性，条件陈述 p 和结果陈述 q 可以有四种因果关系（见表 10.2）：

表 10.2　充分性与必要性的四种组合

类型	条件陈述	符号表达	充分性与必要性
1	p 能推出 q，q 不能推出 p	$p \rightleftarrows q$	p 是 q 的充分不必要条件
2	p 不能推出 q，q 能推出 p	$p \leftrightarrows q$	p 是 q 的必要不充分条件
3	p 不能推出 q，q 不能推出 p	$p \nleftrightarrow q$	p 是 q 的不充分不必要条件
4	p 能推出 q，q 能推出 p	$p \rightleftarrows q$	p 是 q 的充分必要条件

注："→"表示前者能够推出后者；"↛"表示前者不能推出后者；"←"表示后者能推出前者；"↚"表示后者不能推出前者。

充分不必要条件和必要不充分条件属于非对称的因果关系，不充分不必要条件和充分必要条件是对称性因果关系。值得注意的是，要素的充分性和必要性之间可以相互转换，"任何必要条件假设都可以转化为充分条件假设，反之亦然"②。例如，当因果陈述"$p \rightarrow q$"为真时，我们既可以说 p 是 q 的充分条件，同时也可以说 q 是 p 的必要条件，由此就实现了充分条件假设和必要条件假设的相互转换。

4. 布尔逻辑的运算法则

为使布尔代数的复合陈述表达更加简洁，布尔代数通常会使用三种逻辑连

---

① John L. Mackie, "Causes and Conditions," *American Philosophical Quarterly*, Vol 2, No. 4, 1965.

② Bear F. Braumoeller and Gary Goertz, "The Methodology of Necessary Conditions," *American Journal of Political Science*, Vol. 44, No. 4, 2000.

词:"或"(or)、"且"(and)、"非"(negation)。比较分析法的复杂因果关系特别注重研究多个变量间的构建和组合,而逻辑连词的使用则有助于对这种"组合逻辑"[①]的检验。

连接词"或"表示布尔代数中的加法法则,用符号"+"或"∨"表示。用"或"连接的两个及以上的条件意为:只要其中的一个条件发生,那么结果就能发生的复合陈述。以表10.3为例,如果复合陈述为 $Y=A+B$,那么只要条件 A 和条件 B 中有一个为真(1),结果 Y 就为真(1),并且只有当条件 A 和条件 B 都为假(0)时,结果 Y 才为假(0)。

表 10.3 复合陈述"或"的真值表(2 个条件)

A	B	$Y=A+B$
1	1	1
1	0	1
0	1	1
0	0	0

连接词"且"表示布尔代数中的乘法法则,用符号" * "或"∧"表示,在布尔表达式中符号" * "也可以省略不写。用"且"连接的两个及以上的条件意为:当且仅当所有的条件成立时,结果才能成立的复合陈述。以表 10.4 为例,如果复合陈述为 $Y=A*B$,那么当且仅当条件 A 和条件 B 同时为真(1)时,结果 Y 才能为真(1),并且只要其中一个条件为假(0),结果 Y 就为假(0)。

表 10.4 复合陈述"且"的真值表(2 个条件)

A	B	$Y=A*B$
1	1	1
1	0	0
0	1	0
0	0	0

否定词"非"表示对布尔代数中原陈述的否定,用符号"¬"或"∼"表示。带有"非"的简单陈述或复合陈述代表着与原陈述真假值相反的陈述。即,如果原

---

① Charles C. Ragin, *The Comparative Method: Moving Beyond Qualitative and Quantitative Strategies*, University of California Press, 1987, p. XVIII.

陈述 $p=1$,则 $\sim p=0$,如果原陈述 $p=0$,则 $\sim p=1$(见表 10.5)。

表 10.5　逻辑连词"非"的真值表(1 个条件)

p	$\sim p$
1	0
0	1

5. 布尔代数的逻辑简化

将一个长且复杂的逻辑表达式变为短而简洁的表达式的过程,就是布尔代数的逻辑简化过程。这个过程可以通过布尔最小化(boolean minimization)、质蕴含项(prime implicant)、因式分解(factorization)与德摩根律(De Morgan's Law)三种方式实现。

(1) 布尔最小化。

布尔最小化是排除无关因果条件最重要的方法。[1] 如果两个条件组合中只有一个要素的取值条件不同,但是两个条件组合都能得到同一结果,那么可以用布尔最小化对逻辑表达式进行简化。例如,当条件组合 ABC 和条件组合 ABc 都能推出结果 Y 时,即 $Y=ABC+ABc$ 时,逻辑表达可以简化为 $Y=AB$。布尔最小化的原理类似实验研究法,当控制其他条件不变,唯一变动的条件对结果无影响时,表明变动的因素与结果无关,所以可以将该条件从逻辑陈述中剔除。

(2) 质蕴含项。

从集合关系看,如果 p 是 q 的充分条件($p \rightarrow q$),则说明 p 是 q 的子集。如果 p 是 q 的必要条件($q \rightarrow p$),则说明 q 是 p 的子集。如果一个逻辑表达式中的某一条件组合是另一条件组合的子集,即该条件组合为另一条件组合所蕴含。那么,在逻辑简化时,可以剔除前者保留后者,后者被称为"质蕴含项"[2]。在表 10.6 的假设案例中,能够导致结果 Y 成立的案例条件组合分别是:ABC、aBC、ABc、Abc。因为 ABC 和 aBC 是 BC 的子集,所以可以剔除子集 ABC 和 aBC,保留质蕴含项 BC。同时,剩余项 ABc 和 Abc 是 Ac 的子集,所以可以剔除子集 ABc 和 Abc,保留质蕴含项 Ac。由此将原陈述 $Y=ABC+aBC+ABc+Abc$ 简化为 $Y=BC+Ac$。

---

[1]　Adrian Duşa, "Comparative Analysis Using Boolean Algebra," in Paul Atkinson, et al., eds., *SAGE Research Methods Foundations*, Sage, 2020, p. 4.

[2]　Charles C. Ragin, *The Comparative Method: Moving Beyond Qualitative and Quantitative Strategies*, University of California Press, 1987, p. 94.

表 10.6　二分数据表(3 个条件)

案例	条件			结果
	A	B	C	Y
1	1	1	1	1
2	0	1	1	1
3	1	1	0	1
4	1	0	0	1

(3) 因式分解与德摩根律。

因式分解与德摩根律都是对逻辑表达式的某种运算,虽然在形式上并没有对表达式起到简化作用,但是却能够帮助我们加深对因果条件关系的理解。

以下列逻辑表达式为例:

$$Y = AB + AC$$

上述逻辑表达式表明了条件 AB 和 AC 是结果 Y 的两个充分条件。如果运用结合律将其因式分解为:

$$Y = A(B + C)$$

那么,我们就得到条件 A 是结果 Y 的必要条件,同时还能发现条件 B 和条件 C 是等价条件。因为,在 A 成立的情况下,B 和 C 中无论是哪一个条件成立,都能使结果成立。

德摩根律是英国数学家奥古斯塔斯·德摩根(Augustus De Morgan)在用代数方法研究逻辑运算时发现的规律,具体表述为:

$$\sim(P \vee Q) = (\sim P \wedge \sim Q)$$
$$\sim(P \wedge Q) = (\sim P \vee \sim Q)$$

德摩根律主要是关于逻辑连词"否"的运算律,它能够帮助我们探究结果不成立时的条件情况。例如,当结果 Y 成立时,我们得到的因果关系为:

$$Y = A(B + C)$$

那么,当结果 Y 不成立时,根据德摩根律得到:

$$\sim Y = \sim(A \wedge (B \vee C))$$
$$= \sim A \vee \sim(B \vee C)$$
$$= \sim A \vee (\sim B \wedge \sim C)$$

即

$$y = a + bc$$

由此，我们不仅能够判定当 AB 或 AC 成立时，结果 Y 会成立，还能判定当 A 不成立或者 B、C 不同时成立时，结果 Y 不会成立。

四、适用范围和条件

（一）适用范围

根据广义的比较定义，当研究对象或案例的数量在两个及以上时，比较才存在，因此至少存在两个研究对象时才能开展比较分析研究。同时，结合比较分析法因果关系探究的深入性、研究案例的稀缺性以及外部效度有效性的优势和劣势，比较分析法适用于案例数量较少的小样本案例研究。

（二）适用条件

相似性和差异性是案例之间得以比较的基础，也是比较分析通过控制变异寻找关键变量的重要依据。因此，比较分析法的研究对象需要满足相似性和差异性条件。

第一，用于比较的案例之间应当有足够的相似性。虽然比较方法的逻辑是无界限的，任何事物都可以拿来作比，但是将两个过于不同的事物进行比较，会影响研究的价值和外部效度。确保案例间相似性的一种方法是在"同质性区域"内选取案例，这样选择的案例会具有类似的"背景或特征"。[1] 例如，同一国家的农村地区和城市地区在语言、信仰、文化等方面就会有很大的相似性，这些案例间共享的属性可以被看作控制变量或常量，进而观察案例间的差异对案例结果产生的影响。这类似于求异法的比较逻辑。分类是确保案例间相似性的第二种方法。概念界定了研究对象的属性，类别则"指向概念的边界"[2]，因此学者亚瑟·考尔伯格将分类看作科学中概念形成的最基本方式，只有分类后才能比较。[3] 分类既是过程，也是结果。案例间的相似性决定它们同属于某一种类，而案例间的差异性则会在同类别之下对案例作进一步划分。分类遵循组内差异最小、组间差异最大的原则，组内差异最小原则最大程度地保障了组内案例间的相似性。

---

[1] 〔比〕伯努瓦·里豪克斯、〔美〕查尔斯·C. 拉金编著：《QCA 设计原理与应用：超越定性与定量研究的新方法》，杜运周等译，机械工业出版社 2017 年版，第 18 页。

[2] David Collier and James Mahon, Jr., "Conceptual 'Stretching' Revisited: Adapting Categories in Comparative Analysis," *American Political Science Review*, Vol. 87, No. 4, 1993.

[3] Arthur L. Kalleberg, "The Logic of Comparison: A Methodological Note on the Comparative Study of Political Systems," *World Politics*, Vol. 19, No. 1, 1966.

第二,用于比较的案例之间应当具有一定的差异性。案例的差异性追求在有限数量的案例中实现案例间差异的最大化,以使选取的案例呈现出多样性的特征。常见的差异性案例就是"正面"案例和"反面"案例,即在结果上有差异的案例。仍以社会革命爆发的影响因素这一研究主题为例,社会革命在何种条件组合下爆发与社会革命在何种条件组合下不爆发的研究同等重要,因此既要选取爆发社会革命的国家作为案例,也要选取没有爆发社会革命的国家进行研究。案例的差异性,尤其是反面案例的存在,使比较研究的结论更易被证实或证伪,从而使研究具有更高的内部效度。

五、类型划分

从因果关系结果判别的角度,比较分析法可以按照密尔的分类划分为求同法、求异法、求同求异法、共变法和剩余法,即我们可以通过上述比较方法获得变量间具体的因果关系是怎样的。从充分性和必要性判别的角度,比较分析法可以从条件和结果两个方向分别进行充要性判别。从多重并发因果关系的角度,比较分析法可以根据加法法则、乘法法则和复合陈述探究变量间的多重并发因果关系。下面,我们将对三种分类标准下的比较分析法类型做详细介绍。

(一)密尔五法

1. 求同法

密尔提出:"如果两个以上的事件有共同条件,那么可以认为这个共同条件是既定现象的原因或结果。"[1]这种在不同案例中寻找导致同一结果的相同条件的方法被称为求同法。求同法契合了学者对比较的某种定义——"比较就是'同化',是在表面差异之外寻找更深层次和更为根本的共同点的过程"[2]。在表10.7中,条件 A 成立时,结果 Y 也总成立,那么根据求同法,可以推测条件 A 与结果 Y 之间存在因果关系。需要注意的是,密尔五法只能判断两个变量之间是否存在相关关系。为方便论述,在后文中我们仍然按照先后顺序将前面的变量称为条件,将后面的变量称为结果。但这并不代表前者是原因,后者是结果。

---

[1] John Stuart Mill, *A System of Logic, Ratiocinative and Inductive: Being a Connected View of the Principles of Evidence, and the Methods of Scientific Investigation*, Harper & Brothers, 1904, p. 451.

[2] Giovanni Sartori, "Concept Misformation in Comparative Politics," *American Political Science Review*, Vol. 64, No. 4, 1970.

表 10.7 真值表(n 个条件)

案例	潜在条件					结果
	A	B	C	...	N	Y
1	1	1	0	...	1	1
2	1	0	1	...	0	1
3	1	0	0	...	1	1
4	1	1	1	...	0	1
5	1	1	0	...	1	1

求同法的因果关联展示较弱,适用于结果相同但组态差异较大的案例。理想状态下,当所有案例结果相同,但只包含一个共同条件时,该条件即为影响结果的关键变量。但现实中的案例往往难以达到理想状态,导致求同法的适用性有限。尤其是在结果相同,却有 2 个或更多条件相同时,求同法难以判断案例的多重因果关系和并发因果关系。例如,当结果相同的案例同时拥有 A 和 B 两个相同条件时,一些案例中的结果可能是由 A 引发,一些案例中的结果可能是由 B 引发,另一些则可能是由 A 和 B 共同引发,但求同法却不能判断出它们的区别。

扩展知识

求同法举例:吸烟与肺癌的关系

假设我们正在进行一项肺癌的影响因素研究。收集到以下肺癌患者的信息:

1 号病人为 28 岁男性,平时锻炼身体,经常饮酒和吸烟;

2 号病人为 33 岁女性,平时不锻炼身体,不饮酒,但经常吸烟;

3 号病人为 65 岁男性,平时不锻炼身体,不饮酒,但经常吸烟;

4 号病人为 45 岁女性,平时锻炼身体,不饮酒,但经常吸烟。

我们以年龄(A)、性别(B)、身体锻炼(C)、饮酒(D)和吸烟(E)为肺癌(Y)的潜在影响因素,对上述变量进行二分类的布尔代数赋值。60 岁以下赋值为"0",60 岁及以上赋值为"1";女性赋值为"0",男性赋值为"1";不锻炼身体赋值为"0",锻炼身体赋值为"1";不饮酒赋值为"0",饮酒赋值为"1";不吸烟赋值为"0",吸烟赋值为"1";未患肺癌赋值为"0",患肺癌赋值为"1"。那么我们可以构建出针对该项研究的真值表(见表 10.8):

表 10.8 吸烟与肺癌的关系研究真值表

案例	潜在条件					结果
	A	B	C	D	E	Y
1	0	1	1	1	1	1
2	0	0	0	0	1	1
3	1	1	0	0	1	1
4	0	0	1	0	1	1

从上表中可以发现,在不同案例结果相同的情况下,潜在条件 E 的真假值总是相同的。即,不同年龄、性别和身体锻炼情况的肺癌患者总是具有吸烟的特征。因此,根据求同法,我们可以推测"吸烟"和"肺癌"之间存在因果关系。

2. 求异法

与求同法在差异组态中找相同条件相反,求异法是在一系列相似组态中寻找相异条件的因果关系判别方法。如果两个案例只有一个条件不同,却出现了不同的结果,那么我们可以推测这一不相同的条件是影响案例结果的关键变量。在表 10.9 中,除条件 A 外,案例的其他条件取值都相同,并且仅当 A 出现时,Y 才出现,A 不出现时,Y 也不出现,因此根据求异法,可以推测条件 A 与结果 Y 之间存在因果关系。

表 10.9 真值表(n 个条件)

案例	潜在条件					结果
	A	B	C	⋯	N	Y
1	0	1	1	⋯	1	0
2	0	1	1	⋯	1	0
3	0	1	1	⋯	1	0
4	0	1	1	⋯	1	0
5	1	1	1	⋯	1	1

求异法发现因果关系的逻辑常常被用于实验设计,即控制其他变量不变而只允许一个变量发生变动来观察结果的变化。不同组别的相似条件并不能解释差异,因此变动的唯一条件就是结果变化的唯一解释。与求同法面临的困境相同,实际案例的复杂性也常常使得求异法难以适用。同一国家在不同时间点的数据或是同一地理区域选取的不同案例往往被近似地看作可以用求异法分析的对象。

> **扩展知识**
>
> ## 求异法举例：巴斯德的鹅颈瓶实验
>
> 19世纪60年代，法国微生物学家、化学家路易斯·巴斯德（Louis Pasteur）提出，存在于空气中的微生物是引起肉汤腐败变质的原因。为验证这一猜想，巴斯德利用求异法设计了一组实验，实验步骤如下：
>
> （1）将质量相同的肉汤分别装入三只规格相同的鹅颈瓶中，加热液体至沸腾，放置在相同的环境中；
>
> （2）1号鹅颈瓶是实验组，鹅颈瓶可以使空气中的微生物沉积在弯曲的鹅颈部分，从而避免肉汤与微生物接触；
>
> （3）2号鹅颈瓶是对照组，除去鹅颈部分改为普通烧瓶，使肉汤直接暴露在空气中；
>
> （4）3号鹅颈瓶同样是对照组，倾斜瓶身使肉汤与鹅颈瓶鹅颈部分沉积的微生物接触后静置。
>
> 实验观察到，1号鹅颈瓶中的肉汤放置了很久也没有腐败变质；2号鹅颈瓶中的肉汤三天后就腐败变质；3号鹅颈瓶的肉汤腐败变质速度慢于2号，但最终也腐败变质。
>
>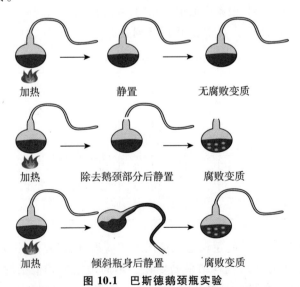
>
> 图 10.1 巴斯德鹅颈瓶实验
>
> 图片来源：Biology Dictionary Editors, "Germ Theory," *Biology Dictionary*, 2017, https://biologydictionary.net/germ-theory/。

我们以肉汤煮沸情况(A)、肉汤质量(B)、气温气压(C)、容器形状(D)和微生物暴露(E)为肉汤腐败变质(Y)的潜在影响因素,对上述变量进行二分类的布尔代数赋值。由于实验中的肉汤煮沸情况、肉汤质量和气温气压都相同,所以都赋值为"1";容器无鹅颈赋值为"0",容器有鹅颈赋值为"1";微生物未暴露赋值为"0",微生物暴露赋值为"1";肉汤未腐败变质赋值为"0",肉汤腐败变质赋值为"1"。那么我可以构建一个真值表(见表10.10):

表10.10　巴斯德的鹅颈瓶实验真值表(1)

案例	潜在条件					结果
	A	B	C	D	E	Y
1	1	1	1	1	0	0
2	1	1	1	0	1	1
3	1	1	1	1	1	1

比较案例2和案例3可以发现,在结果和其他条件都相同的情况下,条件D的不同取值对结果无影响,因此可以排除条件D和结果Y之间存在因果关系。由此,形成新的表10.11:

表10.11　巴斯德的鹅颈瓶实验真值表(2)

案例	潜在条件				结果
	A	B	C	E	Y
1	1	1	1	0	0
2	1	1	1	1	1
3	1	1	1	1	1

从上表中可以看到,在其他条件相同的情况下,当且仅当条件E出现时,结果Y才出现,条件E不出现时,结果Y也不出现。即,在保持其他条件相同的情况下,肉汤暴露在微生物环境中就会腐败变质,肉汤不暴露在微生物环境中就没有腐败变质。因此根据求异法,我们可以推测"微生物暴露"与"肉汤腐败变质"之间存在因果关系。巴斯德正是通过该实验证明了空气中的微生物是肉汤腐败变质的原因。

3. 求同求异法

顾名思义，求同求异法是同时使用求同法和求异法的因果关系探求方法。一般而言，可以先用求同法找出结果成立时，不同案例的组态具有某一共同条件；再用求同法找出结果不成立时，不同案例的组态不具有该共同条件。最后，通过求异法对上述结果进行比较，发现是否具有该共同条件是结果是否发生的决定性因素。由此判断该共同条件与结果间存在因果关系。

以表 10.12 为例，根据求同法，比较案例 1、案例 2 和案例 3。发现当结果 Y 成立时，条件 A 总是成立。比较案例 4 和案例 5，发现当结果 Y 不成立时，条件 A 也总是不成立。对比上述两种结果，发现条件 A 的变化引起了结果 Y 的变化。因此可以判断条件 A 与结果 Y 间存在因果关系。

表 10.12　真值表（n 个条件）

案例	潜在条件					结果
	A	B	C	$\cdots$	N	Y
1	1	1	0	$\cdots$	0	1
2	1	0	1	$\cdots$	0	1
3	1	0	0	$\cdots$	1	1
4	0	1	0	$\cdots$	1	0
5	0	0	1	$\cdots$	0	0

社会现象是复杂的，条件与结果之间的关系是多重并发的。解释案例结果的潜在条件是如此之多，以至于想要从中找到决定性的单一"相似"或单一"差异"几乎是不可能的。因此，组合方法不可避免地被用于检验组合因素与结果之间的复杂因果关系，求同求异法就是其中之一。如前所述，当引发同一结果的组态同时含有 2 个及以上的共同潜在条件时，求同法是无法分辨其中的关键因素的。这时可以在求同法的基础上运用求异法，对备择条件进行排除。

以表 10.13 为例，根据求同法，比较案例 1、案例 2 和案例 3。发现当结果 Y 成立时，条件 A 和 C 也全都成立，所以无法判断二者中的哪一个因素是影响结果的关键变量。因此可以引入案例 4 和案例 5，观察在结果不成立时潜在条件的取值情况。对比条件 A 和 C，每当 A 成立时，Y 就成立，A 不成立时，Y 也不成立。而条件 C 则是 Y 无论成立与否，C 都一定成立。因此可以判断条件 A 才是影响结果 Y 的关键变量。

表 10.13　真值表(n 个条件)

案例	潜在条件					结果
	A	B	C	…	N	Y
1	1	1	1	…	1	1
2	1	0	1	…	0	1
3	1	1	1	…	0	1
4	0	0	1	…	1	0
5	0	1	1	…	0	0

扩展知识

求同求异法举例：豆科植物的固氮作用探究

为研究豆科植物对土壤的固氮作用，我们选取黄豆、豌豆、花生、小麦和玉米进行种植实验。其中，黄豆、豌豆、花生属于豆科植物，小麦和玉米属于非豆科植物。它们同时又各自具有不同的其他属性。我们以豆科植物(A)和各类植物具有的其他属性(B、C、D、E)为固氮作用(Y)的潜在影响因素，对上述变量进行二分类的布尔代数赋值。不属于豆科植物赋值为"0"，属于豆科植物赋值为"1"；土壤氮含量减少赋值为"0"，土壤氮含量增加赋值为"1"；上述植物在其他属性B、C、D、E 上各有不同，在此不一一细说。那么，我们可以构建一个真值表(见表10.14)：

表 10.14　豆科植物的固氮作用探究真值表

案例	潜在条件					结果
	A	B	C	D	E	Y
1	1	1	1	1	0	0
2	1	1	1	0	1	1
3	1	1	1	1	1	1
4	0	1	1	0	0	0

比较案例 1、案例 2 和案例 3，可以发现虽然在 B、C、D、E 等其他属性上取值不同，但潜在条件 A 成立时，结果 Y 总是成立。比较案例 3 和案例 4，可以发现，虽然在 B、C、D、E 等其他属性上取值不同，但潜在条件 A 不成立时，结果 Y 总是不成立。即，只要案例对象属于豆科植物，土壤的含氮量总是增加。而只要案例对象不属于豆科植物，土壤的氮含量总是减少。因此，根据求同求异法，我们可以推测"豆科植物"与"固氮作用"间存在因果关系。生物学家的相关研究进一步明确了这一猜想，指出是因为豆科植物的根部能与根瘤菌共生，根瘤菌对土壤起到固氮作用。

4. 共变法

共变法表明,在其他条件相同时,如果一个变量随着另一个变量的变动而变动,那么这两个变量之间存在因果关系,或者这两个变量同时与另一变量相关。例如,在案例中,这种陈述可以表述为:"A 随着 B 增高而增高(或 A 随着 B 降低而降低)"的正向变动,或是"A 随着 B 增高而降低(或 A 随着 B 降低而增高)"的反向变动。使用共变法需要满足两个条件。第一,不同案例的结果应当发生了某种程度的变动。第二,在考察的所有潜在条件中,应当只有一个潜在条件发生了程度上的变化。此时,就能判断发生变化的潜在条件与结果之间存在因果关系。在表 10.15 中,A_1、A_2、A_3 表示条件 A 发生不同程度变动后的状态,Y_1、Y_2、Y_3 表示结果 Y 发生不同程度变动后的状态。根据共变法,在其他潜在条件都没有发生变动的情况下,每当条件 A 发生变动时,结果 Y 也同时发生变动。因此,可以推测条件 A 和结果 Y 之间存在因果关系,或者,条件 A 和结果 Y 都与未被发现的条件 F 之间存在因果关系。

表 10.15　逻辑形式表

案例	潜在条件情况					结果
1	A_1	B	C	D	E	Y_1
2	A_2	B	C	D	E	Y_2
3	A_3	B	C	D	E	Y_3

由于共变法观察的是变化及程度,而不是二分变量的成立与不成立,因此,有学者将依赖二分变量的求同法、求异法、求同求异法称为"韦伯式"的定性统计策略,而将共变法与前三者相区别,称为"涂尔干式"的定量统计策略。① 如果将结果变量分为变化与不变化两种,那么共变法本质上也是一种求异法。即在其他条件相同的情况下,只有一个条件发生变化,并导致结果的变化,那么可以推测这两个变量间存在因果关系。但共变法和求异法的区别在于,共变法的变量数据更为连续和丰富,共变法不仅可以探究潜在条件与结果间相关与不相关的二分性质,还能够探究变量相关的方向和程度。

---

① Charles Ragin and David Zaret,"Theory and Method in Comparative Research: Two Strategies," *Social Forces*, Vol. 61, No. 3, 1983.

> **扩展知识**

共变法举例：海拔与气温的关系

白居易的诗中描述道："人间四月芳菲尽，山寺桃花始盛开。"山下和山上的气温差异造成桃花开花时间的不同。为探究山上山下气温差异的原因，我们在同一经纬度，取山上海拔 100 米、400 米、800 米和 1000 米的四个位置，测得它们在同一天、同一时刻的气温分别为 18.2℃、16.5℃、14.0℃ 和 12.7℃。我们将海拔（A）、经纬度（B）、天气（C）和时刻（D）作为气温（Y）的潜在影响因素，将发生变化的海拔和气温数据依次记录如表 10.16：

表 10.16 气温随海拔变化数据表

海拔变化	符号表达	气温变化	符号表达
上升 300 米	A_1	下降 1.7℃	Y_1
上升 400 米	A_2	下降 2.5℃	Y_2
上升 200 米	A_3	下降 1.3℃	Y_3

由此，可得如表 10.17 的逻辑形式表：

表 10.17 气温随海拔变化的逻辑形式表

案例	潜在条件情况				结果
1	A_1	B	C	D	Y_1
2	A_2	B	C	D	Y_2
5	A_3	B	C	D	Y_3

从上表中可以发现，在其他潜在条件不变的情况下，结果 Y 总是随着潜在条件 A 的变化而变化。即，在相同经纬度，测量同一天、同一时刻的气温，气温值随海拔的升高而降低。因此，根据共变法，我们可以推测"海拔"和"气温"之间存在因果关系，或是"海拔"和"气温"都与另一变量存在因果关系。科学家的研究结果表明，近地面对流层大气温度的主要热量来源是地面辐射，大气获得的地面辐射越少，气温就越低。海拔高的地方距离地面更远，获得的地面辐射更少，气温也就更低。通过进一步研究，科学家总结出"海拔每升高 100 米，气温下降约 0.6℃"的一般规律。

5. 剩余法

剩余法用于探究多个原因与多个结果之间一一对应的因果关系。以表 10.18 为例,在一系列条件 A、B、C、D 和一系列结果 W、X、Y、Z 中,如果能够确定 A 仅与 W 存在因果关系,B 仅与 X 存在因果关系,C 仅与 Y 存在因果关系,那么可以判定剩余的条件 D 和结果 Z 存在因果关系。简单来说,剩余法的因果关系判断逻辑就是"余因对余果"。

表 10.18 逻辑形式表

现象	条件 A、B、C、D 是结果 W、X、Y、Z 的原因
已知	A 是 W 的原因
	B 是 X 的原因
	C 是 Y 的原因
结论	D 是 Z 的原因

剩余法不仅能够确定已知条件与已经观察到的结果之间的因果关系,还能通过现象推算未知原因的存在。即,如果条件 A、B、C 与结果 W、X、Y 一一对应,那么结果 Z 的存在则提示我们除条件 A、B、C 外,必然有未知的条件与 Z 相对应。海王星就是通过这种方法发现的。天文学家观测到天王星的运行轨迹受到四个力量的影响发生偏离,并且已经发现其中的三个力量分别是来自三个已知行星的引力,因此推断存在某一未知行星对天王星施加第四个力量。通过对行星轨迹的推算,海王星被发现,被证实为第四个力量的引力来源。

由于剩余法不适用于变量间存在交互因果关系的案例比较分析,因此只有在确定其他条件与其他结果之间的一一对应关系后,剩余条件和剩余结果才可能存在因果关系。同时还要注意,即使是在剩余的条件和剩余的结果都是唯一的情况下,二者间的因果关系也不是必然的。即,举例中剩余的条件 D 和结果 Z 之间的因果关系并不总是成立。因为剩余的结果 Z 也可能是由未被纳入考量的其他条件导致的。

扩展知识

剩余法举例:镭的发现

19 世纪末,波兰裔法国科学家、物理学家、化学家玛丽·居里(Marie Curie,世称"居里夫人")及其同事在研究沥青铀矿中的放射元素时,用剩余法发现了新的放射性元素——镭(Radium)。通过检测,居里夫人及其同事发现,铀(Uranium)、钍(Thorium)、钋(Polonium)等元素具有放射性,且物质所含的放射性元素量越多,放射性就越强。但是,他们在对沥青铀矿的放射性检测中却发现,测得的放射性强度要远高于沥青铀矿中已知铀、钍、钋的放射性强度。因此,他们推测沥青铀矿中含有其他未被发现的放射性元素。在确定一系列条件铀(A)、钍(B)、钋(C)和未知放射性元素(D)为一系列结果放射性强度1(W)、放射性强度2(X)、放射性强度3(Y)、剩余放射性强度(Z)的原因后,可以得到如表10.19 的逻辑形式表:

表 10.19 镭的发现逻辑形式表

现象	条件 A、B、C、D 是结果 W、X、Y、Z 的原因
已知	A 是 W 的原因
	B 是 X 的原因
	C 是 Y 的原因
结论	D 是 Z 的原因

由此,在确定未知元素 D 是剩余放射性强度 Z 来源的情况下,这种从未被人发现的未知放射性元素成为居里夫人及其同事的主要探索方向。随着研究的深入,一种放射性远超铀的新元素被发现并被命名为镭。居里夫人也凭借放射性物质的相关研究,先后两次获得诺贝尔奖。

参考资料:Marie Curie, "Discoverer of Radium," *Century Magazine*, January, 1904, pp. 461-466。

(二) 基于原因和结果的充要性判别方法

1. 基于结果判别充分条件

对于条件陈述 p,结果陈述 q,及其之间的因果关系"→",可以用表 10.20 表达。根据充分条件的定义,如果 p 能推出 q,即 p 是 q 的子集,那么 p 是 q 的充分条件。此时,p 成立则 q 一定成立,且不存在 p 成立而 q 不成立的情况。因此,表 10.20 类型 2 中"p 为真,q 为假,因果关系为假"的因果关系论述恒成立,并且可以用其排除充分条件。

表 10.20 充分条件陈述的真值表

类型	p	$\rightarrow$	q
1	1	1	1
2	1	0	0
3	0	1	1
4	0	1	0

在拥有多样化的自变量和因变量条件的案例中,我们可以从案例的结果出发进行研究设计,选取结果都为假的案例作比,对自变量进行排除。如表 10.21,除 A 之外的所有条件都有"条件为真,而结果为假"的情况。因此,根据表 10.20 中的类型 2,可以判定 A 之外的其他条件都不是 Y 的充分条件。同时,对于条件 A 和结果 Y,我们既不能确定 A 是 Y 的充分条件,也不能排除这种可能。这需要补充条件 A 为真的案例来做出进一步的判断。

表 10.21 基于结果判别充分条件的真值表(n 个条件)

案例	潜在充分条件					结果
	A	B	C	…	N	Y
1	0	1	1	…	1	0
2	0	0	1	…	0	0
3	0	1	1	…	0	0
4	0	0	1	…	1	0
5	0	1	0	…	1	0

2. 基于原因判别充分条件

类似地,我们可以从案例的潜在充分条件出发进行研究设计。假设某一自变量为结果的充分条件,并选取该自变量都为真的案例作比,根据结果对因变量进行排除。在表 10.22 中,除 O 之外的所有结果变量都存在"条件为真,而结果为假"的情况。因此,根据表 10.20 中的类型 2,可以判定 A 不是除 O 外其他结果变量的充分条件。同时,如果没有 A 成立而 O 不成立的反例出现,那么我们可以进一步判定条件 A 是结果 O 的充分条件。

表 10.22　基于原因判别充分条件的真值表（n 个条件）

案例	假定充分条件	结果				
	A	O	P	Q	…	Z
1	1	1	0	1	…	0
2	1	1	0	0	…	1
3	1	1	0	1	…	0
4	1	1	0	0	…	0
5	1	1	0	1	…	0

3. 基于结果判别必要条件

对于条件陈述 p，结果陈述 q，及其之间的因果关系"←"。根据必要条件的定义，如果 p 能被 q 推出，即 q 是 p 的子集，那么 p 是 q 的必要条件。此时，q 成立时，p 一定成立，且不存在 q 成立而 p 不成立的情况。因此，表 10.23 中类型 2"p 为假，q 为真，因果关系为假"的因果关系论述恒成立，并且可以用其排除必要条件。

表 10.23　必要条件陈述的真值表

类型	p	←	q
1	1	1	1
2	0	0	1
3	1	1	0
4	0	1	0

在拥有多样化的自变量和因变量条件的案例中，我们可以从案例的结果出发进行研究设计，选取结果都为真的案例作比，对自变量进行排除。如表 10.24，除 A 之外的所有条件都存在"条件为假，而结果为真"的情况。因此，根据表 10.23 中的类型 2，可以判定除 A 之外的其他变量都不是 Y 的必要条件。同时，如果没有 A 不成立而 Y 成立的反例出现，那么我们可以进一步判定条件 A 是结果 Y 的必要条件，即只要 Y 成立，则 A 总是成立。

表 10.24　基于结果判别必要条件的真值表（n 个条件）

案例	潜在必要条件					结果
	A	B	C	…	N	Y
1	1	1	0	…	1	1
2	1	0	0	…	0	1

(续表)

案例	潜在必要条件					结果
	A	B	C	…	N	Y
3	1	1	0	…	0	1
4	1	0	0	…	1	1
5	1	1	0	…	0	1

4. 基于原因判别必要条件

类似地,我们可以从案例的潜在必要条件出发进行研究设计。假设某一自变量为结果的必要条件,并选取该自变量都为假的案例作比,根据结果对因变量进行排除。在表 10.25 中,除 O 之外的所有结果都存在"条件为假,而结果为真"情况。因此,根据表 10.23 中的类型 2,可以判定 A 不是除 O 外其他结果变量的必要条件。同时,对于条件 A 和结果 O,我们既不能确定 A 是 O 的必要条件,也不能排除这种可能。这需要补充 O 取"1"的案例做进一步判断。

表 10.25　基于原因判别必要条件的真值表(n 个条件)

案例	假定必要条件	结果				
	A	O	P	Q	…	Z
1	0	0	0	1	…	0
2	0	0	1	0	…	1
3	0	0	1	1	…	0
4	0	0	1	0	…	1
5	0	0	0	1	…	0

5. 充分必要条件的判别

充分必要性的判别通过将充分性判别方法和必要性判别方法结合起来而实现,与密尔五法中求同求异方法的原理类似。在表 10.20 中,通过类型 2 的真值组态可以排除 p 是 q 的充分条件。在表 10.23 中,通过类型 2 的真值组态可以排除 p 是 q 的必要条件。而在充分必要条件的判别过程中,只要变量的充分性和必要性中有一个性质不能满足,我们就可以将其排除在充分必要条件之外。因此,合并表 10.20 和表 10.23 这两个真值表,我们能够得到表 10.26 中的充分必要条件真值表,并通过其中的类型 2 和类型 3 对充分必要条件进行排除。

第十章 比较分析法

表 10.26 充分必要条件陈述的真值表

类型	p	⇌	q
1	1	1	1
2	0	0	1
3	1	0	0
4	0	1	0

对于条件陈述 p，结果陈述 q，及其之间的因果关系"→"或"←"。p 是 q 的充分必要条件意味着 p 能推出 q，q 也能推出 p。此时 p 和 q 是两个相等的集合，互为对方的子集。在判别充分必要条件时，充分性和必要性的检验顺序对变量的检验结果没有影响。

充分必要性条件的判别，同样有基于结果判别和基于原因判别两种方式。基于结果判别充分必要条件参见表 10.27 中的案例。如果先检验充分性，根据表 10.26 中的类型 3，我们可以通过案例 4 和案例 5 排除 B 和 C 对于 Y 的充分性。再根据表 10.26 中的类型 2 检验剩余条件，通过案例 2 进一步排除 N 对于 Y 的必要性。此时，剩余的 A 和 Y 满足"条件成立时，结果总是成立，同时结果成立时，条件也总是成立"的情况。因此，如果没有 A 成立而 Y 不成立，或 Y 成立而 A 不成立的反例出现，我们就能判定 A 是 Y 的充分必要条件。如果更换充分性和必要性的检验顺序，先进行必要性检验排除变量 B 和 N，再进行充分性检验排除变量 C，我们仍然能够得到同样的充分必要条件判别结果。

表 10.27 基于结果判别充分必要条件的真值表（n 个条件）

案例	潜在充分必要条件					结果
	A	B	C	…	N	Y
1	1	1	1	…	1	1
2	1	0	1	…	0	1
3	1	1	1	…	1	1
4	0	0	1	…	0	0
5	0	1	1	…	0	0

基于原因判别充分必要条件可以参见表 10.28 中的案例。如果先检验充分性，根据表 10.26 中的类型 3，我们可以通过案例 4 和案例 5 排除 A 对于 P 和 Q 的充分性。再根据表 10.26 中的类型 2 检验剩余结果，通过案例 2 进一步排除 A 对

于 Z 的必要性。此时,剩余的 A 和 O 满足"条件成立时,结果总是成立,同时结果成立时,条件也总是成立"的情况。因此,如果没有 A 成立而 O 不成立,或 O 成立而 A 不成立的反例出现,我们可以判定 A 是 O 的充分必要条件。如果更换充分性和必要性的检验顺序,先进行必要性检验排除结果 Q 和 Z,再进行充分性检验排除结果 P,我们仍然能够得到同样的充分必要条件判别结果。

表 10.28 基于原因判别充分必要条件的真值表(n 个条件)

案例	假定充分必要条件	结果				
	A	O	P	Q	…	Z
1	0	0	0	1	…	0
2	0	0	0	0	…	1
3	0	0	0	1	…	0
4	1	1	1	0	…	1
5	1	1	0	1	…	1

(三)复合陈述中的多重并发因果关系

密尔五法和充分必要性判别的部分对单个条件与结果之间的因果关系分析方法做了详细介绍。但在实际研究中,案例的结果往往是许多因素共同作用的结果。条件与结果之间不是一对一,而是多对一的复杂因果关系。布尔代数的逻辑连词"或""且""非"及其代表的布尔运算法则使比较分析法能够以复合陈述的方式对变量间的多重并发的因果关系进行探究。

1. 加法法则与多重因果关系

布尔代数的加法法则表明了比较分析法研究对象复杂因果关系中的"多重"因果关系,即引起同一结果的原因可能是多样的。在表 10.29 中,当 A 为真时,总有 Y 为真,并且不存在 A 为真而 Y 为假的情况,因此可以判定 A 是 Y 的充分条件。同理,B 和 C 也是 Y 的充分条件。因此可以构造 $Y=A+B+C$ 的因果关系。此时,A、B、C 中的任何一个条件成立,都能使 Y 成立。多重因果关系表明,"一些条件可以由另一些条件取代,并产生相同的结果"[1]。因此,多重因果关系中的每一个条件都是结果的充分条件,但由于产生结果的路径并不是唯一的,所以这些条件都不是结果的必要条件。

---

[1] 〔瑞士〕丹尼尔·卡拉曼尼:《基于布尔代数的比较法导论》,蒋勤译,格致出版社 2012 年版,第 100 页。

表 10.29 多重因果关系的真值表(3 个条件)

案例	条件			构型	结果
	A	B	C	A+B+C	Y
1	1	1	1	1	1
2	1	0	1	1	1
3	1	1	0	1	1
4	0	1	1	1	1
5	1	1	0	1	1

扩展知识

多重因果关系举例:上学路径选择

假设某同学乘坐公交车上学,1 路车、2 路车和 3 路车都途经该同学的家,但只有 1 路车和 2 路车能到达学校。我们以乘坐 1 路车(A)、2 路车(B)和 3 路车(C)为条件,以到达学校(Y)为结果,对该同学一周 5 天内的上学路径选择进行统计(见表 10.30):

表 10.30 上学路径选择真值表

案例	条件			构型	结果
	A	B	C	A+B	Y
1	1	0	0	1	1
2	0	0	1	0	0
3	1	0	0	1	1
4	0	1	0	1	1
5	0	0	1	0	0

从上表中可以发现,每当该同学到达学校(Y 为 1)时,总是乘坐 1 路车或 2 路车(A 或 B 为 1)。也就是说,该同学乘坐 1 路车(A)或 2 路车(B)中的一个,即可到达学校(Y)。对于构型 $A+B$,每当条件 $A+B$ 成立时,就有结果 Y 成立,且不存在条件 $A+B$ 成立而结果 Y 不成立的情况。因此,我们可以判定条件 $A+B$ 和结果 Y 之间存在多重因果关系。

2. 乘法法则与并发因果关系

布尔代数的乘法法则表明了比较分析法研究对象复杂因果关系中的并发因果关系，即多个条件必须同时成立，才能使结果成立。在表 10.31 中，只要 Y 为真，则总有 A 为真，并且不存在 Y 为真而 A 为假的情况，因此可以判定 A 是 Y 的必要条件。同理，B 和 C 也是 Y 的必要条件。因此可以构造 $Y=ABC$ 的因果关系。此时，当且仅当 A、B、C 三个条件同时成立时，Y 才成立。并发因果关系表明，"一个因果条件必须与另一个联合，才能产生结果"①。因此，并发因果关系中的每一个条件都是结果的必要条件，但由于单独的任何一个或不是全部的几个条件成立都不能引起结果成立，所以这些条件都不是结果的充分条件。

表 10.31 并发因果关系的真值表（3 个条件）

案例	条件			构型	结果
	A	B	C	ABC	Y
1	1	1	1	1	1
2	1	1	1	1	1
3	0	1	1	0	0
4	0	0	1	0	0
5	1	0	1	0	0
6	1	0	0	0	0
7	1	1	1	1	1
8	0	1	0	0	0

> **扩展知识**
>
> **并发因果关系举例：运动员选拔**
>
> 假设某学校选拔运动员的标准为：(1) 身高 170 厘米及以上；(2) 百米跑用时 13 秒及以内；(3) 仰卧起坐 1 分钟 50 个及以上。同时满足上述三个标准才能成为运动员。我们以身高（A）、百米跑用时（B）和 1 分钟仰卧起坐数量（C）为条件，以是否选上运动员（Y）为结果。满足条件记为"1"，否则为"0"；选上运动员记为"1"，否则为"0"。5 名参选人员的体测结果统计如下（见表 10.32）：

---

① 〔瑞士〕丹尼尔·卡拉曼尼：《基于布尔代数的比较法导论》，蒋勤译，格致出版社 2012 年版，第 101 页。

表 10.32　运动员选拔真值表

案例	条件			构型	结果
	A	B	C	ABC	Y
1	1	0	1	0	0
2	0	1	1	0	0
3	1	1	0	0	0
4	1	1	1	1	1
5	1	1	1	1	1

上表结果表明,每当参选人员三项标准没有完全达标(A、B、C 有一个或多个为 0)时,该学生就不会被选为运动员(Y 为 0)。而只有当三项标准全部达标(A、B、C 同时为 1)时,该学生才会入选(Y 为 1)。对于构型 ABC,每当条件 ABC 成立时,就有结果 Y 成立,且不存在 ABC 成立而结果 Y 不成立的情况。因此,我们可以判定条件 ABC 和结果 Y 之间存在并发因果关系。

3. 复合陈述与多重并发因果关系

逻辑连词"或""且""非"一起使用,会形成更为复杂的逻辑陈述,构造更为复杂的因果关系。在表 10.33 中,当 A 和 B 同时为真时,Y 总为真,且不存在 A 和 B 同时为真而 Y 为假的情况,因此可以判定 AB 是 Y 的充分条件。同时,发现 Cd 为真时,Y 总为真,且不存在 Cd 为真而 Y 为假的情况,因此可以判定 Cd 也是 Y 的充分条件。因为 AB 和 Cd 中的任何一个条件组合成立时,都能引起 Y 的成立,因此可以用复合陈述得到 $Y=AB+Cd$ 的因果关系构型,并且判断 $AB+Cd$ 是 Y 的充分条件。同时,由于案例 3 的存在,当 Y 为真时,$AB+Cd$ 并不总是为真的,因此 $AB+Cd$ 并不是 Y 的必要条件。这表明,能够引起结果 Y 成立的条件或条件组合除了 AB 和 Cd 外,还有其他"路径"。这再一次体现了基于布尔代数的比较分析法在探究多重并发因果关系时的优越性。

表 10.33　多重并发因果关系的二分数据表示例

案例	条件				构型			结果
	A	B	C	D	AB	Cd	AB+Cd	Y
1	1	1	1	1	1	0	1	1
2	1	0	1	0	0	1	1	1
3	1	0	1	1	0	0	0	1

（续表）

案例	条件				构型			结果
	A	B	C	D	AB	Cd	AB+Cd	Y
4	1	0	0	1	0	0	0	0
5	0	1	0	1	0	0	0	0
6	0	1	1	0	0	1	1	1
7	1	1	0	0	1	0	1	1
8	0	1	1	1	0	0	0	0

六、研究设计

虽然案例选择的偏差性不能完全避免，但我们可以通过研究设计对有偏进行控制，以增强比较分析的有效性。有偏控制的核心是随机化与匹配，随机化通过差异最大化排除随案例变化的第三变量，而匹配通过差异最小化排除对结果没有影响的第三变量。研究设计中的随机化与匹配需要细致的思考和精心的设计，美国学者普沃斯基和特尤因就案例的比较研究设计提出两种系统方案——"最大相似"设计和"最大差异"设计。[①]

（一）"最大相似"设计

"最大相似"设计的逻辑原理与密尔的求异法类似：在一系列结果不同的案例中，因为案例间的共有属性可以被看作控制变量，所以相似条件对结果的影响被排除，此时剩余的差异变量可能就是导致案例结果不同的原因。并且，案例间的条件组态越相似，剩余变量对结果的解释力就越强。在图10.2的维恩图（Venn diagram）中，每个椭圆都代表一个案例的条件集合，不同的椭圆交织，将平面分为不同的部分。编号1的部分是所有案例所共有的条件，编号0的部分是部分案例所共有的条件，编号2的部分则是各个案例所独有的条件。维恩图中条件所处的位置越靠近中心，表明有越多的案例包含该条件。在"最大相似"系统中，所有的案例结果是不同的，在案例选取时，追求案例间的相似性最大，即维恩图中编号1的部分包含更多的条件。那么案例结果的不同就很有可能是由共同条件之外的独特条件，即编号2部分的条件造成的。

---

① Adam Przeworski and Henry Teune, *The Logic of Comparative Social Inquiry*, R. E. Krieger, 1970, p. 39.

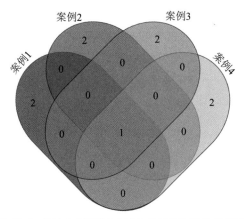

图 10.2 "最大相似"与"最大差异"设计的维恩图

巴斯德的鹅颈瓶实验可以视为"最大相似"设计的一个案例。在实验中，巴斯德选取肉汤腐败和未腐败两种不同结果的案例，通过控制变量最大限度地保留了案例间的相似性——相同质量的肉汤、相同的烧瓶、相同的加热流程、相同的放置环境。只剩余"肉汤接触或不接触微生物"，以及"肉汤短时间接触或持续接触"作为案例间的相异变量。由此，巴斯德推测，肉汤腐败或不腐败的不同结果，不是由案例间的相似变量导致，而是由案例间的相异变量所引起的。通过反复实验和研究，巴斯德发现，肉汤的腐败是由于其与空气中的微生物接触，且肉汤内的微生物繁殖越快，肉汤腐败速度就越快，其实验表现为持续接触空气的肉汤腐败速度更快。

(二)"最大差异"设计

与"最大相似"设计在相似中寻找差异解释相反，"最大差异"设计寻求差异中的共性，这与密尔的求同法类似。普沃斯基和特尤因认为："尽管系统间有差异，但只有少数变量或关系才是导致总体差异性的主要原因。"① 因此，在一系列结果相同的案例中，案例所独有的差异性变量被看作与结果无关的变量，案例间共同的变量被猜想为导致案例结果相同的原因。并且案例间的差异性越多，那么剩余的共有变量对结果的解释力就越强。同样以图 10.2 展示的维恩图为例，椭圆和编号代表的含义不变。在"最大差异"系统中，所有的案例结果是相同的，在案例选取时，追求案例间的最大差异性，即维恩图中编号 2 的部分包含更多的条件。那么案例结果的相同可能就是由差异条件之内的共有条件，即编号 1 的部分

---

① Adam Przeworski and Henry Teune, *The Logic of Comparative Social Inquiry*, R. E. Krieger, 1970, p. 39.

的条件造成的。

假设我们想要研究学习时间与考试成绩之间的因果关系。按照"最大差异"设计原则,我们尽可能保持案例间差异的最大化,选取不同国家和地区、不同性别、不同年龄、不同种族、不同家庭教育支出、不同受教育程度、不同考试类型和不同学习时间等一系列变量组成的极具差异化的案例。如果我们发现那些以考试成绩优异为结果的案例中总是在学习时间上表现为"长",同时又在其他各个变量上取值各异,那么,我们可以推测,这些案例中考试成绩优异的结果可能是由学习时间长这一共性而非其他变量的差异导致的。

七、质量保证

研究设计的高质量执行和研究结果的真实有效呈现是研究方法使用的理想状态。然而,在研究方法的实际运用中,影响研究质量和有效性的因素是方方面面的。在前述的适用范围和条件、方法类型和研究设计,以及后文谈到的操作流程和注意事项中,都或多或少涉及保证研究质量与有效性的方法和举措,本部分不再赘述。下面,我们从研究设计流程的整体视角,将质量保证与有效性作为方法使用中的重要一环,介绍两种帮助提高比较分析法质量与有效性的手段。

(一) 案例间的布尔距离

由于客观世界的多样性、人类社会的复杂性,以及既定历史的不可重复性,就政治学与公共管理学科的研究对象而言,往往不能像实验甚至是准实验那样控制其变量,导致案例池中个案的对比几乎不能严格遵循密尔五法的因果判别逻辑。为了衡量案例之间的可比程度,德默尔和伯格-施洛瑟提出了在异质多维空间内测量案例间相似与差异程度的测度——"布尔距离"(Boolean distance)。布尔距离是指两个或多个案例间存在差异的布尔变量数量。[1] 将不同案例条件组合形成二分变量的矩阵,那么变量的分布越相似,案例间的布尔距离就越小,案例越相似,反之则越相异。因为"最大相似"设计选取结果不同的案例,而"最大差异"设计选取结果相同的案例,所以这两种案例设计方案也分别被称为"同果差异最大"(MDSO)设计和"异果差异最小"(MSDO)设计。在实证研究中,满足"最大相似"但结果不同的案例数量较少,因而对有限个案的探究比较深入,被认为有更强的内部效度。而满足"最大差异"但结果相同的案例虽然远不能称为大样本,但

---

[1] Gisele De Meur and Dirk Berg-Schlosser, "Comparing Political Systems: Establishing Similarities and Dissimilarities," *European Journal of Political Research*, Vol. 26, No. 2, 1994.

在数量上要多于前者,因此被认为具有更强的外部效度。布尔距离的计算可以帮助我们合理选取案例,形成更贴合"最大相似"或"最大差异"的研究设计,从而使研究方法的运用更有质量性和有效性。

(二)变量的校准

变量的校准关注原始变量数据的布尔化过程。更确切地说,就是关注原始变量数据如何通过选取阈值,被二分为"0"或"1"的布尔变量。对于定类、定序、定距、定比等不同类别的变量,我们总能通过选取某一"标准"来将其划分为"是"或"否"、"高"或"低"、"好"或"坏"等成对不同的范畴,并将变量相应地赋值为"1"或"0"。显而易见的是,布尔代数非此即彼的分类逻辑诚然帮助我们简化了案例中繁杂的事实现象,但也不可避免地带来了原始数据的信息缺失。对于定性数据而言,研究对象的性质,如"民主化程度""治理水平"或"能力素质"等概念本身就存在不同理解和界定,对这类变量的区分存在争议,也比较困难。而对于定量数据来说,二分类变量的划分也不像预期中那样简单。例如,如果以家庭人均年收入 8000 元作为划分"贫困人口"与"非贫困人口"的阈值,那么家庭人均年收入 7999 元与家庭人均年收入 8001 元将被分别划入"贫困人口"与"非贫困人口"两个类别。但事实上,两者的差异并没有大到以类别划分。同样,在印度选取的贫困人口阈值也应当与美国的贫困人口判别阈值不同。由此,我们不难发现,许多看似可以进行比较的数据可能根本没有可比性,而变量校准的意义和功用正在于帮助解决这类问题。变量的校准是对变量数据的重新审视,是探究、考察或验证原始变量数据布尔化结果是否合理的过程。在此过程中,一方面,前人的相关理论探讨和现有的数据校准模型可以帮助我们更好地对不同类型的变量选取合适的阈值进行区分,或是对已经布尔化的数据进行检验和调整。另一方面,我们也可以在研究报告中详细记录所有变量阈值选取的分析、依据和操作过程,以便其他研究者能够采取相同的方法对结论进行证实或证伪。随着比较分析法的进一步发展和应用,变量校准的方法和模型不断丰富。例如,查尔斯·拉金借助 Logistic 函数对变量进行区分。[1] 阿尔里克·蒂姆和阿德里安·杜萨将线性校准作为 Logistic 函数的补充。[2] 尼古拉斯·勒格维则

---

[1] Charles C. Ragin, *Fuzzy Set Social Science*, University of Chicago Press, 2000, p. 149.

[2] Alrik Thiem and Adrian Duşa, "Introducing the QCA Package: A Market Analysis and Software Review," *Qualitative & Multi-Method Research*, Vol. 10, No. 2, 2012.

通过锚定框架(anchored framework)对变量进行校准。① 变量的布尔化结果直接关系到比较分析案例的组态和真值表呈现,因此变量的校准对于研究质量和有效性的保证有重要意义。

八、操作流程

运用比较分析法进行研究一般经过五个步骤,包括:(1)案例与变量选择;(2)列出真值表;(3)对变量间的因果关系和充要性进行探讨;(4)简化逻辑表达式;(5)对结论作出解释(见图10.3)。

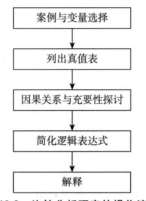

图 10.3　比较分析研究的操作流程

(一) 案例与变量选择

在正式开始研究以前,对案例有充分的了解将有助于我们更好地展开对话。案例选取既要有相似性,也要体现差异性。"最大相似"和"最大差异"设计能够帮助改进案例的选择。此外,反面案例的纳入也非常重要。在反例选取的操作过程中,要注意甄别反例与无关案例。② 只有那些在一些条件组合下有可能引起结果发生而结果实际未发生的案例才是反例。那些无论在什么条件组合下都不会引起结果发生的案例应作为无关案例予以排除。

如果将案例看作集合,那么变量就是构成集合的元素。选取变量时首先要

---

① Nicolas Legewie, "Anchored Calibration: From Qualitative Data to Fuzzy Sets," *Forum: Qualitative Social Research*, Vol. 18, No. 3, 2017.

② James Mahoney and Gary Goertz, "The Possibility Principle: Choosing Negative Cases in Comparative Research," *American Political Science Review*, Vol. 98, No. 4, 2004.

明确变量的含义并将其"概念化"。① 其次,变量的数量要依据案例样本的规模调整,变量过多带来的缺乏自由度和变量过少导致的必要性不足都是不可取的。最后,无论是案例还是变量的选取,已有的理论和研究成果都是不错的灵感来源。

(二) 列出真值表

比较分析是对变量间性质关系而非数量关系的研究,真值表能够帮助我们简洁直观地罗列不同案例间变量在性质上的差异,并以此作为比较分析的依据。真值表的建构过程就是根据对案例和研究问题的理解将不同测度层级的变量转化为二分类变量的过程。

(三) 因果关系与充要性讨论

对变量间因果关系和充要性的探讨建立在真值表的基础上,并依托密尔五法和布尔代数的方法。密尔五法通过控制变量寻找变异产生的原因,确证变量间存在因果关系的研究假设或对其证伪。基于原因和结果的充要性探讨则通过逻辑演绎进一步明确了变量之间因果关系的充分性和必要性。

(四) 简化逻辑表达式

通过上述布尔代数的比较分析过程,案例中的变量间关系可以通过构型以逻辑表达式展现,并通过布尔最小化、质蕴含项、因式分解和德摩根律等方法简化表达。通常情况下,比较分析获得的逻辑表达式越复杂,其对个案的解释程度越高,但外部效度可能会下降。反之,越简洁的逻辑表达式在解释上会更"通用",但也往往容易面临"泛泛而谈"的质疑。

(五) 解释

最后一步,是将逻辑表达式与研究对象结合起来的解释流程,这也是比较分析研究最重要的环节。尽管比较分析的方法类型众多,分析的过程复杂,但研究方法始终发挥着工具性作用。让运用分析工具的所得回归到对案例本身以及对

---

① Paul F. Lazarsfeld and A. Bartoon, "Qualitative Measurement in the Social Science: Classification, Typologies, and Indices," in D. Lerner and H. Lasswell, eds., *The Policy Sciences: Recent Development in Scope and Method*, Stanford University Press, 1951, p. 155.

案例比较的分析与解释才是研究的最终目的。解释的内容可以侧重理论，也可以侧重现实。如何更好地运用逻辑表达式发现变量间的复杂因果关系，结合因果发现对案例进行解释，甚至将研究结论延伸至对未来社会实践的指导，实现学术研究目标与意义的升华，是值得每一个研究者深思的问题。

九、使用中应注意的问题

（一）选择性偏差

当可纳入比较的案例较少，或纳入比较的案例不充分时，比较分析的结论就会出现选择性偏差，从而影响研究的内部效度和外部效度。选择性偏差包括有偏推论和有偏因果。有偏推论是由"不根据随机原则，而往往根据结果选取用于形成推论的样本"[①]，导致的选取案例缺乏统计意义上的样本代表性，研究结论不能从样本推广到总体，进而影响研究外部效度的偏差。有偏因果是表现为案例样本不同，结果就不同的，因为选取的案例样本在因变量的分布上被过度代表，在自变量一端有所缺失而导致的偏差。通俗地理解，就是选取的案例过于个性化，因此得出的研究结论不能反映自变量和因变量之间的真实因果关系，造成研究内部效度不足。因此，参照比较分析法的适用范围和条件，遵循案例和变量选择的原则，能在一定程度上减少比较研究的选择性偏差。

（二）分类

共性和差异是比较分析的基础，合理的案例与变量分类有助于我们发现案例间的共性和差异，并探求变量间可能存在的因果关系。分类以对象的概念为标准，遵循组内差异最小、组间差异最大的原则，对对象进行明确的、穷尽的划分。其中，对象的概念划定了能够作比与不能够作比的界限。组内的最小差异指向对相似性的聚类，组间的最大差异指向对差异性的区分。分类的明确性表明一个案例或者变量只能存在属于或不属于某一类别的情况，不会出现既属于这一类别又属于另一类别的情况。分类的穷尽性则表明纳入比较的案例和变量必须能够划分到某一类别，不能有所遗漏。

---

① David Collier, "Translating Quantitative Methods for Qualitative Researchers: The Case of Selection Bias," *American Political Science Review*, Vol. 89, No. 2, 1995, pp. 461-466.

关键术语

比较	比较分析法	布尔代数
二进制变量/二分类变量/布尔变量	集合论	集合
条件	结果	自由度	真值表
组态	布尔最小化	质蕴含项	充分条件
必要条件	子集	维恩图	布尔距离
选择性偏差		

思考题

1. 比较和比较分析法有什么区别?
2. 比较分析法相比于其他研究方法的优势和不足是什么?
3. 密尔五法对于变量间因果关系的判定依据分别是什么?
4. 如何进行比较分析的研究设计并保证其有效性?

延伸阅读

Adam Przeworski and Henry Teune, *The Logic of Comparative Social Inquiry*, R. E. Krieger, 1970.

Daniele Caramani, *Introduction to the Comparative Method With Boolean Algebra*, Sage, 2008.

John Stuart Mill, *A System of Logic, Ratiocinative and Inductive: Being a Connected View of the Principles of Evidence, and the Methods of Scientific Investigation*, Harper & Brothers, 1904.

〔瑞士〕丹尼尔·卡拉曼尼:《基于布尔代数的比较法导论》,蒋勤译,格致出版社2012年版。

〔美〕尼尔·J.斯梅尔塞:《社会科学的比较方法》,王宏周、张平平译,社会科学文献出版社1992年版。

经典举例

〔美〕巴林顿·摩尔:《专制与民主的社会起源:现代世界形成过程中的地主和农民》,王茁、顾洁译,上海译文出版社2013年版。

1. 研究背景与问题

该书写就于1966年,正值第二次世界大战结束不久,世界处于美苏争霸的两级格局和冷战对抗的时期。社会主义力量和第三世界国家的发展引发了学者对于现代化路径的反思。摩尔在此历史背景下对美国、英国、法国、中国、日本、印度等国的现代化路径进行比较分析,总结出国家现代化的三种路径。

2. 研究方法选取

摩尔开创性地提出了比较—历史分析的方法,跳脱出传统历史研究从微观视角对个案进行详尽历时性叙事的模式,而是从宏观历史进程中选取具有相似性和差异性的片段进行多案例间的比较。通过扎实的史实叙述和对史料证据的反复推敲,摩尔构筑了不同国家在现代化进程中的案例组态,并通过比较分析法中的求同法和求异法展开具体研究。

3. 研究设计与操作流程

求同法和求异法是摩尔在比较分析时使用的具体研究方法。摩尔认为,国家通往现代化的道路不唯有资本主义和议会民主一途。西方自由民主是特定历史情境的产物,与此同时,还有许多其他通往现代社会的路径及其相应的环境要素。因此,摩尔试图描绘出一幅"多线复合型结构"①的历史演化图景,而揭示变量间多重并发的复杂因果关系正是比较分析法的优势所在。

求同法用于探究不同国家走上相同现代化道路的原因,例如通过比较英国、法国和美国总结出国家现代化的资本主义道路,通过比较德国和日本总结出国家现代化的法西斯道路,通过比较俄国和中国总结出国家现代化的共产主义道路。求异法则用于解释为何拥有相似之处的国家会走上不同的现代化道路。例如,同为亚洲国家的中国、日本和印度走上了各不相同的国家现代化道路。西达·斯考切波将摩尔的比较分析逻辑进行了直观概括(见表10.34)。印度作为研究设计中的验证性案例,由于其现代化道路不同于已有的三种路径,因此斯考切波的表格中并未列入印度。

---

① 〔美〕巴林顿·摩尔:《民主与专制的社会起源》,拓夫等译,华夏出版社1987年版,译者前言第4页。

表 10.34　巴林顿·摩尔《专制与民主的社会起源》中的变量和案例类型

	路径一 "资产阶级革命"		路径二 "反动的资本主义"	路径三 "共产主义"
共同起点* （不包括美国）	农业官僚主义		农业官僚主义	农业官僚主义
关键变量				
资产阶级的冲击	强		中等	弱
农业商业化模式	市场	强制劳动	强制劳动	强制劳动
农民革命的 　潜在可能性	弱	强	弱	强
关键政治事件	资产阶级革命		自上而下的革命	农民革命
主要政治后果	资产阶级民主		法西斯主义	无产阶级专政
案例	英国、美国	法国	德国、日本	俄国、中国

资料来源：Theda Skocpol, "A Critical Review of Barrington Moore's Social Origins of Dictatorship and Democracy," Politics & Society, Vol. 4, No. 1, 1973, pp. 1—34.

注：* 参见：〔美〕巴林顿·摩尔：《专制与民主的社会起源：现代世界形成过程中的地主和农民》，王茁、顾洁译，上海译文出版社 2013 年版，第 431 页。"我们可以宽泛地称为皇室专制主义或者农业官僚主义的强大的中央集权政府，在 16 世纪和 17 世纪，在我们这次研究中所涉及的主要国家里（当然不包括美国）……"

4. 研究质量保证

在研究态度上，摩尔不囿于充斥冷战时期的意识形态对立思维，严谨、客观、公正地陈述、比较、分析各国案例资料，使得比较分析的研究过程和结论公开、透明、可复证，增强了研究的信度。

在案例选取上，摩尔从宏大的"历史篇章"中，选取了八个国家在现代化进程中的重要片段，审慎把握案例间的相似性和差异性，形成了一个符合"最大相似"设计的研究案例池。同时，为了避免"小国在经济和政治上更为依赖大国和强国"的选择性偏差问题，摩尔在案例选取上更加关注"那些产生了新制度，并让新制度大行其道的国家"[①]。

在变量选择上，摩尔围绕国家现代化路径的主题，选择了新旧社会变革过程中的国王、土地贵族、农民、商业化、暴力革命等要素，突出了阶级关系、商业化模

---

① 〔美〕巴林顿·摩尔：《专制与民主的社会起源：现代世界形成过程中的地主和农民》，王茁、顾洁译，上海译文出版社 2013 年版，前言第 3 页。

式和改革手段等核心变量,在构筑出案例间具有相似性和差异性的组态的同时,又不使案例落入过于细琐的个案考究或是过于空泛的陈词滥调的窠白。

在研究设计上,分属不同现代化路径的国家可以互为正面案例或反面案例印证结论,而这种印证的论述也被摩尔不断地穿插在个案的分析之中,使人能够时刻紧随研究的逻辑而不至于在充实的史料叙述中迷失方向。

此外,作为验证性案例的印度样本虽然被证明是不属于三条现代化路径的任何一种,但印度民主发展的成就和缺陷,及其至今仍然面临的障碍和不确定性,都能从其他国家案例衍生出的条件中得到解释。[①] 因此,印度的案例样本既是对已有现代化路径的检验,更向现有现代化理论提出挑战,将比较分析带入更复杂、广阔和开放的境地。而这一境地的终章则指向事物间多重并发因果关系的本质。

[①] 〔美〕巴林顿·摩尔:《专制与民主的社会起源:现代世界形成过程中的地主和农民》,王茁、顾洁译,上海译文出版社 2013 年版,第 445 页。

第十一章 定性比较分析法

本章要点

- 定性比较分析法的定义与主要特征;
- 定性比较分析法的优势与劣势;
- 定性比较分析法的起源、发展和理论基础;
- 定性比较分析法的适用范围;
- 定性比较分析法的三种类型;
- 定性比较分析法的研究设计与有效性;
- 定性比较分析法的操作流程;
- 定性比较分析法的质量评价与保障。

一、导 言

定性比较分析法(qualitative comparative analysis, QCA)是近些年逐渐流行的一种社会科学研究方法。在国内外学术界,来自不同领域的社会科学学者都开始关注、学习并使用定性比较分析法。目前,国内外的权威期刊也屡见定性比较分析法的身影。该方法正在从一种边缘、小众的研究方法,逐渐成为流行甚至主流的社会科学研究方法之一。自 1987 年查尔斯·拉金的专著《比较方法:超越定性与定量策略》(*The Comparative Method: Moving beyond Qualitative and Quantitative Strategies*)出版以来,定性比较分析法已经走过三十多个年头,有必要对该方法的演变过程进行梳理,以便研究者能够更加全面、深入地了解它。

总的来说,定性比较分析法是一种兼顾案例导向研究(或者定性研究)与变量导向研究(或者定量研究)优势的研究方法。其本质虽是定性案例研究,但也借鉴定量研究的规范化与结构化分析过程。其倡导在复杂性与普遍性之间寻找一种新的社会科学研究价值:多样性。同时,定性比较分析法允许研究者进行中观层面的理论构建。本章将对定性比较分析法的主要特征、优势、局限、发展历程、理论基础、适用范围、研究设计与操作流程等方面做全面介绍。

二、定义、特点和优劣势

(一) 定义

定性比较分析法虽然得到了较多关注,但学者们仍没有形成统一定义。有学者将其看作一个极具包容性的概念,涵盖不同类型的、以案例为基础的比较性方法。[①] 该类定义认识到定性比较分析法的两个核心特征——案例性与比较性,并强调该方法的案例本质与比较导向。但是,该类定义过于宽泛,无法帮助研究者准确辨识定性比较分析法的核心特征。也有学者直接将定性比较分析法定义为集合性方法(set-theoretic method)或者构型方法(configurational method)。将定性比较分析法等同于集合性或者构型方法,意味着定性比较分析法的主要功能是帮助研究者探索不同原因条件组合与特定结果之间的关系。[②] 该定义看到定性比较分析法同集合性与构型方法之间的关系,但是集合性与构型方法并不等同于定性比较分析法。单案例研究也使用集合性方法,也不属于定性比较分析法。还有些学者则仅仅将定性比较分析法狭义地等同于清晰集定性比较分析法(crisp-set QCA, csQCA)。然而,清晰集定性比较分析法仅仅是定性比较分析法的一种类型。

在本章中,定性比较分析法被定义为:通过规范的、结构化的程序对中等规模的案例进行深度比较的集合性研究方法。首先,该定义承认定性比较分析法是一种基于集合化思考的定性案例研究方法,其致力于探索不同原因条件组合与特定结果之间的关系。而且,定性比较分析法本质上是一种案例研究方法,其适用范围非常广泛,既可以用于研究宏观意义上的国家、政体与社会制度等,也可以研究中观层面的社会组织、政府机构与社会团体等,还可以研究微观层面的个人。其次,定性比较分析法是一种专门针对中等规模数量的案例(通常为10—100个案例)进行研究的方法,区别于大样本(通常为100个以上的样本数量)的定量研究与小样本(通常指10个以下的样本数量)的深度案例研究。最后,定性比较分析法通过规范的、结构化的方式对案例进行深度比较。与传统的案例比较研究相

[①] Lasse Gerrits and Stefan Verweij, "Critical Realism as a Meta-framework for Understanding the Relationships between Complexity and Quantitative Comparative Analysis," *Journal of Critical Realism*, Vol. 12, No. 2, 2013.

[②] Barbara Vis, "The Comparative Advantages of fsQCA and Regression Analysis for Moderately Large-N Analysis," *Sociological Methods & Research*, Vol. 41, No. 1, 2012.

比,定性比较分析法通过定量研究倡导的程式化分析以提升研究的规范性与结论的外部效度;与传统的定量研究相比,定性比较分析法强调案例导向,研究者深入案例本身,以确保足够的案例亲密度,实现理论与案例的对话。换句话说,定性比较分析法允许研究者使用定量方法开展定性案例研究。

(二) 主要特点

一般而言,定性比较分析法除了具有比较分析法的案例导向、控制变量及解释复杂因果三个基本特点之外,还具有以下两点独特之处。

1. 决定性因果关系

传统定量研究倡导概率性(probabilistic)因果关系,认为特定原因条件在一定的概率范围内总是会促进或者阻碍某个结果的出现(或者不出现)。而定性比较分析法则以决定性(deterministic)因果关系为基础,其主要指向必要性与充分性。[1] 如果一个原因条件是特定结果产生的必要条件,那就意味着该结果的产生总是会伴随着该条件的出现。换句话说,如果缺少必要条件,结果一定不会出现。如果一个原因条件是特定结果产生的充分条件,这意味着其出现一定会带来结果的发生。俗语中讲到的"压倒骆驼的最后一根稻草",在定性比较分析法研究中,这一根稻草是骆驼倒下这一结果的必要条件。

2. 兼具定性研究与定量研究的优势

定性比较分析法本质上是一种定性研究,其将案例看作一个不可分割的整体,由具有不同集合籍(set membership)的原因条件与结果组合而成。同一个原因条件在不同的组合中可能会呈现不同的特质。比如,经济发展在一些案例中可能会有助于民主的发展,而在另外一些案例中则可能会阻碍其发展。该原因条件到底会产生怎样的作用取决于其所处的环境或者其他原因条件的情况。同时,定性比较分析法也遵从定量研究的规范分析程序。通过对原始数据的校准(calibration),将原始数据转化为标准性的数据矩阵,从而允许研究者进行规范的数据分析。此外,连续性(consistency)与覆盖性(coverage)等指标也被用来帮助研究者辨别分析结果的解释力。正是由于这样的特征,定性比较分析法一定程度上弥补了定量研究与定性研究之间的鸿沟,为实现两种方法的融合提供了可能。

---

[1] Charles C. Ragin, *The Comparative Method: Moving Beyond Qualitative and Quantitative Strategies*, University of California Press, 1987.

(三) 优势

1. 有助于中等规模的样本深度分析

没有比较就没有科学研究。社会研究从本质上来讲就是比较研究。① 比较研究曾是社会科学研究的主流研究范式,许多经典的政治科学研究都使用了比较研究方法,比如摩尔的《专制与民主的社会起源》、斯考切波的《国家与社会革命》。在这些经典的著作中,研究者一般仅研究较少案例样本(两个或者三个)。后来,随着量化研究的快速发展,越来越多的研究者开始使用量化方法。量化研究经常需要至少 100 个案例,而定性比较分析法的核心优势在于能够帮助研究者对中等规模数量的样本进行深入与规范的研究。特别地,定性比较分析法主要适用于对现实世界中自然发生的社会现象(naturally occurring social phenomena)进行有效探索,这些社会现象天然地具有有限的数量,比如欧盟国家数量、中国省份数量与美国州政府数量等。

2. 有助于理论与案例的高密度对话

定性比较分析法一方面要求研究者深度了解其研究的案例,同时也要求研究者通过规范、结构化的比较研究(使用类似于定量研究的操作方法)提高研究结果的可信性。由于定性比较分析法仅聚焦中等规模的样本数量,这为研究者熟悉案例提供了可能。而且,在定性比较分析法研究中,研究者最终会得到一些结果路径,这些路径主要由特定的字母与逻辑关系组成。研究者需要回到案例,通过案例的实证信息对这些路径进行阐释。而研究者在理论与案例数据之间的反复对话有助于发现与构建新的理论。

3. 有助于发现原因条件组合与特定结果之间的因果关系

定量研究有助于研究者发现单个原因条件对于其感兴趣的结果的影响。定性比较分析法的主要优势是允许研究者探索不同原因条件的组合与特定结果之间的关系。定性比较分析法倡导一种"因果谱"(causal recipe)式的因果关系,认为不同的原因条件可以产生化学反应,得到特定的结果。这些不同的原因条件本质上是不同的(就如不同的化学元素)。这些不同元素的组合会产生新的物质,新的物质可能会具有一种新的、先前元素所不具有的特征。定性比较分析法认为这种"因果谱"式的因果关系更符合现实,更有助社会科学研究者发现现实世界中真实的因果关系。

---

① Stanley Lieberson, *Making It Count: The Improvement of Social Research and Theory*, University of California Press, 1985.

4. 有助于发现适度一般化的结论

定量研究所追求的一般化主要是外部效度,其试图实现结论在任何情境下的普适性。同样,案例研究主要致力于实现的是内部效度,其结论对于其他案例的解释力是有限的。定性比较分析法所要追求的一般化兼顾内部与外部,其结论并非要适用于任何情景,也并非仅能适用于单一案例。相反,其结论适用于一定范围(scope)内的案例。但具体适用于怎样的范围,则需要研究者根据案例特征进行一般化概括。

(四)劣势

1. 原因条件数量有限

定性比较分析法只能探索若干原因条件的组合与特定结果之间的因果关系。经统计发现,当前国际主流期刊使用定性比较分析法发表的多数学术论文使用的是4—6个原因条件。有限的原因条件便于展开结构化比较,有助于得出易于解释的分析结果。但是,有限的原因条件可能会限制分析结果的科学性。每一个具体的案例都具有其特殊性,而研究者只能将有限的几个特殊性(或者条件)放在自己的研究中加以考虑。比如,在一项关于网约车治理的研究中,研究者基于25个案例与4个原因条件展开分析,这导致有些案例的特殊条件(比如地方政府对数字经济的支持力度、城市出租车的行业集中度等)无法体现在分析过程中。[1]

2. 校准过程主观性

自定性比较分析法产生之后,学者们对于其校准主观性的批评从未中断。校准要求研究者根据现有理论确定原因条件与结果的集合籍。事实是,现有理论多数情况下不能为校准提供明确与有意义的启示。因此,研究者通常依据个人经验和已有知识进行校准。虽然研究者也尽力使用一些客观性标准(比如使用均值或者聚类分析方法等)以保证校准的透明性与可复制性,但对于定性比较分析法校准主观性的质疑仍然普遍存在。

3. 对案例的动态性关注不足

定性比较分析法本质是一种案例研究,而案例本身是动态的、复杂的。在使用定性比较分析法的过程中,研究者通常牺牲案例的一些动态特征以实现案例的程式化与结构化比较。比如,在研究中国地方政府邻避治理中,地方政府的治理

---

[1] Yanwei Li and Liang Ma, "What Drives the Governance of Ridesharing? A Fuzzy-set QCA Analysis of Local Regulations in China," *Policy Sciences*, Vol. 52, No. 2, 2019.

战略是不断变化的,但是研究者需要忽略案例中一些动态的变化细节以实现结构化分析。① 为了应对这一批评,定性比较分析法的支持者提出一种新的研究方法,即时间定性比较分析(Time QCA,TQCA)。该方法允许研究者将时间因素与时间次序考虑在内,以更好地探索案例的动态机制。但目前看来,该方法的使用范围仍然有限。

三、起源、发展和理论基础

(一) 起源与发展

1. 定性比较分析法的起源与初步发展(1987—2000)

多数学者认为,定性比较分析法形成的标志是1987年查尔斯·拉金《比较方法:超越定性与定量策略》的出版。拉金发明定性比较分析法的初衷主要是整合案例导向(case-oriented)研究方法与变量导向(variable-oriented)研究方法。在他看来,案例导向的研究方法通常将复杂性(complexity)作为主要价值诉求,其致力于通过深度案例分析展示丰富、动态与多元的复杂景象;而变量导向的研究方法则将一般性(generalization)作为主导价值,试图通过大样本分析展现特定现象的普遍规律(见表11.1)。

表11.1 案例导向的研究与变量导向的研究的区别

	案例导向	变量导向
样本数量	1—10	100以上
知识追求	深度知识	普遍知识
因果性	合成性*	添加性**
一般化	内部一般化	外部一般化
条件(变量)之间关系	异质性	同质性

资料来源:根据 Charles C. Ragin, *The Comparative Method: Moving Beyond Qualitative and Quantitative Strategies*, University of California Press, 1987, pp.34-68,作者自制。

注:*合成性(synthesis)是指各个变量(或者原因条件)具有不同的属性,变量之间进行不同的组合可能会产生不同的结果,就如不同的化学元素之间发生化学反应产生新的物质。

**添加性则是说各个影响特定结果的变量(或者原因条件)具有同样的属性,每一个变量对于结果的影响不断叠加最后带来特定的结果,就如水滴不断汇聚形成河流,河流本质仍是水滴这一物质。

---

① Yanwei Li, Joop Koppenjan and Stefan Verweij, "Governing Environmental Conflicts in China: Under What Conditions Do Local Government Compromise?" *Public Administration*, Vol. 94, No. 3, 2016.

拉金认为，两种不同的研究导向有各自的优势与局限，社会科学研究者其实可以两者兼顾。他提出，多样性（diversity）为两者的融合提供了可能。多样性允许研究者对一定规模的案例进行深入研究，从而发现隐藏于案例之中的类型，最终实现知识的适度一般化。

在《比较方法》中，拉金也认识到定性比较分析法可能存在的一些挑战与问题，比如矛盾项问题[①]与有限多样性问题[②]。1987年之后的几年内，定性比较分析法并没有得到广泛的应用，有限的应用主要集中在清晰集定性比较分析法的使用。[③] 其主要原因可能有三个。第一，定性比较分析法主要局限于清晰集定性比较分析法。多数研究者对清晰集定性比较分析法怀有疑虑，认为并非所有的原因条件都可进行二分（如宗教信仰、颜色、婚姻状况等）。对原因条件与结果的强制性二分往往带来信息的缺失，无法完全反映案例的复杂性。第二，定性比较分析法的应用并不方便。当时，用于定性比较分析的软件仍未产生，这可能阻碍了定性比较分析法的广泛使用。第三，拉金的专著主要对案例导向的研究与变量导向的研究进行了深度理论探讨，但是对如何操作与执行一项定性比较分析法研究并没有给予足够关注。

2. 定性比较分析法的再次发展（2000—2008）

2000年，拉金的另外一部专著《模糊集社会科学》由芝加哥大学出版社出版，被视为定性比较分析法发展史上的一个重要里程碑。与1987年著作一样，该著作继续将定性比较分析法看作一种寻求多样性的研究方法。拉金认为，多样性有"定性"与"定量"两方面的含义：一方面是指类别的不同性质，是一种性质上的差别；另一方面指类别的不同程度，是一种数量上的差异。第一个方面的差异聚焦于某一特征或者原因条件是否隶属于特定集合。比如中国与美国分别隶属于两个不同的集合：发展中国家与发达国家。由于这两个国家属于不同性质的国家，研究者可直接将其划分到两个性质不同的集合。至于第二个方面的差异，其聚焦于某一特征或者原因条件隶属同一集合的程度。比如美国与英国都属于同一个集合：发达资本主义国家。但是，两个国家隶属于该集合的程度是不同的。拉金在2000年的著作中尝试探索使用模糊集定性比较分析法（fuzzy-set QCA，fsQCA），其允许研究者将不同的原因条件与结果进行更为细致的校准，即可以将它们区分为0到1之间的连续数值。这样的数值，不仅能够体现性质的差异（比

---

① 真值表中两个案例具有同样的原因条件组合，但是结果却是不同的。
② 有些可能的原因条件组合在现实世界中并未发生，这给结果分析带来一定挑战。
③ Benoît Rihoux, et al., "From Niche to Mainstream Method? A Comprehensive Mapping of QCA Applications in Journal Articles from 1984 to 2011," *Political Research Quarterly*, Vol. 66, No. 1, 2011.

如 1 指完全隶属于集合,0 指完全不隶属于集合),还可体现程度的差异(比如,如果两个案例的集合籍为 0.3 与 0.4,其指两个案例隶属于同一个集合的程度是不一样的)。一些简单的模糊集的例子可参见表 11.2。

表 11.2 模糊集的例子

序号	集合	校准
1	经济发达国家	非常发达国家(赋值 1),近发达国家(赋值 0.7),非发达国家也非不发达国家[赋值 0.5,或称为交叉点(cross over point)],不发达国家(赋值 0.3),非常不发达国家(赋值 0)
2	宗教极端主义者	非常严重宗教极端主义者(赋值为 1),严重宗教极端主义者(赋值 0.7),非重度也非轻度宗教极端主义者(赋值 0.5,或称为交叉点),轻度宗教极端主义者(赋值 0.3),非常轻度宗教极端主义者(赋值 0)
3	民主国家	高民主国家(赋值为 1),近民主国家(赋值为 0.75),非近民主国家也非高民主国家(赋值 0.5,或称为交叉点),低民主国家(赋值 0.25),非民主国家(赋值 0)

模糊集定性比较分析法允许研究人员"裁剪"自己的数据以更好适应其研究的概念。比如,研究者通常将人种肤色简单地划分为四种:黑色、白色、黄色与其他。但是,研究人类基因的学者认为该分类忽视了混血的情况。而模糊集定性比较分析法则可以将复杂的社会分类情况考虑在内,从而提升数据测量的精准性。模糊集一般包含三个主要阈值(thresholds)[①]:1(指完全隶属于集合),0.5(既不完全隶属于集合,也不完全不隶属于集合),0(完全不隶属于集合)。其中,0.5 是区别 1 与 0 的关键阈值或者交叉点。之后,研究者不断提出新的模糊集分类分法。比如,常见的有五分法(0,0.25,0.5,0.75,1)或者(0,0.33,0.5,0.67,1)。五分法使研究者能够对数据进行更加精准的归类,以更好实现数据与理论的契合(correspondence)。需要注意的是,模糊集定性比较分析法的分类方法与传统定量研究中的序数尺度(ordinal scale)是不同的。因为前者使用的集合籍具有定性含义,而序数尺度仅仅是将案例划分为五个层级,并没有体现案例性质的差异。比如一瓶水在隶属于有毒的液体这一集合的籍为 0.05,那首先意味着这瓶水是有毒的,因为其集合籍超过 0;同时,也意味着该瓶水的有毒程度非常低(如咖啡或者碳酸饮料)。

[①] 阈值主要指研究者通过使用外在的标准确定案例集合的差异。通常在模糊集定性比较分析法的校准过程中使用,阈值的选择讲求透明性与客观性。

在这一阶段,随着拉金第二本专著的出版,学者们对于定性比较分析法的认识更加深入,使用热情逐渐高涨。与 2000 年之前不同的是,一些研究开始尝试使用模糊集定性比较分析法。而且,来自不同学科的学者开始关注并使用定性比较分析法。在这一时期,定性比较分析法迎来了再次发展。①

3. 定性比较分析法的快速发展(2008 年至今)

2008 年,拉金的第三本著作《重新设计社会探索:模糊集及其超越》由芝加哥大学出版社出版。该专著对定性比较分析法的三个主要发展阶段叙述如下:

第一,确定连续性与覆盖性指标以准确评估原因条件的必要性与充分性。定性比较分析法本质上是对原因条件(或者组合)与结果之间必要性与充分性的研究,多数时候,单一原因条件既不是特定结果发生的必要条件,也不是其发生的充分条件。连续性与覆盖性指标可以用来测量单个原因条件或者原因条件组合的必要与充分的程度。连续性指原因条件集合与结果集合契合的程度:如果原因条件集合与结果集合契合程度较高,那么原因条件集合的连续性就高。契合程度主要测量集合之间的重合程度。原因条件的连续性可细分为充分条件连续性与必要条件连续性。首先,假设原因条件 X 是结果 Y 的充分条件,那么集合 X 应该小于集合 Y。如图 11.1(a)所示,集合 X 与集合 Y 部分契合,而在图 11.1(b)中,集合 X 与集合 Y 完全契合。其次,在图 11.1(a)与图 11.1(b)中,原因条件 X 的充分性连续性是不同的。在图 11.1(a)中,原因条件 X 的充分性连续性小于 1,在图 11.1(b)中,原因条件 X 的充分性连续性等于 1。再次,假设原因条件 X 是结果 Y 的必要条件,那么集合 X 应该大于集合 Y。如图 11.2(a)所示,集合 X 与集合 Y 部分契合,而在图 11.2(b)中,集合 X 与集合 Y 完全契合,这意味着原因条件 X 的必要性连续性在图 11.2(a)和图 11.2(b)中是不同的。在图 11.2(a)中,原因条件 X 的必要性连续性小于 1,而在图 11.2(b)中,原因条件 X 的必要性连续性等于 1。

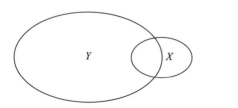
(a) 充分条件的不完全连续性

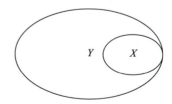
(b) 充分条件的完全连续性

图 11.1 充分条件的不完全连续性与完全连续性

---

① Benoît Rihoux, et al., "From Niche to Mainstream Method? A Comprehensive Mapping of QCA Applications in Journal Articles from 1984 to 2011," *Political Research Quarterly*, Vol. 66, No. 1, 2011.

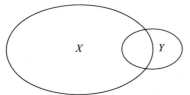 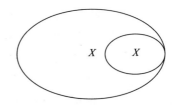

(a) 必要条件的不完全连续性　　　　　(b) 必要条件的完全连续性

图 11.2　必要条件的不完全连续性与完全连续性

覆盖性主要指必要条件或者充分条件的重要性。在图 11.3(a)中,原因条件 X_1 与原因条件 X_2 都是结果 Y 的充分条件,但是两者的充分性覆盖性是不同的,集合 X_1 占据集合 Y 的部分要大于集合 X_2 占据集合 Y 的部分,因此原因条件 X_1 的充分性覆盖性大于原因条件 X_2 的充分性覆盖性。图 11.3(b)中显示,原因条件 X_1 与原因条件 X_2 都是结果 Y 的必要条件,但是两者的覆盖性是有差别的。由于集合 Y 占据集合 X_2 的比例要大于其占据集合 X_1 的比例,因此原因条件 X_2 的必要性覆盖性大于 X_1 的必要性覆盖性。

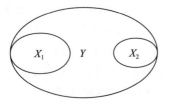 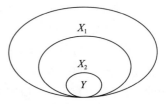

(a) 充分条件的覆盖性　　　　　(b) 必要条件的覆盖性

图 11.3　充分条件与必要条件的覆盖性

原因条件的覆盖性有原始覆盖性(raw coverage)与唯一覆盖性(unique coverage)之分。原始覆盖性指原因条件(单一原因条件或原因条件的组合)解释结果的程度,而唯一覆盖性指原因条件的净影响。如图 11.4 所示,原因条件 X_1 和原因条件 X_2 都是结果 Y 的充分条件,原因条件 X_1 的原始覆盖性指集合 X_1 解释结果 Y 的程度,其并不排除重合性部分所占比例,而唯一覆盖性将排除重合性部分。原因条件 X_1 的唯一覆盖性主要指集合 X_1 减去集合 X_3 部分,而原因条件 X_2 的唯一覆盖性主要指代集合 X_2 减去集合 X_3 部分。

第二,进一步发展定性比较分析法的三种不同结果。由于存在有限多样性的问题,有些原因条件组合在现实世界中并未出现。那些理论上可能但实际中并未出现的原因条件组合,被称为逻辑余项(logical remainders)。由于逻辑余项并未发生,研究者无法确定其结果赋值情况。研究者一般会有两种选择:一是忽略逻辑余项的存在,不使用反事实分析,仅分析发生的原因条件组合。二是选择性地使用逻辑余项。这种做法并不区分不同种类的反事实性论断,目的是得到最简洁

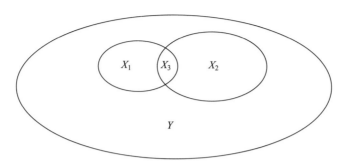

图 11.4　原始覆盖性与唯一覆盖性

的结论。第一种选择可能得出非常复杂的、难以解释的结论。比如,研究者对于 8 个案例的研究可能得出 8 条完全不同的解释路径,这样的结果称为复杂性结果(complex result)。而第二种选择则可能得出简单却出乎意料的结论,称为最简性结果(parsimonious result)。中间性结果(intermediate solution)区分出简反事实性论断(easy counterfactuals)与难反事实性论断(difficult counterfactuals)。简反事实性论断指那些符合研究者方向性预期的对于逻辑余项的推论,难反事实性论断指那些不符合研究者方向性预期,但是有助于形成最简性结果的关于逻辑余项的推论。研究者使用方向性预期(directional expectation)仅仅将简反事实性论断考虑在内。方向性预期与传统定量分析中的理论假设原理差不多,都是对单个原因条件与结果发生之间的因果联系做出假设。借助于方向性预期,中间性结果既符合理论预期,也符合现实发生的案例的实际情况,是一种更为理想的分析结果。

第三,发展出具体的可操作的指南以促进定性比较分析法的普及。拉金注重定性比较分析法的实践操作,并设计了专门用于模糊集定性比较分析法的分析软件 fsQCA。同时,其他研究者也不断加入定性比较分析法的阵营,新的软件,比如 TOSMANA、R 分析包不断涌现,定性比较分析法的可操作性增强,其规范性也得到提升。

自此,来自不同领域的学者开始广泛使用不同类型的定性比较分析法。尤其是 2007—2011 年,清晰集定性比较分析法和模糊集定性比较分析法的使用迎来了一次大爆发。同时,多值定性比较分析法也开始受到学者们的关注,得到初步的应用。[1]

---

[1]　Benoît Rihoux, et al., "From Niche to Mainstream Method? A Comprehensive Mapping of QCA Applications in Journal Articles from 1984 to 2011," *Political Research Quarterly*, Vol. 66, No. 1, 2011.

(二) 定性比较分析法的理论基础

除了比较分析法的理论基础之外,定性比较分析法还以复杂性理论为核心理论基础。

一些学者提出复杂性理论是定性比较分析法的理论基础,从而将定性比较分析法看作基于复杂性(complexity-informed)的方法。复杂性本体论与经典的牛顿世界观是不同的,比如,其强调非直线性的因果关系,强调整体性而非原子性的实体(discrete entities)等。[①] 目前,学者们针对复杂性还未形成统一的定义。简单来讲,复杂性是简单性(simplicity)的反义词。复杂性科学主要有三个方面的本体论特征:现实的不可分割性(non-decomposable)、现实的权宜性(contingency)与现实的时间不对称性(time-asymemetric)。[②] 这三个本体论特征与定性比较分析法所倡导的价值是一致的。下面,我们将对三个特征及其与定性比较分析法的联系作简要介绍。

第一,现实的不可分割性。现实是由不同的构件(component)构成的。如果这些构件之间没有互动,它们仅仅是零散的一堆构件而已,无法形成结构(structure)。不同构件的互动才产生了我们观察到的现实世界,而仅仅描述或者记录单个构件无法帮助我们理解整个现实。换句话说,现实是涌现的(emergent)。而定性比较分析法所强调的"因果谱"与涌现的理念是一致的,都强调不同的原因条件之间只有互动或者组合起来才会带来特定的结果。就如同化学实验中碳和氧气必须一起发生化学反应才能产生二氧化碳,缺少任何一种化学元素,这样的结果都不会发生。

第二,现实的权宜性。现实是一个开放性的系统,这个系统总是嵌套在其他的系统中,不同的系统之间总会相互影响。随着时间与空间的变化,影响系统互动的机制也是不同的。有些机制在特定空间或者特定时间发挥作用,而其他机制发挥作用的时间与空间可能是不一样的。定性比较分析法对于权宜性也有所回应,认为同样的一个条件会在不同的条件组合中展现不同的特征。有时其会加速结果的产生,而有时却会阻碍结果的产生。这种权宜性与传统的线性因果关系是截然不同的,其强调关注特定的条件发生的环境与背景,而不认为特定条件与某一结果之间的关系是恒定的。

---

① Lasse Gerrits and Stefan Verweij, "Critical Realism as a Meta-framework for Understanding the Relationships between Complexity and Quantitative Comparative Analysis," *Journal of Critical Realism*, Vol. 12, No. 2, 2013.

② Ibid.

第三，现实的时间不对称性。时间是一条单行线，过去之后就永远无法倒流。这对于现实世界的启示是，现实是不对称的。就如一张白纸有了折痕就无法恢复原样一样。人与人之间的信任关系也是如此，一旦丢失，想要再恢复原样几乎是不可能的。定性比较分析法也遵从这样的价值观，尤其是其倡导的因果不对称性，很好地诠释了这一点。在使用定性比较分析法的过程中，一个结果的发生与一个结果的不发生是两种不同的社会现象，研究者应该分别对待。比如，学者们在研究民主的发展时，发现经济发展对于民主的提升可能会产生积极的推动作用。但是，一些国家的民主后来逐步衰退，似乎与经济发展关系并不大。这意味着研究者应该将民主的发展与民主的衰退作为两种不同的社会现象分别进行研究。

四、适用范围和条件

目前，定性比较分析法已经被来自不同学科的学者广泛使用，比如公共管理学、政治学、社会学、民族学、国际政治、教育学等。学者们使用定性比较分析法研究不同的议题，比如政治学中对直接民主、游说活动、外交政策等的研究[1]，公共管理学中对公共卫生、教育政策、自由裁量权等的研究[2]，社会学中对宗教、福利国家的研究。同时，定性比较分析法还可以运用于宏观、中观和微观层次的研究。定性比较分析法最初被广泛运用于宏观层面议题的研究，既包括对欧盟、拉丁美洲、经济合作与发展组织（OECD）国家间的对比研究，也包括对文化、宗教、价值体系等宏观现象的研究。[3] 后来，定性比较分析法逐渐扩展运用于中观和微观层面的研究，如中观层面对邻避治理、城市共享经济平台、公私合作项目、

---

[1] Dag Anckar, "Direct Democracy in Microstates and Small Island States," *World Development*, 2004, Vol. 32, No. 2, 2004; Heike Klüver, "Europeanization of Lobbying Activities: When National Interest Groups Spill over to the European Level," *Journal of European Integration*, Vol. 32, No. 2, 2010; Trevor Rubenzer, "Ethnic Minority Interest Group Attributes and U.S. Foreign Policy Influence: A Qualitative Comparative Analysis," *Foreign Policy Analysis*, Vol. 4, No. 2, 2008.

[2] Jon Warren, Jonathan Wistow and Clare Bambra, "Applying Qualitative Comparative Analysis (QCA) in Public Health: A Case Study of a Health Improvement Service for Long-term Incapacity Benefit Recipients," *Journal of Public Health*, Vol. 36, No. 1, 2014; Eva Thomann, Nadine van Engen and Lars Tummers, "The Necessity of Discretion: A Behavioral Evaluation of Bottom-up Implementation Theory," *Journal of Public Administration Research and Theory*, Vol. 28, No. 4, 2018.

[3] Barbara Vis, "The Comparative Advantages of fsQCA and Regression Analysis for Moderately Large-N Analysis," *Sociological Methods & Research*, Vol. 41, No. 1, 2012.

社区治理绩效、社会组织可持续性发展等议题的研究。① 而在微观层面,定性比较分析法可用于青少年学习成绩、职场欺凌心理以及公务人员的政策执行动机等议题的研究。② 通过以上分析,我们发现定性比较分析法的适用议题主要有三个方面的特征:Y导向研究问题、中等规模样本与侧重探索原因条件组合的影响。

第一,定性比较分析法适合回答Y导向的研究问题。该类问题的核心是解释特定结果的发生机制,聚集于探索原因条件或者原因条件组合与特定结果之间的充分性和必要性关系。这样的研究问题统称为Y导向的研究问题。比如,一些研究者致力于探索法国大革命发生的原因,他们的主要兴趣在于对法国大革命这一事件的发生机理做出科学解释,而特定因素(比如农村的贫困程度)对于大革命爆发的影响并非其兴趣所在。

第二,定性比较分析法主要适用于研究中等规模的样本。如前文所述,定性比较分析法的主要优势在于其允许研究者对于中等规模的样本进行深入研究。不同于大样本的定量研究与小样本的案例研究,定性比较分析法允许研究者探索中等规模样本的多样性。人类所处的社会政治生活本质上是既定的,有些社会现象只出现中等规模的次数(10—100次),比如,欧盟的27个国家、美国的50个州等。传统的定量研究与定性研究无法对这些有限的既定事实进行有效的研究,而定性比较分析法则可弥补这样的缺陷。

第三,定性比较分析法适用于分析不同原因条件组合对于特定结果的影响。当前,定量研究对于诸多社会议题都进行过考察。在政治学与公共管理学领域中,定量研究积累了丰富的社会科学知识。但是,对于原因条件组合与特定结果发生之间的关系仍然缺乏理解,这是一个巨大的知识鸿沟。多数学者在论证使用定性比较分析法的过程中,都会提及虽然当前研究对于自己所感兴趣的议题做出了较多的努力,但是它们都侧重于分析单一原因条件对于结果的影响,较少关注原因条件组合与结果发生之间的关系。因此,当研究者的兴趣点在于发现不同原因条件的组合如何影响特定的结果时,定性比较分析法是一种更优的选择。

---

① Yanwei Li and Liang Ma, "What Drives the Governance of Ridesharing? A Fuzzy-set QCA Analysis of Local Regulations in China," *Policy Sciences*, Vol. 52, No. 2, 2019; Stefan Verweij, et al., "What Makes Governance Networks Work? A Fuzzy Set Qualitative Comparative Analysis of 14 Dutch Spatial Planning Projects," *Public Administration*, Vol. 91, No. 4, 2013.

② Eva Thomann, Nadine van Engen and Lars Tummers, "The Necessity of Discretion: A Behavioral Evaluation of Bottom-up Implementation Theory," *Journal of Public Administration Research and Theory*, Vol. 28, No. 4, 2018.

五、类型划分

一般来讲,按照收集的数据的特征,可将定性比较分析法划分为三种类型:清晰集定性比较分析法、模糊集定性比较分析法、多值定性比较分析法(multi-value QCA,mvQCA)。下面,我们对三种不同的定性比较分析法进行概述。

(一)清晰集定性比较分析法

清晰集定性比较分析法是基于集合论和布尔代数而构建的一种案例比较分析方法,其主要优势在于帮助研究者探索复杂性因果关系,允许他们发现不同原因条件的组合如何带来特定的结果。清晰集定性比较分析法由拉金在20世纪80年代后期创立,后被广泛运用于社会学、政治学、公共政策分析等众多社会科学研究领域。相对于其他的定性比较分析法类型,清晰集定性比较分析法建立在强制使用二分法的基础上,即原因条件与结果只有属于和不属于集合两种情况。所有的条件与结果都被赋值为0或者1。如一个国家要么是民主国家要么是非民主国家,民主国家赋值为1,非民主国家赋值为0。

(二)模糊集定性比较分析法

虽然"模糊"一词在字面上具有不精确、不清楚等意思,但模糊集并非如此。模糊集定性比较分析法具有较大的灵活性,允许研究者对其所研究的原因条件与结果进行更为精密的校准。比如,研究者可以对不同国家的民主程度进行模糊性赋值,如(0.2、0.4、0.6、0.8、1)或者(0、0.33、0.67、1)等。模糊集定性比较分析法经常被认为是清晰集定性比较分析法的拓展,也有些学者将清晰集看作一种特殊的模糊集。在具体运用中,研究者普遍认为模糊集定性比较分析法优于清晰集定性比较分析法。

(三)多值定性比较分析法

多值定性比较分析法进一步拓展了定性比较分析法的使用范围,其允许研究者使用多值原因条件。清晰集定性比较分析法仅仅允许研究者将国家政治制度划分为两党制(1)和非两党制(0),而多值定性比较分析法则可以根据研究需要,将国家政治制度划分为三个不同的类别,即一党制(0)、两党制(1)和多党制(2)。多值定性比较分析法尤其适用于分析那些原因条件本身是多值的情况,比如婚姻状况、宗教信仰等。与模糊集定性比较分析法一样,多值定性比较分析法有效解决了由强制二分原因条件而导致的信息丢失。目前多值定性比较分析法的应用仍然有限,通常与其他种类的定性比较分析法一起使用。

六、研究设计和有效性

(一) 研究设计

研究设计的目的是为研究者提供蓝图、规划与路径,以便更好地回答研究问题,完成研究目标。一项采用定性比较分析法的研究设计主要考虑以下七个方面:

第一,选择合适的研究问题。如上所述,定性比较分析法主要适用于研究 Y 导向的问题,聚焦于某一现象发生的原理或者机制。尤其是,研究的核心议题应该是不同的原因条件如何组合起来带来特定的结果。比如,有研究者致力于分析不同的原因条件如何导致地方政府在邻避治理中的策略改变[1],有的学者分析哪些条件的组合能够带来较好的公私合作绩效[2]等。

第二,选择案例。在确定研究问题之后,研究者需选择数量适中的案例。案例选择应以多样性为导向,即尽量寻找更多的原因条件组合。同时,研究者也需要确保其所选择的案例包含不同的结果:既要包含某一结果出现的情况,也要包含这一结果没有出现的情况。比如研究者在研究公私合作绩效的过程中,选择的案例应该包含一定数量的高绩效的案例,也应该包含一定数量的低绩效的案例。在一项关于中国社区治理效果的研究中,研究者使用定性比较分析法研究北京若干社区的治理效果。当研究者认识到增加新的案例不能展现新的原因条件组合时,决定不再增加新的案例。[3]

第三,选择条件。原因条件的选择不是一个机械性的过程,其需要综合考虑理论框架与案例数量等情况。比如,在运用定性比较分析法的过程中,研究者需要根据案例数量调整原因条件的数量。同时,研究者也需要根据原因条件的数量调整案例选择。另外,研究者需要论证自己的原因条件选择,准确解答如下问题:为何要选择特定数量的原因条件?依据是什么?是源于以前学者的研究,还是依

---

[1] Yanwei Li, Joop Koppenjan and Stefan Verweij, "Governing Environmental Conflicts in China: Under What Conditions Do Local Government Compromise?" *Public Administration*, Vol. 94, No. 3, 2016.

[2] Stefan Verweij, et al., "What Makes Governance Networks Work? A Fuzzy Set Qualitative Comparative Analysis of 14 Dutch Spatial Planning Projects," *Public Administration*, Vol. 91, No. 4, 2013.

[3] Yanwei Li, Joop Koppenjan and Stefan Verweij, "Governing Environmental Conflicts in China: Under What Conditions Do Local Government Compromise?" *Public Administration*, Vol. 94, No. 3, 2016.

据个人的理论构建,抑或根据访谈信息?

第四,收集数据。定性比较分析法对于不同的数据收集方法都持开放态度,研究者既可以通过文献、现有数据库、报纸媒体等收集二手数据,也可以通过访谈或问卷获取一手信息。研究者既可使用定性数据,也可使用定量数据。

第五,选择定性比较分析法种类。在确定定性比较分析法种类时,研究者一般需要综合考虑一系列因素,比如理论假设(理论关注点在于原因条件组合与结果之间的定性关系还是程度方面的关系)、数据质量(如果研究者有相对丰富的数据与信息,可考虑使用模糊集定性比较分析法)、案例数量(一般情况下,模糊集定性比较分析法需要更多数量的案例)、条件数量。研究者需要综合以上几个因素选择定性比较分析法种类。当然,研究者也可以在一个研究中使用两种不同的定性比较分析法。

第六,数据校准。在收集了足够的数据与确定定性比较分析法种类之后,研究者需要校准数据,形成真值表。校准是定性比较分析法的关键步骤,是将原始数据转化为集合信息的过程,也是定性比较分析法的基础。定性比较分析法的校准过程应该保证足够的透明性,以确保其稳健性与可复制性。如果研究者收集的是定性数据,其需要根据案例的具体情况与现有理论进行校准。如果研究者收集的是定量数据,其可以使用广泛接受的数据处理方式,比如平均值或者聚类/分类进行校准。

第七,数据分析。数据校准之后,研究者可以在此基础上形成真值表,以展示不同原因条件的组合与结果发生(或者缺失)之间的关系。数据分析过程分两步:先进行必要条件分析,再进行充分条件分析。

(二) 有效性

一般来讲,一项定性比较分析法研究的主要检验标准有三个:透明性、可复制性与稳健性。透明性是定性比较分析法的核心标准之一。一项好的定性比较分析法研究一定是透明性较强的研究。这就需要研究者在案例的选择、原因条件的选择、校准过程以及分析过程等方面都尽量详细、透明,尤其需要说明自己在每一个步骤中所面临的主要挑战与应对策略。透明性要以可复制性为标准——研究者要确保每一个步骤与选择都经得起检验与复制。最后,稳健性也是一项定性比较分析法研究的重要标准。由于定性比较分析法的使用过程涉及研究者个人的主观选择,研究者可以通过重新校准原因条件或结果,或者选择不同指标等方式,来确保分析结果的稳健性。

七、操作流程

这一部分首先介绍定性比较分析法的六个主要操作步骤,接着引入 R 作为操作载体和数据分析工具,并通过两个案例详细介绍定性比较分析法的分析步骤。

(一) 主要分析步骤

总体而言,一项定性比较分析法研究主要遵循以下六个步骤:

第一,收集原始数据。收集足够的数据之后,需要先建立原始数据表,可以帮助研究者直观了解数据的基本概况。这是定性比较分析法的起点,也是建立数据矩阵与真值表的基础。

第二,数据校准,构建数据矩阵。通过校准,各个原因条件的原始值被转化为集合籍。其中,清晰集定性比较分析法中的原因条件与结果只有 0 和 1 两个值,即完全隶属于和完全不属于某一集合两种情况。而模糊集定性比较分析法中的原因条件与结果的取值范围则为(0,1)。需要注意的是,模糊集定性比较分析法需要避免赋值 0.5。数据的校准会影响各个案例(样本)的集合籍,进而影响最终的分析结果。整个校准过程取决于阈值的选择和设定,而这个选择和设定是一个相当重要与充满挑战的过程,研究者需要依据个人经验与现有理论谨慎选择。

第三,将数据矩阵转化为真值表。真值表是研究者运用定性比较分析法进行分析的基础,将原因条件的组合与结果之间的关系通过可视化的形式展示出来。研究者需要注意真值表中是否存在矛盾项。通常,只有处理了矛盾项,研究者才能进行下一步的分析。研究者可以通过重新校准数据、删除案例或者增加(减少)原因条件等方式处理矛盾项。

第四,进行必要条件分析(necessity analysis)。通过分析,研究者可以确定必要条件的连续性与覆盖性。这两个指标可以判断单个原因条件(或者原因条件组合)必要性的重要性。一般情况下,单个原因条件不是特定结果发生或者不发生的必要条件。如果原因条件的必要性连续性达到 1,那么其可能是结果发生的必要条件。同时,如果该原因条件也具有较高的覆盖性,那么其可能是结果发生的重要的必要条件。

第五,进行充分条件分析(sufficiency analysis)。相比必要条件,定性比较分析法更关注充分条件。充分条件分析的结果是解释结果发生(或者不发生)的不同路径。充分条件分析通常会得到三种不同的分析结果,即复杂性结果、中间性结果与最简性结果。一般情况下,中间性结果是一种更为理想的选择。

第六,解释分析结果。充分条件分析之后,研究者得到若干条路径。这时需要回到案例,使用案例的具体实证信息"解码"路径。对分析结果进行解释的过程,通常也是理论升华与发展之时,研究者运用实证信息与理论的对话,丰富现有知识,促进理论发展。

(二) R 介绍

本节主要介绍 R 中的定性比较分析包(QCA 包)。R 作为一个开源平台,其功能正日益趋于完善。图 11.5 展示了 R 的集成开发环境 RStudio 的用户界面,其中左上方为脚本(script)区域,左下角为 R 的控制执行区域,右上角用于展示数据环境,右下角包括了工作目录、绘图结果等。①

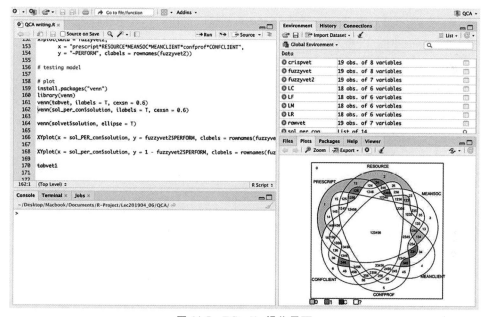

图 11.5　RStudio 操作界面

1. 清晰集定性比较分析

本部分基于 QCA 包自带的数据集 LR 介绍清晰集定性比较分析的分析步骤。LR 数据集旨在研究战争期间欧洲主要国家的民主制度存续问题。研究对象为 18 个欧洲国家,探索 5 个原因条件的组合(即经济发展水平、城市化水平、文化水平、工业化水平和政府稳定性)是如何影响战争期间民主制度的存续的。5 个原因条件及结果的含义如表 11.3 所示。

---

① Adrian Duşa, *QCA with R: A Comprehensive Resource*, Springer, 2019.

表 11.3 结果与原因条件介绍

集合	简写	指标
经济发展水平	DEV	人均国内生产总值(美元)
城市化水平	URB	人口在 20 000 人以上的城镇人口百分比
文化水平	LIT	占识字人口的百分比
工业化水平	IND	占工业劳动力的百分比
政府稳定性	STB	在研究期间执政的内阁数目
民主的存续	SURV	两次世界大战期间民主的生存时期

资料来源:根据 S. M. Lipset,"Some Social Requisites of Democracy: Economic Development and Political Legitimacy," *American Political Science Review*, Vol. 53, No. 1, 1959,作者自制。

第一步:数据预览。

在展示数据分析过程之前,首先在 RStudio 中输入如下命令安装并加载 QCA 包,以及需要用到的 tidyverse 包(用于数据清理):

```
> install.packages (c("QCA", "tidyverse"))
> library (QCA)
> library (tidyverse)
```

之后,在 RStudio 中执行如下命令以载入和预览原始数据。① 原始数据具体信息如表 11.4 所示:

```
> data (LR)
> LR
```

表 11.4 原始数据

国家	经济发展水平	城市化水平	文化水平	工业化水平	政府稳定性	民主的存续
奥地利	720	33.4	98	33.4	10	−9
比利时	1098	60.5	94.4	48.9	4	10
捷克	586	69	95.9	37.4	6	7
爱沙尼亚	468	28.5	95	14	6	−6

---

① 载入时使用了 tidyverse 包,执行以下命令安装:
```
> install.packages ("tidyverse")
> library (tidyverse)
```

(续表)

国家	经济发展水平	城市化水平	文化水平	工业化水平	政府稳定性	民主的存续
芬兰	590	22	99.1	22	9	4
法国	983	21.2	96.2	34.8	5	10
德国	795	56.5	98	40.4	11	-9
希腊	390	31.1	59.2	28.1	10	-8
匈牙利	424	36.3	85	21.6	13	-1
爱尔兰	662	25	95	14.5	5	8
意大利	517	31.4	72.1	29.6	9	-9
荷兰	1008	78.8	99.9	39.3	2	10
波兰	350	37	76.9	11.2	21	-6
葡萄牙	320	15.3	38	23.1	19	-9
罗马尼亚	331	21.9	61.8	12.2	7	-4
西班牙	367	43	55.6	25.5	12	-8
瑞典	897	34	99.9	32.3	6	10
英国	1038	74	99.9	49.9	4	10

资料来源:S. M. Lipset, "Some Social Requisites of Democracy: Economic Development and Political Legitimacy," *American Political Science Review*, Vol. 53, No. 1, 1959。

第二步:数据校准。

在确定了阈值之后,研究者需要基于阈值对原始数据中的连续数据进行校准,转化为清晰集的 0 与 1 值。QCA 包主要通过 calibrate( ) 函数对各个变量进行校准。校准阈值可以由研究者自行设定,但同时 QCA 包也提供了 findTh( ) 函数,该函数通过聚类算法确定各个变量的校准阈值或者锚点。在 LR 数据集中,各变量的校准阈值主要由研究者根据变量情况设定(详见表 11.5)。

表 11.5 校准阈值设定情况

变量	校准阈值设定
经济发展水平	如果低于 550 美元,则为 0;否则为 1
城市化水平	如果低于 50,则为 0;否则为 1
文化水平	如果低于 75,则为 0;否则为 1

（续表）

变量	校准阈值设定
工业化水平	如果低于 30，则为 0；否则为 1
政府稳定性	如果 10 或以上，则为 0；否则为 1
民主的存续	0 为负数，1 为正数

资料来源：S. M. Lipset, "Some Social Requisites of Democracy: Economic Development and Political Legitimacy", *American Political Science Review*, Vol. 53, No. 1, 1959。

使用如下语句对 LR 数据的变量进行校准：

```
> LR |>
transmute(
    DEV = calibrate(DEV, type = "crisp", thresholds = 550),
    URB = calibrate(URB, type = "crisp", thresholds = 50),
    LIT = calibrate(LIT, type = "crisp", thresholds = 75),
    IND = calibrate(IND, type = "crisp", thresholds = 30),
    STB = 1 -calibrate(STB, type = "crisp", thresholds = 10),
    SURV = calibrate(SURV, type = "crisp", thresholds = 0)
) -> LC
> LC
```

校准后的清晰集数据矩阵见表 11.6：

表 11.6 数据矩阵

国家	经济发展水平	城市化水平	文化水平	工业化水平	政府稳定性	民主的存续
奥地利	1	0	1	1	0	0
比利时	1	1	1	1	1	1
捷克	1	1	1	1	1	1
爱沙尼亚	0	0	1	0	1	0
芬兰	1	0	1	0	1	1
法国	1	0	1	1	1	1
德国	1	1	1	1	0	0
希腊	0	0	0	0	0	0
匈牙利	0	0	1	0	0	0

(续表)

国家	经济发展水平	城市化水平	文化水平	工业化水平	政府稳定性	民主的存续
爱尔兰	1	0	1	0	1	1
意大利	0	0	0	0	1	0
荷兰	1	1	1	1	1	1
波兰	0	0	1	0	0	0
葡萄牙	0	0	0	0	0	0
罗马尼亚	0	0	0	0	0	0
西班牙	0	0	0	0	0	0
瑞典	1	0	1	1	1	1
英国	1	1	1	1	1	1

第三步:建立真值表。

QCA 包使用 truthTable()函数构建真值表(见表 11.7),其主要参数包括数据矩阵对象(LC)、结果变量(SURV,即民主在战争期间的存续)、一致性阈值(inclusion cut-off,这里设置为 1)。其他参数包括 show.cases(设置为 TRUE 时真值表将展示案例具体信息)、sort.by(设置为 "incl" 时真值表将以组合路径的一致性得分从高到低排序展示)。具体命令如下:

```
> truthTable(data = LC, outcome = "SURV", incl.cut = 1, show.cases = TRUE, sort.by = "incl") -> ttable
> ttable
```

表 11.7 真值表

序列	经济发展水平	城市化水平	文化水平	工业化水平	政府稳定性	民主生存	数量	连续性	PRI	案例
1	1	0	1	0	1	1	2	1.000	1.000	芬兰、爱尔兰
2	1	0	1	1	1	1	2	1.000	1.000	法国、瑞典
3	1	1	1	1	1	1	4	1.000	1.000	比利时、捷克、荷兰、英国
4	0	0	0	0	0	0	3	0.000	0.000	希腊、葡萄牙、西班牙

(续表)

序列	经济发展水平	城市化水平	文化水平	工业化水平	政府稳定性	民主生存	数量	连续性	PRI	案例
5	0	0	0	0	1	0	2	0.000	0.000	意大利、罗马尼亚
6	0	0	1	0	0	0	2	0.000	0.000	匈牙利、波兰
7	0	0	1	0	1	0	1	0.000	0.000	爱沙尼亚
8	1	0	1	1	0	0	1	0.000	0.000	奥地利
9	1	1	1	1	0	0	1	0.000	0.000	德国

第四步：必要条件分析。

QCA 包中使用 pof( ) 函数进行必要条件分析。在此函数中需要指定校准数据矩阵（data）、原因变量（setms）和结果变量（outcome）。对结果为 SURV 的必要条件分析命令如下，结果详见表 11.8。

```
> pof(data = LC, setms = LC[, -1], outcome = "SURV")
> pof(data = LC, setms = 1 - LC[, -1], outcome = "SURV")
```

表 11.8　18 个欧洲国家高民主生存的必要条件分析

序列	变量	必要条件的连续性	RoN	必要条件的覆盖性
1	低城市化水平（~URB）	0.500	0.357	0.308
2	低文化水平（~LIT）	0.000	0.722	0.000
3	低工业化水平（~IND）	0.250	0.500	0.200
4	低政府稳定性（~STB）	0.000	0.611	0.000
5	高城市化率（URB）	0.500	0.929	0.800
6	高文化水平（LIT）	1.000	0.500	0.615
7	高工业化水平（IND）	0.750	0.800	0.750
8	高政府稳定性（STB）	1.000	0.700	0.727

第五步：充分条件分析。

如前所述，任何一项定性比较分析都可以产生三种不同的结果：复杂性结果、最简性结果与中间性结果。定性比较分析包主要使用 minimize( ) 执行充分条件分析。该函数的主要参数包括 input（对应真值表）、details（设定为 TRUE 时展示分析结果的案例覆盖信息)、include(指定纳入分析的组合路径)、dir.exp(指定研究者的理论假设以产生中间性结果)①。

(1) 复杂性结果。

对结果为 SURV 的充分条件分析详细命令如下,复杂性结果主要信息详见表 11.9。

> minimize(input = ttable, details = TRUE, include = "")

表 11.9　18 个欧洲国家高民主生存的复杂性结果

	路径	连续性	PRI	原始覆盖性	唯一覆盖性	解释案例
1	DEV * ~ URB * LIT * STB	1.000	1.000	0.500	0.250	芬兰、爱尔兰;法国、瑞典
2	DEV * LIT * IND * STB	1.000	1.000	0.750	0.500	法国、瑞典;比利时、捷克、荷兰、英国
	M1	1.000	1.000	1.000		

M1: DEV * ~ URB * LIT * STB + DEV * LIT * IND * STB <-> SURV

(2) 最简性结果。

与复杂性结果一样,该分析也使用 minimize()函数。不同的是,该分析中加入 include="?"参数以将所有逻辑冗余项纳入分析从而产生最简性结果。命令如下,最简性结果的详细信息展示在表 11.10 中。

> minimize (input = ttable, details = TRUE, include = "?")

表 11.10　18 个欧洲国家高民主生存的最简性结果

	路径	连续性	PRI	原始覆盖性	唯一覆盖性	解释案例
1	DEV * STB	1.000	1.000	1.000	—	芬兰、爱尔兰;法国、瑞典;比利时、捷克、荷兰、英国
	M1	1.000	1.000	1.000		

M1: DEV * STB <-> SURV

---

① 由于无法确定一些条件的预期性防线,无法展示中间路径的分析步骤,这部分内容将在模糊集部分展示。

2. 模糊集定性比较分析

在本部分,我们将使用全国省会城市网约车规制政策的数据进行模糊集定性比较分析。① 该研究的主要问题是:如何解释中国省会城市网约车治理政策的差异?研究者使用模糊集定性比较分析法对 25 个省会城市的网约车监管政策展开研究。数据来源主要为二手数据,分析四个原因条件[出租车需求情况、公共交通(包括地铁与公共汽车)情况、交通拥堵情况与传统行业压力情况]与网约车监管严格程度之间的关系。四个原因条件及结果的含义及其指标如表 11.11 所示。

表 11.11 结果与原因条件介绍

集合	缩写	指标
网约车监管严格程度	O	政策中的监管条目数量
出租车需求情况	T	万人出租车保有量
交通拥堵情况	C	交通拥堵延迟指数
传统行业压力情况	S	出现罢工事件
公共汽车发展情况	B	万人公共汽车保有量
地铁发展情况	M	万人地铁里程数量(km)

资料来源:参照 Yanwei Li and Liang Ma, "What Drives the Governance of Ridesharing? A Fuzzy-set QCA Analysis of Local Regulations in China," *Policy Sciences*, Vol. 52, No. 2, 2019(表2),作者自制。

第一步:数据预览。

使用 read.csv( )命令打开数据,View( )命令在 R 中展示数据,原始数据具体信息如表 11.12 所示:

```
> rawcar <- read_csv2("carsharing.csv") %>% column_to_rownames("ID")
> View(rawcar)
```

第二步:数据校准。

模糊集定性比较分析法的校准需要设定三个阈值:完全隶属(complete inclusion)、分界值(crossover point)和完全不隶属(complete exclusion)。遵循研究中所设定的阈值(见表 11.13),对原始数据进行校准,对结果与原因条件校准的命令详见表 11.14。

---

① 详见 Yanwei Li and Liang Ma, "What Drives the Governance of Ridesharing? A Fuzzy-set QCA Analysis of Local Regulations in China," *Policy Sciences*, Vol. 52, No. 2, 2019。

表 11.12 原始数据表

案例	万人地铁里程数量（km）	万人公共汽车保有量	交通拥堵延迟指数	万人出租车保有量	是否出现罢工事件	政策中的监管条目数量
石家庄	0.00	10.73	1.767	6.27	0	25
太原	0.00	10.07	1.678	19.20	0	27
呼和浩特	0.00	14.48	1.949	21.47	0	26
沈阳	0.09	10.16	1.702	21.52	1	25
长春	0.11	11.13	1.861	19.80	1	25
哈尔滨	0.00	12.62	2.028	17.24	1	28
南京	0.34	12.85	1.801	17.76	1	22
杭州	0.15	16.05	1.699	10.99	1	24
合肥	0.00	18.66	1.881	12.07	1	24
福州	0.00	21.21	1.732	8.59	0	25
南昌	0.10	11.00	1.736	10.28	1	24
济南	0.00	14.49	2.067	11.41	1	27
郑州	0.08	18.10	1.715	11.40	0	25
武汉	0.24	16.09	1.712	15.75	1	24
长沙	0.08	19.16	1.798	10.47	0	26
广州	0.28	16.31	1.892	16.15	1	25
南宁	0.00	10.68	1.858	9.62	1	25
海口	0.00	10.33	1.829	13.26	0	25
成都	0.13	16.18	1.811	12.00	1	24
贵阳	0.00	13.49	1.823	18.85	0	22
昆明	0.22	20.21	1.851	11.46	0	26
西安	0.08	12.52	1.850	13.78	1	25
兰州	0.00	13.00	1.735	26.00	1	25
西宁	0.00	28.96	1.783	24.04	0	22
银川	0.00	17.90	1.840	24.79	0	28

资料来源：参照 Yanwei Li and Liang Ma, "What Drives the Governance of Ridesharing? A Fuzzy-set QCA Analysis of Local Regulations in China," *Policy Sciences*, Vol. 52, No. 2, 2019（表 13），作者自制。

表 11.13 校准阈值

结果与原因条件	缩写	完全隶属	交叉点	完全不隶属
地铁发展情况	M	0.04	0.19	0.26
公共汽车发展情况	B	13.99	17.11	25.09
出租车需求情况	T	10.73	14.77	22.78
传统行业压力情况	S	0	—	1.00
交通拥堵情况	C	1.75	1.84	1.99
网约车监管严格程度	O	23.00	24.50	27.50

资料来源：参照 Yanwei Li and Liang Ma,"What Drives the Governance of Ridesharing? A Fuzzy-set QCA Analysis of Local Regulations in China," *Policy Sciences*, Vol. 52, No. 2, 2019（表 2），作者自制。

表 11.14 校准命令

结果与原因条件	校准命令
M	calibrate(rawcar $ M, type = "fuzzy", thresholds = c(0.040,0.185,0.260))
B	calibrate(rawcar $ B, type = "fuzzy", thresholds = c(13.985,17.105,25.085))
T	calibrate(rawcar $ T, type = "fuzzy", thresholds = c(10.730,14.765,22.780))
C	calibrate(rawcar $ C, type = "fuzzy", thresholds = c(1.752,1.835,1.989))
O	calibrate(rawcar $ O, type = "fuzzy", thresholds = c(23,24.5,27.5))

基于校准命令，可以得到数据矩阵，详细内容见表 11.15。需要注意的是，研究中对 M 和 B 两个原因条件进行了综合，以逻辑运算 or（或）的方式生成了新的原因条件 P（指代公共交通情况），以表示该城市的公共交通状况。校准后的数据命名为 fuzzycar。

表 11.15 数据矩阵

案例	城市拥堵情况（C）	传统行业压力情况（S）	出租车需求情况（T）	公共交通情况（P）	监管严格程度（O）
石家庄	0.08	0	0.00	0.02	0.62
太原	0.00	0	0.84	0.02	0.92
呼和浩特	0.09	0	0.92	0.08	0.81

（续表）

案例	城市拥堵情况（C）	传统行业压力情况（S）	出租车需求情况（T）	公共交通情况（P）	监管严格程度（O）
沈阳	0.01	1	0.92	0.13	0.62
长春	0.62	1	0.86	0.18	0.62
哈尔滨	0.98	1	0.71	0.02	0.97
南京	0.23	1	0.75	1.00	0.01
杭州	0.01	1	0.06	0.33	0.27
合肥	0.71	1	0.12	0.64	0.27
福州	0.03	0	0.01	0.82	0.62
南昌	0.03	1	0.04	0.15	0.27
济南	0.99	1	0.08	0.08	0.92
郑州	0.01	0	0.08	0.59	0.62
武汉	0.01	1	0.59	0.90	0.27
长沙	0.21	0	0.04	0.68	0.81
广州	0.75	1	0.62	0.98	0.62
南宁	0.61	1	0.02	0.02	0.62
海口	0.45	0	0.25	0.02	0.62
成都	0.03	1	0.12	0.29	0.27
贵阳	0.04	0	0.82	0.03	0.01
昆明	0.58	0	0.08	0.08	0.81
西安	0.57	1	0.33	0.11	0.62
兰州	0.03	1	0.98	0.02	0.62
西宁	0.14	0	0.97	0.99	0.01
银川	0.52	0	0.98	0.57	0.97

资料来源：参照 Yanwei Li and Liang Ma,"What Drives the Governance of Ridesharing? A Fuzzy-set QCA Analysis of Local Regulations in China," *Policy Sciences*, Vol. 52, No. 2, 2019（表3），作者自制。

第三步:建立真值表。

建立真值表,同样使用 truthTable( )函数,incl.cut 函数指研究者可以设定连续性的阈值,分析遵循研究中的设定值 0.750。命令 show.case = T,指分析结果显示所有案例名称。命令如下,真值表详见表 11.16。

> tt <- truthTable(fuzzycar, outcome = "O", incl.cut = 0.750, show.cases = T, sort.by = "incl")
> tt

表 11.16　真值表

城市拥堵情况（C）	传统行业压力情况（S）	出租车需求情况（T）	公共交通情况（P）	监管严格程度（O）	案例数量	连续性	PRI	解释案例
1	1	1	0	1	2	1.000	1.000	长春、哈尔滨
1	1	0	0	1	3	0.964	0.927	济南、南宁、西安
1	0	0	1	1	1	0.961	0.911	昆明
0	0	0	1	1	3	0.912	0.830	福州、郑州、长沙
1	1	1	1	1	1	0.861	0.522	广州
0	0	0	0	1	2	0.845	0.584	石家庄、海口
1	0	1	0	1	1	0.839	0.766	银川
0	1	1	0	1	2	0.804	0.444	沈阳、兰州
1	0	1	0	1	1	0.775	0.680	呼和浩特
0	0	1	0	1	2	0.758	0.663	太原、贵阳
1	1	0	1	0	1	0.693	0.000	合肥
0	1	0	0	0	3	0.616	0.040	杭州、南昌、成都
0	1	1	0	0	2	0.562	0.000	南京、武汉
0	0	1	1	0	1	0.488	0.341	西宁

资料来源:参照 Yanwei Li and Liang Ma, "What Drives the Governance of Ridesharing? A Fuzzy-set QCA Analysis of Local Regulations in China," *Policy Sciences*, Vol. 52, No. 2, 2019 (表 4),作者自制。

第四步:必要条件分析。

对校准后的数据执行 pof( )函数,对于监管严格情况(O)进行必要条件分析。分析结果如表 11.17:

```
> pof(fuzzycar[, -1], "O", fuzzycar)
> pof(1 - fuzzycar[, -1], "O", fuzzycar)
```

表 11.17　网约车严格监管的必要条件分析结果

条件	缩写	必要条件的连续性	必要条件的覆盖性
城市拥堵情况严重	C	0.555	0.835
传统行业压力大	S	0.505	0.498
出租车需求小	T	0.532	0.656
公共交通发达	P	0.423	0.617
城市拥堵情况不严重	~C	0.669	0.582
传统行业压力小	~S	0.495	0.620
出租车需求大	~T	0.639	0.638
公共交通不发达	~P	0.777	0.690

第五步:充分条件分析。

(1)复杂性结果。

在进行充分条件分析时,同样使用 minimize() 函数,details = T 指代分析结果显示案例信息。分析命令如下,M1、M2、M3 指存在三种复杂性结果的表达式,结果详细信息见表 11.18。

```
> sc <- minimize (tt, details = T)
> sc
```

M1: C * T + T * ~P + C * S * ~P + (~C * ~S * ~T + C * ~S * P) -> O
M2: C * T + T * ~P + C * S * ~P + (~C * ~S * ~T + ~S * ~T * P) -> O
M3: C * T + T * ~P + C * S * ~P + (~C * ~S * ~P + ~S * ~T * P) -> O

表 11.18　网约车严格监管的复杂性结果

	连续性	PRI	原始覆盖性	唯一覆盖性	(M1)	(M2)	(M3)	解释案例
C * T	0.843	0.732	0.323	0.044	0.044	0.051	0.051	呼和浩特、银川、长春、哈尔滨、广州
T * ~P	0.777	0.648	0.437	0.098	0.147	0.147	0.098	太原、贵阳、沈阳、兰州、呼和浩特

（续表）

	连续性	PRI	原始覆盖性	唯一覆盖性	（M1）	（M2）	（M3）	解释案例
C*S*~P	0.971	0.949	0.315	0.162	0.162	0.162	0.162	济南、南宁、西安、长春、哈尔滨
~C*~S*~T	0.774	0.612	0.283	0.010	0.189	0.075		石家庄、海口、福州、郑州、长沙
~C*~S*~P	0.798	0.657	0.272	0.006			0.071	石家庄、海口、太原、贵阳
C*~S*P	0.909	0.857	0.108	0.000	0.012			昆明、银川
~S*~T*P	0.923	0.866	0.208	0.016		0.028	0.115	福州、郑州、长沙、昆明
M1	0.795	0.686	0.890					
M2	0.798	0.693	0.906					
M3	0.818	0.718	0.901					

（2）最简性结果。

最简性结果分析也使用 minimize() 函数，不同的是，该分析中加入 include ="?"这个函数，其指将所有的逻辑余项考虑在内。details = T 指分析结果显示案例信息。完整命令如下，M1 指代最简性结果的表达式，最简性结果的详细信息展示在表 11.19 中。

```
> sp <- minimize(tt, include = "?", details = T)
> sp
```

M1：C*T + C*~P + ~S*~T + T*~P -> O

表 11.19　网约车严格监管的最简性结果

	路径	连续性	PRI	原始覆盖性	唯一覆盖性	解释案例
1	C*T	0.843	0.732	0.323	0.051	呼和浩特、银川、长春、哈尔滨、广州
2	C*~P	0.915	0.854	0.477	0.162	呼和浩特、济南、南宁、西安、长春、哈尔滨

(续表)

	路径	连续性	PRI	原始覆盖性	唯一覆盖性	解释案例
3	～S * ～T	0.729	0.583	0.318	0.221	石家庄、海口、福州、郑州、长沙、昆明
4	T * ～P	0.777	0.648	0.437	0.147	太原、贵阳、沈阳、兰州、呼和浩特、长春、哈尔滨
	M1	0.775	0.665	0.913		

M1：C * T + C * ～P + ～S * ～T + T * ～P -> O

（3）中间性结果。

中间性结果在引入逻辑余项的同时，通过设定方向性预期来确定逻辑余项的赋值（见表11.20）。具体方向性预期参见表11.13。分析中，dir.exp参数可以用来设定方向性预期，1指正向关系，0指负向关系，"-"指代未知关系，并使用c( )函数以向量形式赋值。最终的中间性结果的详细内容见表11.21。

表11.20　原因条件对于结果的方向性预期

条件	对网约车严格监管的预期影响
P	正相关
T	正相关
S	正相关
C	正相关

```
> si <- minimize (tt, include = "?", dir.exp = c(1,1,1,1), details = T)
> si
```

M1：C * T + C * ～P + ～S * ～T + T * ～P -> O

表11.21　网约车严格监管的中间性结果

	路径	连续性	PRI	原始覆盖性	唯一覆盖性	解释案例
1	C * T	0.843	0.732	0.323	0.051	呼和浩特、银川、长春、哈尔滨、广州
2	C * ～P	0.915	0.854	0.477	0.162	呼和浩特、济南、南宁、西安、长春、哈尔滨

(续表)

	路径	连续性	PRI	原始覆盖性	唯一覆盖性	解释案例
3	~S*~T	0.729	0.583	0.318	0.221	石家庄、海口、福州、郑州、长沙、昆明
4	T*~P	0.777	0.648	0.437	0.147	太原、贵阳、沈阳、兰州、呼和浩特、长春、哈尔滨
	M1	0.775	0.665	0.913		

M1：C*T + C*~P + ~S*~T + T*~P -> O

八、质量评价和保证

为确保定性比较分析法的分析质量，研究者已形成一些基本准则与标准，贯穿定性比较分析的三个阶段，即数据分析前、数据分析中与数据分析后。

（一）数据分析之前的质量评价与保证

第一，需要明确定性比较分析法的使用目的。定性比较分析法可以用于不同的目的：构建新的理论、探索新的因果关系或者检验假设。不同的研究目的对于研究假设有不同的要求。比如，如果研究者的研究目的是检验假设，就需要研究者在理论框架部分明确设定原因条件组合与特定结果之间的关系。因此，研究者在使用定性比较分析法之前，需要明确研究目的，以更好指引研究过程。

第二，对案例足够熟悉，以更好回答研究问题。研究者对其研究的案例充分熟悉有助于优化定性比较分析法的分析过程（比如确保连续性、阈值选择的科学性），并提升分析结果的解释力。

第三，选择数量适中的条件。像回归分析中引入过多的解释变量会导致回归系数方差扩大、显著性降低、预测精度下降一样，定性比较分析法也需要避免使用过多原因条件。因为过多条件可能导致分析过程冗长烦琐，产生过多逻辑余项，并使分析结果异常复杂、难以解释。因此，研究者需要选择数量适中的原因条件进行分析。

第四，校准过程需要详细论证。校准过程中阈值的选择会影响条件或者结果的集合籍，从而影响分析结果。因此，研究者通过公开论证校准过程，以提升校准的客观性与科学性。

(二) 数据分析过程中的质量评价与保证

第一,必要条件和充分条件的分析要分开进行。充分条件与必要条件是两类性质不同的因果,在进行充分条件分析之前需要先进行必要条件分析。如果必要条件的覆盖性很低,那么该原因条件可能是不重要的必要条件。如果一个原因条件不是重要的必要条件,那么深入探究其充分性就是没有意义的。

第二,在逻辑最小化之前需要处理真值表中的矛盾项。如果研究者不处理矛盾项,其得出的结论的可靠性将受到质疑。研究者可以通过增加新条件、重新校准、增加或者减少案例等方式处理矛盾项,但研究者必须要详细说明矛盾项处理方式,以提升分析过程的透明性。

第三,论证连续性和覆盖性阈值的选择。尤其是在使用模糊集定性比较分析法进行分析时,研究者需要对连续性的阈值进行选择。分析过程中阈值的选择需要结合具体情况、数据特征以及研究者的经验。通常,多数研究者认为连续性阈值不能低于 0.75。

第四,逻辑余项的处理必须透明公开。研究者对逻辑余项的处理方式是多样的,而且不同的处理方式将产生不同的分析结果。因此,研究者需要说明逻辑余项的处理方式,也需要将三种不同的分析结果都展示出来,以提升研究的可复制性。

第五,研究者需要对结果发生与结果不发生两种情况分别进行分析。定性比较分析法倡导因果关系的不对称性,对于结果发生所得到的结论不能推及结果的不发生。定性比较分析法需要针对两种不同的结果进行两次分析。

(三) 数据分析之后的质量评价与保证

第一,尝试用不同的方式透明公开地展示定性比较分析法的分析结果。这些方式包括维思图、XY 图以及数字报表等,目的是尽可能提升分析结果的可读性。

第二,对分析结果的解释必须与案例结合在一起。使用定性比较分析法最终得出若干解释路径,如果仅仅停留在对表达式的介绍上是远远不够的。研究者需要回到案例,对表达式蕴含的案例信息进行说明,以做出具有说服性的解释。

第三,展示原始数据、数据矩阵以及真值表。使用定性比较分析法进行分析的过程中会产生三个重要的数据列表:原始数据、数据矩阵以及真值表。研究者需要将三个数据列表展示出来,以实现分析过程与分析结果的可复制性。

九、使用中应注意的问题

在定性比较分析法使用过程中,应该重点注意以下三个方面的问题。

第一,定性比较分析法本质上是一种研究方法。有些使用者仅仅将定性比较分析法看作一种分析技巧,聚焦于定性比较分析法的"分析时刻",认为只要将数据输入分析软件,分析结果便可立即出现。定性比较分析法的初衷是超越定性与定量研究方法,成为一种新的替代选择。其有独特的认识论与方法论基础,研究者需要整体考虑定性比较分析法的应用,从研究设计阶段牢记定性比较分析法的最佳实践,并将这些实践践行于整个分析过程。

第二,要最大限度地避免定性比较分析法使用中的主观性。在使用定性比较分析法的过程中,研究者需要做出较多选择,比如案例数量、条件数量、连续性阈值与分析结果种类等。在做出选择时,定性比较分析法总会遭到对其主观性的质疑。因此,研究者从研究设计、案例选择、数据收集、条件选择、数据校准到数据分析都应遵循固有规范,坚持透明性原则,确保充分论证每一个选择,最终提升研究的科学性与客观性。

第三,客观看待定性比较分析法在社会科学研究中的定位与价值问题。同其他研究方法一样,定性比较分析法也有其局限性与缺点,定性比较分析法并不总是优于其他方法,需要客观看待其优势与适用范围。在开始一项研究之前,研究者可使用定性比较分析法开展探索性研究,其可以帮助研究者初步认识不同原因条件组合与特定结果发生或者不发生之间的关系。研究者也可以在研究项目结束之时使用定性比较分析法,以形成一些新的结论。

🎧 关键术语

定性比较分析	集合籍	校准	连续性
覆盖性	原始覆盖性	唯一覆盖性	逻辑余项
反事实性分析	复杂性结果	最简性结果	中间性结果
简反事实性论断	难反事实性论断	方向性预期	阈值

📝 思考题

1. 定性比较分析法被称为社会科学研究方法的第三条道路。如何理解这一说法?
2. 与传统定性和定量研究方法相比,定性比较分析法具有哪些特点、优势与局限性?

3. 定性比较分析法的三种类型是什么？每一种类型有怎样的优势与局限性？如何选择不同的类型？
4. 定性比较分析法的充分性指什么？必要性指什么？如何理解充分条件的连续性与覆盖性？如何理解必要条件的原始覆盖性与唯一覆盖性？定性比较分析法中的校准是什么？什么是真值表？什么是逻辑余项，以及如何处理逻辑余项？
5. 定性比较分析法的分析过程是怎样的？如何确保分析的质量？
6. 用定性比较分析法进行分析的三种结果分别是什么？有什么区别？各自有怎样的优势与局限性？

延伸阅读

Benoît Rihoux and Charles C. Ragin, eds., *Configurational Comparative Methods: Qualitative Comparative Analysis (QCA) and Related Techniques*, Sage, 2008.

Carsten Q. Schneider and Claudius Wagemann, *Set-Theoretic Methods for the Social Sciences: A Guide to Qualitative Comparative Analysis*, Cambridge University Press, 2012.

Charles C. Ragin, *The Comparative Method: Moving Beyond Qualitative and Quantitative Strategies*, University of California Press, 1987.

Charles C. Ragin, *Fuzzy-set Social Science*, University of Chicago Press, 2000.

Charles C. Ragin, *Redesigning Social Inquiry: Fuzzy Sets and Beyond*, University of Chicago Press, 2008.

经典举例

Doug McAdam and Hilary Boudet, *Putting Social Movements in Their Place: Explaining Opposition to Energy Projects in the United States, 2000-2005*, Cambridge University Press, 2012.

美国学者道格·麦克亚当与希拉里·鲍德的著作《将社会运动置于适当的位置：解释美国能源项目的抗争行动（2000—2005）》。采用了模糊集定性比较分析方法研究了社会运动或社区运动对美国能源项目的影响。道格·麦克亚当，美国斯坦福大学社会学教授和行为科学高级研究中心主任，著有《政治过程与黑人暴动的发展，1930—1970》（*Political Process and the Development of Black Insurgency*,

1930-1970*,1982)、《自由之夏》(*Freedom Summer*,1988,作者凭此书分享1990年C.赖特·米尔斯奖)。希拉里·鲍德是美国俄勒冈州立大学公共政策学院社会学副教授,其主要关注公众与社区层面如何应对能源发展项目。

1. 研究背景与研究问题

两位研究者认为当前的社会运动研究过度聚焦于社会运动是否会成功这一因变量,但成功发生的社会运动数量较少。而且,目前的研究多数是基于区域性与全国性的社会运动,较少从社区层面理解社会运动。基于此,两位研究者致力于回答两个问题:为什么有的社区动员起来反对能源项目的建设?为什么有些社区的反对运动能取得成功?

2. 研究方法选择

在两位研究者看来,传统的对于社会运动的研究多是运用大样本的量化研究,那样的研究无助于研究者获得厚重(thick)的理论。一些社会运动学者也开展案例研究,但是这些研究的结论往往无法推及其他案例。而此时定性比较分析法作为一种中间道路,可以弥补两者的缺陷。

3. 研究设计与具体的操作流程

两位研究者从49个案例中随机选取20个案例进行模糊集定性比较分析。两位研究者发现传统的田野调查方法需要花费太多时间,完成20个案例的田野调查是不太现实的。基于此,他们选择更为现实与折中的方案。在开展传统的田野调查之前,他们先开展线上数据(主要是新闻媒体报道)收集。之后,现场的田野调查主要是开展访谈与档案研究。作者通过访谈、实地调研与收集二手数据等方式获取大量信息。之后,他们对这些信息进行校准,确立真值表。

接下来,研究者便展开必要条件与充分条件分析。作者使用模糊集定性比较分析法回答其设定的研究问题。在回答第一个研究问题时,他们认为两类不同的原因条件可能是解释社区是否被动员的关键因素。第一类是传统的动员因素(classic mobilization factors),其主要指客观性风险、政治机会与公民能力(civic capacity)。第二类是背景因素,其主要指居民对于能源设施的熟悉程度、社区先前的动员性经验与经济的艰辛程度(economic hardship)。分析结果显示,政治机会与公民能力的组合解释多数社区未出现动员这一结果。当重要的背景因素被考虑在内时,社区被动员起来的可能性将会增加。

在回答第二个问题时,研究者第二次使用模糊性定性比较分析法,分析为何有的社会运动成功,而有的却失败了。分析显示,较低程度的社区动员与缺少社区动员是解释90%的项目批准(或者社会运动失败)的充分条件。而且,研究者也发现政府间冲突与来自社区的反对这两个条件的组合是解释能源项目不被批准(或者社会运动成功)的重要路径。

4. 质量保证

第一,研究者通过不同的数据收集方式(比如,研究者开展高密度的田野调查,花费5—7天时间针对一个案例开展实地调研),获取了大量的一手数据与信息。同时,他们对不同的利益相关者展开访谈,以此验证与丰富二手数据。

第二,研究者公开透明展示其校准过程,对于每一个原因条件与结果条件的校准过程做出详细说明。尤其是,他们使用大量的图表展示校准信息,以此确保校准过程公开、透明、可复制。

第五编　常用定量分析方法举例

第十二章　层次分析法
第十三章　结构方程模型
第十四章　基于主体模拟
第十五章　社会网络分析
第十六章　大数据方法

第十二章　层次分析法

本章要点

- 层次分析法的定义、特点和优劣势；
- 层次分析法的起源、发展及理论基础；
- 层次分析法的适用范围与条件；
- 层次分析法的操作流程及质量保证。

一、导　言

层次分析法(analytic hierarchy process，AHP)是一种定性和定量相结合的研究方法，是一种用于决策的辅助性工具。随着科学技术的快速发展，现代决策所应对的问题也越来越复杂多变，单纯依靠个人经验进行认识和判断已经难以满足最优化科学决策的要求。层次分析法作为决策中一种重要的研究方法和辅助工具，在可行性方案的选择过程中能够系统处理决策中的定性和定量因素，将决策者的个人偏好进行整合，系统转化为方案权重值，从而对方案进行排序与比较，最终选出最优决策。该研究方法具有系统化、简单化和科学化等优点，已经广泛运用到公共管理学、政治学、系统工程、经济管理和教育研究等众多领域。

在中国知网(CNKI)上以层次分析法为主题进行检索，并分析文献的学科分布：截止到2024年5月24日，宏观经济管理与可持续发展领域相关文献最多，占运用层次分析法研究论文的14.58%，其次是企业经济领域，达11.49%。层次分析法在公共管理学领域的相关文献共有400余篇。通过文献分析发现，国内公共管理领域主要将层次分析法应用于绩效考核、公共政策评估和应急管理等研究，系统论述层次分析法的研究文献较少。层次分析法简洁实用，可以有效地将定性问题转化为定量数据进行处理，帮助我们将难以测量的方案准则细化为重要度进行比较分析，可以弥补政治学、公共管理学领域现有质性研究方法的不足。因此，深入分析层次分析法对于其在我国公共管理学领域中的实际应用具有十分重要的理论和现实意义。

二、定义、特点和优劣势

（一）定义

层次分析法是将参与决策的相关要素分解为目标层、因素层、方案层等，建立层次结构，进行定性和定量分析，由此做出决策的一种层次权重决策分析方法。层次分析法的基本思想是先分解，再判断，后综合，整理和综合人们的主观判断，使定性分析与定量分析有机结合，实现科学化决策。将所要分析的问题层次化，根据问题的性质和所要达到的总目标，把问题分解成不同的组成因素，按照因素间的相互关系及隶属关系，将因素按不同层次聚集组合，形成一个多层分析结构模型，最终归结为方案层相对于目标层的相对重要程度的权重值或相对优劣次序的问题。

（二）特点

层次分析法在对复杂的决策问题的本质、影响因素及其内在关系等进行深入分析的基础上，利用较少的定量信息使决策的思维过程结构化，从而为多目标、多准则、多时期或无结构特性的难于完全定量的复杂决策问题提供渐进的策略。该方法在分析的过程中需要的定量数据不多，但要求明确问题所包含的因素及相关关系，分析的具体思路详细，以将决策分析人员的思维过程具体化、层次化和综合化。

在研究问题的过程中，系统性是层次分析法的一个重要特点。层次分析法针对研究问题，按照分解、比较判断、综合的思维方式进行决策，成为继机理分析、统计分析之后发展起来的系统分析的重要工具。系统的思想在于不割断各个因素对结果的影响，而层次分析法中每一层的权重设置最后都会直接或间接影响到结果，而且每个层次中的每个因素对结果的影响程度都是量化的，非常清晰明确。

（三）优势

层次分析法将定量与定性分析方法相结合，以帮助规划、评价和决策，具有简单易懂、便于操作和科学有效等优点，在政治学和公共管理学领域中具有一定的可行性。

1. 系统化

层次分析法从系统分析的角度出发，根据研究对象的不同构成要素，将其分解、归类到目标、因素和方案等各层次，在同一层次中进行两两比较判断，最后进行综合,适用于对无结构特征的研究对象的系统评价以及多重目标和因素的系统评价。

2. 简单易懂

层次分析法将定量与定性分析方法有机结合,通过简单的数学运算,使人们在思维过程中难以测量的想法数学化,其中所运用的基本原理简单易懂,便于了解和掌握。

3. 便于操作

层次分析法便于操作。将要素间的选择转化为简单的权重进行计算,不需要过于复杂的运算过程,在提高决策科学化的同时,不需要较高的决策成本。

(四)劣势

层次分析法在具备以上优势的同时,也存在一定的劣势,具体如下:

1. 无法提供新方案

首先,层次分析法的目的是选出最佳方案,即在备选方案中进行比较并择优,这也就意味着层次分析法无法提供新的方案,不能找出现有决策方案的不足。

2. 主观性较强

层次分析法在各因素的权重赋值和比较过程中主观性较强。现实生活中,很多问题并不是单纯依靠数字就能够说明的,而在运用该方法时,一般是研究者的主观判断起决定性作用,但每个人的喜好和思维方式不同,因此结果可能不容易令人信服。如何根据专家打分等手段确定各层次的权重,是层次分析法能达到研究目的的重要组成部分。

3. 不适合多研究要素场景

当研究对象中的要素过多时,决策者对于权重的两两比较判断相对困难,而且会对一致性检验产生影响,一旦出现问题,难以明确指出问题要素。

三、起源、发展和理论基础

在现代决策科学出现之前,人们主要依靠主观判断进行决策,缺乏一定的系统性和科学性。随着决策所面对的问题逐渐复杂化和多样化,主观判断越来越难以满足科学决策的需求。人们开始提出系统的决策观,诸如最优化模型等方法,通过引入数学模型、统计方法等进行决策分析。但是,数学模型又过于数字化和理性化,且当面对长期规划的决策问题时,所需要的数学模型又过于庞大,成本过高,计算过程烦琐,而且具有较大的任意性。

在这种背景下,美国运筹学家托马斯·萨迪(T. L. Saaty)在20世纪70年代初期提出层次分析法,作为系统分析的数学工具之一,将定性和定量相结合的系统化、层次化思想转变为决策中的一种辅助性工具。1971年,萨迪运用层次分析法为美国国防部研究所制订了应急计划,之后层次分析法又相继在美国关于电力在工业部门的分配问题和苏丹政府的交通运输规划问题中得到应用。直到1977年,萨迪发表了《层次结构中优先级的标度方法》("A Scaling Method for Priorities in Hierachical Structures"),该方法才正式引起人们的注意,并逐渐被应用到政策分析和计划制订等相关决策领域,层次分析法的相关理论也在不断完备。①

四、适用范围和条件

层次分析法作为一种定性与定量相结合的决策工具,有其适用条件(见图12.1)。层次分析法的最终目的是选择方案,即在既有的可行性方案中选择一个最优方案,而不是提出新方案。运用层次分析法在建立层次结构模型和两两比较矩阵的过程中,均依靠人们的主观判断,若主观因素出现失误,就可能造成决策失误;而且由于每个人的主观判断各不相同,对于同一个问题,不同的人建立的层次结构模型和比较矩阵也各不相同,得出的分析结论也会有所差异。该方法在计算过程中的比较、判断以及结构都较为粗糙,所以不适合研究对精确度要求较高的问题。

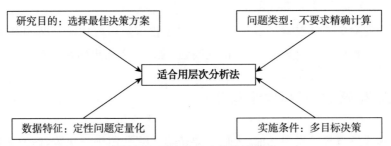

图12.1 层次分析法的适用条件

---

① Maria Berrittella, et al., "An Analytic Hierarchy Process for the Evaluation of Transport Policies to Reduce Climate Change Impacts", *SSRN Electronic Journal*, 2007.

因此,为了减少主观判断在决策中造成的失误,在使用层次分析法时应尽量采取由相关领域专家或者行业人士进行群体判断的方法,而且要注意和其他决策方法相结合来处理一些较为复杂的问题。在进行判断之前,要尽可能广泛地收集信息,明确决策的目标、原则以及可行性方案。总之,层次分析法在其适用的范围内,不失为一种进行多目标决策的有效研究方法。

五、类型划分

现实生活中,决策者往往面对的是由相互制约和相互关联的众多要素所构成的复杂系统,运用层次分析法能够解决大部分问题,但能运用层次分析法的问题具有一定的特征。首先在层次内部,要求每个层次的元素之间相互独立;在层级之间,要求形成高层次支配低层次的层级架构。这些特征或条件导致简单层次分析法在面对现实生活中的部分问题时无效或失效。鉴于此,学者们在简单层次分析法的基础之上,发展出了不同的层次分析法,以解决复杂的现实问题。常见的层次分析法包括网络层次分析法、改进层次分析法、区间层次分析法、模糊层次分析法、改进模糊层次分析法、灰色层次分析法等(详见表12.1)。

表12.1 衍生层次分析法的分类

类型	方法内容	应用领域
网络层次分析法	在层次分析法的基础上,充分考虑了各元素或相邻层次之间的相互影响,通过直接优势度和间接优势度构建元素间的比较矩阵,利用"超矩阵"对相互作用、相互影响的各元素进行综合分析而得出其混合权重	环境评价、军事装备评价、物流选择、工程项目评估、企业决策等
改进层次分析法	按照层次分析法先分解后综合的原则建立综合评价模型,然后根据实际需要提出新的指数标度或者评价方法	评价矿山安全性、改进矿井安全管理、油库安全以及水污染污染源评价等
区间层次分析法	确定指数标度时采用不同于传统层次分析法的互反性标量化方法	核事故应急决策方案的评估、高层建筑火灾安全影响因素的分析

(续表)

类型	方法内容	应用领域
模糊层次分析法	结合层次分析法和模糊综合评价,运用层次分析法确定评价指标体系中各因素的权重,用模糊综合评价方法对模糊指标进行评定	应用于煤矿安全评价、矿井安全管理、重大危险源研究、地铁火灾事故研究等
改进模糊层次分析法	运用模糊一致性矩阵与其权重的关系构造评价模型,然后采用基于实数编码的遗传算法来求解该模型,得到评价指标的排序权重	应用于水污染控制等方面
灰色层次分析法	将传统层次分析法和灰色系统理论相结合进行综合分析	应用于城市防洪工程和电厂安全等方面

资料来源:根据郭金玉、张忠彬、孙庆云:《层次分析法的研究与应用》,《中国安全科学学报》2008年第5期,作者自制。

六、研究设计和有效性

为保证层次分析法在使用上的有效性,一般情况下应遵从以下研究程序:第一,建立层次结构模型。在全面且深入地分析实际问题的前提下,根据各因素属性的不同自上而下地分解成递阶层次结构。上层因素支配下层因素或者对下层部分因素有影响;最高层即为目标层,通常只有一个因素;中间层为因素层,通常是方案所要求的原则或标准;最底层为方案层,通常为几个可行性方案。一般来说,每层的因素不超过九个,便于进行两两比较判断。第二,构造比较矩阵。决策者基于层次分析评价尺度表,根据个人偏好对各层次中的因素进行成对比较,并得出每个因素的重要值。得到重要度之后要进行一致性检验,保证比较矩阵满足次序一致性、判断一致性和基本一致性的要求。如果不能通过一致性检验,就要进行校正并重新构建层次结构模型。第三,综合以上每个因素的权重值,得出每个方案的总重要度并做组合一致性检验。

在保证研究方法有效性即其信度和效度方面,层次分析法的理论有着深厚的数学背景,运用到系统度量方式的原理、递阶层次结构原理、两两比较标度原理以及排序原理,满足互反公理、同质公理以及合成公理这三个基本公理。与此同时,这一方法的有效性也在多个领域的广泛使用中得到验证。

七、操作流程

关于层次分析法的具体操作步骤,目前学界主要有三种分类。第一种分为三步:首先建立问题的层次结构模型;其次是偏好分析,寻求层次排序(分层权系数);最后是综合,即寻求总排序(综合权系数)。① 第二种分为四步:首先,建立问题的递阶层次结构;其次,构造两两比较矩阵;再次,由比较矩阵计算被比较元素相对权重;最后,计算各层元素的组合权重。② 还有学者将一致性检验单独作为一步即第五步。但是总体来看,这几种分类在操作流程上没有本质区别。因此,综合以上说法,本书提出以下具体的操作流程(见图 12.2):

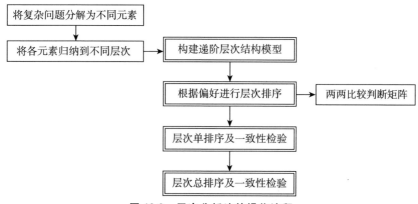

图 12.2 层次分析法的操作流程

(一)构建递阶层次结构模型

根据层次分析法先分解后综合的思想,首先将复杂的问题分解为目标、原则和方案等不同的要素,再将各要素归纳到不同的层次。最高层即目标层一般只有一个要素,其他每个层次的要素一般不超过九个,由此从上到下形成多层次的递阶结构,建立分析模型。

在这一步中,首先将要解决的问题作为最终目标,对复杂的问题进行分解;目标达成所要满足的基本条件作为评价原则,其他所要考虑的元素放在因素层;最底层是方案层,即给出解决问题的各项措施或者可行性方案(见图 12.3)。③

---

① 张炳江编著:《层次分析法及其应用案例》,电子工业出版社 2014 年版。
② 许树柏编著:《层次分析法原理——实用决策方法》,天津大学出版社 1988 年版。
③ 吴殿廷、李东方:《层次分析法的不足及其改进的途径》,《北京师范大学学报(自然科学版)》2004 年第 2 期。

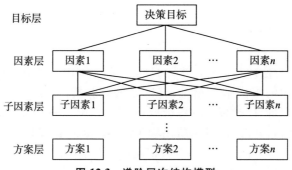

图 12.3　递阶层次结构模型

资料来源：张炳江编著：《层次分析法及其应用案例》，电子工业出版社 2014 年版，第 7—21 页。

（二）根据偏好进行层次排序和矩阵一致性检验

1. 层次排序

为了计算每个方案的重要值，需要计算出每一结构层次中各要素的重要值，最终进行综合排序。在赋予权重的过程中人的主观判断起主导作用，运用两两比较的方法得出合适的权重。① 需要注意的是，研究者在比较时常使用奇数阶的分类量表，如 1、3、5、7、9(详见表 12.2）。

表 12.2　层次分析法评价尺度

两两比较标准	定义	内容
1	同等重要	两个要素具有同等的重要性
3	稍微重要	认为其中一个要素较另一个要素稍微重要
5	相当重要	根据经验与判断，强烈倾向于某一要素
7	明显重要	实际上非常倾向于某一要素
9	绝对重要	有证据确定，在两个要素比较时，某一要素非常重要，即一个要素明显强于另一个要素
2、4、6、8		用于上述标准之间的折中值

---

① 徐俊、刘娜：《层次分析法的基本思想与实际应用》，《情报探索》2008 年第 12 期。

(续表)

两两比较标准	定义	内容
上述数值的倒数		当甲要素与乙要素比较时,若被赋予以上某个标准值,则乙要素与甲要素比较时的权重就应该是那个标度的倒数

资料来源:张炳江编著:《层次分析法及其应用案例》,电子工业出版社 2014 年版,第 23 页。

基于两两比较的结果(见表 12.3),可以得到比较矩阵,具体方法如下。

决策者根据层次分析法评价尺度表对因素层中的每项因素进行两两比较,因素 i 和因素 j 比较的结果用 a_{ij} 表示,则因素 j 和因素 i 比较的判断为 $1/a_{ij}$。由上述定义可知,$a_{ij}>0$,且有 $a_{ij}=1/a_{ji}$,$a_{ii}=1$,其中 a_{ij} 的数值越大,表示因素 i 相对于因素 j 的重要性越大。

表 12.3 两两比较表示例

	因素 1	因素 2	因素 3	重要值
因素 1	1	$x:y$	$x:z$	W_x
因素 2	$y:x$	1	$y:z$	W_y
因素 3	$z:x$	$z:y$	1	W_z

资料来源:根据张炳江编著:《层次分析法及其应用案例》,电子工业出版社 2014 年版,第 25 页。

根据以上两两比较表示例,可以得到以下两两比较矩阵:$A = \begin{bmatrix} 1 & x:y & x:z \\ y:x & 1 & y:z \\ z:x & z:y & 1 \end{bmatrix}$

2. 一致性检验

判断矩阵的一致性非常重要。当决策者根据偏好做出两两比较判断时,因素 i 和因素 j 之间的重要值之比应该是唯一的,但在实际问题的处理过程中,因素排序问题或者是主观判断问题等,会导致最终重要度之比出现前后矛盾或者整体混乱的状况。因此,比较矩阵是否具有一致性在运用层次分析法中至关重要。判断矩阵的一致性包括:次序一致性、判断一致性和基本一致性。

次序一致性:假设因素 A 较之因素 B 更为重要,因素 B 又比因素 C 重要,那么显然 A 比 C 重要,这是决策者在判断的时候必须遵守的逻辑规律,我们可以称之为次序关系的传递性。如果违反了必然引起结果混乱。

判断一致性：在比较矩阵中，每一列向量的值都能表示出该对称矩阵所关联的元素的重要性的排序结果，如果对称矩阵每一列所表示的排序结果都保持一致，那么该矩阵具有判断一致性。①

基本一致性：如果 A 比 B 重要 2 倍（$a_{ab}=2$），且 B 比 C 重要 3 倍（$a_{bc}=3$），那么一定有 A 比 C 重要 6 倍（$a_{ac}=6$）。

若比较矩阵同时满足这三种一致性，那么我们可以认为此比较矩阵有完全一致性，这样的比较矩阵作为辅助决策的数据才具有可信性。如果比较矩阵 A 完全一致，则 A 具有以下几个性质：

（1）A 的秩为 1，A 只有一个非零特征根 n；

（2）A 的任意列向量对应特征根 n 的特征向量；

（3）A 的归一化特征向量可作为权向量。②

但在实际操作过程中，由于生成对称矩阵时人为主观因素占比很大，而且当因素数量较多的时候，两两比较得到的比较矩阵往往不能够满足完全一致性要求。如比较矩阵 $B = \begin{bmatrix} 1 & 2 & \frac{1}{3} \\ \frac{1}{2} & 1 & \frac{1}{5} \\ 3 & 5 & 1 \end{bmatrix}$，$a_{12}=2$，$a_{13}=1/3$，在比较矩阵完全一致的情况下，则 a_{23} 应为 1/6，但实际上 a_{23} 为 1/5，故比较矩阵不具有完全一致性。在层次分析法中是允许有不一致情况出现的，但是不一致性必须控制在一定的范围以内，所以一致性检验是必不可少的步骤。③

为了对一致性的程度进行精确度量，我们引入一致性指标和一致性比率两个概念。定义一致性指标为 $CI = \lambda_{max} - n/(n-1)$（其中，$\lambda_{max}$ 为最大特征根），当 CI 等于 0 时，表示比较矩阵具有完全一致性；CI 越接近 0，则一致性越好。随机一致性指标 RI 是一个标准的数值表，供一致性检验时做参考用，由随机构造的 500 个比较矩阵通过公式计算得到。而一致性比率 CR 可用 RI 数值表求得：$CR = CI/RI$。若 $CR < 0.1$，则称比较矩阵的不一致性在允许范围内，通过了一致性检验，可用它的归一化特征向量作为权向量来表示该矩阵中各因素的重要度；若 $CR > 0.1$，则需要调整比较矩阵的部分值，并重新计算。

---

① 许树柏编著：《层次分析法原理——实用决策方法》，天津大学出版社 1988 年版。
② 袁方主编：《社会研究方法教程》，北京大学出版社 1997 年版，第 192 页。
③ 董君：《层次分析法权重计算方法分析及其应用研究》，《科技资讯》2015 年第 29 期。

(三)层次单排序及一致性检验

重要度的计算过程就是对比较矩阵中的数据进行处理排序的过程。通过计算,我们可以知道在上一因素层中一个因素指导的下一层次的各项因素的重要次序的权重值。计算重要度的方法有和积法、方根法、幂法以及最小二乘法等,下面主要阐述和积法。

假设有比较矩阵 $A=(a_{ij})_{n\times n}$,由和积法处理该矩阵计算各元素重要度的步骤如下。

(1) 将比较矩阵中每一列的元素进行归一化处理,计算公式如下:

$$\bar{a}_{ij} = a_{ij} \bigg/ \sum_{k=1}^{n} a_{kj} \quad (i,j = 1, 2, \cdots, n)$$

(2) 将归一化后同一行的各元素的值相加,计算公式如下:

$$\tilde{w}_i = \sum_{j=1}^{n} \bar{a}_{ij} \quad (i = 1, 2, \cdots, n)$$

将上述值除以该比较矩阵中元素的个数,即可得到此行对应元素的重要度: $w_i = \tilde{w}_i/n$,其中 w_i 代表第 i 种方案在某一因素下的重要度(也等同于第 i 种因素对于上一层对应元素的重要度)。

(四)层次总排序及一致性检验

按照上述方式将每层中各元素的重要度都计算完之后,就可以计算所有备选方案对于决策目标的重要度,具体步骤如下:

(1) 设因素层对于目标层的重要度计算结果为:

$$a_1, a_2, \cdots, a_n$$

(2) 方案层对因素层第一个元素的重要度计算结果为:

$$b_{11}, b_{12}, \cdots, b_{1m}$$

(3) 方案层对因素层第二个元素的重要度计算结果为:

$$b_{21}, b_{22}, \cdots, b_{2m}$$

(4) 方案层对因素层第 i 个元素的重要度计算结果为:

$$b_{i1}, b_{i2}, \cdots, b_{im}$$

(5) 方案层对因素层第 n 个元素的重要度计算结果为:

$$b_{n1}, b_{n2}, \cdots, b_{nm}$$

(6) 则方案一对于决策目标的重要度为:

$$w_1 = a_1 b_{11} + a_2 b_{21} + \cdots + a_n b_{n1} = \sum_{i=1}^{n} a_i b_{i1}$$

其他方案同理,最终根据所有方案针对决策目标层的重要度排序即可得到方案总排序,如果有多个因素层,可同样按照上述方式,先计算出第二个因素层对决策目标层的重要度,再层层往下计算出方案层对决策目标层的重要度。

层次总排序中的一致性检验不同于层次单排序中的一致性检验,此时一致性检验需要考虑的因素更多,由于涉及多个层次,所以计算公式更为复杂。具体检验公式为:

$$CR = \frac{a_1 CI_1 + a_2 CI_2 + \cdots + a_n CI_n}{a_1 RI_1 + a_2 RI_2 + \cdots + a_n RI_n}$$

当 $CR<0.1$ 时,层次总排序通过一致性检验,否则需要对一致性比率较高的矩阵进行调整重新计算。若有多个因素层,则需要依次计算每个因素层对决策目标层的重要度,然后进行一致性检验,如不符合则进行校正,如此反复。最终,计算方案层对决策目标层的重要度,并进行一致性检验。

八、质量评价和保证

根据决策者的偏好,运用两两比较的矩阵来计算各个因素的权重,这一将定性问题定量化解决的研究方法是否具有合理性? 对此,萨迪通过人类对物理现象感觉的正确度的实验提供了有力证明。在一个宽敞的房间内设置一个光源,在距离光源的不同位置分别放置一把椅子,让实验者站立在光源处,对这几把椅子的明亮度进行两两比较,得到相对明亮度。研究者同时也会运用科学的方法给出相对明亮度的精确数值。实验结果显示,两种方式得到结论较为一致,即人类依据感觉做出的判断是基本正确的。

张炳江对此也给出了两个示例。一个是国力的推断。在给出部分国家国力估算的一对一比较表后,根据该比较表推断出这些国家的国力,得到的结果和其他客观指标的判定结果一致,以此证明基于主观判断的层次分析法是能够正确判断出国力的。另一个例子是三角形面积排序的推断。给出五个三角形,运用层次分析法两两比较,求出三角形面积比例,实验者要独自运用层次分析法并求出其平均值。实验结果表明,实验者的主观判断得出的结果与实际的三角形面积排序权重基本上是一致的。[1]

在实际计算过程中,和积法排序的理论基础如下:

在满足一致性的条件下,比较矩阵中有:

---

[1] 张炳江编著:《层次分析法及其应用案例》,电子工业出版社 2014 年版,第 63—65 页。

$$a_{ij} = w_i/w_j \ (i,j = 1,2,\cdots,n) \tag{12.1}$$

即

$$w_i = a_{ij}w_j \ (i,j = 1,2,\cdots,n) \tag{12.2}$$

将式(12.2)两边对 j 求和,可得:

$$nw_i = \sum_{j=1}^{n} a_{ij}w_j \ (i = 1,2,\cdots,n) \tag{12.3}$$

即有:

$$w_i = \frac{1}{n}\sum_{j=1}^{n} a_{ij}w_j \ (i = 1,2,\cdots,n) \tag{12.4}$$

显然,要想得到 w_i 的计算式,应该将式(12.4)右边的 w_j 变成已知的值,即用比较矩阵的元素表示。将式(12.2)两边对 i 求和,可以得到:

$$\sum_{i=1}^{n} w_i = \sum_{i=1}^{n} a_{ij}w_j \ (j = 1,2,\cdots,n) \tag{12.5}$$

很显然,同一因素下面各方案的重要度之和为1,式(12.5)可表示为:

$$w_j = 1\bigg/\sum_{i=1}^{n} a_{ij} \ (j = 1,2,\cdots,n) \tag{12.6}$$

将式(12.6)代入式(12.4)中,即可得到:

$$w_i = \frac{1}{n}\sum_{j=1}^{n} \frac{a_{ij}}{\sum_{k=1}^{n} a_{ij}} \ (i = 1,2,\cdots,n) \tag{12.7}$$

总的来说,如果层次分析法的结论是与实际情况相吻合的,那么可以认为其操作及判断结果具有合理性。

九、使用中应注意的问题

(一) 多专家参与决策,最大限度减少主观性

层次分析法受决策者主观性影响较大,因此,在决策中要尽可能发挥专业人士的作用,而从事专业研究的专家对研究对象的各项要素了解较为透彻,能给出更为客观、全面和科学的评价结果,从而最大限度减少决策的随意性,提高可信度。

(二) 搭配其他研究方法一起使用

层次分析法只能在现有研究方案中进行比较决策,无法弥补现有方案的不足,或者提供更好、更完善的决策方案。因此,在实际应用中,可以根据现实情况,选用其他研究方法作为辅助,采用混合研究方法的策略,实现最优目标。

(三) 分解要素时抓住主要因素,不漏不多

部分研究对象较为复杂,需要决策者考虑的要素数量较多。在进行两两比较过程中,分解出的因素过多或者过少,都容易导致最终决策出现偏差或者失误,因此,研究者在使用该方法时要善于抓住问题的主要因素,才能保证决策的准确性。

关键术语

成对比较　　　　一致性指标　　　　随机一致性指标　　　　一致性比率

思考题

1. 层次分析法在推广和使用中存在哪些问题?
2. 你怎么看待现有的衍生层次分析法?
3. 层次分析法在公共管理学领域应用中的优势和不足是什么?
4. 你怎么看待定性问题定量化处理的方式?

延伸阅读

Bruce L. Golden, et al., eds., *The Analytic Hierarchy Process: Applications and Studies*, Springer, 1989.

Thomas L. Saaty, "What is the Analytic Hierarchy Process?" in Gautam Mitra, eds., *Mathematical Models for Decision Support*, Springer, 1988, pp. 109-121.

Thomas L. Saaty, "How to Make a Decision: The Analytic Hierarchy Process," *European Journal of Operational Research*, Vol. 48, No. 1, 1990.

Thomas L. Saaty, "Decision Making with the analytic Hierarchy Process," *International Journal of Services Sciences*, Vol. 1, No. 1, 2008.

〔美〕T. L. 萨迪:《网络层次分析法原理及其应用——基于利益、机会、成本及风险的决策方法》,鞠彦兵、刘建昌译,北京理工大学出版社 2015 年版。

刘豹等:《层次分析法——规划决策的工具》,《系统工程》1984 年第 2 期。

孙永河等:《基于非线性复杂系统观的 ANP 决策方法研究》,光明日报出版社 2013 年版。

许树柏编著:《层次分析法原理——实用决策方法》,天津大学出版社 1988 年版。

张炳江编著:《层次分析法及其应用案例》,电子工业出版社 2014 年版。

> 经典举例

〔美〕托马斯·L. 萨迪:《领导者:面临挑战与选择——层次分析法在决策中的应用》,张录译,中国经济出版社1993年版。

该书是美国著名运筹学家、层次分析法创始人、匹兹堡大学的托马斯·L. 萨迪教授的经典著作,系统论述了层次分析法在领导者决策体系中的应用。层次分析法已经发展成为一个结合主观和客观、定量与定性分析的成熟决策方法,可被大量运用于政治学和公共管理学研究领域。在该书中,萨迪言简意赅地向读者阐述了层次分析法,所以该书在美国是一本普及性较高的教材式阅读材料。该书被列为美国企业管理研究会给企业家的推荐读物,并已有法文、俄文、中文等版本面世。该书最主要的是为读者引入一种在复杂社会系统中的决策方法。对于错综复杂的社会评价因子,层次分析法化繁为简,使用者只需要对每个层级影响因子及其权重进行两两比对,软件算法将自动合成权重,通过矩阵和代数计算给出最终评价指标体系。并且,层次分析法也向人们提供一种简便地测试判断一致性的方法,用来检验所得到的决策体系的科学性和有效性。

1. 研究问题

人们在日常生活中不可避免地遇到决策问题,因而系统、科学的决策手段是十分必要的。尽管大量数理统计方法被先后提出,但这些方法的抽象性太强,非数学专业人士较难熟练掌握和运用,而建立一个复杂完美的数学模型也需要消耗较大的精力,再者,这些方法过于强调客观数据,忽视了人们的主观经验。世界是由相互作用的元素组成的复杂系统,在这个复杂的系统中,决策者需要面对和解决的问题是如何将繁杂的经济、社会和政治问题化繁为简,得到科学合理的决策体系。做到这一点并非易事,而层次分析法向我们提供了一种分析和构建决策系统的新逻辑,它通过简化我们通常的决策过程,帮助我们对复杂问题做出有效决策。该书的研究问题主要分为四个层面:首先,如何看待事物的复杂性,如何去理解那些包含了众多因素的复杂问题;其次,层次分析法的基本原理及流程是什么,如何使用层次分析法建构基本的决策模型,从而得到科学决策系统;再次,该书也探讨了在实际决策过程中,如何运用决策系统;最后,该书聚焦于如何检验决策系统的科学性和有效性。

2. 方法的选择及类型

该书主要介绍和使用的方法是层次分析法。层次分析法是结合了定性经验和定量分析的多层级、结构化的一种决策模型,在管理学、社会学、经济学等社科学的决策问题中被大量运用,并积累了许多现实案例。层次分析法的主要逻辑如下:首先,将一个复杂的无结构问题分解为各个组成部分;其次,将这些组成部分整理出层次顺序;再次,依据这些组成部分的相对重要性赋予其表示主观判断的数值;最后,综合这些判断以决定哪个元素有最大的权重和各个因素如何影响问题的最终结果。总之,层次分析法能够让决策者在相当复杂的无结构情况下描述众多因素、因素间的层次关系及其对问题最终结果的影响过程。该书介绍了层次分析法的三个基本准则:一是构造递阶层次,即将一个问题分解为相对独立的因素;二是设置权重,即按照相对重要性评价各个因素;三是逻辑一致,即确保因素按照逻辑进行组合,并按照逻辑的准则进行一致性划分。层次分析法为使用者和客观社会系统构建了一个交互桥梁:一方面,决策者在使用层次分析法的过程中试图将自己的决策偏好"内嵌"在定量化的模型体系中;另一方面,通过这种"内嵌"过程,层次分析法也帮助决策者在不破坏自身思维模式的前提下保持主观和客观的统一,从而增加了其实用性。

3. 研究过程

总体来看,层次分析法的第一个关键研究步骤是构造递阶层次,这依赖于所做决策的种类。该书作者通过举例,展示了人们购车时的递阶层次构造:候选的车种是决策的最底层,而用来对候选方案进行判别的准则构成另一层,包括是否匹配自己的薪水、身份、基本要求、舒适程度、多功能性、价格、质量等。这些准则的重要程度将根据递阶层次的目标来判断。当构造某个递阶层次时,它可能并不是一成不变的,而是可以在后来改变其中的某些部分以适应新的准则。例如,该书中谈到了一个选择学校的例子。为了从三个学校中选出一个最佳学校,很可能要用到教育、文化、社会等几个准则。而教育准则又被分解为下列的子准则:教师的质量、学生的平均水平、课程的设置、升学方面的准备、学习环境。其他两个准则也被分解。此时,这些子准则仅按照它们的上级准则进行排序,而与其他上级中的子准则无关,因而这是一个不完全的递阶结构。此时,可以在两个层之间加入一个中间层,以帮助比较的实现和增强判断的精确程度。层次分析法对中间层的数量没有限制。此外,作者通过商务决策、个人事务决策、公共政策制度等案例论述了如何构建科学合理的递阶层次。在此不作赘述,读者可根据自身的研究领域阅读原著。

层次分析法的第二个步骤是建立排序、设置权重。在决策问题中,设置权重首先就是要对元素两两之间进行比较。通过设立比较矩阵,用1—9的分值给各因素打分,就可以对其进行判断。矩阵运算可以把最后的打分矩阵转化为权重,这样就完成了建立排序的过程。设置权重的本质就是依据个人判断去捕捉相关知识的相对大小关系。为了获得总体排序,可以对每一层的排序结果相加。在实操中,常使用专家打分法对矩阵进行评分,得到一个相对科学的权重排序结果。

层次分析法最后一个步骤是判断一致性。一致性的判断是避免层次分析法模型建立在错误的不一致的判断之上。在层次分析法中,通常通过计算一致性比值 CR 来测量总体的一致性程度,这个值不应该超过 0.1。如果超过 0.1,则意味着判断具有某种随意性,应该予以修正。当一致性不令人满意的时候,一种改善它的方法是在第一轮所得排序的基础上重新调整各个因素的排列,然后根据新的排列标准,寻找出第二个比较矩阵,如此操作,一致性会得到增强。

4. 质量评价和保证

该书是关于层次分析法的代表性著作,作者对层次分析法的论述和理解广泛吸收了统计学、管理学、运筹学、系统科学、计算机科学等学科的知识,同时辅之以大量的对于日常事实的判断和观察,这使得该书关于层次分析法的论述得到质量保证。例如,该书中通过描述拯救扣押人质、决定消费偏好、经济对销售的影响等国家和个人日常决策中可能遇到的情景来佐证有关层次分析法的论述。另外,该书自出版后反响热烈,已被翻译成多国语言,而其中文版就有不同的翻译版本,这从另一个角度侧面反映出该书的适用性和研究质量。

第十三章 结构方程模型*

本章要点

- 结构方程模型的特点与优劣势；
- 结构方程模型的理论基础；
- 结构方程模型的适用范围与条件；
- 结构方程模型的不同类型；
- 结构方程模型的研究设计与具体流程；
- 结构方程模型的结果汇报与阐释方法；
- 结构方程模型质量评估的基本方法；
- 使用结构方程模型时应注意的问题。

一、导　言

结构方程模型（structural equation modelling，SEM）作为近 20 年来社会科学研究中最为重要的多元统计方法，在处理多变量关系时具有其独特的优势。它也因此被心理学、教育学、市场与运营管理、传播学等诸多社会科学领域的研究广泛运用。然而，目前在我国政治学和公共管理学领域，使用结构方程模型的研究还为数不多。究其原因，一方面在于结构方程模型是多元统计方法，较传统使用的相关分析、回归分析更为复杂；另一方面可能与很多公共管理学研究者对其用途、特点和操作方法尚不熟悉有关。

本章期望通过介绍结构方程模型的基本思想、优势与特点、典型模型，同时对分析操作方法进行举例说明，列举应用该方法时必须注意的几个关键问题，帮助政治学和公共管理学研究者更好地理解和把握结构方程模型这种工具，提高该领域量化研究的质量。

---

* 本章部分内容改编自作者公开发表的论文，详见吴瑞林、杨琳静：《在公共管理研究中应用结构方程模型：思想、模型和实践》，《中国行政管理》2014 年第 3 期。

二、定义、特点和优劣势

（一）基本思想和定义

结构方程模型也称协方差结构模型（covariance structural modelling），它有效地整合因子分析模型和路径分析模型，开创出全新的量化研究范式。结构方程模型突出了"潜变量"（latent variable）的概念，在很多涉及人的研究中，其探讨的变量多数不能被直接观测，比如态度、情感、智力、动机、家庭社会经济地位等，只能用外显的指标（manifest indicator）去间接测量这些潜变量。在图13.1（b）所示的因子分析模型中，潜变量 LV_1 和 LV_2 依靠观测变量 OV_1 至 OV_6 测量，每个观测变量都存在自己的测量误差，因子分析模型可以将测量误差排除于潜变量之外，提高了统计的准确性。

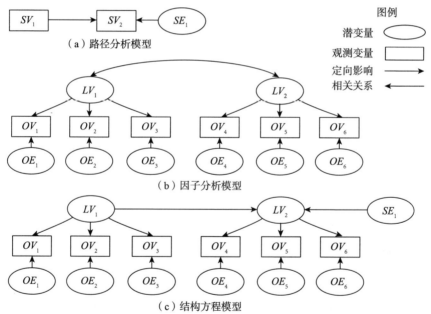

图 13.1 结构方程模型与路径分析模型、因子分析模型

在结构方程模型出现前，如果要探讨 LV_1 与 LV_2 之间是否存在回归关系，需先使用观测变量 OV_1 至 OV_6 合成并计算出两个指标 SV_1 和 SV_2，然后使用图13.1（a）中的路径分析模型计算 SV_1 和 SV_2 的回归系数。此处的 SV_1 和 SV_2 并不等同于 LV_1 和 LV_2，因为前者在合成的过程中加入了测量误差。而使用结构方程模型的方法，其模型如图13.1（c）所示，则在潜变量 LV_1 和 LV_2 之间建立了回归路径。显

然,结构方程模型进行路径分析时排除了测量误差的影响,其回归分析的结果更为精准和可靠。

(二)特点和优劣势

传统上,使用探索性因子分析(exploratory factor analysis)可以求得测验量表所包含的共同特质,例如,从 10 个观测变量中提取出两个共同因子(见表 13.1 和表 13.2),但此种建立建构效度的因子分析(factor analysis)存在很多限制:个别项目只能分配给一个共同因素,并且只有一个因素载荷;共同因子之间必须是全有(多因素斜交)或全无(多因素直交),即公共因子之间不是完全无关就是完全相关;假设测验题项与其误差项无关,但现实中二者往往存在共变关系。但在结构方程模型中,每个题项可以同时分属于不同的共同因子;同时可以根据相关理论,设定某些共同因子之间是否具有相关性;结构方程模型可以检测个别题项的测量误差,并将测量误差从题项变异量中抽离出来;结构方程模型可对数据与假设模型的各个因子是否相互匹配进行统计上的评估,即模型适配性的检验。

表 13.1　KMO 和巴特利特球形度检验

KMO 取样适切性量数		0.862
巴特利特球形度检验	上次读取的卡方	75 028.915
	自由度	45
	显著性	0.000

表 13.2　因子分析结果

组件	初始特征值			提取载荷平方和			旋转载荷平方和		
	总计	方差(%)	累积(%)	总计	方差(%)	累积(%)	总计	方差(%)	累积(%)
1	3.735	37.347	37.347	3.735	37.347	37.347	3.330	33.302	33.302
2	2.271	22.706	60.053	2.271	22.706	60.053	2.675	26.751	60.053
3	0.754	7.544	67.597						
4	0.614	6.141	73.738						
5	0.554	5.539	79.277						
6	0.512	5.115	84.392						
7	0.467	4.672	89.063						

(续表)

组件	初始特征值			提取载荷平方和			旋转载荷平方和		
	总计	方差(%)	累积(%)	总计	方差(%)	累积(%)	总计	方差(%)	累积(%)
8	0.461	4.614	93.677						
9	0.332	3.323	97.000						
10	0.300	3.000	100.000						

注:提取方法为主成分分析。

下面通过一个研究示例对比传统回归分析与结构方程模型的计算过程。研究背景是:某地少数民族小学生对汉语的学习兴趣有可能直接影响到他们的汉语水平。学习兴趣采用 E_1、E_2、E_3 三道题目测量,汉语能力包含听说读写(A_1—A_4)四个方面(见图 13.2)。

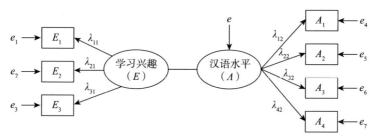

图 13.2 应用示例

传统回归分析中,首先分别计算学习兴趣、汉语水平总分或平均分,再计算二者之间相关系数。这样就产生一个很明显的问题,即两次计算分别包含了各自的测量误差,而在结构方程模型中则排除了测量误差对潜变量之间关系的影响。此外,传统的回归模型无法处理因变量多于 1 个的情况,而自变量之间多重共线性的问题也无法完美解决。综上所述,与传统统计方法相比,结构方程模型具有以下优势:

1. 具有理论先验性

结构方程模型假设因果模型必须建立在一定的理论基础上,采用验证性因子分析(confirmatory factor analysis),比传统的探索性因子分析更周详。

2. 能同时处理多个自变量和因变量

传统的统计模型可以允许存在多个自变量,但因变量只能有一个。结构方程模型可以将多个自变量和多个因变量同时放在一个模型内,考虑的是多对多的复杂关系。

3. 允许自变量和因变量都含有测量误差

由于潜变量概念的引入,每个自变量或因变量可以由多个观测变量来测量。每个测量变量都有自己的测量误差,测量误差可以被剔除在路径分析之外。

4. 同时估计因子结构和因子关系

在传统的统计方法中,测量模型与结构模型相分离,需要先计算潜变量与指标间的因子载荷(factor loading),然后根据因子载荷计算获得潜变量的测量值,再分析这些潜变量之间的结构和关系。结构方程模型将这两步同时进行,一次估计获得因子关系和因子间结构的全部参数。

5. 可同时处理测量与分析问题

同时估计模型中的测量指标、潜在变量,不仅可以估计测量过程中指标变量的测量误差,也可以评估测量的信度和效度。

6. 可以精准确定及检测复杂的路径模型

结构方程模型可以同时进行多个变量的关系探讨、预测及进行变量间因果模型的路径分析。

7. 检验整个模型的拟合程度

传统的回归模型中,一般使用标准化回归系数表示单条路径(两个变量间关系)的强弱,以不能被解释的残差判断回归模型的拟合程度。而结构方程模型则是对整个模型与样本数据间的拟合程度进行估计,从整体上判断哪个模型更符合数据所呈现的复杂关系。

8. 允许更大弹性的测量模型

传统测量模型只允许每个题目(或观测变量)从属于一个因子,结构方程模型中不再存在该限制,同一观测变量可以同时从属于多个因子。例如,某地区的服装类消费总额既体现了该地区的经济发展水平,也受到当地居民消费倾向的影响。即服装类消费总额这一观测变量同时从属于两个因子。

三、起源、发展和理论基础

(一)起源和发展

1904 年,查尔斯·爱德华·斯皮尔曼(Charles Edward Spearman)发明了心理

特质的潜在结构因子分析模型,开启了潜在变量模型(latent variable modeling, LVM)的大门。1918年休厄尔·赖特(Sewall Wright)在遗传学研究中提出路径分析(path analysis),将回归分析扩大到对多重联立方程式的估计,正式将回归分析提升到路径模型的层次。而结构方程模型核心概念则诞生于20世纪70年代初,在80年代快速发展并走向成熟。结构方程模型的出现与20世纪社会科学研究中两项统计技术(因子分析和回归分析)有着密不可分的联系,卡尔·约雷斯科格(Karl Joreskog)等人利用数学矩阵巧妙地将这两种统计技术整合于一体,并使用计算机技术开创出一个崭新的量化研究范式,正式宣告结构方程模型时代的到来。[1] 卡尔·约雷斯科格与其同事达格·瑟尔布姆(Dag Sörbom)不仅在理论上提出了结构方程模型的概念,还开发出名为LISREL的统计软件,将其提出的理念和技术转换为研究者可以直接使用的工具,积极推动结构方程模型的发展和应用。此后,有关结构方程模型的讨论和使用便蔚为风潮,成为社会科学和行为科学研究者必备的专门知识之一。

(二) 理论基础

完整的结构方程模型包括测量模型和因果模型两部分。遵循肯尼斯·博伦(Kenneth A. Bollen)所撰写的经典教材《具有潜变量的结构方程模型》(*Structural Equation with Latent Variables*)[2]中的符号,矩阵 X 和 Y 分别表示自变量和因变量的观测指标,它们与潜变量 ξ 和 η 的关系模型为:

$$X = \Lambda_x \xi + \delta$$
$$Y = \Lambda_y \eta + \varepsilon$$

δ 和 ε 是测量模型的误差项,Λ_x 和 Λ_y 分别是观测变量 X 和 Y 的因素载荷矩阵。潜变量因果关系的模型为:

$$\eta = B\eta + \Gamma\xi + \zeta$$

这里,B 是因变量的系数矩阵,表示因变量间的相互关系;矩阵 Γ 表示自变量 ξ 和因变量 η 之间的关系;ζ 是潜变量间的随机误差项。

所以,一个完整的结构方程模型的参数由八个矩阵组成:$\Lambda_x, \Lambda_y, B, \Gamma, \Phi$(自变量 ξ 的协方差矩阵),Ψ(ζ 的协方差矩阵),Θ_x(δ 的协方差矩阵),Θ_y(ε 的协方差矩阵)。这八个矩阵经过矩阵运算,可以组成整个模型的再生协方差矩阵(regenerative covariance matrix)$\Sigma(\hat{\theta})$,$\hat{\theta}$ 为包含所有参数估计值的向量。

结构方程模型的基本求解思路就是使得包含各参数的模型协方差矩阵 $\Sigma(\hat{\theta})$,

---

[1] 邱皓政、林碧芳:《结构方程模型的原理与应用》,中国轻工业出版社2009年版。
[2] Kenneth A. Bollen, *Structural Equations with Latent Variables*, Wiley, 1989.

与样本协方差矩阵(sample covariance matrix)S最为接近,也就是使$|\Sigma(\hat{\theta})-S|$的取值达到最小。

假设存在两个观测变量X和Y,它们之间的协方差计算公式为:

$$Cov(X,Y) = \frac{\sum(X-\bar{X})(Y-\bar{Y})}{N-1}$$

这里,N为样本的数量,$Cov(X,Y)$表示X与Y之间的协方差,X和Y的方差分别为$Var(X)$和$Var(Y)$。那么,观测变量X和Y之间的相关系数与两个变量之间的协方差存在下面的关系:

$$r_{XY} = \frac{Cov(X,Y)}{\sqrt{Var(X)Var(Y)}}$$

这样的关系下,相关系数矩阵与协方差矩阵可以实现相互转换,相关系数矩阵r可以表示为:

$$r = w \times Cov \times w$$
$$w = inv(sqrt(diag(Cov)))$$

这一公式中的Cov为协方差矩阵,inv表示矩阵求逆操作,$sqrt$表示求平方根,$diag$表示取矩阵对角线上的元素。因此,在估计结构方程模型的参数时,也可以用样本相关系数矩阵(sample correlation matrix)替代样本协方差矩阵。从某个角度看,相关系数矩阵其实是全部变量方差都为1的协方差矩阵。由此可见,变量间的相关系数将会直接决定结构方程模型中参数估计(estimation parameters)的结果。

四、适用范围和条件

在公共管理学领域的研究中,结构方程模型一般用来解决两类问题:一是进行验证性因子分析,检验问卷和量表的信度与效度;二是进行路径分析,以检验变量间(包括显变量之间和潜变量之间)的相互关系。

社会科学的研究中大量使用量表和问卷作为调查研究的工具。其中结构效度和维度的确定一般使用因子分析的方法完成,结构方程模型的一大应用就是进行验证性因子分析(confirmatory factor analysis, CFA),探讨量表或问卷的维度是否符合最初的设想。

验证性因子分析是检验测量工具效度的重要手段,却并非本书所关注的重点。公共管理学研究中,更多地需要结构方程模型处理变量间的复杂路径关系。由于结构方程模型具备以上种种优势,特别是它可以同时处理多个自变量和因变量,且能够在多个变量之间设定连续的因果关系,非常有助于研究者分析变量间的作用机制。它在路径分析中的应用是下面重点讨论的内容。

结构方程模型是一般线性模型灵活有力的扩展。像其他统计方法一样,结构方程模型需要一系列假设。这些假设应该满足或至少近似地保证有可信赖的结果这一条件。在进行结构方程模型分析之前,需要检验数据和模型是否符合以下条件。

1. 合理的样本量

按照詹姆斯·史蒂文斯(James Stevens)的社会科学应用多变量统计的说法,一个好的经验法则是在标准普通最小二乘多重回归分析中每个因子有 15 个个案。因为结构方程模型在某些方面与多重回归紧密相关,结构方程模型中每个测量变量有 15 个个案也是合理的。本特勒和周(Chou)注意到,只要数据表现良好(例如,正态分布、无缺失数据或例外值等),在结构方程模型分析中研究者的每个参数估计则只需要 5 个个案。① 需要注意的是,本特勒和周提及每个参数估计要有 5 个个案而不是每个测量变量。洛林使用验证性因子分析模型报告蒙特卡洛仿真的研究结果,认为对两到四因子模型,调查者应该收集至少 100 个个案。若样本量较少,则有可能出现包括迭代失败(软件不能达到满意的解)、不合理的解(包括测量变量的方差估计为负值)和参数估计的准确性较低等问题。当数据是非正态分布或在某些方面是有缺陷的情况下,如有高低峰、不完整或不尽合理等,则需要更大的样本量。②

2. 内生变量的连续和正态分布

结构方程模型假设内生变量是正态分布的连续变量。事实上,结构方程模型分析的残差不仅要服从单变量正态分布,而且它们的联合分布也要服从联合多变量正态分布。

3. 模型识别

模型识别(model identification)指判断一个模型中待估计的参数能否从观测数据中求解。为了获得符合条件的结果或使计算结果更加准确,结构方程模型程序需要已知足够数量的相关矩阵或协方差矩阵作为输入数据。参数估计只有一个可能解的模型称为恰好识别,有无限可能解的模型叫作欠识别,多于一个可能

---

① Peter M. Bentler and Chih-Ping Chou, "Practical Issues in Structural Modeling," *Sociological Methods & Research*, Vol. 16, No. 1, 1987.

② John C. Loehlin, "Using EQS for a Simple Analysis of the Colorado Adoption Project Data on Height and Intelligence," *Behavior Genetics*, Vol. 22, No. 2, 1992.

解(除了一个最佳或最优解外)的模型叫作过度识别。例如,在方程 $x+2y=7$ 中,x 和 y 有无穷多个解(例如,$x=5$ 和 $y=1$,$x=3$ 和 $y=2$)。因为"已知"比"未知"少,所以这些值是不能识别的。而在方程组 $\begin{cases} x+2y=7 \\ 3x-y=7 \end{cases}$ 中,方程个数与变量个数相同,从而有一对最佳值($x=3$,$y=2$)。

当每个参数可识别,至少一个参数是过度识别时,会出现过度识别模型。多数使用结构方程模型的人都喜欢使用过度识别模型。过度识别模型有正自由度,也不必拟合恰好识别模型。当有过度模型时,施加在模型上的限制能够提供一组假设检验,然后它能被绝对拟合模型的卡方统计量和各种描述模型拟合指数估计。当过度识别模型拟合良好时,研究者通常认为模型有足够的拟合数据。博伦和朗提出了一个衡量模型识别的必要非充分条件——t 法则(t-Rule)。[①] 即

$$t \leqslant (p+q)(p+q+1)/2 = DP$$

其中,t 值代表模型中的自由估计参数数目。当 $t<DP$,表示过度识别;当 $t=DP$,表示充分识别;当 $t>DP$,表示识别不足。p 是内生变量的个数,q 是外生变量的个数,DP 是矩阵中不重复的变量数量。

五、类型划分

(一) 多元回归分析模型

简单线性回归和多元回归是为广大研究者所熟悉的统计模型,主要用于解释因变量受一个或多个自变量影响的程度。结构方程模型同样可以用于该目的,但与传统的回归分析不同,结构方程模型中的自变量和因变量都可以是潜变量,这些潜变量由显变量观测而得;同时,模型中可以混合潜变量和显变量于一体。以图 13.3 为例,模型假设失地农民的生活满意度受到社会保障、工作等 7 个潜变量的影响,同时还受到土地补偿金、性别等 4 个显变量的影响。整个模型中,生活满意度为多元回归分析的因变量,而 7 个潜变量和 4 个显变量一同构成了该多元回归分析的自变量。图中的 e_{29} 为回归模型的残差,也就是生活满意度中不能被 11 个自变量解释的部分,通过它和生活满意度的方差可以计算出模型的解释率。

[①] Kenneth A. Bollen and J. Scott Long, *Testing Structural Equation Model*, Sage, 1993.

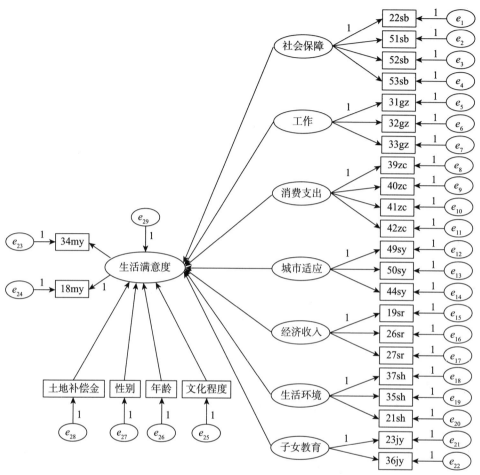

图 13.3　使用 SEM 进行多元回归分析

资料来源：陈占锋：《我国城镇化进程中失地农民生活满意度研究》，《国家行政学院学报》2013 年第 1 期。

（二）带有中介变量的模型

在实际的研究中，自变量还有可能通过中介变量对因变量产生作用。如图 13.4(a) 所示的中介模型(mediation model)（图 13.4 和图 13.5 给出的模型均为示意图，没有详细表示潜变量的观测变量和残差项），自变量为 X、因变量为 Y，一部分 X 对 Y 的影响通过中介变量 M 发生作用，通过路径 a 和路径 b 形成了一条 X 对 Y 的影响路径，系数 $a \times b$ 为中介模型的间接效应。同时，在图 13.4(a) 所示的模型中，还存在着 X 对 Y 的直接影响路径，系数 c 的大小被称为中介模型的直接效应,这样的中介模型被称为部分中介模型。如果系数 c 为零(或者可以设为零),则表明 X 对 Y 的作用全部通过中介变量 M 发生,此时的模型被称为完全中介模型。

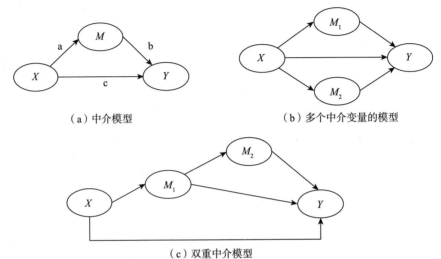

图 13.4 带有中介变量的路径分析模型

应用中介模型时,某些情况下需要特别验证中介变量的效应大小。如于海波等人考察工作投入在公务员可就业性与工作绩效之间的中介效应,表明工作投入在工作家庭平衡与工作绩效之间起完全中介作用,在职业专长、自我完善、个人灵活性、集体意识 4 个自变量与工作绩效之间起部分中介作用。[①] 另一些情况下,虽然研究使用了中介模型,却并没有重点关注中介变量的作用,而仅仅把中介变量作为整个路径分析上的一个节点,也没有给出每个中介变量的效应大小。如黎洁等人在分析参与式森林资源管理的影响因素时,其所构建的模型中参与态度实际上是参与感知、地方认同和参与行为之间的中介变量,研究者只讨论了其中每条路径是否显著,并没有对参与态度的中介作用做过多探讨。[②]

除了图 13.4(a)给出的简单中介模型外,自变量与因变量之间还可能同时存在多个中介变量,如图 13.4(b)所示,X 对 Y 的作用包含直接效应($X \to Y$),通过 M_1 的间接效应($X \to M_1 \to Y$)和通过 M_2 的间接效应($X \to M_2 \to Y$)。此外,中介变量之间也可能出现串联关系,如图 13.4(c)的模型中,M_2 为 X 与 Y 之间的第二重中

---

① 于海波、郑晓明、李永瑞:《试论公务员可就业性的提高与开发》,《中国行政管理》2012 年第 7 期。
② 黎洁、杨林岩、刘俊:《西部农村社区参与式森林资源管理的影响因素研究》,《中国行政管理》2009 年第 11 期。

介,X对Y的作用通过三条路径实现($X \rightarrow Y$, $X \rightarrow M_1 \rightarrow Y$, $X \rightarrow M_1 \rightarrow M_2 \rightarrow Y$)。刘波等人[①]和董晓松[②]的研究中所构建的模型,均包含多重中介效应。

(三) 带有调节变量的模型

调节模型(moderation model)是另外一类典型的路径分析应用。从图13.5(a)中可以看出,其与中介模型的不同主要集中在两点:一是调节变量U不受自变量的影响,二是U作用于X到Y的路径上。例如,面对电价上涨,男女节电行为的频率可能存在差异;此时,性别就是经济成本与节电行为之间的调节变量。图13.5(a)给出的是抽象概念,在结构方程模型的实际操作中,U的影响无法被直接放置在一条路径上,其模型图可转换为图13.5(b)。如果变量X和U都是连续变量,其调节作用呈现为X与U的交互作用,即$X \times U$的影响。

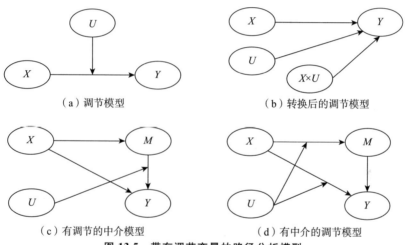

(a) 调节模型　　　　　　　(b) 转换后的调节模型

(c) 有调节的中介模型　　　(d) 有中介的调节模型

图 13.5　带有调节变量的路径分析模型

调节变量和中介变量还可能同时出现在一个模型中,形成有调节的中介模型(图13.5(c))和有中介的调节模型(图13.5(d))。两种模型的主要区别在于调节变量U作用的路径:有调节的中介模型中,调节变量U作用于中介变量到因变量的路径上($M \rightarrow Y$);而在有中介的调节模型中,U作用于从自变量出发的路径上($X \rightarrow M$ 和 $X \rightarrow Y$)。温忠麟等人曾经对这两种模型做过详细介绍。[③]

---

① 刘波、王少军、王华光:《地方政府网络治理稳定性影响因素研究》,《公共管理学报》2011年第1期。

② 董晓松:《公共部门创造市场化公共价值的实证研究——基于公民为先的善治理念视角》,《公共管理学报》2009年第4期。

③ 温忠麟、张雷、侯杰泰:《有中介的调节变量和有调节的中介变量》,《心理学报》2006年第3期。

六、研究设计和有效性

(一) 研究设计

科学的研究设计是应用结构方程模型进行数据统计的前提,完整的研究流程通常涉及以下几个重要环节:

1. 提出研究问题

学者需确立研究目的,在此基础上基于研究兴趣与经验提出明确的研究问题。在进行必要的资料收集、文献综述、预调研之后,研究者应已具备基础的研究理论框架,进一步提出具有可验证性与研究价值的研究问题或假设。

2. 设计测量工具

为了减少误差的干扰,很多科学化、标准化的测量方法已应用到社会科学的研究中。在管理学、教育学、心理学和社会学等社会科学研究中,使用最广泛的测量形式是李克特式(Likert-type)量表和问卷。在测验中,可以只设置两个选项,获得的结果是一种李克特式测量的极端形式,即二分型(dichotomous)测量。另外,还可以设计等级评定的题目,即被试作答不用简单的对错评价,而是给予适当的分数等级来评价(例如作文分等级评价等)。结构方程模型所需要的数据能够通过上述测量工具获取。

3. 选取合适的研究样本

第一,要充分考虑研究样本的选取,保证抽样方法的合理性。第二,研究者需要明确样本量对于哪些统计结果会产生影响。马克斯韦尔等人的文献分析将其影响总结为对参数估计精确度的影响和对统计功效的影响。[1] 对参数估计精确度的影响很容易理解,样本量越大,结构方程模型的参数估计结果越准确,其标准误也会越小。结构方程模型中,统计功效主要指对模型与数据拟合的判断是否准确。马克斯韦尔等人认为,如果建立结构方程模型的目标是判别比较明显的统计效果量(即判断模型与数据是否大体拟合),可以使用较小的样本;而如果研究的目标是考虑模型中的参数估计值,则需要使用大样本。[2]

对于因子分析模型,给出一个通用的最小样本量很困难。但可以确定的是,样本量需求的大小与每个因子包括多少道题目、题目的共通度高低、因子载荷的

---

[1] Scott E. Maxwell, Ken Kelley and Joseph R. Rausch, "Sample Size Planning for Statistical Power and Accuracy in Parameter Estimation," *Annual Review of Psychology*, Vol. 59, 2008.

[2] Ibid.

大小、因子间相互关系以及模型中是否存在误指定等因素相关。题目与因子比越高、题目的共通度越高时,所需要的样本量越小。而当题目与因子数量的比值高于 6 时,对样本量的要求基本稳定在 150 左右。[①]

(二) 有效性

在收集数据的过程中,我们可以知道,测验所获得的数据是离散数据,而非连续型变量。然而,应该将这种离散的变量看作等距数据还是顺序数据却是个见仁见智的问题。等距量表假设下的测验分析方法与基于顺序量表的方法最根本的区别在于如何计算变量间的相关系数。基于等距数据的方法以皮尔逊相关系数(Pearson correlation coefficient)为统计基础,但其在处理顺序数据时会产生较大的系统误差。与此同时,多分格相关系数(Polychoric correlation coefficient)及以其为基础的统计被认为更具针对性,也更为准确。

1. 因子分析与效度

验证性因子分析是检验构念效度的重要方法,使用它的主要目的是检验测验题目的内部结构是否与理论假设的模型拟合,这是效度验证的必要过程。验证性因子分析最大的优势在于,可以提供多个可能存在的拟合模型,然后在多个模型之中选择一个最为理想的模型,这也成为构念效度分析的关键。下面用一个具体示例说明如何进行构念效度分析。

在某语言能力测试中,语言能力被分为听、读、写三方面,其验证性因子分析的拟合指标如表 13.3 所示。

表 13.3 语言测验验证性因子分析的拟合指标

模型	拟合矩阵	Robust χ^2	自由度 (df)	NFI	NNFI	CFI	SRMR	RMSEA
听力理解	皮尔逊相关	1057.698	170	0.934	0.938	0.944	0.033	0.042
	多分格相关	875.172		0.986	0.988	0.989	0.045	0.037
阅读理解	皮尔逊相关	969.831	170	0.918	0.924	0.932	0.032	0.040
	多分格相关	854.526		0.976	0.979	0.981	0.045	0.037

---

① Daniel J. Mundfrom, Dale G. Shaw and Tian Lu Ke, "Minimum Sample Size Recommendations for Conducting Factor Analyses," *International Journal of Testing*, Vol. 5, No. 2, 2005.

（续表）

模型	拟合矩阵	Robust χ^2	自由度 (df)	NFI	NNFI	CFI	SRMR	RMSEA
书面表达	皮尔逊相关	654.286	27	0.943	0.926	0.945	0.047	0.041
	多分格相关	143.963		0.997	0.997	0.997	0.039	0.038
全卷（一阶）	皮尔逊相关	5933.338	1124	0.878	0.894	0.899	0.041	0.038
	多分格相关	5360.106		0.983	0.986	0.987	0.061	0.036
全卷（二阶）	皮尔逊相关	5933.343	1124	0.878	0.894	0.899	0.041	0.038
	多分格相关	5360.110		0.983	0.986	0.987	0.061	0.036

注：Robust χ^2 指 Satorra-Bentler Scaled χ^2。

使用验证性因子分析对测验各部分的构念效度进行检验。首先分别对三个测验部分各自构建单因子模型，即听力理解部分所包含的20道题目构建一个模型，阅读理解和书面表达也各自构建一个类似模型。从表13.3中的拟合指标看，无论是拟合皮尔逊相关系数（基于等距数据的方法），还是拟合多分格-多序列相关系数矩阵（基于顺序数据的方法），三个单因子模型的各项拟合指标都比较理想，正规拟合指数（Normed Fit Index，NFI）、非正规拟合指数（Non-normed Fit Index，NNFI）、比较拟合指数（Comparative Fit Index，CFI）三项指标均大于0.9，且近似误差均方根（Root Mean Square Error of Approximation，RMSEA）小于0.05；同时，基于顺序数据的拟合指标略优于拟合皮尔逊相关系数的结果。

然后，将测验的三个部分放置在一个模型之中，三部分的题目分别由潜变量（学生的听力理解能力、阅读理解能力和书面表达能力）决定；由于三个部分虽然是相互区别的，但所测量的都是学生的语言能力，所以三个潜变量间设为存在相关关系。构建全卷（一阶）模型，该模型只包括一层潜变量（听力、阅读、写作），其拟合指标NFI、NNFI、CFI均小于0.9，不符合结构方程模型的拟合要求，这表明如果使用传统的方法，全卷的构念效度不能成立。而采用基于顺序数据的方法，多分格相关系数的拟合指标NFI、NNFI、CFI均超过0.9，甚至达到了0.98以上，同时RMSEA小于0.05，说明该语言测验的构念效度可以得到验证。

而且全卷（一阶）模型中，听力理解与阅读理解间的相关系数为0.914，听力理解与书面表达间的相关系数为0.872，阅读理解与书面表达间的相关系数达到0.879（基于顺序数据的方法获得），均为具有统计显著性的高度相关。所以在此基础上，全卷的二阶模型又被进行了检验。二阶模型中，三项能力的潜变量不再被认为只存在相关关系，而是受一个高阶因子决定，该因子被命名为测验所测试的"语言能力"。相比于全卷（一阶）模型，全卷（二阶）模型的估计参数个数不变

（即自由度不变），所以各项拟合指标几乎没有改变。使用传统方法，二阶语言能力测验模型依旧不能得到验证；而使用基于顺序数据的分析方法，模型拟合度很好，说明该测验的试卷符合语言测试的基本构想，所有试题都在测试二阶潜变量（语言能力），而这种能力是可以被区分为听力理解、阅读理解和书面表达能力三个维度的。

2. 基于顺序数据的信度

在估计信度的过程中，要考虑到测验数据顺序量表的属性，构建适合顺序数据的信度计算方法。内部一致性系数、Bentler 的最大下界信度和 Raykov 的组合信度这三种信度指标的计算实质上都能通过结构方程模型实现。组合信度的模型就是利用结构方程模型构建的，最大下界信度是以因子分析为基础的，而 α 系数的估计也可以通过与估计组合信度 ρ 类似的模型来完成。如果信度可以通过结构方程模型来估计，那么只需要将样本协方差矩阵 S 替换为由多分格相关系数组成的样本相关系数矩阵，就可以实现对顺序数据的信度估计。

七、操作流程和结果报告

（一）操作流程

结构方程模型分析一般流程如图 13.6 所示。

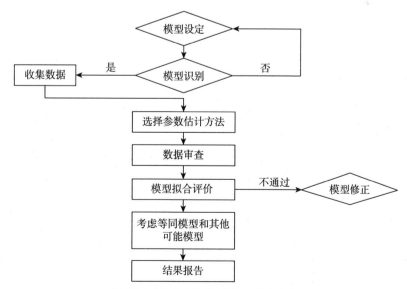

图 13.6　结构方程模型分析基本流程

1. 模型设定

模型设定即模型表达,指模型涉及的变量、变量之间的关系、模型参数等的设定。根据已有的研究结果或理论依据,确定因子个数及条目与因子间的隶属关系。

2. 模型识别

模型设定好之后,需要检验所设定的模型是否能够被识别,即模型是否存在合理的解。由于设置的待估参数不同,不同的模型识别规则也不相同。在题目载荷的具体计算过程中,可以采用固定载荷法(第一个题目载荷设为 1)和固定方差法(总方差设定为 1 或 2)两种方式进行。

3. 参数估计

一般软件会提供多种参数估计方法,其中极大似然估计(ML)是最常用的一种。极大似然估计法的使用前提包括:连续数据(一般选项数在 5 个以上时,基本符合该要求),数据呈现多元正态分布,数据独立,样本为大样本。

4. 数据审查

由于异常值的存在会导致估计偏差,因此在正式分析之前需要对数据进行审查。

5. 模型拟合评价

模型与数据拟合的好坏,主要依据的是卡方值等各项绝对拟合指标和相对拟合指标的情况,拟合指标将在下一部分中详细介绍。

6. 结果报告

分析结果的报告应包括理论构建、数据收集、数据准备、模型分析的过程以及结果、结果讨论等内容,下面将详细说明这一点。

(二) 结果报告

在已发表的使用结构方程模型进行研究的论文中,很多在报告结构方程模型的结果时都存在问题,这些问题主要集中在模型、统计方法、分析过程和参数估计结果几个方面。麦卡勒姆和奥斯汀对 1993—1997 年在 16 个心理学研究期刊上发表的约 500 篇应用结构方程模型的论文进行分析后发现,其中有 10% 的论文没有明确指出模型中的潜变量是用观测变量表示的,还是直接累加合成的;大约 25% 的论文没有报告模型是与相关系数矩阵拟合,还是与协方差矩阵拟合;而约 50% 的论文报告参数估计值时都存在遗漏,例如不报告估计值的显著性,缺少潜变量的方差,以及缺少残差;等等。① 麦卡勒姆和奥斯汀对于正确报告使用结构方程模型的过程及结果给出了建议。② 同年,安妮·布姆斯玛对该问题进行了深入的讨论。③ 这里,我们将他们的主要观点列于表 13.4 中。

表 13.4 结构方程模型结果的报告内容

麦卡勒姆和奥斯汀	布姆斯玛
清晰、完整的模型和变量描述,并列出每个潜变量相关的观测变量	研究中所涉及的所有模型,模型潜变量间的关系以及潜变量的观测变量
所分析数据的数据类型(连续型还是顺序型),并给出模型拟合的样本相关系数矩阵或样本协方差矩阵	抽样的总体对象和样本量,观测变量的特征,纳入分析的样本矩阵
用来完成统计的软件和参数估计方法	参数估计的过程
完整的估计结果,所有的参数估计值和参数的置信区间(或标准误)	模型的估计值
多个模型拟合指标及其置信区间,此外还应说明拟合指标的判别标准	模型的评估和修正

两篇论文给出的内容虽不完全一致,但都提及下述五个方面。除此之外,布姆斯玛提出还应介绍所研究的问题和理论基础,但事实上,任何政治学与公共管理学研究都必须说明这两点,而不在于是否使用了结构方程模型的方法。所以,这里不再对研究问题和理论基础方面进行更多的讨论,而是从下面五个方面探讨一下使用结构方程模型的完整研究报告所应包含的内容。

1. 报告模型与变量

无论是测验的测量指标分析,还是政治学与公共管理学研究问题的研究,在使用结构方程模型前,研究者都必然有个假设模型。假设模型包含了研究者对所研究变量间关系的预期,其中既有潜变量之间的关系,也有潜变量与观测变量间的关系。当然,在多数时候,由于存在着不同的理论,或对变量间关系不能完全确定,假设模型不是一个,而是一组。研究的任务就是要通过对一组模型的比较,确

---

① Robert C. MacCallum and James T. Austin, "Applications of Structural Equation Modeling in Psychological Research," *Annual Review of Psychology*, Vol. 51, No. 1, 2000.
② Ibid.
③ Anne Boomsma, "Reporting Analysis of Covariance Structures," *Structural Equation Modeling*, Vol. 7, No. 3, 2000.

定最能获得数据支持的一个。因此,有必要在论文或研究报告中首先将一组(或一个)假设模型完整、清晰地表示出来,这种表示可以是文字描述,也可以用变量关系图来呈现。

在说明假设模型的同时,必须明确地给出模型中的变量。一般情况下,模型中的潜变量都是研究设计的构念。这些潜变量间的关系构成了模型中的结构部分,而潜变量与测量它的观测变量构成了模型的测量部分。那么,模型的结构部分和测量部分都应该明确地描述或表现在结构图中。

在测量部分,每个潜变量是如何测量的,哪些指标属于特定的潜变量,都应该说明。因为是否合理地测量潜变量对于整个模型的拟合程度、潜变量之间关系都影响很大。如果可能的话,潜变量测量的信度和效度都应该报告,不仅报告测量工具的信度和效度,最好也能报告研究样本测量的信度和效度。报告中还应该明确说明每个测量指标是一道题目,还是多个题目的总分,或是采用了打包(parceling)处理的方式;如果存在反向计分题目,是否对题目得分进行了逆向处理;等等。

此外,潜变量的测量单位也应该报告。结构方程模型中,潜变量的测量单位存在两种错误的锚定方式:(1)如果固定潜变量的方差为1,则潜变量的测量单位被标准化为1;(2)如果设置潜变量到某个观测变量的因子载荷为1,则潜变量测量单位与该观测变量相同。两种潜变量测量单位的确定方式会导致不同的参数估计值,有必要在描述假设模型和模型变量时明确指出。

2. 报告样本与数据

在任何量化研究当中,抽样人群、抽样方法与过程、样本量的大小都是应该仔细报告的,这些因素决定了量化研究的科学性和可推广性,也是衡量一项研究科学价值的关键指标。使用结构方程模型的研究自然不能例外,同样要对这些内容加以详细说明。

一般情况下,结构方程模型的数据样本要求在研究对象群体中通过随机抽样的办法获得。首先应该描述研究对象,还应该对总人数的多少和相关背景变量有预先的估计。抽样如果无法采用完全随机抽样,则要对抽样的方法和理由给予说明。此外,问卷回收率和有效率也是必须报告的内容。如果使用多组分析模型,要对多个研究群体和在各群体中的抽样办法进行逐一说明。

在很多研究中,收集数据的分布特征都被忽略或忽视了,但其对结构方程模型结果却有很大影响。结构方程模型最初建立在变量服从多元正态分布假设的基础上,如果这一假设被违背,一些参数估计方法和模型拟合指标都有可能产生比较大的偏差。因此,在使用结构方程模型前,有必要对样本数据的特征进行描述性统计,并报告数据的分布情况。

数据特征中首先应说明的是变量的类型,每个变量是等距的、顺序的或是没有大小区别的分类数据,都应分别指出;对于顺序型的变量,其中分类的数量也是重要的数据特征,例如有的量表使用 5 点李克特式题目,而有的则只有 4 点,甚至 2 点。然后,每个变量的均值、标准差、峰度和偏度应该被报告,并指出那些存在明显偏态分布的变量。

如果变量中存在顺序数据,且其分类数较少或分布明显偏态的时候,就必须考虑使用适用于顺序数据的结构方程模型,参数估计的方法也要选择适合的 WLS 或 DWLS 估计法,模型拟合指标则需要考虑使用 Robust 的拟合指标。

3. 报告统计软件与统计过程

根据结构方程模型的统计基础,它既可以与样本协方差矩阵拟合,也可以用样本相关系数矩阵来分析,协方差矩阵与相关系数矩阵间本来就可以通过方差来相互转换。在结构方程模型诞生之初,它首先是与协方差矩阵相结合的;但一些研究者认为,与相关系数矩阵拟合后获得的模型参数已经标准化,变量间关系也更明晰,所以更倾向于使用样本相关系数矩阵进行分析。

不管拟合哪种矩阵,报告研究结果时都应该说明拟合矩阵的类型,并列出完整的样本协方差矩阵或样本相关系数矩阵。因为给出拟合矩阵后,论文或研究报告的读者就可以重复研究,以便验证或改进研究的结果。当研究的变量比较少时,协方差矩阵或相关系数矩阵就可以直接通过表格给出。但是,变量增多以后,限于文章的篇幅,就很难列出完整的矩阵了。如果有条件的话,可以将变量较多的协方差(或相关系数)矩阵放在互联网上,供感兴趣的读者下载,或允许其通过电子邮件获得。

目前已有多个支持结构方程模型的成熟软件,但这些软件的估计结果并不相同,所提供的模型拟合指标也各有千秋,特别是各软件默认的参数估计方法不一样,所以研究应该报告具体选用了哪个软件完成统计工作。

接下来,参数估计的方法和估计过程是不可或缺的部分。不同的参数估计方法适用于不同类型的数据,所获参数估计值也不会一致。由于极大似然法具有无偏性,多数结构方程模型软件都以极大似然法作为默认的估计方法;但极大似然法建立在多元正态分布假设基础上,并要求一定的样本量(至少数百个被试)才能发挥出效果。所以很多时候,研究者也会考虑使用 ULS、WLS、DWLS 等其他估计方法。选用哪种估计方法,是由具体研究问题的数据决定的,但在论文中应该说明选用的方法及理由。一般而言,结构方程模型软件都会存在预设的最大迭代次数,当达到该迭代次数后,无论参数估计值是否收敛,软件都会自动停止估计过程。研究者必须查看估计过程是否顺利完成,估计值是否达到收敛,并在研究结果中说明这一点。

4. 报告参数估计结果

多数时候,我们很难也没有必要将结构方程模型软件提供的所有参数估计结果都列在文章中。研究者往往会重点突出那些其研究兴趣点所在的结果,例如进行测量分析时,因子载荷、总的解释率肯定会被报告,而进行中介效应检验时,中介路径和直接路径的系数必须被报告等。然而,如何取舍众多的参数估计结果,并非可以随意为之,而应该遵循以下几个原则:

首先,应该检查所有参数估计值是否都在正常范围内,如果存在不正常的估计结果一定要给予报告,并尽可能地分析出不正常结果的原因。最常见的不合理的估计结果是残差出现负数,或者标准化的路径系数大于 1。造成这类不合理结果的原因有很多,可能和参数估计方法有关,也可能是抽样的代表性不足造成的,当然这样的结果也可能表明模型的结构不正确,需要进行必要的调整。

如果没有出现不正常的估计结果,我们通常可以认为模型中的参数估计值都是可信的。此时,可以重点报告那些研究所关注的参数。但必须强调的是,仅报告参数估计值是没有意义的,因为参数估计值可能会随着样本的不同而变化。为了证明估计值的可推广性,需要给出其显著性检验的结果,也就是要报告参数的标准误,只有当估计值是标准误的 1.96 倍以上,才说明该参数估计值显著不为零,即具有统计意义。另外,路径参数的大小和符号是否与理论假设或已有的研究成果相一致,也应该说明。如果条件允许,可以报告模型中的残差,它表明了每条路径的拟合程度。

除了研究重点关注的参数以外,其他参数估计值的显著性也值得检查。因为估计值不显著意味着对应的路径系数可能为零,也就是说可以取消该路径。研究者可遵循该原则进一步简化模型,当然,这样的简化一定是要有理论依据和模型拟合指标支持的。

5. 报告模型拟合指标

在确定最终的模型后,之前进行的模型比较和选择的过程,都需要参考和报告模型的拟合指标,它们是模型是否得到数据支持的最直接体现。对于研究者和文章的读者而言,他们都需要了解理论模型与实证数据间的差异有多大。

描述这一差异的模型拟合指标有很多,关于拟合指标的分类和选用已经在前面进行了介绍。这里需要强调的是,报告拟合指标时不能只报告一种,而应该综合考虑绝对拟合指标和相对拟合指标,特别是 χ^2 和 RMSEA 等常用指标,必须给出其值。而且,单纯报告拟合指标是不够的,还应列出所报告指标的判别标准,并对各拟合指标是否达到标准给出说明。通过该分析和描述过程,就可以获得有关模型与数据的拟合程度的清晰结论。

如果在研究过程中进行了嵌套模型(nested model)的比较分析,应该报告每个模型的 χ^2 和自由度,以及模型间 χ^2 值差异的显著程度。在模型比较时,诸如 AIC(Akaike Information Criterion)、BIC(Bayesian Information Criterion)等信息指数也为模型选择提供了参考信息,信息指数越小说明模型的拟合程度越好。此时,信息指数也应该被报告在结果之中。

八、质量评价和保证

获得模型参数后,需要对模型与数据之间的拟合程度进行评价。评价模型整体拟合(overall fit)程度的主要办法是分析模型拟合指标。结构方程模型的拟合指标为数众多,本书将这些指标分为两类,一类是非 Robust 的传统指标,另一类是受样本分布影响小的 Robust 拟合指标。

(一)非 Robust 拟合指标

根据拟合指标的构造思路,可以将传统非 Robust 的拟合指标分为三个小类:第一类是直接根据残差构造的绝对拟合指标;第二类是比较现有模型与基线模型(baseline model)间拟合情况的相对拟合指标;第三类被称为简约指数,其主要思想是惩罚参数多的模型,因为统计模型的目标是构建变量间的简单关系。表 13.5 中整理出几种常用的拟合指标和它们的判断标准。

表 13.5 常用结构方程模型拟合指标

指标类别	指标名称	发明人	计算公式	拟合判断标准
绝对指数	标准化残差均方根(standard root mean square residual, SRMR)	约雷斯科格和瑟尔布姆	$SRMR = \sqrt{\dfrac{2\sum_{i=1}^{p}\sum_{j=1}^{i}(S_{ij}-\hat{\sigma}_{ij})^2 / (S_{ii}S_{jj})}{[q(q+1)]}}$	越小越好
	卡方值 χ^2		χ^2_M	$P>0.05$

（续表）

指标类别	指标名称	发明人	计算公式	拟合判断标准
绝对指数	调整卡方值 χ^2/df	布莱尔·惠顿（Blair Wheaton）等人	$\dfrac{\chi_M^2}{df_M}$	一般要求 <2
	RMSEA	詹姆斯·斯泰格（James H. Steiger）和约翰·林德（John M. Lind）	$RMSEA = \sqrt{\dfrac{\left[\dfrac{\chi_M^2 - df_M}{(N-1)}, 0\right]}{df_M}}$	<0.08 可接受；<0.05 拟合度好
	AIC	赤池弘次	$AIC = \chi_M^2 + 2K$	越小越好
	BIC	吉登·薛斯	$BIC = \chi_M^2 + K\ln\left\{N\left[\dfrac{q(q+1)}{2}\right]\right\}$	越小越好
	GFI	约雷斯科格和瑟尔布姆	$GFI = 1 - \dfrac{tr\{[\sum\hat{\theta}^{-1}S - I]^2\}}{tr\{[\sum\hat{\theta}^{-1}S]^2\}}$	>0.90
相对指数	NFI	本特勒和博尼特	$NFI = 1 - \dfrac{\chi_M^2}{\chi_I^2}$	>0.90
	NNFI（也称 TLI），（Tucker-Lewis Index）	本特勒和博尼特	$NNFI = \dfrac{\chi_I^2 - \left(\dfrac{df_I}{df_M} \cdot \chi_M^2\right)}{\chi_I^2 - df_I}$	>0.90
	CFI	本特勒	$CFI = 1 - \dfrac{\max\{\chi_M^2 - df_M, 0\}}{\max\{\chi_I^2 - df_I, 0\}}$	>0.95

注：χ_M^2 表示评价模型的卡方值；df_M 为评价模型的自由度；χ_I^2 是独立模型的卡方值，独立模型的变量间没有联系，是拟合最差的模型；df_I 为独立模型的自由度；N 表示样本量，q 为观测变量的个数，K 为模型中自由估计参数的个数。

由于这些评价指标各有优劣，所以在评估模型时，通常会使用多个拟合指标，相互作为印证，胡和本特勒认为在统计结果中必须报告 CFI（Goodness of Fit Indedx）和 RMSEA 两个指标。[1]

---

[1] Li-tze Hu and Peter M.Bentler, "Cutoff Criteria for Fit Indexes in Covariance Structure Analysis: Conventional Criteria versus New Alternatives," *Structural Equation Modeling*, Vol. 6, No. 1, 1999.

（二）Robust 拟合指标

从表 13.3 中可以看出,除了直接计算模型残差的指标外,结构方程模型的拟合指标都是以拟合函数最小化后的卡方值 χ_M^2 为基础进行变换的。对等距数据进行结构方程模型分析时,如果观察到的样本没有极端的峰度值的话,使用极大似然法估计的结果将会遵循卡方分布,卡方检验和以其为基础的拟合指数都将是有效的。但当样本的分布具有较高的峰度,特别是分析顺序数据的时候,卡方统计值就不那么准确了。希普和博伦[1]在研究中发现,使用加权最小二乘法(WLS)和对角线加权最小二乘法(DWLS)估计参数时,卡方检验的拒绝率远比理论值高。此时就必须考虑使用其他校正的统计方法。

对于极大似然估计法,萨托拉和本特勒分别提出了两种修正过的 χ^2 统计值。[2] 1988 年提出的修正方法被命名为 Satorra-Bentler Scaled χ^2 检验,它的计算公式如下：

$$T_{SB} = \chi^2 / tr(\widehat{Y} \widehat{V}) / h$$

$$\widehat{V} = W - W\dot{\sigma}(\dot{\sigma}'W\dot{\sigma})^{-1}\dot{\sigma}'W$$

$$W = \frac{1}{2} D'_p (\sum \sum) D_p$$

公式中的 $\widehat{Y}$ 是 $vech[(x_i-\bar{x})(x_i-\bar{x})']$,$i=1,2,\cdots,p$ 的协方差矩阵,即 WLS 估计法中的权重矩阵,σ 是 $vech(\sum)$ 求一阶导数的向量,D_p 被称为复制矩阵(duplication matrix),h 是 $\widehat{Y}\widehat{V}$ 的秩(rank),它等于变量数 p 减去估计的参数 K,也就是自由度。T_{SB} 被认为能够服从自由度为 h 的卡方分布。

萨托拉和本特勒提出的另一修正指数一般被称为均值和方差调整 χ^2 值(mean and variance adjusted χ^2)[3],其计算公式为：

$$T_{MV} = \chi^2 / \widehat{m}_1$$

---

[1] John R. Hipp and Kenneth A. Bollen, "Model Fit in Structural Equation Models with Censored, Ordinal, and Dichotomous Variables: Testing Vanishing Tetrads," *Sociological Methodology*, Vol. 33, No. 1, 2003.

[2] Albert Satorra and Peter M. Bentler, "*Scaling Corrections for Statistics in Covariance Structure Analysis*", Processing of the Business and Economic Statistics Section of ASA, Alexandria VA: American Statistic Association, 1994, pp. 308-313.

[3] Albert Satorra and Peter M. Bentler, "Correction to Test Statistics and Standard Errors in Covariance Structure Analysis", in Alexander von Eye and Clifford C. Clogg, eds., *Latent Variable Analysis: Applications to Developmental Research*, Sage, 1994, pp. 399-419.

$$\hat{m}_1 = tr[(\hat{Y}\hat{V})^2]/tr(\hat{Y}\hat{V})$$

$$\hat{m}_2 = [tr(\hat{Y}\hat{V})]^2/tr[(\hat{Y}\hat{V})^2]$$

T_{MV} 服从一个自由度为 $\hat{m}_2$ 的卡方分布,它的计算成本比原来的 T_{SB} 更小,而两个修正指数的效果被认为没有明显差别。这两种修正指数对小样本和中等样本很适合,并且已经被 EQS 等软件支持。

袁克海和本特勒提供了一种针对 ADF(Augmented Dickey-Full)估计法的校正卡方检验指数,它解决了使用 ADF 法必须有较大样本量的问题,在中等规模样本和小样本的情况下,同样给出了可信的卡方值。[①] 其计算公式为:

$$T_{YB} = \frac{T_B}{1 + \frac{(n+1)T_B}{n^2}}$$

这里的 T_B 是布朗给出的基于残差统计的卡方值。该指数已经逐渐成为使用 ADF 估计法所必须报告的拟合指数之一。

在上述的 Robust χ^2 值基础上,可以继续计算传统拟合指标中一些绝对拟合指标和相对拟合指标,如 RMSEA、CFI 等。由于 Robust 拟合指标对样本的分布不敏感,且在中小样本的情况下依然能够比较接近卡方分布,能保证模型不会被错误地拒绝掉。因此,在分析顺序数据时,一些统计学家更为推荐 Robust 的拟合指标。

九、使用中应注意的问题

在使用结构方程模型的过程中,也必须注意一些问题:一是必须对所研究的问题有明确的模型假设,然后利用结构方程模型进行假设检验;二是对引入模型的变量和指标类型有清晰的认识;三是要保证充足的样本量和样本的代表性。

(一) 基于理论的模型假设

首先,结构方程模型是一种验证性的统计工具,不能寄希望于它具有探索变量间关系的能力。如果研究者希望收集好数据后,通过结构方程模型自动运行出某个恰当的模型来,它是无法达成的。结构方程模型只负责评估给出的模型假设与数据之间的拟合程度,以便让研究者对假设模型的合理性做出判断。

其次,包括结构方程模型在内的统计方法,无法决定两个变量之中哪个是因

[①] Ke-Hai Yuan and Peter M. Bentler, "Mean and Covariance Structure Analysis: Theoretical and Practical Improvements," *Journal of the American Statistical Association*, Vol. 92, No. 438, 1997.

变量,哪个是自变量。从统计的角度看,当两个变量间具有较高程度的相关时,将其中任一变量作为自变量,另一变量作为因变量,都可以获得回归分析的结果。然而,究竟哪个变量是自变量,这完全取决于研究的理论基础。例如,公务员对部门的归属感与其工作的成就感之间存在着较高程度的相关,但到底是归属感影响了成就感,还是成就感影响了归属感,需要研究者通过理论分析来证明,统计方法只能给出回归作用的强弱。此外,结构方程模型也不能自动发现模型中的中介变量和调节变量。哪些变量可能发挥中介或调节作用,同样来自研究者的理论分析。

建立结构方程模型的过程,实际上是一个模型比较和修正的过程。在该过程中,往往需要对最初的假设模型进行修正,经过反复比较后,最终获得符合理论构想且能够得到数据有力支撑的模型。一般而言,模型越复杂、变量间的关系越多,则模型的拟合会越好;当把模型中所有变量都设为相关后,模型的拟合达到最优,此时的模型被称为饱和模型(saturated model)。但饱和模型对研究本身并无价值,因为我们的研究总是希望用尽可能简洁的模型解释较多的变量关系。因此,在模型比较和修正的过程中,不应以追求模型指标的好坏为唯一目标,能否得到理论的支持才是更为重要的标准。

(二)潜变量和观测变量的类型

在图 13.1 和图 13.2 中所示的潜变量,均使用多个观测变量来测量,而且观测变量取决于潜变量,此类测量模型所获的潜变量被称为反映式指标(reflective index)。这样的测量模型源于心理学的研究,例如个体对于测验题目的表现(观测变量)决定于其智力水平(潜变量),被广泛用于对态度、情感、能力的测量。然而,也有一些指标并不适合于该测量模型,比如管理学、社会学研究中常用的家庭社会经济地位(SES)指标。该指标一般由收入水平、教育水平、职业声望三个变量测量,但这三个变量的数值并非由家庭社会经济地位决定,而是构成了家庭社会经济地位指标,应该使用如图 13.7(b)所示的测量模型,该类指标也被称为构成式指标(formative index)。

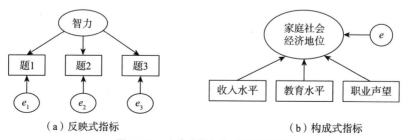

图 13.7　反映式指标与构成式指标

图 13.7 中,左侧的反映式指标模型与右侧的构成式指标模型主要存在三点区别:

(1) 潜变量与观测变量间的关系不同。反映式指标决定观测变量,而构成式指标由观测变量所决定,因此图中作用路径的箭头方向不同。

(2) 反映式指标中,各观测变量(图中为 3 道测量题目)之间必须具有内部一致性(即相互间正相关),但构成式指标对各观测变量间的关系没有限定。

(3) 反映式指标模型的测量误差存在于各观测变量上(e_1—e_3),构成式指标模型的测量误差则表现为潜变量的残差(e)。

公共管理学研究中,既存在反映式指标,也存在构成式指标。选择何种测量模型主要与潜变量的具体内容有关,需要研究者根据模型和问卷仔细分析后确定,而该决定将影响到结构方程模型的统计结果。麦肯齐等人的仿真实验表明,如果错误地使用了测量模型,有可能导致路径系数最多被高估 400%,或者被低估 80%。[1]

另外,测量数据的类型在分析前也应该被考虑,结构方程模型假设其统计数据为多元分布的连续数据,但实际应用中,通过李克特问卷测量的数据往往只能达到顺序数据的水平,而诸如性别等变量只有分类数据的水平。如果不对顺序数据和分类变量进行小心处理,而直接代入结构方程模型进行分析,很有可能影响到统计的准确性。

(三) 样本充足且具代表性

多大的样本量对于结构方程模型分析是足够的,这是很多研究者关心的问题。常见的解答为,样本量应该是观测变量个数的 5 倍以上,其实际含义是要求模型中每一个待估计的参数对应于数倍的被试或个案。事实上,要求样本量与观测变量呈一定比例的观点并没有充分的依据,因为这个问题会受到很多其他因素的影响,但所有的统计学家都认为,样本量越大,结构方程模型的参数估计结果越准确。

另外,如果数据类型为顺序数据,所需的样本量应该比连续数据更大。因为样本量偏小时,结构方程模型的参数估计过程容易不收敛或者出现估计结果不恰当的现象。[2] 还要说明的是,随着统计技术的不断发展,一些新的参数估计方法和模型拟合指标对样本量的要求变得越来越少,如 DWLS 估计法在小样本条件下

---

[1] Scott B. Mackenzie, et al., "The Problem of Measurement Model Misspecification in Behavioral and Organizational Research and Some Recommended Solutions," *Journal of Applied Psychology*, Vol. 90, No. 4, 2005.

[2] 吴瑞林:《结构方程模型中估计收敛问题的 Monte Carlo 仿真》,《统计与决策》2010 年第 6 期。

反而能取得更好的结果。而一些 Robust 的模型拟合指标也适用于小样本和数据偏态分布的情况。

最后,不考虑抽样方法的合理性,而单纯考虑样本量的大小是没有意义的。进行任何实证研究,都首先要求数据有充分的代表性,才有可能得出科学的结论。如果抽样方法不合理,可能会导致样本本身的偏差和偏态分布,此类错误对结构方程模型的影响更大。

关键术语

结构方程模型	潜变量	探索性因子分析	因子分析
验证性因子分析	多组验证性因子分析	参数估计	模型识别
测量一致性	嵌套模型	模型评估	独立模型
饱和模型			

思考题

1. 结构方程模型在政治学和公共管理学研究中的应用范围和边界是什么?
2. 在建立模型前应明确哪些关键问题?
3. 应用结构方程模型的研究应该使用多大的样本量?
4. 请举例说明,在政治学和公共管理学研究中,存在哪些反映式指标和哪些构成式指标?
5. 在使用结构方程模型时,应从哪些方面对结果进行报告?

延伸阅读

Kenneth A. Bollen, *Structural Equations with Latent Variables*, Wiley, 1989.
侯杰泰、温忠麟、成子娟:《结构方程模型及其应用》,教育科学出版社 2004 年版。
王济川、王小倩、姜宝法:《结构方程模型:方法与应用》,高等教育出版社 2011 年版。
温忠麟、叶宝娟:《中介效应分析:方法和模型发展》,《心理科学进展》2014 年第 5 期。
温忠麟、张雷、侯杰泰:《有中介的调节变量和有调节的中介变量》,《心理学报》2006 年第 3 期。
吴瑞林、杨琳静:《在公共管理研究中应用结构方程模型:思想、模型和实践》,《中国行政管理》2014 年第 3 期。

经典举例

范柏乃、张电电：《地方政府职能转变的制度红利及其生成机制——以行政审批流程为中介变量》，《管理世界》2018年第4期。

1. 研究背景与问题

改革的实质是制度的变迁或创新，这一过程能将潜在收益转化为现实收益，从而形成制度红利。为释放政府职能转变的制度红利、实现持续性制度变迁，除深化政府职能转变实现效果外，还应进一步处理好政府与市场、政府与社会的关系，构建现代化的治理主体和治理体系以实现善治。深入探索政府职能转变制度红利的理论框架、实现效果和生成机制，有助于降低市场风险、提升变革成功率，对于完善政府自身建设、减少市场交易成本、促进社会组织发展等具有重要意义。

在该研究中，"地方政府职能转变制度红利"包含两方面内容：一是内部优化绩效（任务绩效），二是社会适应绩效（周边绩效）。作者依托欧盟公共部门通用评估框架（Common Assessment Framework，CAF），并将CAF中的结果因素进行适当整合，将"雇员结果""顾客/公民结果"并入"社会结果""关键绩效结果"中，由此构建了基于CAF的地方政府职能转变制度红利及其生成机制分析框架。在CAF对公共部门绩效影响因素的划分标准基础上，作者分析了地方政府职能转变制度红利的生成机制，分别提出了针对领导因素影响路径、保障因素影响路径、流程因素影响路径和绩效内部影响路径的多条假设。

2. 研究方法选择

研究运用系统化、定量化的分析工具，采用问卷形式采集数据，使用结构方程模型统计软件AMOS 21.0对数据进行分析。

3. 研究设计与操作的具体流程

作者依托现有文献构建地方政府职能转变的制度红利及其生成机制初始测量指标体系，并对组织变革、行政管理体制改革、政府职能转变、政府绩效管理等领域多位专家学者、政府官员进行了深度访谈，根据反馈进行调整、补充，完成了问卷指标体系建构。研究自2015年12月持续至2016年3月，以访谈、邮寄、电邮、微信、在线网站等方式发放调查问卷，覆盖我国228个县级政府，每个县级政府的问卷控制在1—2份，最终共回收问卷318份，有效问卷303份。

作者构建了地方政府职能转变制度红利生成机制的初始结构方程模型，但包括"愿景与战略→公务员队伍建设"等在内的 4 条路径系数为负且 p 值明显高于显著性水平,与理论假设和实践经验明显不符。这很可能是概念模型设计不合理导致的,作者将不显著的路径或不合理的路径进行了删除。参考精简后的结构方程模型参数修正指标值,对精简后的结构方程模型做出进一步修正。修正后结构方程模型达到较好的拟合优度,17 个适配度指标中有 11 个达到或基本达到标准,适配度良好;全部 12 条路径中 11 条路径的系数在 0.05 的显著性水平上通过检验(其中 8 条路径系数的 p 值小于 0.001),余下的 1 条也在 0.10 的显著性水平上通过检验。

4. 质量保证

在研究设计过程中,作者选择了两个浙江大学 MPA 学员班进行问卷测试,采用探索性因子分析检验问卷效度,使用 Cronbach's α 系数检验问卷信度,确保问卷具有较高的信度和效度。作者通过谨慎选取研究样本,确保研究结果能够反映不同社会群体和阶层对本地区政府职能转变的认识。在分析过程中,作者使用结构方程模型探索各因素对地方政府职能转变制度红利生成的作用机制。其研究问题明确,有效依托理论框架,并采用系统化、定量化的分析工具,合理检验了理论假设,得到实证结果,并对其进行了深入讨论,确保了研究结论的科学性与可靠性。

第十四章 基于主体模拟[*]

本章要点

- 基于主体模拟的含义与核心特征；
- 复杂适应性系统的含义与核心特征；
- 基于主体模拟的理论基础；
- 基于主体模拟的适用情景；
- 基于主体模拟的应用局限；
- 基于主体模拟的使用步骤；
- 基于主体模拟的效度评价；
- 基于主体模拟的校核验证方法。

一、导　言

计算机仿真(computational simulation)是指以合适输入驱动已构建的计算机仿真[①]模型,并观察分析相应的输出结果。[②] 作为一种新兴且快速发展的研究方法,它可以满足多样化的研究与实践需求,包括预测、执行、培训、教学、检验与探索发现。[③] 尤其是,研究者可以借助这种方法辨识因果关系,详述决定性的参数估计,并阐明社会现象随时间推移的演化发展过程。[④] 有时它甚至是探索和理解

---

[*] 本章部分内容改编自作者公开发表的论文,详见钟玮、刘洋:《基于主体模拟:一种探索公共管理问题的新方法》,《中国行政管理》2017 年第 1 期。
[①] 本章中的仿真均指计算机仿真,且仿真与模拟含义相同。
[②] Paul Bratley, Bennett L. Fox and Linus E. Schrage, *A Guide to Simulation*, Springer, 1987, p. 1434.
[③] Robert Axelrod, "Advancing the Art of Simulation in the Social Sciences," in Rosaria Conte, Rainer Hegselmann and Pietro Terna, eds., *Simulating Social Phenomena*, Springer, 1997, pp. 21-40.
[④] G. David Garson, "Computerized Simulation in the Social Sciences: A Survey and Evaluation," *Simulation and Gaming*, Vol. 40, No. 2, 2009.

某些社会现象的唯一途径。①

过去几十年,计算机仿真已被广泛应用于社会科学中的多个领域。例如,《仿真模拟理论与实践》(*Simulation Practice and Theory*)期刊曾多次针对单个领域的仿真研究举办特刊,这些领域包括合作、网络、社会影响、认知与学习以及组织管理与运营。类似地,《仿真与游戏》(*Simulation and Game*)期刊曾分别刊登关于语言社会化、群体行为、电子商务谈判、自然资源管理、冲突研究、军事仿真与和平研究的专题文章。目前这种方法已被用来帮助理解和改善交通管理②、应急管理③、环境管理④、城市规划⑤、跨部门协作⑥与公共服务供给⑦。研究者相信,这种研究方法有助于成功应对那些涉及高度不确定性、利益相互依存、政策抵制与反馈周期较长的复杂挑战。⑧

就其本身而言,计算机仿真的主题和类型与社会科学一样多种多样。⑨ 加森将用于社会科学研究的计算机仿真按其模拟方法分为四类,包括网络模拟(network modeling)、空间模拟(spatial modeling)、基于主体模拟(agent-based modeling)与系统动力学模拟(system dynamics modeling)。⑩ 其中,基于主体模拟

---

① Brain J. Berry, L. Douglas Kiel and Euel Elliott, "Adaptive Agents, Intelligence, and Emergent Human Organization: Capturing Complexity through Agent-based Modeling," *Proceedings of the National Academy of Sciences*, Vol. 99, No. s3, 2002.

② David Kane, "Computer Simulations," in Gerald Miller and Kaifeng Yang, eds., *Handbook of Research Methods in Public Administration*, Marcel Dekker, 2008.

③ Wei Zhong, Yushim Kim and Megan Jehn, "Modeling the Dynamics of an Influenza Pandemic with Heterogeneous Coping Behaviors: Case Study of 2009 H1N1 Outbreak in Arizona," *Computational and Mathematical Organization Theory*, Vol. 19, No. 4, 2013.

④ Gerard Learmonth, et al., "A Practical Approach to the Complex Problem of Environmental Sustainability: The UVa Bay Game," *The Public Sector Innovation Journal*, Vol. 16, No. 1, 2011.

⑤ Alan Borning, Paul Waddell and Ruth Förster, "UrbanSim: Using Simulation to Inform Public Deliberation and Decision-making," in Hsinchun Chen, et al., eds., *Digital Government: E-government Research, Case Studies, and Implementation*, Springer, 2008, pp. 439–466.

⑥ Eugene Bardach, "Developmental Dynamics: Interagency Collaboration as an Emergent Phenomenon," *Journal of Public Administration Research and Theory*, Vol. 11, No. 2, 2011.

⑦ Yushim Kim and Ningchuan Xiao, "FraudSim: Simulating Fraud in a Public Delivery Program," in Lin Liu and John Eck, eds., *Artificial Crime Analysis Systems: Using Computer Simulations and Geographic Information Systems*, IGI Global, 2008, pp. 319–338.

⑧ Qian Hu, et al., "Exploring the Role of Interactive Computer Simulation in Public Administration Education," *Journal of Public Affairs Education*, Vol. 18, No. 3, 2012.

⑨ G. David Garson, "Social Science Computer Simulation: Its History, Design, and Future," *Social Science Computer Review*, Vol. 12, No. 1, 1994.

⑩ G. David Garson, "Computerized Simulation in the Social Sciences: A Survey and Evaluation," *Simulation and Gaming*, Vol. 40, No. 2, 2009.

方法近年来最受社会科学研究者的关注。① 因这种仿真方法能够反映其他类型仿真难以捕捉的重要社会现象,可为社会科学的研究另辟蹊径。② 爱泼斯坦甚至认为,基于主体的计算机模拟可成为除演绎与推理之外,进行社会科学研究的第三条途径。③ 他将该途径命名为生成式方法,并相信由此可形成名为生成式社会科学的新研究流派。在很多具体的研究领域,基于主体模拟已被视为一种可为该领域大量现有和新生争论提供全新探索视角的优化方法。④

尽管社会科学研究者对计算机仿真的兴趣,尤其是对基于主体模拟的兴趣日益浓厚,但是,他们尚未完全认识到和发挥基于主体模拟作为一种全新工具所能带给社会科学研究与实践的潜能。⑤ 基于主体模拟在社会科学中的应用目前仍局限于该领域中少数学者的研究范围。⑥ 多重原因可能导致基于主体模拟在社会科学中的有限运用,包括相关研究者与实践者对这种研究方法不熟悉,也包括该方法自身所面临的一系列挑战。本章旨在通过全面介绍这种相对年轻的研究方法,促进其在社会科学领域中的应用,实现其对社会科学研究与实践的潜在贡献。

二、定义、特点和优劣势

基于主体模拟是一种通过计算机仿真进行虚拟实验的建模方法。其建模核心是处于既定环境且能在其中自主行动以满足设计目标的计算机系统,其仿真目的在于探索宏观结构与模式如何通过微观主体间的互动而产生。这类仿真技术通常构建虚拟的"微观世界"或"可能世界",并使其中的个体主体遵循一定的行为规则,在既定空间中互动。这些既定空间代表现实世界中个人或机构间互动所

---

① G. David Garson, "Computerized Simulation in the Social Sciences: A Survey and Evaluation," *Simulation and Gaming*, Vol. 40, No. 2, 2009.

② Robert Lempert, "Agent-based Modeling as Organizational and Public Policy Simulators," *Proceedings of the National Academy of Sciences*, Vol. 99, No. 3, 2002.

③ Joshua M. Epstein, "Agent-based Computational Models and Generative Social Science," *Complexity*, Vol. 4, No. 5, 1999.

④ Tom Ryan, "The Role of Simulation Gaming in Policy-making," *Systems Research and Behavioral Science*, Vol. 17, No. 4, 2000; Geert Teisman and Erik-Hans Klijn, "Complexity Theory and Public Management: An Introduction," *Public Management Review*, Vol. 10, No. 3, 2008;李大宇、米加宁、徐磊:《公共政策仿真方法:原理、应用与前景》,《公共管理学报》2011年第8期。

⑤ Brain Heath, Raymond Hill and Frank Ciarallo, "A Survey of Agent-Based Modeling Practices (January 1998 to July 2008)," *Journal of Artificial Societies & Social Simulation*, Vol. 12, No. 4, 2009;娄成武、田旭:《中国公共政策仿真研究现状、问题与展望:基于CNKI相关文献的统计分析》,《中国行政管理》2013年第3期。

⑥ Lowell D. Kiel, "A Primer for Agent-based Modeling in Public Administration: Exploring Complexity in 'Would-be' Administration Worlds," *Public Administration Quarterly*, Vol. 29, No. 3, 2005.

处的复杂多样的社会环境。因此,基于主体模拟的特征体现在它的基本假设与它所建构的仿真系统。

(一) 基本假设

基于主体模拟中包含一群主体。根据仿真目的,单个主体可以代表一个人、一个组织、一个社区,甚至一个国家。基于主体模拟针对这些主体做了7大假设,包括异质性、自主性、学习与调适能力、有限理性、简单规则、局部互动与相互依存。异质性(heterogenicity)是指主体间以既定方式相互区别。这种区别根据仿真需求可以是遗传方面、文化方面、社会网络或偏好方面的。异质性假设不同于经典仿真假设。经典仿真方法或假设所有个体各方面特征完全一致(同质性假设),或使用代表性主体的方法。自主性是指在模拟中没有对主体行为的集中或自上而下的控制,也没有普适性的全局行为规则。各主体按照自己的行为规则自由行动。他们"感知自身所处的局部环境,并采取相应措施,以实现自身目标,影响未来感知"[1]。

因此,主体的决定和行为是以自身目标为导向的。在互动过程中,他们会不断审视周围环境并从中学习,以相应调适自身的行为规则,使行为向更利于目标实现的方向发展。但主体不是全知全能的,他们仅具备有限理性。他们仅能收集到关于周围环境的部分信息,具备有限的信息分析与计算能力,也仅能参与有限范围内的互动。这种有限理性因此也具体体现为主体行为规则的简单性与主体间相互作用的局部性。

一方面,主体不需要一套完整复杂的规则指导自身行为。西蒙曾论述,"我们行为的表面复杂性在很大程度上仅是环境复杂性的一种反映","作为行为系统的人类,其本身是相当简单的"[2]。基于主体模拟认同这一论述,假设主体遵循简单的行为规则,并力图探求产生既定宏观模式所需要的最简单的一组主体行为假设。[3] 另一方面,有限理性使主体仅能感知回应局部环境。他们仅能对当前邻近环境中的刺激做出反应,比如,他们通常仅能与近邻主体发生互动。[4] 这种局部

---

[1] Stan Franklin and Art Graesser, "Is It an Agent or Just a Program? A Taxonomy for Autonomous Agents," in Jörg P. Müller, Michael J. Wooldridge and Nicholas R. Jennings, eds., *Intelligent Agents III: Agent Theories, Architectures and Languages*, Springer, 1997, pp. 21-35.

[2] Hebert A. Simon, *The Sciences of the Artificial*, MIT Press, 1996, p. 53.

[3] Michael Macy and Robert Willer, "From Factors to Actors: Computational Sociology and Agent-based Modeling," *Annual Review of Sociology*, Vol. 28, No. 1, 2002.

[4] Christopher G. Langton, *Artificial Life: Proceedings of an Interdisciplinary Workshop on the Synthesis and Simulation of Living Systems*, Routledge, 1989.

互动使具备上述假设特征的主体在被其他主体影响的同时,也在影响其他主体。这些影响可能不是直接的,但却使主体之间相互作用、相互依赖。

(二)仿真系统

基于主体模拟的仿真过程就是具备既定特征的主体在明确空间中的互动过程。该空间可以是一张蓝图,一个 n 维网格,或一个动态的社会网络。仿真过程中所形成的虚拟系统,通常被称为复杂适应性系统(complex adaptive system)。霍兰德曾论述,当相互依存的主体具备学习与适应能力,他们之间的互动就会产生一种"复杂的适应性系统"[1]。马奎尔与麦凯尔维认为复杂适应性系统"由众多相互作用的个体组成,且每个个体都根据某些规则或规律在自身所处的局部环境中行动"[2]。

复杂适应性系统的主要特征是所谓的突现(emergence)现象。[3] 基于主体模拟仿真过程中,伴随着主体间互动,意想不到的宏观模式可能出现,如图 14.1 所示。这里,"模式是指任何可被观察到的非随机结构"[4]。这种出现的宏观模式既不是根据主体行为规则预先确定的,也不是某个整体计划的结果。它们仅产生于主体间的互动。基于主体模拟仿真过程中出现的这种现象,通常被称为"突现"或"涌现"。它是理解基于主体模拟的关键。

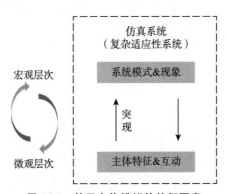

图 14.1　基于主体模拟的特征要素

---

① John H. Holland, *Hidden Order: How Adaptation Builds Complexity*, Addison-Wesley, 1995.
② Steve Maguire and Bill McKelvey, "Complexity and Management: Moving from Fad to Firm Foundations," *Emergence*, Vol. 1, No. 2, 1999.
③ Peter K. Marks and Lasse M. Gerrits, "Approaching Public Administration from a Complexity Perspective," *Public Administration Review*, Vol. 73, No. 6, 2013.
④ Volker Grimm, et al., "Pattern-oriented Modeling of Agent-based Complex Systems: Lessons from Ecology," *Science*, Vol. 310, No. 5750, 2005.

突现现象表明,一种宏观结构的形成,简单的微观层次的互动就足以完成。例如,市场可能作为各类主体在某些既定经济领域中的互动结果而出现,组织结构也可被视为突现于组织内各主体在组织空间中的互动过程。① 因此,基于主体模拟计算性地展示了社会结构与社会事实如何通过个体的主体间互动而产生。同时,因其自微观层次模拟宏观现象的出现与变化,基于主体模拟也被视为一种自下而上的仿真方法。

除突现现象外,复杂适应性系统也具备自组织性(self-organization)与非线性(non-linearity)特征。其中,自组织性是指宏观或系统模式自下而上的突现过程。② 当主体通过局部自主互动对其所处的局部环境做出反应时,意想不到的宏观模式就会在虚拟系统中出现。已形成的宏观结构也会不断向微观层次提供反馈。例如,早期主体间互动形成的社会规范与制度,会制约新生主体的行为。从这个意义上讲,微观与宏观层次的新生结构将共同演进(co-evolution)。而且,这个持续不断的共同演化过程是在没有集中控制的情况下由仿真系统自发组织形成的。

同时,因为主体的前述假设特征与系统的突现特征,复杂适应性系统往往呈现非线性的动态变化趋势。③ 这种非线性特征使仿真系统对模拟的初始状态非常敏感,初始状态的细微改变可能导致截然不同的仿真结果。这种现象也常被称为蝴蝶效应(butterfly effect)。非线性特征也使仿真系统存在路径依赖(path dependence)。正如盖尔曼所述,即使在精确规定主体行为规则与初始状态的情况下,仿真结果也会因为对先前历史的任何疏忽而变得充满不确定性。④

(三)优势和劣势

基于主体模拟提供了一种探索社会现象与系统动态变化的新途径。传统社会科学通常将一切解释为变量之间的相互作用⑤,同时假定类似市场与规则等社

---

① Robert Axelrod, "Advancing the Art of Simulation in the Social Sciences," in Rosaria Conte, Rainer Hegselmann and Pietro Terna, eds., *Simulating Social Phenomena*, Springer, 1997, pp. 21-40.

② Stuart Kauffman, *At Home in the Universe: The Search for the Laws of Self-Organization and Complexity*, Oxford University Press, 1996.

③ Erik-Hans Klijn, "Complexity Theory and Public Administration: What's New? Key Concepts in Complexity Theory Compared to Their Counterparts in Public Administration Research" *Public Management Review*, Vol. 10, No. 3, 2008.

④ Murray Gell-Mann, "Fundamental Sources of Unpredictability," *Complexity*, Vol. 3, No. 1, 1997.

⑤ Yushim Kim and Erik W. Johnston, "Policy Informatics v1.0," paper delivered to the Minnowbrook Ⅲ Conference, Lake Placid, September 5-7, 2008.

会现实的先天存在,并自上而下地塑造个体行为①。基于主体模拟则展示了另一种可能,即社会结构和事实的形成与演变发展源于微观个体的相互依存与持续互动。梅西与威勒称这种方法论上的转变为"从因素到行动者"②的变化。同时,基于主体模拟的使用目的也与其他使用定量数据的研究方法不同,特别是区别于以前的仿真方法。社会仿真传统上采取一种基于方程的方法,且主要用于应用性研究,其仿真的目的在于预测,因此模型价值取决于其预测的准确性。而基于主体模拟则主要面向基础理论研究,更关注理论的发展与解释,而不是预测。③ 其仿真的目的在于"增强我们对基础过程的理解"④。梅西与威勒称这种使用目标上的转变为"从预测到思维实验"⑤的变化。

基于主体模拟与传统仿真方法的不同,也体现在其对持续的动态发展过程的关注。传统仿真通常探求某种平衡状态,而基于主体模拟主要关注某种宏观模式的动态形成过程。而且,这种宏观模式并不一定是一种稳定的现象。随着仿真的进行,它可以意外突现,接着突然转变或消失。模拟构建的仿真系统也不是稳定的,它处于一种被称为"混沌边缘"(edge of chaos)的状态。⑥ 这种状态既不是完全无序的,也不是完全遵循规则变化的,比如,它可以表现为不同状态(宏观模式)的动态变迁。因此,基于主体模拟是一种动态的演化模型。它为社会现象及其变化过程的探索提供了一种全新的动态视角。

但是,基于主体模拟在社会科学中的应用也有一些局限,特别是模型特征的整合与模型参数的选择。基于主体模拟需要包含足够数量的模型特征与参数,以实现多类主体在环境中的互动。但过多的模型特征与参数会减弱模型本身的理论与实践价值。在理论层面,包含过多的特征与参数会使得模型无法以有意义的方式做出解释,该问题也常被称为"维度的诅咒"(curse of dimensionality)。在技

---

① Brain J. Berry, L. Douglas Kiel and Euel Elliott, "Adaptive Agents, Intelligence, and Emergent Human Organization: Capturing Complexity through Agent-based Modeling," *Proceedings of the National Academy of Sciences*, Vol. 99, No. s3, 2002.

② Michael Macy and Robert Willer, "From Factors to Actors: ComputationalSociology and Agent-based Modeling," *Annual Review of Sociology*, Vol. 28, No. 1, 2002.

③ Nigel Gilbert, "A Simulation of the Structure of Academic Science," *Sociological Research Online*, Vol. 2, No. 2, 1997.

④ Robert Axelrod, *The Complexity of Cooperation: Agent-based Models of Competition and Collaboration*, Princeton University Press, 1997, p. 25.

⑤ Michael Macy and Robert Willer, "From Factors to Actors: Computational Sociology and Agent-based Modeling," *Annual Review of Sociology*, Vol. 28, No. 1, 2002.

⑥ Yushim Kim, "Enriching Policy Analysis: The Role of Agent-based Models," paper delivered to the 9th Public Management Research Conference, Tucson, Arizona, Oct. 25-27, 2007.

术层面,由于模型中的每项特征与参数均须明确定义且与模型的其他组成部分有机整合,大量的模型特征与参数使得模型不具备可操作性与可实现性。因此,基于主体模拟的构建者一直主张应秉持"奥卡姆剃刀原则"(Principle of Occam's Razor),即模型特征与模型参数的数量不应超过验证研究假设所必需的最少数量。这一原则在建模过程中至今仍没有科学准则,只能由各个建模者因地制宜、按需决定。

三、起源、发展和理论基础

作为一种理念,基于主体模拟的产生可追溯至20世纪40年代。[①] 在概念层面,最早的一个基于主体模拟是托马斯·谢林(Thomas Schelling)的种族隔离(segregation)模型。1971年,谢林使用图表与硬币,阐释了基于主体模拟的基本概念,特别是自主主体在既定环境中互动,由此突现系统模式。[②] 20世纪80年代,伴随着个人电脑的问世,通过计算机仿真技术实现的基于主体模拟开始出现。例如,1981年,阿克塞尔罗德(Axelrod)构建模型,用以分析集体行动困境中协作的演化过程。20世纪90年代,基于主体模拟在社会科学中的应用范围开始快速扩展。其中一项开创性的工作由爱泼斯坦与阿克斯特尔完成。1996年,两位学者发表了他们共同创建的糖域(Sugarscape)模型,用以探索一系列社会现象,包括环境污染、社会冲突、疾病传播和财富分配等。[③] 此后,基于主体模拟被广泛应用于社会科学的研究。

基于主体模拟的理论基础主要来自复杂系统理论。该理论采取跨学科视角,从大量不同的学科中汲取与整合理论和方法,以探索与解释宏观现象的微观产生机制。其中,西蒙的有限理性理论和他对计算机及人工智能的研究对复杂系统理论的发展影响深远。计算机仿真,特别是基于主体模拟,是获取复杂系统相关知识的重要工具。复杂系统理论在仿真模型的构建中起基础性和关键性的指导作用,特别是恰当地操作化现实世界中的"复杂系统"与"抗解问题"(wick problem),以及识别宏观层次或系统中的模式与机制。该理论因此成为基于主体模拟的主要理论基础。

[①] Tim Gooding, "Agent-Based Model History and Development," in Tim Gooding, ed., *Economics for a Fairer Society: Going Back to Basics Using Agent-based Models*, Palgrave Pivot, 2019, pp. 25-36.

[②] Thomas C. Schelling, "Dynamic Models of Segregation," *Journal of Mathematical Sociology*, Vol. 1, No. 2, 1971.

[③] Joshua M. Epstein and Robert L. Axtell, *Growing Artificial Societies: Social Science from the Bottom-up*, MIT Press, 1996.

四、适用范围和条件

并不是所有问题的分析都能采取一种自下而上的视角。基于主体模拟方法的上述特征,使这种研究方法仅适用于包含宏观层次模式形成或突现的情景。在这些情景中,宏观模式不仅是个体主体的简单集合,而且需要从一种自下而上的动态角度来解释。就适用问题而言,基于主体模拟尤其适合回答类似"某些特定社会结构或社会现实如何形成"的问题。在某些情形下,它甚至是能够探索此类问题的唯一工具。

基于主体模拟解答此类问题的方式直接明了。针对某种宏观层次模式,研究者构建合适的基于主体模拟,并进行仿真实验,即在虚拟空间中创建分布具有既定特征的主体群,并使他们按照一定的规则在该空间中互动。如果目标宏观层次模式能够在主体互动过程中突现,则模型成功识别该宏观模式可能的产生机制;如果宏观模式没有突现,模型就不能解释该宏观模式的形成。这也是基于主体模拟的精髓。"如果异质主体间的互动不能产生某一模式,它就不能解释这一模式的出现。"[1]爱泼斯坦称这种仿真实验为"生成者的实验"[2],梅西和威勒则将这类仿真过程称为"思维实验"[3]。

举例而言,谢林的种族隔离模型是早期学者使用基于主体模拟探索既定社会现象产生的一项代表性成果。[4] 在这个模型中,主体具有圆点和三角两种不同的形状,代表来自不同的种族。[5] 如图 14.2 所示,他们在仿真开始前被随机分布在一个虚拟的居住空间,每个主体周围都有一定数量的邻居主体。主体的行为规则非常简单。在仿真过程中的每个时间点,如果跟自身形状相同的邻居主体的数量小于某个特定临界值,这个主体就随机移动到一个新的空位置;反之,则静止不动。这个规则反映了现实中个体避免成为居住区中少数种族的倾向。除主体形状与该行为规则外,模型未做其他任何规定。仿真开始后,一种空间隔离模式慢

---

[1] Joshua M. Epstein, "Agent-based Computational Models and Generative Social Science," *Complexity*, Vol. 4, No. 5, 1999.

[2] Ibid.

[3] Michael Macy and Robert Willer, "From Factors to Actors: Computational Sociology and Agent-based Modeling," *Annual Review of Sociology*, Vol. 28, No. 1, 2002.

[4] Thomas C. Schelling, "Dynamic Models of Segregation," *Journal of Mathematical Sociology*, Vol. 1, No. 2, 1971.

[5] 谢林的种族隔离模型中,以主体的不同颜色代表其来自不同的种族。考虑到印刷效果,本章以主体的形状代表其种族。

慢在主体互动过程中形成:形状相同的主体逐渐聚集在一起,整个空间被划分为不同形状聚集的几片区域,且这种隔离模式随时间推移越来越明显,并最终趋于稳定。谢林的模型因此展示了种族或其他类型社会隔离可能的形成机制与过程。

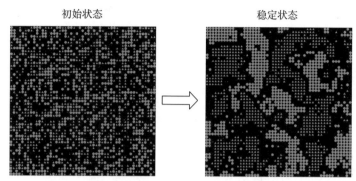

图 14.2 谢林种族隔离 Netlogo 模型

注:Netlogo 是一种构建基于主体模拟的软件平台,具体可参见 http://ccl.northwestern.edu/netlogo/。

五、类型划分

基于主体模拟是一种计算机仿真技术。就计算机仿真本身而言,其主题和类型与社会科学一样多种多样。[①] 例如,吉尔伯特与特罗伊奇根据社会仿真的发展阶段,区分社会仿真的不同类型。他们认为,社会仿真在过去半个世纪经历了三个发展阶段,依次是宏观仿真(Macro-simulation)、微观仿真(Micro-simulation)与基于主体模拟。[②] 其中,20世纪60年代出现的宏观仿真根植于结构功能主义,通常使用微分方程组模拟系统中的控制与反馈过程。[③] 其目标是将一个或多个宏观社会因素作为影响宏观社会系统整体功能的因素进行预测。微观仿真始于20世纪70年代。这一阶段的社会仿真虽同样致力于宏观层面的预测,却视个体为分析单元。但这些仿真不允许个体间的直接互动与调适,决定仿真结果的也不是

[①] G. David Garson, "Social Science Computer Simulation: Its History, Design, and Future," *Social Science Computer Review*, Vol. 12, No. 1, 1994.

[②] Nigel Gilbert and Klaus G. Troitzsch, *Simulation for the Social Scientist*, Open University Press, 1999.

[③] Michael Macy and Robert Willer, "From Factors to Actors: Computational Sociology and Agent-based Modeling," *Annual Review of Sociology*, Vol. 28, No. 1, 2002.

个体行为,而是总计数量。① 宏观与微观仿真通常被称为经典仿真(classical simulation)。② 基于主体模拟是社会仿真发展的第三阶段。吉尔伯特与特罗伊奇认为,它的出现紧随20世纪80年代个人电脑的问世。基于主体模拟有别于宏观仿真,因后者仅关注宏观层次各因素间的相互影响。其同样区别于微观仿真,尽管两者都致力于探索宏观模式的微观基础,基于主体模拟假设主体间依存互动,而微观仿真假设个体孤立。

六、研究设计和操作流程

基于主体模拟的使用,目前尚无标准过程与步骤。③ 虽有一些研究已进行相关探索④,但相较于较为成熟的研究方法(比如统计学),基于主体模拟仍未形成一套公认的标准使用程式。根据已有讨论,如图14.3所示,该方法的使用可遵循七个步骤,包括创建概念模型(conceptual model),构建计算机模型/执行模型(computational model/implementation model),校核验证计算机模型,进行仿真实验,分析实验结果,进行敏感度分析与获得研究结论。其中,校核验证计算机模型与进行敏感度分析是两个常被忽略且仍存争议的步骤,其余几个步骤则多有连续一致的讨论。本章着重对这两个步骤进行阐释。

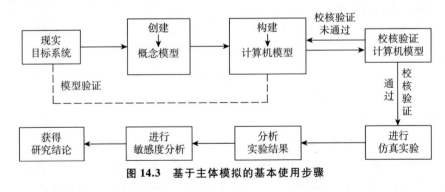

图14.3 基于主体模拟的基本使用步骤

---

① John L. Casti, *Would Be Worlds: How Simulation is Changing the Frontiers of Science*, John Wiley & Sons, 1996, pp. 267-273.

② Yushim Kim, "Enriching Policy Analysis: The Role of Agent-based Models," paper delivered to the 9th Public Management Research Conference, Tucson, Arizona, Oct. 25-27, 2007.

③ Juliette Rouchier, et al., "Progress in Model-to-model Analysis," *Journal of Artificial Societies and Social Simulation*, Vol. 11, No. 2, 2008.

④ Lowell D. Kiel, "A Primer for Agent-based Modeling in Public Administration: Exploring Complexity in 'Would-be' Administration Worlds," *Public Administration Quarterly*, Vol. 29, No. 3, 2005;邱枫、米加宁、梁恒:《基于主体建模仿真的公共政策分析框架》,《东北农业大学学报(社会科学版)》2013年第4期。

首先,模型校核(model verification)是指确保计算机模型通过计算机程序准确无误地实现其概念模型的过程。① 比如,在概念模型中,变量 c 等于变量 a 与变量 b 之和;模型校核须确保在计算机平台上实现的执行模型中,变量 c 同样等于变量 a 与变量 b 之和。模型校核的目的是查验计算机模型与其概念模型之间的对应程度。模型验证(model validation)查验的是计算机模型与现实世界中被仿真系统(现实目标系统)间的对应程度。② 其虽缺少广为接受的定义,但大多强调计算机模型的行为特征与现实目标系统行为特征之间的一致性程度。

其次,除校核验证计算机模型外,另一个常被忽略的步骤是敏感度分析(sensitivity analysis)。社会仿真中,敏感度分析负责仔细探究模型输入后的模型行为与仿真结果的变化。③ 基于主体模拟的敏感度分析应至少检查五方面变化对模型行为与仿真结果的影响,包括原始与内部参数、系统中可产生干扰的随机变量的分布、随机元素(如随机个体决策规则)导致的跨运行变异、计时与更新机制,以及微观变量的聚合层次。④ 若某一方面的变化未引起模型行为与仿真结果发生具有统计显著意义的改变,那么模型在此方面是稳健的。

研究或实践中需要的是稳健的基于主体模拟,或至少在某些方面是稳健的。敏感度分析帮助全面评估该类模型的稳健程度(robustness),因此在使用过程中必不可少。此外,它能基于应用目的进一步精确模型。例如,通过敏感度分析发现敏感的、需在仿真开始前明确其合适参数值的模型参数。⑤ 但目前基于主体模拟的敏感度分析仍存在一些问题,比如如何选取模型参数的测试范围、如何处理潜在随机过程的非遍历性等。⑥ 这些问题能否解决已成为基于主体模拟能否形成标准使用程式的关键。

---

① Uri Wilensky and William Rand, "Making Models Match: Replicating an Agent-based Model," *Journal of Articial Societies and Social Simulation*, Vol. 10, No. 4, 2007.
② Guillaume Deffuant, Scott Moss and Wander Jager, "Dialogues Concerning a (Possibly) New Science," *Journal of Artificial Societies and Social Simulation*, Vol. 9, No. 1, 2006.
③ Matteo Richiardi, et al., "A Common Protocol for Agent-based Social Simulation," *Journal of Artificial Societies and Social Simulation*, Vol. 9, No. 1, 2006.
④ Paul Windrum, Giorgio Fagiolo and Alessio Moneta, "Empirical Validation of Agent-based Models: Alternatives and Prospects," *Journal of Artificial Societies and Social Simulation*, Vol. 10, No. 2, 2007.
⑤ 敏感的模型参数即参数值变化可引起模型行为与仿真结果显著变化的参数。
⑥ Giorgio Fagiolo, et al., "A Critical Guide to Empirical Validation of Agent-Based Models in Economics: Methodologies, Procedures, and Open Problems," *Computational Economics*, Vol. 30, No. 3, 2007.

七、研究效度和质量评价

将基于主体模拟在内的计算机仿真应用于社会科学领域,模型构建者与使用者首先考虑的是模型本身及其仿真结果的"正确性"。[1] 这种相关人员对模型及其仿真结果可正确回答某个研究问题或实现某个应用目的的信任程度即为模型可信度(model credibility)。[2] 不少研究发现,社会科学研究者与实践者一方面高度肯定基于主体模拟对复杂不确定系统的解释分析能力,另一方面却对该类模型的可信度有所顾虑。例如,希思等研究发现,公共政策分析者一方面赞赏基于主体模拟应对公共政策自身及其环境复杂性的能力,另一方面却对该类模型的可信度有所顾虑。[3] 诺斯与麦可也在其研究中发现了公共政策学者与实践者的这一态度。[4] 模型可信度因此成为基于主体模拟能否被广泛应用,成为社会科学分析与决策辅助工具的一大关键。

评估模型可信度的特定程序是模型的校核与验证。[5] 如前所述,模型校核检查的是执行模型与其概念模型之间的对应程度,其检查仿真模型的计算机程序是否按照其概念模型预定的方式与结果运行。[6] 如果仿真程序的运行过程与输出结果符合其概念模型的预期,那么概念模型被准确实现,仿真模型通过校核或具备校核效度。[7] 这种效度有时也被称作仿真模型的内部效度[8]、项目效度[9]或

---

[1] Robert G. Sargent, "Verification and Validation of Simulation Models: An Advanced Tutorial," Proceedings of the 2010 Winter Simulation Conference, Baltimore Maryland, 2010.

[2] Alex Schmid, "What is the Truth of Simulation?" Journal of Artificial Societies and Social Simulation, Vol. 8, No. 4, 2005.

[3] Brain Heath, Raymond Hill and Frank Ciarallo, "A Survey of Agent-Based Modeling Practices (January 1998 to July 2008)," Journal of Artificial Societies & Social Simulation, Vol. 12, No. 4, 2009.

[4] Michael J. North and Charles M. Macal, Managing Business Complexity: Discovering Strategic Solutions with Agent-based Modeling and Simulation, Oxford University Press, 2007.

[5] Robert G. Sargent, "Verification and Validation of Simulation Models," Journal of Simulation, Vol. 7, No. 1, 2013.

[6] J. Gary Polhill and Bruce Edmonds, "Open Access for Social Simulation," Journal of Artificial Societies and Social Simulation, Vol. 10, No. 3, 2007.

[7] José Manuel Galán, et al., "Errors and Artefacts in Agent-based Modelling," Journal of Artificial Societies and Social Simulation, Vol. 12, No 1, 2009.

[8] Candelaria Sansores and Juan Pavón, "Agent-based Simulation Replication: A Model Driven Architecture Approach," in Shichao Zhang and Ray Jarvis, eds., Advances in Artificial Intelligence, Springer, 2005, pp. 244–253.

[9] Matteo Richiardi, et al., "A Common Protocol for Agent-based Social Simulation," Journal of Artificial Societies and Social Simulation, Vol. 9, No. 1, 2006.

概念效度①。

模型验证检查仿真模型准确代表其现实目标系统的程度。若两者之间达到必要的一致性,现实目标系统至少在一定程度上被准确反映,仿真模型通过验证或具备必要的验证效度。两者之间的一致性程度越高,仿真模型所具备的验证效度越高。该效度有时也被称为外部效度②、经验效度③或操作效度④。通过校核与验证的仿真模型被认为可正确回答或至少在一定程度上正确回答目标问题,因此是可信的,或具备了必要的可信度。仿真模型的验证效度越高,其可信度越高。

就其他仿真模型而言,模型校核是一个调试逻辑与编程错误的技术过程。借助目前软件工程领域中的相关技术,该步骤一般可较为轻松地完成。⑤ 模型验证相对较难实现。传统验证仿真模型的方法是调谐测试(tuning test),即检验计算机模型的仿真输出结果和/或过程与其现实目标系统的经验输出结果和/或过程之间的相似程度。⑥ 但这些模型校核与验证方法并不适用于基于主体模拟。这些方法通常假设建模者事先知道或可以推测计算机模型的仿真结果。⑦ 基于主体模拟通过构建复杂社会系统模拟意想不到的"突现特征"。建模者无法预知仿真结果。如何校核与验证该类模型因此成为一大难题。

为解决这一难题,研究者探索发展了一种可同时校核与验证基于主体模拟的方法,即模型复制(model replication)。模型复制是指不同的建模者根据同一概念模型,分别在不同的计算环境中构建多个计算机模型的活动。⑧ 如果多个计算机

---

① Robert G. Sargent, "Verification and Validation of Simulation Models," Proceedings of the 2010 Winter Simulation Conference.

② Candelaria Sansores and Juan Pavón, "Agent-based Simulation Replication: A Model Driven Architecture Approach," in Shichao Zhang and Ray Jarvis, eds., Advances in Artificial Intelligence, Springer, 2005, pp. 244–253.

③ Paul Windrum, Giorgio Fagiolo and Alessio Moneta, "Empirical Validation of Agent-based Models: Alternatives and Prospects," Journal of Artificial Societies and Social Simulation, Vol. 10, No. 2, 2007.

④ Robert G. Sargent, "Verification and Validation of Simulation Models," in S. Chick, P. Sanchez, D. Ferrin and D. Morrice, eds., Proceedings of the 2003 Winter Simulation Conference (New York, US: IEEE, 2003), pp. 37–48.

⑤ Robert G. Sargent, "Verification and Validation of Simulation Models," Journal of Simulation, Vol. 7, No. 1, 2013.

⑥ Charles S. Taber and Richard J. Timpone, "Beyond Simplicity: Focused Realism and Computational Modeling in International Relations," Mershon International Studies Review, Vol. 40, No. 1, 1996.

⑦ Bruce Edmonds and David Hales, "Replication, Replication and Replication: Some Hard Lessons from Model Alignment," Journal of Artificial Societies and Social Simulation, Vol. 6, No. 4, 2003.

⑧ Uri Wilensky and William Rand, "Making Models Match: Replicating an Agent-based Model," Journal of Artical Societies and Social Simulation, Vol. 10, No. 4, 2007.

模型在输入参数及其初始值完全一致的情况下,仿真输出结果和/或过程之间足够相似,那么该模型同时通过校核与验证。鉴于基于主体模拟的独特性,模型复制成为校核验证这类模型的有效途径,有时甚至是唯一途径。[1] 但这种方法往往需要研究者花费大量的时间与精力。如何以更为简便高效的方法校核验证该类模型,目前仍在进一步探索中。

同时,尽管校核验证模型早已引起学界的注意,通过模型复制提高仿真模型的可信度却是较新的研究。在虚拟社会与仿真领域,模型复制以前通常被视为一种学生的学习活动,研究者们直到近几年才意识到模型复制的重要性,并开始尝试发起关于通过模型复制提高基于主体模拟可信度的对话。[2] 但目前用于探索社会科学现象的模型仍很少被复制。考虑到模型可信度已成为基于主体模拟能否被广泛应用的一大关键,通过模型复制开发稳健社会科学仿真模型的研究应被广泛推广。

八、使用中应注意的问题

当前,基于主体模拟主要被视为一种实验技术。若要成为社会科学中常规使用的研究方法,其仍面临一系列问题与挑战。本部分深入阐释这些问题与挑战,并总结已有文献中提出的应对之策。

(一)共识性的词汇解释与标注化的交流程式

基于主体模拟的应用需要发展一套特定的相关词汇,并就其中词汇的含义达成共识,但目前基本不存在这方面的努力。相关词汇准确定义的缺失已限制分析人员使用基于主体模拟探索社会现象的能力。例如,这种仿真方法本身就有多种名称,包括基于主体模拟、多主体模拟、基于个体模拟与自下而上模拟等。准确区别这些词汇有助于明确基于主体模拟的含义及其正确的使用方法。另一个例子是描述该类仿真主要特征的词汇:突现。爱泼斯坦曾论述,这一词语的含义总是充满模糊性,甚至偶尔有神秘性。[3] 鉴于基于主体模拟的仿真目的,他将此术语

---

[1] José Manuel Galán and Luis R. Izquierdo, "Appearances Can Be Deceiving: Lessons Learned Re-implementing Axelrod's Evolutionary Approach to Norms," *Journal of Artificial Societies and Social Simulation*, Vol. 8, No. 3, 2005.

[2] David Hales, Juliette Rouchier and Bruce Edmonds, "Model-to-model Analysis," *Journal of Artificial Societies and Social Simulation*, Vol. 6, No. 4, 2003.

[3] Joshua M. Epstein, *Generative Social Science: Studies in Agent-based Computational Modeling*, Princeton University Press, 2006.

解释为,计算机或数学模型试图准确解释的、通过微观行为规则产生的特定现象,其主要特征是非预期性,而非原则上的不可解释或不可演绎性。但这一解释也尚未被广泛采纳。

除一套被广泛理解与认可的词汇外,基于主体模拟的有效运用也需要标准化的交流程式。但现在并未形成一个通用的或标准的框架,用以描述基于主体模拟及其仿真过程与结果。① 这一点使基于主体模拟在方法论成熟度上落后于社会科学中的常用研究方法。以统计学为例,假设检验结果"$p<0.05$"简明清楚地表示"这一结果(或更极端的结果)偶然发生的可能性小于0.05"。因为缺失这种标准化的沟通程式,读者很难,甚至不可能,理解某一已发表的基于主体模拟的基本概念、假设、结构与算法,或复制这一模型的仿真结果。② 另一个相关问题是,读者通常需要大量建模与仿真细节,以充分理解和成功复制某一基于主体模拟,但期刊文章与书籍等出版形式没有足够的空间来叙述这些细节。如何在有限篇幅内详述基于主体模拟的构建与仿真分析过程,也是目前的一大挑战。

应对这些问题的有效措施包括发展从编码中自动生成模型说明文档的方法,或将模型说明文档上传至网络,同时在发表物中提供相应网址。③ 也有学者开发了一些特定的网站,收录社会科学领域构建的基于主体模拟。例如,亚利桑那州立大学运行维护的社会科学与生态科学计算机仿真网络(Network for Computational Modeling in Social and Ecological Sciences)就保存了大量用于社会科学研究的基于主体模拟的原始编码、模型说明文档与相关仿真实验数据等,并向社会开放。④ 除此之外,不少研究致力于开发类似于ODD(Overview, Design concepts, Details protocol)的模型描述程式。ODD程式是一种用于描述生态学领域中基于主体模拟的程式。⑤ 它能在期刊文章的有限篇幅内比较完整地描述一个基于主体模拟。

---

① Juliette Rouchier, "Re-implementation of a Multi-agent Model Aimed at Sustaining Experimental Economic Research: The Case of Simulations with Emerging Speculation," *Journal of Artificial Societies and Social Simulation*, Vol. 6, No. 4, 2003.

② David Hales, Juliette Rouchier and Bruce Edmonds, "Model-to-model Analysis," *Journal of Artificial Societies and Social Simulation*, Vol. 6, No. 4, 2003.

③ J. Gary Polhill and Bruce Edmonds, "Open Access for Social Simulation," *Journal of Artificial Societies and Social Simulation*, Vol. 10, No. 3, 2007; J. Gary Polhill and Nicholas M. Gotts, "Ontologies for Transparent Integrated Human-natural System Modeling," *Landscape Ecology*, Vol. 24, No. 9, 2009; Robert Axelrod, "Advancing the Art of Simulation in the Social Sciences," in Rosaria Conte, Rainer Hegselmann and Pietro Terna, eds., *Simulating Social Phenomena*, Springer, 1997, pp. 21-40.

④ 参见 http://www.comses.net。

⑤ Volker Grimm, et al., "Pattern-oriented Modeling of Agent-based Complex Systems: Lessons from Ecology," *Science*, Vol. 310, No. 5750, 2005.

尽管这一程式在许多方面有待完善,但它为基于主体模拟常规交流标准的开发提供了一个起点。

(二) 研究与实践问题的跨学科性

考虑到大多数社会科学问题的跨学科性,相关基于主体模拟的构建通常需要构建者不能完全具备的多领域知识。① 比如许多模型在创建时很难准确确定特定情境下主体的特征与行动规则。② 要克服这类困难,需要跨学科与跨领域研究者间的实质性互动与合作。比如,心理学与行为科学在过去二十年通过大量实验发现了个体在多种情形下的具体决策过程,而这些研究成果就可帮助研究者构建具备更加真实认知与行为特征的主体。③

两类研究共同体的形成可促进此类合作。④ 一是由使用基于主体模拟及其他仿真方法的社会科学家组成的跨学科研究共同体,二是所有领域内对主体系统仿真感兴趣的研究者共同体。两类共同体的形成须借助合适的制度安排,包括专门的仿真期刊、专业组织、系列会议、项目资助、大学课程与核心网站等。⑤ 一些制度安排目前已形成,如《人工社会与社会仿真期刊》(*Journal of Artificial Societies and Social Simulation*)。这两类研究共同体与相关制度安排仍需进一步发展,以促进基于主体模拟的广泛应用。

(三) 计算机编程等技术性要求

基于主体模拟的运用需要一些技术性知识。例如,大多数构建计算机模型的软件平台需要使用者花费大量时间编程,而且基于主体模拟通常需要比其他仿真方法更严格的编程标准。⑥ 对大多数未受过正规编程训练的社会科学学者而言,

---

① William H. Newell and Jack W. Meek, "Complexity, Interdisciplinarity and Public Administration: Implications for Integrating Communities," *Public Administration Quarterly*, Vol. 29, No. 3, 2005.

② John L. Casti, *Would Be Worlds: How Simulation is Changing the Frontiers of Science*, John Wiley & Sons, 1996, pp. 267-273.

③ Euel Elliott and Lowell D. Kiel, "Exploring Cooperation and Competition Using Agent-based Modeling," *Proceedings of the National Academy of Sciences*, Vol. 99, No. 3, 2002; Nasser Ghasem-Aghaee and Tuncer I. Ören, "Cognitive Complexity and Dynamic Personality in Agent Simulation," *Computers in Human Behavior*, Vol. 23, No. 6, 2007.

④ Robert Axelrod, "Advancing the Art of Simulation in the Social Sciences," in Rosaria Conte, Rainer Hegselmann and Pietro Terna, eds., *Simulating Social Phenomena*, Springer, 1997, pp. 21-40.

⑤ Ibid.

⑥ J. Gary Polhill, Luis R. Izquierdo and Nicholas M. Gotts, "The Ghost in the Model (and Other Effects of Floating Point Arithmetic)," *Journal of Articial Societies and Social Simulation*, Vol. 8, No. 1, 2005.

这是一个较艰巨的技术挑战。而且,目前很少有针对大学本科与研究生课程的、同时涉及社会科学理论与基于主体模拟的教材或其他教学资料。这种专门培训与教学项目的缺失也是基于主体模拟扩大影响力的绊脚石。[①] 除编程外,使用者还须在众多可构建此类模型的软件平台中做出选择。这也不是一个简单的任务,因为每个平台都各有利弊。

降低基于主体模拟使用技术难度的一个直接途径便是开发更简便易用的软件平台。目前相关软件平台已意识到"工具专家"与"领域专家"间的区别,并力图搭建无须大量编程经验的执行中立型平台。例如,有学者借助一种元模型构建方法搭建这种执行中立型平台。[②] 这种方法首先由领域专家定义抽象的概念模型,并用特定语言表述此概念模型。表述后的概念模型即为一个元模型,而且这种表述包含足够的细节,使工具专家可在不同的软件平台上将此元模型转化为计算机模型。同时,为研究者与学生开设更多的培训与教育项目已成为一种广泛需求。这些项目所含课程应涉及复杂科学、基本编程(尤其是面向对象编程语言)、数据库、统计学与可视化工具。[③] 考虑到基于主体模拟的模型构建一般需要多领域知识,这些项目也应具备跨学科与跨领域性。

(四)适用性

显然,基于主体模拟不是完美的,也不可能解决社会科学研究中的所有问题。有些研究情境中,低维微分方程、回归分析或博弈论等可能更适合用来探索研究问题,但这种研究方法开辟了一条分析解释社会现象的新路径。它能够追溯微观规则产生宏观规律的动态机制,丰富对各种基本社会过程的理解,因此可对社会科学研究做出重要贡献。基尔曾强调,基于主体模拟实际上代表了一种方法论上的渐进式进步,其有助于更好地理解社会系统的行为,并提高社会科学研究方法的成熟程度。[④]

基于主体模拟也是一种包容性很强的工具。它能够根据研究需要,与其他多

[①] M. Janssen, et al., "Towards a Community Framework for Agent-based Modelling," *Journal of Artificial Societies and Social Simulation* Vol. 11, No. 2, 2008.

[②] Dawn C. Parker, et al., "Multi-agent Systems for the Simulation of Land-use and Land-cover Change: A Review," *Annals of the Association of American Geographers*, Vol. 93, No. 2, 2003.

[③] M. Janssen, et al., "Towards a Community Framework for Agent-based Modelling," *Journal of Artificial Societies and Social Simulation*, Vol. 11, No. 2, 2008.

[④] Lowell D. Kiel, "Lessons from the Nonlinear Paradigm: Applications of the Theory of Dissipative Structures in the Social Sciences," *Social Science Quarterly*, Vol. 72, No. 3, 1991.

种研究方法有机结合。例如,基于主体模拟与社会网络分析彼此自然兼容。① 主体可代表节点,主体间的互动对应相应节点间的连接。仿真过程中,伴随着主体间互动,节点连接模式(网络结构)演进变化。事实上,梅西与威勒发现,已有相当一部分研究整合了两种研究方法。② 这些研究或关注动态社会网络,考查网络与主体互动间相互塑造的过程,或使用基于主体模拟检验与网络拓扑结构、社会分层或空间流动等结构因素相关的宏观社会科学理论。爱泼斯坦称这些包含主体间关联的现象为连接主义现象,并认为基于主体模拟可以以崭新的系统方式探讨社会科学中此类现象。③

基于主体模拟也可与空间仿真或早期社会仿真方法(如系统动力学模拟)相结合。因越来越多研究表明,社会影响与物理距离等空间因素直接相关,空间仿真的重要性在社会科学中日益得到认可。目前已有大量研究通过融合基于主体与空间仿真模型模拟包含空间维度的动态过程。基于主体模拟也可拓展早期社会仿真方法的应用范围。例如,被称为"主体动力学"的混合型仿真方法就是基于主体模拟与一系列系统动力学方程的结合。这类仿真方法目前已应用于公共安全领域,包括模拟反暴动与恐怖主义情景或对抗情景中的群体性行为等。④

对社会科学来说,基于主体模拟提供了一种分析相关问题的演化的、动态的角度与方法。它是对传统研究方法在方法论上的有效补充。⑤ 它可以帮助研究者与实践者从另一个角度重新审视其研究领域中的经典与常规问题。例如,基于主体模拟可以拓展深化对既存社会现象的已有理解。比如,克林认为,基于主体模拟的使用非常符合政府从管理到治理的发展趋势。⑥ 对主体间相互作用、行动策略与互动空间的认识,可能成为分析与理解治理过程的一个关键。基于主体模

---

① Geert Teisman and Erik-Hans Klijn, "Complexity Theory and Public Management: An Introduction," *Public Management Review*, Vol. 10, No. 3, 2008.

② Michael Macy and Robert Willer, "From Factors to Actors: Computational Sociology and Agent-based Modeling," *Annual Review of Sociology*, Vol. 28, No. 1, 2002.

③ Joshua M. Epstein, "Agent-based Computational Models and Generative Social Science," *Complexity*, Vol. 4, No. 5, 1999.

④ Tara Leweling and Otto Sieber, "Using Systems Dynamics to Explore Effects of Counterterrorism Policy," paper delivered to the 40th Hawaii International Conference on System Sciences, Big Island, Hawaii, Jan. 1-6, 2007; Frederic McKenzie, et al., "Integrating Crowd-behavior Modeling into Military Simulation Using Game Technology," *Simulation and Gaming*, Vol. 39, No. 1, 2008.

⑤ Yushim Kim, "Enriching Policy Analysis: The Role of Agent-based Models," paper delivered to the 9th Public Management Research Conference, Tucson, Arizona, Oct. 25-27, 2007.

⑥ Erik-Hans Klijn, "Complexity Theory and Public Administration: What's New? Key Concepts in Complexity Theory Compared to Their Counterparts in Public Administration Research," *Public Management Review*, Vol. 10, No. 3, 2008.

拟也可用于解释许多重要社会现象的产生与变化过程。比如自下而上的官僚制或生成式社会管理的概念,可用以理解各种异质主体的互动如何引起结构与组织的突现。①

基于主体模拟还可在理论发展与假设检验方面发挥重要作用。戴维斯、艾森哈特与宾汉曾论述,仿真方法介于理论构建型研究方法(如案例研究)与理论验证型研究方法(如统计分析)之间。② 因此,一方面,它可以通过创造性实验生产社会科学新理论;另一方面,它能够检验既存文献中未经检验的常识性假设,尤其是那些涉及结构突现与各类主体行动策略的假设。爱泼斯坦称基于主体模拟的这类应用为"计算性理论创建"。③ 基于主体模拟也能帮助测试现有理论的稳健性。尤其是,研究可放松理论中某个关于个体(微观层面)行为的假设,通过仿真观察该理论对这一假设的敏感度。例如,目前有大量研究聚焦于个体理性行为假设以及放松该假设对人类主体间合作状况的影响。④

基于主体模拟可作为理论构建与检验平台的功能,使研究者与实践者广泛意识到其同样可成为社会科学领域通常缺失的"实验室"。而且,它能展现传统研究方法难以捕获的重要信息。例如,基于主体模拟可帮助决策者提前看到并比较不同决策方案的实施效果。霍兰德称用作此途的基于主体模拟的模型为"飞行模拟器"。⑤ 基于主体模拟也可用于检测不同的管理策略。比如卡利使用基于主体模拟比较不同情境中不同组织设计的表现。她称这类分析描述为"假设分析练习"。⑥ 也有学者称其为"假设分析的管理实践"。⑦

基于主体模拟的这种"实验室"或"模拟器"功能暗示其同样具有重要的教学价值。通过基于主体模拟,社会科学学者可以深入探究相关问题与一系列相关假设场景。他们可以不断改变模型参数值与仿真条件,检验其对不同设置与假设的

---

① Lowell D. Kiel, "Lessons from the Nonlinear Paradigm: Applications of the Theory of Dissipative Structures in the Social Sciences," *Social Science Quarterly*, Vol. 72, No. 3, 1991.

② Jason P. Davis, Kathleen M. Eisenhardt and Christopher B. Bingham, "Developing Theory through Simulation Methods," *Academy of Management Review*, Vol. 32, No. 2, 2007.

③ Joshua M. Epstein, "Agent-based Computational Models and Generative Social Science," *Complexity*, Vol. 4, No. 5, 1999.

④ Robert Axelrod and Michael D. Cohen, *Harnessing Complexity: Organizational Implications of a Scientific Frontier*, Basic Books, 2000.

⑤ John H. Holland, *Emergence: From Chaos to Order*, Oxford University Press, 1998.

⑥ Kathleen M. Carley, "Computational Organization Science: A New Frontier," *Proceedings of the National Academy of Sciences*, Vol. 99, No. 3, 2002.

⑦ Willy C. Kriz, "Creating Effective Learning Environments and Learning Organizations through Gaming Simulation Design," *Simulation and Gaming*, Vol. 34, No. 4, 2003.

影响。尤其是,当学生们无法直接接触现实决策或管理场景时,他们可以通过相应的虚拟环境体验相应的场景。此外,基于主体模拟有助于协同决策。它能够帮助具有不同目标与见解的各利益方相互理解,在就决策问题达成共识的前提下,创造性地寻求各方均能接受的解决之道。①

过去二十年,基于主体模拟已被应用于大多数社会科学领域。作为一种新兴但迅速发展的研究方法,它可为社会科学领域的各项研究搭建精密分析与理论构建的平台,也可为具体的实践与教学过程提供系统指导。尽管如此,基于主体模拟在社会科学领域的应用目前远没有发挥其潜能。要充分实现基于主体模拟的潜在贡献,还需付出巨大努力。尤其是要让研究者与实践者首先全面了解这种相对年轻的研究方法。

关键术语

计算机仿真　　　基于主体模拟　　　复杂适应性系统　　　突现(涌现)
模式　　　　　　自组织　　　　　　蝴蝶效应　　　　　　混沌边缘
模型校核　　　　模型验证　　　　　敏感度分析　　　　　模型可信度
模型复制

思考题

1. 基于主体模拟方法中,关于主体的基本假设是什么?
2. 在政治学和公共管理学研究中,基于主体模拟适合于哪些研究问题?
3. 在使用基于主体模拟方法时,应注意哪些问题?
4. 基于主体模拟方法应用于政治学与公共管理学研究中,与传统方法相比,有哪些优势?

延伸阅读②

Herbert A. Simon, *The Sciences of the Artificial*, MIT Press, 1996.

---

① Constanze Haug, Dave Huitema and Ivo Wenzler, "Learning through Games? Evaluating the Learning Effect of a Policy Exercise on European Climate Policy," *Technological Forecasting and Social Change*, Vol. 78, No. 6, 2011.

② 所推荐的延伸阅读文献仅针对复杂系统理论与基于主体模拟。

John H. Holland, *Hidden Order: How Adaptation Builds Complexity*, Addison-Wesley, 1996.

John H. Holland, *Emergence: From Chaos to Order*, Oxford University Press, 1998.

John H. Miller and Scott E. Page, *Complex Adaptive Systems: An Introduction to Computational Models of Social Life*, Princeton University Press, 2007.

John L. Casti, *Would-Be Worlds: How Simulation Is Changing the Frontiers of Science*, John Wiley & Sons, 1997.

Joshua M. Epstein and Robert L. Axtell, *Growing Artificial Societies: Social Science from the Bottom-up*, MIT Press, 1996.

Joshua M. Epstein, *Generative Social Science: Studies in Agent-based Computational Modeling*, Princeton University Press, 2006.

L. Douglas Kiel, *Managing Chaos and Complexity in Government: A New Paradigm for Managing Change, Innovation, and Organizational Renewal*, Jossey-Bass, 1994.

M. Mitchell Waldrop, *Complexity: The Emerging Science at the Edge of Order and Chaos*, Simon & Schuster, 1992.

Michael J. North and Charles M. Macal, *Managing Business Complexity: Discovering Strategic Solutions with Agent-based Modeling and Simulation*, Oxford University Press, 2007.

Nigel Gilbert and Klaus G. Troitzsch, *Simulation for the Social Scientist*, Open University Press, 2005.

Robert Axelrod, *The Complexity of Cooperation: Agent-based Models of Competition and Collaboration*, Princeton University Press, 1997.

Robert Axelrod and Michael D. Cohen, *Harnessing Complexity: Organizational Implications of a Scientific Frontier*, Basic Books, 2000.

Steven F. Railsback and Volker Grimm, *Agent-based and Individual-Based Modeling: A Practical Introduction*, Princeton University Press, 2011.

Thomas C. Schelling, "Dynamic Models of Segregation," *Journal of Mathematical Sociology*, Vol. 1, No. 2, 1971.

Tomáš Šalamon, *Design of Agent-Based Models: Developing Computer Simulations for a Better Understanding of Social Processes*, Tomas Bruckner, 2011.

Uri Wilensky and William Rand, *An Introduction to Agent-Based Modeling. Modeling Natural, Social and Engineered Complex Systems with NetLogo*, MIT Press, 2015.

经典举例

(一) 种族隔离模型

Thomas C. Schelling, "Dynamic Models of Segregation," *Journal of Mathematical Sociology*, Vol. 1, No. 2, 1971.

谢林提出的种族隔离模型是早期体现基于主体模拟思维的经典模型之一。种族隔离现象,尤其是住宅区的种族隔离现象在美国城市随处可见。在美国城市社区地图上,很容易就可以找到全是白人住户或白人住户占绝大多数的住宅区,也很容易找到全是黑人住户或黑人住户占据绝大多数的住宅区,但却很难找到一个白人或黑人住户不超过总人口 3/4 的住宅区。以往研究对隔离现象产生原因的解释多出于自上而下的宏观视角,认为制度、经济、通信技术系统等因素促成的隔离。但这显然不能完全解释美国住宅区的种族隔离现象。谢林从自下而上的微观视角出发,提出了一个假设:出于个体间选择的相互作用,最终导致了一种与个体意图没有密切关系的集体结果,即住宅区的种族隔离现象。

由于谢林想要探究的是宏观的美国住宅区种族隔离是否以及如何通过微观的个体间动态互动产生,因此他并未采用社会研究常用的田野调查或者问卷访谈等形式,而是采用了模拟仿真的思路,构建了"种族隔离的动态模型"(dynamic models of segregation)。

具体来说,谢林设置了一个虚拟的居住空间,在这里有两个种族:白人和黑人。白人住户和黑人住户都对该空间的种族混居比例有一定的"容忍度"。容忍度越高,就会有越多的黑人和白人愿意住在一起。但如果种族混居比例超过某个住户的容忍度,他就会选择去其他地方。为了便于说明,假设容忍度的分布呈现从"2 到 0"的状态。以白人住户举例,白人里容忍度较高的住户可以忍受的最高黑人与白人的比率是 2∶1(即 2);中位数的白人住户可以忍受的比率是 1∶1(即 1),而容忍度最低的住户难以接受与任何黑人为邻,其容忍度的取值为 0。谢林对不同分布状态的容忍度和人口数量进行多次模拟,考察主体间的互动过程以及该虚拟空间最终居住结构。

情境 1: 假设初始时,黑人住户和白人住户的数量一致,容忍度分布状态一致,则这个场景可以具象化为图 14.4。横轴表示白人住户数量,纵轴表示黑人住户数量。两条曲线 W、B 分别代表白人住户和黑人住户的容忍度累积分布。其中,越靠近原点的部分代表容忍度越高的住户。这两条交叠的曲线将图 14.4 划分成了四个区域。在 W 曲线下方(即 W 曲线和横轴围成的区域)的任意一点都表示至少有该点所对应横坐标数量的白人住户对目前的种族混居比例感到满意。那么这些感到满意的白人住户不会离开,而且会有更多的白人住户迁移进入该区。B 曲线左侧(即 B 曲线和纵轴围成的区域)的任意一点都表示至少有该点所对应纵坐标轴数量的黑人住户对目前的种族混居比例感到满意。那么这些感到满意的黑人住户不会离开,而且会有更多的黑人住户迁移进入该区。因此,当处于 W 曲线和 B 曲线重叠的区域 1 时,黑人住户和白人住户的数量都将增加。而在两条曲线之外的区域 2,黑人住户和白人住户的数量都将减少。处于 W 曲线的下方同时在 B 曲线右侧的区域 3 时,黑人住户数量将变少,而白人住户将进入,白人数量增加;同理,处于 B 曲线的左侧同时在 W 曲线上方的区域 4 时,白人住户数量将变少,而黑人住户将进入,黑人数量增加。

这种动态的互动将产生两种稳定的均衡结果:一种是黑人住户独占该区域;另一种是白人住户独占该区域。这两类住户的初始分布数量以及他们迁入或迁出的速率将决定哪一个种族最终占据该区域、哪一个种族最终离开该区域。理想状态下,当两类住户比例接近 1:1 时候,是可以共存的,但人口进出的动态性会随时打破这种平衡。

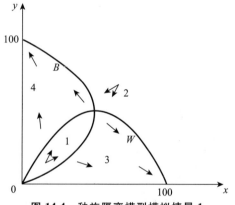

图 14.4　种族隔离模型模拟情景 1

情境 2:预设黑人住户和白人住户的数量一致,如果改变黑人住户和白人住户的容忍度分布,使其整体容忍度提升,W、B 曲线变得更加陡峭,则这个场景可以具象化为图 14.5。两条曲线重叠的部分增加,在这个区域可以形成稳定的混合平衡。同样,也可能形成白人住户或黑人住户独占该区域的极端平衡;该平衡的形成也取决于初始条件和住户迁入及迁出速率。

情境 3:如果在情境 2 的基础上改变黑人住户和白人住户的数量占比,假设白人数量是黑人数量的两倍,则这个场景可以具象化为图 14.6。除非初始状态位于区域 4,否则在其他情况下,黑人住户的最终结果都是离开该区域。但如果能够限制白人住户的进入,还是能够在区域 1 得到稳定的混居平衡。

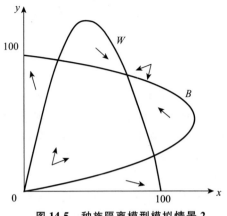

图 14.5　种族隔离模型模拟情景 2

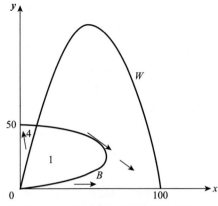

图 14.6　种族隔离模型模拟情景 3

情境 4：如果做一些更加极端的情境设置，比如将该区域白人住户的数量限制为之前的一半或者是假设那些宽容度相对低的白人住户变得更加不宽容（容忍度分布在横坐标为 50 的时候垂直下降为 0），如图 14.7 所示，在区域 1、2 的情况下，得到的最后结果都是均衡于 A 点，即该区最后会存在 36 家黑人住户。

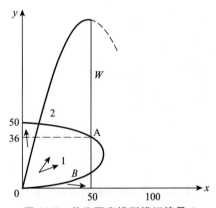

图 14.7　种族隔离模型模拟情景 4

最终，谢林通过模拟突现出另一个结果。第一，两极均衡的产生是由于一个种族的住户数量压倒了另一个种族。但稳定的种族混居规模并不一定会因为一个种族对另一个种族容忍程度的提高而得到扩大。比如，在图 14.4 中，将 60% 的容忍度低的黑人住户和白人住户设置为绝对不容忍，即容忍度为 0，那么混居平衡只能够出现在点 (40, 40)，即白人住户和黑人住户均为 40 的情况。第二，模拟结果并不取决于每个种族对其他种族的偏好。我们同样可以假设，大多数黑人住户和大多数白人住户偏好种族混居，并将容忍度重新解释为主体的混居偏好被数量失衡所超过的比率的上限。该模型适用于这种解释，并产生相同的模拟结果。

（二）糖域模型

Joshua M. Epstein and Robert L. Axtell, *Growing Artificial Societies: Social Science from the Bottom-up*, MIT Press, 1996.

糖域模型（sugarscape model）可用于探索多种不同的社会现象。此处介绍其中三个经典的仿真场景。前两个场景模拟有限资源空间内的人口分布，第三个场景模拟财富分配。爱泼斯坦与阿克斯特尔期望通过对这些场景的仿真，探究相关社会现象如何在微观主体间互动的基础上产生。

在立即生长（immediate growback）场景中，糖域模型设置了一个 50×50 网格的虚拟空间，空间中的每个网格内都含有一些资源（糖），且每个网格能够达到的最高资源量（峰值）是预先设定的。在每个时间单位内，预设网格内的资源都会充分生长到达该网格的资源峰值。如图 14.8 所示，网格颜色越深，代表网格内的资源含量越高。模拟开始时，各主体被随机放置于虚拟空间的网格坐标上。每个主体被预设的属性包括：其只能看到所处坐标点水平和垂直方向一定距离内的网格（每个主体的视线范围有大有小）；在每一个时间单位内，主体都会移动到其视野范围内最近的、资源量最高的空网格，并收集该网格中的所有资源。如果主体现在所处的位置比其视野范围内所有未被占用的网格的资源含量都高，那么该主体就会留在原地。而为了维持基本的生命活动，根据其新陈代谢速率（每个主体的新陈代谢率有大有小），主体在每一个时间单位内都会消耗掉一定数量的资源。如果一个主体所收集的资源用尽，该主体就会死亡。

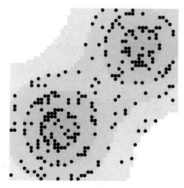

图 14.8　立即生长场景

资料来源：https://ccl.northwestern.edu/netlogo/models/Sugarscape1ImmediateGrowback，2023 年 12 月 4 日访问。

该场景的模拟结果显示，一般而言，经过 20 个时间单位后，大部分主体都会选择停止移动，或小范围移动，这说明他们已经达到了所处状态中"最佳"的资源点。由于模型预设被主体收集的资源可以在单位时间内瞬时恢复，已经找到"最佳"资源点的主体因此将不再移动。模拟最终突现了一个有趣的现象，即主体往往围绕资源含量水平变化的边界位置聚集。这种宏观现象的产生源于主体视野范围的局限。因为不能掌握虚拟空间的全部信息，主体只能选择留在其视野范围内的"最佳"资源点，由此产生了这种边界聚集的现象。

恒定生长（constant growback）场景与立即生长场景略有不同。在每个时间单位内，网格内的资源只能够恢复一个单位，直至达到该网格的资源峰值。如图14.9所示，网格颜色越深，网格内的资源含量越高。在模拟开始的时候，各主体同样被随机放置于虚拟空间的网格坐标上；每个主体的预设属性与行动规则也与立即生长场景中的主体无异。该场景的模拟结果显示，虚拟空间所能承载的主体数量少于初始的主体数量。具体而言，当某些主体的初始位置位于资源分布较差的地域，或其所能到达的最佳资源点的资源难以维持其消耗，这些主体就可能死亡。此外，即使一些网格内的资源可以供给主体维持生命，但因其资源恢复速度变慢，且其他主体可能会先到达这些资源点抢占位置，由此导致部分主体死于竞争。恒定生长场景也突现出有趣的模拟结果，特别是伴随着主体数量的稳定，他们的平均视野范围会扩大，平均新陈代谢率会降低。这种宏观现象的产生是由于部分视野范围较小或新陈代谢率较高的主体因难以找到可以维持生命的资源点而死亡，剩余主体的属性平均值进而发生变化。

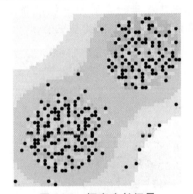

图14.9 恒定生长场景

资料来源：http://ccl.northwestern.edu/netlogo/models/Sugarscape2ConstantGrowback，2022年10月20日访问。

糖域模型的第三个场景聚焦于社会财富的分配情况。场景的基本设置与前两个场景基本一致。在一个50×50网格的虚拟空间中，每个网格都含有一定数量的财富（糖），且每个网格能够达到的最高财富值（峰值）是预先设定的。在每个时间单位内，网格的财富只能恢复一个单位，直至达到该网格的财富峰值。如图14.10所示，网格颜色越深，网格内的财富值越高。模拟开始时，各主体被随机放置于虚拟空间的网格坐标上。每个主体的预设属性包括:只能看到所处坐标点水平和垂直方向一定距离内的网格(每个主体的视线范围有大有小);每个时间单位内,主体都会移动到其视野范围内最近的、财富值最高的空网格,并收集该网格中的所有财富。如果主体现在所处的位置比其视野范围内所有未被占用的网格的财富值都高,那么该主体就会留在原地。财富分配场景中的主体还有一些独特的属性,例如,每个主体都有其能够存活的最长时限,该时限在模拟初始状态随机赋值。若模拟时间超过主体的最长存活时限,主体死亡。同时,一定数量的主体死亡后,相同数量的主体会被随机创建,以保持恒定的主体总数量。该场景的模拟结果显示,拥有低财富值的主体要比拥有高财富值的主体多得多。只有少数主体的财富高于平均水平,而多数主体的财富保持(接近)其初始分配水平。如果最低初始财富的赋值大于0,某些主体的最终财富甚至低于最低初始财富值,变得更加贫困。

图 14.10 财富分配场景

资料来源:http://ccl.northwestern.edu/netlogo/models/Sugarscape3WealthDistribution,2022年10月20日访问。

第十五章　社会网络分析*

本章要点

- 社会网络分析的定义及其主要构成要素；
- 社会网络分析适合研究的主要议题；
- 社会网络分析的优势和应用难点；
- 社会网络分析的不同类型；
- 保证社会网络分析有效性的基本方法；
- 社会网络分析的基本操作流程；
- 社会网络分析中需要特别注意的伦理问题；
- 社会网络分析可能的未来发展趋势。

一、导　言

在经济学、管理学、组织行为学的研究中，对个人和群体行为及行为动机的假设构成了最为基础也最为重要的研究出发点，同时还是许多研究方法的重要分界点。换言之，人的行为受到哪些条件的影响很大程度上影响了理论的构建和研究方法的选择。新古典经济学的理论架构主要建立在理性个人如何利用有限的资源达到有效的资源配置的基础之上，而后来的理论则从多个方面批判和修正了这一理论框架下的基本假设。例如，赫希曼强调了消费者偏好的动态可变性[①]；西蒙通过提出"有限理性"，对完全理性假设进行修正[②]；而且，在经济动机之外，社会性的需求也被纳入探讨；之后的博弈研究则将人际互动纳入理性模型当中。总

---

* 本章部分内容改编或摘自作者公开发表的论文，详见安卫华：《社会网络分析与公共管理和政策研究》，《中国行政管理》2015 年第 3 期。

① Elizabeth C. Hirschman, "Humanistic Inquiry in Marketing Research: Philosophy, Method, and Criteria," *Journal of Marketing Research*, Vol. 23, No. 3, 1986.

② Herbert A. Simon, "From Substantive to Procedural Rationality," in T. J. Kastelein et al., eds., *25 Years of Economic Theory: Retrospect and Prospect*, Springer, 1976, pp. 65–86.

第十五章 社会网络分析

之,诸多修正丰富了经济分析的内涵,使相关研究更接近现实中的情景。但是,这一类研究仍只考虑了个人动机,忽略了社会情景、社会规约、人际关系对人或群体行动的影响。按照经济社会学家马克·格兰诺维特的说法,这类研究可称为"低度社会化观点"。[1]

与以上发展路径不同的是,随着对资本概念的进一步探索,经济学家舒尔茨在物质资本之外,提出了人力资本的概念,并且认为个人对教育、培训、保健、迁移的投入都是一种人力资本的投资。[2] 在这一概念的启发下,作为对人力资本理论的回应,社会学家则提出了社会资本[3]的概念。[4] 在以上理论发展的基础上,由于传统的研究方法难以衡量多元、复杂的人与人之间的社会关系,20世纪60年代以来,社会学家哈里森·怀特(Harison White)、斯科特·布尔曼(Scott Boorman)、罗纳德·布里格(Ronald Brieger)和林顿·弗里曼(Linton Freeman)等人从数学的图形理论出发,发展出了一套数学分析的方法,以对社会关系的结构、强度以及个人或群体在社会关系中的位置、重要程度等进行有效测量。之后,研究者又进一步发展相关中层理论,对社会关系中的一些重要现象和因变量进行解释。而这类描述和分析社会现象的理论视角或研究方法就被称为社会网络分析。

由于对个人和群体活动的细致描摹、对社会关系和个人在群体中的位置及作用的强大解释力,社会网络分析正越来越多地被应用在政治学和公共管理学研究中。因为正如多元主义者所指出的那样,政治和公共管理活动都是许多社会关系、小集团关系相互作用的结果,因此以社会网络分析方法探索社会网络如何形成、社会关系如何影响个体行为、个体因素如何影响个体在社会关系中的位置等问题,对政治学和公共管理学科有着重要意义。此外,"关系"在中国语境下还有着不同于西方语境的重要意义。自费孝通以来的中国研究者一直致力于挖掘中国人关系形态同西方人关系形态的差异,并取得了比较可观的成果。而且,东西方在信任关系、关系形态以及角色关系的测量维度等方面存在诸多差异,这也对本土化的社会网络分析理论和方法提出了新挑战。

---

[1] Mark S. Granovetter, "The Strength of Weak Ties," *American Journal of Sociology*, Vol. 78, No. 6, 1973.

[2] Theodore W. Schultz, *The Economic Value of Education*, Columbia University Press, 1963.

[3] 社会资本是人们因社会关系结构中的位置而产生的增殖性的生产性资源。参见杨立华:《超越政府与超越企业:政府理论和企业理论的大社会科学和产品研究法》,中国经济出版社2005年版,第192—193页。

[4] Pierre Bourdieu, "The Forms of Capital," in J. G. Richardson, ed., *Handbook of Theory and Practice for the Sociology of Education*, Greenwood, 1986, pp. 241-258.

二、定义、议题、优势和应用难点

（一）定义

社会网络分析（social network analysis，SNA）是主要通过研究社会关系和网络的特点、形成和发展，以及社会关系和网络如何影响人们的态度和行为，来描述与解释社会现象的一种理论视角和主要偏向定量的研究方法。① 在宏观层面，社会网络分析主要强调人际关系、关系内涵以及社会网络结构对社会现象的解释；在中观层面，社会网络分析发展出了相当多的理论，并提出了一系列分析社会现象的概念，比如社会关系、社会网、关系强度、关系内涵、网络结构、信任、社会资本、信息流通、情感支持、人际影响等；在微观层面，研究者们则发展出了更多的可供验证的模型，以检验因果机制，如边燕杰和丘海雄②对企业社会资本的研究、罗家德③依托社会网络分析对治理的研究等。安卫华则通过对弗里曼的观点④的概括，提出社会网络分析作为一种研究方法，主要有四个组成要素：

第一，结构性视角。社会网络分析强调人的社会性，强调从社会关系和社会互动中去描述和解释人的行为。比如关于就业问题，社会网络分析就侧重于研究社会关系（社会资本）对就业的影响。

第二，关系型数据。传统计量经济学中的数据多是截面性或者是面板性的，假设个体之间是相互独立的。社会网络分析则适用于特殊格式的数据：关系数据。关系数据中的研究个体之间可能存在多种复杂的相互影响和依赖关系，因此需要特殊的数据分析方式。

第三，图形化展示。社会网络分析经常会提供一个网络图来描述研究个体间的关系，可以给读者提供一个整体上的、结构性的认识。

第四，定量式分析。社会网络分析侧重于定量的分析，用数字的方式描述各成员在社会网络中的位置，以及社会网络本身的一些特性。

（二）社会网络分析的研究议题

从网络的视角来研究政治学和公共管理与政策问题，受到美英政治研究领域

---

① 安卫华：《社会网络分析与公共管理和政策研究》，《中国行政管理》2015 年第 3 期。
② 边燕杰、丘海雄：《企业的社会资本及其功效》，《中国社会科学》2000 年第 2 期。
③ 罗家德：《NQ 风暴：关系管理的智慧》，社会科学文献出版社 2002 年版。
④ Linton C. Freeman, *The Development of Social Network Analysis: A Study in the Sociology of Science*, Empirical Press, 2004, p. 1.

中多元主义(pluralism)的重要影响(而且,在美国,政治网络协会的成立极大地推动了公共管理和政策网络的研究),但也有德国和北欧社团主义(corporatism)的踪迹。① 特别地,公共管理和政策网络的概念几经转变②,从早期的议题网络③,到政策社区④、权力铁三角⑤,再到政策系统⑥、政策倡议联盟⑦。简单地说,公共管理和政策网络就是政府和社会团体(如智库)以及社会各界人士(如律师、专家学者)就公共事务治理进行的互动的集合。这些互动包括资源交换、信息共享、权力关系、组织交叉和情感依赖等。⑧ 作为一种理论视角,它强调权力的相互依赖性(power interdependence),侧重从结构和关系的角度来研究公共管理和政策行为,是对过去理性选择(rational choice)理论的重要替代或者补充。概括起来,迄今为止,聚焦公共管理和政策网络研究的主要有四大议题。

1. 公共管理和政策网络的基本内涵及其对传统政府组织形式和能力的挑战

从小范围讲,公共管理和政策网络包括政府内部的关系;从大范围讲,它又包含政府和社会的关系,以及社企组织之间组成的政策游说联盟。它既可以是基于组织之间关系的网络,也可以是关于个人之间关系的网络。因此,其基本特征根据网络界定的不同而有所区别。例如,德马雷等研究公共政策在美国州际的传播网络⑨;福勒研究国会议员间互相支持议案的网络关系⑩;格罗斯曼和多明格斯研究利益团体间的联系,发现它们在选举时党派性非常明显,但是在政策制定时,党

---

① John Scott and Peter J. Carrington, eds., *The SAGE Handbook of Social Network Analysis*, Sage, 2011.
② Robert E. Goodin, Michael Moran and Martin Rein, eds., *The Oxford Handbook of Public Policy*, Oxford University Press, 2008.
③ Anthony King, ed., *The New American Political System*, American Enterprise Institute Press, 1978.
④ J. J. Richardson and A. G. Jordan, *Governing under Pressure: The Policy Process in a Post-parliamentary Democracy*, Martin Robertson, 1979.
⑤ Randall B. Ripley and Grace A. Franklin, *Congress, the Bureaucracy, and Public Policy*, Dorsey Press, 1987.
⑥ J. Leiper Freeman and Judith P. Stevens, "A Theoretical and Conceptual Reexamination of Subsystem Politics," *Public Policy and Administration*, Vol. 2. No. 1, 1987.
⑦ Paul A. Sabatier and Hank C. Jenkins-Smith, *Policy Change and Learning: An Advocacy Coalition Approach*, Westview Press, 1993.
⑧ David Knoke, *Changing Organizations: Business Networks in the New Political Economy*, Routledge, 2018.
⑨ Bruce A. Desmarais, et al., "Persistent Policy Pathways: Inferring Diffusion Networks in the American States," *American Political Science Review*, Vol. 109. No. 2, 2015.
⑩ James H. Fowler, "Connecting the Congress: A Study of Cosponsorship Networks," *Political Analysis*, Vol. 14, No. 4, 2006.

派性不明显,主要致力于建立跨党派的联合,以实现政策目标①;博克斯-斯蒂芬森迈耶和克里斯滕森也研究利益团体,发现从1930年到2009年,美国利益集团之间的平均连接性增加了,并日益组成若干紧密联系的小集群②;菲沃克等研究政府官员在经济发展中的合作关系,发现合作主要在相互信任的官员之间开展,导致合作关系网里的双向合作关系和封闭性三角形关系比较多③。

公共管理和政策的网络化倾向也对现代公共管理提出了新的挑战和要求。因此,诺克提出了"组织化国家"的概念,指出社会组织之间结成网络分享政策制定权力,并与政府共同参与公共事务的治理。④ 有学者则将这种现象看作一种新型的社会治理模式。⑤ 例如,罗兹列出了公共管理和政策网络化带来的四大挑战,包括治理组织的混合、管理和政策责任的流转、合作的重要性以及新的管理工具的必要性。⑥ 简单地说,现代公共管理要从过去单纯依靠行政力量和直接干预转变为更多地依靠协商、授权和合作。⑦ 而且,现代公共管理人员既需要具备与各类社会组织和人员进行沟通协调的能力,也需要具有动员和组织他们参与行政和政策过程的能力。

2. 研究政治制度、政治信念、政策扶持和先前合作等因素对公共管理和政策网络的形成及其结构的影响

例如,萨巴蒂尔和詹金斯-史密斯指出了核心政治信念一致时,维持政策联盟的要素。⑧ 亨利等对加州四个地区土地使用和交通规划的研究表明,拥有不同政策理念的政策相关者之间的合作更少,政策连接者在政策网络的建立中起主要作

---

① Matt Grossmann and Casey B. K. Dominguez, "Party Coalitions and Interest Group Networks," *American Politics Research*, Vol. 37, No. 5, 2009.

② Janet M. Box-Steffensmeier and Dino P. Christenson, "The Evolution and Formation of Amicus Curiae Networks," *Social Networks*, Vol. 36, No. 1, 2014.

③ Richard C. Feiock, et al., "Collaboration Networks among Local Elected Officials: Information, Commitment, and Risk Aversion," *Urban Affairs Review*, Vol. 46, No. 2, 2010.

④ David Knoke, et al., *Comparing Policy Networks: Labor Politics in the U.S., Germany, and Japan*, Cambridge University Press, 1996.

⑤ Tanja A. Börzel, "Organizing Babylon: On the Different Conceptions of Policy Networks," *Public Administration*, Vol. 76. No. 2, 1998.

⑥ Robert E. Goodin, Michael Moran and Martin Rein, eds., *The Oxford Handbook of Public Policy*, Oxford University Press, 2008.

⑦ Walter J. M. Kickert, et al., eds., *Managing Complex Networks: Strategies for the Public Sector*, Sage, 1997; Lester M. Salamon, ed., *The Tools of Government: A Guide to the New Governance*, Oxford University Press, 2002.

⑧ Paul A. Sabatier and Hank C. Jenkins-Smith, *Policy Change and Learning: An Advocacy Coalition Approach*, Westview Press, 1993.

用,他们可以有效地把具有相同政策偏好和理念的政策相关者组织起来。① 马什和史密斯的辩证模型指出,公共管理和政策的实践及其网络在相互影响中持续变化。② 卡彭特等的研究对此提供了实证支持。他们发现,随着健康政策重要性的不断提升,相关组织投入了大量资源以加强联系和共享信息,但是由于这些活动主要是巩固既有的关系,所以在整体层面上,信息没有有效地在健康组织之间共享。③ 施奈德等的研究发现,获得美国联邦港口项目支持的港口地区发展出了容纳性更强的政策网络,且这些政策网络更有效地整合了多层级政府的资源,吸纳了更多专家参与,培养了政策参与者之间更强的人际联系,为以后新形势下的、网络化的合作治理提供了基础。④ 梅等的研究表明,存在一个有权威的议事机构或者联邦机构的指导,会极大地提高该领域的政策融合度。⑤ 希尼的研究发现,和其他组织有信息交流、共同参加过政策倡议、有共同政策兴趣,是一个组织在网络中获取影响力的重要因素。⑥

3. 研究公共管理和政策网络的效应

在此方面,宏观研究侧重于行动者如何通过公共管理和政策网络,来设定议程和维护既定利益。还有的研究侧重于设计一套综合的指标来评价公共管理和政策网络的效果。⑦ 克林和科彭扬则指出,评价公共管理和政策网络不能只考虑效益和效率以及政府目标的实现,还必须考虑其对规则和价值观的影响。⑧

中观研究侧重于网络结构和位置对公共管理与政策的影响。海因茨等对一批能影响美国农业、能源、健康和劳动政策的利益团体负责人进行了访谈,发现这

---

① Adam D. Henry, Mark Lubell and Michael McCoy, "Belief Systems and Social Capital as Drivers of Policy Network Structure: The Case of California Regional Planning," *Journal of Public Administration Research and Theory*, Vol. 21, No. 3, 2010.

② David Marsh and Martin Smith, "Understanding Policy Networks: Towards a Dialectical Approach," *Political Studies*, Vol. 48, No. 1, 2000.

③ David P. Carpenter, Kevin M. Esterling and David M. J. Lazer, "Friends, Brokers, and Transitivity: Who Informs Whom in Washington Politics?" *The Journal of Politics*, Vol. 66, No. 1, 2004, pp. 224-246.

④ Mark Schneider, et al., "Building Consensual Institutions: Networks and the National Estuary Program," *American Journal of Political Science*, Vol. 47, No. 1, 2003.

⑤ Peter J. May, et al., "Policy Coherence and Policy Domains," *Policy Studies Journal*, Vol. 34, No. 3, 2006.

⑥ Michael T. Heaney, "Multiplex Networks and Interest Group Influence Reputation: An Exponential Random Graph Model," *Social Networks*, Vol. 36, No. 1, 2014.

⑦ Keith G. Provan and H. Brinton Milward, "Do Networks Really Work? A Framework for Evaluating Public-sector Organizational Networks," *Public Administration Review*, Vol. 61, No. 4, 2001.

⑧ Erik-Hans Klijn and Joop Koppenjan, "Public Management and Policy Networks: Foundations of a Network Approach to Governance," *Public Management*, Vol. 2, No. 2, 2000.

些利益团体之间根据利益取向聚合分化,没有中心性的权威机构,反对方之间也没有有效的沟通机制。这种网络结构导致政策共识的达成需要更多时间,政策行动者的联系比较脆弱,政策联盟随时可能重组。① 西格尔的研究发现,不同结构的网络对政策参与具有不同的影响。在"小世界"网络(即群体内部由强关系组成,群体间由弱关系串联起来)中,强关系和弱关系对政策沟通和参与同时起重要作用。但是在"精英主导"的网络中,政策参与主要取决于政策精英的参与。② 开普库等的研究表明,美国政府之间沟通不畅和协作隔离是导致卡特里娜飓风危机管理失败的重要原因。③ 劳曼等的研究表明,在网络中占据中心位置的组织在公共管理和政策中更有影响力。④

微观研究侧重于研究社会关系对公共管理和政策主体(比如政府官员、社会组织领导人)的影响。比如格兰诺维特发现,弱关系有助于获取新的信息,从而获得较好的工作机会。⑤ 林南和边燕杰的研究表明,强关系在工作机会的获得上比弱关系具有更重要的作用。⑥

4. 研究如何基于社会网络来提升公共管理和政策水平

这既包括应用社会网络的基本理论和知识来设计公共管理团队的组织架构和运作机制、提高管理效能,也包括利用社会网络来改善治理理念的传播和公共政策的设计。例如,布尤克波亚希和罗贝特的研究发现,把技能互补的人员匹配到一个小组里,可以有效提高工作效率。⑦ 森托拉研究发现,和随机网络相比,同质性高的社会网络(即人员的背景和喜好类似)可以更有效地促进行为传播。⑧

---

① John P. Heinz, et al., "Inner Circles or Hollow Cores? Elite Networks in National Policy Systems," *The The Journal of Politics*, Vol. 52, No. 2, 1990, pp. 356-390.

② David A. Siegel, "Social Networks and Collective Action," *American Journal of Political Science*, Vol. 53, No. 1, 2009.

③ Naim Kapucu, et al., "Examining Intergovernmental and Interorganizational Response to Catastrophic Disasters: Toward a Network-Centered Approach," *Administration & Society*, Vol. 42, No. 2, 2010.

④ Edward O. Laumann, et al., "Community Structure as Interorganizational Linkages," *Annual Review of Sociology*, Vol. 4, No. 1, 1978.

⑤ Mark S. Granovetter, "The Strength of Weak Ties," *American Journal of Sociology*, Vol. 78, No. 6, 1973.

⑥ Nan Lin, "Social Networks and Status Attainment," *Annual Review of Sociology*, Vol. 25, No. 1, 1999; Yanjie Bian, "Bringing Strong Ties Back in: Indirect Ties, Network Bridges, and Job Searches in China," *American Sociological Review*, Vol. 62, No. 3, 1997.

⑦ Mürüvvet Büyükboyaci and Andrea Robbett, "Team Formation with Complementary Skills," *Journal of Economics & Management Strategy*, Vol. 28. No. 4, 2019.

⑧ Damon Centola, "An Experimental Study of Homophily in the Adoption of Health Behavior," *Science*, Vol. 334, No. 6060, 2011.

最近的研究侧重于利用社会网络来进行政策干预项目的设计,主要有两大类。一是中心干预,即利用社会网络中的核心人物或者组织来加速信息和行为的传播①;二是群体干预,即对网络中的个体及其紧密联系人同时进行干预,以利用群体压力来促进政策目标的实现②。这方面的研究还很新,相关信息可以参见博加蒂和范伦特的研究。③

(三)优势

对政治学和公共管理研究,特别是公共管理研究而言,社会网络分析主要有以下的优势:

1. 更加精确地描摹公共管理和政策网络的真实情况

社会网络分析不拘泥于传统的以个体为研究对象的原子论分析思路,对个体乃至群体间的关系及互动给予更多的关注。公共管理学研究的背后是复杂的社会网络、社会关系,因此孤立的、静止的、以理性经济人假设为出发点的研究,并不能给我们描绘一个真实的公共管理的图景,而社会网络分析有助于我们做出更加真实更加准确的描摹与分析。

2. 可以将不同层次之间的影响和生成机制纳入研究框架

社会网络分析可以将不同层次之间的影响和生成机制纳入政治学和公共管理学的框架。区分不同的研究层次(如个人、小团体、组织、社会、全体公民等)以及同层次的不同群体之间的相互作用(如政企关系、政社关系),一直是公共管理学研究中选择合适研究方法的重要前提。但是,不同层次之间的相互作用,其实对于个人的行为取向、制度的作用、组织的形成等议题都有重要的意义;而社会网

---

① Weihua An, "Multilevel Meta Network Analysis with Application to Studying Network Dynamics of Network Interventions," *Social Networks*, Vol. 43, 2015; R. Campbell, et al., "An Informal School-based Peer-led Intervention for Smoking Prevention in Adolescence (ASSIST): A Cluster Randomised Trial," *The Lancet*, Vol. 371, No. 9624, 2008; Elizabeth Levy Paluck, Hana Shepherd and Peter M Aronow, "Changing Climates of Conflict: A Social Network Experiment in 56 Schools," *Proceedings of the National Academy of Sciences*, Vol. 113, No. 3, 2016.

② David B. Buller, et al., "Randomized Trial Testing the Effect of Peer Education at Increasing Fruit and Vegetable Intake," *Journal of the National Cancer Institute*, Vol. 91, No. 17, 1999; Rena R. Wing and Robert W. Jeffery, "Benefits of Recruiting Participants with Friends and Increasing Social Support for Weight Loss and Maintenance," *Journal of Consulting and Clinical Psychology*, Vol. 67. No. 1, 1999.

③ Stephen P. Borgatti, "Identifying Sets of Key Players in a Social Network," *Computational and Mathematical Organization Theory*, Vol. 12. No. 1, 2006; Thomas W. Valente, "Network Interventions," *Science*, Vol. 337. No. 6090, 2012.

络分析通过对场域、行动和社会网等不同层次的解析,在一定程度上可以将微观的社会网络和更加宏观的社会结构相连结,以对个人在社会网络中如何互相影响、个人和社会网络本身如何实现结构和力的多重作用进行探索,并可以对公共管理中不同层次的结构生成与变动、个体和群体行动的肇因与趋势等进行更加丰富的研究。

3. 整合相关学科和概念

社会网络分析能够更好地整合相关学科和相关概念,并将其统一于政治学和公共管理学的学科研究当中。通过社会网络分析,社会交换理论、信任理论等理论脱离了单纯的逻辑分析和理论构建,被放在了一个更加广阔的理论框架中进行综合分析。而政治制度、政治信念、政策扶持和先前合作等因素也被赋予新的社会网络化、社会关系化的理论视角,应用于对政治、公共管理和政策网络的形成及其结构的相关研究。

(四) 劣势

一般而言,在政治学和公共管理学研究中,应用社会网络分析的主要难点有以下四点[①]:

1. 难以得到高质量的社会关系数据

从方法的角度看,社会网络分析资料的收集有着比较严格的要求,尤其是整体社会网络资料的收集(详见本章操作流程部分),需要一个组织或群体中的所有人都对相关问题进行回应,不进行抽样,对废卷率也有着比较严格的要求;换言之,如果不能获取组织中绝大多数成员的数据或是有关键人物放弃作答,那么整个社会关系数据就是无效的。而且,这个问题在研究政治和公共管理问题时尤其明显。部分政治和公共管理问题的话题敏感性和利益相关性严重影响了被调查者对社会网络、社会关系相关问题的作答。这就是说,人们一方面对社会关系的作用津津乐道,另一方面却也对其讳莫如深。而且,在中国语境下,直言不讳地谈论和披露自己的社交网络和人际关系,本身就是很难被人们所接受的。所以,在社会网络分析中,传统的社会调查和访谈资料收集方法可能不是很有效。[②] 如果要做的话,关键是争取被调查方的合作。一旦调查可行,就要精心设计调查和访谈问题,以做到既能够保护被调查方的隐私,又能够达

---

① 安卫华:《社会网络分析与公共管理和政策研究》,《中国行政管理》2015 年第 3 期。
② Peter V. Marsden, "Recent Developments in Network Measurement," in Peter J Carrington, et al., eds., *Models and Methods in Social Network Analysis*, Cambridge University Press, 2005, p. 30.

到科学研究的目的。同时,鉴于调查和访谈方法的局限性,也要尽量利用公开的信息收集关系数据。另外,在观察不到网络关系的情况下,对网络的基本特征和发展变化的基本规律也可以先进行一些理论上的探讨。

2. 做因果推论的能力不强

在研究社会网络和社会关系效应时,如何有效地区分社会选择和社会影响是关键点。一方面,"物以类聚,人以群分",具有类似观点和行为的组织与个人更容易汇聚在一起、结成网络,反映的是社会选择;另一方面,"近朱者赤,近墨者黑",个体间互相影响,也可能导致观点和行为类似,反映的是社会影响。如果不能有效地区分二者,社会选择效应就可能被混同于社会影响效应。[①] 另外,从研究方法本身来说,个体社会网络的分析与研究可以同其他依赖于调查问卷的研究方法一样,在研究设计时就考虑合理的抽样方法,这样在研究进行推论的时候,就能具有较好的推论能力,产生相对比较可靠的因果推论。整体社会网络分析则需要封闭的群体,而每个封闭群体只能当作一个个案,加上可以这样完成全部应答的封闭群体本就不好寻找,所以研究者一般不可能在需要建立推论的社会范围内随机抽取足够数量的个案,并对每个个案都进行研究。因此,大多数研究者选择使用便利抽样,这样一来,分析的结论只能证明某个个案对某类群体有一定的代表性。

3. 理论研究滞后

具体到公共管理和政策网络,首先,其内涵界定还比较混乱。对网络主体和社会关系的不同界定会带来研究视角和结论的不同。其次,公共管理和政策网络研究与"新公共管理运动"之间的区别和联系还有待继续探讨。再次,不能照搬现有的网络模型来进行研究。这主要是因为公共管理和政策网络是由多层次、多类型、动态化、利益和政治双导向、人格化(比如基于官员之间的个人联系)和非人格化(比如基于正式组织结构)混合的关系组成,现有的社会网络统计模型对利益和激励的考量不足,还不能完善地分析这些复杂的关系及其变化。最后,网络动态学是社会网络分析框架下的重要路径,但如何把更加复杂和动态的公共管理和政策网络纳入一个同样动态化的分析框架,也是亟待解决的问题。

4. 本土化问题

首先,中国的政治和公共管理研究本身有着比较独特的社会文化背景,其与

---

① Tyler J. VanderWeele and Weihua An, "Social Networks and Causal Inference," in Stephen Morgan, ed., *Handbook of Causal Analysis for Social Research*, Springer, 2013, pp. 353-374.

西方政治和公共管理研究的差异在加入社会网络的因素后会被进一步放大,因为东西方的社会网络、社会关系在理论上就有许多不同。例如,格兰诺维特提出的连带强度具有四个构面——关系持续时间、互动频率、亲密程度以及互惠内容,进而将社会连带分为强、弱两类。许多中国研究者则更多地采用了三分的构面分类,比如罗家德认为,可以将社会网络关系分为家人关系、弱关系以及熟人关系。[①] 其次,在研究方法方面,文化背景的差异也要求在设计和实施研究时更多地考虑被调查群体、组织的实际情况。例如,伯特在相关研究中为了考察互动频率,要求受访者勾选同列出的关系人聊天的频率[②];而在中国语境下,平时的餐饮聚会[③]、逢年过节的问候和拜访[④]等这些人际互动,具有衡量社会交往和关系的特殊意义。诸如此类的问题很多。总之,因为直接考察社会网络和社会关系,因此在社会网络分析中,社会文化差异倒逼研究方法进行修正的情况,也比直接考察人和人的行为的研究更为复杂。

三、起源、发展和理论基础

(一) 起源和发展

基于弗里曼的研究[⑤],安卫华将社会网络研究的发展大致分为五个阶段[⑥]。

1. 初创期

社会网络分析的直接前身是雅各布·莫雷诺(Jacob Moreno)在20世纪30年代创立的社会关系计量学。莫雷诺及其助手要求研究对象报告他们期望和哪位组织成员共同生活和娱乐,并据此得出一套关系数据,用以分析各成员在群体中的位置和群体中的小集团。这是最早的社会网络研究之一。大约在同期,哈佛大学的威廉·沃纳(William Warner)和乔治·梅奥(George Mayo)在研究组织行为

---

① 罗家德:《社会网分析讲义》(第三版),社会科学文献出版社2020年版。
② Ronald S. Burt, "Network Items and the General Social Survey," *Social Networks*, Vol. 6 No. 4, 1984.
③ 边燕杰、刘翠霞、林聚任:《中国城市中的关系资本与饮食社交:理论模型与经验分析》,《开放时代》2004年第2期。
④ 王卫东:《中国城市居民的社会网络资本与个人资本》,《社会学研究》2006年第3期。
⑤ Linton C. Freeman, *The Development of Social Network Analysis: A Study in the Sociology of Science*, Empirical Press, 2004.
⑥ 安卫华:《社会网络分析与公共管理和政策研究》,《中国行政管理》2015年第3期。

的过程中,开创了人际关系学派。他们收集了工人之间详细的社会网络数据,比如谁和谁一起玩、谁和谁吵了架、谁帮助了谁、谁和谁是朋友、谁不喜欢谁等,并用图形的方式展示了工人之间的种种关系。

2. 平静期

从 20 世纪 40 年代到 70 年代是社会网络研究的平静期,分析方法上没有大的突破。其中,50 年代的哥伦比亚学派,包括保罗·拉扎斯菲尔德(Paul Lazarsfeld)、詹姆斯·科尔曼(James Coleman)、伊莱休·卡茨(Elihu Katz)和赫伯特·门泽尔(Herbert Menzel),以及受其影响的埃弗雷特·罗杰斯(Everett Rogers)等,侧重于用社会网络的方法来研究社会传播,给社会网络研究注入了新的活力。

3. 起飞期

20 世纪 70 年代,哈里森·怀特和他的学生在哈佛大学对社会网络的研究,奠定了现代社会网络分析的基础。一方面,怀特和其学生使用矩阵理论来研究社会网络,写出了一些关于网络分组和机会链方面的重要论文;另一方面,怀特培养了一大批对当代社会网络分析具有重要影响的学生。

4. 突破期

从 20 世纪 90 年代起到 21 世纪初,社会网络研究的发展进入了突飞猛进的时期。这一时期有两个特点。第一个特点是分析方法上的突破。例如,斯坦利·沃瑟曼(Stanley Wasserman)和凯瑟琳·福斯特(Katherine Faust)在 1994 年出版的《社会网络分析:方法与应用》(*Social Network Analysis: Method and Application*)一书系统总结了社会网络分析的统计方法,但这本书还是侧重于描述性的统计分析。指数随机网络模型(exponential random graph models,ERGM)的建立和发展则极大推动了社会网络的统计建模发展,尤其个体导向的随机模型进一步把随机网络模型的应用范围推广到分析动态社会网络。第二个特点是网络研究越来越学科化,应用也越来越广泛。研究主题从单纯的对社会网络的研究,扩展到对政治网络、经济网络、文学作品中的对话网、疾病传染网、计算机网络等的研究;参与的学科也从社会学、人类学和统计学,扩张到经济学、政治学、公共管理学、传播学、文学、物理学、生物学、医学等。

5. 深入期

经过九十余年的发展,现在社会网络研究的规模和态势基本成型。未来社网络分析则需要在各个领域进一步深入发展,重点的领域包括网络大数据分析①、网络数据的因果分析②、基于社会网络的干预和预测问题等。

(二) 理论基础

社会网络分析的起源和发展,首先来自研究者们对于经济学领域研究,特别是理性选择学派忽视人与人之间关系以及人们之间形成的关系网络的"低度社会化"观点的反思。同时,在发展过程中,社会网络分析也对社会学研究中专注质性研究,特别是对组织中的行动者观念、动机、意义的叙述与描写的"过度社会化"观点进行了适度中和。整体来看,社会网络分析是通过对社会关系特别是关系网络的结构进行偏量化的处理,综合运用质性分析、定量计算、图表呈现等的研究范式及方法。因此,社会网络分析方法的理论基础主要包含两个方面:一是对一定范围内行动者关系及关系网络对组织和行动者个体的影响的关注,集中体现为社会资本理论和角色理论;二是对社会网络及其结构以统计建模和数学的图形理论的方式进行量化的或可视化的分析,也即结构化的视角和数学模型理论。

社会资本的概念是由古典经济学中的"资本"概念演变而来。20世纪60年代,经济学家舒尔茨在物质资本以外,提出了人力资本的概念,扩展了"资本"的概念,关注非物质因素在经济生活中的作用;社会学家则在此基础上提出了社会资本的概念。③ 社会资本理论在微观上关注个人通过社会关系的建立来获得通向所需资源的途径,中观上则关注个人在社会结构中的位置对其资源占有情况和获得情况的影响,宏观上则是关注特定的群体对社会资本的占有情况。

社会角色是社会学中的重要概念,是研究人的社会化的重要内容。社会角色理论从个体在社会中或组织中扮演的角色出发来分析其行为和活动。广义的社会角色理论还衍生了角色组理论、管理角色理论、团队角色理论等相关理论。其中,角色组理论认为,组织中的个体在执行组织角色时,必将同组织中的其他个体及他们的角色产生联系和互动,这个执行组织角色的人被称为中心人物,中心人

---

① Weihua An, "Fitting ERGMs on Big Networks," *Social Science Research*, Vol. 59, 2016.
② Weihua An, "Models and Methods to Identify Peer Effects," in John Scott and Peter J. Carrington, eds., *The SAGE Handbook of Social Network Analysis*, Sage, 2011, pp. 514–532; Tyler J. VanderWeele and Weihua An, "Social Networks and Causal Inference," in Stephen Morgan, ed., *Handbook of Causal Analysis for Social Research*, Springer, 2013, pp. 353–374.
③ 杨立华:《超越政府与超越企业:政府理论和企业理论的大社会科学和产品研究法》,中国经济出版社2005年版,第192—193页。

物同与之合作共事产生联系的其他角色共同构成了一个角色组,而多个角色组的叠加共同构成了组织的社会角色关系网络。

四、适用范围和条件

使用社会网络分析方法主要考虑三个方面的因素。

(一)研究目的

一般来说,如果研究者的目的仅是了解某个组织或群体非关系网络性的特征,而不打算考察被研究者的社会关系、所处的社会网络对其行为和关系本身的影响,那么就不适合使用社会网络分析;但如研究者目的是研究人们如何建立和发展社会关系,以及社会关系所形成的网络对人们的态度和行为的影响,那么就应该选择社会网络分析。当然,不同类型的社会网络分析的研究目的也略有不同,这些将在本章后面部分进行详细讲解。

(二)数据特征

能否同时掌握定性和定量数据也影响社会网络分析方法的选择。一方面,社会网络分析是旨在用定量研究的方法对复杂的社会网络、社会关系及其中的互动关系进行分析的研究方法,因此基于图形理论和统计分析的定量研究是研究方法的主干。但是,好的社会网络分析往往也离不开好的定性分析。例如,在研究设计阶段,只有通过定性分析对研究对象的社会关系、社会偏好有一个直观的了解,才能制定更加准确的研究范围、研究维度和具体的问卷;而在撰写报告的阶段,也只有扎实的定性分析才能更加有效地根据社会资本、社会网络理论做出有效的推论。

一般而言,研究者在正式开始社会网络分析之前掌握的资料主要是定性研究的资料,即通过观察和访谈掌握的关于被调查者社会关系和人际关系的基本情况,这部分资料主要以描述性文字资料、调研报告的形式存在。而在正式的研究中,有关个体社会网络的资料则可以通过问卷以李克特量表的形式进行收集,并得到相应的关系强度的指数,如关系久暂、互动频率、亲密程度等;而有关整体社会网络的资料,则主要可通过向某个有边界的团体中的所有成员发放问卷以获得矩阵表的形式,之后再通过相应的定义公式和计算(或通过现代计算机技术)得到各项基本系数或者内部小团体的基本情况,或进一步对组织的社会资本或组织中的角色定位进行归纳和提炼。

(三) 实施条件

研究者的社会资本也会影响社会网络分析方法的选择。社会网络分析本身就需要消耗研究者的社会资本,因为研究者首先需要通过自己的社交关系,找到愿意与自己合作,并诚实填写社会网络分析问卷的群体。而且,整体社会网络资料的收集和分析,更是需要一个有边界的团体内部的几乎所有成员同研究者进行合作,填答问卷。

五、类型划分

(一) 一般社会网络分析的分类

一般而言,社会网络分析可以分为八类[①]:

(1) 关系研究以及个体因素(受场力或集体社会网结构干扰)对关系影响的研究。

(2) 关系对个体行动的影响研究。代表性研究是林南及其借由个体中心社会网络方法发展出来的职位生成法。[②]

(3) 个体因素(受场力或集体的社会网结构干扰)对个体结构位置的影响的研究。

(4) 个体结构位置对个体行动的影响研究。代表性研究是伯特的结构洞理论。

(5) 个体行动对集体社会网络结构的影响研究。这主要是动态社会网理论关注的问题。

(6) 集体社会网络结构对个体和集体行动的影响研究。

(7) 社会网络和场力之间的互动影响研究。比如,网络生态是如何导致网络结构的不同等。

(8) 基于社会网络进行的管理和政策项目设计。

(二) 依据资料收集方式的分类

依据资料收集方式的不同,可以将社会网络分析划分为个体社会网络和整体

---

① 安卫华:《社会网络分析与公共管理和政策研究》,《中国行政管理》2015 年第 3 期。
② Nan Lin, "Building a Network Theory of Social Capital," *Connections*, Vol. 2, No. 1, 1999.

社会网络两种不同类型。两类收集方式在研究目标、发放群体、问卷设计等方面都有着显著不同。

1. 个体社会网络

个体社会网络旨在分析社会连带关系,主要使用提名生成法(name generator,即让研究对象根据某些描述特征找出符合这些描述特征的人)和提名诠释法(name interpreter,即让研究对象提供关于联系人的特征和背景信息)对被调查者的密切关系人和他们之间的具体关系进行记录和考察。个体社会网络可以就个体进行随机抽样,且抽样方法决定了样本的数量。同一般量化研究方法一样,抽样水平和精确度的提高会减小研究的误差,因而个体社会网络也具有较强的推论能力。具体而言,个体社会网络又可以分为两小类:一类只有个体(ego)和他体(alter,也即作为个体的他人或别人)之间的联系;另一类除了个体和他体间的联系外,还包括个体对他体间关系的汇报。个体社会网络的主要缺陷是其关系的测量主要基于个体的视角,可能有测量误差,也比较难以准确地测量关系的方向性,不能测量宏观的网络结构特点和基于全网的一些中心性,比如中介性[1]和密切性[2]等。

2. 整体社会网络

整体社会网络收集的数据形式是矩阵表,可以分析社会关系的方向性和社会网络的结构,对于测量网络结构和基于全网的中心性[3]比较准确。另外,整体网络数据有利于研究变量对关系方向的影响,以及内生性关系生成的各种效应,比如传递效应(例如,朋友的朋友也是朋友)、明星效应(例如,核心人物得到更多连接)等。但是,由于整体社会网络中只有"有关系"和"没有关系"的类别资料(除非是包括更细节性的对关系强度描述的数据),因此对于分析社会连带的能力相对较差。而且,正如之前提到的那样,整体社会网络的资料收集和研究分析需要一个相对封闭的群体,要求这个群体中的几乎所有成员都参与研究(或有完整的公开的资料),且没有重要人物(节点)缺失,相应的研究才能进行。同时,一般这类研究的一个团体往往只是一个个案,而如要将结论进一步推广,则需要在群体层次上进行更多抽样(例如,选择众多学校)。

---

[1] betweenness,有时也译作中介度,衡量个体在网络中担任他人之间的桥梁作用的程度。
[2] closeness,有时也翻译为接近性或密切度,衡量个体和其他网络成员之间的联系密切程度。
[3] centrality,一般表示个体在网络中的核心程度。

六、研究设计和有效性

（一）研究设计

社会网络分析的研究设计主要包括提出研究问题、建立变量框架、确立理论框架与研究假设、制订数据收集方案、制订抽样方案（个体社会网络分析）、选择量化分析方法、讨论研究效度（质量自评）等。研究设计的核心和前提是明确研究问题，好的研究问题应该建立在实践和理论探索的基础上，能够明确指出研究者希望研究和了解哪些变量及其之间的相互关系，具体到社会网络分析就是明确研究者想要通过对社会网络和社会关系的分析了解什么现象或行为，或是对社会网络中的哪种作用关系感兴趣，具体可以参考上面列举出的八种不同的社会网络分析类型。确立研究问题后，基本的变量框架也就产生了，在此基础上研究者应该进一步做好两方面的工作。一是回顾梳理相关文献，初步确定研究所应用的或想进一步探索的中层理论。应该说，几十年的学术发展已经为研究者提供了大量可以参考的中层理论。二是针对所要研究的问题确定研究对象，通过扎实的定性研究了解研究对象（个人或群体）的社会网络关系、基本特征和文化背景，为未来研究的理论嵌入做好准备。之后，要根据所选择的研究目标和研究对象的不同，初步选定所需要的数据收集方案和抽样方案，并充分了解可能会应用的量化分析方法，如个体社会网络分析可能需要应用主成分分析法重新构建相应文化情境下的构面，集体中心的社会网络分析则需要矩阵表的计算。

（二）研究有效性

研究设计过程对研究设计质量的自我评估主要基于对研究有效性的报告和相应威胁因素的控制。一般而言，社会网络分析的研究有效性也主要可以从前面所讲的构念效度、内部效度、外部效度、统计结论效度四个维度进行考察。

首先，正如前面章节指出的，构念效度主要考察变量测量的准确性，主要是指在对构念进行操作化时，选取测量手段测量出的数据同构念本身定义之间的一致性程度，它是科学严谨的研究的重要前提。具体就社会网络分析而言，旨在确定社会网络整体形态和状况的指标都是基于图形理论产生的一些纯代数运算，其构念效度本身就比较高。例如，通行的关于中心性、密度、路径、直径等指标的计算用的都是通用公式，本身不受研究者定义的影响。但是，在个人中心的社会网络分析中，无论是不同的构面，还是每个构面的测量，都有赖于研究者对现实状况细致的观察和精确的定义，才能完成更加精确的测量。而且，这里还必须强调普遍性测量工具和不同文化背景特殊性的有机结合,因为只有测量工具同文化情景高度匹配,才能确保变量操作的构念效度。另外,在诸如小团体和角色的量化分析中(K-plex、K-core、N-clan 等),数量的计算也需要研究者确定条件(如最小的小团体不小于 4 个节点),而不同的条件设置会产生截然不同的研究结果,但具体的临界值同样依赖研究者通过细致的考察来确定。

其次,内部效度是指研究者所关注的变量之间的关系的可信程度。影响内部效度的因素主要来自除自变量之外的各种混淆变量或因素。在社会网络分析中,受限于各种条件,研究者一般只能采用横截面数据和自评式的问题进行研究。在这种情况下,由于自变量与因变量的数据取自同一时间点,且多数数据由相同研究对象主观提供,所有这些都有可能威胁社会网络分析的内部效度。应对这些威胁因素的方法主要有两种:一是从理论出发,在概念构建阶段就理清变量之间的基本关系,同时从文献和现有中层理论出发,提前判断可能的混淆变量并予以测量和控制。二是在实验设计中采取相应的手段,如个体社会网络分析,尽可能使用严格的随机抽样以减少混淆变量的影响。

再次,外部效度代表了研究的结论是否具有足够的可推广性。社会网络分析方法,特别是旨在对某个集团的社会网络形态进行整体描摹和分析的整体社会网络分析,因其资料获取和样本选择的局限性,其研究结论在研究对象群体外的推论能力相对有限。因此,作为研究者,在研究设计阶段就应该对研究的外部效度有一个清楚的判断。同时,在个体社会网络分析中,抽样方法和样本选取范围也会影响其可能的推论范围。总之,好的研究设计和研究应该在明确自身推论范围的基础上,做出科学、有意义的结论。

最后,统计结论效度是指在对研究假设进行统计检验时,从具体的统计方法所得到的结论的正确程度。定量研究中导致统计检验错误的因素有很多,针对第一类错误和第二类错误,也有很多相应的控制手段,这些在本书前面的相关章节已经有所论述。这里需要指出的是,在社会网络分析的研究设计中,对统计结论效度的保障,主要依赖样本的抽样方法和具体统计方法的选择。

七、操作流程

虽然基于不同研究目标和偏好的社会网络分析的研究步骤和手段经常各有不同,但作为一种整体上偏定量的研究方法,不同的社会网络分析的研究设计也常包含着相似的基本步骤。如果将前面研究设计阶段所提到的提出研究问题、建立变量框架、确立理论框架与研究假设等步骤,看作社会网络分析的研究开始和准备阶段,并在整体上将其命名为操作流程的"研究设计"步骤,那么社会网络分析操作流程接下来的几个必不可少的步骤则是:资料收集、数据分析、撰写报告。下面将以这四个步骤为主,对社会网络分析的操作流程进行介绍。而且,根据资料收集方式的不同,又可将社会网络分析划分为个体社会网络分析和整体社会网络分析两种类型,下面将分别对这两种最基本分析类型的操作流程进行介绍。

(一)个体社会网络分析的操作流程

一般而言,个体社会网络重点分析社会连带和局部社会网络结构,不能分析基于全网的网络结构。

1. 研究设计

个体社会网络分析研究设计的主要任务是确定研究问题,建立变量框架,确定研究范围和合理的抽样方案,讨论研究效度。这些都和一般研究比较类似,无须赘述。

2. 资料收集

个体社会网络的数据收集主要依赖于研究者设计的问卷。一般的个体社会网络问卷主要综合采用提名生成法、提名诠释法、职位生成法等方法,对研究对象的社会连带状况进行调查。当然,标准的个体社会网络问卷可以参考伯特所整理的美国一般社会调查问卷(general social survey)。[1]

(1)提名生成法。

提名生成法一般应用在问卷的第一部分,反映一个社会网络分析的研究主旨。例如,在伯特的问卷中,第一个问题是研究亲密行为的,问题要求研究对象列举出过去六个月曾经跟他讨论过个人私事的1—5个人的名字。而接下来的一系列问题则要求研究对象进一步圈定他所列出的几个人之间的关系,并进一步确定他们之间是强连带还是弱连带关系。提名生成法要完成的两个基本任务是,首先得到一群人的名字,然后得到这些人相互之间的简单关系。关于提名生成法的更多原则和技巧,可以参考罗家德的相关论述。[2]

(2)提名诠释法。

提名诠释法主要用于进一步探讨提名生成法中列出的关系人与受访者的关系。一般而言,其主要关注连带的强弱和背景的相似度问题。连带强度的问题一般是依托格兰诺维特关于连带强度四个构面的区分,分别对互动频率、关系持续

---

[1] Ronald S. Burt, "Network Items and the General Social Survey," *Social Networks*, Vol. 6 No. 4, 1984.
[2] 罗家德:《社会网分析讲义》(第三版),社会科学文献出版社2020年版。

时间、亲密程度和互惠内容等进行提问,还可以对关系类型、行为亲密度等进行问询。当然,在本土化的研究中,还可以加入相应的本土化问题。背景方面则关注研究对象的人口统计因素,特别是经济状况和受教育水平等因素。

3. 数据分析

个体社会网络分析一般使用五级或七级量表对不同的连带特征进行收集。所获得的数据可以简单进行加总平均,也可以做加权处理。如果需要重新确定在某个特定文化背景下连带强度的构面组成,可以使用统计的方法。例如,可以先做因子分析,确定诸多问题可以分成多少构面,然后把连带强度当作潜变量,选用线性结构模型(Linear Structural Relation Models, LISREL)做回归分析。而获得的连带强度还可以进一步和各种背景因素进行相关性分析。而且,个体网络分析也可以对个体和其他个体一起进行研究,此时可以使用多层次模型(multilevel models)来处理个体和其他个体的数据聚合(data clustering)问题。①

4. 撰写报告

同所有的科学研究一样,个体社会网络分析的研究报告要根据研究中的发现和研究对象的反馈进行调整和撰写。特别地,对假设的验证要充分考虑各种混淆变量的干扰,并在考虑样本来源和抽样方法的基础上做出严谨的推论,进而提出相关的政策或行动建议。

(二)整体社会网络分析的操作流程

整体社会网络分析能够较好地描述社会网络的结构,并进一步探究结构对于社会关系的影响作用。

1. 研究设计

整体社会网络的研究一般是基于一个可以找到边界的团体,该团体可以是企业、部门、社会组织等。克拉克哈特和汉森将个体间的社会网络分为三类:情感关系、咨询关系、情报关系。② 而在中国本土的相关研究中,不少研究者还会关注第四种网络关系——信任关系。而事实上,组织间的社会网络可能有更多的类型。因此在研究设计阶段,研究者首先要确定自己研究的是个体还是组织之间的社会网络,以及哪些关系会对哪些结果产生影响。

---

① Brea L. Perry, Bernice A. Pescosolido and Stephen P. Borgatti, *Egocentric Network Analysis: Foundations, Methods, and Models*, Cambridge University Press, 2018.

② David Krackhardt and Jeffrey R. Hanson, "Informal Networks: The Company Behind the Chart," *Harvard Business Review*, Vol. 71, No. 4, 1993.

在研究设计阶段重要的操作步骤主要有以下三个:

(1) 确定分析单位。

正如我们反复强调的,整体社会网络分析需要一个边界清晰的分析单位,因为这个作为研究目标的社会网络中的每个成员原则上都要同研究者积极合作,只有这样,整个研究才能勾画出完整的社会网络。因此,这个分析单位不能过大。而且,如果是做多个社会网络之间的对比,那么每个社会网络作为独立的个案,其边界也都应该是清楚的和可控的。

(2) 确定社会网络的边界。

即使是对一个已经确定的研究对象,其社会网络边界也可能有不止一个界定标准,而不同的界定标准可能直接影响研究的效度。比如,针对社区的研究,如何界定社区社会网络的边界?是按照行政区划,还是按照更为抽象的社区文化认同?一般而言,扎实的定性研究有助于回答这类问题。再比如,在对政府部门的相关研究中,社会网络边界之外的相关部门或直管领导,是否对该社会网络有重要影响,以及这种影响是否应该被考虑,也是在确定边界时需要衡量的问题。

(3) 决定重要的关系维度。

整体社会网络分析要求每个研究对象对同一社会网络中的其他所有人与他之间的关系进行选择答题,因此题目维度的增加可能意味着研究对象有大量的题目要回答。要解决这些问题,一般而言,研究者可以选择和自身研究关系最为密切的社会网络维度进行问卷设计。比如,要考察社区内部的政治信任,可能就同情报及咨询网络没有太大关系,问卷中只要针对情感和信任网络设计问题即可。

2. 资料收集

整体社会网络分析的数据收集一般也依靠研究者设计的问卷。根据研究对象和研究内容的不同,整体社会网络分析所关心的关系网络类型也不尽相同。研究者既可以根据研究所依据的理论决定所要调查的关系网络类型,也可以设计多个问题,通过预研究、因子分析等决定所要具体研究的关系网络类型。研究者在确定关系网络类型的基础上,针对不同类型设计相应问题,如对于情感关系的类型,可以设计问题"您和哪些人聊天时会谈到个人私事"。问卷设计完成后,可将该网络中所有人的名字列出,请研究对象一一进行判断和勾选。

另外,在问卷的设计中还需要注意以下两个问题:

(1) 以行为问题为主,而不是直接询问关系。

社会关系问卷中经常会有比较敏感的问题,毕竟友情和信任等关系是相互的,稍有不慎,问题就会对研究对象造成不同程度的冒犯。尤其是一些阻碍或非友谊类的问题,如果以抽象的形式去问(比如,"你讨厌谁""哪位和你有过节"),

很有可能受访者会不愿或者不敢回答;但是,如果问"谁曾经在工作中给你带来过麻烦",有了一个具体的行为去衡量,再加上可靠的保密保证,就有助于研究对象作答。

(2)尽可能将问题嵌入情景。

这一点是要求研究者在进行问卷设计时,尤其是参考已有研究的成熟问卷时,要充分考虑研究对象的实际情况和文化背景,因为社会网络本身就是实际的,而且是与文化背景密切相关的。所以,如果设计的问题不嵌入具体情景,则往往得不到正确的信息。而且,需要指出的是,由于整体社会网络分析的条件和要求比较严格,研究者想要获得完整真实的社会网络资料往往并不容易。因此,在实际的操作中,也有不少研究者选择通过公开的新闻信息或者社交网络信息等,尝试构建和还原社会网络。例如,安卫华曾提到一个例子,为了研究美国参议员之间的合作关系和网络状况,研究者选择从公开的新闻中挖掘美国参议员共同参与新闻发布会的信息,并予以整理。[①] 这虽然不能完全反映参议员之间的真实社会网络关系,但是对于探索研究者所关注的参议员之间的政治合作状况也是有意义的。

3. 数据输入、分析和呈现

整体社会网络数据资料的每一个问题都可以形成一个网络,而这个网络可以通过矩阵或图形的方式呈现出来。在矩阵图中,每一个人的选择可以按照勾选为1、无勾选为0的方式进行记录,所得到的矩阵可以进行直接的运算。关于图形理论、矩阵计算的更多内容,可以参考相关著作。[②] 整体社会网络资料中有许多固定的指标,可以做进一步的计算和挖掘。而且,有赖社会计量学和计算机技术的发展,研究者现在可以通过计算机软件方便快捷地进行相关计算。常用的分析软件主要有 UCINET[③] 和 STRUCTURE。更高级的专门网络分析软件包括 R 中的多个软件包,比如"sna"和"igraph"(两者用以描述性分析)、"statnet"(用以拟合指数随机模型)和"RSiena"(用以动态网络分析)等。

研究者在安装软件后可以将自己收集的社会网络矩阵输入分析软件,然后按照需求逐一计算指标量或绘制社会网络图。这里,我们仍以美国参议员共同参与新闻发布会的社会网络模型分析为例,说明一些比较常见的指标量(见图 15.1 和表 15.1)。

[①] 安卫华:《社会网络分析与公共管理和政策研究》,《中国行政管理》2015 年第 3 期。

[②] 例如,罗家德:《社会网分析讲义》(第三版),社会科学文献出版社 2020 年版;Stanley Wasserman and Katherine Faust, *Social Network Analysis: Methods and Applications*, Cambridge University Press, 1994。

[③] UCINET 软件可以免费试用,具体网址为 http://www.analytictech.com/archive/ucinet.htm。

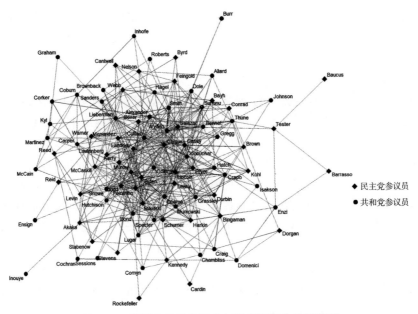

图 15.1 美国参议员共同参与新闻发布会的网络图

资料来源：安卫华：《社会网络分析与公共管理和政策研究》，《中国行政管理》2015 年第 3 期，第 98 页。

表 15.1 美国参议员共同参与新闻发布会网的基本特征

参议员	A. 个体层次			B. 群体层次	数量
	中心度	密切度	中介度	统计特征	
Clinton	41	0.72	1070.93	结对关系(Dyad)	
Collins	28	0.64	423.60	双向关系(Mutual)	468
Feinstein	28	0.64	623.32	单向关系(Asymmetric)	0
Lincoln	27	0.63	365.94	无关系(Null)	3627
Salazar	27	0.64	878.70	三角形(Transitive triad)	712
Obama	22	0.60	218.73	小集团(Clique)	
Pryor	22	0.61	280.56	2 人	46
Liberman	21	0.59	512.72	3 人	72
Bond	20	0.58	264.28	4 人	82
Klobuchar	19	0.58	130.11	5 人	30
Landrieu	19	0.58	148.20	6 人	13

(续表)

A. 个体层次				B. 群体层次	
参议员	中心度	密切度	中介度	统计特征	数量
Mikulski	19	0.58	250.98	7人	6
Murray	19	0.58	343.44	8人	1
Biden	18	0.56	143.78	9人	1
Casey	17	0.55	150.26	集群(Component)	
Dodd	17	0.57	399.33	91人	1
Snowe	17	0.56	71.84	C. 网络层次	系数
Alexander	16	0.56	222.85	连接性(Density)	0.11
Grassley	16	0.56	108.15	中心性(Centralization)	0.35
Leahy	16	0.55	147.32	传导性(Transitivity)	0.31

资料来源：安卫华：《社会网络分析与公共管理和政策研究》，《中国行政管理》2015年第3期，第99页。

其一，中心度（Centralization）作为刻画网络节点中心性的最直接度量指标，反映的是个体拥有的关系数量。希拉里·克林顿（表中为Clinton，前美国国务卿）在该网络中处于最中心位置，和41位其他参议员共同参加过新闻发布会。巴拉克·奥巴马（表中为Obama，前美国总统）排名第六。约瑟夫·拜登（表中为Biden，前美国副总统，现美国总统）排名第14。密切度反映的是个体与其他个体之间的紧密程度（数学定义上，与其他个体的最短连接距离的总和成反比）。就其而言，希拉里·克林顿也是傲居榜首。说明她只需要通过很少的中介就能够连接到其他参议员，反映了她潜在的网络动员能力。中介度反映的是个体担任其他个体间连接桥梁的作用。就其而言，希拉里·克林顿还是居先，说明许多参议员需要通过她才能连接到其他参议员，反映她在此网络中的桥梁作用。一般来说，中心度、密切度和中介度是高度相关的，但是也不尽一致，因为它们测量的是个体在网络中的重要性的不同方面。

其二，在群体层次，由于该网是无向网，因此所有的关系（468个）都是双向关系。该网中有封闭式三角关系（即三个个体间互相连接）712个。各类集团（即成员之间相互具有连接的团体）若干，包括6人集团13个、7人集团6个、8人和9人集团各1个。所有的参议员都可以连接在一起，构成了一个91人的大集群。

其三，在网络整体层次上，连接性反映的是观察到的关系数占所有可能存在的关系数的比例。该网的连接性是 0.11,说明只有 11% 的可能关系在该网实现了。集中性反映的是关系数量在个体间分布的不平等性,一般用 0 到 1 之间的分数表示。该网的集中性是 0.35,相对偏低,说明关系的分布比较均匀,没有少数参议员垄断大部分的关系连接。传导性反映的是封闭式三角形关系的可能性(通俗地讲,就是朋友的朋友也是朋友的可能性)。该网的传导性是 0.31,说明有共同合作对象的两个参议员之间合作的可能并不是特别大。

此外,社会网络分析的另一个中心问题就是比较个体间关系连接结构的相似度和进行分组。如果两个参议员具有类似的社会连接,他们的关系结构相似度就高,也表明他们可能属于同一个小群体。因此,可以根据连接的相似性,通过阶梯型分类法(hierarchical clustering)对成员进行分组。在之前的例子中,参议员 4 和 5 的关系连接最类似,因此他们被归为一个小组;参议员 14 和 48 的关系连接最类似,他们被归为另一个小组;然后,这两个小组的关系结构又最类似,他们就被整合成为一个大组。如此反复,可以将所有的参议员分成不同的小组。整体上看,这些参议员可以划分为三大群体。

而且,社会关系的形成是社会网络分析的另一个重要问题。一般来说,社会关系的形成有两方面的成因。一方面,人们可能倾向于和具有优势社会经济地位及特定人口特征的其他人建立关系。比如,在政府工作中,职位低的人员可能更多地向职位高的人员请教,工作经验不足的同事可能会更多地向工作经验丰富的同事请教等。再比如,具有同样背景(性别、学历、毕业学校、政党和籍贯等)的个体间也可能更容易建立关系。另一方面,关系的建立具有内生性。比如,朋友的朋友也可能是朋友。这种传递式的朋友关系会导致网络中呈现许多闭合式的三角形关系。

表 15.2 列出了用随机网络模型分析参议员联合新闻发布会网的结果,使用的软件是 R 中的 Statnet 软件包。结果中的系数是对数几率比(Log-odds ratio)。模型 1 只包含了背景变量。为了演示的简洁性,这里只用了党派和州别两个变量。其他的随后研究还包括了年龄、性别、种族、任职长短、教育程度等变量。模型 2 的结果说明,与民主党相比,共和党的参议员更少地参与联合新闻发布会,而独立身份的参议员没有差别。相同政党的参议员并不比不同政党的参议员更多地一起召开新闻发布会,这可能是由于参议院中的组织结构以跨党派的委员会为主,所以新闻发布会经常是以跨党派的形式出现。但是,来自同一州的参议员明显地比来自不同州的参议员更多地联合召开新闻发布会,说明同州的参议员由于相同的地区利益有更多的合作。

表 15.2 美国参议员共同参与新闻发布会网的随机网络模型之结果

	模型 1			模型 2		
	系数	标准误	P	系数	标准误	P
基本连接度	−1.72	0.11	0.00	−2.59	0.37	0.00
政党主要效应（民主党是参照组）						
独立身份	0.16	0.23	0.48	−0.01	0.23	0.98
共和党	−0.46	0.08	0.00	−0.21	0.05	0.00
相似效应						
相同政党	−0.07	0.11	0.50	−0.16	0.10	0.09
相同州	3.22	0.35	0.00	3.27	0.60	0.00
网络结构						
封闭式三角形（gwesp）				0.37	0.10	0.00
开放式三角形（gwdsp）				−0.14	0.10	0.17
加权关系数（gwdegree）				2.87	5.86	0.62
模型拟合度（AIC）	2783			2775		

资料来源：安卫华：《社会网络分析与公共管理和政策研究》，《中国行政管理》2015 年第 3 期，第 99 页。

第二个模型中加入了三个内生性的网络结构。封闭式三角形反映的是传递性合作关系，即如果参议员甲和乙有合作关系，甲和丙有合作关系，那么乙和丙可能有合作关系。开放式三角形（也称两步连接，two-path）反映的是非传递性的关系：即使参议员甲和乙、甲和丙各有合作关系，但是参议员乙和丙却没有合作关系。加权关系数反映的是关系分布的均匀性。模型 2 的结果表明，这个网络有较多的封闭式三角形，反映了参议员的合作关系具有传递性。但是，没有统计证据表明这个网络具有显著不同的开放式三角形，或者关系分布非常不平等。另外，加入这些内生性的网络结构并没有显著改变模型 1 中发现的党派效应和同州效应。共和党还是相对较少地共同参与联合新闻发布会，同州比不同州的参议员还是有更多的合作。而从模型拟合度来看，模型 2 的表现较好。

以上这些统计量都可以由 UCINET 的图形界面完成计算，并不需要额外的编程或是公式。而通过这些统计量，我们可以大概了解一个社会网络的状况。因此，研究者了解自己需要关注的统计量及其所代表的含义对于研究非常重要。

4. 报告撰写

整体社会网络的报告撰写同个体社会网络分析类似,不同的是整体社会网络分析的推论一般只限于作为个案的团体内部,如果是多个个案则需要分别分析,再做跨个案的推论。但是,也需要注意,两种社会网络分析的资料收集并不是截然对立的,根据研究目标和计划可以同时收集两类资料并加以综合应用。

八、质量评价和保证

因为社会网络分析是定性研究和定量研究的结合,但主要是定量研究,所以对社会网络分析的质量评价主要集中在对定量研究中信度和效度的检验,前面多有论述,此处不再赘述。

而对于社会网络分析中定性研究部分的质量评价,请参考本书姊妹篇《政治学与公共管理研究方法基础》中定性研究相关章节的质量评价指标。

随着新技术、新手段、新理论、新需求等的不断发展,今后社会网络分析可能有以下几个重要的发展趋势[①]:

第一,多学科的交融和综合。比如,现代新媒体和社交媒体的发展导致大量社会互动行为转移到互联网上,急需计算语言学、统计学和社会学的交叉融合来进行综合分析。

第二,从描述性研究深入到因果推断性研究。社会网络分析只有更注重因果推断,才能提供更实际有效的政策建议。

第三,定量和定性研究方法的结合。传统社会网络分析侧重于定量分析,但是,由于各种原因的限制,在研究一些网络(比如公共管理和政策网络)的时候,传统的抽样和大规模调查的方法很不现实,因此需要依赖一些定性研究方法(比如观察法、访谈法)等开展研究。

第四,利用社会网络分析来解决传统的、经典的社会科学问题。比如,利用社会网络来设计网络化干预,以增加政策干预的效果;或者利用网络汇报来纠正自我汇报中的偏差等。

第五,发展新的统计方法分析特殊类型的网络。比如,代表个体间密切程度关系(而不是简单的有无关系)的多值网、多重属性主体间网络以及个体和网络大数据等。

---

① 安卫华:《社会网络分析与公共管理和政策研究》,《中国行政管理》2015 年第 3 期。

九、伦理问题

伦理问题是任何社会研究都不容回避的问题。而且,社会网络分析因其话题和问题的敏感性,需要注意的伦理问题可能更为复杂。这里对一般研究所需要共同关注的伦理问题(如一般匿名原则、诚信与质量原则等)不再赘述,仅对社会网络分析研究不同阶段应该遵循的比较特殊的伦理准则进行强调。

(一)准备阶段

严格坚持知情同意的原则,要充分告知研究对象研究的目的和内容。必要时,还需要对研究对象进行相关培训,以确保其了解"弱关系""熟人关系"等概念的含义,尤其是并非人人知晓的概念的确切意义。这么做的目的有两个:一是保障研究对象的知情权,二是保证研究对象能够认真地同研究者合作。

(二)资料收集

这一阶段最重要的伦理准则仍然是保密。个体社会网络分析可以且应该是完全匿名的,并应向研究对象明确说明并保证研究是匿名且保密的,减少研究对象的压力,以获取更加真实准确的信息。而对整体社会网络分析来说,问卷是不匿名的,匿名问卷会导致研究者不知道一份问卷具体是谁与被勾选的人有连带关系。此时,就应该坦诚向研究对象告知问卷是不匿名的,争取对方的同意且进行相应的记录,但依然要对问卷的信息保密,不让研究对象感到被强迫、被侵犯。鉴于署名情况下问卷信息的获取会变得更加困难,研究者们可以考虑以寻找公开信息的方式获取自己需要的数据。比如,对美国参议员联合新闻发布会的网络分析的例子正是如此。显然,作为普通研究者是很难找到所有参议员并与其合作的,因此作者采用了一个比较巧妙的方法,即使用公开的美国参议员参加新闻发布会的新闻信息,并筛选出对这个整体社会网络有意义的数据信息。另外,基于社会网络的管理和政策干预研究,就更要注意保护干预对象和群体的权益。

(三)撰写报告

在报告的撰写阶段,无论是个体社会网络分析还是整体社会网络分析,都要做匿名化的处理,报告中一般不能出现可以准确识别研究对象身份的信息。报告的撰写还应该本着客观公正的原则,谨慎使用研究数据,不做个人色彩浓厚的猜测和揣摩。总之,社会网络关系非常复杂,牵一发而动全身,过分个人化和情绪化的表述都可能将研究导向完全错误的方向。研究报告如果是学术性的,还应该关注学术问题;而对受委托项目的报告来说,提供的也应该是经过分析的综合性结论,而不能提供研究对象的原始资料或社会网络的具体形式。

(四) 研究结束

研究者应当保证研究结果的合理使用。一般而言,研究结果仅做学术研究处理。此外,研究者还应当按照承诺,给予研究对象适当的反馈和相应的回报。

关键术语

社会网络分析	提名生成法	提名诠释法	中心度
密切度	中介度	连接性	集中性
传导性			

思考题

1. 社会网络分析的优势和劣势分别是什么?
2. 社会网络分析适合研究什么样的政治和公共管理议题?
3. 请以你所在的班级作为分析单位,设计一个应用社会网络分析的研究,并说明你的研究目标、资料收集方式和研究效度。
4. 未来社会网络分析可能同哪些学科或方法结合起来? 为什么?

延伸阅读

Brea L. Perry, Bernice A. Pescosolido and Stephen P. Borgatti, *Egocentric Network Analysis: Foundations, Methods, and Models*, Cambridge University Press, 2018.

John Scott and Peter J. Carrington, eds., *The SAGE Handbook of Social Network Analysis*, Sage, 2011.

Song Yang, Franziska B. Keller and Lu Zheng, *Social Network Analysis: Methods and Examples*, Sage, 2016.

Stanley Wasserman and Katherine Faust, *Social Network Analysis: Methods and Applications*, Cambridge University Press, 1994.

〔美〕林南:《社会资本:关于社会结构与行动的理论》,张磊译,上海人民出版社 2004 年版。

罗家德:《社会网分析讲义》(第三版),社会科学文献出版社 2020 年版。

〔美〕约翰·斯科特:《社会网络分析法》(第3版),刘军译,重庆大学出版社2016年版。

经典举例

James H. Fowler, "Connecting the Congress: A Study of Cosponsorship Networks," *Political Analysis*, Vol. 14, No. 4, 2006.

在政治学与公共管理学领域,应用社会网络分析方法较早,也比较深入的研究是关于总统选举、议会提案、议员间关系等的研究。这里我们选择詹姆斯·福勒2006年发表在《政治分析》(*Political Analysis*)上的研究做案例,帮助读者理解社会网络分析方法的具体应用。福勒是美国加州大学圣地亚哥分校政治系的教授,哈佛大学博士,主要研究美国政治、社会网络等。他较早地把社会网络分析引入政治学研究,是畅销书《大连接:社会网络是如何形成的以及对人类现实行为的影响》(*Connected: The Surprising Power of Our Social Networks and How They Shape Our Lives*)的合著者。

1. 研究背景与研究问题

人们普遍认为,"关系"是美国国会立法活动、国会议员提案及投票行为的一个重要组成部分,但是国会议员间的"关系"意味着什么,如何衡量这种"关系"以确定立法者在何种意义上"具有良好关系"是有待解决的问题。作者认为,国会议员间的共同提案行为可以用来衡量国会议员间的合作关系和网络。分析该合作网络不仅能够更好地通过客观数据刻画和衡量立法者之间的关系、具体立法者在国会中的位置和角色,也能够为预测立法者的共同提案行为和投票行为提供新的切入点,以及探索更加合适的度量议员影响力的指标。

该研究的核心问题是"如何通过分析议员共同提案的网络来衡量议员间的关系以及议员的影响力"。作者期望通过对美国国会的数据库中议员们共同支持法案情况的分析,对议员之间相互支持和署名的情况进行记录和梳理,探索国会立法者之间的合作网络关系。

2. 研究方法选择

作者认为,在国会立法者关系研究中使用典型的社会网络分析研究方法如对参与者进行访谈和问卷调查,存在主观性较强以及立法者未必诚实回答相关问题的缺陷。因此,作者选择使用客观信息和数据构建国会立法者的关系网络。作者使用美国国会图书馆的托马斯数据库(Library of Congress Thomas legislative database)中从1973年至2004年美国参众两院提出的280 000项立法的共同提案的信息,从共同提案人到主要提案人进行有方向的连接,绘制了不同时期美国国会的共同提案网络;并在这个整体社会网络分析的基础上对共同提案网络的基本特征、部分立法者在网络中的位置等进行了分析,且以特定界别的国会为例,对其自创的"联系度"指标进行了应用与验证。

3. 研究设计与具体的操作流程

作者首先通过对已有研究的回顾,从国会运行的理论和实际两个角度论证了无论是主动的共同提案还是被动的共同提案,都比较好地反映了参与某项法案的共同提案人之间的合作关系。因此,从整体上分析立法者们共同提案的网络有益于衡量他们之间的关系和影响力。

对数据库的数据进行整理和编码后,作者绘制了有方向性的共同提案网络,并对这个网络的基本情况进行了说明,主要对比了参议院和众议院在共同提案网络中的差异,并对如何判断立法者之间的关系做了说明。

作者首先从几个传统的指标来分析网络中成员的重要性,包括(1)度中心性,即每个议员合作关系的总数;(2)密切性,即立法者同其他立法者的平均距离的倒数;(3)中介性,即立法者在多大程度上起到了连接其他立法者共同提案关系的作用;(4)特征向量中心性(eigenvector centrality),即立法者拥有多少邻近的关键共同提案人。接着,作者还对同一届国会中四个指标进行了对比分析。在此基础上作者提出了"联系度"(connectedness)这一新的衡量共同提案网络中立法者重要性的度量指标,并通过计算"联系度"找到各届国会的共同提案网络中"关系网络最密切的"立法者及与其关系连接最强的共同提案人,对其现实中的关系进行了说明与分析。作者还对第108届国会共同提案网络中关系最密切和最不密切的20位立法者进行了可视化的关系网络分析。

为了验证"联系度"这一度量指标的外部效度并与传统的中心性度量指标进行比较,作者选择立法者的立法影响力即立法者提出的修正案通过的数量进行验证,结果表明,"联系度"比传统的中心性度量指标同立法者的立法影响力相关性更强。最后作者仍以第108届国会的立法者为研究对象,验证了在控制意识形态影响的情况下立法者"联系度"对其记名投票选择仍具有良好的预测性。

4. 质量保证

第一,为了保证研究所获取的共同提案网络数据的准确性,作者主要使用了数据库中的客观数据,对网络的验证也主要采用重要立法者在国会中的地区关系、委员会关系等客观事实,尽量摒弃了研究者主观的描述和立法者本人的主观想法。

第二,与个体社会网络分析方法相比较,作者尽可能地收集了整个国会参众两院的信息与数据,资料跨越了多届国会,这使得研究的结论有较好的外推效力。

第三,作者不仅将其提出的度量指标同立法者的现实关系比较,证明其表面效度,更通过进一步的研究同其他中心性指标进行比较以证明其适用性和有效性。作者还做了比较巧妙的研究设计,通过考察立法者立法影响力和记名投票选择来验证该度量的外部效度和预测性。

第十六章 大数据方法

本章要点

- 大数据的概念、特点以及其与传统方法的区别;
- 大数据研究方法①的优势和劣势;
- 大数据的起源、发展和重要的理论渊源;
- 大数据研究方法的适用范围和适用条件;
- 大数据研究方法基于数据统计、机器挖掘、场景应用的区别;
- 大数据研究方法操作流程及数据质量控制手段;
- 使用大数据研究方法时应注意的问题。

一、导　言

关于大数据,有个经典的啤酒与尿布案例:20世纪90年代,沃尔玛超市的管理人员在大量的购物数据中发现,啤酒与尿布两个不相关的物品经常会出现在同一个购物车中。对此现象的一个解释是,新生儿的母亲居家照顾孩子时,会让年轻的父亲去超市购买尿布,而他们在购买尿布的同时也会购买他们喜爱的啤酒。所以,为了方便这类顾客购物,超市的管理人员决定将啤酒与尿布两件看起来毫不相关的商品摆放到相邻的货架上,结果这一举措同时增加了两种商品的销量。这个案例告诉我们,通过大数据分析方法能够得到意料之外的事物关联知识,人们也可以应用这些关联知识。

大数据技术的发展得益于信息时代数据获取的便利。近年来,信息与通信技术(information and communications technology, ICT)及与其关系紧密的物联网、互联网技术不断发展,智能终端、射频识别设备、无线传感器等装置产生的数据量也与日俱增。同时,随着社会经济活动对互联网的依赖性不断加强,网络平台(主题网站、社交网站、搜索引擎等)也在产生着大量数据信息。据统计,如今全世界每

---

① 大数据研究方法也常简称为大数据方法。

天产生的数据量高达 2.5 艾字节（exabyte，简写为 EB，1EB 为 2^{60} 字节）。因此，大数据流正在日益成为国内外经济、社会、管理领域的关注热点。① 此外，各种政府和商业开放数据项目与众包（crowdsourcing）数据项目也在扩充着研究者的数据基础。早在 1980 年，著名未来学家阿尔文·托夫勒（Alvin Toffler）就在《第三次浪潮》一书中提及了"大数据"（big data）②；大约在 2009 年，大数据概念开始在 ICT 领域兴起③。之后，正因数据获取的便利以及生活场景的需要，"一切皆可数据化"的观念深入人心④，大数据开始蓬勃发展。数据化即量化，它可以把文字、地理位置、社交通信等信息变成数据，并从看似不可能获得知识的地方榨取出知识，最终创造出价值。数据是信息的基础，信息是知识的宝库；谁掌握了更多的数据，就拥有了更多的知识，就会有更多的智慧。近年来，随着 ChatGPT 等强大人工智能产品的出现，大数据的应用场景越来越广泛：输入的数据为机器学习模型提供了明确的参数调整方向，而且数据量越大，其拟合的准确性越好，从而产品的智能性越高。例如，ChatGPT 和其他自然语言处理模型需要大量的文本数据进行训练，这些数据通常是从互联网上收集的网页、社交媒体中的帖子或评论、新闻文章等，这些大数据源构成了训练的基础，甚至让机器产生出了智慧。

那么，对于政治学与公共管理学研究而言，大数据包含哪些数据类型？如何进行相关研究设计？如何对大数据进行处理分析？应注意哪些事项？本章将对这些问题进行重点介绍。

二、定义、特点和优劣势

（一）定义

耳熟能详的"大数据"有着广泛的定义，通常认为它有五种含义：数据的特性、数据的分析技术、数据的应用活动、数据的结构、数据的量级和来源。⑤ 我们讨论的"大数据"也是这五种含义的有机组合，指利用处理数据的手段去分析海量数据并得到有价值结论的过程。这一过程既包含分析数据的技术和应用，也考虑其数据的特性、结构、量级与来源等基本属性。

---

① 刘伦、刘合林、王谦、龙瀛：《大数据时代的智慧城市规划：国际经验》，《国际城市规划》2014 年第 6 期。
② 〔美〕阿尔文·托夫勒：《第三次浪潮》，黄明坚译，中信出版社 2018 年版。
③ 同上。
④ Viktor Mayer-Schönberger and Kenneth Cukier, *Big Data: A Revolution That Will Transform How We Live, Work, and Think*, Houghton Mifflin Harcourt, 2013, pp. 174—180.
⑤ 李天柱、王圣慧、马佳：《基于概念置换的大数据定义研究》，《科技管理研究》2015 年第 12 期。

虽然不同机构和学者为大数据提出过多种不同定义,但被广泛认可的却是对大数据与传统数据之间差别的辨析,即大数据的"3V"特征——大容量(volume)、高速度(velocity)与多样性(variety)。因此,"3V"特征也被当作大数据的常用定义。其中,大容量体现为其数据量往往达到艾字节或泽字节(zettabyte,简称 ZB,1ZB 为 Z^{10} EB)级别,这很难以传统数据处理的方式在合理时间内完成分析;高速度体现为数据生成过程的流动速度,也就是说大数据具有实时性;多样性则主要表现在大数据类型和来源的多样上。这些特点使得普遍适用的、能够有效管理大数据的数据组织与处理技术成为解决大数据问题的关键。

(二) 特点

大数据及大数据方法的特点在其与传统数据、传统方法对比的过程中鲜明地表现了出来。与传统数据相比,大数据呈现出精度高(以单个的人或设施为基本单元)、覆盖广(不受行政区域限制)、更新快(每月、每日甚至每分钟更新)等特点。它不仅意味着更大的数据量,更反映了数据背后关于人群行为、移动、交流等活动的丰富信息,与新时期"以人为本"等发展与管理理念不谋而合,被认为是促进国家治理现代化的有力工具,也因此为相应的学术研究带来了新的思路与可能。

大数据方法在应用的过程中,也表现出与传统数据分析方法和传统规范研究不同的特点。其特点主要体现在两个方面:大数据方法的问题解决路径是相关关系分析;大数据方法的分析逻辑是由数据得到理论或结论。

首先,大数据方法的问题解决路径与传统方法不同,它从一定程度上摒弃了因果关系分析,采用了相关关系分析。例如,啤酒与尿布的经典案例告诉我们:看似毫不相干的两个事物实际上是有联系的,把它们放置在邻近货架上有助于提升销量。我们不需要知道为什么是这样(当然,可以通过逻辑分析出原因),了解这样做确实有效就可以了。虽然相关关系在大数据时代之前就有相应的理论[①],但当时数据收集和处理不便,所以相应的应用较少、理论不丰富,难以发挥相关关系的潜力。

其次,大数据方法的分析逻辑与传统方法不同,前者无须后者的先验理论构建,它甚至可以通过数据直接产生理论或直接得到结论。啤酒与尿布的案例中,人们很容易将青椒和土豆丝、杯子和筷子联系起来,却很难凭借正常的逻辑将啤

---

① 相关关系最早出现在 1888 年研究人类身高与臂长关系的研究中,参见 Francis Galton, "Co-relations and Their Measurement, Chiefly from Anthropometric Data," *Proceedings of the Royal Society of London*, Vol. 45, 1888。

酒和尿布这两种商品联系起来,而大数据分析却能轻易实现。此案例中的大数据分析实际上是检测到有相当数量的顾客对两种商品都有需求,这就提供了一种理论模式:利用大量购物清单分析两种商品被同时购买的记录并将之关联起来。传统的方法是先提出假设再通过数据进行验证,而大数据方法是利用数据直接得到理论或结论。

(三) 优势和劣势

大数据虽然具有样本量大、更新频率高、精细度高、获取成本低等优点,但也可能存在有偏性,也就是代表的对象有偏差。如网络数据往往反映的是具有上网能力的人群的特征。因此,使用该方法时需要鉴别数据是否有偏,以及偏差是否对研究结论有显著影响。[①] 除了样本偏差问题,大数据还有其他局限性或劣势,如数据有待检验的误差、数据的噪声大(即存在错误和异常)、难以处理不确定性和复杂问题、处理难度大等。而且,大数据也无法替代思维智慧。[②]

值得一提的是,大数据的优势和劣势在某些情况下是可以相互转化的。例如,大数据所包含的数据标签多、数据丰富;但数据标签越多,数据维度就越多,噪声也就越大,分析的难度也就越高。再比如,单一大数据集可能问题聚焦点较小,如果缺乏人类逻辑思维参与,难以处理复杂的问题;但是,只要找到合适的场景和问题,大数据方法就能高精度地完成任务。这一特点提醒我们,在研究特定课题时,只有找到合适的大数据方法,才能最大化利用大数据的优势。

三、起源、发展和基础理论

(一) 起源

如前文所述,1980 年,阿尔文·托夫勒在《第三次浪潮》一书中提及了"大数据"。而"大数据问题"一词最早由美国宇航局(NASA)的研究人员于 1997 年提出,他们在面对飞机周边模拟气流的巨大数据量时,发现存储空间和处理方法的双重挑战,便称此问题为大数据问题。[③] 然而,大数据分析的思想在 20 世纪初就已存在,直到计算机技术的成熟,这种思想才得以推广应用。大数据这一概念至 20 世纪 90 年代才在计算机科学领域出现。在 2000 年后,特别是 2010 年以来,大数据逐渐在商业、公共管理等社会经济领域内获得大范围应用。大数据作为一种

---

① 龙瀛、刘伦:《新数据环境下定量城市研究的四个变革》,《国际城市规划》2017 年第 1 期。
② 胡小明:《大数据应用的误区、风险与优势》,《电子政务》2014 年第 11 期。
③ 何克抗:《大数据面面观》,《电化教育研究》2014 年第 10 期。

数据类型以及一整套相关数据处理分析方法,其产生、发展与相应的数据生产、采集、分析技术的进步紧密相关,相关技术的演进可追溯至20世纪50年代甚至更早的时期。

大数据的出现并非偶然,它是由三个方面因素共同推动产生的。首先,互联网和物联网的广泛应用是大数据产生的根本条件。电子商务、电子政务、门户网站、交通安防、工业传感器设备等积累了大量的数据,这些数据以前所未有的速度从社交网络、教育、医疗、商业、公共管理等领域产生,而人们需要从这些数据中获取价值。其次,数据存储与信息传输成本的降低是大数据产生的必要条件。存储成本的降低使数据管理单位不必定期删除数据,而是更愿意保留久远的历史数据以产生更多的价值;移动终端的普及和通信技术的进步降低了信息传输成本,人们能够更加便捷地传递数据、发布信息。最后,计算效率的提升是大数据产生的关键要素。海量数据从数据源到产生应用价值,会经历数据存储、数据清洗、数据分析、数据挖掘、数据可视化等环节,所以,提高计算速度、使用智能算法以提升计算效率才能保障大数据方法最终落地。

(二) 发展

按照大数据的应用环境和影响范围,可将大数据的发展分为四个阶段:

1. 萌芽阶段

计算机出现后,人们便开始尝试利用计算机进行商业分析和处理社会管理问题。20世纪七八十年代,商业数据激增,人们试图从关系数据库中查找到准确的信息,完成描述性统计和商业数据分析的任务来应对那时候出现的"大数据"挑战。但该阶段所出现的"大数据"还停留在简单结构化数据存储、数据查询的具体环节上,在数据分析方面也仅是数理统计分析,并没有产生真正意义上的大数据思想。但是,该阶段发展较快的数据库相关技术,为大数据的到来奠定了根基。

2. 探索阶段

20世纪八九十年代,人们进入了互联网时代,伴随而来的是巨量的数据。当数据容量突破TB级别后,当时的单个计算机已无法存储和处理这些数据。为了解决这一问题,人们从软硬件和数据处理策略上做出了探索,使得数据库系统日渐成熟、存储数据成本降低、计算效率得以提升。与此同时,数据并行化处理技术也被提出,其思想是将数据和任务分别分配到不同的硬件上进行处理。这些有益的探索丰富了大数据的理论,使得大数据方法超越了单纯数据分析的范畴,进入到了更高层级的视角。

这一阶段大数据处理技术有了质的飞跃,数据分析和处理的方法也逐步完善,大数据处理技术的框架构建起来了。

3. 成熟阶段

20世纪90年代末至21世纪初,移动终端的普及带来了网络的新发展并缔造了Web 2.0时代,而Web 2.0时代最重要的特征是用户内容生产。用户内容生产行为导致数据量由巨量变为海量,同时非结构化的数据迅速增长。为了解决这类大数据难题,谷歌提出了GFS文件系统和MapReduce编程模型,实现了超大规模数据的并行化处理。在此基础上,Hadoop大数据处理框架的建立方便了用户快速开发分布式程序,进行大数据分析。在处理非结构化数据上,计算机视觉、自然语言处理、语音处理等人工智能领域也蓬勃发展,解决了该阶段大数据处理的关键性难题。

该阶段是大数据相关技术趋于完善的重要阶段,也是大数据有着广泛应用的黄金时期。人们开始思考如何将大数据能力迁移到各个具体的应用领域,并开始利用可视化手段去实现大数据的视觉传达效果。以公共管理领域为例,人们通过大数据定量方法认知社会与管理问题,并利用计算机、数据科学、复杂科学等相关理论、方法与知识去构建计算型社会体系。可以预见,随着科学技术的持续进步与社会需求的多元发展,大数据方法将在更广阔的背景下进一步拓展。

4. 繁荣阶段

从21世纪初至今,深度学习算法逐渐普及,为大数据提供了应用价值和具体产品,极大提升了人们的工作效率和生活体验。大数据提供了前所未有的机会,让人工智能产品拥有更广泛的应用领域。通过收集、存储和分析海量的数据,人工智能系统能够实现更精确的预测、更智能的自动化决策和更个性化的用户体验。无论是智能助手、自动驾驶汽车、医疗诊断工具、聊天对话机器人还是智能家居系统,都是大数据的力量催动着这些创新产品的发展。

大数据在人工智能产品中的应用也有助于解决生活中的问题。从自然语言处理和图像识别到数据挖掘和机器学习,大数据为人工智能系统提供了训练和改进的材料,使它们能够更好地理解世界、模仿人类思维和行为,以及不断适应新的情境和挑战。例如,除了ChatGPT,国内的文言一心、云雀、智谱清言、百川等大语言模型产品相继问世,为人们提供了文案自动写作、咨询与客服、知识问答等服务功能,大大减少了人工成本。

(三) 基础理论

大数据的基础理论主要来源于数据库建设、相关性分析、统计分析理论、分布式计算、数据挖掘理论、数据应用技术等。其中,数据库建设是大数据的根基,相关性分析是大数据的灵魂思想,分布式计算是大数据的效率工具,统计分析与数据挖掘理论是大数据的方法源泉,数据应用技术是大数据的落地依赖。

大数据的发展还得益于科学理论的进步。吉姆·格雷(Jim Gray)将科学研究的范式划分为四个阶段[①]:经验范式,即以观察或实验描述自然现象,如比萨斜塔实验;理论范式,即将数理建模作为科学研究基本手段,如相对论;模拟范式,即通过计算机仿真模拟自然或社会现象,如天气预报;数据密集型范式,即利用数据分析产生知识的方法,如啤酒与尿布案例。第四种范式的提出,奠定了大数据在科学研究中的地位,为大数据的广泛应用打下了基础。可见,大数据发轫于科学理论的进步,同时也催生了新的科学范式。但值得一提的是,数据分析的思想在科学发展的经验范式阶段就已经产生,但当时的数据规模较小,处理起来相对容易,其并非如今所谈的大数据思想。

囿于篇幅,本部分仅简要介绍大数据的技术体系,数据挖掘、数据应用技术、数据库建设与分布式计算等内容读者可自行阅读相关专业文献。

四、适用范围和条件

大数据方法并非万能方法,使用大数据方法需要满足一定的要求,在许多场景下,大数据方法能够处理特定的问题。研究者在分析什么条件下适合使用大数据方法时,主要从数据、研究假设、样本容量、精确程度、目的或任务等几个方面考虑。

(一)数据

数据有量和质两方面的属性,当分析对象的量大到常规方法无法处理或分析对象的质包括难以格式归一化的数据时,可以考虑使用大数据分析的方法。

第一,数据量过大的情况下,可利用大数据方法。数据量过大会带来两个问题,一是单机无法处理超过存储容量的数据,二是常规应用无法高效处理超大规模数据。大数据分析的体系结构包含了分布式架构和云技术,能够为普通用户提供每秒 10 万亿次的运算能力,使得其可以轻松应对数据量大带来的存储和计算问题。不过,当分析数据达到一定的量级时才可考虑使用大数据方法,常规方法能解决的数据处理问题不建议采用大数据方法。

第二,分析对象的格式驳杂多样时,可以考虑使用大数据方法。格式不一的

---

① 周晓英:《情报学进展系列论文之七:数据密集型科学研究范式的兴起与情报学的应对》,《情报资料工作》2012 年第 2 期。

分析对象会呈现出非结构化的特点。非结构化数据是没有预定义数据模型且不能以预定义方式进行组织的数据,常见的主要类型有文本数据、网站数据、音视频数据、卫星图像数据、应用程序数据、日志数据等。大数据技术封装了处理这类数据的解决方案,如文本挖掘、自然语言处理、语音和影像处理等。所以,当分析对象数据多样或无法预测时,可把大数据纳为重点考虑的方法。

(二)研究假设

大数据方法的一个特色在于可以不预先提出研究假设,当研究者坐拥海量数据却无法提出有效假设时,可考虑先使用大数据的方法用以启发研究假设。

一般情况下,在科学研究过程中,数据分析的性质直接取决于研究设计①,即需要借助数据去验证形成的假设。但大数据分析并非如此,大数据方法不一定需要有先验的假设,它能从大量数据中通过相关分析引导提出假设。因此,可以把大数据方法当作形成研究假设的工具。大数据方法之所以可以作为形成研究假设的工具,是因为它可以从数据中提炼出知识。提炼出来的知识经过人们的逻辑加工可变为研究假设的启发灵感。

(三)样本容量

大数据适用于研究有大样本支撑的研究对象和研究问题。例如,当研究人的行为特征时,过去的研究主要依赖自我报告或小规模的观察,但大数据可以对大规模群体的行为进行连续记录,对其社交内容、社会网络关系、网络行为等进行分析,从而能提供更充足的样本。

简单随机抽样是数据采集、统计与分析的一条捷径,但具有抽样随机性难把握、无法避免主观因素等弊端,这也是获取不到整体样本的无奈之举。在特定的场景下,需要利用整体样本数据进行分析时应考虑大数据方法。例如,在给用户做音乐推荐时,如果不是使用所有音乐,就可能导致小众音乐无法触达部分用户,而这些小众音乐的总量是非常可观的。

当需要使用所有可获取数据进行科学研究时,大数据方法就非常适用。大数据能够有效处理量大、类型不一的数据。但需注意的是,基于大数据的研究不应是简单地追求总体样本,而是应切实发挥大数据特长,服务于研究问题,弥补传统数据的不足。

---

① 〔美〕伯克·约翰逊:《教育研究:定量、定性和混合方法》,马健生译,重庆大学出版社2015年版,第86页。

(四) 精确程度

当对分析对象细节的精确程度要求不高时,可以考虑使用大数据方法。例如,在研究人口流动状况时,无须精确到研究对象的具体地址也可以得出较为准确的结论。

一般而言,传统研究方法对数据内容和格式的要求都非常严格,但大数据对此的要求却很宽松。一方面是因为大数据的信息来源不是精确单一的,而是混杂纷繁的;大数据处理的数据往往是非结构化的,无法做到整齐划一。另一方面是由于大数据分析处理的速度要匹配数据产生的速度,当数据产生速度过快时,则需要牺牲一定的精度。

令人欣喜的是,分析对象细节的精确程度不高可以利用大数据去补偿,即通过大数据量和多种数据类型去构建相对准确的信息。例如,GPS 无法做到完全精确的定位,可通过室内分布的 Wi-Fi 或手机信号去补偿;人口流动可采用普查数据、手机定位、购票记录等多源数据去丰富信息。

(五) 目的或任务

研究目的或任务也决定了研究是否要使用大数据。若研究的目的或任务只是找到相关关系,而非确切的因果关系,即可考虑使用大数据方法。例如,为了给用户推荐合适的商品,可使用协同推荐的方法,即将同类型用户购买的其他商品推荐给该用户。

大数据技术可挖掘出事物之间隐藏的相关关系,人们可以通过相关关系获得更多的洞见和认知,从而做出常规方法难以做到的事情。传统的数据分析或常规逻辑分析方法往往执着于寻找现象背后的因果关系,当其找不到内在机理时便显得束手无策,这时便可以考虑大数据方法。

五、类型划分

按照大数据在处理过程中采用的分析手段和策略,可将大数据方法分为数据统计分析、数据机器挖掘、数据场景应用三类方法。

(一) 数据统计分析

数据统计分析是在对数据进行采集、清洗、存储与初步可视化的基础上,采用统计学方法对数据的内在规律进行分析,在大数据出现之前已在政治学与公共管理学领域大量应用。这类方法包括但不限于相关分析、方差分析、多元线性回归、

Logistic 回归、主成分分析等统计分析方法,以及处理空间信息的空间统计方法和相关的因果推断技术等(见表 16.1)。

表 16.1　数据统计分析类方法

方法名称	主要内容
多元线性回归、Logistic 回归等基本统计方法	相关内容可参见本书姊妹篇《政治学与公共管理研究方法基础》中"定量实证研究"章节
工具变量、面板数据回归、时间序列分析等高级统计方法	相关内容可参见本书姊妹篇《政治学与公共管理研究方法基础》中"定性实证研究"章节
空间统计方法	对于具有空间属性的大数据的空间分布以及变量间的空间关联进行统计分析

(二) 数据机器挖掘

数据机器挖掘指利用机器学习(machine learning)类方法对大数据进行挖掘处理,以获得数据内在规律的一类方法。根据数据结构定义的完整性和使用的方便性,可以分为结构化数据挖掘、非结构化数据挖掘和半结构化数据挖掘(见表 16.2)。

表 16.2　数据机器挖掘类方法

方法名称	主要内容
结构化数据挖掘	用以回归分析、主成分分析、相关系数等统计手段为基础的机器学习方法进行结构化数据挖掘
非结构化数据挖掘	基于线性模型、神经网络、决策树等机器学习算法的图像识别、语音识别、自然语言处理技术,进行非结构化数据挖掘
半结构化数据挖掘	可经过数据预处理,转化为结构化数据挖掘;也可直接使用非结构化数据挖掘的方法

首先,结构化数据是指有完整预定义模型和清晰逻辑结构的数据,简而言之就是数据库,如企业 ERP、政府报表、气温统计表等,它常常是以数值数据的形式出现,因而可以方便地采用回归分析、相关系数等统计手段为基础的机器学习方法去分析和挖掘。结构化数据挖掘方法与数据统计分析方法的不同之处在于,前者是基于数据统计的机器学习方法,而后者不涉及机器学习方法,是纯粹的统计方法。

其次，非结构化数据是指没有固定格式和预定义模型及结构的数据，例如文本数据、图片与视频数据、网页数据等。处理这类数据也依赖于机器学习方法。数据机器学习领域的长期发展形成了线性模型、神经网络（neural network）、支持向量机、决策树等种类繁多的机器学习模型，每种模型都有其具体的建模原理与方法。机器学习模型通常参数众多，可以与大数据良好结合，从而捕捉到大数据内部复杂的关系与信息。特别是近年来图像识别、语音识别、自然语言处理相关算法技术的发展，使研究者可以对过去难以大规模解读的图像、文字信息进行分析，拓展了政治学与公共管理学研究的数据来源。通过机器挖掘的手段，非结构化数据一方面来源于可直接利用的资源，例如，罗伯特·韦斯特等人运用大数据文本信息处理的手段直接对语料库文本进行处理[1]；另一方面，数据还来源于人工的构造，例如奥马尔·巴塔菲等人将描述数据实体的图作为一种数据结构，分析了基于图的大数据处理方法[2]。

最后，半结构化数据是介于结构化数据和非结构化数据之间的数据类型，例如员工简历、分析报告等。处理半结构化数据时可先将其转化为结构化数据或非结构化数据，再进行相应的处理。

（三）数据场景应用

除了数据统计分析和数据机器挖掘，大数据分析还包括特殊的一类——数据场景应用。数据场景应用并非单纯地分析数据，而是在分析或建模的基础上，直接将数据结论进行具体应用。数据统计分析和数据机器挖掘适合处理静态数据，而数据场景应用适合处理动态数据，这就方便了人机即时交互行为。

数据场景应用最典型的案例就是用户画像。用户画像是在建模后的数据直接应用工具，它特别擅长处理海量用户、海量项目的情况。用户画像就是利用标签和属性，将数据、用户、项目关联起来并勾勒用户特征，最后进行推荐的大数据应用。以购物场景下的用户画像为例，平台的任务是从海量商品中找到合适的商品，将之推荐给合适的用户。系统将根据用户的点击、购买、浏览等行为，为用户贴上相应的标签，再将标签类似的用户聚类，为他们推荐其他标签相近的用户购买的商品。用户画像方法下的大数据应用场景还可以迁移到公共管理领域，因为

---

[1] Robert West, et al., "Exploiting Social Network Structure for Person-to-person Sentiment Analysis," *Transactions of the Association for Computational Linguistics*, Vol. 2, No. 1, 2014.

[2] Omar Batarfi, et al., "Large Scale Graph Processing Systems: Survey and an Experimental Evaluation," *Cluster Computing*, Vol. 18, No. 3, 2015.

它可以描绘出管理部门的特征①,从而可以进行相应的应用。

数据场景应用的方法不是为了从大数据分析中得到结论,只要有合适的机制和建模方法,它可能会跳过分析和结论而直接达到应用的目的。这从侧面印证了大数据方法的特点:非因果关系分析。这也充分说明,大数据方法虽然无法做到全面分析,但只要场景找得准,其解决问题的精确度是很高的,我们可以利用"大数据"办"小事"。

六、研究设计和有效性

上面提到的三类方法都具有专门的研究设计与有效性要求,由于篇幅所限无法一一展开论述,请读者阅读相关机器学习及用户画像方法的教材了解相关情况,下面我们主要讨论大数据本身的通用研究设计和有效性问题。

(一)研究设计

大数据方法的研究设计包括明确大数据分析目的、收集数据、处理数据、分析数据、得出结论等几个环节。

1. 明确大数据分析目的

虽然研究假设可以在大数据分析之后提出,但大数据分析的目的应当在研究初始就明确。大数据分析的目的主要包括:预测未来可能发生的事、撰写报告并给决策者合理建议、找到数据的关联并据此做具体应用或理论建构、推断或诊断某些错误出现的原因、发现数据中隐藏的事实趋势、寻求解决某问题的最优化路径等。

在明确分析目的的同时,还要考虑数据服务的对象是谁、数据的使用者是谁、要解决哪方面的业务问题等,以便展开下面的环节。

2. 收集数据

收集数据时,首先要考虑数据的来源,确定数据收集的渠道、采集数据的方法、数据收集的范围和数据类型。

常见的数据收集方法主要有网络爬虫采集、传感器收集、日志文件采集、二手数据利用等。网络爬虫是根据研究者所设计的程序,按照一定顺序在搜索引擎中下载并存储指定信息的工具。传感器收集的数据主要来源于基础设施、生活场景

---

① 赵辉、化柏林、何鸿魏:《科技情报用户画像标签生成与推荐》,《情报学报》2020年第11期。

等物联网应用设备。日志文件也是广泛使用的数据采集来源,它是记录操作系统和数据源系统事件的特殊文件格式。二手数据则是前人在完成其数据处理任务后留存下来的数据。表 16.3 对比了四种常用的数据收集方法。

表 16.3　四种数据收集方法比较

	网络爬虫采集	传感器收集	日志文件采集	二手数据利用
对研究者的要求	高	中	中	低
数据丰富程度	丰富	丰富	单调	丰富
公开程度	公开	不公开	半公开	公开
获取难度	低	高	高	低
数据收集时间	长	特别长	中	短
数据价值	大	大	中	中

3. 处理数据

数据分析前的数据处理包括数据的预处理、数据存储两个环节。

数据预处理是对数据进行简要的加工。数据预处理可以提高数据挖掘的质量和数据分析的效果。它通过清洗数据以找出不准确、不完备、有错误的数据并进行修改或删除,通过数据冗余消除以删除重复数据、多源数据对应的相同数据;通过集成数据以统一多源数据的组织结构,通过变换数据以准备数据分析所需数据的最有效形式。

数据存储可在数据预处理之前或同时进行。以网络爬虫收集数据为例,可先获取数据、存储数据后再统一预处理数据;也可以先制定预处理标准,实时转换网络数据格式并将变换后的数据存储起来。如今大数据技术的框架已经成熟,文件系统、数据库技术、云存储也有较多应用,研究者可方便地进行数据预处理、数据存储。

4. 分析数据

分析数据是大数据分析过程中最重要的环节。分析数据的方法有多种,通常也会借助一定的手段,如数据可视化、数据统计、机器学习等,但分析数据的核心步骤是数据建模。

数据建模是将现实世界的数据用抽象的组织形式构建,再对形式化后的数据进行系统性的分析与处理,得到描述数据的合适模型,最后根据模型及处理后的数据解释现实世界的过程。数据建模时会用到统计方法、回归分析、状态估计等,也会用到一些常见的智能算法,选择什么样的方法、算法取决于问题的定义。数据建模后还需要进行测试,如果效果不太理想,就要考虑更换建模的方案或优化算法。

由于大数据方法处理的对象是类型多样的数据,所以在分析数据时还会用到相应数据格式的分析方法,如文本分析方法、多媒体数据分析方法、社交网络数据分析方法等。这里不过多赘述,请感兴趣的读者查阅相关资料。

5. 得出结论

在大数据时代,数据的获取、处理与分析虽然比以往更便利,但如何使用大数据去获得有效的结论却没有固定的"公式"。大数据擅长捕捉相关关系,但由相关关系到结论的难度比由因果关系到结论的难度大很多。同时,相关关系比因果关系的范围更大,因此需要研究者仔细辨析。当大数据得出相关关系时,研究者要善于利用所发现的数据内在关联去发掘这种现象背后的原因,从数据中总结分析事物相关的机理,这也是数据阐释(data interpretation)的体现。啤酒与尿布销量相关的解释足以说明该现象背后的原因。当然,也可以认为其相关性有其他解释,但最合理、最简单的解释往往是有效的。

不过,需要注意的是,在利用大数据得到结论时要敢于想象,因为有很多正确的结论是反直觉的。

(二)有效性

大数据方法能从多个维度、多种来源、多种结构数据中得到结论,数据经过综合和交叉验证后得到的结论相对可靠,故大数据分析的有效性主要取决于相关性的逻辑、概念的构建方法和非客观的偏好等三方面。

1. 相关性的逻辑

首先,基于大数据的分析和结果阐释需要建立正确的数据关联逻辑,错误的相关、错误的比较对象都可能会导致逻辑的错误。

为了避免此类错误,研究者需要仔细思考数据的含义,找到正确的研究对象关联。

2. 概念的构建方法

大数据的分析往往要借助构建的概念,利用数据去描述概念的具体方面以得到合适的结论。例如,为了表示居民"幸福感"这一概念,可先确定幸福感的价值层次(如物质幸福感、人际关系幸福感等),在不同层次上列举出可操作的内容

(如存款与消费占比、出行便利程度等),再用大数据的手段获取这些可操作的内容,组建"幸福感"的指标体系。大数据视角下的概念体系构建包含确定指标模型的价值取向、明确测评对象的操作性定义、构建指标体系、利用大数据生成指标模型、修正指标体系模型等步骤。① 任何环节上的偏差,都会导致概念构建的失败,从而造成有效性的降低。

为了解决这个问题,在利用大数据去构建这些概念时,应将逻辑合理、思维缜密的指标体系与精准量化描述的大数据方法结合。

3. 非客观的偏好

错误的观测维度、错误的主观偏好都会导致大数据方法的有效性降低。例如,通过大数据方法,发现若干研究对象彼此之间具有关联,那么选择哪些研究对象之间的关联便带有很强的主观色彩。这是因为研究对象之间可能是具有错综复杂层次关系的,有的关系是我们难以察觉的,所以对研究对象的关联就不能轻易下结论。对此建议研究者选择最合乎逻辑、最简洁的解释去阐述从数据中得到的关联。

此外,大数据样本的代表性、数据产生与采集过程的准确性和完整性等都是大数据研究中对有效性具有重要影响的方面,也是应当予以重点关注的问题。这几个问题将在下面"质量评价和保证"部分进行说明。

七、操作流程

操作案例

下面将以布卢门施托克等发表于《科学》杂志上的一项研究②为例,对常见操作流程进行介绍。布卢门施托克等人的这项研究背景为:准确和及时的人口社会经济信息是政策制定的重要基础。在发达国家,这类信息可以通过定期普查获取,但在很多发展中国家,由于资源所限,准确、精细的人口和社会经济数据非常缺乏。对此,研究者以卢旺达为研究对象,采用机器学习方法根据手机呼叫详细记录数据(call detail records, CDR,包括手机通话和收发短信的日期、时间、联络

---

① 范涌峰、宋乃庆:《大数据时代的教育测评模型及其范式构建》,《中国社会科学》2019 年第 12 期。
② Joshua Blumenstock, et al.,"Predicting Poverty and Wealth from Mobile Phone Metadata," *Science*, Vol. 350, No. 6264, 2015.

对象、基站定位等)估计了卢旺达所有手机用户的贫富水平并由此评估了卢旺达全国的贫富分布。

延伸阅读

随着通信行业的快速发展和移动终端的普及,通信数据的规模逐渐扩大,其中蕴含的价值也逐渐被人们发现。通信大数据包含移动用户的位置信息、访问网络信息、收发内容信息。在这些基本信息的基础上可以通过大数据的方法挖掘出用户个体的行为习惯、用户群体的整体特征、关联事件的现实规律等。例如,通过获取用户的位置数据,运用大数据技术,在合适的模型上可以发现人群的流动状况、办公与居住地点分布等。

通信大数据能够帮助用户获取更多的针对性服务,也会给公共管理和社会事务带来一定的便利。但是,获取某些用户数据涉及用户隐私,可能触碰伦理问题,需要我们理性面对通信大数据。

前面提到的三类方法因其数据挖掘方法或应用场景不同,均有着各自的具体操作流程,其中也存在共通的规律,可梳理为以下操作流程。由于篇幅所限及相关技术的复杂性,本章不进行详尽描述,此处仅作概念性介绍,请读者参考相关教程资料了解具体操作。

(一) 数据采集

通过网站 API 下载、开放数据库下载、协议获取、传感器采集等方式进行与研究设计相适应的大数据采集。

操作案例

布卢门施托克等人的研究采用的数据包括:(1)卢旺达 150 万手机用户在 2008 年 5 月至 2009 年 5 月间的 CDR 数据;(2)对其中 856 个手机用户的问卷调查数据,调查采用地理分层随机抽样,主要针对用户的贫富状况,如家中是否通电,是否拥有电视机、冰箱、摩托车等,用于与 CDR 数据建立相关联系;(3)2007 年和 2010 年的卢旺达人口和健康调查数据,用于检验 CDR 数据对贫富水平估计的准确性。

延伸阅读

传统的方法固然可以收集数据,但其获取数据的效率低下,甚至需要投入大量的成本,往往得不偿失。而当其数据获取量未能达到一定规模时,便不能称为大数据,大数据场景就不适用。按照收集方式,大数据的获取途径可以分为两类:技术采集路线和行政手段采集路线。前者是通过摄像机、传感器或网络爬虫等软硬件技术去获取大量数据;后者是通过行政手段,投入大量的人力物力去获取大量数据。

在做研究时,"大数据"和"小数据"可以同时使用,以作交叉验证。"大数据"用来计量统计性信息,"小数据"用来得到细节的描述性信息;"大数据"可作为论点的支撑,"小数据"可作为研究的案例。

(二) 数据清洗

通过上述各类方式采集得到的原始数据往往并不完美,可能存在数据缺失、记录错误等各种影响研究结果可靠性的问题,因此数据采集完成后首先需要进行数据检查与清洗,从数据是否完整、取值是否合理、多源数据是否相互印证等角度对原始数据中可能存在的问题进行识别与处理。

操作案例

布卢门施托克的研究在数据清洗的基础上,基于问卷调查数据,利用主成分分析法构建了反映卢旺达居民贫富状况的"富裕指数",为后续大数据分析做准备。

延伸阅读

数据清洗包括对齐数据形式、删改格式与内容错误的数据、删改逻辑错误的数据、去除不必要的数据等操作。数据清洗的作用是去除由数据采集造成的非系统性噪声。

(三) 数据建模与分析

对数据进行建模以挖掘数据的内在规律是大数据分析中的核心环节,经过上述数据准备,可根据研究问题与数据特点选择合适的建模方法类型,对数据进行挖掘分析。

每种建模方法均有其特定的流程,以常见的深度学习神经网络模型为例,它主要应用于挖掘构建数据中的非线性关系,模拟生物神经系统的信息传递机制,由一系列许多层简单计算单元(类似于生物神经元)构成;除最初的输入层之外,每层计算单元都接收来自上一层计算单元的输入,上下两层两两计算单元之间的连接设有权重;每个计算单元从上一层接收到的总输入值等于之前所有层次计算单元的输入值乘以权重的总和;总输入值通过一个"激活函数"生成输出值,并传递到下一层计算单元。深度学习神经网络通过层次叠加的方式使计算机系统能够从简单概念表示中抽象出复杂的概念表示[1],从而产生对信息的"理解"。基于上述信息传递与处理机制,神经网络可用来拟合输入、输出数据之间复杂的非线性关系,模型的构建过程主要体现为根据输入、输出数据确定每层计算单元之间的连接权重,以尽量缩小模型输出结果与真实值之间的差距。

操作案例

布卢门施托克等人以 856 个被调查用户作为训练和测试样本,训练了基于 CDR 数据预测富裕指数的机器学习线性模型,这一机器学习模型即可用于预测卢旺达全国手机用户的贫富水平。由于 CDR 数据规模庞大、内容丰富,从中构造并筛选那些反映手机使用模式的变量进入机器学习模型是模型训练过程中的关键问题。传统做法是根据相关理论与前人研究选择若干变量,而该研究采用了更为自动化的方法,以更加全面地提取大数据中的丰富信息。具体而言,研究采用一种名为"确定有限状态机"(deterministic finite automaton)的方法,通过一系列转换规则,从每个用户的 CDR 数据中生成 5088 个量化指标(如"用户所有联络人的短信发送量在一周七天内的加权平均熵值""用户所有联络人的呼入电话量在一天 24 小时内的平均熵值"等),这些指标反映了用户自身及其联系人的手机使用强度、使用时间、活动范围等信息。在此基础上,研究采用线性模型结合一种名为"弹性网络正则化"(elastic net regularization)的方法进行机器学习模型训练,在上述 5088 个变量中筛选出与富裕指数相关度较高的 101 个变量,形成预测能力最佳的机器学习模型。

---

[1] Ian Goodfellow, Yoshua Bengio and Aaron Courville, *Deep Learning*, MIT Press, 2016, p. 5.

延伸阅读

作为人工智能的重要分支,机器学习经历了从早期的"符号学习"(利用人工设计的规则去控制机器)和"统计学习"(机器根据概率统计的数据做出优化决策),到如今火热的"深度学习"。深度学习是机器学习规则的过程,因其包含大量的参数,故训练模型时需要更多的样本,而大数据为深度学习提供了更多便利。

(四)数据阐释

最后,在得到数据模型及相关结果的基础上,研究者需对分析结果进行进一步的阐释与讨论,明晰分析结果的理论与实践意义以及可能存在的问题,包括对分析结果理论意义的阐释、对政策实践的启示等。

操作案例

布卢门施托克等人讨论了研究的实践意义,指出这一贫富水平分析方法大幅降低了获取大规模、高精度人口社会经济信息的成本,并可实现随时更新,可以作为传统普查数据的重要补充,应用于贫困人口的精准识别以及贫富人口分布的动态监测等政策领域。

延伸阅读

正如前文所述,大数据方法可作为一种辅助分析的手段,它从某些视角得出的结论是常规方法做不到的。大数据方法还可以作为常规方法的补充,能获得更丰富的研究对象,并增强结论的有效性。大数据方法使数据来源更加丰富,也打开了分析视角。在本案例中,基于通信大数据的分析可以得到特定人口类型的识别和分布状况,为精准政务和个性化服务提供了参考依据。

八、质量评价和保证

基于大数据的研究的质量评价可分为数据质量评价和数据模型质量评价两方面。

（一）数据质量评价

数据质量方面，大数据的代表性与是否有偏是大数据相关研究中被广为讨论的问题，这与大部分大数据的信息技术属性直接相关——大数据主要来自信息技术的积极使用者，导致了数据在人群和地域代表性方面的偏差。例如，利用社交媒体数据展开的研究就可能面临着多个层面的偏差，包括社交媒体用户的"口是心非"、自然语言处理的能力约束、社交媒体发文人群的代表性、网站 API 的黑箱等。除此之外，产生数据有偏性的情形有时可能更为隐晦，不易识别。例如，美国和加拿大的 311 市政服务电话几乎是最简单和最普及的城市智能服务，但纽约和温哥华的数据显示，非英语人口使用这项服务的比例明显偏低。长此以往，根据 311 投诉做出的公共资源分配就可能侧重于满足英语人口的需求，而非英语人口却往往是美、加社会中更为弱势、需要公共资源支持的群体，这就进一步加剧了社会群体间的不平等。这些偏差对研究结果可能存在重要影响，因此研究者需要充分评估所采用大数据的产生、采集、分发过程，对可能造成大数据代表性偏差的情况进行充分识别与报告，或采用多种数据研究同一问题，以验证研究结果的稳定性。大数据信息来源的偏向还可能导致虚假相关、随机内生性和测量误差[①]，这是大数据方法面临的挑战，有赖于研究者做好研究设计并选择最合适的数据源。此外，研究者还需充分考察数据产生与采集过程的准确性与完整性，如是否存在物理或人为因素导致数据出现偏差（如传感器故障、网络中断等）、API 接口是否提供了全部相关数据等。

（二）数据模型质量评价

数据模型质量方面，每种模型都有其针对性的质量评价方法，如统计模型中的统计显著性、R^2 值等。此外，大数据分析中常见的机器学习方法还经常采用均方误差（mean squared error，MSE）、相关系数、准确率、查准率、查全率等指标进行模型质量评价。其中，均方误差主要应用于模型输出结果为连续值时的评价，计算方式为：

$$MSE(f;D) = \frac{1}{n}\sum_{i=1}^{n}(f(x_{i1},x_{i2},\cdots,x_{im}) - y_i)^2$$

[①] Jianqing Fan, Fang Han and Han Liu, "Challenges of Big Data Analysis," *National Science Review*, Vol. 1, No. 2, 2014.

其中 D 代表包含 n 个样本的样本集，y_i 为样本 i 的真实值，$f(x_{i1}, x_{i2}, \cdots, x_{im})$ 为机器学习模型根据样本 i 的 m 个属性预测出的样本取值。均方误差反映了预测值与真实值之间的偏差程度。准确率、查准率、查全率主要应用于模型输出为分类结果时的评价，计算方式为：

$$准确率 = (TP + TN)/(TP + FP + TN + FN)$$

$$查准率(P) = TP/(TP + FP)$$

$$查全率(R) = TP/(TP + FN)$$

其中 TP、TN、FP、FN 的含义如表 16.4 所示。不难理解，准确率指被正确分类的样本占总样本的比例，查准率衡量被预测为正的样本中有多少比例是真的正例，查全率衡量多少比例的正例被准确地预测。

表 16.4　分类结果混淆矩阵

真实类别	预测结果	
	正例	反例
正例	真正例 (true positive, TP)	假反例 (false negative, FN)
反例	假正例 (false positive, FP)	真反例 (true negative, TN)

操作案例

布卢门施托克等人的研究采用了相关系数对机器学习模型质量进行评价，研究比较了机器学习模型对地区富裕水平的预测结果与卢旺达人口和健康调查中的富裕水平数据，发现相关系数可达到 0.92，验证了模型的有效性。

延伸阅读

查准率和查全率还经常用于系统评价。例如信息检索领域中，查准率是根据检索表达式，系统给出正确检索结果占所有检索结果的百分比；查全率是指根据检索表达式，系统给出正确检索结果占所有正确结果的百分比。但实际操作的时候，会综合查准率与查全率并给出 F 指标：$F = 2PR/(P+R)$。

九、使用中应注意的问题

大数据方法本是数据科学和计算机科学领域的研究方法,被用来做数据挖掘和知识发现,后来逐渐被广泛地应用于人文学科和社会学科。前面叙述了大数据方法的基本概念、适用条件和应用案例,但是在具体使用的过程中还应注意如下几个问题:

(一)数据伦理问题

大数据为人们的生活、工作和娱乐带来了许多便利,人们在享受便利的同时,数据伦理问题也伴随而来。数据伦理指的是人们利用数据的过程中所需要遵循的道德规范和科学规范。胡良霖等提出了数据伦理的五项基本原则(科技向善、以人为本、透明、公开、公正)[1],这是较为全面和主流的数据伦理观念。

然而,数据伦理问题在现实中难以规避且易被人为主观践踏,其广泛存在于人们日常的活动中。数据伦理问题按照数据利用对象可分为三类:第一类是权威数据生产方使用数据时的问题,例如政府管理部门收集数据与利用数据的矛盾、公共集体利益诉求与个人隐私保护的平衡、数据专权问题等。第二类是数据中间利用方使用数据时的问题,例如应用软件权限恶意收集个人信息、大数据杀熟、算法推荐偏见等。第三类是终端用户的数据利用问题,例如移动通信数据主观泄露、网络数据滥用错用等。

数据成为资源后,带来了隐私风险;数据作为信息,却给管理者和使用者带来了方便。平衡风险损失与管理收益是人们应当考虑的永恒主题。数据伦理问题的解决,一方面依赖于建立健全法律法规体系,从制度上保证大数据的健康环境;另一方面需要加强数据风险防范宣传,提升公众数据隐私保护等相关数据伦理意识。

(二)数据过少与过多的问题

顾名思义,大数据研究方法需要足够多的大量的数据。除了利用前文所述的网络爬虫、二手数据、传感器收集等方式,还可以通过开放数据库、获取软件接口的方式收集数据。若数据量还不能满足研究需要,就要考虑寻找替代数据去支撑研究问题。寻找替代数据的方法是指以一个可方便获取的数据量去替代描述另

---

[1] 胡良霖等:《科学数据伦理关键问题研究》,《中国科技资源导刊》2022年第1期。

一个不容易直观计量的数据量。例如,在研究科学家工作时间规律时,在获取不到其具体工作时间的情况下,可用科学家们网络上下载文献时间、发布预印本时间等其他科研活动的时间去替代。

基于大数据的研究并非一定追求海量数据、多种异质数据用以交叉验证结论的可靠性。有的读者会试图收集数量更多、结构不一的数据,以期得到更准确的结论。在实际操作的过程中,首先要确定数据收集的目的,然后再寻找合适的数据获取途径,再根据任务去决定数据收集的总量。当数据量能满足研究时,也不必盲目追求数据量的庞大;当非大数据方法可得到准确结论时,也不必执着于大数据方法。

(三) 过分看重相关关系

在前面的叙述中,我们了解到大数据方法主要利用相关关系作为其基本逻辑内核,相关关系得到的结论往往是由更深层次的因果关系决定的。例如,啤酒与尿布的案例。

认识到大数据方法主要利用相关关系的同时,亦不可忽视其仍有处理因果关系的能力。一方面,相关关系的分析是寻找因果关系的利器。因果关系较为复杂的情况下,可以先分析相关关系,从中找到潜在的因果关系,从而缩小研究对象的范围并排除伪因果关系,再通过逻辑的方式找到合理的因果解释。另一方面,量大的数据也可以采用常规的因果分析方法去分析。我们仍然可以使用描述性统计方法、线性回归方法等人工设计的因果模式去分析量大的数据,只不过这样的"大数据"分析方法与本章提到的大数据方法有所不同,前者对数据清洗、数据格式一致性的要求更高。

(四) 公共管理学领域应用大数据需注意的问题

社会科学领域经常会利用数据去验证问题和做出决策。随着大数据的发展,商业智能领域首先开始应用大数据技术[①],并产生了巨大的影响;随后政治学和公共管理学领域也开始引入大数据的方法,并将之作为一种分析工具。基于大数据的政治学与公共管理学研究是指在一定理论基础之上,采用各种大数据和技术方法,致力于探索政治学与公共管理学问题的一般规律,并诊断实践问题、模拟社

---

① Hsinchun Chen, et al., "Business Intelligence and Analytics: From Big Data to Big Impact," *MIS Quarterly*, Vol. 36, No. 4, 2012.

会运行、评估发展政策、寻求解决方案的科学研究方法,大数据方法在实践中从多方面提高了相关决策与政策制定的科学性。近年来,大数据在公共管理场景下的应用越来越多,以新冠疫情防控为例,大数据在公共危机治理中提高了预警机制的灵敏度,增强了治理主体间的协同性,提升了公共服务的精细化程度和效率①,也降低了公共管理的成本。

但公共管理领域内的问题往往是综合性的难题,许多问题牵一发而动全身,难以单纯依靠数据去描述。大数据可以发挥参谋、耳目的作用,其分析的结果可作为决策参考依据,但是大数据无法作为决策的最高统帅。

关键术语

| 大数据 | 信息与通信技术 | 众包 | 数据清洗 |
| 分布式计算 | 机器学习 | 神经网络 | 数据阐释 |

思考题

1. 回顾一下你过去的研究,哪些课题可以利用大数据重新进行研究设计?大数据可能带来哪些新的研究发现?
2. 你想到的研究课题适合采用哪类大数据分析方法进行数据分析与挖掘?
3. 在你想到的研究课题中存在哪些因素可能影响基于大数据的研究设计的有效性?
4. 谷歌曾通过大数据的手段"成功"地预测了流感的趋势,但后来被证明是失败的预测,请你查阅资料,谈谈谷歌为何会预测失败。

延伸阅读

Alexandros Labrinidis and H. V. Jagadish, "Challenges and Opportunities with Big Data," *Proceedings of the VLDB Endowment*, Vol. 5, No. 12, 2012.

Anthony M. Townsend, *Smart Cities: Big Data, Civic Hackers, and the Quest for a New Utopia*, W. W. Norton, 2013.

Danah Boyd and Kate Crawford, "Critical Questions for Big Data: Provocations for a Cultural, Technological, and Scholarly Phenomenon," *Information, Communica-*

---

① 杨宇辰:《大数据思维下突发公共危机治理机制优化》,《社会主义研究》2021年第6期。

tion & Society, Vol. 15, No. 5, 2012.

Danyel Fisher, et al., "Interactions with Big Data Analytics," *Interactions*, Vol. 19, No. 3, 2012.

David E. McNabb, *Research Methods in Public Administration and Nonprofit Management*, Routledge, 2017.

Ines Mergel, et al., "Big Data in Public Affairs," *Public Administration Review*, Vol. 76, No. 6, 2016.

Joshua Blumenstock, et al., "Predicting Poverty and Wealth from Mobile Phone Metadata," *Science*, Vol. 350, No. 6264, 2015.

William B. Cameron, *Informal Sociology: A Casual Introduction to Sociological Thinking*, Random House, 1963.

〔英〕维克托·迈尔-舍恩伯格、肯尼斯·库克耶:《大数据时代:生活、工作与思维的大变革》,盛杨燕、周涛译,浙江人民出版社2013年版。

曾宪武等编著:《大数据技术》,西安电子科技大学出版社2020年版。

朱晓峰主编:《大数据分析概论》,南京大学出版社2018年版。

经典举例

Raj Chetty, et al., "The Effects of Exposure to Better Neighborhoods on Children: New Evidence from the Moving to Opportunity Experiment," *American Economic Review*, Vol. 106, No. 4, 2016.

拉吉·切蒂,哈佛大学经济学博士,加州大学伯克利分校教授。由于他在公共财政领域的杰出贡献,2010年被哈佛大学聘为终身教授。2013年获克拉克奖,时年34岁。他主要关注公共经济学领域,研究成果涉及教育、社保、阶级固化、税收等方面。

1. 研究背景与问题

成年人的收入水平在多大程度上受到其成长期所处的邻里环境的影响?这一问题关系到住房、教育等方面的政策制定乃至社会整体的阶层流动。虽然学术界已经针对这一问题开展过若干实证研究,但相关结论仍不明确。

拉吉·切蒂等人基于1996年至2012年间的美国全国税收大数据(抹去了身份信息),采用准实验方法对1980年至1988年间出生的2460万人的成年收入水平与成长期邻里环境进行了分析,为美国社会中的这一政策难题提供了新的、更加可靠的评估。

研究发现,即使父母收入水平相近,成长于不同地点的儿童在成年后的收入水平也存在明显差异,最终明确了邻里环境对儿童成长的效应。研究还发现,对于在成长期迁入更好社区(也就是居民子女在成年后收入更高的社区)的儿童,每早迁入一年,其未来收入就会以4%的比例趋近于迁入社区原住居民的子女。

2. 研究方法选择

作者在从事该研究时,采用了大数据的分析方法。选择大数据方法的原因有三:一是社会阶层流动的研究属于复杂系统问题,少量的数据不足以得到准确的结论,覆盖的样本量越大,其结论的说服力越强。二是该研究课题具有跟踪性,需要在较长的时间内对比大量的数据方可得到有效的结论。大数据方法能提供充足的数据源,当某类数据难以获取时仍有其他数据可作为补充参考。三是该研究是为了找到收入水平的影响因素,属于因果机制识别问题,而因果机制识别会有选择性偏差的倾向,大数据方法可在很大程度上消除选择性偏差。

大数据方法为该研究提供了获取数据的手段,提供了大量准确可靠的数据。同时,大数据方法利用了大样本、异构多源数据,方便交叉验证,是研究准确性和科学性的良好背书。

作者主要采用了两方面的大数据,一是20世纪90年代美国住房和城市发展部发起的"搬向机遇"试验(即随机选取高贫困地区的家庭,为他们发放住房券以帮助其搬至低贫困地区的一系列试验)中产生的大量数据,作者将其作为准确可靠的二手数据源,用以阐释社会阶层流动状况。二是美国政府提供的税收数据,用以说明人群的收入状况。筛选出税收数据与"搬向机遇"试验数据中相同的群体,就可以方便地对该群体进行跟踪调查。

3. 研究设计与具体的操作流程

作者通过税收数据,对比低收入家庭分别移居到贫困率不同地区后的状况,再经过大数据追踪调查得到结论。"搬向机遇"试验中,4604个家庭曾被随机分配到提供住房券且要求必须搬到贫困率低于10%社区的试验组、提供住房券但没有其他任何要求的第八条款组以及不提供住房券的控制组。作者从中对比了搬离前后的差别,最终明确了邻里环境对儿童成长的效应。

同时,作者在运用大数据分析研究时需要对比大量家庭搬迁前后的状况差异,他采取了一系列控制方法与对比机制。这些方法与机制包括:(1)选取了有多个子女的搬迁家庭,比较了不同年龄子女(在新邻里环境中生活时间不同)成年后收入的差异;(2)研究引入了父母在搬迁前后的收入差异和婚姻状态差异,构造了他们与搬迁时子女年龄的交叉变量,从而对家庭内变化的影响进行了控制;(3)研究设计了一系列"安慰剂效应"测试,如检验迁入儿童的成年后收入是否与迁入社区原住家庭同龄儿童的成年后收入相关度更高,而与社区内更早或更晚出生儿童的未来收入相关度较低,以及检验不同性别儿童的成年后收入是否与迁入社区原住居民中同性别儿童的成年后收入更为接近。

4. 质量保证

首先,作者利用了政府提供的权威税收数据,能够比较准确地反映出真实的状态。其次,作者采集的数据量大,得到的结论比较可靠。最后,正如前文所说,为了得到准确的对比差异,作者采取了一些控制方法。正因如此,该研究具有较强的可靠性,研究成果得到广泛关注,给美国后续房券政策带来了深远的影响。

关键术语解释汇编

第一编 常用规范分析方法

第一章 数学建模

数学建模：数学学科中应用数学的分支,是通过用计算得到的结果来解决实际问题,并接受现实数据检验,以建立数学模型的过程。

数学模型：关于部分现实世界和为一种特殊目的而建构的一个抽象的、简化的结构。数学模型就是为了某种目的,用字母、数字及其他数学符号建立起来的等式或不等式以及图表、图形、框图等,描述客观事物的特征及其内在联系的数学结构表达式。可分为确定性数学模型、随机性数学模型、模糊性数学模型。

系统动力学：基于信息反馈及系统稳定性的概念,认为物理系统中的动力学特性及反馈控制过程在复杂系统(如生命、生态、社会、经济)中同样存在。

复杂性：系统在不同层次上的复杂组成,包括系统在不同层次之间的相互作用、系统与环境的相互作用以及由此产生的整体特性(结构、功能、行为、演化等)。

关系映射反演原则：一种分析处理问题的普遍方法或准则,也是属于一般科学方法论性质范畴的一种工作原则。这种普遍方法或工作原则包括对所要研究的问题中的关系结构的抽象,并采取映射和反演两个步骤解决问题。

复杂网络：具有自组织、自相似、吸引子、小世界、无标度中部分或全部性质的网络。

第二章 博弈论

认知理性：个体能够依据自己掌握的信息合理地生成信念。更准确地说,如果个体能够利用概率论中的贝叶斯法则生成并更新信念,我们就说他具备认知理性。

工具理性：给定个体的信念,他能够选择最优的策略(或行动)来实现他的既定目标。

共同知识：如果所有参与者都知道某一信息,所有参与者都知道所有参与者知道该信息,并且所有参与者都知道所有参与者都知道所有参与者都知道该信息,如此以至无穷,那么,该信息就是所有参与者的共同知识。

策略:参与者在博弈开始之前制订的一个针对整个博弈的完备行动计划。

纯策略:不包含任何随机行动的策略。

混合策略:参与者的纯策略集合中的一个概率分布。

占优策略:无论对手采取什么策略,当自己的某个策略带来的收益总是高于其他策略带来的收益,这个策略就是该参与者的占优策略。

逆向归纳法:对于动态博弈,从最后阶段开始分析,倒推求解的方法。

完美回忆:参与者能记住自己之前的行动和之前知道的信息。

信息集:同一参与者的若干决策节点构成的集合,用来描述该参与者在行动时所掌握的信息,他观察不到自己到底处于信息集中的哪一个节点。

完全信息:每个参与者的收益函数是所有参与者的共同知识。

不完全信息:至少有一个参与者的收益函数不是所有参与者的共同知识。

纳什均衡:所有参与者的一个具体策略组合,其中每个参与者的相应策略都是针对其余参与者的给定策略组合的最优反应。

相关均衡:允许参与者通过共同观察到的信号来协调其策略时的均衡。

子博弈完美均衡:所有参与者的一个具体策略组合,该策略组合不仅在整个博弈上构成纳什均衡,而且在每个子博弈上也能构成纳什均衡。

贝叶斯均衡:不完全信息静态博弈中的纳什均衡,若有必要,参与者的信念由贝叶斯法则生成。

完美贝叶斯均衡:不完全信息动态博弈中的纳什均衡,不仅要求参与者的策略在每个信息集上满足序贯理性,而且要求参与者在每个信息集的信念基于均衡策略由贝叶斯法则生成。

重复博弈:完全相同的(阶段)博弈局面重复出现,并且在每个阶段开始之前,所有参与者都能观察到过去各阶段的博弈结果。

无名氏定理:关于重复博弈的可行收益集中哪些可以通过均衡达到的一些定理。

第二编 常用非介入性研究方法

第三章 文献综述

文献综述:简称综述,是针对某一领域、某一专业或某一方面的课题、问题或研究专题搜集大量相关资料,通过分析、阅读、整理,提炼当前课题、问题或研究专题的最新进展、学术见解或建议,做出综合性介绍和阐述的一种学术方法。

描述性文献综述：传统的文献综述方式，一般按照研究者自己认为合理的研究逻辑主线将该研究领域的研究成果串联在一起。

系统性文献综述：可以有效处理大量信息资料，并且能够解释某种方法、干预、条件、政策或因素是否奏效的文献综述方法。

综合集成：用非统计学或弱统计学的方法去整合、评价以及解释多个相同目标的原始研究结果，通常联合针对某个研究问题的多个原始研究，对其共同的元素和主题进行综合分析。

荟萃分析：也叫元分析，是一种定量的文献综述分析方法。该方法对大量的定量研究结果进行再分析从而得出一个综合的结果。

第四章 内容分析

内容分析法：一种科学的实证研究方法，它以"内容"为观察对象，按照一定的标准、步骤与规则对"内容"进行客观系统的分析推理，并从中获得结论。

编码：内容分析法对"内容"进行处理的一种方式，通过对内容进行编码处理，可以将之变成数值。

分析单元：内容分析法中被确定用以研究、描述或解释的文本内容单位。

解读式内容分析法：通过阐述文本内容来传达作者的意图，且通常要求从更高的层次来把握文本内容背后的结构，从而挖掘文本的真正含义。

实验式内容分析法：通过将文本内容划分至特定类目，再统计特定类目的频率继而描述文本的内容特征的研究方法。

计算机辅助内容分析法：借助计算机技术对内容进行半自动化分析。

概念分析：对内容中选定的概念进行量化或计数。

关系分析：在概念分析的基础上，选择其中特定元素探索元素之间的关系。

显性内容：传播媒介中可见的、表面的内容。

隐性内容：传播媒介中所隐含的意义。

第五章 比较历史分析

比较历史分析：一种通过对历史案例，特别是案例时间与过程维度的深入分析和比较，从宏观结构的视角揭示制度变迁的动因、过程与结果的研究方法。

历史制度主义：历史制度主义将制度变迁看作在既有制度结构的约束之下各种行动者斗争而产生的结果。

理论验证：也可翻译为平行的理论比较，即在不同的案例中验证理论本身的有效性。

情境比较：旨在证明不同的历史环境都具有其独特性，而正是这样的独特性影响了社会进程和发展方向。

宏观分析：主要用于寻求宏观结构和过程层面上的原因。宏观分析努力在理论和案例之间建立联系，也努力将微观的案例分析融入宏观的规律框架。

时间位置：主要是指位于不同时间位置的变量会产生不同的效果。这一定义包括两层含义：（1）变量发生在人类历史上的特定时期，会产生不同的效果；（2）变量发生在时间中的不同位置，也会产生不同的效果。

时间结构：从原因的角度，时间结构可能表现为事件进程的持续时间与步幅；从结果的角度，时间结构则可能表现为重要事件和过程发生之后的延续时间，可能使结果产生漂变与转化等不同效果。

结构性视角：在分析案例时，不应单纯进行过程的描述，而是应将事件内的每个行动者视为结构的一个要素，再观察这些要素之间本身是什么关系，结构对其有什么约束，在这样的约束下他们如何采取行动，这些行动如何互相作用，并最终改变了结构本身。

多原因解释：多原因解释具有四个特征。（1）事件的结果是多种原因而非一个原因导致的；（2）多种原因会产生多种不同的组合，这些组合共同导致了事件的结果；（3）多种不同的组合可能导致事件的结果呈现不同形态；（4）要尽量考虑原因的时间维度。

多过程关系：将重大事件和重要过程置于历史情境之中，也就是充分理解任何社会进程都不是独立发生的，必然受到历史条件和环境的制约。

第三编　常用介入性实证研究方法

第六章　实验与准实验研究

实验：以潜在结果模型为基础的基于研究设计的因果推断方法，其中研究者掌控数据产生的过程，可以控制随机分配机制与干预什么时候发生、如何发生。

观测研究：基于观测某一社会系统所得的数据（观测数据）而进行的研究，研究者不控制数据产生的过程。

内部效度：一项研究能够确证自变量与因变量之间因果关系的程度。

外部效度：一项研究的结论能推广至不同情境（如时间、空间、人群等）的程度。

潜在结果模型：通过比较研究对象受干预和不受干预的潜在结果差异得出干预的因果效应的模型。

随机化：也称随机分配，将被试随机分配到实验组和控制组的过程，即干预的分配是随机的，被试等概率接受干预。

因果推断的根本问题：个体无法同时处于被干预和不被干预的状态导致研究者只能观测到个体的某一个潜在结果，本质是一个缺失数据的问题。

实验室实验：研究者创造和严格控制实验条件，招募被试到共同的物理空间（如实验室等场景）进行随机分组、施加干预的实验。

实地实验：在真实社会场景中的随机实验。通过将一项干预随机施加到某些人群和地区，以使实验室实验与田野工作结合起来。

审计实验：通过调整在其他方面都相同仅在某一方面有差异的检测员特征以考察真实存在的另一方对此可能做出的不同回应的实地实验。

实地实验室实验：实验室的抽象游戏任务搬到现实社会中完成的实验。

问卷实验：在实地或网络调查的过程中嵌入实验设计，通常通过调整问题措辞、顺序、情景描述等来施加干预的一类实验。

随机抽样：即等概率抽样，调查对象总体中的每一个体都有同等概率进入样本的一种抽样。

列举实验：也称为条目计数法（item count techniques，ICT），利用包括某一敏感对象或行为的一系列条目而提问适用于被试的总条目数目来改进敏感变量测量的问卷实验。

背书实验：通过在情景描述中操纵某一敏感对象对某非直接关联、不敏感对象的背书来改进对敏感对象支持程度测量的问卷实验。

联立实验：以成对表格形式向受访者呈现由多个特征不同取值形成的两个假设对象，并以个人评分或强制选择来测量结果的问卷实验。

操纵检查：由自变量的操作化构成，目的是验证干预是否在实验的特定环境中引发了自变量的预期变化的检查。

注意力检查：通过直接提问有关注意力或答题时相关活动的问题、设置狡猾或事实回顾问题、记录答题时长等方式考察被试答题时专注程度的检查。

自然实验：研究者没有直接参与分配机制的设计与控制而是由政策执行者、社会事件或自然现象等外生因素决定干预分配的一种观测研究。其分配机制被认为近似随机，具体来说即分配机制具有概率性，但不具有等概率性和可知性。

准实验：虽能区分干预组和控制组，但研究者不能操纵干预且没有随机化分配的一种观测研究。

被试内设计：每个被试或每组被试接受所有实验处理的实验设计。

被试间设计：每个被试或每组被试只接受一个实验处理的实验设计。

霍桑效应：当人们知道自己成为观测对象而改变自身行为的效应。

主试效应：由于实验者对研究结果的期望对被试产生影响从而导致实验偏差的效应，它也常被称为"皮格马利翁效应"或"罗森塔尔效应"。

第七章　问卷实验法

直接提问：通过直接提问的方式，向问卷调查的受访者询问答案。提问者的真实意图直接通过题干表达。

间接提问：在问卷调查中通过间接提问的方式获取信息。提问者的真实研究意图往往不直接表露在题干中。问卷实验是间接提问的一种类型。

社会期望偏差：问卷调查过程中，受访者因希望被外界（例如周围的人、社会、访员等）接受和认可，有意识地改变回答，进而造成问卷测量的偏差。

反事实：如果我们在现实中观察到某个干预发生，那么反事实指的就是这个干预没有发生时的情况。更普遍地说，反事实指的是当某些条件与现实不同时的状态。

随机分组：通过随机的方式（不依赖于样本的任何特征）将样本分别分入实验组与对照组。

实验组：实验研究设计中接受了干预的样本。

对照组：实验设计中没有接受干预的样本，与实验组形成对比，研究者以此观察干预的效果。

安慰剂组：实验设计中那些看起来接受了干预，但实际上是无效干预（即安慰剂）的样本组。

被试倾向：实验组中受访者所出现的与控制组之间的差异仅仅是因为受访者意识到了实验干预的存在，与研究者所关心的实验干预的具体机制（例如人们对这一敏感项的真实看法）无关。

天花板效应：在列举实验中，因为对照组中所罗列的物品都过于常见导致实验组和控制组的回答者都倾向于回答最大数量，进而使得回答者无法在回答中隐藏敏感选项的情况。

第八章　社会调查法

社会调查：有广义和狭义之分。狭义的社会调查一般指对研究总体中抽取出的样本询问问题的方法，运用观察、询问等方式直接从社会生活中了解情况、收集事实和数据，是一种感性认识活动。广义的社会调查是人们认识社会现象的一个完整过程。

观察法：调查者运用不同的观察办法收集资料的一种社会调查方法。

完全参与观察法：观察者需要进入被观察者的生活中，融入被观察者的生活圈子，与被观察者开展共同的活动，充分了解被观察者所处的环境和一切影响因素。

半参与观察法：观察者需要向被观察者说明自己的研究者身份，再酌情参与到被观察者的生活中,开展观察。

非参与观察法:观察者不进入被观察者的生活或活动中,完全以旁观者的身份进行观察。

标准观察法:标准观察法的观察活动需要事先根据研究目的制订统一的观察计划,对观察项目、流程与记录方法做出统一的标准化规定,在观察过程中,观察者要严格按照规定进行观察和记录。

非标准观察法:非标准观察法的观察活动不需要事先规定统一的观察内容和记录标准,观察者只需要根据研究目的在实施观察中随时随地调整自己的观察内容和观察方式,更加灵活地进行观察。

直接观察法:指对正在发生的现象进行的观察,观察者在事发现场捕捉即时的信息,并且收集到的资料都是观察者的所见所闻,具备真实性与准确性,而且易于操作。

间接观察法:通过观察过去的现象发生时所留下来的物质载体来探究过去发生的现象。

访谈法:调查者通过与被调查者面谈口问的形式来收集资料的一种社会调查方法。

标准化访谈:也称结构化访谈。标准化访谈是一种高度控制的访谈方法,它要求访问员经过一定的培训,按照统一设计的、结构化的调查问卷逐项进行访问,访问员不能随意调整提问的顺序,更不能擅自更改、增加或删减问卷内容,在受访者不清楚问题或答案的含义时,也不能进行主观解释,要按照访问员手册上的统一规定进行解释,最后根据统一要求记录受访者的答案。

非标准化访谈:访问员在访谈过程中没有统一设计的问卷问题,也没有对访谈的顺序、作答的格式等方面的统一要求,只是根据调查的目的有一个大致的提纲,围绕这个提纲灵活地进行提问,随时根据受访者的回答调整问题。

直接访谈法:访问者与受访者直接面对面交谈的访谈方法,还可以分为"走出去""请进来"和"相约"三种形式。

间接访谈法:访问员要通过一些通信工具对受访者进行访谈,比如电话访谈就是比较常用的间接访谈方法。

个别访谈法:指访问者与受访者一对一进行的访问。

集体访谈:指访问员召集若干受访者同时进行访谈,也就是开座谈会。

焦点小组:一种基于集体访谈的定性研究技术。通常由一个主持人负责引导工作,组织6—12名背景相似的小组成员针对研究中的某一焦点问题展开自由、开放的讨论。

问卷法:根据调查目的,用提问方式设计不同问题,组成调查问卷,经被调查者作答后,进行分析和得出结论的一种社会调查方法。

自填式问卷法:是指调查者通过各种方式将问卷发放给被调查者,被调查者自行阅读封面信与指导语了解填答要求,自己进行回答并填写答案,然后再由调查者收回的方法。

代填式问卷法:是指由一组经过挑选和培训的访问员,向被调查者说明调查的目的与调查要求,严格依据调查问卷提出问题,由调查员依据问卷的格式和要求记录被调查者答案的方法。

间歇性观察谬误:观察错误的一种类型。是指间断的、零散的观察行为导致观察者对于关键信息的遗漏或疏忽,使其对被观察对象做出不符合事实的判断。

共同方法偏差:研究中系统误差的一种。是指由于使用相同的数据来源(例如同样的测量工具和方法)、相同评分者、相同的测量环境或者研究项目自身特征所导致的预测变量和效标变量二者的共变。

第四编 案例和比较研究

第九章 案例研究

案例研究:在特定问题和理论的指导下,以所要探讨的案例(无论是一个、少数几个,还是多个)为中心,通过严谨的案例选择和研究设计,综合运用多种资料收集方法和多种资料分析技术对所选案例进行深入分析、比较和总结等,从而实现探索、描述、解释或评估一个或多个现象的一种实证研究方法。

典型案例法:所选择的是一个或多个对研究总体有广泛代表性的案例,因此典型案例也可以称为代表性案例。

多变案例法:期望所选择的一组案例(至少两个)体现了案例在相关维度上的全部(或至少最大)变化。

极端案例法:选取一个或多个变量取极端值的案例,这个变量可以是自变量也可以是因变量,极端值可以是极大值也可以是极小值。

反常案例法:研究者基于对研究问题或变量间关系的基本了解,挑选出一个或多个偏离某种跨案例关系的案例选择方法。

影响性案例法:选择一个或多个具有自变量重要取值的案例。

关键案例法:选择的是一个或多个最可能或最不可能出现既定取值的案例。

路径案例法:选择的是一个或多个自变量可能导致结果发生的案例。路径案例是在因果假设明确的前提下,能够对自变量与因变量之间的因果机制进行深入分析和挖掘的案例。

最大相似案例法:选择的一组案例(一个或多个),除自变量和因变量外在其他变量上的取值都相同或相似。

最大相异案例法：者一般选择一组只有自变量和因变量取值相同,其他因素均相异的案例。

受控比较：通过案例间的观察比较,从而探究收集的资料数据与被检验理论是否相一致。

相符性程序：通过案例分析来考察观察值与被假设检验的预言值是否一致。主要有两类:一类是案例间的观察比较;一类是案例内的观察比较。

过程追踪：通过考察案例的初始条件如何转化为案例结果来探究系列事件或决策过程的一种方法,也是确定案例自变量和因变量之间因果机制的一种方法。

第十章　比较分析法

比较：对两个或多个观察对象的某些属性进行并置,并在遵循一定客观标准和程序的基础上,发现并置对象或个案的属性(特征)的共性或差异,并得出结论的过程。

比较分析方法：一种开展研究的思维方式(广义),也是一种辅助研究的工具手段(狭义)。就狭义而言,指的是以密尔归纳五法为核心,以布尔代数和集合论等逻辑推理方法为基础,以探求事物因果关系为目的的研究方法和程序。

布尔代数/二值代数：用二进制变量表达逻辑关系和运算的数学分支。

布尔变量/二进制变量/二分类变量：只有"0"和"1"两种取值的变量。

集合论：探讨集合特征及集合间关系的数学领域。

集合：由一个或多个确定的元素所构成的整体。

条件：可能影响结果的解释变量。

结果：受条件影响,由条件解释的变量。

自由度：当以样本的统计量来估计总体参数时,样本中独立或能够变化的变量数目。自由度 $df = n-k$,其中 n 是样本总量,k 是统计中被限制的变量个数。

真值表：研究对象所有条件与结果组合的列表。

组态：通常在一起发生的在概念上相异的多维特征的组合。一组组态对应真值表中的一行,表示研究对象在相应概念或维度上的特征组合。

布尔最小化：通过布尔或集合论算法将复杂逻辑表达式简化的方法。当两组逻辑表达式只在一个条件上不同而结果相同时,可以将不同的那一个条件删除。

质蕴含项：逻辑表达式的简化方法之一。在逻辑表达式中,用"且"(·)连接的项被称为蕴含项,不属于任何其他项的子集的项是质蕴含。

充分条件：如果条件或条件组合成立时,总有结果成立,那么该条件或条件组合是结果的充分条件。此时,原因是结果的子集。

必要条件：如果结果成立时，总有条件或条件组合成立，那么该结果是条件或条件组合的必要条件。此时，结果是原因的子集。

子集：如果一个集合中的任意一个元素都是另一集合中的元素，那么前者是后者的子集。

维恩图：用于展示不同集合间所有可能的逻辑关系的图。

布尔距离：用以衡量案例间相似性与差异性的变量。布尔距离等于案例间存在差异的布尔变量的数量。案例间的布尔距离越小，案例越相似。

选择性偏差：由于样本选择的非随机性而导致的结论偏差。选择性偏差也被称为选择性效应。

第十一章 定性比较分析法

定性比较分析：一种兼具案例导向研究与变量导向研究优势的研究方法。该方法的本质是一种基于集合性思考的定性案例研究方法，强调通过规范、结构化的程序对中等规模的案例进行深度比较，进而探索不同原因条件与特定结果之间的复杂性因果关系。常见类型有清晰集定性比较分析、模糊集定性比较分析与多值定性比较分析等。

集合籍：指案例原因条件或者结果隶属于一个集合的数字性表达。对于清晰集来说，可以明确地确定集合的完全籍和无籍。对于模糊集来说，可以确定集合籍的程度，比如 0.7 代表较高集合籍，而 0.3 代表较低集合籍。

校准：校准是定性比较分析的关键步骤，是将原始数据转化为集合信息的过程。研究者需依据个人经验或者依据现有理论展开校准。

连续性：连续性是一种用来描述原因条件集合与结果集合契合度的指标，如果原因条件集合与结果集合契合度（或者重合度）较高，那么连续性就高；如果两者契合度（或者重合度）较低，那么连续性就低。连续性又可细分为充分条件的连续性与必要条件的连续性。

覆盖性：覆盖性是一种衡量必要条件或者充分条件重要性的指标。对于必要条件来说，如果其覆盖性高，则意味着其必要性较强；反之如果其覆盖性低，则意味着其必要性较弱。对于充分条件来说，高覆盖性指代强充分性，而低覆盖性指代弱充分性。

原始覆盖性：指原因条件（单一原因条件或原因条件的组合）解释结果的程度。

唯一覆盖性：指原因条件的净影响。

逻辑余项：指理论上可能但实际中并未出现的原因条件组合。

反事实性分析：在定性比较分析中，研究者对逻辑余项进行假设，以确定其赋值情况的重要步骤。

复杂性结果：指忽略真值表中的逻辑余项的存在，仅对发生的原因条件组合进行分析得出的结果，并不使用反事实分析。

最简性结果：指选择性地使用真值表中的逻辑余项，并不区分不同种类的反事实性论断，得到的最简洁的结论。

中间性结果：指在定性比较分析中，使用方向性预期对逻辑余项进行假设而得出的结果，该结果既符合理论预期，又与已经发生的案例契合。

简反事实性论断：指那些符合研究者方向性预期的对于逻辑余项的推论。

难反事实性论断：指那些不符合研究者方向性预期，但是有助于形成最简性结果的关于逻辑余项的推论。

方向性预期：方向性预期与传统定量分析中的理论假设原理相似，是对单个原因条件与结果发生之间的因果联系进行假设。

阈值：主要指研究者通过使用外在的标准确定案例集合籍的差异。通常在模糊集定性比较分析的校准过程中使用，阈值的选择讲求透明性与客观性。

第五编 常用定量分析方法举例

第十二章 层次分析法

两两比较/成对比较：因素 i 和因素 j 比较的结果为 a_{ij}，则因素 j 和因素 i 比较的判断为 $1/a_{ij}$。

一致性指标：定义比较矩阵 A 的一致性指标为：$CI=(\lambda_{max}-n)/(n-1)$。其中，$\lambda_{max}$ 为最大特征根。

随机一致性指标：由萨迪随机构造 500 个成对比较矩阵 $A_1, A_2, \cdots, A_{500}$，得到一致性指标 $CI_1, CI_2, \cdots, CI_{500}$，进而推出以下标准数值表：

随机一致性指标

阶数	3	4	5	6	7	8	9	10	11	12	13	14	15
RI	0.58	0.89	1.12	1.24	1.32	1.41	1.45	1.49	1.52	1.54	1.56	1.58	1.59

一致性比率：$CR=CI/RI$。

归一化处理：将有量纲的表达式变换为无量纲的表达式，从而简化计算。

第十三章 结构方程模型

结构方程模型：也被称为协方差结构模型，是一种多元统计方法。它有效地整合因子分析模型和路径分析模型,开创出全新的量化研究范式。

潜变量:不能被直接观测的变量,如社会科学研究中常见的家庭社会经济地位等。

探索性因子分析:一种后验式分析。该分析理论框架出现在测量和探索性统计的过程之后,更适合于没有任何理论假设的情况。

因子分析:一种研究测验中题目与因子间的关系,以及同一测验中因子与因子之间关系,也即测验内部结构问题的分析。

验证性因子分析:一种先验式分析。在进行该分析之前,研究者心中就已经存在特定的理论观点或概念框架基础,然后借助数学方法来确认该理论观点所导出的模型是否适当。

多组验证性因子分析:指通过强制设置不同组别间的对应参数相等的办法,来判断多组模型的因子载荷和临界点参数能否相等。

参数估计:一个以实际观测值与模型估计值之间的差值最小为目标的迭代过程。

模型识别:指判断一个模型中待估计的参数能否从观测数据中求解。

测量一致性:评价测验质量的一个重要标准,指某一测验或其分量表是否具有能够跨不同人群的一致性,简单说就是可不可以用一把量尺去度量不同群体在待测特质上的表现。

嵌套模型:当多个模型用来拟合同一个样本数据时,这些模型互为嵌套模型。在结构方程模型中,模型的好坏首先需要理论支撑。另外,模型的好坏也是一个相对概念,是需要通过比较而判定的。

模型评估:对模型与数据之间拟合程度进行的评价。

独立模型:指模型中所有的观测变量之间都不存在联系,即观测变量完全相互独立。

饱和模型:指模型中观测变量两两之间都存在关联,是纯粹按照数据的相互关系来构建最优的模型。

第十四章 基于主体模拟

计算机仿真:以合适输入驱动已构建的计算机仿真模型,并观察分析相应的输出结果。

基于主体模拟:探索宏观结构与模式如何通过微观主体间的互动而产生的计算机仿真技术。

复杂适应性系统:具备学习与适应能力的个体根据某些规则在自身所处的局部环境中行动,且个体之间相互依存、相互作用,并由此产生个体不具备的系统特征与行为。

突现(涌现):在复杂系统自组织过程中,伴随着主体间互动出现的、意想不到的宏观模式。

模式:系统中任何可被观察到的非随机结构。

自组织:在初始无序的系统中,通过其各部分间的局部互动产生出某种形式的整体秩序的过程。

蝴蝶效应:在确定性非线性系统中,一种状态的细微改变可能导致后续状态的巨大差异。

混沌边缘:介于有序与无序之间的、有界的、不稳定的过渡空间,有序与无序在其中持续不断地进行着动态互动。

模型校核:确保计算机模型通过计算机程序准确无误地实现其概念模型的过程。

模型验证:计算机模型与现实世界中被仿真系统(现实目标系统)间的一致性程度。

敏感度分析:计算机仿真模型的输入变化对模型行为与仿真结果的影响分析。

模型可信度:相关人员对模型及其仿真结果可正确回答某个研究问题或实现某个应用目的的信任程度。

模型复制:不同的建模者根据同一概念模型,分别在不同的计算环境中构建多个计算机模型的活动。

第十五章 社会网络分析

社会网络分析:主要通过研究社会关系和网络的特点、形成和发展,以及社会关系和网络如何影响人们的态度和行为,来描述与解释社会现象的一种理论视角和主要偏向定量的研究方法。

提名生成法:让研究对象根据某些描述特征找出符合这些描述特征的人。

提名诠释法:让研究对象提供关于联系人的特征和背景信息。

中心性:一般表示个体在网络中的核心程度。

中心度:作为刻画网络节点中心性的最直接度量指标,反映的是个体拥有的关系数量。

密切性:有时也翻译为接近性或密切度,衡量个体和其他网络成员之间的联系密切程度。

中介性:有时也译作中介度,衡量个体在网络中担任他人之间的桥梁作用的程度。

连接性：反映的是观察到的关系数占所有可能存在的关系数的比例。

集中性：反映的是关系数量在个体间分布的不平等性，一般用 0 到 1 之间的分数表示。

传导性：反映的是封闭式三角形关系的可能性（通俗地讲，就是朋友的朋友也是朋友的可能性）。

第十六章 大数据方法

大数据：使用互联网及其他通信、传感等技术所产生的海量、持续、多样的数据，也可包括政府、企业等机构在某一领域长期积累的大量数据，具有大容量、高速度与多样性的特征。

信息与通信技术：其定义广泛，是一个涵盖性术语，覆盖了所有通信设备或应用软件以及与之相关的各种服务的技术体系。

众包：一个单位把过去由固定工作人员执行的工作任务，以自由自愿的形式外包给非特定的（而且通常是大型的）大众志愿者的做法。

数据清洗：从数据是否完整、取值是否合理、多源数据是否相互印证等角度对原始数据中可能存在的问题进行识别与处理。

分布式计算：将计算机应用或计算任务分解成许多小的部分，分配给多台计算机进行处理的方法。

机器学习：一类致力于使计算机获得学习能力、从数据中寻找内在规律并生成模型的方法。机器学习可完成人类难以完成的任务。

神经网络：这里指的是人工神经网络，即一种模仿动物神经网络行为特征和连接方式，通过调整内部大量节点之间相互连接的关系，从而达到处理信息目的的网络组织方式。

数据阐释：在得到数据模型及其他相关结果的基础上，研究者需对分析结果进行进一步阐释与讨论，明晰分析结果的理论与实践意义以及可能存在的问题，包括对分析结果理论意义的阐释、对政策实践的启示等。

后　　记

按照计划,本书是我们政治学与公共管理研究方法这个系列教材的第二本,应该在第一本《政治学与公共管理研究方法基础》(简称"基础本")之后出版。但是,由于本书的体量比较大,涉及内容也更为复杂,出版社决定在体量也比较大的基础本之后,先出版体量较小的第三本《政治学与公共管理研究方法·方法论》,再出版本书,所以本书现在才得以与读者见面。谨此向各位读者朋友解释说明。

我在基础本的书末写过一个简短的后记,对这三本书的起源、撰写经历等做了简单说明,也对参与这三本书撰写的学者朋友以及出版社相关同志表示了衷心感谢;而其他一些需要额外说明的内容,本书的"序言"也适当做了交代。故而,当本书责任编辑梁路女士说本书还缺"后记"时,我未假思索地对她说:"'基础本'已经有了后记,这本就不用了吧。"可是,后来我又突然意识到,确实有必要对本书的出版次序做些说明,因此考虑再三,也就又有了这一"后记"。

首先,还是对参与本书及另外两本书撰写、修改和出版工作的所有作者以及出版社相关同志表示衷心感谢! 感谢大家的共同努力,感谢大家的相互支持和帮助,也感谢大家一路上的真诚相伴,一切都在不言中! 同时,也要特别感谢北京大学出版社的高桂芳先生,他在本书撰写和出版过程的不同环节,都曾向我提出过宝贵建议,令我受益匪浅,在此表示深深的谢意!

其次,要感谢在这三本书撰写和出版过程中我的两位"东家"——北京航空航天大学公共管理学院以及北京大学政府管理学院(亦包括国家治理研究院、公共治理研究所等)。感谢领导和同事们的支持、帮助和理解,感谢学校和学院提供的优越的工作环境,我深感幸运,也会永存感恩之心!

再次,要对这些年我在学习和工作中遇到的来自中国、美国和世界其他地方的老师、同事、同学和朋友表示衷心感谢。他们不仅是我的授业恩师、良朋好友,而且是我人生道路上的亲切导师、亲密战友,在人生的不同阶段和重要节点都给了我极大的支持和帮助,令我终生难忘,也为这三本书的完成和出版发挥了特殊的作用。衷心感谢他们!

同时,也要感谢我的学生们。他们来自全国乃至世界各地,为了共同的学术目标和人生理想聚在一起。我们教学相长，共同进步。能成为他们的老师是我的荣幸，能对他们有所教益和帮助也是我最高兴的事。再次感谢他们！

最后，我忍不住再次回想 2004 年赴美留学前对本套研究方法教材的初步规划，回想 2011 年正式开始动手撰写这套书的点点滴滴，不觉间已过去这么多年，真可谓时光荏苒、岁月如梭。这也让我更加深刻理解了人生的短暂可贵和真正做一件事情的不容易。即便如此，这套书也会存在各种各样的不足和遗憾，再次恳请各位学界同仁和读者朋友多多批评指正，以帮助我们将来继续修改完善。感谢你们！

杨立华
2024 年 4 月 8 日

教师反馈及教辅申请表

北京大学出版社本着"教材优先、学术为本"的出版宗旨,竭诚为广大高等院校师生服务。

本书配有教学课件,获取方法:

第一步,扫描右侧二维码,或直接微信搜索公众号"北大出版社社科图书",进行关注;

第二步,点击菜单栏"教辅资源"—"在线申请",填写相关信息后点击提交。

如果您不使用微信,请填写完整以下表格后拍照发到 ss@pup.cn。我们会在 1—2 个工作日内将相关资料发送到您的邮箱。

书名		书号	978-7-301-	作者	
您的姓名				职称、职务	
学校及院系					
您所讲授的课程名称					
授课学生类型(可多选)	□ 本科一、二年级 □ 高职、高专 □ 其他_____			□ 本科三、四年级 □ 研究生	
每学期学生人数	_____人			学时	
手机号码(必填)				QQ	
电子邮箱(必填)					
您对本书的建议:					

我们的联系方式:

北京大学出版社社会科学编辑室

通信地址:北京市海淀区成府路 205 号,100871

电子邮箱:ss@pup.cn

电话:010-62753121 / 62765016

微信公众号:北大出版社社科图书(ss_book)

新浪微博:@未名社科-北大图书

网址:http://www.pup.cn